U0510471

本成果受到中国人民大学 2017 年度
"中央高校建设世界一流大学（学科）和特色发展引导
专项资金"支持

政治理论与中国政治学话语体系丛书

Statesmanship

and

Zhi-ti

立国思想家与治体代兴

任　锋　著

中国社会科学出版社

图书在版编目（CIP）数据

立国思想家与治体代兴／任锋著．—北京：中国社会科学出版社，2019.5
（2021.6 重印）

（政治理论与中国政治学话语体系丛书）

ISBN 978 - 7 - 5203 - 4422 - 7

Ⅰ.①立…　Ⅱ.①任…　Ⅲ.①政治思想史—研究—中国　Ⅳ.①D092

中国版本图书馆 CIP 数据核字（2019）第 084980 号

出　版　人	赵剑英
责任编辑	王　茵　马　明
责任校对	李　莉
责任印制	王　超

出　　　版	中国社会科学出版社
社　　　址	北京鼓楼西大街甲 158 号
邮　　　编	100720
网　　　址	http://www.csspw.cn
发 行 部	010 - 84083685
门 市 部	010 - 84029450
经　　　销	新华书店及其他书店

印　　　刷	北京明恒达印务有限公司
装　　　订	廊坊市广阳区广增装订厂
版　　　次	2019 年 5 月第 1 版
印　　　次	2021 年 6 月第 2 次印刷

开　　　本	710×1000　1/16
印　　　张	43
插　　　页	2
字　　　数	595 千字
定　　　价	168.00 元

凡购买中国社会科学出版社图书，如有质量问题请与本社营销中心联系调换
电话:010 - 84083683
版权所有　侵权必究

中国人民大学国际关系学院
"政治理论与中国政治学话语体系丛书"编委会

主　编　杨光斌
副主编　时殷弘　黄嘉树　陈　岳
成　员（按拼音排序）

陈新明　陈　岳　方长平　黄大慧　黄嘉树

金灿荣　林　红　吕　杰　马得勇　蒲国良

任　锋　时殷弘　宋新宁　王续添　王英津

杨光斌　张广生　周淑真

"政治理论与中国政治学话语体系丛书"总序

　　作为社会科学学科基础的中国政治学出现于西方思想登陆而中国思想被妖魔化的"转型世代"（1895—1925），这就意味着中国政治学从一开始就是学习乃至移植的产物。其间，先是学习英国、德国为代表的西方国家，接着是学习苏联，再接着是改革开放以来学习以美国为代表的西方国家，总之一直处于学习之中，各种学说、思潮到今天的量化研究方法，都在学习之列。

　　中国自己有"国学"而无社会科学，学习是必然之路，否则就没有今天的以政治学、经济学和社会学为基础的中国社会科学。与此相对应，中国的"文明型国家"向现代国家的转型，也是与西方碰撞的产物。在过去100年里，思想引领实践，实践检验思想，也是外来思想与中国实践相互撞击、相互矛盾、相互调试的"长周期"。

　　客观地说，在过去40年的时间里，作为学科的中国政治学与中国国家建设—政治发展的关系并不那么密切。改革开放以来，我们形成了以民主集中制为核心的"混合型"政治体制、混合型的社会主义市场经济体制和包容性的社会主义核心价值体系，但是政治学学科流行的则是传统与现代、先进与落后、民主与威权等二元对立的否定性思维方式，以及由此而产生的学科体系和理论体系。按照流行的政治学理论分析中国政治、中国实践乃至整个中国的政治发展，似乎总是不符合教科书中的"标准答案"。

常识是，一个关乎 13 亿多人口的政治绝对不能迎合任何简单化的理论。要知道，没有任何事情比治理大国更为复杂，这是中外历史反复证明了的；同时，基于特定国家、特定历史、特定经验而形成的理论也没有资格去鉴定中国政治发展的对与错，我们只能基于中国经验、在比较研究中形成相应的理论和概念。比较研究的发现是，当西方国家自身陷入困境之中、很多非西方国家也问题重重而导致世界秩序大变革时，中国之路还算顺畅，以至于曾经提出"历史终结论"的福山认为"中国模式"是一种替代性模式。

这意味着，中国道路之上的"中国方案"和"中国智慧"，需要一种新的政治科学去回答。社会科学具有鲜明的时代性，20 世纪 50 年代，刚刚诞生的美国比较政治研究委员会自信地宣布，基于老欧洲经验的国家、权力等政治学概念该让让位置了。美国人确实搞出了新政治科学，在研究主题上是从现代化研究到民主化研究，在研究方法上是从结构功能主义到理性选择主义等的实证主义理论。但是，"实证"（the becoming）的逻辑离"实存的世界"（the world of the being）越来越远，将个人主义本体论弘扬到极致的美国政治学已经陷于危机之中，中国政治学不能把美国政治学的落点当作我们的起点，不能把美国政治学的败相当作我们的榜样。已经学习美国政治学 40 年的中国政治学，需要有自主性的理论体系和话语体系，中国应该是理论的发源地。

自主性政治学的关键是自主性的政治学理论。应该看到，在过去 40 年里，作为政治学理论学科资源的政治思想史研究、历史社会学和比较政治学，都不尽如人意：政治思想史研究要给中国政治学理论贡献更直接的新知必须拓展其研究路径；历史社会学则不存在"作者群"；而比较政治学一起步就跟随美国比较政治学的"民主转型"研究。这些学科现状决定了建构自主性政治学话语体系任重而道远。

但是，我们并不是没有自主性理论体系。历史上，毛泽东同志在延安时期提出的"以中国为中心"的研究方法、人民民主国体和民主集中制政体等新政治学概念,标志着中国共产党的政治成熟,也是最有力量的"中国学派",因而解决了中国问题。今天,中国政治学有着特殊的资源禀赋去建设自主性学科体系:第一,和其他学科一样,中国政治学已经足够了解西方政治学,也有足够的包容力去接纳其有益研究成果;第二,和其他学科不同的是,中国政治思想史和政治制度史极为丰富,这是中国自主性政治学建设的最重要的"大传统"和文化基因;第三,有着中国革命经验所形成的"小传统";第四,有现行民主集中制政体以及由此而衍生的强大的治理能力和伟大的治理成就;第五,在知识论上,中国政治学直接来源于科学社会主义——一种坚持人民主体性的科学学说,而伴随中国走向世界中心而发展起来的比较政治研究,是中国政治学的规范性学科来源。正是因为拥有这些如此独特而又优异的资源禀赋,即使在"历史终结论"如日中天之时,中国政治学阵地也没有丢掉。中国政治学理应倍加珍惜并发扬光大这些优质资源,最终形成自主性中国政治学科体系和话语体系。

这将是一项值得追求、需要奉献的世代工程。

杨光斌

2018 年 6 月 19 日

中国人民大学明德国际楼

献给张灏先生
沉思之旅的引路人

目　录

第一篇

第二篇

第三篇

再造家国：治体论与近世秩序的
公共性和法度化

对于近世思想传统的研究，注定难以摆脱现代成见的种种缠绕及束缚，或许这本身就是历史生成与现代性确立的一体两面。而思想漂流的意义，端赖如何使此一过程活力沛然并释放出古、今内在于传统之间的对话可能性。往者尚可追，来者犹能谏，这也是经史之教的古来宗旨吧！

其间，围绕政治活动的诠释，无疑是现代性降临中土之后对传统影响至为剧烈的领域，也由此成为世界文明范围内的互动中心。何谓政治？传统政教礼法秩序的根基逐步坍塌，外埠舶来的诸种主义心智及背后的宗教信念渐渐风行，现代中国的文化和政治精英于此一失衡转型中茂生长成，对现代立国之道的影响既深且巨。

这一进程，在近世政治思想研究即有鲜活展现。为了更均衡把握其间的流变和议题，这里大体梳理了两个基本研究进路及居间形态，然后检讨主要问题并阐发牵涉到的理论含义。本文并非对这一广袤研究领域的文献综述，而是致力于对其间具有范式意义之代表作品的检讨。处理对象主要聚焦宋学，部分延伸至明清儒学。一种在传统智慧浇灌下走向强韧成熟的现代政治心智，庶几由此而有再生之机。

一 传统本位的政学溯源

1. 平民化社会的政教重构与思想新声

对于宋明以来政治思想的研究，能够将其置于传统政治社会脉络加以解释、剖析者，可以钱穆先生（1895—1990）为代表。

透过社会政治结构的内在演进来审视立国规模的传统演变，并在这一脉络中解读思想文化的精神内涵及其历史角色，这是钱穆审视宋明儒与近世思想文化的大着眼处。

从钱穆论史着重的政学传统视野来看，唐宋之际转变下的社会政治结构，尤其是门第与平民之张力，形成宋明儒兴起的宏观背景，而社会自由讲学浪潮下的宋学嬗变是思想文化之主干。

钱穆先生在其通史叙述脉络中，指出中晚唐以后、宋代即近世早期以来，社会文化中心南移，社会阶级隔阂进一步消融，政治权进一步解放。社会政治形态的"平铺散漫"特征越发明显。平民化与门第化两个力量，经历中世世族演变后进一步推动社会结构趋向平等化，即此大势之蕴涵。门第等级一步步削平，社会政治结构中在政府与民众间进行有效联结的组织力量也需要重整。

宋儒兴起，高唱华夷之防和尊王论，这是门第贵族社会退潮、宋朝政制集权后，于理论思想上正式倡导、收拾人心以定于一的一大进展。相对于士族贵族尚佛老、重诗赋文章，新儒家尊儒崇经，推动古文运动。相比唐人重事功，新儒"要把事功消融于学术里，说成一种'义理'"。唐人的就事论事，转成宋儒的以理待事，"此乃平民学者之精神。彼辈要出来转移世道，而不为世道所转移。虽亦不离事功，却不纯从事功出发"①。由事人

---

① 钱穆：《国史大纲》（修订本），商务印书馆1996年版，第560—561页。本书所引之文献仅在第一次出现时注明详细版本信息，再次引用时只交代作品名称和页码。——编者注

理，中国的现代精神也在此处撒播生机。即宋代言事功之学者，与理学家仍共享一套宋学天理观，此其特别精神。现代中国言意义理性、论事功实践，需在此处探求其精神根源。

以义理指导事功、转移世道，且不再受身份门第束缚，平民始得出头，这一历史动力得赖于一种普遍性的精神义理更甚于传统学术。这是近世义理观兴起并盛行的社会政治脉络，包含了意义世界—实践世界的一个范式转移，即从一种新的信仰、教育理想来理解人的群己生活。

从学术传统来看，近世儒家兴起继先秦诸子讲学，开启了中国第二次社会自由讲学的长期演进。宾四先生反复褒奖并称之为"我民族永久之元气""我民族国家数千年文化正统"①。钱穆在《中国近三百年学术史》中特别将范仲淹与胡瑗视作近世政学精神的肇始，二人分别代表了政治革新与文教重塑的新动向。② 由此以下的宋儒事业，是在精神信念进行更新的基础上，致力于政教秩序重建。这一基本构设支配了宋学及其后续近世思想的发展。

范仲淹、胡瑗的自觉兴起，始见社会民间精神之勃发，渐次展现于庙堂。宋明儒讲学的六百年，政府多不能主持教育、领导学术，而社会运力活力至显。近世讲学进一步摆脱政治依附，多属社会平民学者自由结合。与先秦诸子投奔诸侯巨室不同，更倾向社会下行。与汉唐儒相比，讲学内容不限于经学家法，更多以各人思想学术为宗旨，讲学方式更显流动性、随机性和公共性。③

自思想本身看，钱穆指认宋学含有一种近乎宗教的精神气质，"凡内在有一种相互共同的信仰，向外有一种绵历不断的教育，而又有一种极诚挚、极恳切之精神，自发自动以从事于此者，自广义言之，皆可目之为宗教。宋明儒的秀才教，大体以大群全体为归宿，可谓一种'新儒教'"，"可说是

---

① 《国史大纲》，第27—28页。
② 参见钱穆《中国近三百年学术史》，第一章《引论》，商务印书馆1997年版。
③ 参见《国史大纲》，第798—805页。

范仲淹诸人以来流行于一辈自负以天下为己任的秀才们中间的宗教"，"都带有一种严正的淑世主义"①。这个新的精神信念形态，致力于成就一个更为高明广大的理想境界，主张此世与超越相通、个体与群体相通、修身与治平相通，打成一片。源自社会民间的自觉精神衍生出一种共识性的信仰，其义理或曰天理观念彰显出近世精神魅力，背后则是一个大公中正以立人极的普遍性最高理念。

"他们热心讲学的目的，固在开发民智，陶育人才。而其最终目的，则仍在改进政治，创造理想的世界（开发民智、陶育人才为第一步，改进政治为第二步，创造理想为第三步）。宋明儒理论上的世界，是'万物与我一体'（张横渠之'西铭'为其代表作，此即上古先秦相传之一种全体观念也）。"② 这是我们理解近世儒学大传统精神的关键着眼处。

钱穆将宋学划分为初期、中期和南渡三大阶段：初期宋学包括宋初三先生、范仲淹、欧阳修、李觏、王安石、刘敞、司马光与苏轼兄弟，中期宋学包括理学系统的北宋五子及其门人弟子，南渡宋学除了理学传承，还有浙东诸儒，及二家汇合产生的后学流裔。③

此一划分，更多依据义理形态。其中，钱穆对于"经术派"（理想派）与"史学派"（经验务实派）两类不同思想气质的分析，贯穿政治与思想学术竞争，值得重视。司马光为先导的朔学是正统北方派，重史学、实务经验，不信王霸之别，主张延续汉唐法制、祖宗之法而渐进改良。④ 荆公新

---

① 《国史大纲》，第 808、793 页。

② 同上书，第 807 页。

③ 参见《宋明理学概述》，第十一、十二、二十节，九州出版社 2011 年版。

④ 参见《国史大纲》，第 589—599 页。另，刘咸炘先生将这种古今经济的经史之别，称作经儒法《王制》与史学术道家之不同，远源在周末的"儒流为法，道流为术"，后者以张方平和苏轼兄弟为代表，尚宽而重势。参见刘咸炘《推十书》（增补全本），甲辑第三册，《宋学别述》之《王氏学述第三》，上海科学技术文献出版社 2009 年版，第 1256 页。

学、洛学重经术经世，强调王霸之辨，主张朝政的彻底变革，二者之不同在于对治人、治法轻重关系之处理。宋明理学接近新学，高倡道统论，是近世"经术派"的主要代表。①

初期宋学元气淋漓，广大多元，中期画龙点睛，趋向精微，南渡后理学上升，儒学内部论辩不减，宋学诸形态逐渐糅合趋一。其间，浙东诸儒仍能部分体现中古学术、初期宋学中的门第事功气质，遂与正统理学分庭抗礼，并影响后者发展，余响直至明清之际、清末民国。②

宾四先生又透过与汉儒之对比，指出"远从孙泰山《春秋尊王发微》，经过王荆公的《周官新义》，而转出朱晦庵《论孟集注》与《学庸章句》来，这是宋学递转递进之三部曲"。宋学逐渐将重心置于针对佛老教义而讲经学，一直影响到明末刘宗周，以格物致知、正心诚意而非立国礼法政教为优先关切。"朱子的《中庸章句序》与王阳明的《拔本塞源论》，代替了西汉公羊学家之'张三世'，而成为宋、明儒理想上达成天下太平、世界大同的一条唯一大道。换言之，这都是一种'以教统治'的精神。他们重在发明人类普遍的教义，更重于建立王朝一代的政制了。"③ 朱子评价浙东儒者，"永嘉诸人皆以道艺先觉自处"，明清之际颜元习斋对此辨析，"若在三代时，诸公原不敢称先觉。当两宋为禅宗、章句灭却孔子之道，全无一人不为程、朱惑者，而能别出手眼，或以经济，或以道艺，倡收人才，亦可谓先觉矣。今之士风更不如

---

① 这两种政治思维模式的竞争，在意识形态的意义上对应着宋代君主—士人共治政体下的新型党争，使其不同于单纯权势意气意义上的汉代、唐代党争。关于宋代党争之新性质，参见柳诒徵《中国文化史》，第十八、十九章，吉林人民出版社 2013 年版；吕思勉《中国政治思想史》，第八讲"宋明的政治思想"，中华书局 2012 年版，第92、124 页。

② 参见《宋明理学概述》，"浙东部分"，第二五至二八节。

③ 钱穆：《两汉经学今古文平议》，《孔子与春秋》，商务印书馆 2015 年版，第297—298 页。

宋"①。经世道艺代表的三代周孔精神，在南宋浙东传统中仍得到有力承继，相对于理学兴起的浪潮却显得异类了。②

明代儒学沿着朱陆异同精密考辨，却渐失博大气象。阳明开辟新脉，予理学传统以新机。明清之际天崩地裂，儒学焕发磅礴广大的新精神。入清之后，于反抗功名理学中开启汉学之途，明道经世之宗旨直到晚清才再度浮现。③

钱穆特别表彰宋学精神在政治上明道经世，尊师重相，致力于以三代理想精神改造现实，如张浚所云"废立之事，惟宰相大臣得专之"。在近世政治中先扬后抑，"此后元明清三朝，正向此项理论加以迎头之挫压"④。乾隆皇帝否定程颐的"天下治乱系宰相"论，申明"以天下治乱为己任尤大不可"，钱穆在《中国近三百年学术史》"自序"对此予以痛批，"夫不为相则为师，得君行道，以天下为己任，此宋明学者帜志也"，背后其实是近世以来社会政治发展大趋向的力量。⑤

社会自由讲学的传统活力不能消歇，延至晚清，遂有巨变。钱穆在《国史大纲》"引论"中概括清末民初政局症结，君主制、中央集权制的溃败之外，社会政治中坚势力的不易形成被视为最重要缘由。⑥ 但钱穆认为这只是一时病态，"不得谓此乃代表我民族国家数千年文化政体而为其最后之结晶。若果如此，则中国文化亦万不能绵历此数千年之久，而早当于过去

---

① 《朱子语类》卷第一百二十三；《颜元集》，《朱子语类评》，中华书局1987年版，第261页。

② 理学恢复封建和井田，在实践中"反废弛而为修举"，进行社会礼治改良。这一点乃其价值，钱穆言之，其师吕思勉也以之为宋明政治思想的大题目，关学贡献尤其重大。参见吕思勉《中国政治思想史》，第八讲《宋明的政治思想》。

③ 参见《宋明理学概述》，三七、五一、五六各节。

④ 《国史大纲》，第594页。

⑤ 参见《中国近三百年学术史》，《自序》，第2页。

⑥ 参见《国史大纲》，第29—30页。

历史中烟消灰灭，先昔人之枯骨而腐朽矣"①。长远看来，宋学滋养新士人群体，较为有力地应对了中唐以来越发平铺散漫的社会结构，在官与民、中央与地方之间沟通整合，扮演了中心角色。

思想学术的兴起对政治演进发挥长期影响，这是钱穆论史加以强调的一条主线。先秦诸子尤其是儒家"天下为公，选贤与能"的理想在秦汉以降士人政府的形成递进中扮演了类似角色。应对近世世变而兴的宋学，也由此形成自身的精神和智识特征，影响远至现代中国。

稍早，日本学者内藤湖南（1866—1934）曾提出宋代乃近世开端说。②虽受到西方历史分期意识的影响，内藤自觉试图从中国传统内部寻绎政治演变轨迹。与钱穆相似，内藤也将贵族世族的衰落看作近世历史一大特征。不同的是，后者更强调君主独裁取代贵族影响而主导近世发展。内藤的近世论述与其在清末民初的政论联系紧密。他将君主制向共和制的演变视为历史发展的普遍规律。在他的历史分析中，近世君主独裁在宋代出现，表明君权进一步摆脱贵族束缚，承载更多公共价值，朋党政治也从权势争斗演变为承担更多的政见竞争意味，平民在社会经济和政治上的权益有进一步确保。君权上升有政治历史的正当性，而在明清时期由于诸多原因走向专制败坏，乃是同一过程的正反两面。

内藤的近世政治分析，除了强调君权上升，也辩证地注重另一条"潜运默移"的复线，即所谓平等主义、地方自治的发展。人的能力平均发展在近世落实为平民的进步，这表现为黄宗羲《明夷待访录》中对于君臣合作关系的新解释，表现为官方权力之外自发自立组织的潜力空间、晚清如

---

① 《国史大纲》，第30页。

② 参见［日］内藤湖南《中国史通论》，夏应元、钱婉约等译，社会科学文献出版社2004年版；刘俊文主编《日本学者研究中国史论著选译》，黄约瑟译，中华书局2004年版；［日］内藤湖南研究会编著《内藤湖南的世界——亚洲再生的思想》，马彪等译，三秦出版社2005年版。

湘军内部较为平等的人际关系。义田、义仓、乡团、宗族等则是内藤所指的地方自治。最重要的是，这条复线，经由晚清西方民主平等大潮的接引撮合，成为现代中国走向共和道路的关键因素。共和源起的精神质素与智识资源，的确是值得今人深思省察的大题目。

内藤的说法后来扩展为"唐宋变革"说，在欧美学界和中国学界影响广大。就政治思想而言，内藤的近世论设置了一个从贵族制到君主制再到共和制的世界史议程，使用政体演进作为中心范畴，以共和制为演进目的，支配了他的论述格局。他和钱穆都关注到了近世历程中王权抬升与士民力量积极参与的重要意义。相比钱穆，内藤对于中国自身立国之道的特质认知明显不足。对于平民化的分析停留于思想和社会活动的表象，不能充分结合宋学演变来揭示其通史价值、政治义涵。他对于近世士风的唐宋之变，以王旦、寇准和范仲淹为例触及门第与人格义理嬗变，但分析十分单薄。他促使我们注意君权与士权、平等自治之间的辩证包容，尤其是前者的大公义涵。而其现代政论并未能认真对待君主制因素的现代价值，寄托于孔教、乡团自治的共和宪制理想流于单薄。就史论与政论来讲，内藤的论说提供了有益线索，也显示有大量的政治议题仍值得再思。

钱穆、内藤代表的这个进路提醒人们注意近世思想学术，特别是宋学及其流变所对应的政治社会脉络，强调紧扣此脉络的内在轨迹加以思想诠释。类似意识在其他学者譬如现代马克思主义史学的代表作《中国思想通史》中也有反映，而后者试图避免简单比附源自西欧的社会形态演变规律，以此作为理解思想的背景。只是其效果并不令人满意，这一点笔者曾另文论述过，此不赘言。[①]

对于近世思想学术的研讨，相当长一段时期受哲学史支配，把理学、

---

① 参见任锋《道统与治体——宪制会话的文明启示》，《政治思想史家的道与术》，中央编译出版社 2014 年版。

心学作为重心，尤其关注其理气心性之学，马克思主义立场的哲学史和现代港台新儒家都有此特点。近世宋学政治思维的探讨，也因此被削弱或被遮蔽。

钱穆后学的研究表明，道学（理学）虽然以内圣之学显见特色，究其实乃以秩序重建为内圣之学的归宿。早期理学家，如张载、二程，与王安石一样，都继承了北宋早期儒学运动的外王追求，并立志为此奠定一个永恒的精神基础。对王安石内圣之学的批判，是理学成长的重要推力之一。然而，就整体政治文化精神而言，南宋时期的理学家们仍然受到王安石得君行道的历史榜样激励，推动他们积极参与了孝宗末年的改革部署。理学家群体的政治精神如"以天下为己任""与君主共治天下"与北宋儒学一脉相承。他们对当时政局的意见与士大夫中的官僚集团相左，道学派与官僚派之间的斗争、冲突（再加上君权的依违）构成 12 世纪末期政治文化变迁的主要动力。庆元党禁即这种动力机制的结果。这一对冲突与钱穆先生指出的务实派与经术派有所不同，然又有某种曲折关联。

钱穆及其后学的研究为我们呈现出国史近世阶段的广阔图景，尤其是彰显了儒家士大夫作为实践主体的精神心智与学思旨趣。另外，值得重视的还有晚近政治史领域的发现，如邓小南对于祖宗之法的研究。[1] 在广义政治制度的视野上，《祖宗之法——北宋前期政治述略》提醒我们从国家法度建构的视角认识两宋政治演变。这一视角势必不限于士大夫实践主体，涵盖君主与其他政治力量，而且相比学术和文化视野更能凸显传统国家体制的客观面相。这类研究敦促我们去了解儒家士人与政治法度传统之间的历史关联，对于钱穆及其后学的著作关注不足的宋代立国政治（北宋前期）有精彩发抉，进而有利于研究者思考宋学在实践政治语境下的蕴涵。经由政治文化与政治制度的双重合围，我们可以对此一期政治思想有更符合经

---

① 参见邓小南《祖宗之法——北宋前期政治述略》，生活·读书·新知三联书店 2006 年版。

史参照意义上的阐明。晚近政治史、制度史的深入研究使我们能够较为贴合历史逻辑地探讨近世国家政治体的建构之道。除了邓小南《祖宗之法——北宋前期政治述略》，王瑞来《宰相故事》、虞云国《宋代台谏制度研究》、吴铮强《科举理学化：均田制崩溃以来的君民整合》、陈峰等人的《宋代治国理念及其实践研究》等人围绕政制和治国理念的专题深入研究，同样显示出政治史脉络的重要价值。①

2. 反省理学正统视野：宋学规模的多重义理资源

对于宋代思想和宋学的讨论，晚近学界愈来愈能够超越理学中心主义，关注到更为多样化的复杂格局。邓广铭对于宋学的解释、徐洪兴对于理学兴起的讨论，都揭示出宋学普遍以义理追求与经世致用作为标识的共通特质，理学只是当时竞争性思潮的一脉。②

包弼德早期在《斯文》一书中突出了"文"的中心地位，考察唐宋之变中思想演变及其社会政治蕴涵，致力于阐释对于道的伦理寻求如何逐渐取代文化文学传统而成为中国社会的价值观基础，文化传统与伦理道义如何产生价值观内在的张力，进而成为唐宋思想演变的动因。他认为，唐宋之际，士的身份经历了从贵族士人到文官，再到南宋时期地方社会精英为主的演变。这一点在其后来《历史上的理学》中有详细论证。③

---

① 参见王瑞来《宰相故事》，中华书局 2010 年版；虞云国《宋代台谏制度研究》，上海社会科学出版社 2001 年版；吴铮强《科举理学化：均田制崩溃以来的君民整合》，上海辞书出版社 2008 年版；陈峰等《宋代治国理念及其实践研究》，人民出版社 2015 年版。

② 参见邓广铭《邓广铭治史文丛》，《略谈宋学》，北京大学出版社 1997 年版；徐洪兴《思想的转型：理学发生过程研究》，上海人民出版社 1996 年版。

③ 参见［美］包弼德《斯文：唐宋思想的转型》，刘宁译，江苏人民出版社 2001 年版；《历史上的理学》，王昌伟译，浙江大学出版社 2010 年版。Peter K. Bol, *This Culture of Ours: Intellectual Transitions in Tang and Sung China*, Stanford University Press, 1992; Peter K. Bol, *Neo-Confucianism in History*, Cambridge, M. A. and London, England: Harvard University Asia Center, 2008.

《斯文》从更为广阔的文化价值观视角阐释了宋代范仲淹、欧阳修、司马光与王安石、苏轼与二程等重要士人思想家。值得关注的是，本书在政治思维的比较视野中深入剖析了司马光与王安石的同异，对于之前学界过于关注王安石变法思想是一个纠偏。而经由苏轼研究，显示出文化传统与义理价值在唐宋价值观演变中由此而得到一个典范式的张力表现，由注重个性而对文化—政治的整全化追求抱持怀疑论态度被视为苏轼思想的特质。该书在超越道学的广阔历史视野中，经由更为明晰别致的聚焦方式，为我们展示出唐宋之变在思想维度上介于文化传统与义理规范二者之间的张力嬗变。他的解释也有益于理解之前钱穆、内藤提到的从贵族社会向平民社会的演变，即其所谓由文学文化向道学文化的范式转移，后者代表了一个更具社会开放性和普遍性的思想形态。

余敦康先生在《汉宋易学解读》中提供了一个经学思想史阐发北宋政治思想的进路。[1] 他试图用"内圣外王""明体达用"统摄对于宋代思想家的易学解读，强调内外两面之"合"。[2] 他将经学思想紧密置于时代的政治和文化背景下加以观照，阐释了庆历新政以来胡瑗、李觏、欧阳修、司马光、苏轼、理学家群体等人的易学思考。宋代易学自魏晋玄学王弼而转出的发展脉络得到梳理，思想家从天道自然与人事人文两方面各有侧重地为自身思考确立义理根基，代际间的异同与逻辑递进关系在书中有明畅辨析。在经世致用的分析视角下，易学与近世政治思维的逻辑关联明晰起来，使我们认识到近世政论如何建立起自身的形而上架构，近世政治思考具有的义理资源不限于狭义儒学，而有经学大本源。其间，关于君臣关系、司马光的纪纲法度论、苏轼注重个性和多样化的思想追求，余敦康有精彩发抉。

---

[1]　参见余敦康《汉宋易学解读》，华夏出版社 2006 年版。

[2]　"内圣外王"对于儒学传统是否可以作为一个可靠概念，有学者表达质疑。参见梅广《"内圣外王"考略》，《清华学报》（中国台湾）2011 年第 4 期。

　　余敦康先生大作对北宋儒家的内圣哲学有精微阐释，对宋儒外王一面是否有哲学构建则持保留意见。[①] 这一问题，在卢国龙《宋儒微言》中得到积极正视。卢先生从政治哲学的流行视角对于宋代改革政治的思维递进有深入剖析，尤其是对于王安石、二程、张载与苏氏父子的深入阐释。他们的学术思想形态及其气质，在对照现实大政的意义上，被予以政治哲学式的分解合观。其原创性在于作者强调的儒道互补的思维生成逻辑，庄子代表的道家哲学对于宋代新儒的重要意义得到前所未有的深入关注。王安石明天道以统御人事，强化了政治改革的政府意志和权威；二程提醒人们理解社会文化秩序的价值；而苏轼的蜀学基于一种怀疑反思的思维精神对于历史演进中的理势合力及个体独特价值有更同情的论析。这三位儒者代表了北宋政治哲学成熟形态的三个样式。卢国龙对于司马光政治哲学并未专门论述，或是本书的一个不足。

　　现代中国学术还有一脉立足古典传统本身，来阐明近世宋学的多样形态，注重作为理学竞争者的南宋浙东学派。

　　南宋浙东学术的地位在晚清得到大力褒扬。梁启超（1873—1929）在晚清从"民权公理""法治之精神"的角度大力表彰明清之际的黄宗羲等五先生，并且认为在周秦诸子与五先生之间唯有陈傅良、陈亮和叶适等永嘉诸子值得重视。任公点出此一节，但认为浙东思想学术相比五先生，显得"有其用而无其体"。其用也，也只是"有其部分而无其全"[②]。

　　邓实（1877—1951）认为先秦诸子、永嘉诸子、明清之际的顾、黄、王、颜等乃是传统学术三大盛期，学风相似，规模盛大相似，永嘉诸子乃承上启下者。"尝谓二千年神州之学术，其最盛者有三期：一曰周秦诸

---

　　① 相关后续探讨，参见赵峰《朱熹的终极关怀》，华东师范大学出版社 2004 年版；王健《在现实真实与价值真实之间：朱熹思想研究》，华东师范大学出版社 2007 年版。
　　② 梁启超：《论中国学术思想变迁之大势》，第八章《近世之学术》，上海古籍出版社 2001 年版，第 105—111 页。

子，一曰永嘉诸子，一曰明末四先生（黄、顾、王、颜）。三期之学，其学风相似，其规模盛大相似，而永嘉一期之学派，则固上继周秦，下开明末四先生之学统者也。"① 这提醒我们，要在典范更新的层面来理解近世宋明儒学的思想创发意义，审视其相对于第一期周秦诸子百家而形成的智识贡献。

章太炎（1869—1936）于"回真向俗"之际重新估量儒家思想传统，从革命与传统的辩证视野对于宋明儒学多有新义阐发。他特别强调立国之道属于体方，与探讨心物的体圆之学不同，应注重因情立制。儒学虽不及真谛之高妙，要以人才养成、风俗政教为实效大旨。程明道《定性书》言南面之术，朱子之学乃侍从之器，阳明激扬匹士游侠之材。晚清革命党人资取阳明学，出奇应变有余，治国理政不足。在经世一面，太炎推举陈亮、叶适。陈亮气质精神为阳明先驱，"陈、叶者，规摹壹广，诚令得志，缓以十年，劳来亭毒，其民知方，可任也，而苦不能应变"，"然而效陈、叶者，阔远而久成；从王、徐者，险健而速决，固其所也。然其飞钻制伏之术，便习之，则可以为大佞。校其利害之数，而陈、叶寡过矣"。面对革命之后的立国问题，太炎肯定陈亮、叶适思想的建设价值。同时，与梁任公近似，太炎指出"浙东长于实用，陋于理论思辨"②。

晚清温籍士人孙衣言（1815—1894）、孙锵鸣（1817—1901）、孙诒让（1848—1908）一门整理、重彰永嘉学派最为有力，下启陈黻宸、宋恕、林损等人，对章太炎影响颇深。③

---

① 邓实：《永嘉学派述》，《国粹学报》第十一、十二期，1905 年；转引自《林损集》，《永嘉学派述》，黄山书社 2010 年版，第 355 页。

② 《章太炎全集》（第三册），《检论》卷四，《议王》，上海人民出版社 2018 年版，第 467—469 页。关于章氏这类论述，参见江湄《超越"虚无"：辛亥士风与章太炎儒学观念的转变》，《开放时代》2017 年第 4 期。

③ 参见陈安金《融会中西，通经致用——论永嘉学派的现代命运》，《哲学研究》2003 年第 7 期。

陈黻宸（1859—1917）评价永嘉学派，称赞陈亮、叶适"一时将相之才"，浙东学术与朱、陆鼎立。[①] 他强调事功经制与心性德行的互相依存，以心性为体，以事功为用，举颜习斋阐释经制之学出于心性自然之不能自已者，重估自浙东陈亮、叶适到清初颜元这一脉思想的价值。[②] 林损（1890—1940）的浙东学术论述接续邓实、陈黻宸，聚焦其"经济之学"的特质，值得重视。林损详细描述了自北宋王开祖（景山）以来的浙东学脉，尤其是薛季宣、吕祖谦、陈傅良、唐仲友、陈亮、叶适等人的学术思想。

针对学界关于浙东经济之学特质的认定，林损特别强调其所处的近世学思传统，即广义道学所代表的公共之学共享一个基本思想架构。其所谓"治永嘉经济之学，当于其通而公者求之，六艺百家之所载，天理人事之所存，莫非是矣。欲知永嘉诸子之心，当于其独而严者察之，水心、止斋之微言，不可不深究也。志事之判，诚伪之辨，研阅之方，措施之宜，本末精粗之条贯，才智气量之涵养，高明而不涉于虚，笃实而不流于浅，执其常而观其变，而永嘉学术之真，亦大略可睹矣"[③]。在尊周孔、排佛老、抵制荆公新学上，南宋浙东与理学"大体殆不甚相远"，分歧处"必极深研几，见真守固"，这是对于"道理之公"的追求。自王儒志的"复性""无

[①] 明清之际颜元习斋（1635—1704）已经提出类似评价：他称赞陈亮，"'各代大儒'一段，仆意宋推胡文昭，元推许白云，明推韩苑洛，未审当否？……陈文达似可进之韩、范例，间于蔡、黄中，似不伦"。《颜元集》，《习斋记余》卷三，《与都察院许酉山书》，中华书局1987年版，第425页。颜元认为，"使文达（毅）之学行，虽不免杂霸，而三代苍生或少有幸，不幸朱、陆并行，交代兴衰，遂使学术如此，世道如此"，"如陈龙川谈'经世大略，合金、银、铜、铁为一器'，此一句最精、最真，是大圣贤，大英雄罏锤乾坤绝顶手段，却将去与书生讲，犹与夏虫语冰矣"，"龙川之道行，犹使天下强"。《颜元集》，第269、272页。

[②] 收入《陈黻宸集》，《读陈同甫上孝宗皇帝书》，中华书局1995年版，第516、987—989页；《南武书院讲学录（1908年）》第三期，第637—651页。

[③] 《林损集》（上册）卷二，专著下，《永嘉学派通论》《永嘉学派述》，黄山书社2010年版，第342页。

妄"，推崇周公制作而反对"以天下徇事功"始，浙东学术侧重开物成务，连带开创出经济之心性，经济之文章。① 经制事功之学不脱离内圣外王、心物理事合一的大架构。林损认为"综汉宋之长而通其区畛者，千载以还，舍永嘉之学，盖未由焉"，他引用邓实之论，"永嘉之学，以经制言事功，尤合于古人政学合一之旨，周公所谓三事三物之学也"②。这是自清儒汉宋之辨的后视角度，来返观宋代浙东学术的优长。

宋恕（1862—1910）从经世角度解读孔门四科，推崇孔子的素王之旨。他特别褒奖南宋浙东的陈傅良、叶适和陈亮以豪杰之士发明这一精神，黄梨洲《明夷待访录》继此之后发挥素王之旨、四科之教。这两个阶段的浙中先知如果得位行道，中国将强盛，自做主宰。③ 六斋聚焦儒家传统的经世取向，发挥汉儒"素王之旨"的精神，为我们理解南宋浙东的立国思维提示出一个极为珍贵的视角。

此外，刘咸炘（1896—1932）以道家言文史校雠，注重经史相通，认为北宋儒学轻视史学，多议论，少考索。南宋浙东诸子却能注重史学。吕祖谦近于道家，通观明变，中原文献之传构成宋代史学主脉。所谓"南宋朱、吕二家，宽严不同，正因吕承中原世族道家之风"④。注重宋学的道家维度，前述卢国龙著作大发之，民国学者则以刘咸炘为代表，陈钟凡先生亦有关注。⑤ 刘氏以为"所谓'中原文献'者，与两宋关系最重，不可不详论也。吕氏之风约有四端：一曰言行守礼法，二曰议论从宽厚，三曰广师友不守一家言，四曰好禅学以养生。盖皆唐以来世族之习也"⑥。钱穆强调

---

① 参见《林损集》，第 341 页。

② 同上书，第 355 页。

③ 参见《宋恕集》，《〈经世报〉叙》，中华书局 1993 年版，第 273—274 页。

④ 刘咸炘：《推十书》（增补全本），甲辑第三册，《学史散篇》，《宋学别述》，上海科学技术文献出版社 2009 年版，第 1237 页。

⑤ 参见陈钟凡《两宋思想述评》，第二、四章，东方出版社 1996 年版。

⑥ 同上书，《宋学别述》之《吕氏家学述第二》，第 1246 页。咸炘引韩淲《涧泉日记》，称许"中原诸老一二百年酝酿相传而得者"，宽大守正，不为愤激，吕东莱承之。

宋学的平民学者精神，也点拨出吕东莱的门第世族学术渊源。这一点在刘咸炘《宋学别述》《北宋政变考》中得到极大重视。要之，门第世族与平民社会，在宋学中诚为两个重要的精神塑形力量。永嘉之学详于制度，水心《习学记言》能够察观风习，陈亮重视汉唐历史，不一味突出圣道与三代后世的割裂。阳明学风近于东莱吕氏，黄宗羲学术是明代王学与南宋朱子、吕祖谦、叶适、陈亮学术的综合（"宋婺州史学为表，明姚江理学为里"①）。有学者认为，刘氏欲以浙东史学、陆王心学对抗程朱理学、吴皖经学，纠正晚清以来学风之弊，强调了浙东史学与阳明心学的相通性。②

蒙文通先生（1894—1968）对于浙东儒学的关注在现代学人中不同凡响。蒙先生十分肯定南宋浙东诸儒对于宋代政治传统的剖析，特别表彰其间的立国思维，超越了北宋士大夫。"大凡北宋学风，优于哲学，而短于为国，以北宋士大夫本不知法，故变法与反对变法者皆无卓识……两宋事求之于史料，不若求之于浙东之说，以此皆知法知势之儒，无党于新旧、和战之间而说最明也。"③"宋之为宋，学术文章，正足见其立国精神之所在，故于宋史首应研学术，则知宋之所以存。次制度，则知宋之所以败。"④"立国精神"四字，足表其关切。"知法知势"，正是其精义所在。

蒙文通围绕浙东史学提出"三派六家"的讲法，分别是吕祖谦、叶适的义理派史学，唐仲友、陈傅良的经制派史学，陈亮、王自中的事功派史学。受北宋诸大儒影响，吕、唐、陈分别显示出程子洛学、荆公新学和苏氏蜀学的思想脉绪。蒙文通认为何炳松将浙东学术渊源系于程颐，仍不脱《宋元学案》正统意见的支配。实则南宋浙东整合了洛学、新学和蜀学三

---

① 刘咸炘：《推十书》（增补全本），甲辑第三册，《先河录》，第 1145—1146 页。
② 参见张凯《浙东史学与民国经史转型：以刘咸炘、蒙文通为中心》，《浙江大学学报》2011 年第 11 期。
③ 《蒙文通全集》（第三册），《古史甄微》，《与李源澄论北宋变法与南宋和战书》，巴蜀书社 2015 年版，第 218—219 页。
④ 同上书，《宋史叙言》，第 217 页。

家，"南渡之学，以女婺为大宗，实集北宋三家之成，故足以抗衡朱氏。而一发枢机，系于吕氏。以北宋学脉应有其流，而南宋应有其源也。北宋之学重《春秋》而忽制度，南渡则制度几为学术之中心"①。叶适特别能够超越理学，从史学中发掘义理，注重治法，论述历史和制度变迁必本于儒学义理，"稽合孔氏之本统"。

蒙氏高度评价浙东史学并重义理和制度、事功，符合儒学内圣外王规模，综合继承了北宋以来的性理、经制与文史之学，吕祖谦的"金华文献之传"一直影响至明代的宋濂、王祎、方孝孺。② 从北宋中原文献之传看南宋浙东学术的形成，并下贯到浙东儒学参与明代立国、建文改制，直至有明中后期张江陵的政治实践理论、明清之际诸大儒的极限反思，这条近世政治思维的中心线索值得我们高度关注。这点启示也促成蒙氏"儒史相资"的思想理念，推重秦汉新儒学和南宋浙东学术，以为后者为汉师、清儒所不及。③

何炳松先生（1890—1946）在民国构建"新史学"，特别推重浙东学术，建构起了一个从南宋吕祖谦，经历金履祥、许谦、宋濂到黄宗羲、章学诚的浙东学脉。他对于宋代思想学术的诠释别有新意，认为程颐伊川的思想是正宗儒学，南宋浙东和湖南诸儒得其传。朱、陆分别受道家和佛家影响深重，理心二元，断为两橛，已入别途。清代学术反宋，其实是反朱

---

① 《蒙文通全集》（第二册），《中国史学史》，巴蜀书社 2015 年版，第 409—428 页。员兴宗当两宋之际，主张整合荆公新学、洛学与蜀学的精华，将各自擅长的名数、性理与经济熔为一炉。参见员兴宗《九华集》卷九，《忠质文之治策》，第 66—67 页。

② 南宋浙东综合继承了北宋程氏、荆公、苏氏，这一观点也见于《邓广铭全集》，第十卷，《浙东学派探源——兼评何炳松〈浙东学派溯源〉》，河北教育出版社 2005 年版，第 28 页。

③ 蒙文通儒学思想，可参见张志强《经、史、儒关系的重构与"批判儒学"之建立——以〈儒学五论〉为中心试论蒙文通"儒学"观念的特质》，《中国哲学史》2009 年第 1 期。

子，呼应的乃是小程子与浙东的学术精神。①

要之，梁任公、太炎先生都意识到浙东经世之学的关键政治价值，但对其思想义理不甚了解。在宋恕、林损、刘咸炘、蒙文通等先贤的研讨下，其政学含义逐渐得以彰显。

晚近学人田浩、董平、何俊、王宇、姜海军等人的南宋儒学、浙东学派研究，较为全面、精细地呈现了浙东学术思想的演进。② 田浩将史华慈先生对于儒学思想内在两极化的看法落实于宋代思想研究，聚焦于陈亮与朱熹的辩论，从功利主义层面揭示前者的思想特质，说明宋代儒学内部的多样化。陈亮关于法度的论述，也得到田浩的关注。他进一步将这种多视角透视法运用于朱子，通过朱子与张栻、吕祖谦、陈亮、陆九渊的不同论辩来阐释这位理学大宗师的思维世界。何俊更为全面地考察了南宋儒学的演进。王宇对于浙东学派的学术衍变和思想史地位进行了详细考证，在对浙东儒者进行思想分析时开始考虑其政治文化和政治制度的语境相关性，并注意考察社会文化建制层面的传播和兴衰。王宇认为，南宋浙东学派代表性地应对了理学之"二度抽离"问题，在哲学上与朱、陆鼎足而立。浙东学人的哲学思想被牟宗三批评为立定现象界的、形而下的一元论，实是出

---

① 参见何炳松《浙东学派溯源》，广西师范大学出版社 2004 年版。邓广铭先生批评何氏论点仍然在道统说的窠臼中，不合乎学术思想实相。关于何氏学术脉络，参见张凯《"浙东学派"与民国新史学：何炳松"浙东学派"论之旨趣》，《学术研究》2017年第 4 期。

② 参见［美］田浩《功利主义儒家：陈亮对朱熹的挑战》，姜长苏译，江苏人民出版社 2012 年版（Hoyt C. Tillman, *Utilitarian Confucianism*；*Chen Liang's Challenge to Chu His*，Cambridge：Council on East Asian Studies，Harvard University，1982）；杨立华编《宋代思想史论》，［美］田浩《陈亮论公与法》，杨立华、吴艳红等译，社会科学文献出版社 2003 年版；［美］田浩《朱熹的思维世界》，江苏人民出版社 2011 年版（*Confucian Discourse and Chu His's Ascendancy*，Honolulu：University of Hawaii Press，1992）；董平、刘宏章《陈亮评传》，南京大学出版社 1996 年版；何俊《南宋儒学建构》，上海人民出版社 2004 年版；王宇《道行天地：南宋浙东学派论》，中国社会科学出版社 2012 年版；姜海军《宋代浙东学派经学思想研究》，齐鲁书社 2017 年版。

于一家偏见。其政治思想特质是仁智二元论、制度新学，在思想史地位上相对于明清之际的启蒙思想，仍处于"前前近代思潮"阶段。

二　现代导向的思想史检讨

20世纪以来对近世政治思想的叙述不可避免地受到现代中国诸种意识形态的影响。这种影响绝不限于一般学术语言的应用层面，更透过一套饱含现代精神的概念、命题和理论以不同方式或隐或显地支配着今人对传统的描摹和评价。

作为中国政治思想史研究的里程碑，萧公权先生的《中国政治思想史》至今仍有开辟之功。[①] 萧先生作为一代留学精英，西学训练背景和现代中国思潮对其研读传统的影响不必讳言。在该书近世早期部分，萧先生认为理学和功利之学是儒学的两大革命运动。[②] 他对于理学政治思想的消极评价折射出长期的世俗偏见，即认为其空谈无实用之功。这个偏见又为某种现代政治理解所强化，严判道德与政治之别，将孔学道德主义视为封建时代一时之产物。相应地，萧公权将宋代政治思想的重心放在所谓"功利学派"，认为后者注重富强、制度和实践，落实为对于宋政"积贫积弱"问题的清晰应对。

萧先生的政法理解，体现出19世纪晚期以来欧西偏于实证主义、政体制度论的流行范式取向。如对于南宋大儒叶适叶水心的分析，一方面认为水心提升了儒家思想对于政治制度的关切和研究，抉发颇多精义；另一

① 参见萧公权《中国政治思想史》，第十四、十五章，新星出版社2005年版。
② 萧先生将宋明政治思想归为专制天下的因袭和转变阶段，评价基调并不积极。与此相对，吕思勉先生则认为此期政治属于大一统郡县制国家的成熟时代，政治思想把握到了诸多根本问题，深切讨论民生、教养和民族议题，元明思想发源于宋朝。"直到两宋之世，中国的政治思想才又发出万丈的光焰。"参见吕思勉《中国政治思想史》，第77页。

面却将水心对于礼乐的论述批评为传统儒家糟粕，因此未能深入探求水心思想中礼乐经制的内在逻辑，相应评价受制于现代政治学的某种认知偏向。虽然更为审慎和精致，萧先生对于传统政治的评判仍然体现出现代舆论宣传中专制主义论说的范式影响，比如对于明代政治思想（尤其是张居正）的整体评价基调趋于消极。对于诸如自由、地方自治、法治等思想因素的发掘，显现出他对于传统复杂性的某种同情，然而大体上被判定为与现代民主政治精华仍有相当间距。萧先生对于传统在文化上审慎辨析、在政治上倾向批判的态度，可以说是现代中国自由主义心智的一种典型表达。①

类似萧先生的处理也可见于现代新儒家牟宗三的《政道与治道》《心体与性体》等著述。② 牟先生同样高度评价从陈亮、叶适到明清之际黄羲之、王夫之、顾炎武的政治思想传统。一方面，牟先生从儒家心性哲学的判教立场批评南宋浙东儒学落入经验主义、现象主义、事功一元论、皇极一元论，重视政事胜于教化；③ 另一方面，认为他们代表了儒家内部综合的国体、政体构造意识的大进展，积累至明清之际，成为中国政学向现代民主

---

① 对于浙东思想意识的某种现代引述，可见于胡适先生对于吕祖谦认识论的推重，强调"善未易明，理未易察"，颇为精准地触及浙东思想理论气质的一个重要取向（由反道统论而反教条主义，倾向怀疑论）。参见《1946 年胡适在北京大学开学典礼上的讲话》，《经世日报》1946 年 10 月 11 日；《胡适全集》第 20 卷，《教育·语言·杂著》，安徽教育出版社 2003 年版，第 224 页；《胡适全集》第 26 卷，《书信（1956—1962）》，《复苏雪林》，第 721 页。

② 参见牟宗三《政道与治道》，第九章，中国台湾学生书局 2003 年版；牟宗三《心体与性体》（第一册），中国台湾中正书局 1999 年版，第 292、293 页。相类似作品还有张君劢《新儒家思想史》，中国人民大学出版社 2006 年版。

③ 有学者将叶适视为东亚反理学思潮的先驱，代表了一种制度论、以"礼"为中心的儒学形态（另一种为"相偶论"）。叶适思想颇具理论趣味（"皇极一元论""皇极之学"）。清儒颜元、戴震（1723—1777）日本古学派的荻生徂徕（1666—1728）与水心气质接近，可归为牟宗三所称的"皇极之学"。参见杨儒宾《异议的意义：近世东亚的反理学思潮》，中国台湾大学出版中心 2012 年版；朱谦之《日本的古学及阳明学》，人民出版社 2000 年版。

理想转进的最重要资产。反专制、潜在的民主亲和性，成为牟先生品评这一期政治思想的主要标尺。向现代转型、与西方早期现代性思绪的类似性，特别是与现代民主主义、自由主义的关联性，是这类标尺的重要指标。营造民主主义、自由主义的"辉格叙事"（the Whig Interpretation of History），在围绕《明夷待访录》等关键作品的现代研究中可谓方兴未艾。[①]

相当一类这一路径的思想史作品，都受到这一现代思想议程的激发，聚焦于追溯启蒙萌芽，寻求世俗理性的勃兴、个体意识和平等精神的觉醒、反专制主张的滋生（如反君权、倡导地方自治），并探讨近世晚期此种努力遭受到的"挫折"或"曲折"。牟宗三的《政道与治道》依据近世思想传统，对中西差异在政治理论上进行了比较深入的哲学阐释。中国政治传统被认为未能提出政道意义上的民主，以对公共政权进行合乎程序（民主选举）的权力交替，优长主要限于治道层面，即偏向权力的具体分配和技术运用。牟先生认为这个差距有其深邃的理性心性根源，即所谓中国是综合的尽理精神、重实践理性、理性的运用表现，西方是分解的尽理精神、重观解理性、理性的架构表现。中国传统在文化上、在内圣上、在哲学上自有其优胜处，在政治的历史与现实上却不得不承认需要向现代自由民主补课，这一判定基本上反映了港台新儒家文化上保守、政治上追求自由民主的立场。

这种相近立场，在海外汉学研究中也相当流行。卓越者如狄百瑞（狄培理）先生对于中国自由传统的重塑。狄先生坚信人类文明有深刻相通之处，兴盛于现代西方的自由主义并非别无分店，在宋明以来的儒学传统中其实有另一路的自由精神。基于道统的"自得""自任"精神孕育了不同于西方个人主义的人格主义观念，在宋明以来以士人为中心的讲学运动和面向基层的乡约建设中滋生发扬，其文化结晶是黄宗羲带有古典宪制批评力

[①]　参见孙宝山《返古开新：黄宗羲的政治思想》，《绪论》，人民出版社 2008 年版。

的政治思想。这个自由传统强调的是人文精神、中庸、博雅、政治的开明进取，笔者曾称之为文教中心的儒家自由观，也可视作钱穆强调之近世宋学精神的自由化诠释。[①]

现代性政治意识形态在思想史分析架构和评判标尺上的强势作用，除了透过自由主义，在反思性的后现代、左翼、保守主义（古典主义）学术编撰中也有表现。

汪晖《现代中国思想的兴起》以宋代近世文明作为考察现代中国的开端，敏锐把握到了理学对于现代中国思想的关键意义，视其为前现代中国主导性的道德政治评价模式。该书围绕理物、时势、经史、内外关系追溯了这一模式的近世演进，并进一步探讨了从天理世界观向公理世界观转型所包含的复杂主题。[②] 作者以"礼乐与制度的分化"为线索，强调理学的道德政治评价方式中三代礼乐与后世制度的张力，并从天理与时势的视角概括出理学家对于历史变迁既接受又批判的悖论式思想结构。作者把这种发现回溯至原儒时期的孔孟，认为悖论式思想结构乃是儒家政学的基本特征。而这种思想结构特征在现代中国还深刻影响了 20 世纪的政治文化精英，使他们对现代性抱持一种既部分接纳又反思批判的态度（汪晖称之为"反早期现代性的现代性"）。

汪氏过于强调了理学家思想中传统与现实趋于分化的张力，以理学历史政治观的激进方式将其转换为三代理想与后世制度的多层面比较，却未能从实践的内在视角把握儒家礼法的宪制构成价值。对于如何直面政治立国的秩序建构问题，他偏于从一种乌托邦批判的维度上考察其影响。这凸

---

① 参见狄百瑞《中国的自由传统》，贵州人民出版社 2009 年版。另见笔者评论，《道统与治体——宪制会话的文明启示》，《鸿飞那复计东西》，中央编译出版社 2014 年版。狄百瑞自承受钱穆先生影响，"培理"一名即后者所取。狄氏认为自身比钱先生更倾向于强调东西文化传统相通的资源，也是一种识见和进路。

② 参见汪晖《现代中国思想的兴起》，生活·读书·新知三联书店 2004 年版。

显了理学话语的批判性格，易于使人窥见其乌托邦潜能与现代意识形态之间的勾连，但对于宋儒道德政治思想的实践建构照顾不足。换言之，重其分，轻其合。比如对于萧公权高度评价的事功一派学者，王安石、陈亮等被视为一类"王霸事功论"，未能充分探究宋儒思想的多样实践意涵。①由于广义上的事功儒者与宋代政治实践更具有内在关联，这一视角对我们把握近世政治思想的实践精神更为有利，并便于从多样角度来比较认知理学政治思想的气质特征。如能充分顾及近世政治思想内部的多流竞合，对进一步探究从近世转向现代中国的思想精神变迁也将带来不同视角和图景。

沟口雄三先生的系列论著也极为强调近世儒学传统与现代中国之间的连续性。②他从自然法的视角试图发掘儒家道德政治思想的相关特质，将本来且合当这一两面性视为理学自然法观念的特别精神。具体地，沟口将发生于明清之际的儒家思想变迁视作孕育中国现代性的关键时期，注重其间个体私意识的崛起及其对于理学天理观带来的调整。他剖析了在公私之间实现的调适且保持天地万物于一体的大公理念，认为这种共同体式的、充满内在活力的近世儒学构成了现代中国革命尤其是社会主义革命的思想渊源。

从对于现代中国革命的精神回溯来看，沟口对于近世儒学所发挥的影响显得比汪晖更为积极肯定。然而，沟口虽然认识到唐宋之际的历史转折重要性，对于近世政学的处理还是显得过于集中于理学心学，将其编排作为衬托明清转变之蕴涵的主要背景，对于近世更为中心性的经世治体思想

---

①　这类意见自颜元以来颇见流行，于二者区分不甚了了。参见《颜元集》，《朱子语类评》。清儒如章学诚实斋，对于南宋浙东学术与理学之关系，也已无清晰辨别。

②　参见［日］沟口雄三《中国前近代思想的屈折与展开》，龚颖译，生活·读书·新知三联书店 2011 年版；《中国的公与私·公私》，郑静译，生活·读书·新知三联书店 2011 年版。

关注不足。如果近世儒学的内在多流能够得到更充分的考察，沟口对于由宋代到明清之际这一系谱的叙事将会大不一样，那种历时性的变迁以更具张力性的方式早已在近世早期的宋代思想中并时性地出现了。如果宋代政学传统与明清儒学的传统构造关联得到更充分理解，宋濂、方孝孺、张居正等人承续宋学张力的明代经世治体论得到有力阐发，沟口视野中的现代中国溯源也会呈现不同的竞争性图景。这一判断，也适用于其他一类处理明清思想的学术尝试。①

解读传统与现代思想之间的复杂关系，这在刘小枫近年对于熊十力的反讽式品读中也可发现。② 熊氏在中西交汇下对于天人共和国的憧憬，在刘小枫看来，与其说是对于现代自由民主理想的悦纳，不如说是近世心学一脉固有精神在现代启迪下的畅发，由此推动熊十力对传统经典中的儒家、法家提出了一套极具新意的阐发。这一套阐发不仅为哲人的"知几"之作，更是共和建国的历史时刻面向革命圣王的"迎几"建言。这种看法延续了刘小枫之前对儒家革命精神的源流考察。③ 最重要的是，秉持刘氏笔下原始儒家、法家的立场，刘小枫展现出对于心学一系现代新儒家的辛辣讽刺，批评后者取消了人性之间的根本差异，轻视了政治关系的永恒性质。试图透过基于道德心性的政教安排，使共和国实现天人之性的自由平等，这归根结底是一种浸透了现代启蒙精神的道德浪漫主义想象。刘小枫推崇古典哲人对于政治生活的洞见，在讽喻中更强调原始儒法的现实智慧。

---

① 参见张寿安《以礼代理——凌廷堪与清中叶儒学思想的转变》，河北教育出版社 2001 年版；《十八世纪礼学考证的思想活力——礼教论争与礼秩重省》，北京大学出版社 2005 年版。[日] 伊东贵之：《中国近世的思想典范》，中国台湾大学出版中心 2015 年版。周启荣《清代儒家礼教主义的兴起——以伦理道德、儒学经典和宗族为切入点的考察》，天津人民出版社 2017 年版。

② 参见刘小枫《共和与经纶：熊十力〈论六经〉〈正韩〉辨证》，生活·读书·新知三联书店 2011 年版。

③ 参见刘小枫《儒家革命精神源流考》，上海三联书店 2000 年版。

三　在传统与现代之间互观

以现代精神为导向的思想史研究显示，我们已深深内置于现代语境之中，需要审视历史与现实之间的深层逻辑。这在近世思想研究中尤其明显。而传统本位的思想政治溯源，固然可以依托传统学术方式和现代专业进路，暂时悬隔与现代性的关联（或潜隐不发），古今之辨、中西之别的文化命题却终是无法回避，毕竟问题意识的牵引或支配在此场域中运作。

思想史家张灏曾提出传统与现代化之间的互相观照，将传统视为多元丰富的悠久资源，与仍在展开的复杂现代性之间相互对察，或许能发展出一种居中调衡的视角，为我们无法彻底摆脱的现代进程尽可能汲取来自传统的有益教诲。这一点在其经世思想传统研究中即有体现。①

借由观念史和比较文明的进路，张先生早于20世纪80年代初期就对宋明儒学思想展开经世主题的剖析，提出了这一领域的经典分析架构。经过精深厚描，张灏提出经世思想乃是包括理学家在内的中心关怀所在，由此反驳近代以来过于强调理学内圣面的流行论调。他指出透过政治来建立理想人间秩序乃是经世思想的根本旨趣，进一步透过治道、治法等源自宋儒的核心观念，来阐释近世经世思想的关键层面。近世治道论以修、齐、治、平的大学之道为典型，理学家特别发展出以修身为本位的政治观，构成理想政治的基本原则。以此为前提，治法思想注重客观政治制度体系的建立，包括儒家礼法传统与官僚行政体系的治术经验。

这一分析的长处在于对儒家义理架构的通盘审视，注重思想内部的多重辩论张力，扣紧经世儒学在政治秩序上的观念层次，予以清晰晓畅的梳理和阐发。张灏特别强调这一经世传统在现代中国转型中发挥了重要影响，

---

① 参见张灏《转型时代与幽暗意识》，《儒家经世理念的思想传统》，上海人民出版社2018年版。

如治平理念逐渐让位于富强抱负，修身德性观念对于现代政治人物有深潜影响，理学三代理想对于现代世界主义、乌托邦主义的牵引。他认为，"制度重建之新的概念性资源既可以由从西方而来的新模型来充当，同时也可以通过儒家遗产内部平衡性之转换而获得，两者平分秋色"。在价值观上，张先生也指陈经世传统中的天人合一世界观有助于缓解现代人与自然和社会的外部性紧张，现代世界拓宽了经世局限于科举入仕的传统门径、国家发展而非道德共同体的愿景在现代得以充分推动。

在张灏先生的思想史分析架构中，既有来自多元文明比较视野的观念，如枢轴时代（the Axial Age）、心灵秩序（order of soul，引自 Eric Voegelin），也有带有古典宪制精神的概念，如幽暗意识、二元权威等。后者对于当代宪制法政意识的引入发挥了一定推动作用。张先生坦陈，"借助于现代化之视角，可以更为清楚地看到围绕经世观念而形成的宋明儒学社会政治思想所留下的是包含适应性与非适应性之观念与价值在内的混合资源。时至今日，支配我们对儒家传统图景之理解的仍旧是在中国现代化之灾难进程中推波助澜的非适应性因素。当下所需的其实是一个更加复杂而微妙的图景，在其中能够允许我们认识到作为儒家传统之内部转化结果的适应性因素在推动、形塑中国现代转型历程中所扮演的重要角色"[1]。

近世儒家思想与现代中国的深层联系，的确不能限于某种现代意识形态的溯源，而应认识到建构性与批判性因素的复杂结合。美国汉学家墨子刻（Thomas A. Metzger）的成名作《摆脱困境：新儒学与中国政治文化的演进》高度重视理学的政治文化意涵，强调理学与现代中国政治文化之间的连续性。[2] 墨子刻认为宋代儒者在 11 世纪王安石变法的激进改革失败后逐渐

---

① 张灏：《儒家经世理念的思想传统》。

② 参见墨子刻《摆脱困境：新儒学与中国政治文化的演进》，江苏人民出版社1995 年版。Escape from Predicament, *Neo-Confucianism and China's Evolving Political Culture*, New York：Columbia University Press，1977.

放弃大规模改造的志向，重心转向个人的内圣领域。而在道德修身过程中，根基于天理超越意识的道德自我与外在的现实世界产生很强的紧张性，蕴含了对于后者进行大幅度变革的冲力。但道德自我的确立与变革世界的难度非常之大，儒者在奋斗过程中的挫折、失望形成了一种根深蒂固的困境感。这个困境感在中国现代化过程中，构成了大力引进西方文明形式的潜在动力机制。因为通过后者，长期笼罩帝国晚期政治文化的困境才得以舒缓以至摆脱，西方的民主和科学被视为帮助人们摆脱长期困境的新式武器。

墨子刻借重现代新儒家唐君毅先生的哲学洞见，深入剖析理学道德政治思维的语法，针对马克斯·韦伯（Max Weber）的否定性论断提出异议，肯认儒家精神与现实世界之间存在紧张力量。韦伯的宗教社会学命题在这里发挥了设定论域的中心影响。墨子刻认为这种与现实世界的张力而非纯粹顺应和谐，是如此之强烈，以致形成了某种精神困境（形而上学的、心理的、政治的）。而近世儒家的诸种主张都可视为对此种困境的解决方案。摆脱困境的精神冲力一直延续到现代转型，20 世纪中国的大规模变革虽然在实质上反传统，在精神内力上却是出于对上述困境的克服而设定了自身的秩序理想。在这个意义上，现代中国政治在意识形态上的经验（如一套建立宇宙、道德和政治统一性的思想体系）可以从理学在近世中国的成功历史中获取相似的解码。

诚如张灏先生对该书的评论所言，我们需注意到墨子刻所谓的从外王转向内圣，其实是两种不同政治秩序观念的竞争和转换，困境感的政治一面其实并没有那么强烈[1]。而摆脱困境这一论式所蕴含的政治动力，是不是一种革命性的转型精神（接近刘小枫的革命精神溯源），以及现代中国政治思想的中西渊源比重，这些还都值得商榷。如果比较墨子刻与更为近期的研究，如孔飞力《中国现代国家的起源》，后者把握到了"根本性议程"的

---

① 相关评论可参见笔者旧作《政治思想史家的道与术》（载《道统与治体——宪制会话的文明启示》一书）。

宪制中心性，有益于我们从更为建设性的立国传统视野解读现代中国政治。而前者深入思想精神内部的探讨，比宽泛应用"政治参与、竞争和控制"等分析范畴，更有利于把握研究对象的特性。[①] 在理学造就的精神困境之外，近世立国的经世道路对于现代中国的政治转型是否有更积极的启发价值呢？我们能否以更为内在的方式揭示出近世以来家国构造的秩序思维，彰显其"根本性议程"？

墨子刻曾使用罗伯特·贝拉（Robert N. Bellah）（1927—2013）等人的"会话"和史华慈（Benjamin I. Schwartz）（1916—1999）的概念"Problematique"来阐述其方法论。我们可以把思想史看作一个历史的、延续的对话过程，一个时期的思想家们共同分享各种前提预设，在前提之下展开各种辩论、对话。

研究者处理这些对话，进行解释和评价，不可避免地牵涉到价值问题。对此，墨子刻主张一种"休谟后"的立场。既非休谟式的事实/价值二分而对后者避而不谈，也非"非休谟"式的缺乏自觉地用直觉或理性来评判二者关系，忽视二者区分。学者应该高度自觉自己的判断标准，充分了解其他标准，力求在已有标准中归纳出最大的共识，以此共识形成的标准来对研究对象进行评价，毋必毋我，尽力接近合理公允的评价。在这个意义上，研究者其实也参与了思想史的"会话"。而从长远看，这个"会话"将是一个开放的、不断进行的过程。[②]

这一自觉的会话意识，与张灏先生上述传统与现代之间的居间调衡，有异曲同工之妙。本文前两部分介绍了传统本位与现代导向两个进路，实

---

① 参见孔飞力《中国现代国家的起源》，生活·读书·新知三联书店2013年版。Philip A. Kuhn, *Origins of the Modern Chinese State*, Stanford University Press, 2003.

② 参见墨子刻《中国近代思想史研究方法上的一些问题：一个休谟后的看法》，《近代中国史研究通讯》1986年第2期；任锋《道统与治体——宪制会话的文明启示》，《如何理解史华慈问题》。

则在现代语境下，两造之间的对话、论辩仍处于开放进行中。在经历 20 世纪反传统冲击之后，随着传统复兴、现代国家建构的深入，我们更需要均衡审视近世以来的复杂思想资源，养成审慎辩证的政治心智。

四 近世秩序思维中的公义与法度：立国之道的治体论视野

钱穆先生在《国史大纲》"引论"中特别关注中西立国之道（立国规模）的差异。在他看来，现代中国的政治建构必须对自身的传统立国之道有充分自觉，不能简单依赖对于西方现成模式的抄袭或模仿。中国的现代政治理论也必定是在充分理解把握传统政学精义下的损益更新。这一点问题意识体现在钱穆的历史探究中，对当下学者仍具有重要启示。

钱先生对于宋儒在近世政治脉络下的贡献，很大程度上体现出他对于立国之道的一贯理解。比如宋学标志性的义理和经世精神代表了一套不同于唐人的思想理念，在精神信念和体制建设上蕴含了近世秩序的别致构想。经术理想派与史学实务派代表了宋学内部两种不同的政治理解，这个区分横切反映在传统学术分野的新学、洛学、朔学和蜀学中。当然，钱先生对于宋代立国之势的评价仍不免受到时代影响，偏向关注其不足，导致他未能充分估量围绕祖宗之法而演发演进的丰富立国智慧。[①] 相比起来，蒙文通先生对宋儒立国之道的观察窥见了其中关键。然而，钱先生、蒙先生在政治理论上通古今之变的自觉意识在后学处淡化、模糊甚或流失了。

正如张灏先生提示的，我们不仅要关注传统中与现代转型非适应性的、阻抑性的因素，也要重视那些适应性、具有建构积极性的因素，才能形成关于传统的复杂而微妙的整体图景。

对于现代中国转型的深切洞察，若落实在现代立国之道，应该清晰地

---

① 参见李裕民《宋代"积贫积弱"说商榷》，《陕西师范大学学报》2004 年第 3 期；吴铮强《宋朝国运真相》，《人民论坛》2013 年第 1 期。

以对于近世政治体构建的内在逻辑把握为前提。钱穆、蒙文通等人的学术探讨已发先声。但是整体上，这一点仍没有得到认真对待，尤其是深入思维历史层面的深切探讨。

在这一点上，作为现代国人的我们，需要有一个基本的知性诚实，承认中国作为超大规模的文明—政治共同体有其长久形成的立国传统。在我们不断呼吁变革的同时，对此传统应持有充分的正视和尊重。否则，我们的政治心智必定是偏倚而不稳的。

本书以近世早期的秩序思维演进为关注中心。有宋立国所蕴含和引发的政治体构建之道，对于宋学及其政治思维的形成具有根基性意义，而后者又可以说是近世以降乃至现代政治思维的切近源泉，对于明清立国、现代共和影响深远。

对宋代立国之道的认知，近代以来受到时代国运的影响，严重低估了宋所代表的人类近世文明的巨大贡献。其在社会经济、文化艺术方面的成就已被晚近研究不断证实，此处不赘言。这样的文明贡献，很难在"积贫积弱"这类过于受后见之明、受转型国运低落支配的政治视野中得到解释。至少，此类从贫弱判断出发，发展为变法改革动员的政治判断（"贫弱—变法"叙事），只是宋代立国演进的一阶段一部分。这类变法主义的视野，我们在钱穆的国史分析中、在萧公权对于宋代政治思想的重心判断上、在卢国龙《宋儒微言》政治哲学分析的场景设定中、在汪晖对于理学政治思维批判精神的强调中都能窥见其强大的时代支配力。

在传统学术中，对于一代治道的整体源流探讨本是中心内容，如宋代吕中的《宋大事记讲义》、王夫之的《宋论》，以至民国学人孟森的《明史讲义》《清史讲义》，尤能体现出这种思想旨趣。质言之，近世政治思想研究应当注重立国之道的传统视野和现代启示。这是一种以立国之道为本位的历史政治视野，不限于变法改革，而是构成了审视保守政治和变革政治的元背景。

宋代政治建构自太祖、太宗起，经由真宗、仁宗，至以范仲淹和胡瑗为标志的宋学兴起，一步步呈现思想学术的繁荣和分化，迨至南宋时期国运隆替之后，又经由浙东儒者群体系统地展开立国之道的反省和再思，这是观察近世秩序思维演进的一个基本视野。

此处对传统政治思维的探讨不妨引进宪制视角。所谓宪制，即一个政治体得以构成和维系的根本要素组合。① 宪制要素包含多样类型，含括共识、先例、习惯、礼俗与法律。它们对于权力的规约经历了长期演进，古典宪制注重传统意义强的惯例与礼俗，现代西方则提供了创制成文宪法的典范，并衍生诸多现代理念（如人民主权、人权、自由）为之提供论证。这些要素如何构为一个宪制形态，精神性、社会性和政治性要素如何互动和转化跃迁、如何经历历史化考验，是理解秩序变迁的关键视角。

中国作为超大规模的文明和政治共同体，在千百年演进中形成了自身的宪制传统。传统所谓立国之道、立国规模，如钱穆国史分析所示，即此之谓。在儒家传统中，孔子"祖述尧舜，宪章文武"的学思旨趣体现出对于三代政治典范立足于周文的尊重、保守和损益。秦汉以来，《尚书》《春秋》《周礼》《大学》等经典为历代政治人物探索立国建制提供了典范资源。儒家士大夫如贾谊、董仲舒、荀悦、杜恕、王通、魏徵、杜佑等，讲求经制、治体，在吸收诸子经史的基础上发展出丰富的宪制论述。尤其是治体思想、治体论，涵摄治道、治法与治人三要素的系统构造，为我们理解汉唐以来大一统郡县制国家的秩序机理，提供了十分关键的理论资源。汉唐政治体的成功建构，莫不得益于传统宪制思维的精深智慧。

近世法度意识可以从一段常为治史者引用的文献中窥见。《续资治通鉴长编》卷一百四十三记载庆历三年（1043），"枢密副使富弼言：'臣历观自古帝王理天下，未有不以法制为首务。法制立，然后万事有经，而治道可

---

① 参见任锋《重温我们的宪制传统》，《读书》2014 年第 12 期。收录入本书的附录部分。另可参见苏力《大国宪制：历史中国的制度构成》，北京大学出版社 2018 年版。

必。宋有天下九十余年，太祖始革五代之弊，创立法度。太宗克绍前烈，纪纲益明。真宗承两朝太平之基，谨守成宪。近年纪纲甚紊，随事变更，两府执守，便为成例。施于天下，咸以为非，而朝廷安然奉行，不思划革。至使民力殚竭，国用乏匮，吏员冗而率未得人，政道缺而将及于乱。赏罚无准，邪正未分。西北交侵，寇盗充斥。师出无律，而战必败，令下无信，而民不从。如此百端，不可悉数。其所以然者，盖法制不立，而沦胥至此也。臣今欲选官置局，将三朝典故及讨寻久来诸司所行可用文字，分门类聚，编成一书，置在两府，俾为模范。庶几颓纲稍振，敝法渐除，此守基图救祸乱之本也。'上纳其言，故命靖等编修，弼总领之"。

文中出现的"法制""纪纲""法度""成宪""典故"，构成了传统"治道""政道"的主干，是实现"万事有经"的宪制保障。宋代政治家依据自家传统创法立制的努力在这里清晰可见，这是一种于具体历史演进中讲求治体法度的宪制思维。

北宋李清臣《法原策》提出，"法立，而天下之心定，而治道毕矣。法为贵，君位次之。法坏则民亡，民亡则君如之何其尊且安也？故人主尊法，惧法之不立也，故以身先之"，"圣主立法，贤王守法……法固则君尊，法摇则君削"，"法者，天下之公也，千世之守也，大道也"，对于孟子"民为贵，社稷次之，君为轻"的论说进一步从法度的中心视角彰显秩序要义。①方孝孺的治法和治人论显示出宋明治体论的共通特质，"欲天下之治，而不修为治之法，治不可致也。欲行为治之法，而不得行法之人，法不可行也。故法为要，人次之。二者俱存则治，俱弊则乱，俱无则亡，偏存焉则危"②。"法为贵，君位次之""法为要"，君主应"克己为法"，这是近世儒学中治体

① 参见曾枣庄、刘琳主编《全宋文》（第78册）卷一七一四，上海辞书出版社、安徽教育出版社2006年版，第378、379、380页。

② 方孝孺著，徐光大校点：《逊志斋集》卷三，《官政》，宁波出版社2000年版，第79页。

治法论述的新进展，已不是先秦儒法之辨所能范围。南宋史家李焘有言，"二典若稽古，夏有典则，商云成宪，周云旧章，汉云故事，子孙莫之敢废，王安石变更法度，厉阶可鉴"①。南宋王十朋《廷试对策卷》言："臣闻有家法、有天下法。人臣以家法为一家之法、人君以家法为天下之法……我太祖太宗、肇造我宋之家法者也。真宗、仁宗至于列圣，守我宋之家法者也。先正大臣，若范质、赵普之徒，相与造我宋之家法者也。在真宗时有若李沆、王旦、寇准，在仁宗时有若王曾、李迪、杜衍、韩琦、范仲淹、富弼之徒，相与守我宋之家法者也。"② 这提示我们要注意近世开始成熟的国家法度传统，尤其是它对于政治思维传统的塑造。③ 家学、家法，指向秩序形成的初始群体，在君主和士民不同层次建构开来，是由政学相维衍生共治秩序的基础环节。家国秩序的构建，在近世体现出鲜明的宪制化、法度化特征，这是治体论中治法层面的重要进展，非常值得我们体味。

明人陈邦瞻在万历年间观察世势趋向，"宇宙风气，其变之大者有三：鸿荒一变而为唐、虞，以至于周、七国为极。再变而为汉，以至于唐、五季为极。宋其三变，而吾未睹其极也。变未极则治不得不相为因，今国家之制，民间之俗，官司之所行，儒者之所守，有一不与宋近者乎。非慕宋

---

① 李焘：《续资治通鉴长编》（第一册），中华书局1995年版，第27页。

② 王十朋：《梅溪集》，《景印摛藻堂四库全书荟要》，集部，第48册，中国台湾世界书局1988年版，第4页。

③ 高明士先生认为汉以来君臣共治，建立礼律秩序。汉唐中古时期，政治力与社会力互为妥协，上古三代，政治力依附于社会力，近世则社会力依附于政治力。高明士：《中国中古礼律综论：法文化的定型》，商务印书馆2017年版，导论，第4页，及第十五章。宋明儒"回向三代"的理想放在这个背景下，如叶适所概括的"祖宗立国之定势，则常因儒者之学以求三代之旧而施之于政事之际"（《水心别集·廷对》），就显示出政与学相维相制、对国家法度传统谋求政府和社会之平衡的用意。关于汉唐中古儒家与法度，可参见陈苏镇《春秋与汉道：两汉政治与政治文化研究》，中华书局2011年版；朱腾《渗入皇帝政治的经典之学：汉代儒家法思想的形态与实践》，中国政法大学出版社2013年版；马小红《礼与法：法的历史连接》（修订本），北京大学出版社2017年版。

而乐趋之，而势固然已。舟行乎水而不得不视风以为南北，治出乎人而不得不视世以为上下。故周而上，持世者式道德，汉而下，持世者式功力，皆其会也。逮于宋，则仁义礼乐之风既远，而机权诈力之用亦穷。艺祖、太宗睹其然，故举一世之治而绳之于格律，举一世之才而纳之于准绳规矩，循循焉守文应令，雍容顾盼，而世已治"①。宋明政治崇尚法度格律准绳，秩序法度化似成一客观秩序趋势。明太祖曾与大臣说，"卿等为生民计推戴予。然建国之初，当先立纪纲。元氏昏乱，纪纲不立，主荒臣专，威福下移，由是法度不行，人心涣散，遂至天下骚乱"②。有学者认为，明太祖政治的一大突出特征是高度重视礼法，维护等级秩序（所谓"防"），"礼法，国之纪纲。礼法立，则人志定，上下安。建国之初，此为先务"③。

颜元于明清之际痛言，"宋、明两代之不竞，陈文达（亮）一言尽之，曰：'本朝是文墨世界。'明太祖洞见其弊，奋然削去浮文，厘定学政，断以选举取士，可谓三代后仅见之英君。卒为文人阻挠，复蹈宋人覆辙，则庆历学术之杂乱，启、祯国事之日非，皆崇尚浮文之祸也"④。明代立国惩于宋儒指陈出的文法之弊，去浮文而尚质实，揭示出近世政治往复的内在机理。张居正时时引宋儒论治体之言以针砭时弊，反复检讨陈亮等人所指出的任法和议论型政治，对于明代立国之道的阐明颇得宋学经制事功一派的某些精髓。例如，论明代立国规模法度，大略似商周，整肃威强，又推崇明太祖"神圣统天，经纬往制，六卿仿夏，公孤绍周，型汉祖之规模，宪唐宗之律令，仪有宋之家法，采胜国之历元，而随时制宜、因民立政、取之近代者十九，稽之往古者十一，又非徒然也"⑤。对于明初太祖立国的

---

① 陈邦瞻：《宋史纪事本末》，"叙"。
② 《明太祖实录》卷十四，甲辰正月戊辰。
③ 参见罗冬阳《明太祖礼法之治研究》，第一章、第五章，高等教育出版社 1998 年版。
④ 《颜元集》，《习斋记馀》卷六，《阅张氏王学质疑评》，第 491 页。
⑤ 参见张居正《新刻张太岳先生文集》卷十八，《杂著》；卷十六，《辛未会试程策》。

治体论肯认，即使遵守宋人轨范、对明制颇多批评的方孝孺也有积极表达，在阳明学兴起后的罗汝芳、管志道观念中也有非常高调的呼应。其中，近世宋元明政治演进中的治体论逻辑，无疑可以为我们提供具有穿透性和阐释力的内在思维视角。

关于近世"以法为治""国家以法为本，以例为要""本朝以律为经"的论述，在宋明儒思想中十分引人注目，在现代中国却沦为一个被遮蔽的历史议程。① 这种紧密结合立国政治实践而发展起来的儒家治法思想指向治体论的法度纪纲层面，与我们较为了解的心性道德之学构成了近世秩序思维的两个基本创新点。借用孔飞力对于现代中国起源的探讨，以秩序公义化和法度化为中心的政学演进可谓近世以降的一大"根本性议程"。我们还可以看到，近世治体公共性在治道、治法和治人层面俱有表达，治法法度的公共性（"公法"）与治道和治人的公义、共治形成了一个蕴涵多重张力的政治构造。换言之，围绕君主威权与共治建构起来的治道公共性，如何在纪纲法度中得以落实，与公法产生何种对应，是治体思考推动下秩序演进的核心动力。围绕立国之道探讨近世兴起的治体理论，为我们理解政治传统中的经世思维，提供了一个着眼于内在实践的秩序视野。即使是理学家批判意味强烈的论调也应置于这一政法视野中来，才能体现其实践含义。

作为一类政学相维的精英群体，士大夫的思想需要紧密结合所处实践传统来考量。② 从实践主体所处政治传统的演进来观察政治思维，士大夫论说的价值可能更多在于对政治传统资源的发掘、诠释和提升，产生的思想之争关系到对于政治路向的不同构想，其间对于实践之善的关注可能更优先于史实之真。这一点最容易为现代专业分科下的研学者忽视和误解。

---

① 参见任锋《"以法为治"与近世儒家的治道传统》，《文史哲》2017 年第 4 期；《叶适集》，《水心别集》，中华书局 1960 年版，第 834、807、806 页。

② 关于政学相维，参见任锋《政教相维下的"兼体分用"：儒家与中国传统的文教政治》，《学海》2014 年第 5 期。

当前的政治思想研究，既要抵抗各种现代意识形态的收编和俘获，避免成为某种"主义"心智的传统证成，还要反思现代学术分科的切割和宰制（如述古之哲学史、史料学之史学、唯西学是从的政治学），也要对于传统里层累积成的诸种门户标签保持反省意识（如经史、汉宋、经学今古文）。① 如何领会中国学术传统通人通学的精神理念，把握经史经世之学的真精神？这就需要我们准确而深入地潜入传统思想世界，力求如其所是地呈现其间的多声部变奏。敬畏并倾听先贤智慧，整全地再现其运思精义，而非站在虚妄的现代立场肆己私智——这是我们走向心智成熟的起点。

从宪制传统来理解中国的现代转型，笔者曾指出近世中国所孕育的现代性变迁主题主要包含两个层面：一个是中国所身处的越来越具备竞争性乃至压迫性的区域与世界格局所提出的挑战，另一个是中国内生性之公共秩序聚合的国家议程。自宋代开始，这两个主题扮演着决定中国文明命运走向的重大力量，晚清以来所面对的大变化并不超越这个基本范围，而国人应对这种变迁的思想努力主要表现在近世新儒学传统的形成及其转化之中。②

所谓"内生性的公共秩序聚合"，在宋代即建立一个摆脱五代政治恶性循环的优良秩序，或曰走出由武人力量非理性支配的地方割据乱世。这方面，我们可以看到文人士大夫逐渐取代武人占据政治中心，经此军政关系的理顺、文治政府的强化，政治建构越来越注重纪纲法度的制度化，中央集权的大一统得到巩固。这个政治基调主导了近世以来的中国共同体秩序，

---

① 例如，蒙文通先生批评《宋元学案》过于以伊洛理学为宗主，对于南宋浙东学术的源起和后续都不能准确分析，轻视北宋多元儒学对南宋的启发，也忽视南宋浙东学术对于明儒宋濂、王祎、方孝孺等人的影响。清代之浙东史学，不了解宋代之浙东学术。参见《蒙文通全集》，《评〈学史散篇〉》，巴蜀书社 2015 年版，第 478 页。

② 参见任锋《天理、治体与国势：现代变迁中的儒家传统》，《文化纵横》2014 年第 1 期。笔者在这篇文章中提出了方法论意义上的两点主张，"以中化西"与"古今相维"。关于近世以来两个变迁主题的第一方面，可参见孙卫国《大明旗号与小中华意识：朝鲜王朝尊周思明问题研究（1637—1800）》，商务印书馆 2007 年版；葛兆光《宅兹中国：重建有关"中国"的历史论述》，中华书局 2011 年版。

宋代前期的立国政治家在其间显示出不凡的政治技艺。君主和中央政府的权力强化趋势，意味着近世以来的国家公共秩序构建、国家要素，需要得到重新诠解，不能简单套用"民主—专制"的评价尺度予以臧否。① 而一个文治取向、注重祖宗之法的统一政治体，面对近世社会结构的平民化，秩序的公共性面向随之不断强化。这在宋代开始盛行的公共意识和公共性，特别是公道、公论和公法观念中得到体现，在明代阳明学兴起的浪潮下也有复兴。② 这些趋势在宋学兴起和繁荣演进中，逐步汇聚为以治道、治法、治人为核心要素的治体论传统。治体论传统在近世达到成熟阶段，与近世家国秩序在政学相维下的公义化、法度化趋势息息相关。其间，政治权威与共治力量的宪制整合、构造政治社会中心是其核心议题，它们为秩序赋权，并提供规范化形态。

北宋儒学复兴中王荆公新学、司马光朔学、二程洛学、苏轼蜀学围绕变法展开思想竞争。新学和洛学最能体现变革思维的精神气质，司马光、苏轼等人则在论争中初步显示出对于宋代祖宗之法、立国规模的辩护和阐释。二程兄弟重视治道与治法的观念组合，在后世《近思录》中它们开始成为理学治体思维的核心范畴。浙东一脉士人积极整合北宋诸家儒学资源，深化推动了对于纪纲法度的治体论思考，这两个思想趋向在南宋理宗时期吕中的《宋大事记讲义》中以系统形式得到提炼与运用，在后继马端临《文献通考》、丘濬《大学衍义补》中有进一步发挥。而明代立国，浙东儒

---

① 对于王权的复杂蕴涵，不能简单套用现代民主主义标尺进行意识形态批判。王权有其自私任性的一面，也有代表公共性的一面，作为宪制建构的关键要素发挥积极作用。如吕思勉先生从维持民众和治者阶级的势力均衡视角来定位君权，并指出周秦之变的要害在于"帝制成功，君政废坠"，颇具启发性。参见吕思勉《中国政治思想史》，第四、五讲。

② 参见任锋《道统与治体——宪制会话的文明启示》，《公论观念与政治世界》，中央编译出版社 2014 年版；《公共话语的演变与危机》，《社会》2014 年第 3 期；吴震《阳明后学研究》，上海人民出版社 2003 年版，第九章。

者刘基、宋濂、王祎、方孝孺继承推进了治体论思考，张居正基于明代立国规模对于阳明学、浙东治法论又有集大成的创造综合。这一脉思想传统一直演进至明清之际和晚清民国。

当我们观察宋明儒学演进，无论是洛学、朔学、新学、蜀学，是南宋理学与浙东经制事功学，抑或阳明学及其异议者，应当意识到他们共处于这一经世治体思潮的演进中，共享相当多的理念共识和思维共性。只有融贯呈现史华慈意义上的通见（Vision）和"论辩性谜题"（Problematique），才能恰当地理解思想家们的智识贡献与争议所在。① 相对依据三代经学典范和诸子资源来为变革变法提供指引，宋代经制事功学者发展了充分正视和尊重现实政治经验智慧的立国思维，现实立国传统成为政治思考的根本出发点。我们尝试以"变革思想家"和"立国思想家"对此提出区分阐释。后者的政治思维代表了经世传统中实践性较强、传统潜力持久的一个流脉，也是我们理解现代中国立国理念的基本范例。而如果采取广义的立国思维视野，深受变革精神影响的理学治体论实则为后世政治变迁预留了以变革谋求重新立国（reconstruction）的思维基因。

变革思想家侧重治道原理重构的理想型取向与经制事功学侧重治法演进的保守立国取向，开拓出了近世以降立国思维一显一隐的双重源流。保守立国思维，较之潜在而激昂的三代理想立国，更为充分自觉地探讨国家宪制构建。二者共同构成近世治体论、儒学政理的大义格局，在明清之际的《明夷待访录》里凝练促成了一个极具综合意味的、前所未有的立国思维突破。在晚清以来朱一新、章太炎、宋育仁、钱穆等人对于《明夷待访录》的多维评价中，我们又可以看到源自传统治体论的"正黄"。与基于现

---

① 参见［美］史华慈《古代中国的思想世界》，程钢译、刘东校，第三章，江苏人民出版社 2003 年版。Benjamin l. Schwartz, *The World of Thought in Ancient China*, Belknap Press, 1985. 笔者用"论辩性谜题"来称呼这一由法文转来的概念，参见任锋《道统与治体——宪制会话的文明启示》，《如何理解史华慈问题》。

代西来意识形态的诸多"辉格叙事"及其反题（如民主与民本之争）不同，治体论意义上的"正黄"不限于民主政体、自由人权观念等要素的传统证成或证伪，而是揭示出治道、治人与治法多维关系的复杂性，指向理解立国之道的传统根基与义理规模。这一思想史上的"正黄"历程，为我们省察共和源起所依赖的精神质素和智识资源，提供了颇具透视性的思维视野。

扼要言之，重视近世立国之道的历史政治前提，进而在这个前提下去观察宋明儒学兴起的政治思维世界，是我们理解近世乃至现代政治思想演进的重要基础。宋代之后的元明清政治发展各有其特点，然而在政治思维尤其是占据主导文化传统的核心地带，宋学所铺陈的基本架构和主题议题却发挥了长期影响，晚清以来如严复、陈寅恪等人曾就宋人政俗传统不断言及这一点。① 治体论在明清政治思维中仍然是一中心线索，明代刘基、宋濂、方孝孺、张居正，明清之际黄宗羲、王夫之等人的思想、晚清《皇清经世文编》都有清晰显示。治体论在现代政治思维中的表现，也是一个值得深思的问题。

深入发掘近世政治思维的内在逻辑，尤其是聚焦于立国之道的秩序建构主题，将为我们呈现与既往思想史、哲学史不一样的思维图景。在推明治体的意义上，治道问题（如道统论指向的政教关系、"以儒立国"、国本、公道、文质、宽猛、夷夏、正统、革命、更化）、纪纲法度问题（"以法为治"、治法治人、祖宗之法、家法天下法、礼法、儒法关系、治势理势）、政德问题（治人、人职、政治风度、政治技艺、礼臣、英雄豪杰）、公共性问题（公论、公法、公道），共同推动了近世治体论的演进，显现出近世士民构建家国新型共同体的实践智慧。如果我们以家国再造为中心视角，需要注重与此相关的三重秩序智慧：立国政治家（涵括王安石、张居正等改革变法家）的实践智慧、三代理想主义的立国论与保守国本的立国论。这三重资源对我们理解百年共

---

① 参见王栻主编《严复集》（第3册），严复《与熊纯如书》第五十二（1917年4月26日），中华书局1986年版，第668页；陈寅恪《金明馆丛稿二编》，《邓广铭宋史职官志考证序》，生活·读书·新知三联书店2001年版。

和的立国思维竞争也深具启示价值，各种西学智识的吸纳与传统中国多样学思的激活实则很大程度上依托此三重资源的调配，比如包括自由主义、社会主义在内的意识形态引进与理学历史政治哲学的深度精神契合、新儒家新法家与国家体制建构之间的关系重整。治体论涵括了中国传统对于治道、治法、治人三要素之关系形态的多样理解进路，需要我们从宪制视角予以周全而深入的剖析阐释，也为我们超越西方现代政体论的狭义视角提供了更具系统性的思维空间。天理观的兴起在此一视角下，可以得到新的秩序性解释，宋明儒学内部的思想竞争（从"经术派"与"史学派"之分化，到南宋理学与经制事功学的竞争，到方孝孺与张居正的不同立国进路）则体现出性理与事理不同本位的政治思维取向。

传统的学案、学术思想史研究，在治体论立国思维的政治理论视角下，将为我们呈现不同的思想与历史图景。我们常常看到，人们喜用儒、墨、道、法等周秦诸子的学派标签来衡定近世以来思想人物，如朱子以管、商、纵横视浙东儒者，如流俗以法家论王荆公等变法家，如刘咸炘、卢国龙关注宋学中的道家因素，熊十力以儒、释、道、法解析张江陵。[①] 这样的类比剖析固然体现出中国政治思维的传统延续性，引导我们思考背后的思维共通性，然而，对于近世以来政治思维演进的重要经验事实，这种做法也容易产生遮蔽效果。近世治体论的发达、纪纲法度之治法论的系统化，其实见证了经学传统的重构、史学撰述的勃兴与诸子汇融的进一步深化，代表了中国政学传统的又一创新高峰。[②] 它所表征的秩序宪制化、法度化，对于

---

① 参见熊十力《韩非子评论　与友人论张江陵》，上海书店出版社 2007 年版。

② 比如常被用以与叶适、明清实学做比较的日本学者荻生徂徕及其徂徕学，在日本政治思想史上以其程朱理学异议者的地位颇受重视。关于他的思想性质，学界研究或趋于与现代西方政治学作比附，或强调其接近法家的思想精神。若将其置于近世治体论传统下来观察，简单比附西方或挪用周秦思想范式，都会显得较为外在而不贴切。相关研究，参见［日］丸山真男《日本政治思想史研究》，王中江译，生活·读书·新知三联书店 2000 年版；韩东育《日本近世新法家研究》，中华书局 2003 年版。

我们理解现代中国的法政转型关系重大，不能由于后人无学无知而沦为被遮蔽的断流、被忽视的议程。

回顾来路，在现代中国曾经盛行的政治发展模式，强调西方现代道路的普遍适用性，从而造成了对于本国政治传统的轻忽或否弃，最终形成一种立国之道的模仿进路。在模仿立国的政治思维下，现代国人汲汲于发掘近世思想文化传统中的可比附因素，如自由民主意义上的启蒙（私的觉醒、公私新义、权利意识、科学实证理性）、反专制（批判和制约王权）、革命主义的解放斗争、平等意识、乌托邦主义，不一而足。

治体论提醒我们关注近世政治传统在现代转型中的深层影响，引导我们注重立国政治要素自晚清以来所经历的延续与变异。这些要素如政治体的精神基础、治理模式、政体特征、治人养成，很可能是一个超大规模文明共同体无论处于何种时代都必须处理的根本构成。我们矢志追求的共和理想，在培育民主精神的同时，需要清醒认知共和构成中的王制和精英制要素，均衡看待政治权威、法度与共治的秩序整合难题，领会国本、世族和经制对于治体公共性的支援价值。宋明以降治体公共性的成长，不能理解为朝向现代民主制的急行挺近或曲折转向，其中蕴涵着诸如尊王、礼贤这些治势、国本型要素（叶适语）在漫长理势中的秩序性累积。① 这是近世秩序宪制化的基本问题意识，不会因理想激情的热望而断绝其历史积业的影响，需要我们予以有力的重新彰显。现代立国之道有赖于对传统宪制要素的激活和扩展。与既有社会之民情、道德、礼俗相悖乃至敌对的宪制模式，不会生成秩序性的生命活力，相反会造成整体社会的紊乱动荡。在深受诸种现代意识形态纷扰的转型中国，具有纵深视野地透视治体代兴，深入提炼我们的宪制传统，将是共和政治走向心智成熟的必经之道。

---

① 叶适的这几个概念参见《叶适集》之《水心别集》"进卷"卷一、卷二《治势》《国本》诸篇，中华书局 2010 年版。

第一篇

第 一 章

治体论的思想渊源与近世演进：
从贾谊到司马光

当前的政治理论发展，越来越意识到了在政治实践经验与政治传统智慧之间去探寻和建立富有活力的有机关联。如何把握中国政治发展的内在逻辑与特质，如何将其现实表达与更为悠久丰富的传统实现有效联结，这些重大问题随着中国走向现代成熟，越来越需要做出深刻阐释。工作的第一步，首先需要对中国政治传统的内在理路有精准而系统的知识整理与思想提炼。

治体论是中国传统中源远流长而积淀深厚的宝贵资源，在政治制度和政治思想的发展中影响深远。治体探讨，归属于大的经世传统，最能体现中国古人关于政治体系判定的意向和重心。张灏先生的经世传统研究提供了深具启发性的线索。① 他提出传统经世思想包含三个层面，首先是以儒家入世代表的基本文明取向，其次以政治为经世中心，阐述政治基本原则和原理，即所谓"治道"，最后是"治法"代表的客观政治制度和礼俗。张先生从宋代理学巨擘程颐思想中援引了"治道"和"治法"这一对概念，二

---

① 参见张灏《转型时代与幽暗意识》，《儒家经世理念的思想传统》，上海人民出版社 2018 年版。Chang Hao, "The Intellectual Heritage of the Confucian Ideal of *Ching-shih*", in Tu Weiming ed. , *Confucian Traditions in East Asian Modernity* , Harvard University Press, 1996 , pp. 72 – 91.

者是理学治体论的核心概念。贴合中国传统脉络的这一范畴，我们可以由此而俯瞰汉宋以来的政治传统，透视治体论的历史演进，进一步发掘其理论价值和现代相关性。

◇ 第一节　治体论：概念、分期与初期发展

所谓治体论，是指出于一种政治秩序构造的体系意识，围绕政治社会秩序的关键要素及其构造演进提出诸多概念、观念与议题，进而形成的一个秩序理论范畴。就概念而言，治道、治法、治人、治纲、治术、治具、纪纲法度是其重要构成，而国体、政体、政道、规模、宪章、典制是其约等义的同类概念。① 不同的议题侧重下，概念丛又各异。比如治体论的传统维度，就有成宪、经制、故事、国本、祖宗之法等，制度规则维度则有纪纲、法度、条贯、典宪、体统、统纪等，其动态演进有更化、革命、维新、损益、遵守等。

大体上，治体论演进经历了四个阶段：先秦时期以五经系统为根基，儒、法、道、墨等诸家提供思想元素，属于渊源阶段；由汉至唐，围绕大一统郡县制国家的形成，儒、法、道诸家竞争融合，衍生治体理论的古典形态，可视为汉唐成长阶段；近世以来，由宋至明清鼎革之际，治体论在宋学兴起中有充分建构和分化，属于近世成熟阶段；之后直到晚清，治体论的思想建构承袭传统规模，罕有突破，可视为中落阶段。

治体论渊源在于五经代表的中国经典系统，尤其是《尚书》《周礼》《易》与《春秋》。春秋战国时期的诸子百家，以儒、道、法、墨为主，基于经典系统在论辩中先后提出治体论的诸多端绪。《论语》《孟子》《荀子》

---

① 传统文献中此类概念的意涵，如政体，并不同于现代中文语境中的同名词，这一点需要指出。

关于礼与仁、三代文质、君子小人、徒善徒法、道揆法守、治端法原的论述是其中大者。道家基于自然之道深化了政治秩序的原理探讨，从天道性命角度提出深刻反思，如提出"治具"与"治道"之不同，后者扎根于天道九变的政治逻辑。① 法家顺应世变，相对在治法层面丰富了制度性资源。其中如"四肢六道，身之体也。四正五官，国之体也"（《管子·君臣下》）中的治体意识，以及对于任法、法法的专门探讨，为秦汉之际新秩序缔造提供了重要思想线索。②

汉唐成长阶段的治体论，以汉初、汉魏之际和唐代开国为重要节点。

治体论由贾谊首发其端。在收集了主要奏议政论的《新书》里，治体作为一个较为自觉的观念浮现出来，这首先预设了一种政治理解的体要意识。经历了战国以来的长期动荡，如何在政治实践中辨识秩序根本，可以说是这个体要意识的历史动因。在秦汉之际如何构建一个和平有序的大规模政治体，这一具有世界政治意义的大挑战，触动了当时最卓越政治心灵的思维意向。明确论述"治体"的《俗激》篇，开端就批评汉初的大臣和刀笔吏"不知大体"，只重视牍书期会，忽视人心风俗。③ 君主和大臣如何确定角色？分封制与郡县制如何协调共存？匈奴强敌如何应对？对于这些问题，只有立足综合性的秩序视野，才不至陷入就事论事的局促和纷乱。《数宁》篇批评那些妄言天下已达治安者，"皆非事实知治乱之体者也"④。

---

① "形名者，古人有之，而非所以先也。古之语大道者，五变而形名可举，九变而赏罚可言也。骤而语形名，不知其本也；骤而语赏罚，不知其始也。倒道而言，迕道而说者，人之所治也，安能治人！骤而语形名赏罚，此有知治之具，非知治之道；可用于天下，不足以用天下，此之谓辩士，一曲之人也。"语出《庄子·天道》。

② 参见《管子》卷一一，《景印文渊阁四库全书》，子部三五，第729册，《君臣下》，中国台湾商务印书馆，第125页。

③ 参见贾谊《新书》卷三，《景印文渊阁四库全书》，子部一，第695册，《俗激》，中国台湾商务印书馆，第404页。

④ 参见贾谊《新书》卷一，《景印文渊阁四库全书》，子部一，第695册，《数宁》，中国台湾商务印书馆，第393页。

要达到政治上的"治",需把握通向秩序的"体","夫本末舛逆,首尾横决,国制抢攘,非有纪也,胡可谓治!"(《数宁》)贾谊陈言,"以陛下之明通,因使少知治体者得佐下风,致此治非有难也"。

贾谊强调"治天下"不同于"取天下",需具公共精神的"至仁"与显示创制能力的"至明",二者对应着政治精神与礼法制度。尤其是后一方面,"立经陈纪,轻重周得,后可以为万世法程,后虽有愚幼不肖之嗣,犹得蒙业而安"①,其中多次出现的"经纪""法程""政法""国制",都指向一个稳定而持久的、弥补治人主体素质之不足的礼法秩序。

《俗激》篇论述治体直接引用管子,"管子曰:'四维:一曰礼,二曰义,三曰廉,四曰耻。''四维不张,国乃灭亡'。云使管子愚无识人也则可,使管子而少知治体,则是岂不可为寒心?""知治体"被视为古今政治家的重要智慧。《新书》在思想来源上以儒为宗,摄取黄老道家、法家,对于《管子》颇多称引。

"四维"说,语出《管子》首章《牧民》的"国颂""四维"。"四维"指国家构成的纪纲大法,"国有四维,一维绝则倾,二维绝则危,三维绝则覆,四维绝则灭。倾可正也,危可安也,覆可起也,灭不可复错也。何谓四维?一曰礼,二曰义,三曰廉,四曰耻。礼不逾节,义不自进,廉不蔽恶,耻不从枉。故不逾节,则上位安;不自进,则民无巧诈;不蔽恶,则行自全;不从枉,则邪事不生"②。纪纲大法养成政治社会礼俗,这是比政令更为根本的秩序要素。治体乃着眼于绾合社会秩序与政治秩序的礼法基体。所谓"夫立君臣,等上下,使父子有礼,六亲有纪,此非天之所设也。

---

① 参见贾谊《新书》卷一,《景印文渊阁四库全书》,子部一,第 695 册,《数宁》,中国台湾商务印书馆,第 394 页。

② 参见《管子》卷一,《景印文渊阁四库全书》,子部三五,第 729 册,《牧民》,中国台湾商务印书馆,第 12 页。

夫人之所设，弗为特此，植则僵，不循则坏"①。建构家国群体于一融贯的规则机制中，是实现"治"的体要，需要治人的政治洞察与实践能力。

贾谊多用"经纪""经制"指称治体。《俗激》篇结尾主张"岂如今定经制，今主主臣臣，上下有差，父子六亲各得其宜，奸人无所冀幸，群众信上而不疑惑哉！此业一定，世世常安，而后有所持循矣。若夫经制不定，是犹渡江河无维楫，中流而遇风波也，船必覆败矣"②。后世讲求经制，多称引阐发。经纪与四维同，是可以持循的常道大法，此治体关注权力秩序的差等安排与生活秩序的伦理维系，致力于家国群体之间勾连融贯。如何在更历治乱后建构一个优良而稳定的家国共同体，如何辨识并整合不同的秩序要素，这需要极为清要的立国理智和创制技艺。其治体论已呈现出道与法相维的复合构造，尤其是强调法度纪纲的重要地位，尽管因初生还显得零散、质朴。③

贾谊一方面继承吸收三代形成的优良传统（"王者之法""古之正义""三代之礼"），另一方面针对汉朝时政强调国家权威和制度稳定，以礼法为核心进行政治创制，实现古今融贯。他施展其英年天纵的政治智慧，以实践为根本导向而熔炼儒、道、法资源于一炉，揭示出秦汉之际新的大一统国家所需要树立的秩序体系意识。这也代表了汉儒应对新政治进行思想整合的精神气质。如后人称道董仲舒，"论列治体，指陈天人之际，极于天

---

① 参见贾谊《新书》卷三，《景印文渊阁四库全书》，子部一，第 695 册，《俗激》，中国台湾商务印书馆，第 404 页。

② 同上。

③ 牟宗三初步揭示出贾谊治体观念的理论意义，"他能以理导事，以超脱的理性心灵以鉴别时势，匡正时势，故常能提起而综合地、建构地涌现观念理想以开始治体之规模"。参见牟宗三《历史哲学》，中国台湾联经出版事业股份有限公司 2003 年版，第 278 页。《六术》《道德说》篇以道、德、性、神、明、命为德之六理，构成万物的内度，"内度成业，故谓之六法"。六法于对外运动中产生六术、六行，六法和六行进一步构成传统六艺、六律、人伦六亲的根本。以六理衍生的根本法为基础，一步步形成以礼为核心的秩序之体。

命、情性、风俗、教化，三代先秦所未有也"①。《淮南鸿烈》以黄老、儒学为本，批评杨墨申商不明治道，主张仁义为治道，礼法为治具，而"原天命，治心术，理好憎，适情性，则治道通矣"②，揭明治道具有深刻的天命心性根底。刘向评价贾谊"言三代与秦治乱之意，其论甚美，通达国体，虽古之伊、管未能远过也"，明代李梦阳也以其"练达国体"而视之为"管、晏之俦"（《贾子序》)③。贾谊经此而把握到汉代克服秦弊、由乱向治的关键，如班固所言"谊之陈略施行矣"，移风易俗、教养太子、尊礼大臣、削弱封藩等政见陆续得到采行，中央集权的大一统政治秩序逐渐建立起来（"蒙业而安""此业一定，世世常安"）。牟宗三先生盛赞贾谊代表了汉代"精神或理想上的开国"④。

汉魏之际，献帝时期的荀悦（148—209）著有《申鉴》，以"政体"为首篇。明代王鏊评价荀悦，"盖有志于经世也。然当时政体，顾有大于总揽机务，使权不下移者乎？而曾无一言及之，何哉……其论政体，无贾谊之经制而近于醇，无刘向之愤激而长于讽。其杂言等篇，颇似扬雄法言"⑤。贾谊的经制治体论被视为思想比较的标杆。王鏊的政体观重点突出了权力分配，荀悦"政体"论的大旨则是，"惟先哲王之政，一曰承天，二曰正身，三曰任贤，四曰恤民，五曰明制，六曰立业，承天惟允，正身惟常，任贤惟固，恤民惟勤，明制惟典，立业惟敦，是谓政体也"⑥。政体是指政

---

① 郝经：《郝氏续后汉书》卷六六，《景印文渊阁四库全书》，第 385 册，中国台湾商务印书馆 1986 年版。

② 刘文典：《淮南鸿烈集解》卷一四，《诠言训》，商务印书馆 1929 年版，第 3 页。

③ 班固：《汉书》卷四八，《贾谊传》第十八；于智荣：《贾谊〈新书〉译注》，附录二，黑龙江人民出版社 2003 年版，第 325 页。

④ 牟宗三：《历史哲学》，第 276、277、283 页，称其"开国之盛音，创建之灵魂，汉代精神之源泉也"；第 278 页，赞其"精神开国"。

⑤ 荀悦：《申鉴》，王鏊撰序，明刊本影印版，第 1—2 页。

⑥ 荀悦：《申鉴》卷一，《景印文渊阁四库全书》，子部二，第 696 册，《政体》，中国台湾商务印书馆，第 435 页。

治领域的主要构成活动（承天、正身、任贤、恤民、明制、立业）及其体要所在（允、常、固、勤、典、敦）。比起贾谊的家国四维，扩及事天、修身、贤良民众、典制事业，可概括为由天、己、人、法形成综合体系。而治体关键，是如何在政治实践中恰当从事这些方面的活动。其治体观念兼摄政治德行与事务架构，德行维度更透显其体论取向。这一点，也许是"无贾谊之经制而近于醇"所指。

　　荀悦在《前汉纪》之《前汉孝元皇帝纪卷第二十三》篇末史论中对于"治体"有一段重要论述，显示出根基于汉代历朝政治演进探究立国之道和典章制度的系统论意识，集中从任刑和任德的角度辨析治体（"究治体之终始"）。

　　《三国志》中较多使用"治体"一词。① 稍后，三国时期的杜恕（198—252）撰有《体论》。陈寿（233—297）曾称赞"恕屡陈时政，经论治体，盖有可观焉"，可作为汉唐过渡时期治体论的范例。此书从君、臣、言、行、政、法、听察、用兵八个主题来申论各自的"体"。杜恕批评"今之从政者，称贤圣则先乎商、韩，言治道则师乎法术"，强调君臣一体、相须而成，批驳申韩的尊君卑臣论。其论述延续了自贾谊、董仲舒、《盐铁论》以来儒法辩论的主线，显示出基于秩序大体对此二者的辨析和整合仍处行进中。其问题意识可能又结合了汉魏时期法术之家的时政挑战，着力论证任人、任礼、任德如何优于任术、任法、任刑。

　　"体"在《体论》中的含义可分两类，一个是政治有机体意义上的君、臣、民共同体，尤其是元首股肱所形成的统治机体；另一个是政治秩序意义上的体要，是主要着意处。如其论君体，"夫设官分职，君之体也；委任责成，君之体也；好谋无倦，君之体也；宽以得众，君之体也；含垢藏疾，君之体也；不动如山，君之体也；难知如渊，君之体也"，论臣体，"夫为

---

① 参见《三国志》之《魏书》的钟繇、仓慈、杨阜传，《蜀书》孟光传，《吴书》张纮、孙登传。

人臣，其犹土乎，万物载焉而不辞其重，水渎污焉而不辞其下，草木殖焉而不有其功，此成功而不处，为臣之体也"①。体之所及，涵括制度权力运作和政德智慧养成。杜恕以"礼"提摄大纲，"人伦之大纲，莫重于君臣；立身之基本，莫大于言行；安上理民，莫精于政法；胜残去杀，莫善于用兵。夫礼也者，万物之体也，万物皆得其体，无有不善，故谓之《体论》"②。

杜恕以礼为体，顺承先秦经典系统和儒家，将其提升到万物本体的理论高度。这个礼本位的治体论，发扬了贾谊《新书》"礼"篇的端绪（"故仁人行其礼，则天下安而万理得矣"③），并透过深化的儒法辨析将治体的礼本价值彰显出来。"体用"作为一对兼用概念始于东汉晚期较早一些的魏伯阳《周易参同契》，后来也多在《易》、魏晋玄学、佛学中运用。④ 杜恕、陈寿等人的治体意识，更接近于中国古典体系就事论理而言体的思维特性，如《礼记·礼器》言"礼也者，犹体也，体不备，君子谓之不成人"，《仲尼燕居》记载"子曰：'礼者何也？即事之治也。君子有其事，必有其治'"，"子曰：'礼也者，理也。乐也者，节也。君子无理不动，无节不作'"。东汉末年的刘熙（约160年）在《释名》中也训诂"礼"为"体也，言得事之体也"⑤。杜恕以礼为万物之体，似又进一步。《体论》拓展并深化了治体论的论述空间，经由儒法之辩夯实了儒家以礼为本的治体观念，将身、家、国、天下的政治实践和制度权力运作置于礼的条理秩序之中。

杜恕《体论》对于唐初魏徵等人影响颇大，《贞观政要》或隐或显地吸

---

① 杜恕：《体论》，魏徵等辑《群书治要》卷四八，《臣》第二篇。

② 杜恕：《体论》，魏徵等辑《群书治要》卷四八，《用兵》第八篇。

③ 贾谊：《新书》卷六，《景印文渊阁四库全书》，子部一，第695册，《礼》，中国台湾商务印书馆，第426页。

④ 参见景海峰《中国哲学体用论的源与流》，《深圳大学学报》1991年第1期。

⑤ 刘熙：《释名》，《释言语》，中华书局2016年版，第47页。

收了前者的观点。① 《贞观政要》作为唐代开国政论辑集，首二篇为《君道》《政体》。前者透过为君之道阐发政治体的凝成之道，揭示出由一身之理及物而国治的基本逻辑，强调草创与守成对于君道的不同要求，安定时期的治国理政应该任贤、受谏，才能善始克终。这是治体之大者。《君道》是透过为君之道来阐释治体论，与第二篇实则同题。《政体》篇直指国家之所以治理得当的逻辑（通篇特重"理""理政""理体"的秩序义），主张"志尚清静，以百姓之心为心"。此篇政体论展示出对于政制设计与治人德行的双向重视，如强调防止君主独断，中书、门下要做到"相防过误"，在位者须"灭私徇公，坚守直道"②。对于政制的重视是此篇特色，也是古人运用"政体"概念的应有之义。然而，在传统治体论下，始终展现出对于政制和政德的双重关注。对于后者，特别指出治人主体中君臣"义均一体，协力同心"，官员要任用"学业优长，兼识政体"的"经术之士"，批评任官重视武人、法吏而轻儒。《政体》另一个比较突出的地方，是对于政治阶段的敏感意识，不同政治阶段应采取不同治道治术，草创与守成区分，大乱之后采取更化而非严刑峻法。这也是治体论的一个特质，治体随情势变化，并不教条性地泊定在某一个政制和政德模式上。可以说，《贞观政要》综合了前述如荀悦、杜恕的治体论思绪，把对于君、臣、民、人、法、天的体要论述予以整合，褒扬"仁义之治"而批评"任法御人"。③ 如《贞观政要》卷三《君臣鉴戒第六》，魏徵强调君臣"合而成体""义均一体"，反对"具体成理"，与《体论》论君之体就有十分显然的思想延续性，阐明儒法之辨而以礼为归依。

---

① 参见吴兢《贞观政要》卷五，《景印文渊阁四库全书》，史部一六五，第407册，《公平》，中国台湾商务印书馆，第458—468页。

② （唐）吴兢：《贞观政要》卷一，《景印文渊阁四库全书》，史部一六五，第407册，《政体》，中国台湾商务印书馆，第355页。

③ （唐）吴兢：《贞观政要》卷五，《景印文渊阁四库全书》，史部一六五，第407册，《仁义》，中国台湾商务印书馆，第448页。

另外，南北朝至隋时，颜之推（531—597）《颜氏家训》"涉务"篇指出："士君子之处世，贵能有益于物耳，不徒高谈虚论，左琴右书，以费人君禄位也！国之用材，大较不过六事：一则朝廷之臣，取其鉴达治体，经纶博雅；二则文史之臣，取其著述宪章，不忘前古……"练达治体和著述宪章，被认为是大臣的首要条件。

隋代王通（584—617）著《中说》推崇二帝三王之道，以周公为经制之代表，重申皇极大义，以孔子为述作典范，彰显斯文价值，并称赞汉代七制之主能续接王道，确立了仁义公恕的治道。王通（"文中子"）对于南宋经制事功学产生了非常大的影响，值得特别留意。

◇◇ 第二节　近世治体论的实践脉络

治体论的思想传统在近世经历了更具系统性、多样性的范式演进，特别值得现代学人重视。出于一种范式转移的自觉，宋明儒者对于先秦以来治体分析的流行概念和范畴，如仁礼关系、宽猛之论、忠敬文之统，进行了系统反思，围绕任人任法、治道治法、仁义纪纲等议题拓宽并深化了论域。治体与历史传统、政治现实、经世理想、天理性命、社会秩序、儒法之辨、德行精神诸议题的复杂关系得到了前所未有的充分思考。

需要注意的是，这个思想传统的展开与宋代开辟的近世政治脉络紧密相关。了解治体论的近世生成，需要兼顾有宋一代政、学两面的语境。用宋人"祖宗之法"的语言，从宋太祖、太宗时期的"造家法"，到真宗为代表的维系遵守家法，再到仁宗特别是神宗时期的变革家法，可以见证近世治体论的渐次展露、归纳强化与竞争深化。

南宋王十朋《廷试对策卷》言："臣闻有家法、有天下法。人臣以家法为一家之法，人君以家法为天下之法……我太祖太宗，肇造我宋之家法者也。真宗、仁宗至于列圣，守我宋之家法者也。先正大臣若范质、赵普之徒，相与造我宋之家法者也。在真宗时有若李沆、王旦、寇准，在仁宗时有若王曾、李迪、杜衍、韩琦、范仲淹、富弼之徒，相与守我宋之家法者也。"① 祖宗家法是治体论的现实政治基础。

自仁宗后期到神宗变法这一阶段，是宋代儒学最具思想创发力的时期。迨至南宋的孝宗乾道至宁宗嘉定时期，儒家治体论形成理学和事功学两大流向。若以两宋变迁为际，前后这两个时期可谓近世治体论演进的双轴时代。而至理宗时期吕中的《宋大事记讲义》，二者始有综合性的概括提炼。这一发展，对于明清之际传统政治思想的跃进发挥了重要引导作用。

宋代政学传统为此充足发展提供了重要条件。以君主、大臣和士人为主的政治、文化精英显现出对于政治理性的高度自觉，其政治治理模式虽有阶段性嬗变，但公共性突出、参与程度高可谓基本趋向。开明君主、宰执与台谏相维、经筵制度、优待士众言论都是确保政治文化精英汲汲推明治体的保障。

在太祖、太宗立国时期，核心政治群体尤其是开国君主，在政治实践中表现出较高程度的治体意识。如承认"道理最大"的宪道自觉，由五代武人当权向文治政治的转变，忠厚宽简的政治风气，对于权力约束机制的理性接纳，这些都为宋代祖宗之法的形成奠定了优良基础。自太宗时期开始，尤其至真宗，除了立国法度的精密化，也开始形成对于祖宗之法的持循保守取向，有力推动了政学领域治体论的自觉思考。②

真宗即位诏求直言，谓近臣曰："朕乐闻朝政阙失，以警朕心，然臣寮奏章，多是自陈劳绩，过行鞭扑，以取干办之名。国家政事，自有大体，

---

① 王十朋：《梅溪集》，《景印摛藻堂四库全书会要》，集部，第48册，中国台湾世界书局1988年版，第4页。

② 参见邓小南《祖宗之法——北宋前期政治述略》，第三至五章，生活·读书·新知三联书店2006年版。

使其不严而理，不肃而成，斯为善矣。岂可虐惨克下，邀为己功？使之临民，徒伤和气。此辈真酷吏也。"① 此处治体意识仍然不出子产以来宽猛之辨的范围。另外，则呈现出与成宪、故事紧密结合的传统性格。《续资治通鉴长编》（以下简称《长编》）卷四三记载，真宗对张齐贤曰："推其公共，思而后行，惟宜谨审，无至差失，况先朝皆有成宪，但与卿等遵守，期致和平尔。"② 又如真宗论决策须审议："令命屡改，甚失治体，卿等制之。且事有可否，执政者所宜尽心，无有隐也"，"惟贵君臣道合，若上下同心，何忧不治？今四方无虞，赖卿等慎守经制，若一事遽行，则攀援者众，词说竞起，处置颇难，是知令命所施，不可不慎"③。成宪故事与共治精神是确保政令合乎治体的条件。

真宗时期李沆、王旦等人的政治精神是祖宗之法意义上的保守主义，务求宋代政治的平稳发展。他们毫无疑问是怀抱儒家理念的大臣，如李沆为太子宾客时被太宗嘱以教"礼乐诗书之道"④，认为安定天下，需要君臣"讲论经义"⑤。在宋代政治发展的格局下，重在巩固稳定祖宗成宪，强化君主危机意识，强调政治的公共精神，以镇重质直的政治作风抑制浮薄喜进。对于四方议论政治利害的意见，基本采取无为的态度，不轻易变动成法经制。可以看到，这种保守维系，基于对开国规模法度的高度肯定，意在君臣遵法形成政局的安顿持续。祖宗之法与三代汉唐之法的关联性并没有成为政治理念的中心张力。

---

① 江少虞：《宋朝事实类苑》卷三，上海古籍出版社1981年版，第27页。
② 李焘：《续资治通鉴长编》（第2册）卷四三，中华书局2004年版，第918页。
③ 江少虞：《宋朝事实类苑》卷三，第24、32页。
④ 《长编》卷三八，至道元年八月癸巳条，中华书局1977年版，第341页。
⑤ 《长编》卷三，建隆三年二月壬寅条，中华书局1977年版，第42页。太宗、真宗时期执政也显现出道家的思想影响。参见唐兆梅《略论宋初的黄老思想》，《中州学刊》1991年第1期；王彬《宋初的黄老思想与律赋》，《济南大学学报》2017年（第27卷）第5期。

北宋前期如真宗朝张齐贤、田锡等人提倡皇王之道、帝霸之道，于经史中求治体，揭示追慕三代的意向。三代与汉唐的典范，在士大夫话语中，是并存出现的。① 而仁宗时期，则见证了三代理想精神的高涨，对于祖宗之法的实践影响日益显著，也初步孕育出变革思想家与立国思想家的心智区分。

相对于李沆等人的保守质重，以范仲淹为表率的士大夫群体开始受三代理想的激励而孕育产生出对于祖宗之法的深刻反思，进而衍生出呼唤变革的实践主张，所谓"今天下太平，修理政教，制作礼乐，以防微杜渐者，道也"（《上执政书》）②。欧阳修则指出，"国家自数十年来，士君子务以恭谨静慎为贤。及其弊也，循默苟且，颓堕宽弛，习成风俗，不以为非，至于百职不修，纪纲废坏……"（《论包拯除三司使上书》）③ 需要改变宋前期的政治和文化风气，"物极则反，数穷而变，天道之常也"（《易童子问》）④。

以范仲淹为中心形成的庆历新政士人群体，重要成员包括胡瑗、孙复、石介等宋初三先生，欧阳修，李觏等人。他们为宋代儒学的复兴开启了第一道大闸，振作士风儒风，学术上刷新气象，不满于汉唐注疏之学，提倡焕发儒家的经世宗旨。如朱熹称赞"且如一个范文正公，自做秀才时便以天下为己任，无一事不理会过。一旦仁宗大用之，便做出许多事业"（《朱子语类》卷一二九），苏轼所论"自欧阳子出，天下争自濯磨，以通经学古为高，以救时行道为贤，以犯颜纳说为忠，长育成就，至嘉祐末，号称多士"⑤（《三苏全集》卷一〇，《六一居士集叙》）。

---

① 参见邓小南《祖宗之法——北宋前期政治述略》，生活·读书·新知三联书店，第 406 页。

② 《范仲淹全集》，李勇先、王蓉贵点校，四川大学出版社 2002 年版，第 210 页。

③ 《欧阳修全集》（第四册），中华书局出版社 2001 年版，第 1692 页。

④ 《欧阳修全集》（第三册），中华书局出版社 2001 年版，第 1107 页。

⑤ 舒大刚、曾枣庄主编：《三苏全集》，语文出版社 2001 年版。

这些开启宋代新气象的努力都与他们在政治上要求变革的主张密不可分。这种变革的精神来源和文化导向在于激活三代圣王典范的吸引力，如范仲淹所言"今士材之间，患不稽古，委先王之典，宗叔世之文"①。应进一步根据时代发展的特征，进行因革损益，"……俊哲之人入乎六经，则能服法度之言，察安危之机，陈得失之鉴，析是非之辨，明天下之制，尽万物之情，使斯人之徒辅成王道，复何求哉？"（《上时相言制举书》）②，"五帝非沿乐而兴""三王岂袭礼而至"（《明堂赋》）③。

因革损益的一个重要依据在于是否合乎人情常理。如范仲淹指出，"逆其民而理，虽令不从；顺于民而化焉，其德乃普。是以究其所病，察其所宜，礼应时而沿袭，教随俗以彰施，欲求乎广所及也，必在于俯而就之"④（《范文正公别集》卷三，《政在顺民心赋》），又云"得天下为心之要，示圣王克己之仁政，必顺民荡荡，洽大同之化。礼皆从俗，熙熙无不获之人"（《范文正集》卷二〇，《用天下心为心赋》），"且何伤于异制？但无求于独乐。移风易俗，岂惟前圣之所能？春诵夏弦，宁止古人之有作？若乃均和其用，调审其音，上以象一人之德，下以悦万国之心，既顺时而设教，孰尊古而卑今"（《范文正集》卷二〇，《今乐犹古乐赋》）。由此可见，范仲淹认为只要顺应民俗时势，以共同体利益为旨归，自可进行法度方面的改革和损益。

范仲淹竭力表彰三代代表的公共政治精神，于天圣三年（1025）向仁宗皇帝上书，"先王建官，共理天下，必以贤俊授任，不以爵禄为恩，故百僚师师，各扬其职，上不轻授，下无冒进，此设官之大端也"，"臣又闻，圣人之至明也，临万几之事而不敢独断，圣人之至聪也，纳群臣之言而不

---

① 《范仲淹全集》，第 210 页。
② 同上书，第 240 页。
③ 同上书，第 1 页。
④ 同上书，第 503 页。

敢偏听，独断则千虑或失，偏听则众心必离，人心离则社稷危而不扶，圣虑失则政教差而弥邈，故先王务公共设百官而不敢独断者，惧一虑之失也，开言路采群议而不敢偏听者，惧众心之离也。今圣政方新，动思公共，委任两地，出入万几，万几之繁，能无得失，乃许群臣上言，以补其阙，使上无蒙蔽，下无壅塞，有以见圣人之不独断也，天下幸甚"①（《奏上时务书》）这种公共观念乃得自于他对于儒家经典的深刻认知，"伊六官之设也，所以经纶庶政，辅弼大君，治四方而公共，宅百揆而职分。克勤于邦，同致皇王之道，各扬其职，以成社稷之勋"②（《范文正别集》卷二，《六官赋》），并主张任官唯贤，"官也者，名器所守。贤也者，才谋不群。当建官而公共，惟任贤而职分。大则论道经邦，帝赉之献允著；小则陈力就列，家食之叹无闻"③（《范文正别集》卷二，《任官惟贤材赋》）。

依据这种公共精神，范仲淹强调在变通的原理下参照三代汉唐、祖宗之法进行政治的"更张"，对于宋代的"纲纪制度"进行损益。如其所言，"《易》曰：'穷则变，变则通，通则久。'此言天下之理有所穷塞，则思变通之道。既能变通，则成长久之业。我国家革五代之乱，富有四海，垂八十年，纲纪制度，日削月侵，官壅于下，民困于外，夷狄骄盛，寇盗横炽，不可不更张以救之。然则欲正其末，必端其本；欲清其流，必澄其源。臣敢约前代帝王之道，求今朝祖宗之烈，采其可行者条奏。愿陛下顺天下之心，力行此事，庶几法制有立，纲纪再振，则宗社灵长，天下蒙福"（《范文正公文集》卷九，《奏上时务书》）。变革思维的主要根基是"法三代"的理想主义精神，以改造弊端渐重的祖宗法度。

在庆历新政的具体举措上，范仲淹重点突出了对于吏治人事的整顿和贡举制度的改革。前者针对"磨勘""恩荫"等年资、特权对于北宋官场人

---

① 《范仲淹全集》，李勇先、王蓉贵点校，四川大学出版社 2002 年版，第 199 页。
② 同上书，第 479 页。
③ 同上书，第 482 页。

事的负面影响，强调任人唯贤，并派出按察使监督惩治地方官员的行政。后者在于废止重视诗赋的科举旧制，实行策、论为重的考试方法，提倡重视经学和实务历练，并积极在各地兴学提倡学风的转变。由于既得利益群体的阻挠以及改革步骤的不周，庆历新政只是北宋改革运动的浅尝辄止。

概要来看，在"通经学古"与"救时行道"之间，庆历新政士人群表现出两种基本路向。一种是对于三代典范的古代法度高度自信，认为直接移植到现实之中，可以作为理想的为政资源。如孙复主张"尊王攘夷"，认为《周易》《春秋》是治世之大法，石介认为"《周礼》明王制，《春秋》明王道，可谓尽矣。执二大典以兴尧舜三代之治，如运诸掌"（《徂徕集》）。秦汉之后不能用古制，因此不能实现治世，原因在于"乱古之制"（《徂徕集》，《原乱》）。另一种是欧阳修代表的具有怀疑论色彩的低调立场。他强调的是从人情风俗理势来理解和运用道，对于从天道性命角度论道的思想取向相当抑制，并且对于固守经书寻求典范的做法也心存疑虑，强调儒者应该真正地通古今之变，不受六经遗言的束缚。① 前者更能代表北宋变革思想家的主要趋向。欧阳修的低调立场则遥启南宋经制事功一派。②

范仲淹参照治体的三代典范主张宰执扩权。《长编》记载，"八月辛卯，命参知政事贾昌朝领天下农田，范仲淹领刑法，事有利害，其悉条上"。这源于之前的范仲淹建议："周制，三公分兼六官之职，汉以三公分部六卿，唐以宰相分判六曹。今中书，古天官冢宰也；枢密院，古夏官司马也。四官散于群有司，无三公兼领之重，而二府惟进擢差除循资级，议赏罚检用条例而已。上不专三公论道之任，下不专六卿佐王之职，非法治也。"③ 他

---

① 关于欧阳修的政治思考，可参见卢国龙《宋儒微言》，第一章，"庆历学术与庆历新政"，华夏出版社 2001 年版，第 62—69 页。

② 参见钱穆《宋明理学概述》，二七，"叶适"，九州出版社 2011 年版，第 203 页。钱先生将浙江永嘉上溯至江西庐陵，认为颇见相似，二者不同在于对《周官》经制一疑一信。

③ 《长编》（第 6 册）卷一五一，第 3673 页。

依据周礼、汉唐故事，提出强化宰相职权的动议（"法治"）。

仁宗时士大夫政治兴起，君臣共治性增强，不断有人从治体角度对此评论。如抵制君主任意行权。嘉祐元年（1056），赵抃具奏："……所可惜者，国体之重，不询于公卿大臣；政事之权，乃付之宦官女子"①，批评仁宗以内降文字和内臣处置河狱。

在仁宗时期形成的共治模式中，台谏系统对于维系政治的制约性、公共性至关重要。统治精英每每强调此一系统职官的治体自觉。《长编》卷一七一，皇祐三年（1051），仁宗指出，台谏官需要通世务、明治体，"自是中书奉诏举台官，必以上语载敕中"②。司马光熙宁元年（1068）《举谏官劄子》提出举任言事官有三个标准，不爱富贵、爱惜名节、晓知治体。③ 陆佃《举台谏官劄子》同样认为台谏官应明于治体。④

台谏与宰执之间的政治平衡、中枢决策机构的内部制衡，成为宋代治体论的一大焦点。如嘉祐元年（1056），知谏院范镇批评台谏弹劾被展示给弹劾对象，"臣窃惟陛下置御史、谏官者，使言朝廷是非也。置执政大臣者，使为陛下辨是非，以处决朝廷天下之事也。今御史、谏官为陛下言之，而大臣不为陛下辨之，反以弹文示洙、淑，使相纷辩，是何异州县长官不为百姓辨曲直，而令百姓自相斗辩也"，此做法被认为"亏损国体"。⑤ 再如，嘉祐六年（1061），王安石批评有关舍人院不得申请除改文字的诏令，"臣等窃观陛下自近岁以来，举天下之事属之七八大臣，天下初以翕然幸其有为，能救一切之弊。然而方今大臣之弱者，则不敢为陛下守法以忤谏官、御史，而专为持禄保位之谋；大臣之强者，则挟圣旨造法令，恣行所欲，

---

①　《长编》（第 8 册）卷一八四，第 4459 页。

②　《长编》（第 7 册）卷一七一，第 4116 页。

③　参见司马光《传家集》卷四二，第 412 页。

④　参见陆佃《陶山集》，《景印文渊阁四库全书》（第 1117 册）卷四，中国台湾商务印书馆 1986 年版，第 89 页。

⑤　《长编》（第 7 册）卷一八二，第 4401 页。

不择义之是非，而谏官、御史亦无敢忤其意者。陛下方且深拱渊默，两听其所为而无所问。安有朝廷如此而能旷日持久而无乱者乎?"① 仁宗倚重七八执政大臣，在舍人不能尽职的情况下，如果台谏嘿默，君道势必有亏，政不自人主出。

神宗熙、丰变法时期，治体论在日益激烈的政治竞争中充分展示了内在紧张与活力。司马光在熙宁二年（1069）写就《上体要疏》，集中表达了基于政治传统秩序对于王安石变法的异议。他指出"为政有体，治事有要"，特重"体要"。以"垂拱无为而天下大治"为政治理想，政体或治要在于上下相维，内外相制，处理好君臣上下、中央政府和地方四边之间的构制型关系。"治众者事不得不约，治寡者事不得不详，约则举其大，详则尽其细"，这是基于"自然之势"。王职在于任人赏罚，宰相论道经邦，汉代陈平论宰相职业即所谓治体。② 纲纪是指内外设官，以相统御，上下有叙，大臣不夺小臣事，小臣不侵大臣职，体制有其客观分位等级。

司马光指出，统治者对于社会经济秩序应高度尊重其自发活力，"安民勿扰，使之自富"，"久在其位，识其人情，知其物宜"，而不能随意变乱合乎纲纪原理的祖宗成法。他据此反对王安石变法设置制置三司条例司、"常好别遣使者"，维护已经形成的内外官制。这个语境下的治体论，显示出对于政治之经验积累和客观构造（"势"）的重视。③ 同时期对于变法尤其是变法决策机构的反对，也是基于这一保守治体论。如苏轼概言"立法不免由中书，熟议不免使宰相"，而条例司这一设置造成中书失政，"宰相之职，

---

① 《长编》（第8册）卷一九三，第4678页。

② 参见司马迁《史记》卷五六，《陈丞相世家》，中华书局1959年版，第2061—2062页。

③ 参见《吕祖谦全集》，《皇朝文鉴》（第十二册）卷第四九，司马光《应诏论体要》，浙江古籍出版社2008年版，第955—962页。

古者所以论道经邦，今陛下但使奉行条例司文书而已"。御史中丞吕公著批评条例司"本出权宜，名分不正，终不能厌塞舆论。盖以措置更张，当责成于二府；修举职业，宜倚办于有司。若政出多门，固非国体"。韩琦批评"中书之外，又有一中书"，建议将条例司"事归政府，庶于国体为便"①。王安石的非常相权违背了传统的治体成法，这在体制上得不到执政精英群体的支持。

元丰元年（1078），吕公著建议神宗以知人、安民为治体之要，并重视纳谏，"是日，侍读吕公著读后汉书毕，上留公著极论治体，至三皇无为之道，释、老虚寂之理，公著问上曰：'此道高远，尧、舜能知之乎？'上曰：'尧、舜岂不知？'公著曰：'尧、舜虽知之，然常以知人、安民为难，此所以为尧、舜也。'……上又论唐太宗，公著曰：'太宗所以能成王业者，以其能屈己从谏耳。'上临御日久，群臣畏上威严，莫敢进规。至是，闻公著言，竦然敬纳之"②。有为、无为之辨，常为宋代君臣论治道之大关节，吕公著强调尧舜之道的知人安民、唐太宗屈己纳谏，讽喻时政之意自在其中。

这一时期的政治精英以三代周礼、祖宗成法为依据，形成了一套对于宋代政治制度的自觉维护。元祐元年（1086）群臣论不当除安焘知枢密使，左司谏王岩叟曰："愿陛下正命令所出，以存纲纪，而不以斜封用大臣，成圣政之日新耳"，"命令斜出，尤损纪纲。此事最重，实系国体"。③右司谏苏辙论曰"封驳故事，本唐朝旧法，祖宗奉行，未尝敢废。事有不由门下，不名制敕。盖此法之设，本以关防欺

---

① 《苏轼文集》（第一册）卷九，孔凡礼点校，《拟进士对御试策》，中华书局1986年版；赵汝愚：《宋朝诸臣奏议》（上海古籍出版社1999年版）卷一一〇，吕公《上神宗乞罢制置三司条例司》；卷一一二，韩琦《上神宗论条例司画一申明青苗事》，转引自虞云国《王安石的非常相权与其后的异变》，《商丘师范学院学报》2014年第4期。

② 《长编》（第12册）卷二八八，第7050—7051页。

③ 《长编》（第15册）卷三七一，第8970—8971页。

蔽，君臣所当共守"。纪纲法度的国体性质非常清晰，君主被要求"克己为法"。①

这种保守成宪的治体论中生成了清晰的公法意识。如"殿中侍御史吕陶言：'伏见安焘之命，不送给事中书读，大于法非便。臣与刘挚等已尝论奏，拳拳之诚，谅烦圣览。臣今为陛下反复思虑此事，实系国体，有不可者四，须至再具奏陈，冒渎天听。……夫三省大臣，皆与国家维持纲纪而同其休戚者"②，又右谏议大夫孙觉等言："夫安焘之才不才，差除之当与否，自有天下之公论，臣皆置而未议，所惜者朝廷之法度耳。且三省之设，事相表里，势相始终。凡命令之出。先自中书省一人宣之，一人奉之，一人行之。次由门下省一人读之，一人省之，一人审之。苟有未当，则许驳正，然后由尚书省受付施行。纪纲程序，其密如此，盖以出命令而尊国体也……夫国家所以维持四海而传之万事者，惟守法度而已。"③ 三省制度与台谏系统组成的成法体制是国体所系。

积极的公法意识在此时期治体论中值得注重。元祐元年诏御使中丞刘挚等重行刊修元丰敕令格式，刘挚原有奏议曰："法者，天下之大命也。先王制法，其意使人易避而难犯，故至简至直，而足以尽天下之理；后世制法，惟恐有罪者之或失也，故多张纲目，而民于是无所措其手足矣。世轻世重，惟圣人为能变通之。祖宗之初，法令至约，而行之可久，其后大较不过十年一变法。岂天下之大，民物之众，事日益滋，则法不可以不密欤？臣窃以谓非事多而后法密也，殆法繁而后奸生也。神宗皇帝达因革之妙，尤重宪禁。元丰中，命有司编修敕令，凡旧载于敕者多移之于令。盖违敕之法重，违令之罪轻，此足以见神宗仁厚之德，哀矜万方，欲宽斯人所犯，恩施甚大也。而所司不能究宣主德，推广其间，乃增多条目，离析旧制，

---

① 《长编》卷三七一，第 8971、8972 页。

② 同上书，第 8995、8996 页。

③ 同上书，第 8997 页。

用一言之偏而立一法，因一事之变而生一条，其意烦苛，其文隐晦，不足以该万物之理，达天下之情，行之几时，盖以屡变……臣愚以谓宜有所加损润泽之，去其繁密，合其离散，要在简易明白，使民有所避，而知所谓迁善远罪之意。伏望圣慈酌时之宜，明法之用，选择一二儒臣有经术，明于治体，练达民政者，将庆历、嘉祐以来旧敕，与新敕参照去取，略行删正，以成一代之典，施之无穷。"① 这一段文字的理论意义十分重要。法是体现天下至公精神的大命，先王制法原理简明直白，尽理通志，祖宗立国初期法令至约，后来法繁奸生。神宗元丰立法试图宽厚施恩，而政府有司却加重法密苛严的弊端。刘挚建议按照简易明白的仁厚精神来整顿仁宗尤其是神宗元丰以来的敕令。其公法意识至南宋陈亮、叶适得到进一步发扬。②

纪纲、公法构成治体主干，君主与国家尊严也取决于此。熙宁八年（1069），张方平批评役法不便，"臣闻天尊地卑，而君臣之分定。君君臣臣，而后国体正，天下安。故'惟辟作福，惟辟作威，臣无有作福作威。臣而有作福作威，其害于而家，凶于而国'。盖为国之体犹权衡，不可使有偏重之势，必成倾覆。历代成败，何不由此"，建议神宗尊重公论，防止权臣误导，以保障国体不偏。③ 国体也即治体有利于朝廷尊严，当时政治精英群对此相当自觉。元祐二年（1087），文彦博议遣刘奉世使夏国，御史张舜民论其不当遣，被降通判虢州。右谏议大夫梁焘抗议，"朝廷命令之出，间有失当，初则有舍人缴纳，中则有给事封驳，至成命已行，公论不以为然，谏官、御史乃论之。今给事不举封驳之职，乃曰'自有台谏'，如此，焉用给事乎"？并会同御史与宰执辩论。同知枢密院事范纯仁曰："台谏出入，乃是朝廷常事。"梁焘反驳道："枢密之言失矣！先文正与枢密皆历言路，必熟国体。文正以正直闻天下，不谓枢密以朝廷罢直臣为常事，此言非公

---

① 《长编》（第 15 册）卷三七三，第 9025—9026 页。
② 参见任锋《"以法为治"与近世儒家的治道传统》，《文史哲》2017 年第 4 期。
③ 参见《长编》（第 11 册）卷二六九，第 6612 页。

所宜出,固非焘所愿闻也。"门下侍郎韩维曰:"且重惜国体。"焘曰:"台谏论不当因大臣罢天子耳目之官,正谓重惜国体。使纪纲正而朝廷尊者,御史之任也。今斥去台谏正论之臣,以紊纪纲,曰'重惜国体',非所喻也。方两宫临御,大臣尤宜避权势、尊主威。"① 朝廷尊严系于台谏维护的纪纲,不乱公法方能重惜国体,此处又有遏制文彦博权势过张的意图。当时敕谕云"事当权其轻重,故不惜一新进御史,以慰老臣",梁焘对此驳论:"若论年龄爵禄,则老臣为重;若论法度纲纪,则老臣为轻。御史者,天子之法官也,不可以大臣鞅鞅而斥去。愿还舜民,以正国体。"② 台谏是天子法官,是公法意志的体现者维护者,纪纲法度重于元老忠臣,这是治体大义。

同样是元祐二年,苏轼在馆职策题中引入对于祖宗治体的讨论,竟险些导致灾狱之祸。苏轼为防止时政矫枉过正,拟定学士院馆职策题,"欲法仁祖之忠厚,则患百官有司不举其职,而或至于偷;欲法神考之励精,则恐监司守令不识其意,而流入于刻"③。"是日乙亥,三省进呈傅尧俞、王岩叟论苏轼札子,执政有欲降旨明言轼非者,太皇太后不听,因曰:'轼与尧俞、岩叟、光庭皆逐。'执政争以为不可。丙子,诏:'苏轼所撰策题,本无讥讽祖宗之意,又缘自来官司试人,亦无将祖宗治体评议者,盖学士院失于检会。札子与学士院共知,令苏轼、傅尧俞、王岩叟、朱光庭各疾速依旧供职。'盖从右仆射吕公著之议也。"④ 统治精英"极论治体"本是常事,这里说政府考试传统并无评议祖宗治体者,在当时日益激烈的党争中自然会裹挟入难测的政治风险,但也说明政治精英群在思想学术中对治体

---

① 《长编》(第 16 册)卷四〇一,第 9761—9762 页。
② 脱脱等撰:《宋史》(第 31 册)卷三四二,列传一百一之梁焘,中华书局 1977 年版,第 10889 页。
③ 《长编》(第 16 册)卷三九三,第 9564 页
④ 同上书,第 9571 页。

的思考已是十分活跃。

北宋政治传统对于我们理解近世治体论的成型至为重要，此后南宋的政学发展并未超越此一规模。① 而后继之元明清虽在政治上各有特点，治体论的发展仍是在宋学奠立的基础上进一步深化、转换。近世后期在共治参与的政治性格上有倒退趋势，相当程度上抑制了治体论的现代提升与突破。②

◇ 第三节　治体论的基调设定和学统竞争

当我们聚焦于思想学术层面的治体论，应该明了其政治意义上的实践前提，这也是理解宋学兴起应具备的自觉。自仁宗晚期到神宗期，也即公元 11 世纪中晚期，宋学在思想学术上出现了一个高潮（即前文所谓"双轴时代"的第一期），与日益高涨的变法运动互为表里。但是，不能忽视政治变革运动与此前立国、保守政治的有机联系，也不能无视宋学高潮与立国保守政治的内在逻辑。北宋儒家各流派中的司马光、王安石、二程兄弟、苏轼兄弟，其治体论表现出两个特点：一是保守基础上的损益与大变法形成了两个重要的治体论政治取向，司马光与王安石分别代表之；二是性理之学的兴起显示出治体论在治道层面有纵深突破，治体与道体、心性体用之间的

---

① 参见陈峰等《宋代治国理念及其实践研究》，第二章第六节，人民出版社 2015 年版，第 83 页。对于这一时期实践脉络的描述，还可参见笔者关于近世公道、公法、公论等公共话语的研究参见拙作《道统与治体——宪制会话的文明启示》，《公共话语的演变与危机》《公论观念与政治世界》。

② 明代治体论的代表，如张居正认为本朝立国规模威德并施，纲目兼举，超越三代汉唐。他特别批评宋代宰相卑主立名，违道干誉，末季腐儒，摇乱国是，认为明代治体克服了宽纵之病。参见张居正《新刻张太岳先生文集》卷二五，《续修四库全书》，别集类，第 1346 册，《与李太仆渐庵论治体》，第 153 页。

关联得以充分讨论，为秩序建构提供了更为精致和深刻的理论基础。

对此，一方面应识其内在理路的同异，另一方面应看到思想得以展开的政治和文化前提，即上面提到从立国、保守政治到变革运动，儒家士大夫在这些前提下形成了何种共识与歧见。比如王安石变法引发的政治斗争，对于非常相权下的变法决策机构，反对者纷纷依据北宋立国以来形成的祖宗之法，在这个保守意义上捍卫治体，或者依据台谏制约宰执这个纪纲，或者依据公论这样的治体共识。而变法者则依据自己的治体见解，提出辩护。在援引的经典资源上，双方虽重点不同，不外乎五经、儒家诸子，而很重要的一个时代因素就是宋代自身形成的一套治体传统，儒者据此提出了互有异同的阐释，从而形成了宋学的思想高潮。

学者注意到了这一宋学高潮的思想特质是所谓性理之学的兴起。如果以治体论为视角，可以说性理之学并非出于纯粹的对于哲学理论的求知动力，毋宁是对于治体论中治道基础的深入挖掘和开拓，试图从天人性命的道理高度对于秩序和宪制建构提出系统阐释，其间也包含了对于宋代立国和保守维新的理论反思。

学者已指出，王安石提出一套"由是而之焉"的政治哲学，"体不欲迷一方，用不欲滞一体"，强调推天道以明人道，重铸政治宪纲。① 荆公理解的天道之"是"，受道家庄子"自然"观影响而带有超越人事经验的超验内涵，其政治表达很容易转换为由政治家认定一个更高的价值原则，传统和现实之上做出政治决断，推动人间政治宪制的重构。政治家的高明心智精神成为建构或变革现实法度的终极动力。而变法异议者们就治体论的一般取向来说，其性命之理的阐发更侧重导向对于传统，尤其是宋代传统经验的内在维系、辩护，所蕴含的变革动能也是在传统内部边际之上的调整革新。这与创立新经义、创制新教育、培育新士群、建立新机构并推行广泛

---

① 参见卢国龙《宋儒微言：多元政治哲学的批判与重建》，第二章，"王安石'由是而之焉'的政治哲学"，华夏出版社 2001 年版。

变革进而相对社会秩序强化国家能力的大变法模式的确形成了鲜明差异。

司马光作为变法异议派的首要人物，更注重经典宪义与历史传统的结合，致力于阐发治体论的传统与秩序维度，从而成为元祐道学的枢轴人物。①

司马光上继范仲淹、欧阳修等宋学风韵，又部分亲和于理学气质，曾被朱子许为"六先生"之一，与周敦颐、二程、张载、邵雍等人并列。在宇宙论层面，司马光提出"万物皆祖于虚，生于气"（《潜虚·卷首》），将世界本源归于一种精神性原理，或称"虚"，或称"太极"，或称"中庸"。司马光将其作为人类文明政治秩序的根本原则，指出"礼者履此者也，乐者乐此者也，政者正其不能然者也，刑者威其不能从者也，合而言之谓之道，道者圣贤之所共用也"②（《传家集》卷六四，《中和论》）。

对于礼和法，司马光高度评价它们在秩序形成中的关键价值，"臣闻天子之职，莫大于礼，礼莫大于分，分莫大于名。何谓礼？纪纲是也；何谓分？君臣是也；何谓名？公、侯、卿、大夫是也。夫以四海之广，兆民之众，受制于一人，虽有绝伦之力，高世之智，莫敢不奔走而服役者，岂非以礼为之纲纪哉！是故天子统三公，三公率诸侯，诸侯制卿大夫，卿大夫治士庶人。贵以临贱，贱以承贵。上之使下，犹心腹之运手足，根本之制支叶；下之事上，犹手足之卫心腹，支叶之庇本根。然后能上下相保而国家治安。故曰：天子之职莫大于礼也"③（《资治通鉴》卷首）。"以礼为之纲纪"，这是政治共同体形成的秩序原则，而天子的功能职守，恰恰在于维系这一礼法原则。这也是继承了汉唐时期礼本位的治体论。南宋叶适又提

---

① "元祐道学之兴废，系于司马文正之存亡。"参见李心传《道命录》，《续修四库全书》（第 517 册），齐鲁书社 2003 年版，第 507 页。关于司马光的政治思想，可参见方诚峰《北宋晚期的政治体制与政治文化》，第一章第二节《司马光的政治主张》，北京大学出版社 2015 年版。

② 《景印文渊阁四库全书》，集部三三，别集类，中国台湾商务印书馆，第一〇四卷，《传家集》，第 592 页。

③ 司马光撰，胡三省音注：《资治通鉴》（第一册），中华书局 1956 年版，第 2 页。

出"治势"概念对此阐释论证。

《温公易说》卷一解释"屯"卦云,"象曰'君子以经纶'。经纶者何?犹云纲纪也。屯者,结之不解者也。结而不解则乱,乱而不缉则穷,是以君子设纲布纪,以缉其乱,解其结,然后物得其分,事得其序,治屯之道也"①。纲纪其实指向由个体至于天下的秩序治理,"礼之为物大矣!用之于身,则动静有法而百行备焉;用之于家,则内外有别而九族睦焉;用之于乡,则长幼有伦而俗化美焉;用之于国,则君臣有叙而政治成焉;用之于天下,则诸侯顺服而纲纪正焉"(《资治通鉴》,《汉纪三》)。这里的纲纪意识值得注意,它与上文范仲淹对于纲纪制度的高度注重一以贯之,都体现出儒家士人礼法秩序的思想自觉。

这个纲纪之礼,既出于道、理,也是儒家法律观的根基,所谓三代之法就是礼的典范表达,而后世的历代政治法度也可在这个标准下予以衡量其得失价值。司马光在答复神宗时指出"使三代之君常守禹、汤、文、武之法,虽至今存可也。汉武取高帝约束纷更,盗贼半天下;元帝改孝宣之政,汉业遂衰。由此言之,祖宗之法不可变也"(《宋史·司马光列传》)。"凡为国家者制礼立法,必思万世之规,不可专苟目前而已。"②(《传家集》,《配天地》)正是由于礼法的这个普遍性和长期性,他强调执政者要尊重法度的公共性质,不得私意操纵运作或违背,《资治通鉴·汉文帝十年》云"臣愚以为,法者天下之公器,惟善持法者,亲疏如一,无所不行,则人莫敢有所恃而犯之也","法者,天下之公器。若屡违诏命,不遵规矩,虽天子之子,亦不得而私,庶几有所戒惧"③(《论正家上殿札子》)。这种

---

① 《景印文渊阁四库全书》,经部二,易类,第八卷,中国台湾商务印书馆,第576页。

② 《景印文渊阁四库全书》,集部三三,别集类,第一〇九四卷,《传家集》,中国台湾商务印书馆,第606页。

③ 《司马光奏议》,王根林点校,山西人民出版社1984年版,第63页。

礼法公器的公法意识，也能透显出自范仲淹以来儒家政治公共意识的进一步发展。

对于君主政治，司马光强调为政之道的内外相合，即在内治一层讲求仁、明、武的政治道德，在外用一层讲求择贤赏罚之道。他指出"窃惟人君之大德有三：曰仁，曰明，曰武。仁者，非妪煦姑息之谓也，兴教化，修政治，养百姓，利万物，此人君之仁也；明者，非烦苛伺察之谓也，知道义，识安危，别贤愚，辨是非，此人君之明也；武者，非强亢暴戾之谓也，惟道所在，断之不疑，奸不能惑，佞不能移，此人君之武也。故仁而不明犹有良田而不能耕也，明而不武犹视苗之秽而不能耘也，武而不仁犹知获而不知种也。三者兼备，则国治强，阙一焉则衰，阙二焉则危，三者无一焉则亡"①（《传家集》，《陈三德上殿札子》）。这个近于《中庸》三达德的阐发，明确区分了儒家政德不同于黄老、法家的特质所在，强调了教化、养利、道义在政治中的中心地位。所谓"明""武"，乃是对于儒家治道的笃信坚守，确立稳固的政治信念，然后才能在政事中形成王道仁义。

在择贤用人方面，司马光认为"政者，正也。为政之道，莫若至公"。他将宋代政治中的公议公论作为政事处理的公共性标准，以指导任官、信赏、必罚，"凡人君之要道，在于进贤退不肖，赏善罚恶而已。爵禄者，天下之爵禄，非以厚人君之所善也；刑罚者，天下之刑罚，非以快人君之所怒也。是故古者爵人于朝，与士共之；刑人于市，与众弃之。明不敢以己之私心害天下公议也"（《续资治通鉴长编》卷二一〇，治平元年条）。这一点也贯之于他的史学评介之中，"臣闻用人者，无亲疏、新故之殊，惟贤、不肖之为察。其人未必贤也，以亲故而取之，固非公也；苟贤矣，以亲故而舍之，亦非公也。夫天下之贤，固非一人所能尽也。若必待素识熟其才

行而用之，所遗亦多矣。古之为相者则不然，举之以众，取之以公。众曰贤矣，己虽不知其详，姑用之，待其无功，然后退之，有功则进之；所举得其人则赏之，非其人则罚之。进退赏罚，皆众人所共然也，己不置毫发之私于其间"①（《资治通鉴》卷二二五，《代宗大历十四年》）。这一点，也是出自于北宋逐渐形成的共治传统给予士大夫们的信念和法度技艺，使其更加注重政治的公共精神。

要理解司马光对于时政变革的思想，应把握他对于道和法的区分。他继承先儒如董仲舒的观点，赞同"圣人守道不守法，故能变通"②（《温公易说》卷六）。根本性的精神原理、价值原则具有恒常性，不会轻易变动，而具体体现这些原理和价值的法度安排则会随情势环境而变化。这也是三代以来历代法度有异的原因，所谓"黄帝、尧舜氏作，通其变，使民不倦。法久必弊，为民厌倦，神而化之，使民宜之。变而民莫之知，《易》穷则变，变则通，通则久"③（《温公易说》卷六）。

反映在对待宋代法度的态度上，司马光对于守成祖宗之法的主张，根本要旨是要继承和发扬那些优良的治理之道。对于已经在演变中表现出弊病的法度，自然要因革损益。在对扬雄的《法言》解释中，司马光指出"前人所为，是则因之，否则变之，无常道。夫道有因有循，有革有化。因而循之，与道神之。革而化之，与时宜之"。而宋代"自景祐以来，国家怠于久安乐，因循而务省事，执事之臣颇行姑息之政"④（《传家集》卷二四），他主张的是应当"振举纪纲，一新治道，必当革去久弊"⑤（《传家集》卷三九）。这里强调的是通于范仲淹庆历新政的"振举"，务要革除弊

---

① 司马光撰，胡三省音注：《资治通鉴》，中华书局 1956 年版，第 7560 页。

② 《景印文渊阁四库全书》，经部二，易类，第八卷，中国台湾商务印书馆，第 645 页。

③ 同上。

④ 《景印文渊阁四库全书》，集部三三，别集类，第一〇九四卷，《传家集》，中国台湾商务印书馆，第 239 页。

⑤ 同上书，第 363 页。

政，而非"变法"，不是兴利富强。因为"治天下譬如居室，敝则修之，非大坏不更造也。大坏而更改，非得良匠美材不成。今二者皆无，臣恐风雨之不庇也"，没有得当的政治领导集团，大规模的变法是不可欲的，必将带来政治动荡的恶果。

总体上，他对于宋代立国之初形成的祖宗之法持大体肯定的立场，因此反对大规模的变法，而主张继承大体前提下的局部调整，主旨是对于社会经济文化秩序的尊重和包容，改良重心是放在人事、教化之上。对应于君主的仁、明、武三德，是要真正实现对于天下民人的正、安、利，所谓"夫治众，天下之大事也，非圣人则不能……圣人者，以正人为武，安人为智，利人为仁，天下皆悦而从之，所谓大也"①（《温公易说》卷一）。

为政者要牢固把握这样的治道原理，才能有效地运用和变革治法，"苟得其人，则无患法之不善；不得其人，虽有善法，失先后之施矣。故当急于求人，而缓于立法也"（《涑水纪闻》集佚）。在具体问题上，他主张通过恢复荐举和设立学校法来选拔贤才，注重德行、经义和实践历练；主张开源而徐取，强调政府节用，专任理财干练之士；主张精练军伍，反对刺义勇、扩军征兵和保甲法。对于君主，他赞扬开国、中兴之君的英伟不凡，更重视守成继体之君的统治智慧，如何在继承因循的前提下做到适时的调整节度。而在熙、丰变法运动中，由于王安石集团的刺激与党争之恶化，司马光的时政立场也愈加强调守成过于变革，形成更趋保守的立场，最终在元祐更化中落于对于变法的一激一反。

司马光以《上体要疏》为代表的治体论可以说体现了北宋立国—保守传统的典型心智。相应于王荆公，司马光在治道根源上也有精深思索。他重视《易》、扬雄《太玄经》与《道德经》，以中和、自然为道本，相较欧

---

① 《景印文渊阁四库全书》，经部二，易类，第八卷，中国台湾商务印书馆，第569页。

阳修等前辈提出了更为周洽圆融的天人之论（"天人自然之理"，《集注太玄经》卷六），并以其重视经史参证、笃行实践（"朴儒"）而不同于王安石新学、北宋道学谱系中的周、程等人。①

君臣各安其位、同体同功这一纪纲法度，以中正中和为精神，在司马光的天人合一论中得到安顿。《温公易说》解释"明夷"卦上六之象，"其言失则何？国家之所以立者，法也。故为工者，规矩绳墨不可去也；为国者，礼乐法度不可失也。度差而机失，纲绝而网紊，纪散而丝乱，法坏则国家从之。呜呼！为人君者可不慎哉。鲁有庆父之难，齐桓公使仲孙湫视之，曰；'鲁可取乎？'对曰：'不可，犹秉周礼。'周礼，所以本也。然则法之于国，岂不重哉！"②《温公易说》解释"需"卦九五，"九五以中正而受尊位。天之所佑，人之所助也。然则福禄既充矣，而又何需焉？曰：中正者，所以待天下之治也。书曰'允执其中'，又曰'以万民惟正之供'。夫中正者，足以尽天下之治也！舍乎中正，而能享天之福禄者寡矣"。又如"中正，道之根柢也。圣人作礼乐，修刑政，立教化，垂典谟，凡所施为，不啻万端，要在纳民心于中正而已"③。

有为、无为之解，常为宋君臣讨论治体之目。在《道德真经论》中，司马光解释"无为"显示出儒家与黄老杂糅的特质：如以"用智若禹之行水，行其所无事"解释"圣人处无为之事"，以"善爱民者，任其自生，遂而勿伤。善治国者，任物以能，不劳而成"解释"爱民治国，能无为乎？"（十章），以"礼至于无体，乐至于无声，刑至于无刑，然后见道之用"解释"有之以为利，无之以为用"（十一章），主张"我无为，民自化。无以

---

① 参见余敦康《汉宋易学解读》，第九章，"司马光的'温公易说'"，华夏出版社2006年版。

② 司马光：《温公易说》卷三，《景印文渊阁四库全书》（第8册），中国台湾商务印书馆，第608页。

③ 司马光：《温公易说》卷一，第579页；《传家集》卷七五，《投壶新格》，第680页。

为犹言无用有为也"是"上德"，"因民所利而利之"是"上仁"，"其政闷闷，其民淳淳"是"责大体"。从儒家仁义立论解释老子的道和自然，"道者涵仁义以为体，行之以诚，不形于外。故道之行，则仁义隐；道之废，则仁义彰"。"无"是自然之道、文明本体，"大制不割"乃"因其自然"，"物静则从天命"，老子乃是矫枉纠偏、批评末流，"圣智、仁义、巧利，皆古之善道也，由后世徒用之以为文饰，而内诚不足，故令三者皆著于名而丧其实"，"因道以立礼乐刑政"是治体正途（五十二章）。① 作于元丰八年（1085）正月的《无为赞》，以儒家阐释"无为"，"治心以正，保躬以静，进退有义，得失有命，守道在己，成功在天，夫复何为？莫非自然"②。荆公好孟、庄，司马光针对王安石尽变祖宗法、改变传统，依据老子的"自然因循"论批评之。③ 可以说，司马光对于宋代治法成宪的辩护，在秩序原理层面提供了糅合儒道精义的治道论证，这也是北宋立国和保守政治实践的综合提炼。对于后起之治体论影响深远，还有待充分发掘。

王安石在宋神宗支持下进行的大规模变法运动，放在千年以来的政治传统之中来看，其广度、深度都是极为罕见的。更为重要的是，对于宋代近世的政治和文化形成了深远的影响。这场变法运动形成了对于北宋祖宗之法的多方位改造，触动了立国根基，引发强有力的异议和反弹。

在变革所依据的基本法度典范上，王安石与其他宋代士大夫一样，都把三代先王之道、法、政作为依据，如所谓"如古大有为之君，与学士大夫讨论先王之法，以措之天下也"④（《本朝百年无事札子》），号召宋神宗"当以尧舜为法"，"每事须以尧舜为法，尧舜所为至简而不烦，至要而不

---

① 司马光：《道藏》（第 12 册），《道德真经论》，文物出版社、上海书店、天津古籍出版社 1988 年版，第 262—272 页。

② 司马光：《传家集》卷七四，《无为赞》，第 676 页。

③ 参见司马光《传家集》卷六〇，《与王介甫书》，第 535 页。

④ 李之亮笺注：《王荆公文集笺注》，四川出版集团、巴蜀书社 2005 年版，第 135 页。

迁，至易而不难，但末世学士大夫不能通知圣人之道，故常以尧舜为高而不可及，不知圣人经世立法，常以中人为制"①。"经术者，所以经世务也"，是王安石对于宋学经世精神的经典概括。然而，对于这个基本依据及其天道内涵的不同解读，却衍生出王安石政治思想对于祖宗之法及北宋政治传统的激烈超越意向（所谓"天变不足畏""祖宗不足法""流俗不足恤"论调）。

王安石的政治观念以儒为底色基调，然而杂糅了道、法等诸子百家的多元要素。在天人关系的观念上，王氏通过其洪范学表达出惊世之见，集中表现为对庶征一畴里天人感应观的进一步否定。胡瑗、苏洵等人已经逐步减低了主宰之天和命运之天对政治领域的影响，但在五事和庶征两畴上依然保留了人事与天象之间的对应关系。王安石虽然大体上主张对天人关系应该不蔽不怠，既不盲目崇信也不全盘否定，在《洪范传》里的具体立场偏向于拒绝轻信。他对庶征中"肃时雨若""乂时旸若"里的"若"字，一反传统的"顺从"解释，而解以"好像"。这样就把存在于天人之间的实质性联系转化成了两类不同现象之间的比喻和比拟，意义大变。这个别出机杼的见解在宋代洪范学传统中是个异数，最为学者争议。总体上，王主张不以具体的天象变化去追究人事上的具体对应，而应该以天下的正理考察人事得失。天在正理中更多以五行所体现的义理之天施加影响，成为君主取法的思想资源。

他将对于先王之道的领会归结到"法其意"的根本层面，"夫以今之世，去先王之世远，所遭之变、所遇之势不一，而欲一、二修先王之政，虽甚愚者，犹知其难也。然臣以谓今之失患在不法先王之政者，以谓当法其意而已……而其为天下国家之意、本末先后，未尝不同也，臣故曰'当法其意而已'"②（《上仁宗皇帝言事书》）。在政治理想上，他继承了孟子以

---

① 杨仲良撰：《皇宋通鉴长编纪事本末》卷五九，江苏古籍出版社，第 1899 页。

② 李之亮笺注：《王荆公文集笺注》，四川出版集团、巴蜀书社 2005 年版，第 21 页。

来的王霸之辨，高扬儒家的王道理想。这个理想的根本在于"所以为仁义礼信者，以为吾当为而已矣。以仁义礼信修身而移之政，则天下莫不化之也"①。在这样的秩序安排下，王者之政教充分发育民众的自治修养能力，民"化上而不知所以教之之源也"。与此相对的是法家特性的倚重强制力量的政教，"暴为之制，烦为之防，劬劬于法令诰戒之间"［《王文公文集》（以下简称《文集》）卷三二］。在这方面，他对于儒家中的荀子论礼，提出批评，"礼始于天而成于人，知天而不知人则野，知人而不知天则伪。圣人恶其野而疾其伪，以是礼兴焉"（《文集》卷六六，《礼乐论》），荀子的问题在于不知天，很容易走向过于注重人为建构法度的法家治理模式。王道政治只有依靠礼乐为本的秩序治理，实现义利的合一，"其用至诚，以求其利，而天下与之"（《文集》卷二八）。

然而，另一方面，他又部分肯定法家的政术，将之吸收入所谓的"圣人之政"。这一点在著名的《三不欺》论中有体现。圣人除了任德，也需要吸收任察、任刑的要素，所谓"兼用之"，这样民众才对于统治者不能欺，也不敢欺。"盖圣人之政，仁足以使民不忍欺，智足以使民不能欺，政足以使民不敢欺，然后天下无或欺之者矣"（《文集》卷二六，《三不欺》）。这种多样并蓄，大多出于荆公对于道之体要的别样理解。如论者指出，这方面他受到庄子《天下篇》的浸染，更能不受儒家常规拘束，勇于吸收法、老的一些因素。② 如其高足陆佃所描述的，"体不欲迷一方，用不欲滞一体。而古之圣人，本数、末度足以周上下，圆神、方智足以尽往来，而蹈常适变莫逆于性命之理者，如此而已矣"（《陶山集》卷一二，《答李肓书》）。

对于儒家的"礼乐之意"，他反对顺从流俗的常调，"夫使天下之人驱礼乐之文以顺流俗为事，欲成治其国家者，此梁、晋之君所以取败之祸也"

---

① 四川大学古籍整理研究所编：《宋集珍本丛刊》（第四十四册），线装书局2004年版。

② 参见卢国龙《宋儒微言》，华夏出版社2001年版，第122—125页。

（《文集》卷六六，《礼乐论》）。在荆公看来，只有从根本层面把握人心的性命之理，并超越流俗法度，才能真正合乎实际地实现先王之道。这种对于道的自信和超越流俗，构成了熙、丰变法"流俗（之言）不足恤"的精神支点，也是其敢于罔背成宪公论的信心来源。

在基本政治变法主张上，荆公思想值得留意之处，在于人才、法度及理财上。他指出，"盖夫天下，至大器也，非大明法度，不足以维持；非众建贤才，不足以保守。苟无至诚恻怛忧天下之心，则不能询考贤才，讲求法度"（《上时政疏》）①。"贤才不用""法度不修"被视作北宋政治的两个根木弊端。

"祖宗之法不足守"，是荆公对于时政的基本看法。在他看来，这是政治的主调，如其所谓"且仁宗在位四十年，凡数次修敕。若法一定，子孙当世世守之，则祖宗何故屡自改变"（《长编纪事本末》卷五九）。荆公把对于变法的异议、批评和阻挠，一概视为来自流俗因循力量的障碍，愈加坚定其变法意志。这一点总体上加剧了政治变革中的激进风气，导致激反更替、矫枉过正的系列后果。

在用人方面，王安石力主突破常规、选拔人才，比如批评唐以来的科举惯例，反对记诵和文辞为主的取士方案，主张根据德、才、能综合考察，经由学校或者乡党的推荐，来选拔人才。这方面经术造士、设立经义局、编著《三经新义》，创立三舍法，是王安石政教思想的具体落实，对于近世以来的政治文化影响深远。在取才之后，要做到待遇优厚，具体在物质待遇上俸禄充足，在礼法上以礼优待，以法警戒。

对于北宋的财政窘状，王安石认为问题在于"治财无其道"，而出路在于有司"度世之宜而通其变"。他以《周礼》为经典凭借，倡导"理财乃所谓义也。一部《周礼》，理财居其半，周公岂为利哉"（《文集》卷八，《答

---

① 李之亮笺注：《王荆公文集笺注》，四川出版集团、巴蜀书社 2005 年版，第 64 页。

曾公立书》）。这方面，一个要点在于发展和扩大生产，增加财源，"因天下之力，以生天下之财，取天下之财，以供天下之费"（《文集》卷一）。而其实践重心，却在于强化国家对于社会经济的汲取能力，削弱所谓"阡陌闾巷之贱人"的经济竞争力（《文集》卷三四），控制取财供费的财政终端。这一点在变法运动的领导机构制置三司条例司的命意中，最有体现，"稍收轻重敛散之权，归之公上，而制其有无，以便转输，省劳费，去重敛，宽农民，庶几国用可足，民财不匮矣"（《文集》卷三一，《乞制置三司条制》）。熙、丰变法中，陆续实行农田水利法、均输法、青苗法、免役法、市易法，皆出于此意。而在农业经济上，则践行摧抑兼并的政策，总体上也是为政府敛聚财富。这种强化国家财政汲取能力的思路，目的动机无可厚非，而其路径却带有强烈政府干预的性质，更因为实践中用人不得法，虽在短期内增强了政府收入，但遭到来自民间和体制内的强烈抵制，不能贯彻以富国，反倒易为继承者转换为纯粹的敛财方案。另外，保甲制意在代替募兵制度，实现寓兵于民的理想，强化政府基层治理能力，将兵法选择经验才能优异的将官专门负责某一地区驻军的军事训练，以提高军队战斗能力。

王安石变法，在实践上部分实现了"得君行道"的宋儒理想，在变法方向上与二程等人也有契合处。然而，由于对于先王之道的不同诠释，再加上实际政治中的考量，致使变法呈现出更为激进的政治蕴涵，片面强调政府能力的强化，未能处理好社会秩序与政府运作之间的辩证关系，也造成对于现实法度的诸多破坏。这方面的深刻教训，也成为后世儒家政治反思的一大公案。

变法异议派中的蜀学和洛学经由对于北宋政治的深刻反思，在治体论的治道层面各自开掘出了丰富的思想资源。二程兄弟发明天理奥义，提出"体用一源，显微无间""理一分殊"，高扬王道的天理经世精神，贬黜霸道法术，将政治秩序的关键置于人心道德秩序的整顿革新。

苏轼等人更注重由事物器用之时变理势把握大道流行，强调人情性之自然自由的根本重要性，对于政治力量之异己强制性格抱持警惕态度，对经由思想意识之抽象化来凝聚政治革新共识显示出怀疑。程、苏二者在治体的深层理论归趋上呈现出一种相反相成的张力态势①。对于天理，二程强调道德教化的秩序建构力，而苏氏兄弟重视人情人性自然不容已，更注重秩序心智的低调、宽容。然而，需要指出的是，二者在治体实践层面，就尊重和维护北宋治体传统来说，共识甚为可观。如对于公论政治、台谏纪纲、经筵和宰相制度、祖宗成宪故事、社会风俗民情，二家都持有变法异议派共通的积极态度，分享在尊重传统前提下进行有限变革的政治取向。这一点，与司马光也相通。

北宋新儒学的经世思想以变革为主要导向，核心精神是直接援引三代典范的政治原理作为现实政治改革的依据，可谓"法三代"，这是一种通过变革变法来重立国家架构的变革立国论。在"法三代"的标杆下，汉唐以来的优良政治都不足取法，本朝祖宗之法也需要大力整顿。这种高度理想主义的论调在王安石的《论本朝百年无事》、程颢的《论王霸》《论十事》等著名政论中显露无遗，可谓变革思维的典型代表。"法三代"精神在其他大儒思想中也都有体现，如司马光、苏轼等人，但力度不如王安石和二程兄弟。其中关键，在于如何处理"法三代"与"法祖"、三代之法与祖宗之法、先王与后王的关系。特别是对于祖宗之法的理解和评价，体现的是对于现实政治经验的把握对待。

王安石《论本朝百年无事札子》回顾北宋政治历史，虽然也承认太祖以降的君主尤其是仁宗，各有功德，但这种承认并没有确立坚实的理据。他将北宋立国长久和平，归之于带有很大偶然性的"天助"，"赖非夷狄昌炽之时，又无尧、汤水旱之变，故天下无事，过于百年。虽曰人事，亦天

---

① 关于苏轼政治哲学，参见卢国龙《宋儒微言》，第六章"苏轼苏辙'推阐理势'的政治哲学"。

助也。盖累圣相继，仰畏天，俯畏人，宽仁恭俭，忠恕诚悫，此其所以获天助也"。君主德行值得褒奖，但是法度纪纲有大缺陷。"然本朝累世因循末俗之弊，而无亲友群臣之议。人君朝夕与处，不过宦官女子；出而视事，又不过有司之细故。未尝如古大有力之君，与学士大夫讨论先王之法，以措之天下也"①，科举、铨选、役法、军制、理财，发展到仁宗后期，问题越发严重。

《宋史》卷三二七记载："熙宁元年四月，始造朝。入对，帝问为治所先，对曰：'择术为先。'帝曰：'唐太宗何如？'曰：'陛下当法尧、舜，何以太宗为哉？尧、舜之道，至简而不烦，至要而不迂，至易而不难。但末世学者不能通知，以为高不可及尔。'帝曰：'卿可谓责难于君，朕自视眇躬，恐无以副卿此意。可悉意辅朕，庶同济此道。'一日讲席，群臣退，帝留安石坐，曰：'有欲与卿从容论议者。'因曰：'唐太宗必得魏徵，刘备必得诸葛亮，然后可以有为，二子诚不世出之人也。'安石曰：'陛下诚能为尧、舜，则必有皋、夔、稷、契；诚能为高宗，则必有傅说。彼二子皆有道者所羞，何足道哉？'"安石高举尧舜三代之理想，蔑视汉唐之实迹，终于启动近世的大变法时代。

程颢也是高举尧舜三代王道的理想，希望君主审初立志。"陛下躬尧舜之资，处尧舜之位，必以尧舜之心自任，然后为能充其道。汉唐之君，可称者，论其人则非先王之学，考其时则皆驳杂之政，乃以一曲之见，幸致小康，其创法垂统，非可继于后世者，皆不足为也。"②

高扬三代理想的精神和法度，引申到对待现实政治经验，产生两个基本取向：一者抬高三代，贬低现实，一者尊重三代，同时承认现实政治的合理性和正当性。二者的区分不在于是否尊崇三代，而在于如何对待现实政治经验。王安石的立场如前所述。二程在实政中虽不赞同王安石的大变

---

① 《吕祖谦全集》，《皇朝文鉴》（第十三册），第7页。

② 同上书，第42页。

法，对于祖宗之法也有相当肯定，但这种肯定并未像对待三代之法一样从天理角度予以证成。变革精神依然是其主导，"虽祖宗故事，固有不可改者，有当随事损益者。若以为皆不可改，则是昔所未遵，今不得复作；前所未安，后不得复正。朝廷之事，更无损益之理，得为是乎？况先朝美事，亦何尝必行？臣前日所言殿上讲说是也；故事未安，则守而不改，臣前日所言冬日受表贺是也"①。具体观点，下一章会详论。

相比起来，司马光、苏轼等人更多地意识到祖宗之法的正当性，面对大变法以三代为号召，他们寻绎三代之法与祖宗之法的连贯性，对于祖宗法代表的现实政治经验、立国政治传统给以肯认和尊重。

司马光《上体要疏》前文已述。可以看到，对于祖宗成法的肯认与对三代立国之道的解释通贯起来，重心在于"祖宗创业垂统，为后世法。内则设中书、枢密院、御史台、三司、审官、审刑等在京诸司，外则设转运使、知州、知县等众官，以相统御。上下有叙，此所谓纪纲者也"，反对"今乃使两府大臣悉取三司条例，别置一局，聚文士数人与之谋议，改更制置，三司皆不与闻。臣恐所改更者，未必胜于其旧，而徒纷乱祖宗成法，考古则不合，适今则非宜"②。

苏轼的《上神宗皇帝书》批评王安石变法，建议君主"结人心、厚风俗、存纪纲"③。这篇奏议更加体现出对于祖宗之法、北宋政治传统的尊重。如论制置三司条例司，"中外之人，无贤不肖，皆言祖宗以来，治财用者不过三司使副判官，经今百年，未尝阙事。今者无故又创一司，号曰制置三司条例。使六七少年日夜讲求于内，使者四十余辈，分行营干于外，造端宏大，民实惊疑，创法新奇，吏皆惶惑"。苏轼主张尊重成宪，尊重既有决策体制的正当性，"陛下欲去积弊而立法，必使宰相熟议而后行。事若不由

---

① 《二程集》，第 552—553 页。
② 《吕祖谦全集》，《皇朝文鉴》（第十二册），第 956—957 页。
③ 《吕祖谦全集》，《皇朝文鉴》（第十三册），第 48—63 页。

中书，则是乱世之法，圣君贤相，夫岂其然？必若立法不免由中书，熟议不免使宰相，则此司之设，无乃冗长而无名？"

苏轼在《上神宗皇帝书》中将变法异议提升至立国根基的讨论，这一点尤为可贵。"士之进言者，为不少矣，亦尝有以国家之所以存亡、历数之所以长短告陛下者乎？夫国家之所以存亡者，在道德之浅深，不在乎强与弱；历数之所以长短者，在风俗之厚薄，不在乎富与贫。道德诚深，风俗诚厚，虽贫且弱，不害于长而存。"以道德和风俗为立国之本，反对任法和富强优先，这一思路是儒家传统取向。苏轼特别将此与宋代政治传统结合起来阐明。"古之圣人，非不知深刻之法可以齐众，勇悍之夫可以集事，忠厚近于迂阔，老成初若迟钝。然终不肯以彼而易此者，知其所得小而所丧大也……我仁祖之驭天下也，持法至宽，用人有叙，专务掩覆过失，未尝轻改旧章。然考其成功，则曰未至，以言乎用兵，则十出而九败，以言乎府库，则仅足而无余。徒以德泽在人，风俗知义。是以升遐之日，天下如丧考妣，社稷长远，终必赖之。则仁祖可谓知本矣。今议者不察，徒见其末年吏多因循，事不振举，乃欲矫之以苛察，齐之以智能，招来新进勇锐之人，以图一切速成之效，未享其利，浇风已成。"

以仁宗为典范，点拨出仁宗与立国之本之间的紧密关联，所谓"知本"，苏轼的这个论断代表了北宋士大夫主流对于祖宗之法的态度。与王安石相比，苏轼并不认为宋代立国仅仅是人事得天助，而是肯定其中有合乎三代理想的立国原理。这个原理既体现在王者的德行中，也体现在他们所创制的法度中。

苏轼论宋代台谏制度，"圣人方盛而虑衰，常先立法以救弊。我国家租赋籍于计省，重兵聚于京师，以古揆今，则似内重。恭惟祖宗所以深计而预虑，固非小臣所能臆度而周知。然观其委任台谏之一端，则是圣人过防之至计。历观秦、汉以及五代，谏净而死，盖数百人。而自建隆以来，未尝罪一言者，纵有薄责，旋即超升。许以风闻，而无官长。风采所系，不问尊卑。言及乘舆，则天子改容；事关廊庙，则宰相待罪。故仁宗之世，议者讥宰相但奉行台谏风旨而已。圣人深意，流俗岂知？台谏固未必皆贤，所言亦未必皆是，然须养其锐气而借之重权者，岂徒然哉？将以折奸臣之萌，而救内重之弊也。夫奸臣之始，以台谏折之而有余，及其既成，以干戈取之而不足。"苏轼反复强调圣人立法之意、祖宗深计预虑、圣人深意，其实是批评变法者不能明了祖宗之法的精神而妄作。台谏制度，在苏轼看来是为了防止中央集权强化后的中枢行政系统"内重"，显示出内外均衡的治法原理意识（相制）。

苏轼门下士如秦观（1049—1100）也持此意见，认为需要在政事之臣与议论之臣之间建立平衡，"臣闻仁祖时，天下之事一切委之执政，群臣无得预者。除授或不当，虽贵戚近属，旨从中出，辄为固执不行。一旦谏官列其罪，御史数其失，虽元老名儒，上所眷礼者，亦称病而赐罢。政事之臣得以举其职，议论之臣得以行其言，两者之势适平，是以治功之隆，过越汉唐，与成康相先后，盖繇此也！陛下即位以来，图任老成，属以事。屡下明诏，使中外大臣举谏官、荐御史，保任骨鲠以备献纳之科，可谓得人主之要术矣。愿鉴汉唐之弊，专取法于仁祖，常使两者之势适平，足以相制，而不足以相胜，则陛下可以弁冕端委而无事矣"。"政事之臣者，人主之股肱；议论之臣者，人主之耳目。任政事之臣而忽谏官，略御史，犹股肱便利而耳目盲聩也。要之，二者不可偏胜，使之适平而已。"[1]

苏轼追溯宋代台谏传统，"陛下得不上念祖宗设此官之意，下为子孙立万一之防，朝廷纪纲，孰大于此？臣自幼小所记，及闻长老之谈，皆谓台谏所言，常随天下公议。公议所与，台谏亦与之；公议所击，台谏亦击之。及至英庙之初，始建称亲之议，本非人主大过，亦无礼典明文，徒以众心未安，公议不允，当时台谏，以死争之。"探讨祖宗立法本意，尊重政治传

---

① 秦观著，徐培均笺注：《淮海集笺注》第一二卷，《主术》，上海古籍出版社2000年版，第507页。

统的正当性，体现出一种经验为本的实践政治理性。这一理性又是内置于传统演进之中，有限度而积极地发挥治人主体的阐释和改进功能。如此处引入公议这一政治社会的新兴要素。

苏轼针对君主限制言路，批评"臣伏见陛下嗣位以来，惟执政日得上殿外，其余独许台谏官及开封知府上殿，不过十余人，天下之广，事物之变，决非十余人者所能尽。若此十余人者，不幸而非其人，民之利病，不以实告，则陛下便谓天下太平，无事可言，岂不殆哉！其余臣僚，虽许上书言事，而书入禁中，如在天上，不加反复诘问，何以尽利害之实，而况天下事有不可以书载者，心之精微，口不能尽，而况书乎?"他引用祖宗旧制，"祖宗之制，自两省两制近臣、六曹寺监长贰，有所欲言，及典大藩镇，奉使一路，出入辞见，皆得奏事殿上。其余小臣布衣，亦时特赐召问。非独以通下情，知外事，亦以考察群臣能否情伪，非苟而已"。苏轼建议君主"更与大臣商议，除台谏、开封知府已许上殿外，其余臣僚，旧制许请间奏事，及出入辞见许上殿者，皆复祖宗故事"。

祖宗之法有弊端则须改，改弊要追寻祖宗旧制中的良法美意。苏轼针对选举人才泛滥不精，指出"自祖宗以来，用刑至慎，习以成风，故虽展年磨勘、差替、冲替之类，皆足以惩警在位，独于名器爵禄，则出之太易。每一次科场放进士诸科及特奏名约八九百人，一次郊礼，奏补子弟约二三百人，而军职转补，杂色入流，皇族外戚之荐不与。自近世以来，取人之多，得官之易，未有如本朝者也"，"伏见祖宗旧制，过省举人，御试黜落不少，既以慎重取人，又以见名器威福专在人主。至嘉祐末年，始尽赐出身，虽文理纰缪，亦玷科举，而近岁流弊之极，至于杂犯，亦免黜落，皆非祖宗本意"。祖宗本意要和古来大经大法、治道相合，"凡为天下国家，当爱惜名器，慎重刑罚。若爱惜名器，则斗升之禄，足以鼓舞豪杰。慎重刑罚，则笞杖之法，足以震顽狡。若不爱惜慎重，则虽日拜卿相，而人不劝，动行诛戮，而人不惧。此安危之机，人主之操术也"，否则，"法在有司，恩不归于人主，甚无谓也"①。

苏轼推崇张方平（1007—1091），称赞张文定公熟知立国法度，有大略。他在《张文定公墓志铭》中称许道"公既明习历代损益，又周知祖宗法度，悉陈其本末赢虚所以然之状，及当今所宜救治施行之略"。而其末乃论："古今治乱，在上下离合之间。比年已来，朝廷颇引轻险之人，布之言路，违道干誉，利口为贤。内则台谏，外则监司，下至胥吏僮奴，皆可以构危其上。自将相公卿宿贵之人，皆争屈体以收礼后辈，有不然者，则谤毁随之，惴惴焉惟恐不免，何暇展布心体为国立事哉！此风不革，天下无时而治也"，记载其论政，"延和殿赐坐，问：'祖宗御戎之策孰长？'公曰：'太祖不勤远略，如夏州李彝兴、灵武冯晖、河西折御卿，皆因其酋豪，许以世袭，故边圉无事。董遵诲捍环州，郭进守西山，李汉超保关南，皆十余年，优其禄赐，宽其文法，而少遣兵。诸将财力丰而威令行，间谍精审，吏士用命，贼所入辄先知，并兵御之，战无不克。故以十五万人而获百万之用。终太祖之世，边鄙不耸，天下安乐。及太宗平并州，欲遂取燕、蓟，自是岁有契丹之虞。曹彬、刘廷谦、傅潜等数十战，各亡士卒十余万。又内徙李彝兴、冯晖之族，继迁之变，三边皆扰，而朝廷始旰食矣。真宗之礼赵德明纳款，及澶渊之克，遂与契丹盟，至今人不识兵革，可谓盛德大业。祖宗之事，大略如此，亦可以鉴矣。近岁边臣建开拓之议，皆行险侥幸之人，欲以天下安危试之一掷，事成则身蒙其利，不成则陛下任其患，不可听也'"②。南宋陈亮等人讲求立国法度，颇为重视张文定公，或许受到苏轼推重的影响③。

对于纪纲法度这一治法的制度分析，对于立国者创制原意和立法精神

---

① 苏轼著，孔凡礼点校：《苏轼文集》卷二九，《转对条上三事状》，中华书局1986年版，第819—822页。

② 苏轼著，孔凡礼点校：《苏轼文集》，中华书局1986年版，第444页。

③ 《陈亮集》，第134、141页。

的注重，对于政治传统延续性的尊重，构成苏轼国本论的一个亮点。其中的政治理论要义，在于对现实政治传统经验的正视和尊重，而这类传统剖析离不开对于立国历史的系统阐发，回溯源流，辨析正歧。

王安石论北宋政治传统演变，"一切因任自然之理势，而精神之运有所不加，名实之间有所不察"①。这一句非常关键。司马光、苏轼、二程兄弟等人强调尊重政治传统和体系中的自然之势、理势。"精神之运"趋向于强调治人意志精神的主动运用，"自然理势"倾向于治法和治道的传统证成，于此可见治体论内在层面的张力与分化潜能。"精神之运"与"自然理势"的区分，显现出对于治体论的不同侧重，各自指向以治道更新和治法维系为中心的两种思维。这个区分又与"法祖"论的二元取向联系，即"法祖"究竟应侧重太祖代表的开国政治家，还是仁宗代表的守成政治家？如何理解二者关系？又如何理解"精神之运""自然理势"与"法祖"二元论的关系？这在中国政治思维中是一个反复出现的立国难题。

可以说，王安石、二程兄弟等人代表了北宋变革思想家的典型思维，以变革谋求重立国家架构。而司马光、苏轼应对大变法挑战，提出以祖宗之法为本位的政治思考，意识到正视立国之本和政治传统的正当性，以此为前提来评价现实政治动议。后者的这个思考端绪，尽管尚不深入和系统，在南宋经历了大变法和失国的冲击后，却经由浙东儒者群体发扬，成就了保守立国思维的蔚为大观。在此意义上，司马光、苏轼等人是治体论意义上立国思想家的先驱和端绪。

北宋晚期的唐庚（1070—1120）颇受苏轼影响，其《名治论》为时人称道。唐氏认为一代有一代之治，治理良善的奥妙虽难言尽，却不妨对政事特质加以治体论维度的概括（"名治"），如三代忠质文、亲亲尊尊等。宋

---

①　《吕祖谦全集》，《皇朝文鉴》（第十三册），王安石《论本朝百年无事札子》，第9页。

代为政日久，唐庚强调需要对其政治传统加以确认，即探讨"国朝规模处置，所以成就天下之势者"。他认为相对于周代任人，宋代可谓任法，而任人与任法孰优孰劣，判准在于"治不必同，要之适时"①。人有情而法无心，情之所在，恩怨以之，法无心则人以法为公平。任法模式以法为本，行之以人。法无全是全非，任法效果相对可控，无甚利也无甚害。而任人之世，既能大治也易大乱。根据治理绩效，唐氏认为宋代任法能适应当世，值得肯定。在宋人常引以对照的三代之法、汉唐之法与本朝祖宗之法中，唐氏认可三代典范价值，但反对一味复古移植，对本朝治体高度肯定，与苏轼、司马光颇相类。

这种对于政治发展予以命名的意识，指向治体论层面的总结。再如南宋前期张南轩、陆九渊等人的讲友员兴宗，认为尧舜三代之道在政治上得忠质文之体，舜综合三者，因此树立了至治之体。三代之后，大道分解，为政者孜孜立体，政晓然出，天下显然名，但不能为天下万世之公深思远虑。其治体每每为一时虑，长短易见。政体可名，风尚可导，然而员氏认为可名并非最高境界，舜之治垂拱无为，包含忠质文却不必以之命名。宋接千载统纪，默具忠质文之意，这方面应该效仿舜的无为之治。员兴宗当两宋之际，主张整合荆公新学、洛学与蜀学的精华，将各自擅长的名数、性理与经济熔为一炉。他批评贾谊不能把握治体，特别强调体、势两个方面的均衡，综合考虑朝廷体与天下势②。体有宽猛，势有兴弱。贾谊知道天下势，却不明朝廷体，轻视了军国老成人，因此难以致用。

宋学在两宋的两个鼎盛阶段，即仁宗后期至神宗变法、南宋孝宗乾道至宁宗嘉定年间，形成治体论之双轴时代。经过北宋大变法即第一轴心期的洗礼，治体论思考在治道和治法层面得到了极大拓展和深化，尤其是治道层面的天人性命之理有空前发展。这一点除了以往论者指出的应对佛教

---

① 唐庚：《眉山文集》卷一，《景印文渊阁四库全书》（第1124册），第322—323页。
② 员兴宗：《九华集》卷九，《忠质文之治策》，第66—67页。

义理挑战的因素，经世理念下秩序构建的中心关怀不应忽视。在双轴时代的第二期，理学与事功学形成了近世治体论的两个模式。这一发展，大大得益于第一轴心期的基调设定与学统竞争，下文分别从理学与经制事功学的先行视角予以观察。

第 二 章

"体乾刚健"：二程经世思维的
非常气质

对于儒家与现实世界的关系，韦伯曾指认作一种适应性、遂顺性的迁就。这种论调在晚近以来的研究中得到了有力的辩驳，如墨子刻特别从政治文化、心理精神的维度以理学传统为例，揭示出儒者与现实世界存在高度紧张感，以致形成一种难以摆脱的文明困境，深刻影响了现代中国的转型进程。[①] 就理学家而言，这种困境感究竟如何具现于他们的时代与处境，如何展现为有力的思想形式与气质？衡诸既有的思想史研究，却往往将其描述为一种空疏迂阔的道德理想主义，甚至是与反变法立场等同的政治无为取向。[②] 换言之，理学的政治思考要么是浪漫而无力的，要么是消极而反动的。

本书以程颢、程颐兄弟为焦点，试图呈现理学创立者在其时代处境中开辟出来的政治思考向度，以及他们如何影响了后继的儒家士君子群体，从而成为近世儒家变革思想的重要典范。

[①] Thomas Metzger, *Escape from Predicament：Neo-Confucianism and China's Evolving Political Culture*, Columbia University Press, 1977. 中译本为墨子刻《摆脱困境：新儒学与中国政治文化的演进》，颜世安、高华、黄东兰译，江苏人民出版社 1996 年版。

[②] 前者参见萧公权《中国政治思想史》，新星出版社 2005 年版，第 331—336 页；后者参见陶希圣《中国政治思想史》，中国大百科全书出版社 2009 年版，第 845—846 页。

◇◇ 第一节　立志：三代之道与天理、公论、经筵

明道、伊川兄弟中，在政治思考上，又以小程早露峥嵘。早在仁宗皇祐二年（1050），距范仲淹"庆历新政"失败不过七八年，十八岁的程颐就上书阙下，希望仁宗"出于圣断，勿徇众言，以王道为心，以生民为念，黜世俗之论，期非常之功"①，并乞召对面陈所学。虽然最后未能如愿，却已表示出超越世俗意见、建立非常事功的高远志向。

具体地，程颐自呈所学乃"天下大中之道"，是三代所以兴盛、后世所以不及的至大易行之道。然而"王道之不行，二千年矣"，仁宗继承祖业，"内外经制，多失其宜"，天下已有危乱之虞。出路就在于打破因循不变的局势，确立行王道的远大志向（"救之当以王道"）。他特别强调，对于仁宗而言，真正的孝道、对于祖宗基业的发皇，乃是"思齐尧舜，纳民仁寿，上光祖考，垂休无穷"。② 这构成整篇上书的重心所在，至于具体王道之政，程颐仅举求贤任贤，简略论及。

二程对于践行王道、立非常之功的成熟思考，在十五年后的英宗治平二年（1065）得以呈现全貌。这一点见于程颐代父撰写的《为家君应诏上英宗皇帝书》，之后程颢具有代表性的系列政论也都体现出一以贯之的思路和内容。③

在此次上书中，程颐继续批评了仁宗以来对于政治"保持之""维持之"的因循守成路线，指出变革求治的急迫性。对于改革之道，他特别概

---

① 《二程集》，《上仁宗皇帝书》，中华书局 2004 年版，第 515 页。
② 所引文，见《上仁宗皇帝书》，第 514、512、514 页各处。
③ 所谓"子曰：治道之要有三：立志、责任、求贤"，见《二程集》，《程氏粹言》，"论政"第六六，第 1218 页。

括为三个方面，即"立志""责任""求贤"。伊川认为这是一切政治的根本（"三者本也，制于事者用也。有其本，不患无其用"①）。这也同样是认识程颢政治思想的三个总体纲要。

关于立志，程颐解释道："所谓立志者，至诚一心，以道自任，以圣人之训为可必信，先王之治为可必行，不狃滞于近规，不迁惑于众口，必期致天下如三代之世，此之谓也。"②

可以看到，此处程颐延续了对于仁宗所强调的王道理想，主张在圣人和先王之法的指引下实现三代式理想政治。同样，程颢在《上殿札子》（1069）开篇即强调"君道之大，在乎稽古正学……君志定而天下之治成矣。所谓定志者，一心诚意，择善而固执之也……惟在以圣人之训为必当从，先王之治为必可法，不为后世驳杂之政所牵制，不为流俗因循之论所迁惑，自知极于明，信道极于笃，任贤勿贰，去邪勿疑，必期致世如三代之隆而后已也"③。

二程皆以为君志立是天下通向理想政治的关键。究其实，是要透过促成君主的决断来确立国家政治的根本方向，或者说形成长远稳定的政治战略。他们首先提出这个根本要义，并指出"天下之大，非体乾刚健，其能治乎?"④

这里的"体乾刚健"，只有参照比较二程所要超越的那些"驳杂之政""近规""众口"和"流俗因循之论"，才能把握到根本的精神义理指向。

程颐指出，追求天下之治是古今统治者的理想。然而，统治者或者不知如何着手，或者有始无终，或者受制于因循守常的政治与意见而不能有为。因此，只有真正确立对于圣人之训、先王之治的信念和追求，才能明确王道政治的进路。在这方面，其实表明了二程对于三代之法与汉唐之法、

---

① 《二程集》，第521页。
② 同上。
③ 同上书，第447页。
④ 同上书，第521页。

祖宗之法的取舍。

对于汉唐之法，程颢云"汉唐之君，有可称者，论其人则非先王之学，考其时则皆驳杂之政，乃以一曲之见，幸致小康，其创法垂统，非可继于后世者，皆不足为也"，程颐则云"汉唐小康，行之不醇"。① 汉唐政治的学术与实践都只是三代政治的低级版本，不足取法。

再来看祖宗之法。晚近学人已指示出赵宋一代在祖宗之法上的传统养成，自太祖、太宗朝确立规模，真宗、仁宗时期已形成遵守祖宗成宪经制的惯例宪制。② 就此而言，二程对于祖宗之法却采取了更为严厉或曰深刻的批评取向。例如，前文程颐批评仁宗朝"内外经制，多失其宜"，如仁宗拣选三十五事作为祖宗家法，丁度等人参与编定，程颐却指出，"往者丁度建言'祖宗以来，得人不少'，愚瞽之甚，议者至今切齿。使墨论墨，固以墨为善也"③。经制研讨，成为南宋浙东儒学别开天地的重要突破口，在小程子处也能发现伏线。再如程颢言，"宋兴百余年，而教化未大醇，人情未尽美，士人微谦退之节，乡间无廉耻之行，刑虽繁而奸不止，官虽冗而材不足""本朝踵循唐旧，而馆阁清选，止为文字之职，名实未正"④。相比同期政治实践者对于祖宗之法的良性阐释与维护，二程更侧重"近规"的不足与弊端，从而强调对于现实政治的变革。

因此二程一以三代之治、三代之法为号召，看似复古，实则转化为对于现实政治的更张。程颐试图从更广阔的立意角度说服君主，以王道为蕲向的变革乃是对祖考更大的孝道。用三代之法来提升祖宗之法的政治境界，已超越取法汉唐或宪章祖宗的常态格局，由此体现出进取、高远、笃定的

---

① 《二程集》，第 451、511 页。

② 参见邓小南《祖宗之法——北宋前期政治述略》，生活·读书·新知三联书店 2006 年版。

③ 《二程集》，第 513 页。

④ 同上书，第 448、455 页。

超凡理想精神，此之谓"体乾刚健"。

此种"体乾刚健"的思想主张深刻体现出二程政治思考的非常气质，试图超越他们身处的现实政治格局，标识出政治行动的根本理想义，故而必然产生与现实政治的强烈紧张。这一理想气质的召唤，还意味着在因循守旧的日常政治中内置了一个追求突破以实现转型的非常时刻，由怀抱此种情怀的士大夫来敦促君主进行政治决断，改拨日常政治的轨道，把政治提升到一个超越的理想境界上来，实现政治上的重新立国。

以三代为理想的改革取向，自真宗朝以来就初露端倪，仁宗朝范仲淹士人群体的新政也以此为精神激励。二程继承这个传统，进一步指出三代理想与天理道义之间的一致性，揭示出变革的深层义理蕴涵。这是他们相比先贤更为深刻之处。

针对"人君举动，不可不慎，易于更张，则为害大矣"的流俗意见，程颢认为，"所谓更张者，顾理所当耳。其动皆稽古质义而行，则为慎莫大焉，岂若因循苟简，卒败败乱者哉？自古以来，何尝有师圣人之言，法先王之治，将大有为而返成祸患者乎？愿陛下奋天锡之勇智，体乾刚而独断，沛然不疑，则万世幸甚"，一再反对"趣便目前，不务高远"，主张"大有为"的"改革"之论。①

这种稽古区分两个层面：一个是法度制度上，应当本诸人情，极乎物理，随时因革，踵事增损；另一个是治道根本，"为治之大原，牧民之要道"，古今同条共贯。后世能充分实践则为大治，用其偏则为小康。② 二程谆谆在意者，就是首先在治原治道的根本处，由立志而确立政治的大方向。君主应当认识到经由三代之治体现出来的天理道义，由此为天下确定治道典范。

学者每将正心诚意视为理学家的政治学说根本，以道德说教于实际政

---

① 《二程集》，第451—452页。
② 同上书，第452页。

治无力论之。实则应当看到，在当时的政制格局下，如二程所言立志，是要透过君主决断为政治共同体奠定信念和规范的根基，或者说为君主和天下树立一根本法则，使其能够超越现实政治的常规而明了理想义之所在（"引君当道"，《程氏粹言》，"论政"第六十）。政治体的根本信念、规范与法则，对于其运作和命运关系至重，而所谓修身诚意只是手段路径意义的考量，并非问题肯綮。

衡诸二程的思想，我们可进一步印证这个用意。立志之的，其实是将君主置于重重的规范约束之下，抑制其偏妄苟私。这些规范约束包括以天理为内核的道统与以公议公论、经筵为代表的制度性机制。

首先，二程一再强调"法先王之治，稽经典之训"，标举三代之道的高级法价值，乃以道统为君主治统所在，即所谓"治天下之道，莫非五帝、三王、周公、孔子治天下之道也"①。二程对于道统作为政治根本宪则的洞见，表现为探索表彰出其中的天理精义，以诚实无妄为本，蕴涵着高度重视社会自生秩序的智慧。

程颐在晚年的《春秋传序》中，提出了关于政治起源与演变的解释，并强调"二帝而上，圣贤世出，随时有作，顺乎风气之宜，不先天（时）以开人，各因时而立政。……圣王既不复作，有天下者，虽欲仿古之迹，亦私意妄为而已"②。他认为孔子作《春秋》，乃总结三代"顺天应时"的政治精神，以确立百王不易之大法（"经世之大法""孔子治天下之道"）。孔子是代表了传统立国智慧的大立法者。在《伊川易传》中，他特别于"无妄"一卦的六二爻辞中完整揭示出这一要义，强调"不首造其事，因其事理所当然也。首造其事，则是人心所作为，乃妄也。因事之当然，则是顺理应物，非妄也……是事理之固然，非心意之所造作也"。针对"圣人制作皆造端"的反问，伊川特别辨析，"圣人随时制作，合乎风气之宜，未尝

---

① 《二程集》，第522、513页。
② 同上书，第583页。

先时而开之也。若不待时，则一圣人足以尽为矣，岂待累圣继作也？时乃事之端，圣人随时而为也"①。取法三代之道，因此绝非复古因袭，而是顺应天理、把握事物演变之机理，予以应时之制作变通。"若孔子所立之法，乃通万世不易之法。孔子于他处亦不见说，独答颜回云：'行夏之时，乘殷之辂，服周之冕，乐则韶舞。'此是于四代中举这一个法式，其详细虽不可见，而孔子但示其大法，使后人就上修之，二千年来，亦无一人识者。"②这一点深刻体现出儒家礼法传统的政治心智，以社会秩序演生为最高权力运作的根本前提，重视经验传统积累意义上的理则启示，避免了一种建构论心智之上的绝对权威逻辑（如"一圣人尽为""造作""造端""制作"）③。

其次，立志所依据的信念与规范，尤重其合乎天理人情的公共精神与典则，由此而将最高权力意志置于诸种规则宪制的约束之下。君主立志存心，所察者如是。这在二程批评王安石变法的奏札中有明确体现。如程颐云，"人君因亿兆以为尊，其抚之治之之道，当尽其至诚恻怛之心，视之如伤，动敢不慎？兢兢然惟惧一政之不顺于天，一事之不合于理。如此，王者之公心也。若乃恃所据之势，肆求欲之心，以严法令举条纲为可喜，以富国家强兵甲为自得，锐于作为，快于自任，贪惑至于如此，迷错岂能自知？若是者，以天下徇其私欲者也"④。因此，三代之法、天理之正的实质是以天下之公来制约君主所代表的国家之私，公私之辨是其大义。表现在

---

① 程颐撰，王孝鱼点校：《周易程氏传》，中华书局 2011 年版，第 141 页。

② 《二程集》，第 174 页。另可见《程氏粹言》，"论道"第一二、七四，"论学"第二九，"论书"第八、三三、六六，"论政"第八、五九；《二程集》，第 1170、1177、1186、1200、1206、1211、1216、1217 页各处。

③ 章太炎以《定性书》为程颢政论宗旨，认为其言任自然大公，近于道家，而志在师保万民、以道莅天下，"宛臧南面之术"。参见《章太炎全集》（第三册），《检论》卷四，"通程"，上海人民出版社 2018 年版，第 463—464 页。

④ 《二程集》，第 530 页。

为政之道上，"以顺民心为本，以厚民生为本，以安而不扰为本"①，强调民心民生代表的社会秩序对于国家势力的约束。

君主之志以公道公心为实质，由此而打开政治公共性的通道，表现为治理模式上的共治共理，表现为宪制意义上的公论和公议。这成为立志的政治逻辑结果。

笔者曾论述过公论传统在近世的兴起，宋代政治为之奠定了稳固的基础，既透过政教相维相制的设计形成对于权力的约束，也是政治过程中以人心舆论为载体的不成文宪典②。二程进一步赋予这一政治传统以天理的维度，强调合乎天理人情的共识、机制程序对于权力的制约。

如程颐云"方陛下思治之初，未有所偏主，好恶取舍一以公议"，君主之志实允公议③。如程颢所云，"天下之理，本诸简易，而行之以顺道，则事无不成……盖自古兴治，虽有专任独决，能就事功者，未闻辅弼大臣人各有心，暌戾不一，致国政异出，名分不正，中外人情交谓不可。而能有为者也。况于措置失宜，沮废公议，一二小臣实与大计，用贱陵贵，以邪妨正者乎?"④ 对于《周易程氏传》"损"卦六五"或益之十朋之龟，弗克违，元吉"，程颐解释道："六五于损时，以中顺居尊位，虚其中以应乎二之刚阳，是人君能虚中自损，以顺从在下之贤也。能如是，天下孰不损己自尽以益之? 故或有益之之事，则十朋助之矣。十，众辞。龟者，决是非吉凶之物。众人之公论，必合正理，虽龟筮不能违也。如此可谓大善之吉矣。古人曰'谋从众，则合天心'。象曰：六五，元吉，自上佑也。所以得元吉者，以其能尽众人之见，合天地之理，故自上天降之福佑也"，于

---

① 《二程集》，第531页。

② 参见任锋《公论观念与政治世界》，载许纪霖、刘擎编《知识分子论丛》2012年第十辑；另载《道统与治体——宪制会话的文明启示》。

③ 《二程集》，第531页。

④ 同上书，第458页。

"革"卦九三,又云"在革之时,居下之上,事之当革,若畏惧而不为,则失时为害;唯当慎重之至,不自任其刚明,审稽公论,至于三就,而后革之则无过矣"①。在取法三代上,二程强调的是不受阻于因循守成的流俗之论,君主刚健独断;而在具体治理之道上,又以合乎天理的公议公论为规则,避免独断专行。二者所指层面不同,需要分别清晰。在后一方面,二程又可以说充分尊重和利用宋代政治形成的实践传统,而结合填充以天理观念,予以阐释。于此也可见作为政治思想家的二程,对于现实政治的洞晓与超拔,非空疏迂腐之诬名可轻蔑也。

这种政治实践中的高超智慧,在立志所涉及的第三层面,即经筵,有更为充分的展现。君主的志向德行,除了前述道统天理、公论公议的规范,还需要在日常生活过程中予以周备的培养引导。明道在 1069 年的《论十事札子》《上殿札子》中就重点强调了经筵制度的首要性。十事之首,就指出"今师傅之职不修,友臣之义未著,所以尊德乐善之风未成于天下,此非有古今之异也"②。他希望"礼命老成贤儒,不必劳以职事,卑日亲便座,讲论道义,以辅养圣德"③。

伊川于 1086 年以布衣被擢为崇政殿说书,更是把握这一实践机会,努力推动经筵制度的完善,以落实"以道事君"、以师道规约君道的儒家理想。他从习性养成的角度,强调了辅养、儆戒之道的重要性,并高度提炼出他对于政治之道的认知,所谓"天下重任,唯宰相与经筵:天下治乱系宰相,君德成就责经筵"④。这是理学大宗师对于宋代宪制精义的概括,落在君—相和君—师双重关系上,极为紧要。君主权威与宰相代表的士大夫群体共同构成政治社会的中心,二者又都以政学相维为前提,由经筵制度和宰相制度予以

---

① 《周易程氏传》,第 236、283 页。
② 《二程集》,第 452 页。
③ 同上书,第 447 页。
④ 同上书,第 540 页。

保障，与"权归人主（恩归人主），法在有司（政出中书）"相对应。

在具体制度措施上，伊川先后提出深思熟虑的建议，如二人直日与一人直宿、讲官坐讲赐茶而由旁人指书、讲读常态化不间废、择大臣子弟三人侍读、弱化太后、宰臣史官之干预或参与、变更改善说书场所、讲官专职化而不兼职等。① 这一切，都是要对于君主生活予以全面制度化的引导和规约，将儒家师道的理念在现实制度基础上加以充分落实，最终确立儒者的权威。作为与宰相制度并列的确保君志正当的政治关键，这实乃政治宪法上一个极具谋划力的大胆创制，或曰对成法的极大提升。这些建议，因为触及两千年君道根本，被时论指为违背旧俗，更在十一年后被哲宗追指为"妄自尊大""多不逊"而予伊川以编管的惩罚。② 由此，更可看到二程政治思想中生发的强劲二元权威观念，对于政治现实所带来的巨大冲击与非常启示。

◇第二节 责任与求贤：共治模式的宪制意义

责任政治，出于政治之公共本性。如程颐所言："夫以海宇之广，亿兆之众，一人不可以独治，必赖辅弼之贤，然后能成天下之务。自古圣王，未有不以求任辅相为先者也。"③ 天下治理不是一人可以完成的，这是三代公天下所揭示者。在二程时代，禅让之公天下转移既不可言，则责任宰辅、君臣共治成为公共治理的首义。④ 二程都强调基于知人之明的尊

① 参见《二程集》，第 537、539、541、544、545、550 页。
② 参见《续资治通鉴》卷八五，哲宗绍圣四年十一月丁丑条。
③ 《二程集》，第 522 页。
④ 在二程看来，政治公共精神透过体制程序得以彰显，最好的政治是"公而与贤"的"公天下"制度，而在"贤人难得而争夺兴"的情况下，"与子以定万世"，也算得上"至公之法"。如何在现实体制中尽可能实现公共精神，是二程等儒者寓理想于实际的致思精神。参见《二程集》，《程氏粹言》，"论政"第五六，第 1217 页。

儒重贤。小程特别提出"慎择""明知""笃信""专任""尊礼"的责任之道予以阐发："择之慎，则必得其贤；知之明，则仰成而不疑；信之笃，则人致其诚；任之专，则得尽其才；礼之厚，则体貌尊而其势重；责之重，则其自任切而功有成。"①

君主慎于宰辅之选，能够有知人之明，在于取之有道。这方面，不能根据君主个人喜好来定，而是要"循核本末，稽考名实"，比如依据公议公论来考察，其人是否"孝闻于家，行著于乡，德推于朝廷，节见于事为，其言合圣人之道，其施蹈经典之训"②。

对于这样的贤哲，君主应该"推诚任之，待以师傅之礼，坐而论道，责之以天下治，阴阳和"③。君主对待宰辅，是透过专任和尊礼来确保共治的成功。这就关涉到传统政治中十分重要的君相关系问题。关于宋代君权相权的研究，已经指出这一时期宰辅群体重要性的上升，甚至有论者提出"宰辅专政"的说法。④公允地看，宋代现实政治中君权在某些方面的确趋于象征化，或者说透过寄政宰辅的方式而实现了某种相对于官僚政体的超越。君主维系道统法统之正当，即伊川所谓"立志"者；宰辅负责政治之实际运作，即"责任"所系者。在这种背景下来理解二程的思考，可以说正是应对这种趋势的一个反应。然须注意，立志非虚，君主实际负有关键政治责任，扮演重要宪制角色。

如前所述，伊川将宰相视为与经筵并列的天下关键之一，直接关系到天下治乱。他所理解的责任宰辅，正体现出君主与宰辅为首之士大夫群体共同担当天下治理的公共本性。伊川于立志一节强调君主"以道自任"，复

① 《二程集》，第522—523页。
② 同上书，第523页。
③ 同上。
④ 参见王瑞来《宰相故事：士大夫政治下的权力场》，中华书局2010年版，第304页。

于"责任"一节强调宰辅"自任以天下之重""挺然以天下为己任"①。其间可见"自任"之责在君相政治主体之间的转移,而"自任"之转移能够发生,有赖于权力分付与礼貌尊严两方面的法度保证。君主一人不能独治,因此权力的转移分割势在必行,这方面伊川强调的是专任下的君臣诚信无疑,君主不能揽权独断。而礼遇大臣、体貌尊严,更值得体会。这是在权力分配的基础上,透过具有示范性、浸透性的礼仪与惯例,将权力提升为令人信服的权威,更可见责任共治之精微蕴涵。要将君主作为传统重心的治理体制提升为共治性强的体制,不仅仅意味着权力分割的框架安排,更需使大臣自知体会到职位权力的荣誉和尊严,同时增强君主的敬重之情,才能充分激励起大臣的动力、意志与能力,并相对于臣民共同体树立起强大的权威("势重")。这种礼仪与惯例,部分地转化为实际政治生活中的不成文规则,由此而具有宪则、宪典的性质,使共治权力架构具有更为稳固、丰厚的实践机体。君臣志意相通,彼此诚信,礼问之,讨论之,才能共成治功。这一点是儒家尊礼大臣尤其不同于法家之处,特别体现儒家权力观的特质。

考诸北宋政实,这一主张也是二程基于实践政治脉络中的发论。我们看到,自太祖确定重用儒臣文士治国的基本规模后,宋代政治基本形成了一种君主尊重士大夫政治、与士大夫共治天下的传统。理想情况如仁宗时期,仁宗不以权势干预执政,所谓"措置天下事,正不欲自朕出。若自朕出,皆是则可。如有不是,难于更改。不如付之公议,令宰相行之。行之而天下以为不便,则台谏得言其失,于是改之为易矣"(《龟山先生语录》卷三)。宰相作为最高行政权的代表,得委任之专,也受到一系列礼遇优待,这种传统正是二程努力夯定的实践路向。② 于此之中,比如希望改变宋

---

① 《二程集》,第 523 页。

② 关于礼遇宰辅,可参见诸葛忆兵《宋代宰辅制度研究》,中国社会科学出版社 2000 年版,第 156—166 页。

初以来罢除宰相坐礼的陋制，恢复宰相坐而论道的礼遇，并参之以师道的精神，更体现出二程对此实践传统予以提升的用意。

这种思考，在伊川晚年的易传论述中，也成为非常引人注目的一个重点。理想的君臣关系，是君臣均为大德之人，互相以诚相待，共成治功。如"乾"卦九二、九五，"乾九二，以圣人言之，舜之田渔时也。利见大德之君，以行其道。君亦利见大德之臣，以共成其功"。卦九五，"圣人既得天位，则利见在下大德之人，与共成天下之事。天下固利见夫大德之君也"①。

然而，现实政治中，大多数君主都很难保证英明有为。基于这一现实主义的条件，伊川更多地强调君主的信任贤能、责任宰辅，尤于卦九二、六五之对应关系中阐发这种安排。如蛊卦六五，"五居尊位，以阴柔之质当人君之干，而下应于九二，是能任刚阳之臣也。虽能下应刚阳之贤而任之，然己实阴柔，故不能为创始开基之事，承其旧业则可矣。故为干父之蛊。夫创业垂统之事，非刚明之才则不能。继世之君，虽柔弱之资，苟能任刚贤，则可以为善继而成令誉也。太甲、成王，皆以臣而用誉者也"②；再如"颐"卦六五，"六五颐之时，居君位，养天下者也。然其阴柔之质，才不足以养天下。上有刚阳之贤，故顺从之，赖其养己以济天下。君者，养人者也，反赖人之养，是违拂于经常。既以己之不足，而顺从于贤师傅。上，师傅之位也，必居守贞固，笃于委信，则能辅翼其身，泽及天下"③。

进言之，君主即使英明，一人也不足以周知治理之务。由此逻辑，则必然强调对于天下贤能的尊重和倚重。只有充分调动后者的资源，才可能会实现理想的有为政治。从宰辅贤能的角度，对于共治模式也是一种强调。如"蹇"卦九五，"故凡六居五、九居二者，则多由助而有功，蒙、泰之类

① 《周易程氏传》，第2页。
② 同上书，第106页。
③ 同上书，第155页。

是也；九居五、六居二，则功多不足，屯、否之类是也。盖臣贤于君，则辅君以君所不能。臣不及君，则赞助之而已，故不能成大功也"①。因此，伊川特别强调一方面君主要信任、专任，礼敬大臣；另一方面贤者应以道自守，杜绝干进，"贤者在下，岂可自进以求于君？苟自求之，必无能信用之理。古之人，所以必待人君致敬尽礼而后往者，非欲自为尊大。盖其尊德乐道不如是，不足与有为也"（"蒙"卦象辞）②。

责任宰辅确立了治理群体的代表性权威，进一步则是程颐在《为家君应诏上英宗皇帝书》中提到的第三点"求贤"。伊川强调取士有道，然后根据贤能称任。这方面，自君主至公卿，应当不受宋代资格常规的束缚，大胆破格举用贤才，应有自信不疑的"非常之举"，才能在社会上形成尊贤举贤的良好风气。③ 而在科举制度上，则要改革诗文记诵为主的考试内容与投名自荐的形式。明道则在 1068 年的《请修学校尊师儒取士札子》中提出了一套周密的学校制度，由四方推选师儒建立太学，郡县乡党仿效，地方结合乡饮酒礼推选贤能，不合格者连坐。考试内容和形式都改革现实弊法。这一套学校制度的设计，综合了教育、选士任官、地方治理等多重内涵，特别强调道义贤能的实质标准与公推公选的程序，是对于周礼学校制度的继承发展，也孕育了后世如黄宗羲学校理念的诸多关键因子。明道又于 1069 年上《养贤札子》，提出设立延英院的制度规划，以公论推荐贤才，招贤优礼，主要发挥议政功能（"凡有政治则委之详定，凡有典礼则委之讨论，经画得以奏陈而治乱得以讲究也"），俨然是与行政机构相区分之议院雏形（"使政府及近侍之臣，互与相接"）。④ 其间品行能力优异者，可转入行政治理一途，又连接起议政与行政之通道，体现儒家政体思考的相维

---

① 《周易程氏传》，第 223—224 页。
② 同上书，第 27 页。
③ 参见《二程集》，第 526 页。
④ 同上书，第 455 页。

之义。

正是在上述责任和求贤的保障下，君臣共治才成为一个优良的宪制模式，伊川才会认为君主依此"端拱无为而天下治"①。或如宋人言，君主"百事不会，只会做官家"②。这其中，也蕴涵了君主维系治统体要、治理付诸群臣的责任政府观念。伊川关于立志、责任和求贤的论述，尚早于文彦博1071年向宋神宗指出的君主"为与士大夫共治天下"，无疑是对于这一实践传统的洞察和提撕。

◇◇第三节　近世儒家变革思维的非常气质

二程在北宋政治变革渐兴之际，高度强调三代之治的典范意义，作为君主立志、国家精神奠立的根本准则，并充分结合政治实践传统，阐发天理、公论的宪则价值，重新构思经筵与共治模式的宪制图景。相比王安石，强调回复三代是其同，而荆公极大倚重政府力量，竭力强化国家能力，并锐于独断、排斥异己，违背了北宋政治的大部分共识，成为其时士人抨击的对象。同期在政治思想上深具洞见的还有苏轼代表的蜀学，则更为强调历史经验的政治价值，强调人情风俗构成的理势演变，尊重祖宗之法和立国法度的正当性，在提防政府权势过大上同于二程，而在此基础上对于强调常道天理的思路却表达出一种怀疑论、反思性的节制，由此而夹杂一些纵横、黄老的气质，根底不固，政见不免飘忽。③

---

① 《二程集》，第525页。有学者以虚君来理解宋代君主，于日常政治下皇权象征化的走势颇为合辙；然而以二程立志之论来看，君主关系到道统治体之根本取向，于非常之际实扮演举足轻重之角色，又不可尽以常态之象征虚化为其义。此一点需要辨析。

② 施德操：《北窗炙輠录》卷上，上海古籍出版社2001年版。

③ 参见卢国龙《宋儒微言：多元政治哲学的批判与重建》，华夏出版社2001年版，第六章。

"体乾刚健"代表了北宋变革思想家的群体经世诉求，对于后继儒家政治思考的影响，可透过朱、陆、吕祖谦等南宋儒者窥见一斑。

程颐《伊川易传》论"解"卦，"既解其难而安平无事矣，是'无所往'也。则当修复治道，正纪纲，明法度，进复先代明王之治，是'来复'也，谓反正理也"①。"修复治道"的主要内容是"正纪纲，明法度"。程伊川曾提出，"治身齐家以至平天下者，治之道也；建立治纲，分正百职，顺天时以制事，至于创制立度，尽天下之事者，治之法也。圣人治天下之道，唯此二端而已"。作为宋代理学治体论的典型概括，上述两条被朱子、吕祖谦（东莱先生）收入了《近思录》（《治体》第十、第十五)②。这里，治道代表秩序的基本原理，即《大学》指出的修、齐、治、平，贯通建构起个体与各个层级的群体秩序。治法就是纪纲法度，是治道赖以实现的法度规则，主要凸显事物应对的职分礼法。这个着眼于道和法的政治系统区分，对于近世治道、治法思想的展开影响深远，开启了理学治体论的丰富宝藏。

《河南程氏遗书》记载，"正叔谓：某接人，治经论道者亦甚多，肯言及治体者，诚未有如子厚"③。此可见程颐的治体意识。治体逻辑在于由正心达于平天下，"谈经论道则有之，少有及治体者。'如有用我者'，正心以正身，正身以正家，正家以正朝廷百官，至于天下，此其序也。其间则又系用之浅深，临时裁酌而应之，难执一意"④。

通过朱子、吕东莱合编的《近思录》可以看到理学治体论的代表形态，"治国平天下之道（治体）""制度（治法）""君子处事之方

---

① 程颐：《周易程氏传》，《二程集》，中华书局 2004 年版，第 901 页。
② 朱熹、吕祖谦编：《近思录》卷八，《治体》。
③ 《二程集》卷一〇，第 110 页。
④ 《二程集》，《河南程氏遗书》卷第二上，第 20 页。

（政事）"这先后三卷的编次显示出治道、治法、政事的区隔意识。① 相比"政事"的实践应用性，前二者更强调秩序的客观架构性质。值得注意的是，此处治体被铆钉于治道层面，以与作为制度的治法相区分，凸显出理学治体意识的抽象化趋向。② 这在全书编排次第上有清晰表现，即以道体为首卷，为学、致知、存养、克己紧随其后，治道和治法等外王内容又其次。内圣为外王之本，道体又是大本源，无极太极、未发已发、理一分殊等宇宙论、本体论意义上的天理是社会政治秩序的基础，道体与治体本末不能紊乱。

道体观念推进了理学治体论的抽象化与心性化。宋学兴起时期胡瑗的"明体达用"论将"体"泊定于仁义礼乐，而理学家将"体"深入安顿于"诚心"无妄这一连通道体的道德修身上。以此为前提，"修复治道，正纪纲，明法度"（卷八第十条）、"立志、责任、求贤"（卷八第三条），二者共同构成治道，也即理学家眼中的治体根本③。

由于理学家对于道体、心性本体的不断强调，治道层面的治体论遂有精神心性与纪纲法度析分两段的潜趋，将纪纲法度视为精神心性的外化形式④。程伊川指出，"治道亦有从本而言，亦有从事而言。从本而言，惟从格君心之非，'正心以正朝廷，正朝廷以正百官'。若从事而言，不救则已，

---

① 参见朱熹、吕祖谦编，陈荣捷注：《近思录详注集评》，华东师范大学出版社2007年版。

② 程颐提出"治身齐家以至平天下者，治之道也。建立治纲，分正百职，顺天时以制事。至于创制立度，尽天下之事者，治之法也。圣人治天下之道，唯此二端而已"。参见《近思录详注集评》卷八，第十五条，第226页。张灏先生《儒家经世理念的思想传统》据此论述宋明经世思想的治道、治法分层，抓住了理学家的代表性论述。但是，这一界定并不能概括近世治体论的全貌精神，它只代表了治体论的理学模式。

③ 《近思录详注集评》，第220、224页。

④ "明道先生曰：必有关雎麟趾之意，然后可行周官之法度"，《近思录详注集评》第八卷，第二十一条，第229页。

若须救之，必须变。大变则大益，小变则小益"①。并认为学者"谈经论道
则有之，少有及治体者"②。后来朱子论治体偏重伦理维度，"论学便要明
理，论治便须识体。这'体'字，只事理合当做处。凡事皆有个体，皆有
个当然处。问：'是体段之'体'否？'曰：'也是如此。'又问：'如为朝
廷有朝廷之体，为一国有一国之体，为州县有州县之体否？'曰：'然。是
个大体有格局当做处。'"其政论虽不轻视制度政事，然以格正君心为根本，
"正心术以立纪纲"（《上孝宗封事》），精神心术是纪纲法度的总会归处，
思想趋向将二者作本末论。他认为王通论治体处极高，然本领欠缺，不理
会"正心诚意"。③

道体意识提升下的治体论，衍生出道统与治统区隔之观念。张灏先生
曾以心灵秩序、二元权威来透显这一思想进展，天理观的超越意识经由心
性主体转化为政治权威以外的道统权威，其间蕴涵了批判与抗议精神。另
外，如张载所论述，二者之间在理学家意识中又不能断为两橛，而须相互
维系平衡。④

这一发展也导致理学家治体论中的历史—政治意识趋于某种激化，即

---

① "明道先生曰：必有关雎麟趾之意，然后可行周官之法度……"《近思录详注集
评》第八卷，第二十一条，第 228 页。

② "正心以正身，正身以正家，正家以正朝廷百官，至于天下，此其序也……"
《二程集》，中华书局 1987 年版，第 20 页。

③ 笔者曾以实践意识为视角，比较朱子等理学家与其他同期儒家士大夫的实践论，
参见任锋《道统与治体——宪制会话的文明启示》，《胡瑗与南宋儒学的实践意识》，中
央编译出版社 2014 年版。朱子语见黎靖德编《朱子语类》，卷九五、卷一三七，中华书
局 1986 年版，第 2449、3267 页。

④ 参见张灏《儒家经世理念的思想传统》，"横渠先生答范巽之书曰：朝廷以道
学、政术为二事，此正自古之可忧者。巽之谓孔孟可作，将推其所得而施诸天下耶？将
以其所不为而强施之于天下与？大都君相以父母天下为王道，不能推父母之心于百姓，
谓之王道可乎？所谓父母之心，非徒见于言，必须视四海之民如己之子。设使四海之内
皆为己之子，则讲治之术，必不为秦汉之少恩，必不为五伯之假名"。参见朱熹、吕祖
谦编《近思录》卷八，第二十五条。

将道与法相分离，对应于政治历史的不同阶段。如程颢认为"先王之世，以道治天下。后世只是以法把持天下"①。三代治道流行，后世无道而倚法。治体论呈现内在分裂，形成历史—政治意识的某种二元论模式。这在朱子与陈亮关于王霸之道的著名论辩中就有精彩展示。

关于纪纲法度这一治法主干，应该注意到，一方面，理学家身处宋代政治传统，内在分享了自北宋以来的保守与维新精神，基于祖宗之法提出了理论反思与升华，形成积极的政治建议。这在二程政论中可见，程颐总结"天下治乱系宰相，君德成就责经筵"，精彩概括了宋代共治精神激励下的纪纲大法。在朱子的公共理念、公论观念中也有集中体现。② 另一方面，理学家表现出比较强烈的三代复古取向，有是古非今之精神情结，"治天下不由井地，终无由得平。周道止是均平"，"井田卒归于封建乃定"③。理学家每每比对三代之法、汉唐之法与本朝祖宗之法，在立志取向上不断强调三代之法的高级法位阶，在实践论述中则善于取法汉唐与祖宗故事，灌注以三代法意，提出具有操作性的政见。而在国家体制建设陷入迟顿之际，则致力于社会创制，透过宗族、社仓、书院等开辟出近世社会秩序的更新之道。治体论之礼乐层面对于官僚行政体制的涵化也由此得以落实④。

我们也可聚焦立志、责任和求贤三视角，来观察二程思路的延续衍变。

如朱子于孝宗即位，即表示愿"以非常之事、非常之功望于陛下"（《壬午应诏札子》）。其政治观，以人主心术为大根本，而其实质，欲以反议和之公论、复仇之天理为正，无异于二程法三代而治的立志，同样为确定政治共同体之根本精神取向。朱子的邃密处，在于明确讲求帝王之学的

---

① 《近思录详注集评》卷八，第十六条，第 226—227 页。
② 参见任锋《公共话语的演变与危机》。
③ 《近思录详注集评》第九卷，第二十六、二十七条，第 247 页。
④ 参见张灏先生《儒家经世理念的思想传统》论"治法"部分。

心法, 强调格君心之非的根本决定性意义。而这一工夫, 仍然是在取法三代的法度宪制架构中进行, 所谓尊重公论, 所谓"古先圣王所以立师傅之官, 设宾友之位, 置谏诤之职, 凡以先后纵臾, 左右维持, 惟恐此心顷刻之间或失其正而已"①。在共治模式上, 主张"宰相兼统众职, 以与天子相可否而出政令, 此天下之纲纪也"②, 同样主张礼遇大臣, 批评宋代罢坐之制, 因而赞扬伊川恢复坐礼的建议。

而陆象山除了取法三代、责任共治方面的同调, 对于二程天理观中因顺损益的政制变迁论进一步予以深化。象山特别能够发挥"因其事理所当然"的理学精神, 指出"世之人往往以谓凡所以经纶天下, 创立法制, 致利成顺, 应变不穷者, 皆圣人之所自为, 而不知夫盖因其固然, 行其所无事, 而未尝加毫末于其间", "圣人之智见于创立者, 犹皆因其固然, 而无容私焉", "无非因其固然, 行其所无事, 有不加毫末于其间者"③。

又如吕东莱论政, 同样注重君主心志的根本意义, 反对独断专行, 同时强调"广揽豪杰, 共集事功", 希望君主"忘势尽礼有宾友之义, 推诚笃信有父子之亲", 以此招致"非常之材"。④ 这种责任求贤的共治呼求, 在浙东陈亮对于英雄人格的倡导中有同样的表达。而浙东诸儒, 自薛季宣承继洛学又转开新境, 陈傅良、叶水心等人于君主心志、责任求贤之外, 特别强调治体经制、立国规模, 并结合社会经济秩序的演进深化事理之认知。⑤

---

① 《朱子全书》(第二十册), 上海古籍出版社、安徽教育出版社 2002 年版, 第 586 页。
② 同上。
③ 《陆九渊集》, 《智者术之原论》, 第 349—350 页。
④ 《吕祖谦全集》, 浙江古籍出版社 2008 年版, 第 56—57 页。
⑤ 参见任锋《薛季宣思想渊源新探》, 《中国哲学史》2006 年第 2 期; 《叶适与浙东学派: 近世早期政治思维的开展》, 《政治思想史》2011 年第 2 期; 《秩序、历史与实践: 吕祖谦的政治哲学》, 《原道》2012 年第 18 辑, 第 175—192 页。水心论宋代国本, 首推礼臣, 意思通于二程之责任宰辅。参见《叶适集》(下册), 《国本中》, 第 646—648 页。浙东于治体强调分划委任, 反思集权之弊病, 也可视作二程对于政体分权思考的进一步深化。

要言之，对于朱子过于强调君心的决定论逻辑，保持审慎节制，强调道德心志与法度体统的相交而成。这一点区分，可视之为二程政治思考框架下的分化。换言之，南宋理学与事功学，继承了天理政治观的基本共识，而在主体精神与客观宪制的两个向度上分别对二程思考予以推进、深化，儒学思考之境地因此再开新局。从这个意义上说，二程确立了近世儒家政治思考的原初典范，随着其正统地位的一步步奠定，为后世儒家经世之道提供了深厚的资源。

相比后继之儒，二程标举三代之治、引入天理之维的政治启示值得特别留意。他们对于实践形成中的宋代祖宗之法事实上十分熟稔，也懂得充分运用祖宗法的正当性资源，以对接他们倡导的三代传统。① 然而，这一颇具技艺性的政治智慧在其论述中处于较为低调、隐蔽的层面。更能显示其精神气质的，是对于三代之法的热烈憧憬以及由此而来的时政批判，强调对祖宗之法超越、提撕的取向。这种"体乾刚健"的非常气质，构成了近世儒家得以反思现实规模的精神元气。在政治社会中心构建上强调共治性、在法度化上凸显三代理想，这类治体取向引发了近世以来一系列反击，如君相宪制平衡中的尊君抑士、法祖相对于法三代的优先性。儒者对于祖宗之法与三代之法的精致化处理，虽然日趋圆熟，在思考基点上却不断得益于二程式的高远旷世之音，不断返归到这个思考的非常时刻。南宋

---

① 伊川为确立讲官坐讲之礼，引用太祖、真宗朝祖宗故事为典故，并言"臣每进讲，未尝不规劝主上以祖宗美事为法"。《二程集》，《又上太皇太后书》，第550—551页。"虽祖宗故事，固有不可改者，有当随事损益者。若以为皆不可改，则是昔所未遑，今不得复作；前所未安，后不得复正。朝廷之事，更无损益之理，得为是乎？况先朝美事，亦何尝必行？臣前日所言殿上讲说是也；故事未安，则守而不改，臣前日所言冬日受表贺是也。"《二程集》，第552—553页。这种政治实践中依托既有制度形式，灌注以三代理想精义的高超技艺，是我们理解伊川政治智慧的关键。他对于北宋祖宗之法的美评，不时出现在平日讲学中（如云"本朝有超越古今者五事"，"睿主开基，规模自别"。《二程集》，第159页），而奏疏中却以更为严厉的标准衡量、评价这一传统，其苦心孤诣可见。

吕中《类编皇朝大事记讲义》"序论"部分的"制度论"，就是以程颐论断为根本论据，结合治体论系统阐发小程子的"汉大纲正，唐万目举，本朝大纲正，万目亦未尽举"①。由是言之，我们须洞悉的，不在于先贤玄远幽深的心理境遇，而是激发士君子进取有为的信念、宪制与技艺之实践传统。

---

①　《二程集》，第236页。

第 三 章

"周礼致太平"：李觏的礼治变革论

李觏，字泰伯，建昌南城人（江西南城人），学者称"盱江先生"。生于宋真宗大中祥符二年（1009），卒于仁宗嘉祐四年（1059）。李觏家世寒微，自称"南城贱民"。李觏自幼聪颖，六七岁时"调声韵、习字书，勉勉不忘"①，"十岁知声律，十二近文章"②，二十岁以后，以文章写得好而渐享盛名。李觏屡次参加科举却不中，在步入仕途无望的情况下，退居家中，一面奉养年迈的母亲，一面潜心著述，聚徒讲学，"以教授自资"，慕名求学者常有数百人（《宋史》卷四三二）。为盱江"一时儒宗"，人称"盱江先生"。

宋仁宗皇祐元年（1049）上书，范仲淹上书称李觏"讲论六经，辩博明达，释然见圣人之旨；著书立言，有孟轲、扬雄之风"。后经范仲淹、余靖等人多次举荐，乃授为太学助教，历任太学说书、海门（今江苏海门）主簿、太学直讲等职。后来，因为迁葬祖母，请假回乡，八月病逝于家，享年51岁。一生著述颇丰，主要著作有《潜书》十五篇，《庆历民言》三十篇，其著作后人辑有《直讲李先生文集》。

李觏出生的时候，北宋建立已有五十多年，国势基本稳固下来，颇有欣欣向荣的景象。但是也面临着不少问题，这主要表现为外患日益严重、

---

① 《李觏集》卷二七，《上苏祠部书》，中华书局1981年版，第297页。
② 《李觏集》卷二七，《上余监丞书》，中华书局1981年版，第296页。

土地兼并日益严重及赋役不公等。按照李觏的形容，"当今之世，物既大通，多失其节"①，总之，北宋王朝诸多社会问题正在逐渐暴露出来。李觏一生的大半时间生活在乡野，但这并不妨碍他成为对北宋面临的诸多问题最为警觉的思想家之一。他对当时的政治社会进行了深刻思考，作为庆历新政时期开创宋学新风的杰出思想家之一，表现出当时士人超越世俗、进取有为的经世致用精神。李觏不依附于世俗意见，矢志追求变革，即使身处困境也未尝动摇。其思想主张虽然没有得到直接实践的时机，对北宋中期的改革却有着十分重要的影响。

李觏以追求经世事功为宗旨，他认为圣人之道没有定体，因此广泛吸收诸家学术思想。作为一个儒家士人，其钻研的典籍虽然以五经特别是《礼》《易》为主，却不以此为限。这种思维气质在现实经验本位的立国思想家身上十分有代表性。他曾自述说"朝学仁义，暮谈孙武"，对于兵家、法家以及魏晋时期玄学家的思想都有所涉猎，在吸收诸子百家思想的基础上，形成了以经世致用为主旨的思想学说。

◇◇第一节 天人相分论和性三品论

自先秦两汉以来，传统儒家内部对于天人关系有着天人合一与天人相分两种对立的观点，李觏继承了荀学天人相分的思想传统。首先，李觏对于天地万物的本原做出了朴素的气论解释，他认为，天地万物本原是"气"，气不是有形有状的实体，但在本质上是"有"而不是道家学派所说的"无"。

在《删定易图序论》中，李觏就《系辞》中的"易有太极，是生两

---

① 《李觏集》卷四，《易论第十二》，中华书局1981年版，第49页。

仪"、两仪生四象，四象生八卦的宇宙生成模式进一步阐释说："是知天地者，其体也；一二三四之类，其气也……圣人之辞'易有太极'，既言'有'，则非'无'之谓也。吾以为天地之先，强名太极，其言易有太极，谓有此名曰太极者耳，非谓太极便有形也。"① 按照李觏的理解，太极便是宇宙的本体，而作为宇宙本体的太极在本质上是有，而不是道家学派所说的无，太极是气的原生形态，是阴阳二气的统一体。实际上，太极也就是由阴阳二气构成的，不过，尽管它在本质上是有，但却是无形无状的存在。

李觏认为，气是天地万物的本原，阴阳二气的相互作用生成了天地万物。"厥初太极之分，天以阳高于上，地以阴卑于下，天地之气各亢所处，则五行万物何从而生？故初一则天气降于正北，次二则地气出于西南，次三则天气降于正东，次四则地气出于东南，次五则天气于中央，次六则地气出于西北，次七则天气降于正西，次八则地气出于东北，次九则天气降于正南。天气虽降，地气虽出，而犹各居一位，未之会合，亦未能生五行矣。譬诸男未冠，女未笄，昏姻之礼未成则何孕育之有哉？"② 李觏指出，正如男女未经婚嫁不可能生出孩子一样，在天地阴阳之气没有会合之前是不会生成万物的，天地万物的产生离不开阴阳二气的相互作用。

概括起来说，李觏的宇宙生成图式是太极化生阴阳，阴阳再化生五行，五行再产生万物，用图表示就是：太极→阴阳二气→五行→万物。其中，太极指气。他的气论思想也融合了阴阳学说和五行学说。

李觏认为宇宙是由气构成的，而气是实实在在的有。他指出，是有生无，而非无生有。自然的天地万物与人在事实上都统一于气。基于这样的认识，李觏反对把天理解为具有神性的天，而是把天理解为自然的天。天有天道，人有人道。天道不能干预人道，天不能主宰人间的吉凶、祸福，人能够自己掌控自己的命运。

---

① 《李觏集》卷四，《删定易图序论》，中华书局1981年版，第60—61页。
② 同上书，第54—55页。

李觏认为阴阳二气的相互作用是万物产生的原因，而万事万物之所以有意义，却是由于人的存在，"独阴孰始，独阳孰生，万事云焉，未有不因人以成"①。因此，李觏强调天在本质上是自然的天，天本身并不具有决定人的命运以及人类社会政治生活的能力。所以，李觏否认通过占卜问天的方式可以预知人类社会的吉凶祸福，占卜者即便能告知人的祸福，也不能使祸福"必至于人"。② 也就是说，窥天道并不能知人事。

李觏认为，五行也同样决定不了人的命运。所以，他反对阴阳五行家"五行相生则吉，相克则凶"的说法，认为五行相生未必吉，五行相克未必凶。因为吉凶是由人的行为决定的。所以，人的吉凶不是决定于阴阳五行，而是决定于人自己，即所谓"吉凶由人"。"今夫水克于火，则燔烧可救；火克于金，则器械可铸；金克于木，则宫室可匠；木克于土，则萌芽可出；土克于水，则漂溢可防，是用之得其宜，虽相克而吉也。"③ 按照五行家的说法，水火是相克的，但用水救火就会转化成好事；同样，木与土虽然相克，但如果将种子放在土里，种子就会生长。所以相克的元素放在一起未必就是坏事，用之相宜，坏事便变好事。而用之相宜与否，完全取决于人类自己。

李觏认为，人类社会自身的命运不是决定于天，而是决定于人，即所谓"吉凶由人"。李觏举例说，"今夫父之于子，能食之弗能教之，则恩害于义也。君之于臣，能赏之，又能刑之，则威克厥爱也。恩害义则家法乱，威克爱则国事修"④。如此看来，人类社会的吉凶祸福与天没有直接关系，主要是人为的结果。

李觏在这里所说的天，主要是指自然意义上的天。李觏反对两汉时期

① 《李觏集》卷三，《易论第七》，中华书局 1981 年版，第 39 页。
② 《李觏集》卷二〇，《潜书之三》，中华书局 1981 年版，第 215 页。
③ 《李觏集》卷四，《删定易图序论》，中华书局 1981 年版，第 65 页。
④ 同上书，第 65—66 页。

儒家学派内部那种把天神秘化和庸俗化的思想倾向，也反对用汉儒"天人感应"的观点来解释人类社会的政治生活。所以，人类社会在政治上的兴衰治乱取决于人类自己，而不应该把人事系于天命。不过，李觏在有些时候也把天理解为必然意义的天，例如，在讨论人性问题时，李觏便倾向于认为人的本性是由天命决定的。但就其主要的方面来说，李觏的天人观仍然属于天人相分论。

在人性问题上，李觏强调天命与人性之间的关系，在李觏看来，人性与天命之间是内在联系的，"命者，天之所以使民为善也。性者，人之所以明于善也。观其善则见人之性，见其性则知天之命"①。天命是善的来源，而性则是使人能够达到善的境界的本质属性，观察天命之善便可以见到人性，而观察人的本性便可以体察天命。

李觏对于天命与人性关系的理解，实际上就是对《中庸》"天命之谓性，率性之谓道"一语的进一步发挥。在另一处，李觏又进一步解释说："本乎天谓之命，在乎人谓之性，非圣人则命不行，非教化则性不成。是以制民之法，足民之用，而命行矣；导民以学，节民以礼，而性成矣。则是圣人为天之所为也。"② 按照李觏的逻辑，天命与人性在本质上是相通的，命是天的属性，而性便是人的属性，所以，人们说天的时候便称天命，说人的时候便称人性。但是，尽管性与天在本质上是相通的，但这并不等于每个人都会具有善的本性。人获得与天命相应的本性需要一个重要的条件，即圣人的教化。在李觏的认识逻辑中，圣人起着承接天命、成人之性的决定性作用。没有圣人的存在，天命便不能通行，没有圣人的教化，人便无法获得源自于天命的善良本性。

在承认人的本性离不开圣人教化的同时，李觏尤其强调人的本性存在着等第差别，在这一点上，李觏赞同唐代韩愈的人性三品的观点，而反对

---

① 《李觏集》卷四，《删定易图序论》，中华书局 1981 年版，第 66 页。
② 同上。

先秦两汉儒家有关人性的其他各种观点。"孟子以为人之性皆善，故有是言耳。古之言性者四：孟子谓之皆善，荀卿谓之皆恶，扬雄谓之善恶混，韩退之谓性之三品：上焉者善也，中焉者善恶混也，下焉者恶而已矣。今观退之之辨，诚为得也。"① 李觏尤其反对孟子的性善论，以为并不是人人都有善性，善是圣人才能够具有的本性，"孟子既言人皆有仁义之性，而吾子之论独谓圣人有之"②。

李觏对于韩愈的性三品说也做了某种改造，进而提出了人性三品五类的观点。"性之品有三：上智，不学而自能者，圣人也。下愚，虽学而不能者也，具人之体而已矣。中人者，又可以为三焉：学而得其本者，为贤人，与上智同。学而失其本者，为迷惑，守于中人而已矣。兀然而不学者，为固陋，与下愚同。是则性之品三，而人之类五也。"③ 实际上，李觏还是把人性分为三品，上等的人性便是具有最高明的智慧的人，天生具备仁、义、智、信的品质，这种人便是圣人；下等的人性便是下愚之人具有的本质，无论怎么学习都不可能获得善的本性。而中等的人性因为可导之而上下，所以，要视其接受教化的结果而加以品分，李觏把中人之性分为上、中、下三类。其中，上类的人通过后天学习获得了善的本性，可以视为贤人，这类人实际上与上智是相同的；中类之人的没有学到圣贤之学的要领，最终仍然处于困惑不解的状态，这类人便只能是保持中等人性的状态；下类之人茫然不知所学，与下愚无别。总之，善的本性是通过教化与学习养成的，"性不能自贤，必有习也；事不能自知，必有见也。习之是，而见之广，君子所以有成也"④。对于普通人来说，其所以成其为君子或小人，在根本上决定于后天的教化与习得。

---

① 《李觏集》卷二，《礼论第六》，中华书局 1981 年版，第 18 页。
② 同上。
③ 《李觏集》卷二，《礼论第四》，中华书局 1981 年版，第 12 页。
④ 《李觏集》卷三，《易论第四》，中华书局 1981 年版，第 33 页。

李觏的人性论较之以往儒家要复杂一些，其中既有孔子的"性近习远"以及"上智与下愚不移"的思想成分，而其主体则是董仲舒与韩愈的人性三品的观点。李觏承认人性的先验性，这种先验的人性在本质上就是善，但在他看来，先验的人性只是适用于圣人，对于圣人以外的其他人来说，则不具备这种先验的善。所以，对于其他人来说，人性只能是在后天习得的过程中通过圣人的教化与个人的学习来获得的，但是一个人在后天实践过程中究竟会形成什么样的人性，则要依个人的智力水平而定。下愚之人不可能获得善的品质，只能是恶而已。而中等人又被李觏划分为三类，在学习中有所成就的是贤人；学无所无的依旧是中人，而不知所学的人则只能流于下愚。

李觏的人性论与先秦两汉儒家存在着些许不同。首先，李觏没有像战国时期的荀孟那样把人性看作人的普遍的先验本质，而认为只有极少数的圣人才具有先验的善的本性，而其他人的本性都是通过后天学习养成的。所以，李觏人性论在主导的方面还是汉唐儒家的品性说。李觏实际上对于人的本质做了极其悲观的估价，因此，在李觏看来，良好的社会秩序不可能靠人的道德自觉来实现，而礼治才是实现良好的社会秩序唯一可靠的途径。

◇ 第二节　礼的起源和地位

李觏是北宋时期对礼进行了较为深入、系统思考的思想家之一。李觏认为，在礼乐刑政与仁义礼智信之中，最为重要的便是礼。对于礼的起源，礼与道的关系以及礼在社会政治生活中的作用等问题，李觏都进行了深入的思考。

（一）礼与道

在天人关系上，李觏虽然持天人相分的观点，但与北宋时期的其他思想家一样，李觏对于儒家道统也予以了相当的重视。自唐中期韩愈提出道统的概念以来，道逐渐成为儒家政治思想的核心概念。在这种学术观念的影响下，李觏也对道做了某些论证。在李觏的著作中，关于道的论述虽然并不多，但也体现了李觏对于道的理解水平。

李觏认为，道是适应于自然与人类社会生活的普遍法则，"夫道者，通也，无不通也"①，自然界的每一种事物都是道的具体体现，"万物虽散殊，孰非道之体"②？在这一点上，李觏与宋代许多思想家的想法是一致的，即道是一切事物所以为是的根本原因，而每一个具体事物都是道的载体。这一认识实际上与宋代理学家"理一分殊"的观点十分相似。在以二程为代表的北宋理学家那里，道是可以统摄万物的存在，而每一个具体事物都是道的具体体现。所不同的是，宋代理学家在论证理一分殊的同时，对于认识和理解道的途径也做了认识论意义上的论证，而李觏对于道的认识，则主要是为了说明，礼与道的基本精神是一致的，甚至在某种意义上可以说，礼就是道的同义词。

在李觏看来，道是可以统摄万物的普遍法则，而道在人类社会生活内部的体现便是礼。所以，道与礼的基本精神是一致的。"圣人之道，譬诸朝廷。朝廷也者，岂一种人哉？处之有礼，故能一也。"③ 如果说道为天地万物提供了可靠的秩序的话，礼便是人类社会政治秩序的保证，由于礼的存在，生活在等级结构下的人们才能各得其宜。"女子在内，男子在外，贵者在上，贱者在下，亲者在先，疏者在后。府史徒胥，工贾牧圉，各有攸居

---

① 《李觏集》卷二五，《叙陈公燮字》，中华书局 1981 年版，第 271 页。
② 《李觏集》卷三五，《和育王十二题》，中华书局 1981 年版，第 393 页。
③ 《李觏集》卷三四，《常语下》，中华书局 1981 年版，第 375 页。

而不相乱也，夫所以谓之一也。"① 在这里，道的基本精神是一，而礼的基本精神也是一，在李觏看来，只有礼才可以为人类社会提供良好的社会秩序，在这种等级秩序下，人们"各有攸居"，这意味着礼可以使每一个人都受到公平的对待。

(二) 礼的起源

出于天人相分的认识，李觏认为，礼是人类社会自身的法则，与天意没有内在联系，"呜呼！吾之好恶不类乎天之意邪？抑天之意皆与人异邪？或者天无有心而人妄责之邪？人亦无有主宰而自生自死邪？如何？如何？"② 对于这个问题，李觏给出的答案是，历来为儒家重视的天道或者天意，与人类社会生活必须遵循的规则之间没有密切的关系，尽管天人之间似乎也确存在如同汉代今文经学家所说的某种程度上的相似之处，然而人类文明的成立需要人们积极有为的实践能力，需要人运用自己的智慧去构建社会生活的规则。因此他强调礼并非来源于自然法则，而是人类精英积极运用道德智慧，以天赋人性的材料作基础，节度和把持以实现规则化的产物。在这一意义上说，"礼者，圣人之法制也"③。在李觏看来，往古时代的圣王，是人类社会生活所以有秩序的关键，他们扮演了一个超凡的代理者的角色，"为天之所为"④，为人类社会生活创造了规则和法制。

李觏关于礼的起源的认识，似乎秉承了战国儒家荀子"圣人制礼"的观点。尽管李觏认识到了礼是人类社会生活自身的产物而与天的意志无涉，但是，李觏显然更加重视圣人在礼制产生过程中所起的关键作用。按照李

---

① 《李觏集》卷三四，《常语下》，中华书局 1981 年版，第 375 页。
② 《李觏集》卷三〇，《广文陈生墓铭并序》，中华书局 1981 年版，第340页。
③ 《李觏集》卷二，《礼论四》，中华书局 1981 年版，第 11 页。
④ 《李觏集》卷四，《删定易图序论》，中华书局 1981 年版，第 66 页。

觏的这一认识，礼所体现的是圣人的意志。这一思绪，与贾谊相近，对于礼的法度化则又进一步。

（三）礼的重要性及其在现实生活中的作用

李觏认为，礼是历史上的圣人为了满足人们的物质需求、约束人们的行为而制定的。李觏认为，在人类最初产生的时候，人们的能力极其低下，过着饥寒交迫、茹毛饮血的日子，"夫礼之初，顺人之性欲而为之节文者也。人之始生，饥渴存乎内，寒暑交乎外。饥渴寒暑，生民之大患也。食草木之实、鸟兽之肉，茹其毛而饮其血，不足以养口腹也。被发衣皮，不足以称肌肤也"①。在这种情况下，出现了以拯救人类为己任的圣王，"圣王有作，于是因土地之宜，以殖百谷，因水火之利，以为炮燔烹炙。治其犬豕牛羊及酱酒醴酏，以为饮食"②。总之，圣王的作为在根本上改善了人们的生存条件。

与此同时，圣王还为人们制定了礼义制度，"为之婚礼，以正夫妇，为之左右奉养，以亲父子。为之伯仲叔季，以分长幼"，"为之朝觐会同，以辨君臣，为之公卿大夫士庶人，以列上下"，"为之庠序讲习，以立师友"③。总之，一切使得人们从原始的野蛮状态走出来的制度，都是圣王创造的。如果没有圣王制礼，人便不足以成其为人。圣王为人们创制了礼，也为人们确立了系统性的价值规范。礼使人们生活的方方面面都指向文明，使得人的物质需求得以满足，家庭稳定，夫妇有序，君臣父子各得其宜。同时，礼也协调了社会内部人与人之间的分工，为人们建立了正当的行为准则，从而有效地防止了人与人之间的纷争。

在传统儒家所倡导的礼乐刑政以及仁义礼智信五常中，李觏尤其重视

---

① 《李觏集》卷二，《礼论一》，中华书局 1981 年版，第 6 页。

② 同上。

③ 同上。

礼，在他看来，五常之中，礼是根本，而其他四项则是礼的具体体现。"夫礼，人道之准，世教之主也。圣人之所以治天下国家，修身正心，无他，一于礼而已矣。"① 礼是规范人们社会生活的根本法则，人们的衣食住行以及君臣、父子、夫妇等人伦关系，都离不开礼的规范，因此，礼是人类社会生活之本，而乐、刑、政以及仁义智信都是礼之用。"同出于礼而辅于礼。"② 李觏甚至把礼与其他各项比喻为人的身体与四肢之间的关系，八者之中，礼是根本，而其他则是礼的别名和具体体现，"是七者，盖皆礼矣"。

礼是仁、义、智、信等传统德性的总纲，也是乐、刑、政的根本，是人类社会文明的核心标准。政治道德、政治制度、广义的人道文明都要以礼作为评价的终极依据，必须符合文明根本价值的体制化伦秩化形式。仁、义、智、信只有外在地客观化，才能发挥彰显美德的功用，而且还要符合根本价值规范，否则就是非礼之仁、义、智、信。

礼可以说是价值原则和形式理性意义上处于根本地位的宪制。比如不能保障民众的基本生活水准而不时赐米救济，穷兵黩武却收骸骨以为恩惠，就是非礼之仁。比如违背君亲伦理结党赴难，不能谏诤君主过失却背后宣扬，不能修改自身的隐恶却长于攻人，不能教化民众避恶而滥于刑诛，就是非礼之义。礼义对于人心的影响力深入透彻，能够培养起强大的道德荣辱感，对于人的规范作用远胜于物质性或强制性的赏罚进退。然而，礼的基本精神依赖于人们主动自愿的实践动力，针对人的实践意愿的变化则相应需要鼓励、约束和惩罚，乐教、政令和刑罚因此构成礼的三个支裔。它们的正当性同样系于是否合乎根本的礼义宪则。荒淫靡曼的音乐、宽猛不公的政令、惨无人道的刑罚，都被李觏批判为非礼。

李觏认为，礼的作用是维护等级结构，规范现实生活中每一个等级的

---

① 《李觏集》卷二，《礼论一》，中华书局 1981 年版，第 5 页。
② 同上书，第 7 页。

职分与行为，使生活在不同社会位置上的人们能够各得其所，各尽其责。所以，礼是现实生活中的人们须臾不可离开的法则。"圣人之所以作，贤者之所以述，天子之所以正天下，诸侯之所以治其国，卿大夫士之所以守其位，庶人之所以保其生，无一物不以礼也。穷天地，亘万世，不可须臾离而去也。"① 在李觏看来，礼是人类社会的普遍法则，也是亘古不变的永恒法则。

◇ 第三节　礼治系统中的君主论

在对于礼的起源描述中，李觏把君臣关系与等级制作为人类文明演变产生的众多规范、建制之一。这种文明演化，起于人类对于生理物质欲望的满足，涵盖了男女、家族、社会人际等多重层次，还包括人类对于心灵启蒙、生死问题、神灵问题的解决。君臣关系与等级制只是其中一环，其成立的缘由在于对社会事务的有效分工统筹和对潜在群体冲突的化解，"君臣不辨，则事无统；上下不列，则群党争。于是为之朝觐会同，以辨君臣。为之公、卿、大夫、士、庶人，以列上下"②。

这种注重事务分工的解释视角清晰地反映出一种功能主义的思路，李觏在其《易论》中也着重指出，"夫此之类，皆以一事为一时，而诸卦之时，君之所遇者多，以事无不统也。臣之所遇者寡，以事有分职也"③。按这种统筹分工的解释，君主虽然只是人类文明的建制之一，却能承担起统领总控的责任或使命。因此他具有超出于夫妇、家庭与其他社会群体规范的结构性高位，统摄了与生存、和平、教育、信仰相关的广泛事务领域。

---

① 《李觏集》卷二，《礼论六》，中华书局 1981 年版，第 19—20 页。
② 《李觏集》卷二，《礼论第一》，中华书局 1981 年版，第 6 页。
③ 《李觏集》卷三，《易论第十一》，第 47 页。

需要注意的是，君主所在的整体礼制架构，其创建者是人类道德智慧的超凡代表，"圣王"或者"圣人"。而圣人之所以能够创建礼制，根据的是其天赋的内在善良人性。

李觏对于创制者制度化能力和体制规范意义的重视，强调了礼作为根本大法对于所有人的普遍意义，同时凸显了礼制与大多数人文明生活秩序之间的内在联系。秩序的创制者在此视野中既是人类道德共同体不可或缺的立法者，同时也是超越存在的非凡代理人。

李觏思想中对于天然性与人为性辩证关系的论述，可以帮助我们理解这种创制者角色的独特性质。一方面，与大多数儒家学者一样，李觏认为宇宙法则与人类规则之间存在着结构上的类似联系。人类文明社会的规则并非人们出于自我意志随心所欲地制定，礼作为"法制之总名"并非圣人"智造而巧为之"，而是按照天地万物的常道常理来确立的。① 政治社会的规则（"法"）因此拥有超越性的来源，具有天道式的神圣性与永恒性。这种大法意识的渊源来自于殷周时代即已成型的宇宙本位政治观。

另一方面，李觏指出，虽然分享着超越来源意义下的结构原理，礼并非是天然自动地呈现于世的。他特别要突出人在其中发挥的制度理性、创制智慧。礼是顺应人的情欲而加以节度、把持，为追求生存、安全、人道、智慧、超越关怀等文明根本价值演进形成了系统的规范、建制、组织和仪式。如其所言，"夫所谓礼者，为而节之之谓也。是三者，其自成乎，果有为之者乎？其自治乎，果有节之者乎"②？他认为如果礼制以及其乐、刑、政缺少人的作为、节度，缺少适当的制度化形式，就无法成立，无法发挥其功用。人性与社会构造都内含与宇宙法则相应的机理，然而它们的最终实现都必须经过人们积极主动的经验实践。这种经验实践最终指向体制的

---

① 前引见《李觏集》卷二，《礼论第五》，第14页；后引见卷二三，《虔州柏林温氏书楼记》，第254页。

② 《李觏集》卷二，《礼论第二》，第8页。

建立，而且由人类的精英充当了伟大的规则发现者和创制者。在这个意义上，圣人可以说是超越存在的非凡代理人，然而这种代理角色已经成为天人之间的动力支点，对于政治社会的形成具有直接相关的意义。这种对于人为性的重视值得注意。在南宋陈亮等人的治法论中，对于法度的人为建构性有相同论述。

李觏思想中显示的一个倾向是，对于天人关系中趋向玄妙深奥的形而上学思路缺乏积极的兴趣，而是关注人类能够发挥积极主动性的活动领域（"天地阴阳者，礼乐之象也；人事者，礼乐之实也"，"若夫释人事而责天道，斯孔子所罕言"①）。在这个思路推动下，他特别重视公共的政治社会，认为人们在其中能够把握文明治乱之理，并对多数人的生活命运产生重要影响。相形之下，只是关系私人祸福的学问道术（如他轻视的占卜算命），意义远在政治社会的公共关怀之下。这种公共关怀构成李觏经世精神的一个强烈观念动因，而体制礼法的思考则是其经世思想的主要方向。这一点，与南宋经制事功学者的确具有很强的相似性，可以视为后者的先行。

圣人作为创制者，既是超越存在的非凡代理人，也是公共关怀的积极代表，使命在于促进实现天下民众的福祉。② 这种创制者的圣人形象对于李觏的君主观念有何意义？二者是否同一角色，是否有实质性的区分？从李觏的礼治历史观来看，圣人或者圣王是作为文明秩序的创制者出现的，

---

① 前引见《李觏集》卷二，《礼论第六》，第 17 页；后引见卷四，《删定易图序论》，第 66 页。

② 随着天之神秘性的去魅，人类能动性的价值增强，圣王作为其代表，凸显出与公共关怀之间的密切关系。相对于汉唐阴阳灾异论的范式，这种思想变动在宋学开创时期形成一个值得关注的趋势。比如李觏学友、"宋初三先生"之一的胡瑗就强调圣人"言教不言命"，教关乎天下之公，命关乎一人之私，强调圣人政治对于公共关怀的根本意义。这一点可参见笔者论文《经世精神和皇极观念：宋儒的洪范思想传统》，《汉学研究》，中国台湾汉学研究中心 2005 年版，第 23 卷第 1 期，第 196—198 页；另载《道统与治体——宪制会话的文明启示》一书。

怀有天赋美德并且具备超凡的制度化品质。礼制基本奠定在伏羲、神农、黄帝三皇时期。之后尧舜以至孔子等圣人，对此体制典范发展、著述、传习，使其具备了实践与学术上的完备形态。孔子总结三皇五帝的立国智慧，作为这个古老传统的人格化代表，是后人思考立国问题所取则的大立法者。

需要注意的是，创制者的制度化能力主要表现在官僚制度与军政制度等治法的创立上，禅让制、世袭制、革命等关系到政权转移的根本政制问题并没有被列入其中。后世的君主在古典垂范下，扮演着一种守制者的角色。李觏对于汉唐盛世君主的评价，鲜明地体现出这种区分。他认为刘邦"草创天下，法制未修"，汉武帝"聪明特达，攘袂而作，聘贤良，尊文学，改正朔，易制度，有志于先王矣"，然而穷兵黩武、迷信方术，并且举办不载于经典的封禅礼仪，助长了奢侈浪费的风气。光武帝刘秀虽然勤政，却"不务大体，专求俗吏之课"。唐太宗"有非常之度，而残杀长适，以取其位；不能纯用先王之制，而因循驳杂，浮屠乱法而不知禁，进士坏文而不知革，易置储贰，依违不决"。其他君主，更是不值一提。①

可见，是否能实践古典礼制理想中的价值和规范，成为评价后世君主政治功绩的核心标准。虽然对于汉武帝、唐太宗的个人品质有所肯定，但是关键还在于政治体制和政事的实践表现。大多数君主在材质与实践上都远远不能符合李觏的评价标准。这种礼治历史观，透过古典创制者与后世守制者、大立法者与现实政治家的对比，其实表达了李觏对于理想君主的一种认识，为其评价现实中的君主提供了一种价值尺度。君主可以依循礼制达到圣王的境界，然而在古典与后世之间出现了历史的退化轨迹，所谓汉唐盛世的格局比起三代之治还是要卑下许多。这种历史评价与后世理学根据天理、人欲之辨严判三代和后世的做法有相近之处，只是一方重制度

---

① 《李觏集》卷二，《礼论第七》，第20—22页。

实践，另一方重道德动机。总体上，现实君主与理想形象之间存在着紧张性，王未必是圣，横亘其中的是古典时期形成的礼制规范。①

李觏的思想表明，礼制赋予了君主在政治、经济、军事等军国大政上的至高权力，而这种权力的意义和性质值得探讨。权力对于君主国家的兴亡至关重要，"权乎权，君所以废兴，国所以存亡。戒之！戒之！一失之而不可复也"②。他指出君主必须掌握政治上的最高权力，不可假借于人。汉文帝即位之初迅速解除了周勃的兵权，"孰谓汉孝文帝恭俭而已乎！其有帝王之材者也，知权者也"③。《庆历民言》《虑永》中分析政权的灭亡往往是一个长期过程，"基祸之主，外久安而内自贤，道失于心而弗思，权移于人而弗寤"，《慎令》云"上欺下，则民心惑；下制上，则君权轻。民既惑则不听，君既轻则不威。上不威而下不听，其渐亦足忧也"④。结合本书开始所言功能主义的解释，君主维护自己的最高权力除了基于其至高无上的政治地位，也是等级伦秩架构的内在要求，否则将造成上下相争、秩序紊乱的后果。

权力是国家实力构成中非常重要的积极力量，"图国在忠，用忠在力，济力在权。力者，兵也，食也。权者，所以制兵、食也"⑤。君主应当掌握经济与军事领域的最高统治权，但是这种权力的运用须以民生根本为念，符合礼制宗旨。

在经济领域，李觏强调君主必须牢牢把握对于民生、市场的宏观控制

---

① 这种区分体现了传统政治思想中一种潜在的二元权威意识。圣人与王者的区分在君主统帅的政治体制内又表现为君主与师的并存。如李觏认为，"师者，所以制民命"（《李觏集》卷二〇，《广潜书》，第227页），"师者虽非人君之位，必有人君之德也"（《李觏集》卷一八，《安民策第二》，第170页），师者对于君主的权威可以形成一种规范性或制约性的力量。

② 《李觏集》卷三二，《常语上》，第367页。

③ 同上书，第366页。

④ 《李觏集》卷二一，《庆历民言》，第232、236页。

⑤ 同上书，第240页。

权力。"天之生物，而不自用，用之者人；人之有财，而不自治，治之者君。系辞曰'理财正辞，禁民为非曰义'是也。君不理，则权在商贾；商贾操市井之权，断民物之命。"① 如果让投机性商人控制了经济权力，国家的经济秩序将失去保障，民生经济将会遭到破坏。李觏深刻认识到了经济权力与君主权威之间的密切联系，君主应当是国家经济秩序中维护民生利益的力量代表。针对君主个人生活奢侈浪费的问题，李觏提出"天子无私财"，并根据《周礼》主张设立专门的审计机构，对君主的财产和日用开销定期审计。② 在根本制度上，君主应当透过土地制度上取法井田制公平分配土地，确保农业生产资源的充分开发，消除贫富之间的差距和不公。在赋税徭役制度上，尽量减轻民众负担，防止特权阶层逃税避役。另外，在关系民生日用的物品如茶盐专卖上，君主不能与民争利，要容许民间商人的自由贸易。通过对于经济财政事务的宏观调控，君主确立起自己的权威。同时其利益和权威依赖于富国富民的实现，所以应该以实现一个富裕的民间社会为旨归，"使天下皆贫，则为之君者，利不利乎"③？

在军事领域，李觏认为君主关系到军事实力的根本，而将帅只是军事的次要主体。之所以为根本，在于君主必须通过仁政爱民，为军事活动提供一个道义和实力上的强大社会基础。他认为，圣人创立军事的根本不是为了压迫民众，而是为了威慑暴君，"是以庸君中材，抽手入袖，不敢加祸于无辜之草木"④。针对北宋的时政问题，李觏的军事思想受古典礼制的启发，特别表现出分权与重视地方自主性的取向。比如他认为郡县制中地方的实权过于薄弱，这是秦朝崩溃的一个体制因素，无益于国家整体实力的强大。他主张在北宋具有战略意义的重地，设立专门负责的将领，给予比

---

① 《李觏集》卷八，《周礼致太平论·国用第十一》，第85页。
② 参见《李觏集》卷六，《周礼致太平论·国用第二》，第76页。
③ 《李觏集》卷八，《周礼致太平论·国用第十六》，第90页。
④ 《李觏集》卷二〇，《潜书》，第217页。

较自主的人、财、军权，充分利用地方资源，实现军事目的。这无疑是对于当时君主专制下中央过度集权弊端的纠正。另外，他还积极提倡回归古典军民合一的精神，充分调动城市和乡村基层民众的军事潜力，建立灵活机动的地方军事化组织，不妨碍民众平日的职业与生活自由，给予财政、经济上的优惠。只有使民众的切身利益和荣辱感与地方防卫真正结合起来，才能真正实现军事上的积极活力。这是对于北宋军制设计将和士分离、调兵和领兵分离以及征募制弊端的对治。由上所述，可以说礼治为君主在经济和军事方面的至高权力设置了民本的利益旨归，防止其陷入一种独大、狭隘的权力意志中。

我们还可以从官制、选任、刑罚司法等方面观察君主权威与礼治的关系。针对君主周围形成的宫廷政治，李觏根据《周礼》主张利用官僚制度对各类人物进行严格管理。如内宰以阴礼教育后宫嫔妃，天官冢宰统领六宫。这样把君主的私生活领域予以制度化，"天子所御，而服官政，从官长，是天子无私人。天子无私人，则群臣焉得不公？庶事焉得不平"[1]？透过礼制化，对于君主权力进行制约和规范，从而树立符合公平原则的政治模范，杜绝私人意志的腐化影响。在人才选任方面，李觏认识到了君主任用官员的权力重要性，官员由此获得世人羡慕的财富与尊贵。"夫爵者，所以贵也；禄者，所以富也。富贵者，是人之所欲也"[2]，而"富贵者，人主操柄也，果慎斯术，则操柄无失而群下服从，有国之急务也"[3]。

如何能正确地使用这种权力？李觏指出，必须看到权力的公意属性，使权力运用符合公意的价值尺度，才能得到民众的认同。"爵以贵乎人，天下之人共贵之；禄以富乎人，天下之人共富之。高冠大盖，吏民趋走事之恐不及，天下共贵之也。禀财给谷，农桑赋贡，奉之而不暇，天下共富之

---

① 《李觏集》卷五，《周礼致太平论·内治第二》，第 69 页。
② 《李觏集》卷一七，《强兵策第八》，第 163 页。
③ 《李觏集》卷一六，《富国策第八》，第 147 页。

也。天下共贵之而贵非其人，天下共富之而富非其人，则君命果义乎？众心果服乎？"① 如何又能确保权力符合公意？李觏认为要选拔真正具有政治才能的人士，这牵涉到科举制度的改革、学校考核制度的建立与举荐制度的配合。从治理天下的角度来看，要开放地吸取一切有才之士进入政府，形成一个贤良共治的政治环境。而这正是古典礼治的精义。"士之不见礼于世久矣！古之君子以天下为务，故思与天下之明共视，与天下之聪共听，与天下之智共谋，孳孳焉唯恐失一士以病吾元元也。"② 这种士大夫共治的思想对于君主权力的意义不可小觑。它一方面可以强化君主权力的公意正当性，另一方面也为君主分权提供了理论可能性。与文彦博提出的君主"与士大夫共治天下"一样，它体现了北宋时期士大夫政治参与意识的提升。从上述选任用人角度来看，君主及其权力在礼治系统中扮演的角色，乃是公意的代表或代理人。只有符合礼制中公众的道德价值共识与期望，权力运用才具有正当性。

礼制的这种公意导向在李觏关于刑罚司法的论述中也有明确表现。他指出，"刑者非王之意，天之意也。非天之意，天下之人之意也"③。惩治罪恶，伸张正义，是公众赋予刑罚的根本使命，君主权力必须符合这种意志。以此为前提的法律，具有对于所有人的普遍适用性。"法者，天子所与天下共也"，李觏指出，如果君主宗族或者大臣犯法而不治罪，"君臣皆自私，则五刑之属三千止谓民也。赏庆则贵者先得，刑罚则贱者独当，上不愧于下，下不平于上，岂适治之道邪？故王者不辨亲疏，不异贵贱，一致于法"④。这种法律平等的诉求源自礼治法则的公共性，凸显根本法则对于政治社会所有成员的普遍规范效力，彰显了礼的共法性质。

---

① 《李觏集》卷一一，《周礼致太平论·官人第二》，第 104 页。
② 《李觏集》卷二七，《上富舍人书》，第 277 页。
③ 《李觏集》卷一〇，《周礼致太平论·刑禁第三》，第 98 页。
④ 《李觏集》卷一〇，《周礼致太平论·刑禁第四》，第 99 页。

君主权力的运用要符合礼制代表的公共意志与公共法则，重视整体制度的建设，这也是出于对政治社会应尽的公共责任。"然而君人者不以身为身，以天下之身为身也；不以心为心，以天下之心为心也……若能自知而不能知人，能自治而不能治人，愚者在位，贪者在职，以戕贼元元，家愁户怨，靡所控告，是虽尧为天子，舜总百揆，其何以媚于上下神祇哉！"① 这种公共责任除了表现在上述的政治、经济、军事和法律方面，还涵盖了社会风俗。李觏提倡富国富民，但是对于当时社会中弥漫的享乐主义风尚进行了激烈批评。这种批评出于一种俭约、质朴的道德感，同时也是缘于对有限资源与无穷人欲之间矛盾的悲观判断。他认为如果每个不同阶层等级的人们在物欲满足上都追求最大化、平等化，将耗尽宇宙间有限的资源。因此他提倡一种消费欲求上的等级主义，每个人根据其等级地位获得相应的权益，在衣服、食物、奢侈品及娱乐活动方面有着各自消费上的界限。这种等级分配是政治社会中礼制的主要规定之一。每个人都要严格遵守这种规定，不能逾越等级追求非分满足。按照这种理论，君主处于最高等级可以得到最高待遇，享尽人间富贵。但是，李觏理想的为君之道，却是"夫用贵莫若恭，用富莫若俭。恭则众归焉，俭则财阜焉。恭俭者，先王之所以保四海也"②。这是因为他认识到"无名之乱，统不一也；有名之乱，欲而争之也"。名位确立和贵贱区分之后，处于较低等级的总是希望得到更高等级的待遇，"贵令而骄，贱承而辱，能无觊心者几希矣！是故君子位高而德修，外荣而中惧，恭俭以下人，恩泽以结物，为是戒也夫"③！君主树立恭俭的道德模范，可以逐级带动社会风气，由此实现整体秩序的和谐。换言之，待遇等级主义的礼制形式同时需要自律性、互惠性的道德实践作为和谐秩序的润滑剂。

---

① 《李觏集》卷一八，《安民策第五》，第 175 页。
② 《李觏集》卷三，《易论第一》，第 27 页。
③ 《李觏集》卷二〇，《潜书》，第 217 页。

　　君主作为普世王权（universal kingship）的化身，既是政治社会秩序的最高权威，同时也是文化信仰秩序的最高权威。除了上面所述，李觏关于宗教信仰的观点，也确认了君主在礼制中拥有的权威象征地位。他对于隋唐以来兴盛的佛教猛烈抨击，从教义、组织、仪式及社会经济效用各方面揭示佛教相对于儒家礼教的异端性质。"事亲以孝，事君以礼，圣人以是师天下也……爱亲之体而不养于其侧，食君之田而无一拜之谒，家有叛子而族人爱之，邦有傲民而吏不肯诛，以佛之主其上也。纣为诸侯逋逃主，而诸侯伐之；佛为天子逋逃主，而天子未尝怒。哀哉！"① 从政治文化的角度来看，佛教实际上对于君主政教构成了挑战，因此李觏积极主张压制。他还指出，这种局面的出现，司职礼教的儒者没有尽到责任，也是一个主要原因。李觏对于宗教信仰抱有别于佛老的独特理解，"夫祭祀，岂徒自尽其心以交神明而已。盖有君臣、父子、夫妇、亲疏、长幼、贵贱、上下、爵赏、政事之义，是谓教之本也。彼寺观何义哉"②！宗教信仰的根本在于礼制所包含的各种政治社会伦理关系之中，脱离这种群体维度的自我人格无法在与神明的沟通中获解信仰的真谛。易言之，王权与宗族（kingship and kinship）对于个人的安身立命具有终极关怀的性质，君主在政治宗教性质的礼教中占据牢固至上的权威象征意义。政治社会秩序与文化信仰秩序是高度紧密结合的，君主权威在此意义上是一元主义的。

　　根据上文从政治社会与文化多方面的分析，我们可以看出礼制（礼治）与君主及其权力之间存在的辩证关系。一方面，礼制赋予了君主在政治、经济、军事、风俗、文化信仰领域至高无上的地位与权力，承担广泛的公共责任，具有等级制基础上无可置疑的权威性；另一方面，礼制对于君主及其权力意味着一个需要遵循的根本、客观的公共价值与规范体系，这种体系对于君主权力发挥着制约、规范与批判的功能。我们看到，君主

----

① 《李觏集》卷二〇，《潜书》，第218页。
② 《李觏集》卷二二，《庆历民言》，第246页。

理论上得到最高等级的待遇，但是其私生活领域的人事与财产需要受到官僚制度的管制和监督，在道德上需要内敛自律，树立恭俭的榜样。其经济与军事权力需要以民生利益与地方利益的实现为前提，政事上要开放吸收人才，以君臣共治为理想，司法实践上要废除特权，争取法律意义上的平等。

与等级制并存的是政治实践中要求公平、民本、权力分享的开明取向。等级制的形式意义虽然必要，比如在待遇等级主义中发挥其影响，其政治法律领域的实质价值却在实践中趋向于不断虚化。其中，李觏的君主观念有一个值得注意的方向，就是把君主作为社会分工系统中的最高统筹者，这个统筹者的权力、财产与人事需要放在公平的官僚规则体系中受到管理，它的政治实践同时必须符合公共意志的期望和评价。大体上，君主作为"天子"的神圣性质（天命所在、天意授权）不获彰显，作为"君人者"之功能性和体制化的性质更为突出。相对于二程理学强调共治力量，李觏的礼治论揭示出君主权威的宪制责任，更为完整地呈现出政治社会中心构建的主题，君主与共治群体各有其角色，不能忽视任何一者。

至此，我们可以了解到作为守制者的君主在礼治秩序中的地位与性质。需要明确的一点是，君主作为守制者，对于既成的制度规则虽然需要遵循，但这种遵循本身不是因循守旧，而是包含了变通改革的内在维度。创制时代已经具有鲜明的变通意识，"黄帝、尧、舜通其变，使民不倦，神而化之，使民宜之"①。

礼制的根本价值原则虽然具有长期性、普遍性，但是表现这些价值的建制却是随时代而变化的，比如三代养老之礼就各不相同。三代政治在相承中根据时代状况进行了变革损益，后世变革者也应据此而行，"世俗之说，必曰复古，古未易复也。商鞅之除井田，非道也，而民从之，各自便

---

① 《李觏集》卷四，《删定易图序论》，第66页。

也。王莽之更王田，近古也，而民怨之，夺其有也。孔子曰：愚而好自用，贱而好自专。生乎今之世，反古之道，如此者，灾及其身者也"①。正确的变革之道应该是在前代或当代的制度基础上，采取折衷的办法，逐渐吸收古典礼制的建制精神，量事制宜。这种温和改革注重的是礼制的根本价值原则（中道正义），反对那种拘泥于礼治末节而独断教条的做法，"见人一动作、一笑语、衣冠裳履之间，则断夫贤不肖，张目大言以不恤强御为烈，此今人之弊也"②。

另外，还必须重视改革者的经验实践与实践的功效结果，这也构成了礼治的内在精神价值。李觏认为建制改革必须落实到实践及其功效上，否则就是无所施用的空文。他甚至提出，"夫知道者，无古无今，无王无霸，无治无乱，惟用与不用耳"③，这种实践功效主义的看法透露出他对于礼制评价的一种重要价值取向。透过这种在礼制原则前提下的、注重实践功效的温和改革，守制者可以像三代圣王一样在继承中维新变革，礼治传统由此得以与时俱进。

◇ 第四节　论辩王霸与富国强兵

王霸问题是先秦两汉以来历代儒家一直关注的思想主题。历代儒家所说的王道，既是思想家对于理想社会的构想，也体现了思想家对于治国原则的基本理解，按照历代儒家的观点，所谓王道，就是符合道义的政治，是由尧舜以及三代圣王传递下来的治国之道，霸道，就是依恃暴力的政治或者强权政治，传统儒家的一贯观点是崇尚王道，拒斥霸道。不过，究竟

---

① 《李觏集》卷三四，《常语下》，第 376 页。
② 《李觏集》卷二五，《叙陈公璺字》，第 272 页。
③ 同上。

什么样的政治是王道，什么样的政治是霸道，特别是在涉及对秦汉以来历朝历代的政治品分的时候，思想家之间存在着十分严重的分歧。

李觏对于王霸问题有着自己的理解。李觏认为，王霸之别不在于是否践行仁义道德，也不是纯粹道德理想上的差别，王霸分别是对应天子与诸侯不同的名位，各具不同的职分，天子行王道，诸侯行霸道，二者属于不同序列，是由不同的政治等级实行的政治统治方法。李觏认为，王道在实际上也并不是纯然仁义，王道也任用刑杀，也讲求功利。针对战国时期孟子崇尚王道、高扬仁义而反对功利的做法，李觏批评说：在战国时期，周王室尚且存在，孟子不尊周室，却鼓动诸侯行王道，违背了孔子所倡导的伦理秩序。李觏强调说，在政治形势没有恶化到极限——如出现桀、纣等暴君——的时候，不能轻易否定现实的政治秩序，而是要努力改革、解救。否则，孟子的仁义王道说很容易成为篡夺颠覆的利器。同时，针对传统儒家崇尚王道、反对霸道的认识，李觏对霸道给予了较高的评价，认为霸道是实现国家富强的有效手段，而且国家富强的目标也是不容易达到的，所以，不应轻易否定霸道。显然，李觏把国家富强当作具有优先性的目的。

李觏之所以对霸道予以很高的评价，在很大程度上是由于对北宋王朝政治现实的不满意。在范仲淹担任参知政事时，他曾经给范仲淹写了一封信，信中说："儒生之论，但恨不及王道耳，而不知霸也，强国也，岂易可及哉？管仲之相齐桓公是霸也，外攘戎狄，内尊京师，较之于今何如？商鞅之相秦孝公是强国也，明法术耕战，国以富而兵以强，较之于今何如？是天子有帝王之质，而天下无强国之资，为忠为贤，可不深计？"[1] 在他看来，宋王朝贫弱的现实尚不及霸道，所以，李觏赞赏王道的真实原因并不是反对王道而崇尚霸道，而是希望北宋王朝能够通过改革实现富强，增强应付内外忧患的国力。

---

[1] 《李觏集》卷二七，《寄上范参政书》，中华书局 1981 年版，第 299—300 页。

　　李觏认为，在北宋王朝当时的情形下，一味高唱王道是没有意义的。对于北宋王朝来说，富国强兵才是第一需要。"《洪范》八政，首以食货。天下之事未若斯之急者也。既至穷空，岂无忧患。而不闻节用以取足，但见广求以供用。夫财物不自天降，亦非神化，虽太公复出于齐，桑羊更生于汉，不损于下而能益上者，未之信也，况今言利之臣乎？农不添田，蚕不加桑，而聚敛之数，岁月增倍，辍衣止食，十室九空。本之既苦，则去而逐末矣。又从而笼其末，不为盗贼，将合适也？况旱灾荐至，众心悲愁，乱患之来，不可不戒。"[1] 李觏深刻批判了北宋王朝的政治经济政策，他指出，如果北宋王朝不能控制财政用度，而只是知道向民众搜求财物，加重民众的经济负担，即使是吕望、桑弘羊那样的人重生，也无法改变北宋王朝贫弱的现实。在李觏看来，北宋王朝财政用度不足的根本原因在于国家没有实行促进社会生产发展的政策，"农不添田，蚕不加桑"，而言利之臣只是知道向民众课税，或迟或早，这种经济政策必然酿成祸乱。

　　李觏对于国家以及社会政治生活，也在经济方面做出了自己的理解。认为，足食是人之所以为人的先决条件，而足用便是国家的第一要务，"人所以为人，足食也。国所以为国，足用也"[2]。如果人的温饱问题不能解决，国家的财政用度不足，全部的社会政治生活也就无从谈起。但是，自然资源又是有限的，自然界并不能为人类提供无穷无尽的资源，而人的技能又各不相同，因此，国家所能拥有的财富也是有限度的。对于国家来说，必须通过政治经济政策，适当地调解人们的经济负担，从而达到足食、足用的目的。

　　李觏的这一思想在晚年更为突出，他甚至憧憬有法家式改革领袖人物的出现。李觏的上述观点后来受到虞允文、朱熹等人的深刻批判，认为他不达时变，没有领悟到儒家王道理想的精髓。按照朱熹的说法，人人可行

① 《李觏集》卷二七，《寄上范参政书》，中华书局1981年版，第300页。
② 《李觏集》卷六，《国用》，中华书局1981年版，第75页。

王道，若君主为尧舜则人为忠臣，若君主为桀纣则人可为汤武。而且评价政治成就，不能仅看功利结果，更要辨析行为者的动机。相形之下，李觏的非孟观点倾向礼秩伦理下的保守主义，而朱熹则由道德正当性展现出礼秩伦理中的激进面向。这实际反映二者对于社会政治生活的不同理解。李觏所关注的是富国强兵的现实需要以及社会秩序的重要性，道德仁义要让位于政治统治秩序和富国强兵的需要。而朱熹是以仁义天理为根本，强调政治在道德意义上的正当性。需要注意的是，李觏对于王霸问题的理解，具有强烈的现实关注，缓解现实的社会矛盾，克服现实政治弊端是他王霸观念的基本出发点。

李觏认为，在历史上，只有三代圣王的时代实现了完备的礼治。汉唐君主虽然不乏英明之主，但在礼制建设上却相去甚远。他把历史划分为三代的理想时代与秦汉以后日渐堕落的时代。这种历史观与后来理学家以理论史的观点非常相似。但是，李觏并不主张现实中的人们完全回到古典时代，也不赞同传统儒家的复古主张。而是主张根据现实社会的政治需要，吸收古代礼治的精神，对现实政治进行渐进的改革和调整，李觏用来作为现实生活中的礼制建设的摹本便是《周礼》。模仿《周礼》一书的政治经济制度设计，李觏提出了一些恢复礼治的具体设想。

（一）限制兼并以尽民力

李觏认为，民众温饱、安定的生活是礼治的基本前提，因此李觏强调利益与欲望的合理满足，反对空谈仁义。而在北宋时期，由于北宋王朝不立田制而导致土地兼并严重。李觏认为，应该借鉴周代的井田制度，平均分配土地，打击游民、限制占田、奖励开荒。由此避免土地占有的极不平等，确保有足够人口从事农业生产，避免失地、无地农民流向工商领域。土地制度公平不仅可以消除贫困与分化，而且可以确保农业资源充分开发，实现整个国家的富足。"言井田之善者，皆以均则无贫，各自足也。此知其一，未知其二，必也人无遗力，地无遗利，一手一足无不耕，一步一亩无不稼，谷出多而民用富，民用富而邦财丰者乎!"①

中国古代以农立国，在农业生产作为主要的生产部门的北宋时期，李觏均平土地的主张显然抓住了那个历史时代的症结。不过，李觏平土均田的思想主张与先秦儒家也有稍许不同。在先秦儒家那里，所以实行平均分配土地的制度，主要原因是为了保障民众基本的生存条件，而李觏主张平均土地、限制兼并的主观目的，一方面是解决当时贫富不均的问题，以使耕者得食，蚕者得衣。另一方面，也有着求富求强的主观动机，在李觏看来，恢复周代的井田制度，可以使"人尽其力，地尽其力"，从而实现国家富强的目标，富国强兵在李觏的思想主张中有着更为重要的意义。

李觏认为，效仿周代的井田制度是限制土地兼并、改变贫富不均状况的最为可靠的办法。"生民之道食为大。有国者未始不闻此论也，顾罕知其本焉。不知其本而求其末，虽尽智力弗可为已。是故土地，本也；耕获，末也。无地而责之耕，犹徒手而使战也。法制不立，土田不均，富者日长，贫者日削。虽有末耜，谷不可得而食也。食不足，心不常，虽有礼义，民不可得而教也。尧舜复起，未如之何矣。故平土之法，圣人先之。"② 李觏对于井田制度的理解主要来自于《周礼》。作为中国古代定期分配的土地制度，井田制早在战国时期人们已经不得其详，《周礼》所追述的土地制度是否在历史上确实存在过，自两汉以下人们便存在着许多争议。李觏认为，《周礼》一书所记载的土地制度就是周代的井田制度，并且得出结论说，井田制便是王道政治的起点，"古之行王政者必自此始"③。李觏对《周礼》所记载的土地制度做了详细的考证，其目的便是把历史上早已废弃了的井田制度搬到现实生活中来。通过平均分配土地，改变北宋王朝贫富分化的格局。

---

① 《李觏集》卷六，《国用》第四，中华书局1981年版，第78页。
② 《李觏集》卷一九，《平土书》，中华书局1981年版，第183页。
③ 同上。

（二）重农抑商以足国用

中国古代素有重农抑商的思想传统。自春秋战国以后，历代思想家大都认为，农业是本业，而工商业则是末业。专制国家应该着力发展农业，尽一切可能把农民固着在土地上，以便防止工商末业冲击政治统治秩序。李觏也继承了这一思想传统。在《富国策》中，李觏详细地阐述了其重农抑商的思想主张。"所谓末者，工商也。所谓冗者，不在四民之列者也。古者工不造雕琢，商不通侈靡。伪饰之禁，在民者十有二，在商者十有二，在贾埠十有二，在工者十有二。故工之所作，贾之所粥，商之所资，皆用物也。用物有限，则工商亦有数。今也民间淫侈亡度，以奇相曜，以新相夸。工以用物为鄙，而竞作机巧，商以用物为凡，而竞通珍异。或旬月之功而朝夕敝焉，或万里之来而堕地毁焉。物亡益而利无算，故民优为之，工商所以日多也。"① 李觏认为，对于社会经济生活来说，实用亦即满足人们的物质生活需要是基本的要求，超出这一限度便只能对国计民生造成伤害。在李觏看来，北宋王朝所以贫弱的根本原因，就是工商业不再以满足人们的基本需求为目的，而是竞相奢华，物竞机巧，结果导致从事本业的人越来越少，而追逐末业的人口越来越多。因此，李觏主张实行重农抑商政策，禁断侈靡之风，从而维护政治经济秩序的稳定。

李觏认为，能否实行重农抑商政策，是判别好的政治与不好的政治的评价尺度，他用追述往古的方法描述了一种重农抑商的理想愿景。"先王之驭民也，节其所为；后王之驭民也，极其所为。夫惰之志在逸，先王节之则不得逸；农之业在劳，先王节之则不甚劳。宅不毛者有里布，田不耕者有屋粟，闲民无职事者，出夫家之征，谁谓其逸哉？什一而税，用其力，岁不过三日。春耕则田畯至饎焉，秋敛则蜡祭自焉，谁谓其劳哉。"② 在李

---

① 《李觏集》卷一六，《富国策》第四，中华书局 1981 年版，第 138 页。
② 《李觏集》卷二二，《庆历民言·厚农》，中华书局 1981 年版，第 245 页。

覯看来，上古时代的政治是重本抑末的典范，其主要特征便是，统治者能够行之有效地禁断游食浮惰行为，与此同时，也注意养息民力，使从事农业生产的人口不致过于劳顿。

根据上述认识，李覯对北宋王朝的政治经济政策提出了尖锐的批判。认为，北宋王朝的赋税制度更有利于末业而不利于本业，北宋王朝向农民征收五兵之用、百工之材，结果，为商人创造了盘剥农民、从中渔利的机会，"王道消，政出苟简，赋乎曰农，役乎曰农。田有谷而桑有茧，非敢爱也。五兵之用，百工之材，皆农无有而必责之，是行商蓄家，籍农之产，廪农之食矣"①。从事农业生产者寡、背本逐末者众的现象归根结底是专制国家的政治经济政策造成的。因此，李覯主张实行重农抑商政策，实行一系列的鼓励人们从事农业生产的政策，在根本上改变积贫积弱的局面。

（三）寓兵于农、屯田积谷以强兵

北宋时期，由于辽与西夏少数民族政权的存在，北宋王朝边患不断，在与宋与辽、西夏的战争中，宋王朝的军队鲜有胜绩。所以，如何改变北宋王朝武备羸弱的局面，也成为思想家共同关心的主题。实际上，北宋时期发生的一系列的政治、经济改革，在很大程度上是围绕这一需要展开的。

李覯认为，北宋王朝武备废弛的主要原因，是"乡无军目，人不知武事，家不藏兵器"②，要改变这种局面，必须恢复古代兵农合一的制度，寓兵于农，从而在根本上改变冗兵充斥的现实。

李覯追述周代兵农合一的制度时说："《周礼·小司徒》：'会万民之卒伍而用之，家出一人，比为伍，闾为两，族为卒，党为旅，州为师，乡为军。'此先王之法也。管子作寓令之政，卒伍定乎里，而军政成乎郊。连其

---

① 《李覯集》卷二二，《庆历民言·厚农》，中华书局1981年版，第245页。
② 《李覯集》卷一七，《强兵策》第三，中华书局1981年版，第156页。

什伍，居处同乐，死生同忧，祸福共之。共夜战则其声相闻，昼战则其目相见，缓急足以相死。故能外攘戎狄，内尊天子，以安诸夏也。夫设乡军以自卫，前哲之意深矣。"① 李觏的这段话的思想来源，是管子的"作内政而寄军令"，而管子治齐时所实行的这套寓兵于农的做法，依赖于以定期分配土地为主要特征的村社土地制度。自秦用商鞅变法以后，这种土地制度已经不复存在，特别是唐中叶均田制度瓦解以后，兵农合一的兵制也彻底失去了其存在的基础。因此，自唐中叶以后直至北宋，一直实行的是募兵制。应该说，以职业兵为主体的募兵制，较之以往的兵农合一制度是一个历史的进步，北宋王朝的军队战斗力所以羸弱，其主要原因是宋朝统治者更多地吸取了唐五代藩镇割据的历史教训，实行重文轻武的基本国策，并且制定了兵不知将、将不知兵的兵将分离的体制。而李觏却把改变这种局面的希望寄托于古代兵农合一的制度上，这一方面是由于他没有找到北宋王朝军事上所以积弱的原因，另一方面也表明，作为那个历史时代的思想家，李觏本人仍然没有逃出托古改制的思想定式。

在主张依照管子治齐的方法实行寓兵于农的政策的同时，李觏也主张效仿汉代屯田实边的政策，在边境屯田积谷，以改变北宋王朝在与辽、西夏对峙中的劣势地位。李觏以为，宋与辽、西夏的战争中所以处于劣势，边境所以不得安宁的根本原因，是边境地区兵多而民少，而募民实边，在边境地区屯田则可以在根本上改变这一状况。"向者，民多而兵少，故半者寡而惊者众。如使民少而兵多，则斗者众而民有赖矣。以兵易民，何虚之有哉！在汉赵充国，在唐娄师德，皆以屯田利尽西土，威震羌胡，兹荐绅先生之所常言也，惟熟图之。"② 在李觏看来，在边境地区实行屯田制度，是一件既可以强兵，又可以"顺民之政"。这样做的积极意义在于，民众可以免于兵寇袭扰，而且边境地区土肥水美，生活可以富足，同时，也可以

---

① 《李觏集》卷一七，《强兵策》第三，中华书局1981年版，第155—156页。
② 《李觏集》卷一七，《强兵策》第二，中华书局1981年版，第154页。

使北宋王朝免于连年转运的困扰，节省国家财力。"民得去兵寇、轻赋役而就善地，若水之于下，鱼之于渊也。今募其徒，是顺民之政也。"①

李觏的富国强兵的主观愿望显然是良好的，但是，李觏提出的具体措施却有着浓重的复古意味：或者效法三代的兵农合一制度，或者效仿汉代的屯田制度。实际上，每一历史时代的兵制都有其特定的历史环境，在北宋时期，由于社会政治、经济条件的变化，这些兵农合一的兵制早已失去了赖以依存的历史条件，而在边境屯田，对于北宋王朝的具体情况来说，也不具有更多的操作性。

（四）兴礼义教化以安民

李觏告诫君主，贫瘠穷困的民众不能造就一个富裕强盛的国家。所以，统治者承担着安民的责任，而安民并不仅仅是为民众提供基本的经济条件和政治统治秩序，更重要的是对于民众进行教化。"所谓安者，非徒饮之、食之、汉之、令之而已也，必先于教化焉。"②

李觏继承了传统儒家重教化轻刑罚的思想传统，而把重视刑罚而轻礼义的政治统治视为暴政。"夫俗士之论，示肖不贵刑法而贱礼义也。以为天下之大，可以城之于圉犴也；群生之重，可摩之以刀锯也。闻有称王道诵教典也，则众共笑之矣。必谓杀之而不惧，尚何有于教化乎？是皆不睹圣人之情者也。独不知教失而后恶，化成而后刑，刑所以不胜恶也。善观民者，见刑之不胜恶也，则反之曰是教之罪也。焉可以刑不胜恶而谓教益不可用也。"③ 李觏强烈反对当时颇为流行的重刑法而轻礼义教化的观点，认为那些以为教化无用的人们实际上是没有理解圣人的教化主张的真实含义，而且也没有真正地理解民众。

---

① 《李觏集》卷一七，《强兵策》第二，中华书局1981年版，第154页。
② 《李觏集》卷一八，《安民策》第一，中华书局1981年版，第168页。
③ 同上。

李觏认为，现实生活中的民众虽然不惧死，但是，民众的本质并不是生来就是恶的。民风所以浇薄，社会秩序所以混乱的终极原因是教化不力，即所谓"教失而后恶，化成而后刑"，其根本原因是统治者没有为民众提供良好的道德环境。所以，李觏极力主张恢复礼制教化，用礼来教化民众，从而在根本上提高民众的道德素质。"昏姻之礼废，则夫妇之苦，而淫辟之罪多矣。乡饮酒之礼废，则长幼之序失，而争斗之狱繁矣。丧祭之礼废，则臣子之恩薄，而倍死忘生者众矣。聘觐之礼废，则君臣之位失，诸侯之行恶，而倍畔侵陵之败起矣。故礼之教化也微其止邪也于未形，使人日徙善远罪而不自知也。是以先王隆之也。"① 在李觏看来，礼制教化之于刑法，是更为有效的政治统治手段，虽然礼不像刑法那样严厉，不能惩罚犯罪行为，但是，礼制教化却可以为人们提供良好的道德环境，使人们自觉不自觉之间便导向善而远离恶的品性，"日徙善远恶而不自知"。礼制教化较之刑法，其长处在于能够使人们的道德变得良善。

李觏认为，对于每一个社会成员来说，良好的道德环境是十分重要的，道德环境决定着人们最终成为什么样的人。"居山者不知淀，居泽者不知猎，习之之异也。"② 所以，统治者如果要求得到社会秩序的安定，便有责任为社会成员提供良好的道德环境。如果统治者没有尽到这一责任，而只是以法术刑名惩罚民众，不仅不能获得良好的社会秩序，而且是"陷民于阱"。"今欲令禁渔人以网罟，诘猎者以从禽，虽日挞之弗可改也。民有以生而无以教之，未知为人子而责之以孝，未知为人弟而责之以友，未知为人臣而责之以忠，未知为人朋友交游而责之以信，未知谦之为贵而罪之以贪未知让之为美而罪之以争，未知男女之别而罪以之淫，未知上下之节而罪之以骄，是纳民于阱也。"③

---

① 《李觏集》卷一八，《安民策》第一，中华书局1981年版，第168页。
② 同上书，第169页。
③ 同上。

关于对民众实行教化，李觏对于学校予以了高度重视。李觏认为，在当时情况下，学校是道德教化最为有力的机构，"欲使教化明且具"，"莫若学校之宜于时也"。① 而在学校从事教育的主要是儒生，因此，李觏强调儒生应该自觉地承担起教化民众的责任。"夫士者，众之所仰望也，服用儒衣，读儒书，而躬小人之行，是途民耳目也……然则师者虽非人君之位，必有人君之德也。"② 儒生应该加强自身的道德修养，以良好的道德品质引导生活于底层的社会大众。

同时，李觏也主张各级官府学校在品评、选拔士人时应该以德行为主，因为学校承担着为国家选育人才的责任。对于北宋时期的各级学校只论才学而不观德行的风气，李觏批评说："惟今太学论士，既不观德行矣，而学士之版徒记姓名而已。求试而来，报罢而去……是皆存学之名，失学之实也。"③ 为了使学校真正尽到教化民众的职能，李觏主张把道德品行作为学校教育的重要内容。

李觏不同意"礼不下庶人"的传统说教，认为礼对整个人类群体都具有普遍的适用性。这构成其思想中将古典之礼普遍化的一个积极诉求。特别值得关注的是李觏对于享乐主义风尚的批评。李觏主张禁断崇尚奢侈的风气，节制人们的欲求。在李觏看来，就人的本性而言，声色佚娱都是人之所好，因此，喜好奢华是人的本能所决定的，而人的欲求是无法完全满足的，必须以礼义加以节制。"天之生人，有耳焉，则声入之矣；有目焉，则色居之矣；有鼻焉，则臭昏之矣；有口焉，则味壅之矣。耳之好声亡穷，金古不足以听也；目之好色亡穷，黼黻不足以观也，鼻之好臭亡穷，鬱邑非佳气也；口之好味亡穷，太牢非盛馔也。苟不节以制度，则匹

① 《李觏集》卷一八，《安民策》第一，中华书局1981年版，第170页。
② 同上。
③ 《李觏集》卷一八，《安民策》第三，中华书局1981年版，第172页。

夫拟万乘之富或未足以厌其心也。"① 李觏认为，北宋开国以来崇尚奢华的风气，一方面开启了民众的欲望，另一方面也破坏了现实社会的等级制度。因此，他主张严格等级制度，有效地节制人们的生活方式，"使上下有等，奢侈有制，在势则尊，无列则司长，富不得独文，贫不得独质"②。总之，现实生活中的人们必须遵守专制国家的政治等级制度，根据礼制的规定，依自己的政治地位享受不同质量的生活，如果不同等级的人们都能恪守礼制规范，整个社会便会拥有良好的秩序，"庶乎谦让可兴，而和平可致也"③。

一方面，李觏肯定民众生活富足的正当价值；但在另一方面，他又认为人们的欲求不宜走得太远。他对于当时社会风俗的奢侈化有非常强烈的忧虑，警惕流行于民众服装、音乐娱乐、各种奢侈品消费上的享乐主义风尚。这种担忧一方面出于对一种朴素道德感的维护，提倡俭朴适用的生活，反对不必要的浪费；另一方面也出于对有限资源与无穷人欲之间冲突的判断。奢侈享乐的风气无疑具有极大的吸引力，鼓动人们不计代价地追求各自欲望的满足。而自然资源，在李觏看来是有限的，势必无法满足全体民众的欲望。因此，依照等级伦秩，节制人们的欲望是完全必要的。李觏对于统治阶层以及富贵群体提出严正的警告，认为统治阶层应该努力营造一种平实、俭约的风气，为一般民众树立模范，从而营造一个合乎礼制规范的社会秩序。

对于隋唐以来十分兴盛的佛道二教，李觏也从很多方面予以批判，认为佛道二教的流行，在经济上造成劳动力的流失与国家财政税收的流失，在道德风尚方面促成了不劳而获的心理以及对家庭和社会人伦关系的扭曲认识。李觏认为，佛老在思想义理上只不过是转袭儒学的《易经》《中庸》

---

① 《李觏集》卷一八，《安民策》第四，中华书局1981年版，第173页。
② 同上书，第174页。
③ 同上。

《乐记》，但是其在仪式活动以及人生观念对于民众却有着很大的吸引力。相反，儒家学者只是把孔子之道作为获取功名的工具，缺乏长期持久的礼制实践。所以，儒学并没有成为人们的价值信仰。为了改变这种状况，李觏认为必须恢复古代的礼仪制度，用儒家所倡导的礼义德教引领社会风尚。从而消解佛道二教对于社会道德习俗的影响。

李觏构思的是一种以礼为宪制核心的秩序本体论，把美德德性看作其应用表现，把礼乐、政令和刑罚作为有益的补充，涵摄了一切政治德性、制度、法律、仪式。他由此推演出一个无所不包的体系，认为万物成立的根本都在于礼，礼几乎占据了传统思想中道所在的中心位置，呈现出一种以人类规则秩序为本位的宇宙观。他彰显礼治的公共性，在礼制意义上强化君主的功能性角色。将礼予以法度宪制化，强调礼法的公共精神，并在功能性维度上理解王权，这一点与其生活的仁宗时期政治在精神上颇为呼应。从这里，也能窥见后世《明夷待访录》在"原君"中显现的思维要点，即君主论的公共性与功能性。若在功能上违背公共原理，其合法性将岌岌可危。

论生平，李觏早于司马光、二程兄弟，属于范仲淹一代的学者，政学影响也无法与后者比拟。不过，透过他这样较为平民性的视角，也能帮助我们窥见北宋儒学政治思维的一些共性。其注重《周官》，是否必定与荆公新法的思路同趋，这一点不好判定。[①] 注重礼治和事功实效，从广义的法度视野来整合礼治，以礼法为历史与政治评价的中轴，使其在学术思想取向上显示出与后世经制事功学相当大的近似性。[②] 如果从南宋经制事功学的发

---

① 萧公权先生有此推测，认为李觏与荆公同趋，参见氏著《中国政治思想史》，第十四章第二节《李觏》，第 302 页。

② 《周礼》与经制之学紧密相依。柳诒徵（1880—1956）先生曾云："中国经制之学，只有《周礼》一书。心性文章有他途可循，经制则舍此无他途也。"参见氏著《劬堂遗札》，《复蒙文通书》，载王元化主编《学术集林》卷六，上海远东出版社 1995 年版，第 32 页。

展来看，注重《周官》未必一定衍生为大规模变法改制的思路，其潜力也可能在尊重祖宗之法的成宪心智下被折中吸纳。当然，这其中历史时势或许发挥了更强大的影响，非个体覃思所能瞻望了。

第二篇

第 四 章

抗衡内转：薛季宣与经制事功学的发轫

萧公权先生于两宋政治思想首重功利派，拈出北宋王安石与南宋浙东叶适、陈亮，似乎二者之间有一承续关系。[1] 本书于此，首先溯源浙东学思之脉络，探明其来龙去脉，希望能在一个更为宏观的近世儒学语境中阐明其内涵和意义。

在南宋前期的思想界中，薛季宣（1134—1173）是一位十分重要的儒家人物，目前尚未得到足够重视。叶适在回顾高宗绍兴时期至孝宗乾道年间的历史时，认为有十位儒者在当时影响非凡，薛氏便居其一。[2] 就学术成就而言，薛氏实现了永嘉学术由性理学向事功学的转向，成为经制之学的开创者，得到吕祖谦、陈亮等人的一致推崇。其弟子后学，如陈傅良、叶适，继往开来，在南宋思想界占据了突出的地位，这有赖于他的开辟之功。

就儒者的文化价值而言，薛氏的特殊之处在于积极政治实践，于道学兴盛之际继续倡扬儒家的经世传统。如《四库全书总目》提要所言，"朱子喜谈心性，而季宣则兼重事功，所见微异"，"在讲学之家，可称有体有用者矣"。[3] 究实而论，薛氏的思想学术与经世实践贯通为一，相

---

① 参见萧公权《中国政治思想史》，第十四章。

② 参见叶适《著作、正字二刘公墓志铭》第一六卷，《叶适集》，中华书局 1961 年版，第 306 页。其他诸儒是汪应辰、芮晔、王十朋、朱熹、张栻、吕祖谦、郑伯熊、刘夙和刘朔弟兄。

③ 《薛季宣集》，上海社会科学院出版社 2003 年版，第 625 页。

辅相成，并构成生命形态的根本特征。他的挚友郑伯英针对当时儒学的发展态势指出其学行宗旨的可贵，"圣贤不作，道丧文弊。问学事功，歧而为二。事功维何？惟材与力。问学维何？书痴传癖。学不适用，用者无学。为己为人，在在乖错。公之探讨，专用律身。推而放之，于以及人"①。学术与事功的疏离分途，是儒家传统中不断浮现的焦虑和忧患。代表薛氏经世关怀的事功精神在学理上具有充实根据，政与学、人与己追求一脉相通。本章首先着眼其事功精神，只有明了事功精神的时代指向，才能准确理解薛氏思想的历史环境，进一步还原二者之间的交涉面貌。②

导论已指出刘子健先生认为南宋士大夫以理学家为代表，在思想文化上出现了内转化；墨子刻也依据相同的判断，提出近世政治文化传统的"摆脱困境"说；晚近汉学界则依据南宋儒家投身地方社会构建而发展出地方化的命题。如果我们深入南宋士人的思想世界，相对于"内转"及其纠偏，薛季宣的视角可以提供给我们什么景象，是一个非常值得思考的问题。

◇ 第一节　薛季宣的经世精神

身世及早年经历：事功精神的形成

南宋高宗时期的政治现实，对薛氏事功精神的形成具有直接的刺激、

---

① 《薛季宣集》，上海社会科学院出版社 2003 年版，第 595 页。

② 周梦江先生在薛季宣研究上做出了开拓性的贡献，他对薛氏的生平和思想有一番初步的概括和评价。参见《薛季宣的生平、著作及其对道学思想的异议》，载邓广铭、徐规编《宋史研究论文集》，浙江人民出版社 1987 年版，第 434—449 页；《创立事功学说的薛季宣》，见氏著《叶适与永嘉学派》，浙江古籍出版社 1992 年版，第五章。

催化作用，这在他的身世经历中表现得十分明显。他生于永嘉（今浙江温州）的官宦世家，父亲薛徽言（1093—1139）受学于大儒胡安国，官至中书舍人，后来因为反对宋金和议，与秦桧宵夜苦辩，染寒疾早逝。季宣的母亲不久也去世，他不幸成为孤儿，由伯父薛弼（1088—1150）抚养成人。伯父去世后，季宣投奔岳父荆湖南路安抚使孙汝翼，在其帐下抄写机宜文字。后伴随孙氏入蜀，在同乡四川制置使萧振幕下任职，半年之后离去。随后，他曾返回家乡永嘉，并四处游历。1160—1163 年，由恩荫出任武昌（今湖北鄂州）县令。

随薛弼四处宦游的十年生涯对少年季宣的影响非常重要。前者具有突出的军事才能，一生多出入戎马行伍，和岳飞交往匪浅。12 世纪 40 年代，他主要往来于两湖闽粤，平定各地的盗贼动乱。这种军旅化色彩浓重的生活，使季宣得以直面社会的危局乱象，形成不同寻常的政治早熟。他非常喜欢听故卒退校谈论建炎以来故事，尤其欣慕赵鼎、韩世忠、岳飞的功业，对当世问题产生很强的志趣。"幼逮事过江诸贤，闻中兴经理大略，已能识之"，从而显得"志尚荦荦，与常儿异"。[①] 季宣的经世热忱之所以特别强烈，与这种特殊的人生启蒙关系至深。

父亲、伯父和岳父的事功人生对于季宣的经世人格发挥了潜在而深刻的陶铸作用。他们三人的共同特征是对政治实践的积极投入，以不俗的文治武功表达了持续的经世关怀。[②] 其中，父亲的典范意义最为深远。季宣于 12 世纪 50 年代中期返回家乡，整理徽言的遗著，阅读到先前为躲避秦桧整肃而藏匿起来的文稿，更加深刻地领会到父亲的生平精神。他概括道，徽

---

① 《薛季宣集》，第 617 页。

② 至 12 世纪 50 年代后期，季宣的诸位长辈，包括父亲、伯父、岳父与师父袁溉都纷纷谢世。这些人对季宣经世人格的影响通过他的许多回忆文章可以强烈感受到。如《笺先大夫行状》《书先右史遗编》《叙遗编别录》《祭外舅文》《袁先生传》，见《薛季宣集》卷三二、卷三三、卷三四。

言"以道屈信于吕、赵、张、秦数相之间，其立朝诚节见诸事业"，"出处承交师友之际，切磨丽泽相期于三代之道"①。季宣日后在学术—政治上的积极实践，具体如秉持知易行难的实践论理念、坚持恢复军事方镇制，都继承了徽言的遗绪。② 少年时激于时势出现的经世志向，经此强化充实，凝聚成主动进取的事功意识，构成他一生命运的精神基调。

这种事功精神的生成，从当时的政治社会来看，则是在秦桧专权的压制氛围中获得了奋起的动力。秦桧第二次任相专权长逾十年（1144—1155），不仅关乎季宣个人命运，而且对南宋国运有深远影响。薛徽言反对宋金和议，与秦桧产生重大分歧。后者对于异己的打击不遗余力，因此徽言死后，往日的朋友同僚对其遗孤避而远之。少年季宣一度陷入无助的境地，幸亏得到伯父、岳父的收养，并期望他能够继承父亲的志向，学以经世。而秦桧专权压制积极进取的士风和政风，对于季宣刺激尤深。"权臣柄朝，娼贤丑正，岳侯之死，世绝功名之望；赵、张之放，人莫敢有贤德。四方士气至今索然。""向秦氏之柄朝，当群贤去国之后，有圣君而不为将顺之事，弃谠言而惟阿媚之是取，士风胥敝，典法荡然，致逆虏之凭陵，亦必有道矣。"③ 在这种喑嘿的精神牢笼中，季宣的苦闷和痛苦是可想而知的。事功精神的生成，因此既具有冲破牢笼以实现自我身份认同的意义，也和国家的政治前途同声共息，来自时代风气的穷途极变。④

---

① 《薛季宣集》，第 548 页。

② 薛徽言的这些观点，见于《薛季宣集》卷三三，《笺先大夫行状》和《书右史遗编》。季宣对他们的继承，可见《薛季宣集》卷二七，《书丹徒五百事》，第 366 页；卷一六，第 199 页，《朝辞札子二》。

③ 《薛季宣集》，第 249、260 页。

④ 秦桧垮台后，季宣积极地呼吁为岳飞平反，厚恤其子孙，并且率先搜罗赵鼎的生平文献，想要整理编辑。这些活动就是长期禁抑之后的精神反弹，见于《薛季宣集》卷二二，《与汪参政明远论岳侯恩数》，第 277 页；卷二三，《与喻郎中》，第 300 页。

出处之间：事功精神的坚守

1160 年，季宣出任武昌县令，这是他第一次正式担任地方官员。武昌地处宋、金北部交界区，地芜民杂，治安恶劣，号称难治。季宣不惧挑战，积极发挥自己的才学，经历了政事和战争的双重考验。在政事处理中，他既获得令人瞩目的成绩，也面临难以解决的问题。为了遏制地方上持续恶化的治安状况，他根据儒家兵农合一的理念，以《周礼》保伍法为模型，创建了保甲组织，强调对民众的道德重塑与军事训练。它扭转了地方治安状况，在治水、消防、军事上也发挥了积极作用，成为全国的典范。① 而在财政、刑罚问题上，季宣则感受到儒家仁政观念与现实之间的巨大差距。他曾为了抵制上级的财政压力，避免加剧民众的生计难题，不惜辞官明志，最终抵制成功。在礼教和刑罚选择上，尽管他努力以减讼省刑为施政理想，但残酷的现实又不容不坚决使用刑罚厉禁，这些难题都造成他内心的紧张冲突。② 1161 年，完颜亮南侵，江淮地区的官员纷遣家属南归。季宣独留家眷在任所，誓与民众坚守城池，"吾家即汝家，一旦有急，吾与若偕死敌"③。在战争中，他不但成功守城，还出谋划策，得到宣谕使汪澈的器重。后来，在宋金对峙期间，他又力促著名主战派大臣胡铨反对和议，避免重蹈"绍兴和议"的教训。

在这个时期，出处问题作为事功精神的取向关键开始具体化、鲜明化，即是否要加入现世政权以实现自己的经世志向。问题的豁显主要来自季宣在武昌时期的角色转变，从学者走向亲民官吏的转变过程。迎来送往

---

① 参见李心传《建炎以来系年要录》，上海古籍出版社 1992 年版，第 735 页。

② 如《薛季宣集》卷六，《患盗》诗慨叹仁义理想和刑罚之间的两难选择，"政刃可同形，杀人在同殒。吾非古之徒，处世良不尽。仁义一篷庐，身心两矛盾"，反映这类内心冲突的诗歌还有很多。

③ 《薛季宣集》，第 607 页。

的日常行政和棘手复杂的现实问题，势必冲击学者类型的知识构成和气质性情。如何处理儒学与实政的关系，季宣在实践中的努力如上文所述。而在精神层面，这个问题主要透过出处之间的选择表现出来。概言之，季宣的主导意志仍然是儒家道德理想主义下的经世取向。作于1162年的《感沐赋》显示，他面对身世之悲和早衰之哀，引颜渊为楷模，立志通过道德进取超越宇宙的荒漠感与物化的限制。《本生赋》则借寓言生动展示了作者内心对出处的彷徨情绪，最终他拒绝了巫师独善其身的劝告，选择了儒家传统的入世取向。另外，这种道德理想主义又是十分低沉的，往往掺杂着悲情和虚幻的异质情绪。《哀白鹇赋》（1161）以西飞而触柱夭折的白鹇自况，流露出对残酷现实的悲叹。鄂地民俗中纪念屈原、岳飞等悲剧英雄的活动很多，激起他对世事的不平感，在事功人生的审思中注入了悲情的色彩。这个时期的诗作还显示，官场生活好像黄粱、南柯，陶渊明的超脱成为内心的一种渴望。这些情绪和经世意志相砥砺，虽然隐含出世的内心倾向，整体上还是增强了事功精神宏毅的韧性，引导季宣成功地实现了人生的一次转变。

武昌任期之后，他回乡待阙。1164—1168年的乡居时期，他在思想学术上渐趋成熟，同时活跃于士林，积极评议社会，产生了重要的影响。他身边的地方士大夫群体在出处问题上呈现出明显的分化趋势，其中疏离政府的倾向更具挑战性。问题的外化、凸显促使他进一步对之审视，更加明确了事功精神的立场和特质。

对于这个群体的具体构成，此处不拟详述，只通过几个代表人物来概括季宣的主要观点。在季宣看来，事功精神是一种以儒学为前提的经世志向，注重道义性和实践性。一方面，季宣认为经世是儒学的必然取向，得道行道、以才学追求事功出于人之常情。是否能经世致用，是他评价儒者的重要价值标准。这个时期他和大臣汪澈联系频密，后者以范仲淹为生平楷模，重视儒者发挥功用以济世。① 季宣和他志向相契，认为"有如得志得时，行其素蕴，上之正君治国，内清朝廷，下之泽物刘民，填安华夏，是皆道学余事，当次第而行之"②。道学与经世乃是一以贯通的。

名儒刘朔是季宣的挚友，两人都注重探讨如何进行政事实践。刘朔不幸早逝，季宣在悼词里强调好友通达世务的一面，痛惜他没有充分发挥才用③。另外，经世必须坚持以儒学为前提，尤其是其道义性，才能实现儒者的事功。汪澈曾是辅佐孝宗继位的宰辅大臣，1165 年孝宗想让汪氏总揽军、政大权。后者再三力辞，只接受了枢密使的任命。其中原因，一是军、民政权归于一人有违祖制惯例，二是汪氏在大政方针上与孝宗不合，并不主张急于用兵。季宣赞同这个选择，认为汪氏能以礼制约束事功，坚持了儒家原则④。

在乡居生活末期，即将赴任婺州司理参军前，季宣向刘朔表示内心的担忧。司理参军职掌刑狱，与儒家礼教传统存在冲突，自己又不能全权掌握，决策受制于上司，他很担心自己在任上随波逐流、与世推移⑤。这种心理典型地反映出儒者以儒学经世的价值考量，展示了内圣和外王之间的紧张性。

另外，季宣坚守事功立场，反对出世遗立的选择，对疏离政府的倾向尤其敏感。他与刘朔通信，严厉批评"缩头闭息，坐壁角里头"的"世之安乐法门"，以此为逃世行径⑥。好友张淳和他在出处问题上各持己见，坚决不仕，忍穷以死。季宣认为张淳抱着出世的执念，行为有悖中庸，并且

---

① 参见周必大《周文忠公集》，《景印文渊阁四库全书》（第 1147 册）第三〇卷，《汪公澈神道碑》，上海古籍出版社 1987 年版，第 340 页。

② 《薛季宣集》，第 283 页。

③ 同上书，第 157 页。

④ 同上书，第 284 页。

⑤ 同上书，第 322 页。

⑥ 同上。

惋惜他才学高远，不能致用于时。这里需要有个辨析。张淳其实并非没有经世志向，他曾根据古学积极改正乡俗，受尽非难才取信乡里。然而由此认为自己的理想陈义过高，很难推行于世，才选择避世独善。① 在季宣的士友群中，很多是由于诸多原因，把经世热情转移到地方社会，没有入仕为官。季宣也承认他们的积极意义，但总体上惋惜他们没有在更大范围发挥功用。② 结合当时历史来看，士大夫的经世途径正在开始多元化，地方实践逐渐成为政府参与之外的一条重要路径。二者缠绕、分化，不免混含疏离政府或出世独立的倾向。季宣的事功精神对此十分敏感，也正反衬出他对政府路径的执着，认为只有在政府体制内，才能充分实现儒者事功。这是事功精神的特征，也构成了内在限制，成为日后经世实践的一个根本难题。

面对功利风气的挑战：另一向度的捍卫

1168 年，季宣赴任婺州司理参军，不久得到签书枢密院王炎的举荐，入都面见孝宗，陈述对时政的意见。出改宣义郎知常熟县，因暂时无阙，在妻家等候。1169 年，大臣数次推荐，政府又召赴审察，季宣拒绝赴召。政府频召，达六七次，季宣坚辞不出。

这个坚辞事件值得注意，其根本原因是季宣与执政在时政问题上各持己见。季宣面对当时兴起的功利风气，起而捍卫事功精神的道义性。孝宗初期，立志恢复故土，任用虞允文、王炎等人，积极增强军政实力。最初的确改变了高宗朝苟且腐败的风气，激发了士人的事功精神。但在抗金的

---

① 季宣弟子陈傅良对此有同情的解释，参见《止斋集》卷四二，《张忠甫墓志铭》，上海古籍出版社 1987 年版，第 872 页。

② 如季宣挚友郑伯英，怀有改革时政的理想，积极倡导洛学，但由于个性刚健，自觉不适合仕途，一生不做官，在地方士林中威望崇高。叶适认为他是一个志向高远的"志士"（《叶适集》卷二一，《郑景元墓志铭》）。又如季宣的姐夫、学友胡序，家族遭受秦桧迫害，也一直无意仕途，闭门问学（陈傅良《止斋集》卷四七，《胡序墓志铭》）。

基本战略上，季宣认为南宋实力十分脆弱，需要至少十年的积累，在内政上奠定牢固的基础，才可伺机而动；而王炎等执政则属于激进的抗战派，志在速得。季宣和王炎几次沟通，都未能消除意见分歧。① 虽然政府欣赏他的才学，季宣却觉得意见未受尊重。当时士人受政治风气的影响，也出现急功近利的趋势，急于成就功名。② 在这种风气下，季宣选择坚辞政府召赴的做法，希望由此彰显事功精神的道义原则，警醒士人，得到政府的尊重。

他认为三代以后的君主用爵禄骄慢天下士人，后者贪慕虚荣，缺乏气节，导致道德屈于爵禄。士人受到挟制，也无法以道德规范君主。季宣呼吁，"大人之格君心之非，其端在轻爵位。盖不如是，不足以有为也"，这是儒学的基本精神。自己坚辞，一方面希望"有如假令以匹夫之节，一感上意，亦足以报"；另一方面做出表率，"苟在位者不能以身任道，则为士者谊亦不屑求知于人"。③ 这个时期，事功精神的重心在于对儒学道义的强调，以此区别于没有节守的功利风气。士人应该坚持符合道义的政治立场，而不附和权势，随波逐流。和乡居时期对张淳等人的敏感批评相比，随着季宣进入政治中心圈，关怀有所不同，对事功精神的捍卫出自对功利风气的抵制。

双方僵持的状态在 1171 年结束，季宣终于接受召赴，出任大理寺主簿。这个结果有来自个人生计和外界恶意揣测的压力，也显示出事功精神的一个软肋，即对政府参与的依赖。季宣毕竟不能摆脱长期形成的经世取向，隐退田野，转入他难以认同的出世道路。此后，他在都任官，接着视察淮西，安抚流入此地的大量流民、归正人。期间，修复圩田，设立官庄，核实田亩，对边地的政治社会进行了深入调查。光州知州宋端友谎报

---

① 参见《薛季宣集》，第 205—207 页。

② 同上书，第 334—337 页。

③ 同上书，第 274—335 页。

政绩，杀害归正人，夺其马匹，被季宣查明揭发，上报朝廷，宋畏罪忧死。季宣回都后，向孝宗详细报告了观察结果，认真检讨了时政弊端，大为孝宗赏识，于是连升两级，除大理正。这次视察是一次成功实践。其中，宋端友事件暴露出政风的浮夸功利，季宣予以纠治，正是坚辞时期儒学信念的延续，符合事功精神的道义立场。在对孝宗的陈述中，季宣同样贯彻这样的精神，希望政府确定长远战略规模，稳健地追求治效，才能实现事功。①

湖州行政：困境中的辩护

1172 年，季宣升任大理正之后，旋即外任辅畿大郡湖州的知州。在任上，他移风易俗，计划兴学，继续事功实践。但湖州地方财政的难题使他陷入仕途上前所未有的困境，对他形成巨大的压力。

这个难题的出现有其内外的根源。湖州地临政治核心，权贵势力盘根错节，侵剥地方，前几任知州又疏于理财，政事荒芜，是外部因素。内部因素则是南宋体制内"阶层性集权"导致的层层盘剥，财政压力由上往下逐级增强，地方政府负担非常沉重，造成寅吃卯粮的恶性循环。② 季宣面对难题，极力抵制上级政府的各种法外之征。他对经总制钱的抵制最终迫使吏部收回加征的动议。他还反复请求高层取消冗兵冗费等额外征取，对地方权贵进行弹劾，这就招致各种既得利益群体的忌恨，使他处境非常困难。

但就在这样的困境中，他仍然坚持儒学经世的事功信念，这在他和朱熹、张栻等道学家的相关讨论中清晰可见。他和朱熹在出处选择上各持己

---

① 《薛季宣集》，第 194—198 页。

② 包伟民用"阶层性集权"来解释南宋地方财政出现的窘境，它也适用于季宣任内的湖州。在这个财政状况的典型个案中，季宣的挫折象征着事功儒家的普遍困境。包氏观点见其《宋代地方财政史研究》，上海古籍出版社 2001 年版。

见，尤其具有代表性。1172—1173 年间，朱熹频频拒绝政府的征召，居家不出。季宣致信切磋学问，同时期望朱熹以孔子的中庸之道为原则，行道经世济民，避免走向遁世自利的歧路。① 朱熹尊重季宣的学行，但对季宣的建议没有响应，坚持不出。

二人在出处问题上的分歧其实根基于他们对学术和时局的不同见解。他们都认为南宋政治需要一番长期、根本的整顿，但对整顿之道设想不一。朱熹强调君主的道德修养是政治问题的关键，君心正则其他问题迎刃而解。② 季宣也重视这个层面，但没有将道德修养的意义绝对化，而是并重制度、政事的改进。在他看来，朱熹等人的道德理想主义过于高调，难以实践，不仅会沦为空谈，而且会造成与政府间的紧张关系，对行道经世带来消极影响。③ 这种分歧的见解导致出处选择的差异。朱熹等人坚持理想高义，认为时局不合，宁可坚辞不出。他们可以参与政府，也可从容周旋，进行讲学、办社仓等地方实践。而季宣执着于政府本位的事功精神，采取在政府体制内的实践路径。

道学家和薛季宣从各自的立场出发，对对方的选择趋向表现出过于敏感的隐忧甚至误解。道学家认为季宣"喜事功"，轻视儒家义理，已经堕为"功利之徒"；④ 季宣则暗示道学家清谈虚无，流于

---

① 参见《薛季宣集》，第 292—293 页。

② 关于朱熹的政治思想，可参见 Schirokauer, Conrad, "Chu Hsi's Political Thought", *Journal of Chinese Philosophy*, Vol. 5, No. 2 June 1978, pp. 127–159；赵峰《朱熹的终极关怀》，华东师范大学 2004 年版。

③ "复念古今异时，变态万状，谓非在己无恶，无必于人，用能观感化服异端，会将有济。腾口无益于事，只招谤訾，适以害道有矣。"《薛季宣集》卷二三，《与张左司书》，第 292 页。"纳约自牖，要非一日之积，必若伊尹之学，恐不可以望人于秦汉之后也。"《薛季宣集》卷二三，《与朱编修熹书》，第 293 页。

④ 张栻同吕祖谦说，"士龙正欲详其为人，事功固所当为，若曰喜事功，则喜字上煞有病"。朱熹则"目之为功利之徒"。参见黄宗羲著，全祖望修订《宋元学案》卷五二，《艮斋学案》。

佛老，坚守不出，形近遁世自利。究其实，双方都是在儒学经世的范围内，只是强调重点不同，一个强调儒学的道义原则，另一个突出经世的政府路径。他们各执一端，都以之为体认儒家精神的关键标准。四库馆臣根据体用范畴对朱、薛的评价（"喜谈心性"对"有体有用"）。从儒家经世的历史角度来看，其实代表了南宋儒学内部在经世选择上的多元论与一元论之分歧。这个分歧反映了儒者对于经世取向的理解趋于分化，其中的敏感和误解透露出变动之迅速和复杂。①

虽然坚持事功精神，湖州行政的巨大压力最后迫使季宣请求调任，终获任常州知州。这个结局使他产生了强烈的挫折感。赴任前他回乡休养，在途中吕祖谦家居住了半个月，吕氏致信朱熹描述季宣的心境，"薛士龙归途道此，留半月，向来喜事功之意颇锐。今经历一番，却知甚难"②。回乡后，季宣也向好友郑伯熊兄弟、张淳慨叹时局的艰难，行道不易。③ 不久，因为病急误诊，英年早逝，年仅四十。从上述经历来看，在他辞世前一年，事功出处问题仍然缠绕着他，挥之不去。最后显示出一个新变的可能，但未及开展就戛然而止，成为事功精神一个略显暗淡的终点。终其一生，事功精神是他受时代浸染最为深刻的精神特质。

季宣的事功精神后来为陈傅良、叶适等人继承，对南宋士人的思想和

---

① 关于南宋儒家经世选择上的路径分歧，虽然出现了地方化的转向，如前引钱穆先生所指出者。但其中缠绕混杂处很多，要避免简单化的概括。近十几年来，一些美国学者强调儒家地方主义（localism）的经世实践，如 Hymes, Robert, Schirokauer Conrad, ed. , *Ordering the World*: *Approaches to State and Society in Sung Dynasty China*, Berkeley and Los Angeles: University of California Press, 1993。

② 吕祖谦：《东莱别集》卷七，《景印文渊阁四库全书》（第 1150 册），《与朱侍讲》，上海古籍出版社 1987 年版，第 239 页。

③ 《薛季宣集》，第 595—596 页。

精神产生了长远的影响。如楼钥称，"凡今名士得其说者，小之则擅场屋之名，大可以行于临民治军之际"①。

◇第二节 薛季宣的思想渊源：近世新儒学的胤子

在南宋前期的儒学史上，薛季宣（1134—1173）是一个十分重要的人物。作为当时浙东学术的佼佼者，他实现了永嘉学术由性理之学向事功之学的转向，创立的经制之学开启了陈傅良、叶适等人的思想学术，并且对朱熹、陈亮、吕祖谦等人产生过不可忽视的影响。就其思想渊源而言，自吕祖谦至钱穆、侯外庐等现代学者，都大致指出了他与二程洛学的联系，认为薛氏源出洛学，自成一家，但对其间的思想史内涵或语焉不详，或浅论辄止。② 更重要的是，对于薛氏与北宋儒学传统之间的整体关联甚少措意。这个传统不仅包括理学，还有历史上声势显著的王安石新学、苏轼蜀学、司马光朔学等流派。至薛氏生活的高宗、孝宗时期，上述思潮在思想界此消彼长、十分活跃，共同塑造了季宣生活的思想精神世界。本节通过探讨这些思想流派对于薛季宣的具体影响，旨在揭示薛氏思想渊源中受到忽略的一些层面。

---

① 楼钥：《攻瑰集》卷九五，《景印文渊阁四库全书》（第1153册），上海古籍出版社1987年版，第471页。

② 吕祖谦最先从洛学的学统发展去定位薛季宣的思想意义，很大程度上支配了后世学者的观察角度。具体观点参见《薛季宣集》，《宋右奉议郎新改差常州借紫薛公志铭》附录一，第622页。现代学者的观点，可参见钱穆《宋明理学概述》，第二十八节，中国台湾中华文化出版事业委员会1953年版；侯外庐《中国思想通史》第四卷，第十六章，人民出版社2004年版；周梦江《叶适与永嘉学派》，第五章，《创立事功学说的薛季宣》，浙江古籍出版社1992年版。

薛季宣的洛学渊源

理学对薛季宣的影响主要透过三重学术谱系得以实现：一是成为薛氏老师的二程门人袁溉，二是薛季宣的父亲薛徽言，他是二程私淑胡安国的弟子，三是传播洛学和关学的永嘉九先生，包括周行己等人。二程洛学对薛季宣的影响比较显著，在其中，袁溉发挥的作用更为突出，本书将重点分析。

袁溉字道洁，少及于程颐门下，又得到四川卖香翁薛富顺的指点，在湖湘地区颇负重名。薛季宣在 12 世纪 50 年代初期通过岳父孙汝翼拜袁溉为师，奠定了一生思想学术的基础。袁氏直接影响了他接受洛学的方式和性质、重心和程度，我们可以从两个方面进行分析：

一方面，薛季宣对洛学的接受在当时的历史背景下具有耐人寻味的多重意味，不仅仅出于思想偏好的选择。由于父亲反对宋金和议而亡，季宣遭到了秦桧势力的迫害，生活一度孤立无助。这种经历激励他继承父亲的遗志，洛学恰逢其时地进入他的选择范围。[1] 当时正值秦桧执政专权的时期，对洛学实行了种种禁压措施，抑制士人们的学术自由，季宣对此极为不满。他在《袁先生传》里曾生动记述了袁溉为保护洛学而死里逃生的惊险经历，显示出当时洛学与执政势力之间的严重冲突。[2] 在这种境况里以洛学门人袁溉为师傅，正是透过思想认同表明了精神反抗的意志，内心的苦闷和压抑得以疏解。因此，选择洛学既顺同父亲的师承背景，也包含了应对时势刺激与确立价值认同的心理象征意义。

另一方面，除了外在因素的吸引，季宣对洛学的内在吸收更为重要。袁溉的学思特征在这方面的作用尤为突出。我们不妨以洛学为中心，从向心和离心两个角度来观察。在引导季宣接受洛学的向心角度，袁氏把二程学术的一些基本观念和理论传授给了季宣，比如天理观、大中之道、心体

---

[1] 《薛季宣集》第三四卷，第531—532页。
[2] 《薛季宣集》第三二卷，第478页。

观等，下文会进一步说明季宣的消化情况。季宣曾经有志整理二程的语录，后来因为文献过多、力不从心而作罢。① 他告诫弟子，对待二程的语录不要只是口头背诵，一定要领会其中的义理。据说，他对二程语录的讲解也曾经与吕祖谦、张栻等人的一起流传于当世。②

　　导致季宣偏离洛学正统方向的离心性因素值得特别关注。首先，袁氏在洛学门人中属于博学多知的通儒类型，学问涉猎广泛，对经典礼制造诣很高，这直接启发了季宣学术思想的发展格局。他概括袁氏的学术，"先生学自六经百氏，下至博弈、小数、方术、兵书，无所不通，诵习其言，略皆上口，于《易》《礼》说尤邃"③。而他自己也是"自六经之外，历代史、天官、地理、兵刑、农末，至于隐书、小说，靡不搜研采获，不以百氏故废。尤邃于古封建、井田、乡遂、司马之制，务通于今"④。相应地，袁氏对于义理之辨，认为"学者当自求之，他人之言善，非吾有"。季宣认可这种对道德思考之自主性的强调，立志"终身诵服斯语"⑤。这个宣称其实隐含了一种对于义理讨论的低调态度，导向"默而识之"的道德实践观。⑥ 季宣后来批评乾道年间逐渐兴盛的道学辩论风气，提出"义理之说不必深穷"的激言，即以此为渊源。⑦ 其思想格局受袁溉的影响，演化出学术性知识旨

---

① 参见《薛季宣集》，第 311 页。

② 参见俞文豹《吹剑录外集》，《景印文渊阁四库全书》（第 865 册），上海古籍出版社 1987 年版，第 482 页。

③ 《薛季宣集》，第 486 页。

④ 同上书，第 615 页。

⑤ 同上书，第 488 页。

⑥ 季宣的这种道德实践观注重主体的内在体验和确认，对此一问题的知性讨论持低调态度，"默而识之"成为他告诫学者的基本修养原则。如《薛季宣集》卷二三，《答陈同父书》，"此事自得则当深知，殆未可以言言之也。以同父天资之高，检察之至，信如有见，必能自隐诸心"。

⑦ 吕祖谦：《东莱集》；《东莱别集》卷七，《与朱侍讲书》，《景印文渊阁四库全书》（第 1150 册），上海古籍出版社 1987 年版，第 239 页。

趣优先于思辨性义理关怀的倾向。这一点后来受到朱熹等道学家的责难，认为他背离正统，有沦为异端的危险。①

其次，袁氏思想中的事功意识，与其经世实践的人格理想，成为季宣事功思想与精神特质的主要来源之一。季宣曾指出，袁溉将自己的学术分成四类，其中三类曰理曰义曰事，而另一类季宣声称遗忘了。② 以季宣之博闻强记，如此关键的纲要遗忘其一，实属可疑。按照上述三类的划分联系，第四类极可能与事功有关，或在功、利、物、用之间。季宣托言健忘，或许是顾虑到贬抑功利之言的时风趋向。③ 而衡以袁溉对于季宣的人格影响，追求经世事功的精神是非常明显的。他高度评价袁氏文武兼济、积极实践的一生，推许他为"言行文章皆足为世楷式"的君子儒。季宣的思想强调学术与经世的内在统一，事功精神成为支配一生的精神特质，也使他有别于朱熹一路的洛学传人。④ 另外，师徒传授中的一个具体情节也影响了季宣对于洛学的接受，反映出思想传承过程中的偶然性。袁溉曾和季宣相约入蜀搜访二程遗书，传授学问，后来二人在蜀中错过，没能达成所愿。按陈亮记述，程颐曾经撰述礼学方面的著作，未成而散落四川民间，袁溉可能对此有所收获。季宣由此而失去学习程氏礼学的一个良机。这点如果属实，

---

① 参见朱熹《晦庵集》卷三三，《景印文渊阁四库全书》（第1143册），《答吕伯恭》，上海古籍出版社1987年版，第741页。

② 参见《薛季宣集》，第477—478页。

③ 季宣积极追求事功，被朱熹等人视作"功利之徒"。这在明确区分事功、功利的永嘉诸子看来，无疑误解了他们的思想。陈傅良在为其师撰写行状时，谨慎下笔，说季宣"尝援拾管、乐事为传，语不及功利"，可能是吸收管子道法家的治体意识，而抑制其功利主义。由此也可体会到道学内部主流思想对此问题的敏感，季宣隐而不发，或许职此之故。

④ 季宣挚友郑伯英对薛氏思想的概括，极精准地彰显了其学术的事功精神，"圣贤不作，道丧文弊。问学事功，歧而为二。事功维何？惟材与力。问学维何？书痴传癖。学不适用，用者无学。为己为人，在在乖错。公之探讨，专用律身。推而放之，于以及人"，参见《薛季宣集》，附录一，第595页。

也可以视为季宣思想偏离洛学轨道的一个历史线索。①

季宣对洛学思想的消化状况对于理解其洛学渊源具有实质性的意义。就经典解释和思想构建的关系而言，季宣十分注重《大学》《中庸》《论语》和《易传》等儒家经典，他的《大学解》《中庸解》就是其经制之学的理论纲领。他告诫弟子陈傅良，"史书、制度自当详考，不宜造次读过。《中庸》《大学》《系传》《论语》，却须反复成诵，勿以心凑泊焉"②。我们往往注重薛氏经制之学对于制度和史学的研究，对其义理基础不甚留意。这个基础是夯实在经典解释上的，对这些经典的重视来自理学思潮对于四书的特别推崇。尽管季宣后期对于道学运动盛谈《大学》《中庸》义理表示不满、担忧，其思想体系的理论基建仍是以它们为核心，这一点源自他学术上的洛学根底。

在哲学和政治观念上，季宣对洛学一方面继承，另一方面进行了独特诠释，形成了自己的理论特色。首先来看其哲学观念。其一，季宣接受了天理观，把它作为本体论意义上的核心概念，指导道德和政治活动的至高准则。他指出，如果经世实践没有天理原则的引导，就会浅薄无根、效用不彰。③ 其二，季宣特别注重发挥天理观念的实践性意涵，强调在道德和经世活动中不断地认知天理。他在读《伊川易传》一诗中提出，"至密退藏那有迹，惟几成务尚容研"④。这既道出天理（易道）无形无象的超越性，又着重指出开物成务对于彰显天理的关键意义。他认为"人事之尽即天理所

---

① 参见《陈亮集》卷一四，《伊洛礼书补亡序》，中华书局 1974 年版，第 163 页。

② 《薛季宣集》，第 313 页。

③ 这个观点在他和陈亮的通信中有突出的表达，参见《薛季宣集》卷二三，《答陈同父书》，第 299 页。季宣的《书古文训》中天理观的比重十分明显，另外还可参见《薛季宣集》卷二三，《答石应之书》，第 299 页；卷二五，《与潘文叔》，第 333 页。

④ 《薛季宣集》，第 101 页。

在，代天之道因人事而为之"①，明显脱转自《程氏易传》中的"即事尽天理"②。但理论重心发生了变化，二程是主张在具体的人事世界里处处体会天理，季宣则强调天理的存在是通过人事的充分实践体现的。

就对中庸之道的诠释而言，二程侧重中庸理念高明而超越的抽象意义，季宣则认为"致广大者必尽精微，极高明者必道中庸"，凸显"中庸"成物的实践意涵，由"而"至"必"可见其思想意向的强化。综合来讲，季宣的哲学观把握到了天理和人事（道和器）的辩证关系，也契合二程的体用论架构（"体用一源，显微无间"③）。在这一点上，称薛氏学术得统于程氏，有其思想根据。关键是，这种统绪架构中的思想意向出现了重要变化，实践性的关怀上升至主导地位。这是季宣对于洛学思想的侧重性拓展，受到了多种思潮的影响（其中，地方学统的作用的确不可轻视）。在洛学其他传人着重义理探讨的风气反衬下，他的拓展自然呈现出不同的特性，甚至蕴含异端因素。

在政治思想上，季宣同样继承和发展了二程的学说。大中之道是二程政治哲学的中心理念，季宣从袁溉那里有所继承，以之为政治思想的根本大纲。他对孝宗说，"臣学于师以事陛下，惟中道尔"④。其经制思想即根据《中庸》《大学》代表的中道为理想政治的永恒原则，指导制度和政事的实践。在对二程基本政治原则的继承下，季宣对与政治实践有关的制度和史事特别用心，成为其经制之学的主要特征。这是袁溉对其影响的直接反映，前文已经指出。实践性天理观的具体发挥，对制度和史学的研究势必超越洛学的学术规模，博采众家，在思想内涵上遂有洛学不能范围之处。举礼

---

① 《薛季宣集》，第 243 页。

② 《二程集》卷二，中华书局 1981 年版，第 31 页。

③ 虽然季宣对于体用论的范畴有所保留，但他对天理和事物、道和器（事、法）关系的论述并没有否定二程的基本思路。我们可以从他和陈亮、沈有开的通信中印证这一点，参见《答陈同父书》和《沈应先书》。

④ 《薛季宣集》，第 613 页。

制为例，二程论礼就人性的本善处着眼，认为礼制是人性呈现外化的天秩天序。而季宣运用二程的天理和人欲概念，认为由于人欲具有极为强大的内在堕落倾向，与天理形成紧张关系。礼制的确立就是要引导和克服人欲及其弊端，保障天理的规范意义。在对洛学概念的采纳下，内里却应用了荀子一路的礼制论证思路。①

洛学经由薛徽言和地方学统对季宣的思想影响不如袁溉来得鲜明和深刻。不过，他们与袁溉一样，都注重学术的经世致用，并提倡史学和制度研究。这个共同特征对季宣产生了合力的作用，最终促成了经制之学的思想精神。②

王安石：无法回避的前行者

王安石对南宋士大夫政治文化影响深刻。虽然南宋前期对王氏的严厉批评导致其地位的没落，但新学的思想魅影仍然盘桓在当时的知识界、思想界。薛季宣身处这种氛围，在学思上无法回避王氏的巨大影响。

季宣对于王氏的评价比较复杂，可以从两个层面了解：就王安石的志向和才能而论，季宣基本上抱着同情、欣赏的态度；就王安石变法而言，季宣基本上持批评的意见。读《舒王日录》云：

> 立志嘐嘐必致君，四方观听一时新。
> 周道大备骊戎变，流俗原来不误人。③

---

① 季宣对礼制正当性的论证，还有根据对人性经验表现之偏执而立论运思的，得自传统经学解释的启发，也非洛学思路能够约束。参见《薛季宣集》卷三六，《周礼释疑》，第 571 页。

② 对于薛徽言代表的湖湘学与永嘉地方学统的影响，学者们已经有不少论述，因此这里不再赘笔。可参见何俊《南宋儒学建构》，第二章第二节，上海人民出版社 2004 年版；周梦江《叶适与永嘉学派》，浙江人民出版社 2012 年版；董平《浙江精神之哲学本源》，浙江古籍出版社 2004 年版，第 5—6 页。

③ 《薛季宣集》，第 90 页。

前两句同情王氏的变法动机，也肯定它起到一定的良好效果，这出于季宣对儒学经世精神的认同。后两句则语带反讽地批评王安石变法不重视舆论人情，把反对意见斥为误人之"流言"的激进立场。面见孝宗的《召对札子二》里，季宣也惋惜变法没有解决政府弊政，"臣窃怪近世治不及古，自朝廷至于郡县，皇皇财用，弊弊焉常患其不给，百姓晙肌及髓而日以益盛。虽有卓荦之士，遇有为之主，得时得位，其所设施，终无以救其万分"。虽然变法不成功，王安石仍被视作"卓荦之士"①。

在政治思想上，季宣对王安石的观点进行了反思，增强了儒家道德化的论证，这在政治原则与法度两部分显示出来。

首先，季宣秉持中道的道德原则，在君主修身立德上排斥王安石杂糅儒、法的思想。季宣的《策论二十道》第十二道讨论君主如何防止受蒙骗，如何实现诚信的政治风气，这个问题意识明显来自王安石的《三不欺论》。②后者讨论道德、智慧和勇力三种统治方式的不同作用、相互关系，认为君主应该综合运用德、察、刑来防止受欺骗。③而季宣认为道德方式的效果要高于后两者，关键在于君主任用坚持儒道的士大夫，广泛听取不同意见，摆脱一己角度的限制，这样就能防止受蒙骗。君主应该严格以儒家义理为政治原则，警惕各种异端的蛊惑，不断内省反思。季宣批评王安石变法扰乱君主的心术，造成十分负面的后果，"彼诪张之人尽能变异名实，以夺人之视听，移人之心志。至诵六经之语，文其奸言，学之有师，言之有章。世主喜听之，而先王之典刑用以颠覆，小大之民不得所欲，而心之违怨、口之诅祝不期而起"④。相对王安石重视政术刑罚，季宣的思想整体上加强

---

① 《薛季宣集》，第 191 页。

② 参见《薛季宣集》，第 360 页。

③ 参见李祥俊《王安石学术思想述评》，北京师范大学出版社 2000 年版，第 133 页。

④ 薛季宣：《书古文训》卷一一，《续修四库全书》（第 42 册），上海古籍出版社 2003 年版，第 335 页。

了道德义理的比重。

在政治法度层次，就二人的经典依据来说，他们都非常重视《周礼》，但遗留下来的相关材料非常零散，其间的影响不易衡量。在对政治体制的关注与改革大计上，他们的旨趣是一致的。不过，具体观点反映出，季宣的思想更加深化、周全，对王氏的不足有所纠偏。比如，季宣认为变法没有解决国家的积贫问题，关键在于没有救治问题的根源，即冗官和冗兵两大"害政伤财之本"①。因此他敦促孝宗改弦易辙，依据简易之道进行相应的制度改革，由此实现善治。同时，鉴于变法的历史教训，希望改革照顾人情舆论，更加稳健妥善。"与其张无职之官而紊政，养无用之兵而虚骄蠹国，人情不恤固当图之，况为之有道，将不至此乎！"② 在理财思想上，王安石依据《周礼》强调国家理财的重要性，主张义、利之间是统一的。季宣也认可财政的重要意义，"财者，国用所出，其可缓乎"③！但王安石偏重国家财政的增加，对民众社会造成很大压力，季宣对此有所反思。他批评"聚敛之臣不知义之所在，害加于道，以争利之民也。民争利而至于乱，则不可救药矣"④。正确的理财之道应该在德治形成的理想秩序中，藏富于民，而非与民争利，这样才是真正的"利者为义之和"。

在学术上，王安石新学对于薛季宣也是不可回避的存在，只是二者之间的联系表现得十分隐晦，这或许是时风贬抑新学的趋势使然。以二人现存的学术著作来看，这种联系主要可从《尚书》经解中窥见。通过林之奇《尚书全解》对当时诸家解释的综合比较，可以看出王安石是季宣学术上一个隐在的对话者。后者的《书古文训》在许多地方对新学的观点或者同意，或者引申，或者批评，显示出作者对新学的了解和反思，尽管思考的对象

① 《薛季宣集》，第 191 页。
② 同上书，第 193 页。
③ 同上书，第 408 页。
④ 同上书，第 409 页。

在文本上处于匿名状态。①

王安石的经世志向得到季宣的认同，其变法实践成为季宣政治反思不可或缺的借鉴。季宣思想中儒家义理性的增强和对制度改革的深化，是在对王安石思想与实践问题的批判中形成的。王安石及其新学作为北宋儒学传统的关键内容，其重要性无法回避。

苏轼：人格典范与思想影响

在南宋前期的思想界，苏轼代表的苏学在洛学与新学不断的角逐中始终保持着很大的影响力，也成为浙东诸儒学术思想的重要渊源②。在季宣看来，苏轼象征着儒家士大夫的文化人格典范，一人而兼擅文章、政事、学术。他对苏轼的仰慕与尊崇，在其文集中在在可见。我们着重从经世精神、哲学—政治思想来探讨苏轼对他的深刻影响。

当时苏轼的文学才能得到举世公认，这不免遮蔽了其政事方面的功绩。季宣批评这种偏见，"世传东坡工为文章，于政事盖无可述。诵其奏章，自可不攻而破。雕鹦笑鲲鹏之大，亦何至哉！"③ 他把苏轼视作儒家经世的典范，"取友百世上，古来独二士。陶（渊明，作者按）固泉石人，苏则庙廊

---

① 我们可以举例说明其间的联系。在薛氏同意王氏的观点中，比如《皋陶谟》"思日赞赞襄哉"一条，林之奇指出季宣和王氏一样，以"日"为"日"，并以《易》乾象言予以论证引申；在《汤誓篇》关于汤王和商民关系的解释上，季宣与王氏意见相同，林之奇称"惟薛氏、王氏为深得之"。在引申型意见中，比如《大诰篇》"敷前人受命，兹不忘大功"，王氏认为文有脱误，因此阙而不论。季宣继承王氏的观点，扩大了阙疑的段落，林之奇指出"薛博士增广王氏之说，尤为详备"；在《立政》"常伯、常任、准人"条，"薛博士因王氏之言"，把他们归于三公、六卿、师保之类。在批评型意见中，比如王氏在《舜典》"明试以功，车服以庸"条，以《周官》六功之说解释"功""庸"，林之奇认为迂阔不通，并引用季宣"人本无病，病从药生"说予以辅证。

② 蒙文通先生指出吕祖谦、陈傅良、陈亮、叶适都规摹苏氏，在史学和文学上最显明。参见《蒙文通全集》（第二册），《中国史学史》，第三章，第七节，巴蜀书社2015年版，第409页。

③ 《薛季宣集》，第366页。

器。出处了无同，声名都自异"①。苏轼治水利、组织弓箭社的政绩都受到季宣的肯定，认为值得效法。② 苏轼在变革争议中注重从祖宗之法的角度阐发立国规模，这一点与季宣等浙东儒者同声相应，得后者承继而大光。在《记梦》一诗里，季宣更是通过一段谜梦透露自己潜意识中对于苏轼经世精神的认同。诗序云：

> 　　二月八日，夜梦侍东坡先生论靖康后事。走谓宗泽不死，朝廷少假事权。究其施为，国家决不至是。先生未答，坐中或相诘难。先生曰，是所谓抨然者。走问其说，先生曰，诗人与乐工言乐，诗人取琴鼓之，其声咿嘤然，乐工之琴抨然也。遂寤，不详何谓，作诗记之。

诗云"通梦周公不自欺，咿嘤无若太音稀。诗人伎子知谁在？一枕邻鸡曙已晖"③。这首诗很可能作于季宣任职武昌县令、完颜亮南侵后宋金和战胶着的时期，表达了作者祖武宗泽的抗金意志与对时局既期待又忧虑的迷茫心态。④ 值得注意的是，季宣在梦中隐然以弟子礼事东坡，并借其评点抒发己志，可见苏轼在作者内心中的地位之崇。

　　在季宣的哲学思想中，我们可从道体论和人性论上看到苏轼观点的渗透、转化。在道体论上，季宣受苏轼的影响，认识到道的抽象性难以用言语表述，勉强以"中""一"来指称它。⑤ 并且注重从道与物的相对关系中

---

① 《薛季宣集》，第 64 页。

② 参见《薛季宣集》，第 366、200 页。

③ 《薛季宣集》，第 88—89 页。

④ 季宣集中同卷相邻诗作，都是记录作者在完颜亮南侵期间运粮信阳的经历，如《王征引》《帐宿幡竿头》《黄陂县怀古》，因此《记梦》一诗大致应作在这个时期。

⑤ 关于苏轼的道论特征，可参见王水照、朱刚《苏轼评传》，第二章，南京大学出版社 2005 年版，第 174—192 页；卢国龙《宋儒微言：多元政治哲学的批判与重建》，第六章，华夏出版社 2001 年版。季宣在《叙古文老子》（卷二〇，第 420—421 页）中对道的超语言性质有详论。他对讨论抽象的义理问题（道、性）采取低调态度，与这种认识极有关系。他以"一""中"来指称道，在《书古文训》中多处出现，如卷五，《咸有一德》，第 277—278 页。

去领会道的内涵意义，因此道的基本特征是注重事物的整体大全与统一联系，贯穿于宇宙事物之间而不拘，透过其中的变化得以体现。① 季宣指出，"吾道贯一而无方""涵虚而无体曰命，通一而无方曰性""夫子之道廓如无外"，就是这种道体观之属性的表述，极具苏学的色彩。② 在本体论意义上，苏轼的道是宇宙事物的抽象总名，相比洛学的"天理"，呈现出概念性上的虚化。季宣思想中这两种概念并存，但他对二者之间本体论意义上的内在冲突似乎并无察觉，这或许受到他不深究义理的态度之影响。换个角度看，对于季宣更为重要的，也许是苏轼道体属性的观念可与他对"天理"的实践化诠释互相强化，共同导向对于道—器辩证关系中事物之积极意义的强调。季宣思想的"开物成务"宗旨，可以说充分利用了苏学中注重具象性与实践性的义理资源。

在人性论上，苏轼与王安石等人的原儒化取向为季宣的观念基调提供了有利的思想氛围。苏轼等人不同于洛学秉承孟子的性善论，对于高谈性理的学风有所保留。他们以孔子的"性相近，习相远"为根据，突破以善恶论人性的伦理本质主义窠臼，对人性问题有独到的新解。③ 季宣在人性论上的特出之处表现在与苏轼等人一致的取向上，通过回归孔子而超越善恶论的路数。在蜀学式道论的影响下，他强调人性问题的超言辞性质，难以通过言辞澄清其意义，据此批评孟子开启的人性善恶论传统。他主张通过对天命的坚定信仰和笃实的修道实践来不懈地体会人性的内涵，而避免沉湎于辩论。④ 这种对于孟子及其洛学传承者的偏离，是从蜀学等思潮获取了前提动力的。

---

① 季宣对于"道"与"物"关系的论述，可参见《七届》卷一四，第 163、168 页；《克斋前记》卷三一，第 459 页；《俨若思斋记》，第 460 页。

② 参见《薛季宣集》，第 428、459、163 页。

③ 可参见卢国龙《宋儒微言》，第二章、第六章；李祥俊《王安石学术思想述评》，第二章，第三节，北京师范大学出版社 2000 年版。

④ 参见《薛季宣集》，第 354 页。

在政治思想上，苏轼对季宣的影响也是十分明显的，其中可见上述哲学观念在政治上的内涵表现。苏轼的道论（"中"）注重道和物的相对关系，在政治哲学上提倡一种阂通多元的立场，主张政治途径上不拘一格，并表现出"推阐理势"的思想特征，强调理想原则对于人情、事物之客观形势的调适。季宣论政治上的中道，可见苏轼道论的痕迹，"中不可以无方执也，体中尽变而不可以中议，亦无失中之害，此君子之时中而可大受者"①。季宣的经制之学兼重仁义原则和礼法制度，不同于道学家对于仁义伦理的绝对化态度，即以此为理论依据。苏轼在《日喻》中提出"道可致而不可求"，认为应该在和世界万物接触、深入的过程中自然而然地把握道的意义，不能脱离这个过程强解求道。② 季宣对此在政治思想上引申，提出"德可致而不可求"，认为君臣应该在同德协作的过程中达到良好的治理，舍此不能实现治功。③

苏轼的《尚书》注解（以《书传》为代表）集中体现了他的经世之学，季宣在其《书古文训》中多所引借。一方面，季宣强调政治的变通性，重视客观形势的因素，继承苏氏而又有深化。苏轼云，"夫道何常之有？应物而已矣。物隆则与之偕升，物污则与之偕降。夫政何常之有？因俗而已矣。俗善则养之以宽，俗顽则齐之以猛"④。季宣云，"道非一定物也，与时高下，而无胶柱之蔽，所以历万世而无蔽。知升降之道，则知随时因革之礼。政由俗革，则向之治道有不可施之于今者"⑤。从应物和因俗的角度来解释道，凸显了道的经世事功性质。又如，《康王之诰》中，成王未葬而康王就位，君臣冕服，苏轼认为这有违礼制。季宣不同意这个观点，指出

<hr>

① 《书古文训》，第 302 页。
② 参见曾枣庄、舒大刚主编《三苏全书》，语文出版社 2001 年版，第 414 页。
③ 参见《书古文训》卷五，第 278 页。
④ 《三苏全书》，第 215 页。
⑤ 《书古文训》，第 359 页。

"知权时之变，礼宁得已邪！非亟正位以临诸侯，宁保商人之无武庚之变。丧君有君，而人情大定，是固周之长策。先王行礼宁拘拘然执于礼哉"①！他结合当时的政治形势，认为商人没有完全顺服，因此应该不拘泥于礼的形式，通权达变。在对刑罚之道的解释上，季宣也接受了苏轼的一些观点，如薄刑慎刑、按罪量刑。② 另一方面，苏轼坚持儒家的君臣义理，强调君主修身以德，大臣正君以德，季宣对此深表赞同。苏轼批驳王安石的君主以道治国、以礼享受富贵的论调，主张君主应当俭约，清心寡欲。季宣云"苏氏谓'人不怨谗而怨听者，又引韩非子说，所贵于有天下者，岂欲劳形苦神，身取逆旅之宿，口食盐门之养，手持臣虏之作，若尧禹哉！此不肖人之所勉，非贤者之务'，以证谮张为幻，谓古之人无闻知者之证，是为得之"③。《高宗肜日》里赞同苏轼对于祖伊净谏商纣的评价，批评后世君主不能接受谏议，尚有不如纣之处。④

薛季宣尊崇司马光，笔下数处褒扬文正公。《叙十国纪年》称赞"文正公以道学讲明洛下"⑤，表彰刘恕道源作为司马光大弟子能发扬良史之学。在关于"传道之序"的道统辨析问题上，季宣充分重视司马光和刘恕的观点，认为理学家的道统论述缺漏太大，不能无遗。季宣认为在这一叙事上应充分谨慎可靠。⑥ 他在《书温公集后》赞司马光：

> 不用须藏用即行，未分丘壑与朝廷。
>
> 声名怪得生来盛，非但潜心醉六经。⑦

---

① 《书古文训》，第358页。

② 参见《书古文训》，第316、368页。

③ 《书古文训》，第336页。

④ 参见《书古文训》，第289页。

⑤ 《薛季宣集》卷三〇，第443—444页。

⑥ 参见《薛季宣集》卷二八，第383页。

⑦ 《薛季宣集》卷八，第89页。

司马温公不仅以史学强化经学，以经史提炼传统精义，更把握到了孔子经世的进退出处之道，经史经世之学成为薛季宣的取法典范。

综上所述，薛季宣的思想受到了洛学、新学、蜀学、司马光等人的多面影响。北宋儒学经世致用的普遍关怀通过这些学派成为季宣的基本精神特质。他从洛学和苏学中既接受了儒家仁义中道的基本理念，又充分吸取二者具象性和实践性的理论因素，形成了经制事功之学的思想基础。在对王安石思想和实践的反思中，又深化了对儒家中道义理的确认与对政治改革的观念。注重历史传统，经史参证以经世，则是季宣肯定的司马光、苏轼等人形成的优良遗产。开放择取北宋新儒诸子，由此上通周秦道法百家，构成季宣这一类立国思想家的智识路径。因此，在追溯其思想渊源时，应该不囿于他与单一学统的谱系追认，而着眼于更广大的历史视野，才能更好地领会薛季宣的博采转益、自成一家。这种多元包容的学风，是北宋以来浙东学者的传统精神，也颇能代表宋学自身的气象。

◇第三节　经制之学：儒家政治思维中的道法关系

一　"经制"考辨：儒家政教观中的政治本位论

季宣的思想学术以所谓"经制""事功"闻名。事功的意思，相对容易理解，指向实践与功业。"经制"的内涵，却罕见阐述。季宣的思想为什么可以用这个概念作为概括性标志，这应该引起我们的思索。作为思想史上的概念符号，它的出现和使用，并非随意或偶然的现象。思想家对它的选择和应用、时代对它的认可，都可能蕴藏着特别的意图和理念，显示历史的意义。只有明确它的基本内涵，把握它在思想家话语中的意义和地位，才能对相应的思想进行贴切准确的理解。在此意义上，特定的符号、概念，充当着思想探索中的地标。

"经制"概念的较早使用仍可以回溯到汉初贾谊，回溯到由其激活的治体意识。"经制"代表的纪纲礼法，在他看来是国家政治的根本。他建议当时的汉朝廷"定经制，令君君臣臣，上下有差。父子六亲，各得其宜。奸人无所几幸，而群臣众信，上不疑惑。此业壹定，世世常安，而后有所持循矣。若夫经制不定，是犹度江河亡维楫，中流而遇风波，船必覆矣"①。在这个意义上，经制就是治体的主要内容，是政治社会秩序的根本大法。

至隋唐之际，王通高度评价周朝经制的历史成就，推之为理想政治的圭臬。他说，"吾视千载已上，圣人在上者，未有若周公焉，其道则一，而经制大备，后之为政有所持循"②。反复出现的"持循"一词，透露出经制作为大法为人类行动提供制度规则的特质。"子居家，不暂舍《周礼》。门人问子，子曰'先师以王道极是也，如有用我，则执此以往。通也，宗周之介子，其敢忘礼乎！'"③ 他和贾谊一样，认为经制是后世可以持循的政治典范。周公《周礼》建构的经制代表了王道主干。薛季宣非常推崇王通，他的学问被称为经制之学，其思想来源之一就是王通的《中说》。④ 推崇文中子，旨在表彰其续经传道的志业，彰显道可行于三代之下。这一点是浙

---

① 贾谊著，王洲明、徐超校注：《贾谊集校注》，人民文学出版社1996年版，丙编《陈政事疏》，第433页。

② 王通撰，郑春颖译注：《文中子中说译注》，《第二篇天地篇》，黑龙江人民出版社2003年版，第37页。

③ 王通撰，郑春颖译注：《文中子中说译注》，《第八篇魏相篇》，黑龙江人民出版社2003年版，第148页。

④ 参见《薛季宣集》卷二八，《拟策一道并问》，引用王通对周礼的推崇，"文中子之居家也，不暂舍周礼，曰'先师以为王道极是也。如有用我，则执周礼以往'"，第372页。

东诸儒的通见。

《中说》《周公篇》言"子谓史谈善述九流，知其不可废而知其各有弊也，安得长者之言哉！"季宣认为"王文中论司马谈善论九流，知其皆原道德之意，而各有所弊，自非明了之见，殆非易易"①，用以支持他道体难以言说的论点。《周公篇》又言"子曰'通其变，天下无弊法；执其方，天下无善教。故曰存乎其人'"，"子曰'安得圆机之士与之共言九流哉！'"季宣勉励弟子陈傅良，"文中子叹无圆机通方之士，与之共叙九畴、论九流，知非其人，愿兄勉之而已"②。他批评当时道学诸儒过于依傍师门、执中无权，"可与立者，权多不足，九流之合，须得通方之士议之"。或主张会通儒、道、九流，"安得通方之士与之共论此术哉"，都是把王通的圆机通方作为基本的学术理念，以支撑经制之大思考。秩序建构、国家法度，面临极为复杂多样的人类情势，自然在智识结构上需要开放多元。后来陈亮以"触机"说解释这一思想气质。

大体而言，历代思想家和学者，诸如汉之贾谊、董仲舒，三国时诸葛亮，唐之杜佑，宋之郑樵，宋元之际的马端临，明之丘濬，清之陆世仪，都曾对经制观念有积极的思考和研究。

一个具有代表性的解释来自明代丘濬（1421—1495）。他概括道："经者，百世之常道；制者，一时之成法。有常道以为持循之本，有成法以为持循之具，是则为治之大体。非通儒者不能知也，俗吏何足知此哉。"③ 常道和成法构成国家的治体，这个解释与贾谊也是遥相呼应。可以说，广义的"经制"包括道揆法守，通指治体；狭义的"经制"则偏重于治法、成法，包含制度典章（官制礼乐等）。清儒章学诚在《文史

① 《薛季宣集》卷二四，第315—318页。
② 同上书，第313页。
③ 丘濬：《大学衍义补》（第712册）卷八二，上海古籍出版社1987年版，第927—928页。

通义》《原道上》用"经纶制作"描述周公，也可视为一个解释。"周公以天纵生知之圣，而适当积古留传、道法大备之时，是以经纶制作，集千古之大成，则亦时会使然，非周公之圣智能使之然也"，"自有天地，而至唐、虞、夏、商，皆圣人而得天子之位，经纶治化，一出于道体之适然。周公成文、武之德，适当帝全王备，殷因夏监，至于无可复加之际，故得借为制作典章，而以周道集古圣之成，斯乃所谓集大成也。孔子有德无位，即无从得制作之权，不得列于一成，安有大成可集乎"？可见，实斋特重"制作典章"之权。经制本身就是治体传统的主要构成，薛季宣学问的这个特出之处其实内在于治体论传统。

季宣之前或同期宋代学者中自觉使用"经制"概念而进行深入讨论的，有陈舜俞、华镇、毕仲游、刘本等人。他们基本上都是在礼法制度的意义上使用"经制"一词。陈舜俞就官制、军制、郡县制的问题讨论经制。华镇的经制观主要强调礼法的规约禁制功能，突出政治秩序的规范伦理。毕仲游就封建、郡县讨论经制，以礼乐教化风俗为治理天下的大具。① 1134年，南宋初年刘本在为徐坚《初学记》撰写的序言里有一番相关讨论，可以作为南宋初年经制含义的一个标度。② 刘本认为儒家的"道"体现在儒家的"文"里面，后者又分为"礼乐之文"和"诗书之文"。圣人在上，礼乐之文即经制治功；圣人在下，诗书之文成述作之业。以经制和述作对举，并且认为周公和孔子即经制和述作的典范。周公代表的经制传统是儒家政

---

① 参见陈舜俞《都官集》卷三，《四库全书》（第1096册），上海古籍出版社1987年版，《经制一》至《经制五》等论文；华镇《云溪居士集》卷一七，《四库全书》（第1119册），上海古籍出版社1987年版，《赏罚论》；"圣人建中道以为民极，宠锡之利，虽非所志，有功实者未尝辞赏，所以俯己而立经制也。故虽尧舜之圣不能去赏罚以为政，而况后世乎"；毕仲游《西台集》卷四，《四库全书》（第1122册），《封建郡县议》，上海古籍出版社1987年版，"圣人治天下，其经制不啻万事。而万事之中，其经制有大且重者二焉：曰封建，曰郡县也"。

② 参见徐坚《初学记》，《序》，中国台湾鼎文书局1972年版，第1—2页。

治思考的源点，孔子代表的则是相对独立传承的儒家文教传统。周孔关系涉及儒家对于道的原初政教、政学理解，这个政教观念内部包含着伴随历史时势而形成的政与教、政与学之间的分野和紧张。钱穆先生认为周孔并称是南北朝、唐代儒家以后逐渐形成，之前汉儒尊孔子为素王，推崇一家定为王官学。唐人乃以史学眼光看待周孔，周公为先圣，孔子为先师，不复是汉儒家言家学的精神。① 这个政教观念源远流长，并非始自刘本。我们在王通《中说》就能看到这一分梳。刘本的贡献是把二者统一于道和文的关系里究论表里，并且又借用道器关系进行比况。经制作为器，或者斯文之一极，是道必不可少的载体。刘本的论述向我们揭示了经制道器论的一个时代线索。经制之学强调的是儒家政教中政治这一维度，长远看也势必与以文教为中心的儒家思想形成某种张力。这也是季宣学思引发朱子等人不安、治体论由此而进一步分化的文化根源。在牟宗三对于叶适的严厉批判中，我们可以看到文教中心的传统对于政治本位思考的现代系统清算。②

季宣的"经制"内涵，以仁义之道为纲纪，以礼法制度为法度，也呈现出道法复合的基本格局。

乡居时期撰写的《拟策一道并问》里讨论的"纲纪法度"，可以视作季宣经制观的一个重要解释。他通过讨论周朝"寓兵于农"制度的演变，提出了对王制的理解。王制包括纲纪和法度两个层次，前者指"不可得而变者"，后者指"当时不能自无出入者"。"愚尝谓王制之在天下，后世有不可得而变者，纪纲是也，有当时不能自无出入者，法度是也。言之兵阵，则纪纲什伍也，法度卒乘也。知纪纲之不可得变，而法度之可以出入者，而后可与言兵。""周之礼法为天下之纪纲者，顾不大乎？虽然，纪纲之于周，犹为法度而已。如其仁义，此周之所以得民，存乎其人，则《礼》

---

① 参见钱穆《两汉经学今古文平议》，商务印书馆 2015 年版，第 291 页。
② 参见牟宗三《心体与性体》，第一册，第五章，中国台湾正中书局 1990 年版。

《乐》《诗》《书》在也。"① 理想的周代政治是以仁义为纪纲，以礼法为法度。② 仁义是经制的根本常道，礼法是经制的法度规范，后者相比常道具有通变性。这是季宣经制观的基本含义。联系到上述丘濬的训诂，季宣这个着眼于变化性的解说可视作前者的先声。道法复合的基本义理规模，与丘濬是一致的。而后来浙东儒者对于纪纲法度的理解，如水心，更侧重从法度之层面等级去分别，在更为深化的规则制度意义上予以发挥。但我们应明晓其思想的义理规模，并不出道法复合的基本结构。

二 经制之学的思想构造

首先应该明确，经制之学的思想义理构造，指向的是一种秩序性解释而非单纯的制度性学术（如"制度新学"③），我们应揭示其思想大体而不仅仅限于作学术性或知识学的解释。

季宣的经制思想，在思想构造上，包括两个基本层次：根本义理、仁义之道属于纲纪层，另外是礼法制度的法度层。对构造的理解必须放在季宣有关天道和人性的思想前提下，因为这个前提提供了有关政治秩序的信念价值基础。季宣的天道、人性观深刻影响了其经制思想的界定、特征和重心，它们之间有紧密而关键的联系。这种联系的存在是道自身内涵的合理体现，季宣对此具有明确的自觉意识。

---

① 《薛季宣集》卷二八，第370、372页。

② 季宣在时政评论中也坚持这种经制思想，反对抗金政策的急进，"致君尧舜，望惟以仁义纲纪为本，备边之计，幸勿为浮议摇动。至于用兵，则请留待十年之后，必以机会而举"。参见《薛季宣集》卷一七，《又与王枢密札子》，第207页。

③ 水心曾提出："时诸儒方为制度新学，抄记周官、左氏、汉唐官民兵财所以沿革不同者，筹算手画，旁采众史，转相考摩。其说膏液润美，以为何但捷取科目，实能附之世用，古人之治可以复致也。"参《水心文集》卷一四，《陈彦群墓志铭》。如果直接把经制学等同于这里的制度新学，很容易忽视季宣政治社会秩序理论的义理蕴涵，如同仅仅关注水心的制度论而忽略其统纪之学的大格局。

　　这种自觉意识是宋代新儒学注重义理探索（宇宙论、本体论、超越意识）的一个基本特征，而季宣把它贯彻到了对经制政治秩序的思考中，成为他的过人之处。

　　这个自觉意识在季宣对道的论述中可以看到。他在《叙古文老子》中批评老子不能坚持道难以言说的主张，其书"大旨皆依仿道要为名拟之，晚益失守所知，流于刑名数术，而秕糠仁义、绝灭礼乐靡不为。四者虽非道体之全，学者尤所当务，盖去此则非道"。季宣从儒家的立场批评老子否定仁义礼乐的做法，指出仁义礼乐是道的主要内容，学者不能离开它们而求道。这符合季宣重视经世之道的思想特色及其经制观含义。

　　值得注意的是，引文中也指出它们虽然是道的主体，但又不是道体的全部。这就透露出，在经世之道以外，还有构成儒家道体的重要内容。这些内容是什么，它们与仁义礼乐存在何种联系，与老子的道有何区别，这些问题意识在季宣的《策问二十道》第十三道里有明显反映：

　　　　问：六艺折衷于夫子，夫子之学，六艺不与存焉。《论语》辑录夫子之言，六艺之喉襟也。难疑答问之辞，盖圣人之门讲明道学之奥者。《诗》《书》《礼》《乐》既稔闻而熟道之。《易》者性命之原，《春秋》圣人笔削，夫子曾不之及，而门人弟子又殊不问，何哉？仁义之途，礼乐之事，皆圣人所以教弟子。求仁之问不一而止，夫子之答不过曰"如是而为仁"，曰"可为仁之方"。于仁，卒未尝言。于义，非独不言，然亦莫之问也。且先进于礼乐，圣人以野人名之，后进于礼乐，以君子称之。曰：如用之，则吾从先进。然则礼乐之用，弃君子而从野人矣？空之一语，六艺未尝言，回也庶空，其屡空者何谓？惟礼文之博约，固所以竭其才，而曰"非多学而识之"，曰"君子多乎哉不多也"。鄙夫空空如者，圣人

焉问？至竭两端而告，宁与颜子同乎？然则六艺之归，仁义礼乐之
教，颜氏所学，圣人之道果何适邪？老子、瞿昙之学与圣人异，今
其教与圣人并行者，道不同固不相谋，观于老氏之无，佛氏之空，
则疑若圣人之所以教，则颜氏庶几焉者。是邪非邪？诸生学于圣人
沈潜久矣，明以告我，毋知不言！

这段提问内涵丰富，它根据孔子《论语》而探索圣人之道的真谛精神。
孔子以仁义礼乐为思想的主干，但论述态度有不少难解之处，比如不直接
明言仁义，比如认为礼乐不是多学识之。门人首推颜渊，而称其"屡空"，
意义何在？这些疑问归结到一个问题，就是对儒家圣人之道的判断。它和
佛、老的空无是相同的吗？它和孔子对仁义礼乐的论述、对颜渊的教学有
什么关系？

季宣对这个问题的回答可以在其思想中找到答案。《论语直解序》明确
指出："《论语》之于六经，其道学之中和，大易之乾坤乎。元龟无穷，指
南诸儒，性命仁义之渊源，诸子百家之蹊途，覆载而丛薄之宜，莫此其究
且详也。"①

所谓"道学之中和"，与前文的"道学之奥"同意，其实质在于"性命
仁义之渊源"。需要注意，季宣的"道学"，包含广大，继承的是司马光、
二程兄弟以来的广义义理追求，不能以理学化了的狭义视野观之。在经制
的仁义纲纪之上，存在性命义理的道体本原。它提供了六艺礼乐等内容的
道德义理（天命人性）。这个本原就是圣人之道的精神所在，它和佛老之道
根本不同。

"吾道贯一而无方，老氏致虚而无极，若释氏则归空而无物矣。三者若
同而偏反，如天壤之卑高。"② 不同于异端的虚空之道，颜渊的"空"是孔

---

① 《薛季宣集》卷三〇，第 427 页。
② 《薛季宣集》卷三〇，《论语直解序》，第 428 页。

子的一贯之道。① 在策问中提到的"至竭两端而告"的中庸之道，也是其内涵。因此，圣人之道是宇宙天地间通一无方的中道，是下学上达的一贯之道，支配着宇宙和人世。季宣对儒道的这种理解，很大程度上受了北宋洛学和蜀学的影响，我们在介绍其学术渊源时已经指出过。他注重从事物的特殊性和统一性上去认识道，强调道在事物上的分殊表现，道体物不遗而又不拘一格。② 在对于物、极的肯认基础上，探索贯通无方之道，这个思绪后来由叶适给予了总结提升。

　　以圣人之道的精神来看孔子对仁义礼乐的态度，策问中的疑惑就会消除。孔子对仁的说明，经常是应对不同情境的实践性智慧，并不提出鲜明确定的论断。这种做法，符合道通一无方的精神。仁义是政治秩序的精神原则，但它需要通过礼乐得以表达。③ 礼乐六艺又是培养政治实践主体的基本工具。因此孔子强调对礼乐的使用，甚至提出跟从先进于礼乐的野人。另外，孔子对礼文的重视，又没有落入纯粹经验意义上的枝节碎末。他会相对强调礼乐对仁义道德的依赖，从而避免执着一端。礼文博约而称"非多学而识之"，是因为"夫子之一以贯之，非多学而识之，所贵乎坐进此道"。④ 它强调的是，礼文要体现仁义忠恕的一贯之道。理想政治依据道的精神，不会拘泥于某一种具体的统治方式。孔子这种平衡两端的中庸之道，是颜渊得到的儒家真传。它符合通一无方的道（天命人性），在经世政治上

────────────

　　① 参见《薛季宣集》卷九，《书颜子传后》，第100页，提供了一个辅证。诗言，"几庶都缘有若无，宁论刍狗矧篮庐。要须非复周公梦，而亦何为子夏书。行苇至仁均草木，中孚大信洽豚鱼。穷神至命知奥事，不远周流意太虚"。颜渊的"屡空"是穷神至命、彻悟仁义性命之理后的高明境界。

　　② 受洛学影响的"道器合一论"和受蜀学影响的"道贯一无方论"一起决定了季宣道论的基本特征。

　　③ 这一点我们从季宣的道器论可知其基本精神，"且道非器可名，然不远物，则常存乎形器之内。昧者离器于道，以为非道遗之，非但不能知器，亦不知道矣"（《答陈同父书》）。

　　④ 《薛季宣集》卷二七，《皇极解》，第351页。

涵括了仁义、礼乐，而不局限于其中之一。

只有认识了道的真正精神，人们的认识才不会出现偏颇，政治实践也才能实现理想的经制秩序，即道揆和法守的结合并行。

季宣提出，"自《大学》之不明，其道散在天下，得其小者往往自名一家。高者沦入虚无，下者凝滞于物，狂狷异俗，要非中庸。先王大经遂皆指为无用，滔滔皆是，未易夺也。故须拔萃豪杰，超然远见，道揆、法守，浑为一途，蒙养本根，源泉时出，使人心悦诚服，得之观感而化乃可为耳"①。

这一段话极为紧要。大学修齐之道陷入混沌散乱之中，在义理层面上的表现是形上形下世界的分裂，即道揆与法守的分裂。在季宣看来，这也违背了中庸之道。先王大经、先王大法，需要经制之学重新揭示。使现实世界的道揆与法守再度符合（"浑为一途"），这是振兴大学、中庸古道大经的要害，也即复兴经制典范的要途。出路在于豪杰远见之士自本根"蒙养"，与世推移而时中，最终得到世人诚服转化。这是儒家政治论的精义。后来叶适阐述中庸、皇极与大学的联系，也是同一路向。

最易出现的两种歧路就是：或执着于仁义性命之理，产生虚无的弊端；或执着于礼法事物，产生凝滞的弊端。《大学》《中庸》之道才是先王的大经，也即"经制"之"经"的义理根据。

正是基于对儒道精神的这种理解，季宣对当时流行的体用论政治观持保留和怀疑的态度。宋儒的体用观在胡瑗的学术中已有清晰的表述，他以仁义礼乐纲常为体，把它们在现实中的举措应用称为用。② 其后的儒者逐渐

---

① 《薛季宣集》卷二三，《沈应先书》，第303—304页。

② 胡瑗的弟子刘彝曾经总结胡的思想要领，"圣人之道，有体、有用、有文。君臣父子、仁义礼乐，历世不变者，其体也；《诗》、《书》、史、传、子、集，垂法后世者，其文也；举而措之天下，能润泽斯民，归于皇极者，其用也"。"故今学者明夫圣人体用，以为政教之本，皆臣师之功。"参见《宋儒学案》卷一，《安定学案》。

扩大了体、用的价值间距，"体"升华（缩窄）到仁义天理的层次，"用"则代表天理在世界中的应用，如礼乐制度等。二程的"体用一源，显微无间"就本此义。

季宣认为体用论在政治中很容易落入徒善、徒法论，偏执于道德伦理或礼法制度一端。道揆和法守不得相通，落入佛老和申韩的偏颇之中。"夫道之不可邃，未遽以体用论，见之时措，体用疑若可识。卒之何者为体？何者为用？即以徒善徒法为体用之别，体用固如是邪？"①

从实践来看，仁义义理和礼法制度都是政治秩序的主体部分，不能分割高低上下。因此季宣在其经制思想中，把价值等级意味很强的"体用"代之以相维并行的道德实践和礼法实践。这是对体用论政治观的一种警惕，在理论精神上和胡瑗更为接近。② 或者说，季宣经制观的道法一体论是秩序的复合构造论，与宋代逐渐流行起来的体用论自觉区隔，后者更易于流入理学以修身心性为本位的本末论。相对程颐体现出来的体用意识，季宣的经制之学对于治体的分判维护强调了道和法的并重，由此构成近世治体论进一步分化的契机。道法的并重论与本末论，体现出两种政治心智的差异。

三　经制之学的基本原理

季宣经制之学的基本原理包括以政治秩序解释为核心要义的中道与综

---

① 《薛季宣集》卷二三，《答陈同父书》，第 298 页。

② 从季宣混用"治道""治法"二词来看，二者基本上被认为是同位同义的概念。季宣更常用"治道"代表政治的方法途径，它包括大学之道，也包括礼法制度、用人之道等意义，并没有像程颐一样进行严格的分别。程颐有言，"修身齐家以至平天下者，治之道也。建立治纲，分正百职，顺天时以制事。至于创制立度，尽天下之事者，治之法也。圣人治天下之道，惟此二端而已"。参见叶采《近思录集解》卷八，《续修四库全书》（第 934 册），上海古籍出版社 2002 年版，第 549 页。

合了实践机制与效果伦理的事功两个方面。它们共同呈现出季宣对于政治宪制之构成、运行的根本理解取向。

中道：仁明而通变

我们已经揭示了季宣在中庸之道整体诠释上的实践性特征。这里要指出的是中庸之道的具体政治含义，它是经制思想的一个关键原则。

中道是《中庸》里贯穿天地人的诚道，宇宙秩序的常理，天命人性的本原，因此关乎人类命运的政治也以它为根本原则。尧、舜、文、武等圣王就是遵循中道原则，实现了理想治功，树立了古今通行的政治典范。"天有常法，古今一贯，用之天下则天下化，继于先王则先王法，惟精惟一，斯能率由是道而无或失之矣。舜以执中传禹，成王以循卞遗告康王，父子承承不替文武之德，所以有成康之治也。"① "庸，中德也。《尧典》曰'有能奋庸'，《咸有一德》曰'夏王弗克庸德'，《盘庚》曰'生生自庸'，《太甲》曰'王惟庸罔念闻'。"② 中道贯通天人，具有神圣根源，传承于历代先王，在实践中表现为中德。《大禹谟》里舜传禹的十六字心诀，"人心惟危，道心惟微，惟精惟一，允执厥中"，成为把握它的一个重要法门。

在时政思想里，季宣也坚持以中道为政治首务，据此批评孝宗初期的功利风气。我们在前面提过，季宣向王炎表达对士大夫侈言《中庸》《大学》的不满。但这并不是他的主旨，在那封信中，他话锋一转，接着说"夫物不两大，心无兼虑，天地之道，万世不易之理也。有子以贤贤易色，仇士良不欲人主观书与见儒生，二事不同，其机一也。不正于始，后将迟之。昧者不图，而奔波于军旅甲兵之间，期会簿书之间，此固政之纪纲，国之大事。语其先后，非所急也。天下切务不过数节，自非君臣同德，将

---

① 《书古文训》卷一三，《顾命》，第356页。
② 《书古文训》卷一六，第375页。

何由济？不然，虽光复中夏，犹无益也"。

中道是永恒的政治纲要，君臣同德，应该以此为先，确立政治的道义基础。军事、财政相形之下，只是第二位的事务。否则，即使实现了富强目标，也不能看作是先王理想的落实。

中庸之道还渗透在对政事活动的指导与政治的理想中。在《书古文训》《大禹谟》里，季宣提出三事六府是政治的主要内容。三事分别是正德（为民之极者），利用（成民之德者），厚生（受民之职者）。[①] 三事和谐即民众在道德和社会生活上都能实现其成就，由此民众得其养，政治才可以奠定规模。三事和谐是其中的关键，所谓"和者"，季宣称之为"中庸之至"。按以季宣的中庸之道，应该是称赞理想政治对民众受天地之中以生的天性有一个全面、适当的安顿。

在《盘庚解》一节，季宣提出"中庸之行"的观念。"生生自庸，中庸之行也。不为聚敛而身修生生不穷之道，以此大布于民。明民之德，使各设中于心，是为尽己尽人而莫有极矣。"[②] 同样是把民众的道德和物质生活作为政治的主要对象，以实现民众的文明和富裕为中庸的政治作为。《舜典解》中言"奋庸，见之日用也。帝载，上天之载也。奋庸而明帝载，中庸之德也"[③]。通过道的实践而彰显天命，就是符合中庸之道的理想政治。

季宣重视《洪范》皇极一畴，特撰有《皇极解》，与《中庸》相互参解。这也是浙东儒者的一个共同学术特征。后来叶适标举《皇极》《大学》《中庸》，强调三者不可分裂，尤其从皇极的角度提出一套各正物极的政治秩序论，与这里季宣三事六府允治、"各设中于心"（"各设乃中"）的见解，构成了前后继承。皇极的大中之道，也形成儒家政教观中凸显政治中

---

① 参见《书古文训》卷二，第237页。"三者不和则不立。和者，中庸之至也。"
② 《书古文训》卷六，第284页。
③ 《书古文训》卷一，第233页。

心的重要原则。①

再来看季宣的《中庸解》。《中庸》在论述中和之道的基础上，引用了舜、周文武王、周公等圣王功德来予以印证。这种证明方式，诉诸历史上的典范楷模，而非一个外在绝对的超越权威，内里的历史意识正是此世文明超越维度的溯源性显现，也奠定了此种文明形态在演进机理上的保守基调。这种回溯返观的保守基调本身乃是文明积累演化的内在之义。天的超越神圣性质更多地灌注表现在历史维度的传统积累中，构成大经大法之历史化、史学化的义理动力。在舜、武王、周公等圣王典范中，这一点透过孝的核心品德尤其有所体现。"夫孝者，善继人之志，善述人之事者也"（《中庸》，第十九章），对于天命性道的敬畏循导、对于祖先先哲的继述传承，落实在圣王功德之中，落实于郊社、祖庙之礼中，"斯礼也，达乎诸侯大夫及士庶人"（《中庸》，第十八章），对于普遍人类社群中的血亲序列、贤能原则进行了协衡安顿，奠立了普遍秩序的根基。可以说，舜等人于文明传统的长期演进中体悟把握到了其根本精神，并透过实践落实于事业之中，进一步为天下共同体确立起维系更化的大经大法。这是上古圣神"继天立极"的要义所在，也是中国文明源头"治教合一"典范的旨趣所在。

从理论上了解这一典范，可依据《中庸》第二十九章，"王天下有三重焉，其寡过矣乎！上焉者，虽善无征，无征不信，不信民弗从。下焉者，虽善不尊，不尊不信，不信民弗从。故君子之道，本诸身，征诸庶民，考诸三王而不缪，建诸天地而不悖，质诸鬼神而无疑，百世以俟圣人而不惑。质诸鬼神而无疑，知天也；百世以俟圣人而不惑，知人也。是故君子动而世为天下道，行而世为天下法，言而世为天下则"。

季宣在《中庸解》中曾对此有精彩发抉：

───────────

① 任锋：《道统与治体——宪制会话的文明启示》，《经世精神与皇极观念：宋儒的洪范思想传统》《近世思想传统中的政治正当性理论及其启示：以儒学"洪范模式"为视角》。

"三重，三节也。上焉，不可使知之者也。下焉，日用而不知者也。故君子用其中，必本于修身。本诸身，征诸庶民，匹夫匹妇皆可与知之。上无太高，下无太浅，百姓心悦诚服，知所征信，则敬而从之，所以适道也。天地鬼神，先圣后圣，其道一而已矣，莫不以人为本，知天知人，不过内外之合而已。民有所征信而能信，无思不服，不可得而远近，吾修道之教也，见誉有由矣，外是而求誉，非永终誉者也"①。

相对于郑玄、朱子等人将"三重"释为"三王之礼""议礼、制度、考文"，季宣从政教的精神维度予以解释，将治理事务的主干放在鬼神宗教与朴野鄙俗之间，即人伦日用常行之上，即上文所引"奋庸而明帝载"。这个理性活动的优势在于人类治理事务普遍的相通性和恒常性，因此可以"用中""执中"，可以从修身扩展到更广范围的共同体活动。

季宣治理论的精髓在于"行其所无事"，正是基于人类常情常性之上的经验理性，以生成符合社会群体运行机制的根本正当规则。他在解释《中庸》的九经大法时指出："九经之治自修身始，所谓行之者一，皆行其所无事也……皆行其所无事，而以修身为本。君子之于天下也，将以安全之也，非徒有之而已。修身以教，各因其材而笃，使人得之观感，咸事其事，不敢不勉，以尊乎治者。先王修道之教也，皆自我出也，所以行之者广，求诸己者，岂不约乎！"② 从修身扩展到人们"咸事其事""行之者广"，其间包含了社会政治秩序的建构机理。以个体自发的社群经验理性为本，透过对于群体情境的参验推演，提炼、塑型各类人群之间的治理规则，以此彰显天命性理的广大与高明，这是理解以修身崇礼为要的儒家治理观的关键。这一点发源自孔孟，后来的陈亮、叶适等人在社会政治秩序的维度上进一步延续深化了这个思想解释的逻辑，从文明传统演进来夯实儒家礼治论的治体根基。

---

① 《薛季宣集》，《中庸解》，上海社会科学院出版社 2003 年版，第 398 页。
② 同上书，第 393—397 页。

中道是政治的根本原则，它提倡道的实践，致力于民众道德和社会生活的目标，以彰显理想的天命。这是中道的永恒性一面，构成经制政治的理想、原则。

中道还有变通调适的一面，以"时中"观念为核心，表现在经制政治的法度机制上。

《书古文训》《洪范》"皇极"一部分对于"时中"的解释特别重要。季宣认为，"人人有是中也。各设乃中，能者养之以福也。淫朋比德，逐物而害中者也。无逐物之害，大中未始不建。凡其所由、所为、所守，动而不忘中也，乃执中之道也。咎，失中之害也。中不可以无方执也。体中尽变而不可以中议，亦无失中之害，此君子之时中而可以大受者。大受，建极之本，圣人之事也"。①

"中"，可以理解为对于普遍化规则的自觉遵行，是人类社会的根本规则。人们在追求物质的过程中，如果"逐物而害中"，无法建立有利于普遍交往的规则，那么就无法实现"大中"。"大中"是正当秩序规则的经典表达。

除了应对大部分人类社会成员，还有些人"不协于中，不罹于咎"（即不能和中道完全一致，但又不至于违背中道）。对这些人，应该采取自律教化之外的方法，诸如礼法爵禄刑赏，"皇则受之"（宽大地容纳他们）。因此，季宣一方面指出要执中，另一方面说要"体中尽变而不可以中议，亦无失中之害"。后者正是中道"时中"的一面。由此而采取多样灵活的政治途径（"大受"）是皇极之道的内在要求。"执中"的"行其所无事"与"时中"的"体中尽变"，构成了人类正当社会政治秩序的整体。

我们还可以参照季宣《皇极解》中对"不协于极，不罹于咎，皇则受之"的解释，更深刻地理解"时中"的内涵：

---

① 《书古文训》卷八，《洪范》，第 302 页。

子言之"可与共学，未可与适道；可与适道，未可与立；可与立，未可与权。""君子之于天下也，无适也，无莫也，义之与比。"孟轲有言："所谓大人者，言不必信，行不必果，惟我所在。""执中无权，犹执一也。"是故识轻重之为贵，识轻重则知权矣。君子之时中，时中为权。君子所过者化，所存者神，上下与天地同流。夫大受者不可以小知也。①

如果以道法复合结构的秩序理念来审视，"时中"意味着根据流变不居的社会情况，对于"中"所代表的道义原则进行调适。"过化存神"，就是要求君子、大人能够在礼法变迁的过程中综合原则（"义与之比"）、具体经验（"时""变"），进行总体考察，判断衡量（"识轻重""权"），避免"执一"，做出"知权"的执中调适。这是儒家礼法精神的内核。

政治的道不是凝滞不变的定物，它要根据社会时代的具体情况因时制宜，才能通行无碍。"道非一定物也，与时高下，而无胶柱之蔽，所以历万世而无弊。知升降之道，则知随时因革之礼。政由俗革，则向之治道有不可施之于今者。王者因民立政，岂有常哉！"②

这种变通性自有儒家经典的理论支持。季宣认为，"《书》之论政体也，曰'当仁明而通变'，舍是则为姑息而苛察矣。《易》曰'通其变使民不倦'，此黄帝、尧舜之治"③。季宣批评世人不能领会《易》的变通之道，一方面，执中无方，没有权变，不能应世；另一方面，知变而不知止，走向冲决名教的混乱。"若夫《易》之变通，后世失之远矣。执中无方，犹执一也。苟知变而不知止，则必若晋人之为通。《大传》有之，无思也，无为

---

① 《薛季宣集》卷二七，《皇极解》，第351页。
② 《书古文训》卷一四，《毕命》，第359页。
③ 《薛季宣集》卷二五，《复张人杰学谕书》，第337页。

也，寂然不动，感而遂通天下之故。变通之道，尽此赞矣。"①

季宣的理想是"仁明通变"，充分发挥智慧和德性，把握时中变化的精神，最后达到无思无为、寂然不动、感而遂通天下之故的极致状态。这其中包含了先王应对社会政治运行发展的高明智慧。

仁义是经制的纲纪，但具体实践中也不能执着不变。周公东征，诸侯根据仁义之说反对用兵，季宣认为这是不通其变的迁见。"观于大诰之语，盖周公东征而诸侯不以为善，宁以天下久苦纣乱，厌于用兵。以为武庚无能赖三监为之助。观周室之仁义，谓可修敬而服，是乃习于仁义之说，不通其变。"② 情势危急之下，应该采取适当的方法。周公先以武力平定叛乱，然后又通过数十年的仁义教化诚服商人，最终为周朝的长治久安奠定了基础。

时中之权在礼法制度及其变通性上表现得更加明显。《书古文训》《五子之歌》讲解大禹的政治方式，"禹明明德以有天下贻厥孙，谋而为之典章法度，盖守国之度也。权百二十斤曰石，三十斤曰钧。关石和钧，同度量衡之事。嗣王之有天下，为守此器耳。独言钧者，天子当审轻重以为天下则也。关如关弓之执制之也。执制轻重所谓智。禹身为度，声为律，所谓时中也"③。礼法制度的确立正是时中的表现，它需要君主的智慧和德性。确立之后，它就是天下遵循的法则、后王继承的道器。《书古文训》《康王之诰》中，成王刚死，其子就称康王。有些儒者在解释时认为这违背了礼制。季宣从当时的政治形势进行分析，指出康王早称王是为避免商朝遗民暗中的骚动，在礼制上是知时权变。"知权时之变，礼宁得已邪！""先王行礼，宁拘拘然执于礼邪！惟知适正而不失于礼之情，斯圣人之事也。《洪范》'弗叶于极，弗罹于咎，皇则受之'，此之谓乎！"时中大受包含了对礼

---

① 《薛季宣集》卷二五，《复张人杰学谕书》，第337页。
② 《书古文训》卷八，《大诰》，第313页。
③ 《书古文训》卷四，第263页。

法的变通。

在这种重视通变的时中观下，季宣认识到历史的延续性，尤其是制度演变的持续意义。他对三代以后的政治发展虽然有批判，但也肯定其合理的因素。对于体现或接近经典原则的后世体制，肯定它们的积极意义。

比如在王霸问题上，他认为霸者仍然能够继承王者的一部分治道，才会取得一定的成就。完全舍弃王道，在政治上将一事无成。因此他肯定管仲、商鞅等人的积极意义，尊王而不黜霸。"当周之衰，周礼盖不行于天下矣。诸侯略能循周之法，虽甚无道，犹足以为强。率意妄为，未有不抵于乱亡者。"① "愚谓诸侯略能循周之法，虽甚无道，犹足以为强者，齐与三国是也！"② "惟秦商鞅耕战之法，获五甲首而隶五家，什伍之意或存焉，尚不害于兵农之一，卒兼六国，此其故欤！"③ 与李觏相比，季宣的王霸论更突出王道传统在经制上的延续与损益，不限于名位等级论。

汉唐政治也得到他的高度评价，比如汉代的官员才能，比如唐代君臣之间的谏诤和纳言，推动唐代几乎达到三代成、康之治的水平。④ 在冗官冗兵的改革问题上，他远引三代，近法东汉、后周，指出简易之道可行。⑤ 在保伍、方镇制度问题上，屡屡引北宋旧制作为依据。在政治的取法资源上，

---

① 《薛季宣集》卷二八，《拟策一道并问》，第 371 页。

② 同上。

③ 同上书，第 372 页。

④ 参见《薛季宣集》卷二〇，《上张魏公书》，第 258 页。引用汉唐果断平定内乱的事例，称赞"是皆汉唐鹰扬计划之臣，才诚足以集事，其论如此，校然甚明"。《薛季宣集》卷一六，《朝辞札子三》，第 201 页。提倡君臣相谏，兼听广览，"其君臣致治之美，庶几成、康有由矣"。"臣不敢远引三代，姑以所学稽于唐之君臣致治之美，为陛下献。"《薛季宣集》卷一七，《都堂审察札子》，第 203 页。"是故大臣格君心之非，惟务引之当道。是虽战国之事，盖三代大臣之遗法也。"

⑤ 参见《薛季宣集》卷一六，《召对札子二》，第 192—193 页。"光武并省郡县百官职员，而汉道中兴。周世宗汰斥老弱，增壮禁卒，而王室始振，皆后事之师也。"

他主张王伯之道，不排斥霸道，汉、唐和周代一样都有可取之处。①

我们曾经介绍过季宣对南宋理学家的批评，"张、吕之贤，皆愿见而未能者。言称先师，要为有法，理敬之说，进学之指南也。可与立者，权多不足。九流之合，须得通方之士议之"②。他特别向张栻进言，"复念古今异时，变态万状，谓非在己无恶，无必于人，用能观感化服异端，会将有济。腾口无益于事，只招谤訾，适以害道有矣"③。季宣认为理学家的问题，正是他们过于执着中道（"执一"），在天理持敬（修身尽善）的根本途径之外，缺少时中权变的礼法智慧。相比季宣，他们较为轻视礼法制度的研究，尊王而黜霸。这导致了二者之间政治思想发展的基本歧异。

事功

前文介绍过季宣的事功精神。它是以儒家思想为指引的经世价值取向，以入仕为基本的实现途径。它反对出世避世的选择，也批评违背儒家原则的功利主义。在这些基本立场之后，事功精神具有自身的思想含义。概言之，经制是事功的规则架构，事功是经制的实践表达。

"事功"概念可分成事和功两个方面，主张通过实践达到功效，即《宋元学案》称季宣"教人于事上理会，步步着实，以期开物成务"。因此，可以说这个概念其实综合了实践机制与效验伦理两个方面。

我们知道，季宣重视人事对天理的把握，强调道就是应对天人之际的

---

① 参见《薛季宣集》卷二〇，《拟上宰执书》，第256页。"夏之政忠，商之政质，周之政文，三者不同，而其为政之规摹，有不可移者，是以有三王之治。文王事獯鬻，勾践事吴，少康谍浇，汉高间楚，四者不同，而其制胜之规摹有不可移者，是以有王伯之功。""守邦之术，得贤为固。伯王之主，不异代而求贤。天下之材，未尝乏也，患居上者求之非其道，而用之非其术耳。"重视为政规摹，突破忠质文的传统论调，是浙东政治思维的共性。

② 《薛季宣集》卷二四，《答君举书二》，第314页。

③ 《薛季宣集》卷二三，《与张左司书》，第292页。

时措、日常应用的展示。在人性论诠释上，突出人的行动论特征，由此延伸为人生观的基本经世取向。季宣一直信奉"知之非艰，行之惟艰"，充分反映出对实践伦理的重视。在政治理念上，则注重政治秩序的建立和政事实践的意义。这些思想都结穴于他《中庸》《大学》的格物论里。这显示，对实践行事的重视并非无源之水，而是根基于中道天命的。

季宣的实践观表现在一生行事上，就是在道德践履上重视行为上的礼约，博之以文，约之以礼，并能达到与内心的和谐。行为特别严谨守礼，似乎自苦节制，但内心坦然。① 在政治上，积极经世，提倡亲民务实、实地调查研究的行政作风。在学术上则发展出一套周备的经制体系，成为实践行事的理论根据，在时政和学术上发挥积极的作用。

我们知道，围绕韦伯的"理性化"观念，存在所谓"价值理性"与"目的理性"的区分。大概而言，前者指行为注重其依据的动机和信念，而不注重其产生的结果。后者则以价值信念的效果评价其意义，或者根据目的的实现来决定手段的价值。张灏先生认为后者关注功效或效果，不妨称之为"功效理性"②。在伦理学上，这种区分又可以表达为"信念伦理"和"责任伦理"（"功效伦理"是其一种形式）的对立。儒家传统中较为突出的相关思想是孟子的义利之辨和董仲舒的"明其道不谋其功，正其谊不计其利"。他们都强调行为的道德原则，重视行为是否合于儒家的义理信念，属于信念伦理的类型。

季宣的实践活动作为事功概念的实质，也重视儒家的道德性命根据，强调儒家信念的指导意义。但同时，他也注重实践行为的结果和功效，儒

---

① "公之学莅事唯谨，宅心唯平。其燕私，坐必危然，立必巍然，视听不侧敧，虽所狎笑，言不以戏。自着抄书及造次讯报，字画不以行草。几篋、笔砚、衾、枕、屏、帐皆有铭，毫厘靡密，若苦节然，要其中坦坦如也。"参见《薛季宣集》，附录一，陈傅良撰《薛公行状》，第615页。

② 《张灏自选集》，《传统与现代化：以传统批判现代化，以现代化批判传统》，上海教育出版社2002年版，第310—311页。

家信念的意义还要在实际应用中得到检验。因此，他的实践伦理及其事功思想处于信念伦理和功效伦理的中间地带，对儒家道德和功用结果有一个折中调和。或者说，事功理念主要是一个德行意义上的实践观念，同时注重实践之功利效果。

季宣主张"德功一体""德政一体"的观念。在《书古文训》《大禹谟》里，他提出"德、政古无二道，有德斯有政，善政所以为君德也。三事六府，出政之地，立政为民而已也。六府，六官也。六官以五行稼穑名府，六者治而民得所养矣。正德、利用、厚生，所谓三事，三公之职也。以礼食则得食，民必待信以立。和于三事，则六官可得以治矣。正德，为民之极者。利用，成民之德者。厚生，受民之职者。三者不和则不立，和者，中庸之至也。三事治，六府修，所谓九功惟叙也。九歌之作，所以叙九功也"①。

一方面，天理明德应该表现出实际的政治效用；另一方面，立政为民，在道德礼教和社会经济生活上实现民养民治，就是明德的实现。大禹勤劳于政事，"六府三事允治，万世永赖，克勤克俭，不自满假者，惟帝知禹之功为德之懋耳"②。皋陶管理刑政，以没有刑罚为理想，强调道德教养的先行性，因此民众歌颂他的美德。"禹让皋陶之德而念其功。功德无二，非德无以成其功也。迈，远也。种德之远，不期近功，而民承其德，修身而天下平也。"③由于三代君臣们按照儒家道德行事，最终能够实现民众道德和社会生活的理想目标。

这证明，道德是政治事功的前提，后者是前者的应有之义，二者是相通相辅的关系。这里的儒家道德义理是经制思想的理论原则，也是事功的根本前提。

---

① 《书古文训》卷二，《大禹谟》，第237页。
② 同上书，第238页。
③ 同上。

这种经制事功思想在个体上的意义是，道德和幸福之间是统一的关系，道德必须要顾及现实中的成效，即个体的幸福。《书古文训》《洪范》"皇极"部分言"人受天地之中以生，建中而五福具矣。敷锡庶民，人人有是中也。各设乃中，能者养之以福也"①。季宣认为回复理想本性，就可以实现五福。幸福是道德本性的必然结果。第九畴"福极"部分指出"五福在人固有之矣。安仁者寿，知足者富，守道者宁，率性好德，明哲保身而考终命。五福惟人之所向，由皇极之建耳"②。"（五）福（六）极者，盖其成效之见于民，而存亡治乱祸福之所分者也。"③ 追求幸福是人的内在需求，满足需求的关键在于经制政治实行皇极之道（中道），符合道德原则。

在政事上，只有根据经制政治的要求施政，才能确保事功的实现。在施政手段的选择上，道德礼教优先于刑政军事，重视政策对民众内心的道德感化和渐近影响。在对外战略上，主张修缮内政，培养人才，保障民生，奠定稳固强大的国家基础，然后才能在外事上有所作为，讲究政策的稳健和切实。因此，主张政治上的有序合理，反对任何急进的、短视的或者强制的政策，这是季宣经制思想的基本特征，是事功思想的根本前提。

比如治理民众特别重视长期渐进的优柔涵化，周朝立国之后花费了数十年才安定了殷商遗留下的顽民，"优游涵养，必使自臻于理。虽有盛德，不使民强由之。润泽洽于肌肤乃自服尔"④。"圣人移风易俗，宁求一切之近功乎！"⑤ 这根于对政治过程中道德强制的批判，"夫民不可强以作德之事。王惟有以和悦其心，导之于前，欧之于后，使之欣然乡进，欲罢不能，至

① 《书古文训》卷八，《洪范》，第302页。

② 同上书，第306页。

③ 胡渭：《洪范正论》卷一，《景印文渊阁四库全书》（第68册），上海古籍出版社1987年版，第18页。

④ 《书古文训》卷一四，《毕命》，第361页。

⑤ 《书古文训》卷一一，《多士》，第343页。

于自明。则前日之迷不能昏蔽之矣"①。

再如政务上，应当安排好先后轻重的次序。"天之生物也有数，人之为力也有限。作无益以害有益，贵异物而贱用物，则民迁于末作，心力用之而分于此，不为则功成而民用足矣。"② 他在《书古文训》《旅獒》里批评历史上的一些功成之主不克服好大喜功的缺点，扩张贪欲，导致政治上妄动的灾祸。"功成之主自以得之之易，往往悉力于远，充其好大喜功之心，远物之来，乃所以启之也。周之昭穆、秦之始皇、汉武帝、梁武帝、隋炀帝、唐太宗、明皇皆由此作。"③ 政治不应该轻易变动根本典则以贪求功利，"以辩言乱旧政，轻信之主也。宠利居成功，贪天功之臣也。君轻信以乱旧典，臣怀禄以贪天功，百度隳而人主疑，此大乱之道也"④。

由上可见，事功论区别于功利主义，反对急功近利的短视做法。不错，他们都重视行为的结果和功用，但根本区别在于是否遵循经制政治的规则原理。如果遵循，则得到的结果和功用将会是稳固的，长远的，广泛的；否则，违背这些原理去追求政治上的成功，带来的结果只能是脆弱的，暂时的，局部的。

季宣把这种事功观念贯彻在对时政的评论中，主张君主和高层冷静判断形势，制定适当的国策，就是有本于此。这集中反映在他对孝宗初期功利主义政风的持续批判上。当时的功利主义主要表现在执政者被太强的事功意志所牵引，对客观形势判断有误，在决策上违背了季宣的经制原则。比如张浚的隆兴北伐就是因为有太强的事功意志，对南宋国力判断失误，准备仓促，贸然动兵。季宣当时就向张浚进言，"谋不素定，而事能克济，道能有行，功业著于一时，声名流于百世者，唐虞而下，未之前闻。夫谋

---

① 《书古文训》卷九，《梓材》，第 323 页。
② 《书古文训》卷八，《旅獒》，第 307 页。
③ 同上。
④ 《书古文训》卷五，《太甲》，第 276 页。

岂有他哉，亦在乎道之所宏而已"①。季宣以大学之道的先安内后攘外作为
国策的原则，建议张浚先整顿内政。张浚没有改变方略，隆兴北伐也最终
失败，这成为急功近利的一个典型。"张魏公以畏相之重，而夺于喜功之
心，非徒事无所成，害于今日多矣。"② 但孝宗初期以恢复中原为首要目标，
执政大臣也急于建立功勋，王炎、虞允文等人都表现出强烈的事功意志，
把政治重心放在财政和军事上，没有顾及当时南宋疲弱的国力。季宣劝说
立志用兵的王炎，"惟冀察于今之事势，度人主所能行，引之当道，以成谭
谭之业，无求欲速之效，蹈覆辙之举"③。希望他以张浚为前车之鉴，具体
地，"望惟以仁义纲纪为本，备边之计，幸勿为浮议摇动。至于用兵，则请
留待十年之后，必以机会而举。人才既富，彝伦既叙，虏之世世淫暴，必
将有颉利之功矣。且自古未有寄任不专，孤立无助，小人不去，而能成功
立事者"④。

他劝说虞允文丞相，"大抵喜欲速之功者，昧于宏远之规模。临事重而
轻为之，鲜不中道而废。察于二者，则天下无不可为之事，无不可成之功。
士君子存有为之心，居可为之地，处当为之事，动不先虑，急于有成，往
往命出而反汗，政举而事乖，虽其胸次了然，中亦未能无沮。而欲一人之
信，四国之顺，功业之有成就，万无是理。是故规模宏远，功之所以速成
也；不轻举动，事之所以必济也"⑤。这段话集中表达出季宣的经制事功理
念。他有明确的事功理想，但必须在政治上确定宏远的规模，深思熟虑，
再采取适当的政策。

"规模"，即后来吕祖谦发扬的"治体"、叶适强调的"国本"，是经制

① 《薛季宣集》卷二〇，《再上张魏公书》，第 259 页。
② 《薛季宣集》卷一七，《与王枢密札子》，第 205 页。
③ 同上。
④ 《薛季宣集》卷一七，《又与王枢密札子》，第 207 页。
⑤ 《薛季宣集》卷一七，《与虞丞相札子》，第 204 页。

理念的宪制架构。季宣在《拟上宰执书》里透过类比商贾和工师阐述为邦之道，强调"规摹素定"。三王之治有不可移的为政规摹，王伯之功同样有相通的规摹道理。只有事功精神，无此规摹纪纲，也不能实现善治。① 只有在此基础上，可为，有为，当为，最终实现成功。否则，急功近利，只能半途而废。"不然，日又一日，谁适与谋，做事付之渺茫，近功希于幸会而有成效，非所闻也。"

总而言之，季宣的经制政治以事功为实践依托，而事功以经制为规则架构。季宣坚持自己的事功理想，如恢复中原、实现富强，但对南宋孝宗初期的功利主义政治提出了批评。他的事功思想和功利主义有基本区别。

中道、事功二者紧密构成了季宣经制论的根本义理，在执中、时中对于正当秩序规则的遵行和调适中，事功之实践机制与效验伦理施用展开。季宣并没有流入理学批评者所谓的管商功利，就是因其经制义理构造自有其事理逻辑。

四　经制政治的主干内容

仁义纲纪

季宣认为，"君子之道无他，仁义而已矣。知事亲为人事之本，尊贤为适道之宜，由是而之焉。则礼可以义起矣。是故为政莫善于知天，知天莫尚于知人，知人莫大于尊亲，尊亲莫过于修身，知修身则可以仁民矣。凡为政而不及于修身知化，皆非所谓正也"②。从知天到仁民，指示出了一条善政路径。

这是经制政治的一个基本途径。修身格物，以至尽己尽性，是对君主

① 参见《薛季宣集》卷二〇，《拟上宰执书》，第 256 页。
② 《薛季宣集》卷二九，《中庸解》，第 392 页。

和大臣们的要求，由此才可以为民众树立取法的标准。三代圣王的严格律己就是典型。它又是礼法政事的前提，和官员们的政事活动相互配合，确保了政治的功效。在批评孝宗热衷细务和军事时，季宣指出，"臣尝谓治有本末，政有先后，先所施者，后或可置，本既举矣，末亦可捐。夫清心寡欲，恭俭节用，尧舜三代所以治天下，陛下既已身之矣，自宜固守而勿失。至于躬细务，亲鞍马，盖圣人之权。施之首政，以警一时偷惰之习，乃其宜矣。循以为常，则天下不能无疑"①。

《大学》《中庸》之道确立了修身教化的根本地位。它的理论根据就是人的理想本性。皇极之道的基本使命就是使广大民众回复其理想本性，最基本的方法是君主以身作则，施行教化。② 在大学之道由内而外的链条上，修身居于端点的位置，修身为教化百姓提供了道德典范。"修道之谓教，凡有血气未有不缘观感而得也，此化俗之机也，皆自身修始也。尧舜之民灏灏如也，桀纣之民比屋可诛。是岂声色化之也者，皆观感然也，非勉强而从之也。故君子必自反也。"③ 以道德引导民众从善的教化活动，讲究循序渐进的次序，在长期的引导中实现说服浸化。"敬以宽民，修身而治之也。修道以教，宽之而不急也。内求诸己而不求诸物，是以德至而民依。急于近功则不达矣。"④ 事功理想反对功利主义，也是基于作为事功前提之道德教化的本身特性。

季宣继承了儒家德治思想的精华，并且注意从政事、制度等方面去阐释、丰富道德行为的政治内涵，突出修身在礼法政事层次的表现，这是其经制思想的特征。

---

① 《薛季宣集》卷一六，《召对札子一》，第189页。

② 参见《薛季宣集》卷二七，《皇极解》，第351页。"性无有不善，心无有不正，存心养性，所以事天也。为仁由己，而由人乎哉！复之见天地之心不远，复无祗悔。一日克己复礼，而天下归仁焉。一言善而千里之外从之，是集义所生也。"

③ 《薛季宣集》卷二九，《大学解》，第406页。

④ 《书古文训》卷九，《康诰》，第318页。

比如《中庸》《大禹谟》里的十六字心法，"人心惟危，道心惟微，惟精惟一，允执厥中"。理学家通常是以此论述主体的自律修身，强调对个体心性中的人心、道心进行分辨，克除人心私欲，恢复道心本真。理学家把这种修身心法看作理想政治的根本。① 季宣并不反对这种解释，但他的领会显示出偏重政事化的风格。他的"人心"代表了思想和意志各不相同的众人，其中有各种潜在的偏离道心本真的危险。要使他们恢复道心，众人之心为一，关键在于君主的修身。而季宣尤其突出修身在政事中的表现。"精，微也。惟精得所谓微者。人心虽危，诚则明。所谓道心，则千万人之心，本一心耳，宁有二道哉！所谓'允执厥中'，中所以立道也。诚执是中，则万国之欢心皆时中之应耳。舜谓'人心惟危'，禹临兆民若朽索之驭六马，精心如此，安有失其本心者乎！凡人言与其所谋，固当听受而用。不稽不谋，于中德不可轻受之也，此用中之道。"② 可见他的心法有鲜明的政事化特征，注重对政事的庄重、对各种意见的广泛咨询和采纳，以整体政治意志的和谐为功效标准。

尊重人言人谋，尊重其中的道心，是执中用中之义。这在三代圣王的宪章传统中是重要内容。"读尧舜二典，知乡举里选之法行之尚矣，未有知所自来者。四岳所荐，类称师锡佥曰者，以公议告，非四岳之私也。取人不以乡举里选，终苟道也"，"先畴后用，必待公论，虽名臣不轻进也"，"以一人之独见不可害天下之舆议"③。

另外，季宣肯定皇极之道中修身明德的积极意义，并且认为内在道德必须得以外化，在客观规范中体现出来，为民众树立明确可法的典范，这

---

① 参见朱熹的《中庸章句序》，"精则察夫二者之间而不杂也，一则守其本心之正而不离也。从事于斯，无少间断，必使道心常为一身之主，而人心每听命焉，则危者安，微者著，而动静云为自无过不及之差也。夫尧舜禹，天下之大圣也。以天下相传，天下之大事也。以天下之大圣，行天下之大事，而其授受之际，丁宁告戒，不过如此"。

② 《书古文训》卷二，《大禹谟》，第239页。

③ 《书古文训》卷一。

样才是完备的建中之道。他说，"有明明之至德，行之以礼义。其所作事，其所存心，非礼义莫之为。所谓建中于民，为典则以贻子孙者"①。在此意义上，礼法是内在道德的真实体现，具有政治操作性。"中"的典则、根本规则意义，十分明确。

季宣对大学之道的理解也凸显他的实政内涵。由修身而治国，季宣强调修身在政治秩序中的实际表现，比如对官制的了解和把握，对官员的明察。"《大学》论古之欲明明德于天下者，必先正心、诚意、修身以教而四方刑之。周公作《立政》，谓立政在三宅克宅在宅心。非惟自宅其心，乃明三有俊德之心。尧自克明俊德，而天下时雍，用此道也。三克宅而明三俊，比屋可封之教，万世无疆之业也。狱讼甲兵之问，政之所以成也。人君之患，莫大乎中无宅心之法，远大臣而任耳目，佥人因得以进，而政事遂以不立。周公归政成王，授以立政之法。由克宅心而终自敬德，不侵有司之事，大臣得以自尽，人才赖以作成，故曰尊德任人，王者立政之本也。"② 君主的正心包括宅心工夫，即对大臣及其属下的了解和考察，明白其职掌责权，考察其表现，使他们尽职尽守。这是政事确立的根本。

季宣还强调大学之道由内修而外治的思路也是政治的合理次序，在抗金战略上特别注意先稳固内政再计划恢复，这样才能奠定政治的基本规模。"《大学》之书曰：'欲治其国者先齐其家，欲齐其家者先修其身。'此言为天下者，必由内以及外也。故君子正心诚意而加于天下者，必自一定之谋始，一定之谋立，则是非利害不能夺，好恶宠辱不能移。上以正君，下以明民，内以治百官，外以绥外侮者，无以易吾谋之素定，其于为国何有！"③

---

① 《书古文训》卷五，《仲虺之诰》，第 269 页。
② 《书古文训》卷一二，《立政》，第 347 页。
③ 《薛季宣集》卷二〇，《再上张魏公书》，第 259 页。

君臣同德的秩序伦理

中道需要在政治秩序的维持和运作上得到体现。君臣的主体间关系是这个秩序的关键枢纽，表现为君臣的道德交修和职能合作。君臣的道德实践和功能运行各有差异，但都是为了实现整体政治的成功。在这种意义上，君臣同德标示着一种秩序伦理，不同于理学家注重主体自身的自律伦理。

季宣强调君臣和谐的重要性。君主要重视人才的任用以及与官僚体系的相互关系。比如宰辅的选择和任用，可以防止君主独断专行。大臣要致力于格君心之非，以道引导君主，形成互信互动的关系。只有君臣无间，政治才能入轨，才能成就事功。如果说中道是理想政治的理论本原，那么君臣同德就是必不可少的秩序德行，它们共同构成经制观中基本的政治原则，具体表现在政治的各个方面。

君臣以道德互相约束，目的是要实现和谐的关系，为政治事功提供保证。"贤人非荣宠禄，盖上欲行其正君之德，下欲施其正人之德。君臣相成以德所甚难。所当慎者，惟和而后能一。善不同而同于治矣。德非事也，不可求而可至。善无适也，不可泥而可从。主善为德之师，叶一为善之主。善不同而同于治，仁则同也。"①

具体地，君主修德为臣下作出表率或纠正臣下的错误，臣下也是如此，这称作"交修"。君主的师傅在其中的作用尤其重要。"夫人君之师傅，犹酒醴之曲糵、调羹之盐梅，无之则无以相成。此有资于说者交修。各务身修，不专在乎言也。以言教人，得之者浅。修道以教，得之者精。汝修身而吾与焉，是为训之远者。"②"君修德以正下，臣修德以正君，此之谓交修。"③

---

① 《书古文训》卷六，《咸有一德》，第278页。
② 《书古文训》卷六，《说命》，第286页。
③ 《书古文训》卷一四，《冏命》，第363页。

除在道德上的交修外，君臣在政事上也要互相合作。君主不能离开大臣官员的辅助，大臣们也不能没有君主的领导。他们在职能上互相合作，达到君臣一体的状态。舜统治的时代，皋陶管理刑政。舜在道德教化上的成功，为皋陶的管理提供了良好的前提。皋陶的工作也弥补了舜的不足，政治才完善有功。"所谓好生之德，先协其心。人人有士君子之心矣，将谁犯有司乎！舜之君德如是，则皋陶之德非皋陶所自为也。舜称皋陶之德，皋陶归之于舜，舜又归之皋陶，是非苟以相谀其道然也。后非臣罔辅，臣非后罔克。君臣同德，所以为有虞之治也。"①

"舜称臣邻之说，语君臣之相依也。以言治己之道，犹仰臣邻之辅，故谓臣为己之股肱耳目。左右有民，教养之也。宣力四方，维持之也。是岂一人所及，必假臣邻之辅。分职而治，君臣一体，而后可者也。"②

这种君臣同德的思想在季宣对南宋时政的批评中，曾屡次向孝宗君臣说明。比如1168年上孝宗的《召对札子一》指出，孝宗励精图治而治效微弱的原因在于错乱了政治的本末次序。所谓根本，除了君主的修身，还要特别注重君臣合德。君臣共同以中道为政治原则，互相督促，在政治上有所作为。以人才的引用为关键，具体表现在三公的任命，任命前审慎选拔，任命后要信任无疑。另外，君主不能越权侵事，事必躬亲，应该认识到君臣分工的不同。这样，才能符合治道，为恢复进取创造一个稳固的基础。③在1172年《奉使淮西回上殿札子二》里，建议孝宗广进人才，天下贤士大夫、豪杰魁奇之士都可录用。更要大开耳目，使言论上下畅通，及时倾听

---

① 《书古文训》卷二，《大禹谟》，第238—239页。
② 《书古文训》卷二，《益稷》，第245页。
③ "是故衮职任轻，无以仰承德意。动烦宸虑，而国事靡有定止。事出九重，百官莫肯任职。政令设施，下人得以轻议。寄耳目于左右，权或移于近密。躬细务以先群吏，而群吏未必励。此不可不察也。丛脞之歌，赓于虞氏，自除郎吏，明皇无取。"参见《薛季宣集》卷一六，《召对札子一》，第189页。

各种意见，不致被壅弊聪明、孤负任使者断送事业。①

君主身边的人非常重要，他们可以影响甚至暗地决定君主的决策。因此季宣强调君主一定要使用骨鲠敢言的官员，杜绝谄谀奉承的士大夫，在身边形成良好的政治氛围。另外，努力摆脱私见的影响，广泛听取各方的意见，做出综合周详的判断。通过这种方式，君主才能超越各种具体利益。君臣的聪明才智凝聚起来，才能成为公共意志的真正代表。② 君主纠正群臣的弊端，也属于君臣交修的一个方面。

而在大臣层次，季宣一直向汪澈、王炎、虞允文、梁克家、曾怀等相继担任宰辅的官员强调正君格君的道理。

1168 年，季宣已经向王炎强调君臣同德优先于军政财赋。1171 年的《都堂审察札子》借《史记》公仲连辅相赵烈侯事，对比三代大臣和后世大臣的不同，前者格君心之非，用治道引导君主，用人如己，追求君臣关系的和洽，君主才能改过不吝。后世大臣喜欢和君主争事，君主又猜疑大臣窃邀名誉，导致君臣关系疏离。要克服这种困境，大臣的主要方法是大力提拔各种人才，不要有彼此之见，争取得到君主和士人们的广泛信任。这一点，季宣尤其向虞允文着重指出。③ 1172 年季宣在湖州任上向梁克家右相陈述财政难题时，还谆谆申复公仲连的示范意义，勉励大臣把握政治根本。

---

① "惟望奋然与宰辅大臣讲求其原，收天下贤士大夫博图其绪，内以正国，外以保边，加之兼听广览，逊志虚受，谋策毕进，耳目自广，则凡壅蔽聪明、孤负任使者，随且彰露。而豪杰魁奇之士，亦得以所长为陛下用矣。"参见《薛季宣集》，《上殿札子二》，第 196 页。

② "合天下听无不聪，合天下视无不明，盐梅相济，何以易此。不然，自涂耳目，同异不闻，虽臣下盈庭，自成孤立矣！"参见《薛季宣集》，《朝辞札子三》，第 201 页。

③ "后世大臣喜与人主争事，人主顾以要窃名誉疑之，君臣之间，盖判然离矣。""然而间或事与愿违，而功成未有端绪者，将由进贤未广，犹无以易君之虑。引义以争，未免身亲之乎！"参见《薛季宣集》卷一七，《都堂审察札子》，第 203 页。季宣认为虞允文用人不够宽广。后者对儒者的使用似乎存在这个问题，比如张栻、朱熹都和他保持距离。

"君臣同德"作为季宣经制思想的重要观念，具有鲜明的时代意义。就孝宗初期政局而言，宰相的任命成为一个大问题。由于孝宗志向颇大而猜疑心重，更换执政非常频繁，政策多变难以持续。因此稳定和谐的君臣关系显得尤其重要，季宣强调君臣同德也是有感而发。① 整体来看，季宣在实际政治中努力沟通君臣双方，强调双方的理解信任，主要目的是形成和谐稳定的政治主体。

总体来说，君主的政德是经制政治的基础。从被视为根本的《中庸》《大学》来看，季宣对它们的诠释都表示出重视政事的倾向，注重君主修身在政事和礼制中的表现。这是其经制思想的一个特征。

礼法制度

善治以养民、教民、保民为主，要运用各种制度设施达到这些目的。它们包括井田、家族、财政、官制、礼乐仪式、刑罚和军事等内容，以下分别介绍。

"读尧、舜二典，知乡举里选之法行之尚矣，未有知所自来者。"三代宪章，行之久远，其来源超过了后人记忆与理智探求。这种古老宪制的意识，由其恒久之道本身衍生出来。

井田

井田制是三代政治的重要基石。财用、礼乐、军政都以它为前提，因为它保证了民众的基本生活需求。三代"井牧其田，四民异业，人有常产，邦有常度，食货之用，其积无穷"②。"常产"即人民有恒产财富。在百姓生活充足的情况下，礼乐文仪才有实施的可能。民众如果违背礼法，会受到

---

① 参见何忠礼、徐吉军《南宋史稿》，第五章，第三节，"孝宗朝政治"，杭州大学出版社 1999 年版，第 218—221 页。

② 《书古文训》卷八，《洪范》，第 301 页。

改变田里的惩罚，目的在于促使他们知道过错而明白为善的好处。① 在兵农合一的制度下，它又是军国同构的核心框架，为军政提供配套的兵力、供给。三代君主精心维护井田制度，世代修理调整。周代衰亡，由于当时的轻视怠慢，井田制损坏，最终没有恢复。②

这里，季宣首先指出井田制代表的古法历史悠久，并且典范制度会在历史发展中倾向于逐渐毁坏。能够消解毁坏趋势的力量在于政治主体的"世世修理""时时申画"，"以复其旧"。古法、三代宪章，需要政治智慧来恢复其良法美意。他相信政治主体的不断维护和调整可以克服这种趋势。因此，他把井田制覆灭的主要原因归于统治者的怠慢轻视。

后世儒者呼吁重兴井田，但大多拘执于过去的名数和死法，不能掌握制度的意义，作进一步的变通。"走恒病先儒之言田制者，往往拘名数、执死法，不能得圣人意。乃谓传之将来，读之且茫然厌烦，奚暇举而措之事业。"③ 在这一点上，季宣赞赏林勋的《本政书》，认为符合"经义""往则"的经制原则，也具有现实可行性。"后之人主，思将追迹三王，而尽井天下之田，此书不可置也。"④

在季宣对井田制的具体理解上，有这么几点值得注意。他认为井田制天下通行，"周世井田之法，实公行于天下。内外远近之沟洫，固无异制"⑤。对

---

① 在处理这些难以教化的民众时，季宣对手段的解释明显是一种功用主义的道德观，即道德善恶的标准在于它是否带来利益。"修道以教，章善以惮恶，不言之化风行于百姓也。如此而犹有弗率教者，是顽民也。顽民则不可复仍故处，故又别其田里，使之知过而慕为为善之益，期于必变乃已。"参见《书古文训》卷一四，《毕命》，第360页。

② 参见同上。"经界之法古矣，非先王世世修理，守之勿失，日月浸久，隳坏有渐，故必时时申画，以复其旧，然后长如一日。周衰，至于坏而不复，由当时慢之也。"

③ 《薛季宣集》卷二七，《书林勋〈本政书〉》，第363页。

④ 同上书，第362页。

⑤ 顾镇：《虞东学诗》卷一一，《景印文渊阁四库全书》（第89册），上海古籍出版社1987年版，第721页。

井田制中的土地分配方案，季宣置疑《孟子》《滕文公》以来的传统解释，"言井九百亩，其中为公田，则中央百亩共为公田，不得家取十亩。又言八家皆私百亩，则百亩为属公矣，何得更以二十亩为庐舍也？言同养公田，是八家共理公事，何得家分百亩自治之也？若家得百亩自治，安得谓之同养也？若二十亩为庐舍，则二亩半亦入私矣，何得谓八家皆私百亩？此俗儒之谬！"①

他发现了传统解释中的自相矛盾之处，认为它们违背了井田制的公共理念。他理解的井田制是一个彻底施行共有制的经济社会单位，八家民户共同拥有土地，在一起生产生活，相互帮助扶持。政府在组织、管理井田制生产方面有非常重要的职责。在《周礼释疑》中，季宣通过对传统注释的重新解释，表达出这个观点。"载师"一条，"凡宅不毛者，有里布；凡田不耕者，出屋粟；凡民无职事者，出夫家之征"。传统解释认为是对表现不好的民众进行惩罚。季宣的解释独出机杼，和传统观点迥异。他认为这是对任地之官的惩罚，因为任地之官的职责就是垦辟田野、教督耕桑，出现不毛之宅等情况是负责官员的失职。咎在政府，不在民众。② 这种解释强调制度运行中官员的责任和政府的积极作用，表现出民本的价值立场。

家族

民生问题解决后，还需持养教化。宗族家庭担负起这方面的功能。比如在对《周礼》"媒氏"的解释中，季宣强调家族组织对于民众坚定道德信念的重要性，表明德性和礼制的相成性。没有家族组织维系人们的感情，道德信念就难以巩固。出于这个考虑，才有"媒氏"官职的设立，政教也因此可以施展。重视家族，遂及于姓氏。他认为姓氏和天性有内在的联系，所谓"姓，性也，分于天而判于人者也"。姓氏通过宗族建制可以明族类、

---

① 章如愚编：《群书考索》卷六四，中华书局 1992 年版。
② 参见《薛季宣集》卷三六，《周礼释疑》，第 569 页。

正人伦，可以会生齿、治百官，是人类社会的基本构成原则，政教的基础。①

对于王制，宗族意义非同寻常，"宗以别族，古之所以统天下者"。它是治道的基本内容，"人情疏远而亲近，怀居而重迁。先王制别宫之居、合族之礼，父子有亲，宗族有义，而治道兴矣"②。在周代官制拟定时就确立了宗亲制的基础地位。根据宗功进行分封建制，是周代王制的重要原则。"周召作周新邑，不及他事，而惟宗功之记，盖教本也。教典宗以族得民者。虞之汩作，实以别生分类。成王付周公以宗功之祀，周公之后则亲命之，其叙宗功谨之如此。宗以别族，古之所以统天下者。"③

财政

在财政方面，季宣注重政府的经费财赋，更重视财政的民本基础，因此反对国家的过度征敛，希望取之有道。

后世不理会国家财用的根源，希望凭借理财官员的能力实现富足，是不知财政的根本。"后世所以理国弊弊焉，疲于食货之政。理财之任，顾为专官。而不思古者，井牧其田，四民异业，人有常产，邦有常度。食货之用，其积无穷。不究食货之源而责难于人，宜与古不同也。"④

在理财问题上，季宣的基本立场是"利者义之和"。他肯定财政的重要地位，但反对急功近利、过分征利。他认为奠基于道义之上的和谐社会秩序是财政稳固的前提。上下情通，财皆可得而用。政府有所节制，明白藏富于民的道理，培植深厚的民间基础，这样就为国家财政保障了丰富的来源。否则，"货悖而入，亦悖而出，此事势之必然者也"，争利于民会违背

---

① 参见《薛季宣集》卷三〇，《贾氏家谱序》，第448页。
② 《书古文训》卷六，《盘庚》，第283页。
③ 《书古文训》卷一〇，《洛诰》，第330页。
④ 《书古文训》卷八，《鸿范》，第301页。

财政为国务民的宗旨。功利主义盛行必然损坏政治社会的基本秩序，最终导致动乱崩溃。①

季宣的财政理念在他的时政思想中有所反映。1166 年季宣乡居期间，温州地方官想要在当地实行福建的万户酒法，即按照田产多少分摊原来的政府酒利于民间，允许民间自主酿酒。经由榷酒（国家垄断经营）到万户酒的转变，进一步开放酒禁，也可以减少原来违背专利法的私酿之刑。"为政者乐得民誉，其势似不可遏。"② 季宣原也表示赞同，但经过仔细研究，发现这个政策的弊端很大。

首先，按照田亩交酒赋，对于不同阶层的民众影响不一。上户凭借其雄厚资产，国家专利时已经强卖私酒，有了政策保证，势必专享经营之利。中产勉强可以负担，而贫民维持生计之外，根本无余力去和富户争利。酒税分摊，对于他们是又增加了一种赋税。常赋尚且疲于应付，如今重上加重，政府不免督之以刑，刑罚将百倍于私酿之惩。

其次，富户日得其利，必扩大生产，兼并土地，广种糯米。而温州土地不宜秔稻，经常需要从外地入口大米。酒的生产增加势必侵蚀正常粮食生产，贫者将饿且贫。另外，饮酒必多，风俗也会受到影响。

季宣从经济和社会角度，考虑政策变动的后果。他没有被浅近的"民誉"迷惑，注意到不同阶层的利益均衡，尤其能够照顾到贫民的基本利益，体现了经制思想的公正性和稳健性。③

1168 年向孝宗上的第三封札子陈述了一些地区的无产租税问题，包括武昌屋租、德安牛租、温州淹浸田租，都是租物已无，租税照征，对民众形成无谓的骚扰。④ 再如 1172 年陈述的地方财政政策问题，指出科折不均

①　参见《薛季宣集》卷二九，《大学解》，第 408 页。
②　《薛季宣集》卷二一，《与王公明》，第 345 页。
③　参见《薛季宣集》卷二一，《与王公明》，第 271 页。
④　参见《薛季宣集》卷一六，《召对札子三》，第 193 页。

和丁绢摧扰是祸害地方民众的两大弊政，原因在于征收程序的"黑箱操作"和混乱无据，使得基层办事人员可以浑水摸鱼、损民自肥。对此，他分别提出"均一简易"、严明操作的制度措施防止吏员舞弊，增加政务的透明度。① 这都是季宣仕途和家居时期关注到的问题，通过直接向高层反映，最后也得到了一定的整治。

而他在湖州的经验则深刻揭示了一个经制思想家在历史困境中的艰难状态。他遭遇到的是南宋地方财政普遍性的窘迫。由于中央持续扩大对地方财政的征调瓜分，导致地方支出的不断增加，州军财政出现严重的入不敷出。地方因此不断将这种负担转移到基层百姓身上，设立很多的法外之征，民间经济状况随之恶化。中央和地方从未认真地从制度层面探索这种状况的解决方案，财政的非制度化现象终宋之世一直存在。②

季宣到任不久就遭遇到这种情况，冗官冗兵的负担陆续有来，尤其严重的是户部要在原先的经总制钱基础上再增额外之征，进一步加紧对州军财用的控制。季宣率先进行抵制，指出这样将加剧地方财政的危机，而最后完全由民众消化这些负担，会导致严重的政治社会后果。最终在官僚舆论的支援下，户部做出了妥协。季宣非常明了地方财政的非制度化现象，指出正赋以外的很多征费科目，都属非法，经总制钱同样如此。而户部加额外之征，是"复于非法之外，又为非法之取求"③。他指出上下都习惯了这种状况，苟且混过又无可奈何。

但季宣并没有就制度法规上提出解决的方案或设想，他的思维方式充分体现出一个经制思想家的基色。从这个时期他和执政大臣讨论上述问题的信件来看，他真正念兹在兹的解决之道在于中央君臣的政治理念上。大臣正君，由此带动从高层到地方官僚机制的变革。户部征利聚敛的问题，

---

① 参见《薛季宣集》卷一六，《朝辞札子三》，第 201 页。
② 参见包伟民《宋代地方财政史研究》，第四章，上海古籍出版社 2001 年版。
③ 《薛季宣集》卷一八，《湖州与梁右相书》《湖州与曾参政书》，第 226 页。

只有放在这个前提下才能得到根本的解决。治法问题被归结到治人治道层次上，执政者能够坚持"利者义之和"的原则，政策就不会严苛剥民。

这种思路也说明，尽管季宣对法度问题的关注闻名于世，但他并不是一个彻底的制度主义者。他在地方上的政治抵抗虽然没有制度上的积极意义，也已经触怒权贵，最终使他不得不抽身而退。而寄托高层的希望又显得玄远渺茫，这必定使他产生强烈的无力感和失望。经此挫折，难怪他要感慨事功之难了。

官制

三代官制成形于尧舜，他们稽考古代制度，建立官职，内有百揆四岳，外有州牧侯伯。夏、商朝事务渐多，因时制宜，官数也增加了一倍。周代基本继承了尧舜时的制度规模，也效法前朝根据时势加以损益。后世事务更加繁多复杂，官制越来越精密庞大，但在治效上却不如三代。季宣认为，主要原因在于三代把握了立政的原理，其中最重要的是官人之道，即如何选择合适的官员。这是治道成败的一个重要原因。①

"立政不在于官而在于人。任非其人，官职无自举也。为官择人，何职之不治哉！先王不任法而辩论官人，所以日臻于治。后世不任人而任法，故虽贤者或不举于其官，以求先王之治功，其以难矣！"这里，季宣指出"任法"与"任人"之别。这是一个源远流长的区分，批评"任法"意味着不能迷信法度，而要在明了官职原理基础上"辩论官人"。不存在离开人而自动运行的法度，所谓"官职无自举也"。官职法度的良好运行，需要人的德才。在他看来，先王不任法而辩论官人，后世任法而不任人，形成根本的差别。任人的内涵是尊德，选拔贤能的官员担任相应位置。如何做到这一点，并进而确立政治基础，有赖于君臣交修。

---

① 参见《薛季宣集》卷一二，《周官》，第 348 页。

具体而言，君主应该认识到政治的根本在于对辅相大臣的遴选和纲纪大事的掌控，如军事权和刑罚权。军事、刑罚关系重大，君主要牢牢控制在手中。其余庶政，应该由具体官司负责，让他们自尽其能，人才才会发挥功用。

自大臣一方来说，他们要时时勉励引导君主敬从中道，尊德任贤，并且和君主共治协作。"商及先王之立政，未有不自三宅之克宅。政必由之而出，事必与之绅绎论议，乃有治道之美。"① 三宅是三个重要的首辅大臣，他们能够尽职尽责，是政治成功的保证。

季宣对官职制度的重视渗透在其经制解释里。最突出的表现在对河图洛书的新颖解释上。② 他反对有关图书的那些龟龙神话说、符命说和神道设教说，也不全盘否定河图洛书的存在。他认为它们是古代地图一类的文献，记载了黄河、洛水流域的地名物产。在周代属于一些职官（如"川师"）的功能范围，"辨物众而施地政"③。这种见解平实而理性，尤其体现出他历史化和政制化的思维特征。他对地图相当重视，认为关系政治的大局，"物有甚轻而用可重"，"舆地之图，所以尽载地域经纬之数、人民之众寡、土地之产、财物之用，皆王政之本也"。④《周官》大司徒、职方氏等都与此有关。他自己著《九州岛图志》未竟，留传下来有残稿《地理丛考》。清人黄绍箕称季宣精邃于舆地学，并指出《地理丛考》涉及的是当时金朝的统治领域，对地方历史形胜记载翔实。"虽厥施不竟，书亦未就，而远志阔略，按籍可推，又岂第为考古之资而已哉。"⑤

薛氏笃信《周官》的正确性，对其中官制精神有精深的理解。《周官》

---

① 《书古文训》卷一二，《立政》，第346页。

② 参见朱伯崑《易学哲学史》，第七章，第四节，"功利学派的易说"，第552页，指出这个意见的创新性，但并没有意识到其背后的思想特征。

③ 《薛季宣集》卷二七，《河图洛书说》，第357页。

④ 《薛季宣集》卷三〇，《汉舆地图序》，第433—434页。

⑤ 《薛季宣集》卷三六，《地理丛考》，第561页。

三百六十以象年期之日，分职任事皆有日成。郑玄、王昭禹有关"司会"
稽查一日财政数目的"参互法"的解释，在薛看来，牵拘不通，和对于一
月一年的稽查不相衔接，没有领会周官体制的整体精神。他在自己对"参
互"的解释里指示出由一日经旬、月到一年的一套财政稽核制度，"以凡考
目，以目考数，以数考凡，是之谓参。凡与数相考，数与目相考，是之谓
互。不然，月成既考以月要，岁成既考以岁会，则日成亦当考以日计之数
目"。这体现出周官体制严整的规则性、精密的体系性，符合他主张的"简
易均一之法"的精神。

他在 1168 年应对孝宗时，陈述了君臣合德的关键性后，接着上第二封
札子讨论冗官冗兵问题，指出他们是宋代政治"害政伤财"的一大顽疾。①
他根据三代以来礼制简易的原则，批评宋代官制的官职分离、机构重复、
多方牵制，造成人员庞大，运作非常低效，费用又居高不下。所以他力促
孝宗更弦易调，进行制度改革，把多余的官职淘汰掉，提高行政效率。②
1171 年任命为大理寺主薄后，发现部门实际运行和官制规定差距甚大，负
责刑狱却玩忽职守。官员职掌不明，敷衍了事，日常事务全由胥吏把持操
纵，官员实际遭架空。于是季宣向部门长官呼吁根据制度规定给予整顿。③

1172 年，他巡视淮西回都后，又根据调查经验，向孝宗反映中央和地
方政治的弊病，指出内外官制的互相关系，认为中央政策对地方政务影响
重大，所以应该稳健切实。这样，地方政治才不会浮躁、一味迎合。④ 另
外，季宣强调对地方官（所谓"外官"）的重视，因为他们直接关系到百姓
的命运。在解释《舜典》中舜的咨询从群牧官员开始时，季宣认为这是舜

---

① 参见《薛季宣集》卷一六，《召对札子二》，第 191 页。根据上书内容及其次
序，也能明白君臣同德、法度问题在季宣经制思想里的重要次序。

② 同上。

③ 参见《薛季宣集》卷二六，《上大理寺长贰札子》，第 345 页。

④ 参见《薛季宣集》卷一六，《上殿札子二》，第 196 页。

政重视外官的证据。因为外官是亲民官员。人情详近略远，忽视外官会造成政治生态的内外失衡。① 地方官自身应该加强亲民实践，不能轻视民间状况的实际调查。

礼乐威仪

季宣对礼乐的基本观点是，礼乐生于富足，以民政为本。君臣同德，礼乐才能兴行，由此而及德化，进入政治的发达阶段。② 礼乐在次序上先于刑政和军事，不能颠倒次序。

"道不离器"的思想贯穿了他对礼乐的理解，他特别突出器物设施的载体作用，排斥浮言空谈。"孔子曰'礼云礼云，玉帛云乎哉！乐云乐云，钟鼓云乎哉！'玉帛钟鼓之器，是岂礼乐之正与！礼乐之情，斯焉有取，释是而观礼乐，吾不知之矣。"③ 经制之学的一个内容是对礼器礼制的时代、用途和演变考索探求。通过对历史上礼器设施的再思和解释，从中阐发礼乐的意义，进而重新确立它们在政治和修身中的价值。④

三代君主通过礼器来宣扬道德教化，"礼重制器能铭，夫铭，自名也，自名其先之令德，勒之彝器而以传世贻后，孝子孝孙之事也"，"大礼之备由（周）成王始也。鼎铭，夏也；盘铭，商也；几杖研席皆有铭，周也。先王之所以昭德垂训也"。⑤ 他对商汤盘铭、周鼎铭、石鼓铭都有礼器礼义上

---

① 参见《书古文训》卷一，《舜典》，第 233 页。"群牧首咨，见当时之重外官也。外官之重以亲民也。人情详近而略远，外官之重，所以均内外也。"

② 参见《书古文训》卷二，《益稷》，第 245 页，"前民政而后礼乐者，天下治而后礼乐兴也"；卷二，《皋陶谟》，第 243 页，"典礼刑赏，同敬合恭，所以行典礼者，非和于衷无以行之也"；卷八，《洪范》，第 301 页，"食货、祀之先于官者，礼义生于富足，生生知本而后政可为也"。

③ 《薛季宣集》卷三一，《新作祭器记》，第 457 页。

④ 这种意图从他年轻时期就很明显，参见《薛季宣集》卷三一，《得古钦崇豆记》；武昌令时期的《新作祭器记》；以及卷三一、卷三二收录的十多篇礼器铭记。

⑤ 《薛季宣集》卷三一，《歧阳石鼓记》，第 454 页。

的解释。

《晋白虎樽铭》一文指出礼器的变更性和永恒性。《仪礼》中记述了周天子的朝飨之制，常物常处有一定之法，器物的使用寄托一定的用意。后世礼随时变，不再根据三代法度，但"经常之制，虽百世不能改也"。晋代泰始元会仪中设置白虎樽，勉励大臣进言。季宣杜撰铭文，揭示其中的意义。指出这是君主仁德的表现，效仿尧舜纳言，能够促进君臣之间的道德和谐。在这个意义上，确保君臣同德、恪守仁义的制度是季宣所谓的"经常之制"①。

另外，宫室制度也是礼制设施的一个部分。明堂之制通见于三代，他在批注《舜典》时加入舜"即位于明堂"的情节，把经制融入历史叙述之中，塑造真实的历史景观。②

季宣在评论后世的宫室制度时，强化其经制观的政治典范意义。比如他认为君主起居动行都有一定的场所，例如尧之衢室、周明堂的太室。在这个意义上，他指出汉代的宣室殿作为正处，不能进行政事以外的活动。历朝君主较好地遵守了这个制度，在汉政中值得肯定。③

但汉政的另一方面又遭到季宣的批评。萧何大造未央宫，富丽堂皇，取悦刘邦。后代汉主在这方面没有良好的法度依据，更加增华奢侈，导致财力人事上的困竭。季宣认为，在宫室都邑的营建上，自古开基帝王都奉行节俭的原则，卑宫室、谨法度，为子孙树立长远的规模，防止奢侈作风的腐败后果。"令何稍知古今，略法先王而通其变，以安上志，高祖乐于从善，使后嗣知所准则，可无奢侈之弊。"④ 季宣仿《周书》明堂作洛的记述，

① 《薛季宣集》卷三一，《晋白虎樽记》，第 476—477 页。"礼樽是饰，仁为之盖"，"上下之交，不通曰否。人情孔胶，弗闻乃靡。虎樽之设，非以为文。"

② 参见《书古文训》卷一，《舜典》，第 230 页，"受禅于太庙，退而即位于明堂"。《尚书》原文并没有提到这个有关明堂的情节。

③ 参见《薛季宣集》卷三二，《汉宣室箴》，第 432 页。

④ 《薛季宣集》卷三一，《未央宫记》，第 450 页。

对这一段历史进行重现和批评。揭示在法度层次上有通古今的原则可遵循，以政治后果的利弊为准衡，端视政治人物遵循与否。

在他的观念中，礼仪是道德践履的必要手段，自民众至君主莫不遵行。① 良好的道德修养在威仪礼节中会自然流露，成为政治的良性发展。所谓"形诸中斯能见诸外，修诸身所以表诸人也。人人思己威仪之正而万邦不劝于道，未之有也"②。在实政中，皇后去世，他引用1063年宋仁宗死后程颢成服三日的例子来敦促官员，认为兹事体大，主张严格遵守古代的礼仪规定。③

刑罚

刑罚也属于季宣治道观的一部分。他的基本态度仍然是儒家式的德主刑辅。所谓典刑法则，就是强调明刑钦恤的根本在于统治者的修道以教，为民典法而使其观感而化。德教是刑罚的前提，刑罚的目的不在于惩罚人，而是"辟以止辟，刑期非刑"，帮助民众返回中道。因此刑罚的准则是天理，它是根本意义所在，刑罚可以根据它灵活调整。④

季宣的突出之处是强调在执行刑罚时君臣交修的重要性。每个人都有天赋的齐一之道，君主政治对于民众的行为善恶至关重要，德教刑罚都是要引导他们保持自己的齐一之道。这需要君臣的共同努力，除了君主的德教示范，官员们要在刑罚上敬用中罚，依据法律而归于道德，才能实现善

---

① 参见《薛季宣集》，《周礼释疑》，第562页，对"膳夫"条下侑食之礼的分析。

② 《书古文训》卷一三，《顾命》，第353页。

③ 参见《薛季宣集》卷二六，《上王守议后服礼子》；程颢事见卢连章《二程学谱》，中州古籍出版社1988年版。

④ 参见《书古文训》卷一五，《吕刑》，第369页。"五罚有伦，谓之五极。五极，天理也。刑非天理之极，如正人何？虽令不从，由无正身之政尔！中者，喜怒哀乐之未发，心有所著，则皆不得其正。两辞中听，断之非我。人情之尽，天道昭昭。用刑之中，所以为自作元命也。""是中大建于民，将无有司之犯。"

治。《大禹谟》里皋陶善用刑罚，使民怀德，而舜帝树立德教的榜样，这正说明了君臣交修的重要性。所谓"后非臣罔辅，臣非后罔克，君臣同德，所以为有虞之治也"①。

在现实政治中，季宣对刑罚一事非常严肃郑重，也实践他的儒家刑罚观。他从乡居再度出仕，赴金华担任司理参军，职掌刑政。之前，在和刘朔的通信中，表示"决曹虽猥，然亦人命所系。折狱之事，孔门所难，翔复事在上官，制不在我，自量偏浅，惧将不免其身，与世推移，又所不忍"，流露出典型的儒家式忧虑。② 在湖州任上，民间把死刑犯当作"伤神"祭祀，因此民风纵恶不畏杀戮，而刑罚处置多死狱，季宣严禁淫祠，整顿刑狱，地方风气得以扭转。

《代论流配札子》对于当时军队招刺强壮的征募方法提出意见。军队强刺良民入伍，效果不好。三代徒流法意在缓死惩恶，通过独立隶籍、关押劳动进行约束改造。季宣认为可以取法三代之意，结合汉代和后周世宗的成功例子，从地方上刑及流配的罪犯里挑选人员编入军队，用军法纪律进行改造，达到"军收其用，民去其顽"的效用。从中也可见先王之法和后世实践的连续性，通过灵活的变通能够达到多重目的。③

军事

季宣特别强调军事要以仁义礼乐为前提。汤武之兵战无不胜，根本原因在于师行以义，以弭乱平暴为宗旨。另外，制度整齐，训练有素，纪律严明，也是重要因素。叶适年轻时曾向季宣询问阵法，季宣认为必须把握了军事的前提才可以谈论阵法，即先以井田礼乐安治民众，"先王寓兵丘井，建之邦国，舞之行缀，教民后战，不以军容入国，有本有末，躐等之

---

① 《书古文训》卷二，《大禹谟》，第239页。
② 参见《薛季宣集》卷二四，《与刘复之三》，第322页。
③ 参见《薛季宣集》卷一六，《代论流配札子》，第202页。

学难矣乎!"① 因此季宣极为推崇周代礼制《司马法》的军事制度。实行兵农合一,以井田制为基础,军民同制异容,以什伍为基本单元。国家根据井田之民的实力资产征调兵役,民在田为农,在战为军。平常以礼乐训练齐整,农余备武,民众文武不废。这种以井田封建制为基础的军制理想,在后世集权制国家的常备军制背景下更为重视民众的共和式自由,不丧武德武能而防备潜在的暴政欺凌。

另外,在《周礼释疑》的"遗人"条,他讨论了委积制度。在封建制下,闲田归公,领于王官而藏于天下,委积制度用来储备粮食,以供军事使用。《周礼》一书,经国之用具于"九式",而没有列军事财用,正是因为委积制藏富于民又不显示它的军事性。这体现了军事隐于民事的合一原则。②

在阵法的讨论上,他重视诸葛亮的八阵图,曾经实地考察,结合文献,深究其意。③ 其他兵家的经典,如《风后握奇经》、六花阵法,也有研究。他认为八阵法其实是取法《易》的先天之象,以河图洛书为典则。孙吴六十四阵、风后"握奇"都是这一原型的演化。他的结论是把八阵法推原于周代的兵农合一、文武不二之法,指出礼乐军事的兼容功能。并引用王通对诸葛亮的评价予以证实。"愚以为八阵之施,非徒教战而已。文中子曰:'诸葛亮而无死,礼乐其有兴乎。'非虚语也。"④

另外,阵法本身能尽天地风云之变,形成节制形势,可以纪纲军政,符合正己以待敌的基本战略。后世不学无术,轻视古人,因此摒弃阵法,认为无用,既没有认识到其中的经制意义,也不能领会它们的形势之用。

季宣熟悉兵法,在1161年抵抗金兵入侵时,奋不顾身组织抵抗,并提

---

① 《薛季宣集》卷二五,《答叶适书》,第328页。
② 参见《薛季宣集》卷二一,《周礼释疑》,第569页。
③ 参见《薛季宣集》卷三〇,《叙握奇经》,第414页。
④ 《薛季宣集》卷三〇,《八阵图赞并序》,第418页。

出许多积极的策略，具有先见之明。但他知兵而不好战，在实际政治中，坚持以经制基本原则对待战争问题。即先整顿内政，培植根本，再由内到外，等待时机，北伐恢复中原。这个主张先后见于他和张浚、汪澈、王炎、虞允文，以及宋孝宗的交流中，前文已有叙述。

在军事制度上，全面恢复军镇制是季宣继承父志并坚持一生的主张。北宋陕右军镇制度可以取法，根据地区分置镇守，地区之间互相照应。关键在于中央下放部分军权，从官员里选择合适者，专任责成。这个建议实际上击中了宋代军制的要害，即中央集权的原则，而要求地方适当分权。

季宣还对军队营田、屯田提出意见，讲究利害，表现出"因时制宜""因势利导"的态度。他从制度、经济和政治社会等角度进行分析，认为当时营田不同于古代的军农合一和屯田制。后者都是调派农民，使民就田。南宋营田依靠的士兵，本来就不谙农事，又被分配过重的任务，因此很难成功，还荒废了军事训练。国家希望从中谋利，和古代屯田边塞减少军粮开销的本意又不同。实际运作上，国家投入超过收益，得不偿失。更为严重的是，它逐渐成为地方政治的异质力量。欺压地方百姓，收纳佃户逃避赋役，削弱了国家财赋，并且造成大量流民；收容不法之徒，或者自为盗贼，严重影响到地方治安。因为军政系统分离，州县又无法管制。因此，应该废除营田制度，屯田政策也要缓行。但因应于它已经产生的实际影响，在解决时不能极端激进。遣返营田士卒，但可以保留归附的佃户，或再招佃。另外加强地方政府的管辖，防止出现权力真空。①

◇ 小结

季宣的经制思想以道法复合为构造，其中贯穿了中道、事功的基本原

---

① 参见《薛季宣集》卷二〇，《与宋守论屯田利害》，第 248 页。

理。在对仁义、礼法的叙述中，我们看到《中庸》《大学》等经典中的修身教化是经制政治的一个基本途径。但季宣对它们的解释偏重于政事和制度上的发挥。政事制度，即礼法层次也是经制治道的重要部分。季宣认为三代（特别是周朝）确立了成功政治的典范，其中的井田制、兵农合一制、简易官制都值得后世效法。不过，效法的过程需要领会典范的精神，因时制宜进行更新。季宣在保伍制、方镇制、流配法上的实践和主张，都是根据这种原则进行的调整。由对仁义的政事化诠释，到重视制度的作用、重视制度规范的实际表达（从礼乐之器中见礼乐实质），可以看出季宣经制思想的重心倾向于礼法规范。

总体上，经制之学在理论本原上以天理、天道为根本依据（仁义和刑罚都如此），在实践形态上倾向政事化、制度化。修身教化和礼法秩序都是根据天道的正当性而确立的，前者根于理想人性，后者根于宇宙秩序。它们在政治上的施行都能实现实际功效，即民众文明幸福和国家富强。在施行次序上，先明确仁义纪纲的基本意义，在此前提下推展各项制度，实现事功。因此这种事功的实现手段符合经制原则，它不同于直接以利益得失为标准的功利主义。

我们讲过，形成季宣生命特征的事功精神以入仕参政为基本的经世途径。经制构成政治实践的基本内容。季宣的思想特征是以经制言事功，这极大引导了南宋浙东学者的学风转向，在以心性文教为中心的儒学思想之外强调政治维度的中心性。天道论上的人事本位与人性论上的行动主义特征共同支撑入世精神取向，并以政治实践为根本途径①。超越内化的人心可以和天道形成理想的契合，这是道德修身和取法天秩天序的根基。季宣坚信这种根源于超越存在的政治典范是正当的、理想的，并且能够满足效验伦理的要求。政治典范的具体内容可以随着时代和形势不断调整，而典范

---

① 当然，以政治实践为主的选择也有来自季宣身世和时代环境的强烈影响，前文已经详述过。

的精神是永恒的、完善的。

从思想谱系的传承看，季宣对于后继之浙东儒者乃是一个关键的转型性人物，将以往重于心性理学的学脉引入了经制事功之领域。叶水心称赞季宣，"愤发昭旷，独究体统，兴王远大之制，叔末寡陋之术，不随毁誉，必摭故实"①。同期俦侣中，吕东莱理学意味稍浓，对于治体论的自觉强调，则与季宣共同提升了近世治体论的经制传统演进。后经过陈傅良、唐仲友等人，发展到陈亮和叶适，最终促成了浙东政治思想的深化和系统化，形成了对于理学的深入批评，也标志着近世儒学治体思维的一个巅峰。

季宣的转型引领意义在于，道法复合的经制论与吕祖谦"内外相维持"的治体论相呼应，为后来叶适"内外交相成"的人性论、认识论埋下伏线。而他对体用本末论的异议，对于义理学、人性论的低调态度直接影响了陈亮、陈傅良等人。他经由中庸、皇极阐发出来的"行其所无事"论、事功论与吕祖谦、陈亮、叶适等人的治体论、公法（礼法）论、统纪之学在精神气质上也是一以贯之的。薛季宣的学思格局，直接启发了后继之陈傅良，深刻影响了近世儒家政治思维的展开。

结合所谓南宋政治文化的内转问题，我们可以发现，薛季宣的经制之学构成了对于所谓"内转"的多重抗衡：笃定于以政治实践为本位的儒家入世取向，抗衡避世出世和转向内心世界；执着于参与政府体制活动的经世途径，抗衡地方化和民间化；彰显儒家政教观中经制所代表的政治维度，抗衡理学以心性之教为本位的思想流向；强调政治思维上的道、法并重，抗衡对于道法关系的体用论解释，避免形成义理教义化、心性本位化支配的单向度治体思维。后二者，更能显示出在思想竞争意义上，薛季宣开启之精神方向与南宋理学宗派的不同，传达出经制事功学直面政治中心性和

---

① 《叶适集》，《温州新修学记》卷一〇，第178页。

复杂性的心智贡献。当然，抗衡内转，而非否定内转，意味着二者之间，既有吸纳，也有排斥，并非简单的非此即彼关系。这一点，在随后的陈傅良、吕祖谦、陈亮那里都有不同方式的体现。

第 五 章

经制事功学的精密化：
陈傅良论立国传统中的"恢复"

薛季宣提倡的经制事功之学，在其弟子止斋先生陈傅良这里，得到了有力推进。尤其是止斋对于宋代法度、立国根基的阐发，使得经制学的现实维度得以丰厚、充实起来。

以往对于陈傅良思想的研究，多是在追溯叶适学术源流的脉络中进行的。一般认为，在水心继承的南宋永嘉学统中，傅良介于薛季宣和叶适之间，扮演了承前启后的角色。此外，陈傅良的名字经常出现在朱熹、陈亮围绕王霸、义利进行的著名思想辩论中，作为一个面貌有些晦暗的第三方，力求对争论两造做出公允的评价。我们可以把现有的相关思想史叙事大体分作两个部分，即传统学人的记述与现代学人的研究。

传统部分中，叶适《温州新修学记》与黄宗羲等人的《宋元学案·止斋学案》的相关记述最常为人引用。这些记述往往凸显了陈傅良对薛季宣思想学术的继承和发扬。如叶适指出，"薛士隆愤发昭旷，独究体统，兴王远大之制，叔末寡陋之术，不随毁誉，必摭故实，如有用我，疗复之方安在。至陈君举尤号精密，民病某政，国厌某法，铢称镒数，各到根穴，而后知古人之治可措于今人之治矣。故永嘉之学必弥纶以通世变者，薛经其始而陈纬其终也"①。全祖望在《宋元学案》中也称,"永嘉诸子,皆在艮斋师友之间,其学所从出,而又各有不同。止斋最称醇恪,观其所得,似较艮斋更平实,占得地步也"②。这些记述给人的印象,都是强调了陈傅良在政治历史和制度研究方面对于季宣学思的进一步推进,所谓"精密""平实"者也。

现代学人的思想史研究,大概包括以下几种进路:或者从现代政治学、法学、军事学角度解读传统相关记述强调的政制法度学术的思想含义,或者从马克思主义唯物论的范式去强调经制之学的进步意义,或者从社会文化史与思想史的互动角度解说其科场时文的价值,或者从经学史的眼光爬梳整理其经学大义。③

从政治思想研究的角度来看,上述努力为我们理解陈傅良提供了多个视角,然而还显得十分单薄、狭隘。比如仍然囿于制度法律的层面了解经制学,同时夸大了与理学相对抗的紧张性。更为重要的是,还未能充分地把傅良放到宋代政治历史与思想学术的发展脉络中去审视其思想内涵,对其思想演进的多面性与复杂性认识不深,对于"经制"、事功的含义一直缺乏明确的阐发,进而对傅良的思想学术与实践论述之间的关联未能作内在

---

① 《叶适集》,《水心文集》卷一○,中华书局 1961 年版,第 178 页。

② 黄宗羲原著,全祖望修补,陈金生、梁运华点校:《宋元学案》(第三册),中华书局 1986 年版,第 1710 页。

③ 参见陶希圣《中国政治思想史》,第五编,第五章,第二节,第四款"陈亮、陈傅良与叶适",中国大百科全书出版社 2009 年版;肖建新《公正求实:宋代陈傅良的法制理念》,《安徽师范大学学报》2008 年第 1 期;王晓卫、刘昭祥《历代兵制浅说》,解放军出版社 1986 年版;侯外庐等:《中国思想通史》卷四,第十六章,第一节;周梦江《叶适与永嘉学派》,第六章"承先启后的陈傅良",浙江古籍出版社 1992 年版。束尔钜《薛季宣、陈傅良哲学思想初探》,《浙江学刊》1991 年第 1 期;王宇《永嘉学派与温州区域文化》,第四章"陈傅良与永嘉学派科举之维的张扬",社会科学文献出版社 2007 年版;赵伯雄《春秋学史》,第七章"宋元明《春秋学》(下)",第三节"两宋其他重要的《春秋》学者",第八小节"陈傅良",山东教育出版社 2004 年版。

的梳理和澄清。而要解决这些问题，需要我们依靠第一手的资料透过思想人物的历史脉络去揭示其思想的努力与得失，正视其个体生命的精神探索与思维历程。只有经过这样同情的了解与内在的批评，才可能把握其思想的全貌与特征。

◇ 第一节　"方今功业，当付儒者"

欲了解历史上非凡的思想人物，不仅需要明了其生平踪迹、师友世姻、经济社会环境，更需要把握到这类人物对于所处世界的感知、判断与认定。对于儒者士大夫这一类的政治思想者，尤其要明了他们与政治文化世界的关系，这样才可以准确领会其思考的意向、内涵及其时代得失。

陈傅良生于宋高宗绍兴七年（1137），卒于宋宁宗嘉泰三年（1203），在浙东思想家群体中已算高寿。近七十年的生平活动基本可以划为学术与政途两个主要领域。学术教育活动可以说占据了他生命的主要时光，在1172 年中进士之前的十多年如此，之后长期的游学、待阙，以及晚年罢归乡里，也是如此。另外，在仕途上，他曾先后担任过太学录、福州通判、知桂阳军、湖南转运判官、吏部员外郎、起居舍人、嘉王府赞读、中书舍人等地方与中央官职。任职时间虽不算长，而就官任之重、介入时代政治之深而言，在同期大儒中也属极一时之遇。

陈傅良在学术与政治两方面的活动都有不凡的表现和成就。除了学术上成就的一家之言，在教育文化上，他于科举时文方面享有盛誉，文章传诵一时，甚至产生了超国界的影响力。楼钥在为陈傅良撰写的神道碑中曾云，"本朝名公巨卿不可缕数，然自韦布而名动宇内者，不过数人。公自为举子业，其所论著如《六经论》等文，所在传播，几于家有其书。蜀中文字最盛，读之者无不动色，文体为公一变，至传入夷貊，视前贤为尤盛"①。他的决科论文，成为当时太学流行的"乾、淳体"的典范。已有学者论述，此处不赘。②

陈傅良本人对于儒者身份和使命有积极的认定，这种认定紧密地将儒者之学与经世事功结合起来。正如他指出的，"所贵于儒者，谓其能通世务，以其所学见之事功"③。儒者的学术应该积极面向世界，而所成就的事功也是其学问的实践结果。这种积极认定，在傅良看来，本身就是宋代政治传统的一个特征，"窃迹本朝家法之详，究观列圣心传之要，规模一以经术，事业付之书生"④。家法即立国规模与经术之间的政学关联、士人共治主体的高扬，是宋代治体的精义。这种勇于担当世务的儒者使命感在他的生命中注入了一股强烈的道德勇气，也推动其事业抱负在问学与从政之间跌宕不息。他于1172年中进士，在廷对策中激烈批评孝宗专断自用，言论之大胆尖锐罕见其匹。为官地方时积极作为，任福州通判期间不畏权贵严格执法以致被劾罢官，在湖南期间推行仁政，减免赋税，发展当地经济，宽厚处理少数民族问题。在出任朝官期间，他恪尽职守，多次根据法度缴驳君主的不正当旨意。特别是在光宗与孝宗的关系恶化期间，反复努力化解矛盾，以避免权力核心的政治动荡。楼钥称其所奏"骨鲠之言，有敌己以下所不能堪者"⑤。有一次为了力请光宗朝重华宫，傅良"趋上引裾"，以

---

① 陈傅良著，周梦江点校：《陈傅良文集》，附录二，浙江大学出版社1999年版，第683页。

② 参见祝尚书《宋代科举与文学考论》，《论乾、淳"太学体"》，大象出版社2006年版，第430—446页；王宇《永嘉学派与温州区域文化》，第四章"陈傅良与永嘉学派科举之维的张扬"。

③ 《陈傅良文集》卷一四，《大理寺主簿王宁新知信阳军刘崇之并除太府寺丞》，第190页。

④ 《陈傅良文集》卷三〇，《乾道壬辰进士赐第谢太上皇帝》，第391页。

⑤ 《陈傅良文集》，附录二，第684页。

致招来李后"你秀才们要研了驴头"的恫吓，不得已辞官归里。① 后来傅良曾任赞读的嘉王即位为宁宗，他才得到重新起用。在道学问题引发的政争中，又被牵连罢官回乡，徜徉于止斋，直到去世。

纵观傅良一生政绩，两度介入政治核心层的变迁，努力以其所学正君立统，虽屡经挫败，而经世之志终身不辍。其生平大志在于推动对王安石变法以来弊政的改革，恢复宋代立国的理想精神，进而解决南宋的内忧外患。他在《除夜》一诗中痛陈"苍苔卧风雨，曾乏断碑额。中原五十载，胡骑乱禹迹。谁当懒折腰，去学陶彭泽。忧端压不下，中夜歌秀麦"②，继而向朋友剖析心志，"吾辈为汉民将十余世，而使吾君忍耻事仇垂六十年，而学校乡党晏然无进志，其大者则率其徒为清谈，次摘章句，小则学为诗文自娱……有人则济，无人则否，此事占田地阔，不应碌碌休也"③。在孝宗中后期坐观成败、碌碌无为的消极世风中，傅良疾声呼吁儒者经世精神的焕发，"方今功业，当付儒者。自建隆创业，嘉祐守文，熙宁变法，宣、政召祸，其间盛衰，何可盛道。建炎诸贤，竖立亡几，绍兴季年，粉饰已过。上独慨然有克广文声之意，而书生承绍，类皆龌龊，以至今日"④！儒者当奋起有为，经世致用，这成为傅良一生形迹的精神动源。

傅良能够有上述担当，时世刺激与个人际遇固然是重要的推力，自身学思上的承接浸润同样值得注意，对于了解其思想内容的具体型构更为重要。

傅良大体上在 12 世纪 60 年代末至 70 年代初，精力由专注科场程文而渐转至求道问学，尤其在薛季宣、郑伯熊等人的影响下，学思定向深进，至 80 年代末而趋于成熟。陈傅良在早期活动中就突出地表现出了自身思想

---

① 参见周密《齐东野语》卷三，《绍熙内禅》。

② 《陈傅良文集》卷一，第 6—7 页。

③ 《陈傅良文集》卷三六，《答丁子齐第二书》，第 465 页。

④ 《陈傅良文集》卷三五，《答遽舜丞》，第 454 页。

的新颖独特，"陈编宿说，披剥溃败，奇意芽甲，新语懋长，士苏醒起立，骇未曾有，皆相号召，雷动从之"①。日后他在科场文化中的流行畅销，也是这种思想及文学的创新性对时人产生了巨大的吸引力。虽然后来他对少时所作并不满意，传世文集也不予收录，这种思想的品质特性却是值得留意的。它至少说明陈傅良成熟时期表现出的思想心智上的不断探索和深化，有早期超越俗见、追求卓越的精神渊源。

思想走向成熟期的陈傅良，有两个方面的特点值得着重指出：一方面是他在思想上的高度开放和包容，这在他的师友群体中可能是最为显著的。除了温州学者郑伯熊、薛季宣，他还求学于浙东巨擘、理学大家吕祖谦以及另外一位理学宗师张栻。向前者更多地学习了吕氏代表的中原文献之传，对于历史尤其是宋代政治历史文献有了独到了解，向后者则主要学习了理学集义敬德的学说。后来他还曾经与张栻的湖湘学后辈、陆九渊的心学流派有思想交流，并受到心学的影响。

另一方面，就是他在薛季宣、郑伯熊的引导下对于经制事功之学的探索。

他自述最初遭遇季宣叩问时的心理感受，"我昔自喜，壁立倚天。见兄梅潭，忽若坠渊"，仿佛经历了一个心理和精神上的巨大危机，"平生气息为之迟缓"，对此前学术有了深刻反省，从而确立了自己后来的学思方向。② 薛季宣对傅良的影响，除了制度历史的研究重心，据傅良自述，似乎更重要的一点在于给予他一种思想大同的广博视野，使他超越了以往驳杂散乱、缺乏融通的心智，认识到儒学六艺、诸子百家以及各派思想可以互相取补，归于大同。这也可能是促成傅良思想极具包容

---

① 《陈傅良文集》，附录二，叶适撰《陈公墓志铭》，第 698 页。
② 《陈傅良文集》卷四五，《祭薛常州先生》，第 567 页；卷三五，《与郑景望少卿》，第 448 页。

性的一个重要因素。① 除了薛季宣，郑伯熊对傅良的影响似乎被研究者
们大大低估了。据周梦江先生考证，傅良在从学薛季宣之前受到郑氏的
影响最大，可能在 12 世纪 50 年代中期二人就相互结识。② 傅良曾概括
景望的思想为"伊洛源流与元祐之规模于是乎在"③。叶适特别拈出郑
氏思想中性理之学的内容作为南宋温州与事功学并重的学统之一，"而
郑景望出，明见天理，神畅气怡，笃信固守，言与行应，而后知今人之
心可即于古人之心矣。故永嘉之学，必兢省以御物欲者，周作于前而郑
承于后也"④。对于心性之学的强调在傅良早期的思想中是一个十分凸显
的特征，而成熟期思想尤其重视兢省一类的德性，在与景望的书信中仍
然表明"见性之诲，敢不从事"⑤。这一点显示出郑伯熊在理学方面对
傅良的思想影响持续了很长时期。民国学者刘绍宽公允地指出，陈傅良
"其持身也，兢业以为主；其济世也，博通以致用。昔人论永嘉前后之
学，所谓兢省以御物欲，弥纶以通世变者，先生实兼之矣"，就在之前
叶适分梳温州学统的基础上，着重指出傅良思想的双重性。⑥ 另外，郑
伯熊受薛季宣影响也讲求经制治术，对傅良同样有引导助推之功，虽不
及季宣显著，也不可轻易忽略⑦。

---

① 参见《陈傅良文集》卷四五，《祭薛常州先生》，第 567 页。

② 参见郑伯熊、郑伯谦著，周梦江校注：《二郑集》，《永嘉之学如何从性理转向
事功》（代前言），第 15 页。

③ 《陈傅良文集》卷四五，《祭郑龙图》，第 572 页。

④ 《二郑集》，收录叶适撰，《温州新修学记》，第 66 页。

⑤ 《陈傅良文集》卷三五，《与郑景望少卿第二书》，第 449 页。

⑥ 刘绍宽：《厚庄诗文续集》，《重修仙岩陈止斋先生祠堂记》；转引自陈傅良理学
文化研究会《陈傅良祠陈列大纲》，第三部分"后人评论"，http：//chenfuliang. com/
lxwh_ view. asp？ id = 189。

⑦ 《二郑集》中所录郑氏关于王道法度的观点与傅良多有相似，如强调从今立法、
反对教条复古等，还需我们进一步考察二者的关系。另外，傅良政治观点与郑氏胞弟伯
英也大旨接近，后者"必欲尽洗绍圣以来弊政，复还祖宗之旧"（《水心文集》卷一二，
《归愚翁文集序》）。二者之间是否存在互相影响，也是一个存疑待查的问题。

综上所述，傅良受到了来自理学、心学、吕学与经制事功之学的多重影响。它们如何共同推动了傅良政治观念的形成和发展，值得我们详细考察。①

◇ 第二节 道法之辨：经制之学的政治观

以往的研究把傅良关于政治制度和事功的思想作为其特点和主要贡献。需要追问的是，这种处理是否把握到了其思想的规模全体。换言之，我们可以追问，傅良关于制度与事功的精密研究在其思想中究竟处于什么地位？傅良怎样安置这个部分？

我们已经揭示出了"经制"概念蕴涵的儒学对于政治全体的基本关切，兼摄道法、常变、古今等重要关系和命题。南宋浙东学术中薛季宣、陈傅良、唐仲友等人的学思被称为经制之学。这个经制之学在思想上的规模大体、意向上的整体关切是否能体现出此名称蕴涵之义呢？

我们以薛季宣、叶适的永嘉学统为例。季宣的思想主旨以弘扬中道、道法并摄为主张，既批评缺乏正当义理指导的章句旧学与现实法家，又不满轻视实务研究的理学末流。他在《拟策一道并问》中提出的一对概念"纪纲""法度"十分重要。"纲纪法度"或"纪纲法度"，在儒学传统中早已出现，北宋儒者多有运用。季宣此文的特色在于强调从三代到秦汉后世的政治变迁视野中来辨别其中的因素，什么是政制变迁中的不可得而变者

---

① 现存的傅良著作有《止斋文集》《春秋后传》《止斋论祖》《历代兵制》《永嘉先生八面锋》等。其中《永嘉先生八面锋》据辛更儒先生考证，仅有五条系傅良的论著，其他多出自苏轼、苏辙、吕祖谦、杨万里等人。因此，在运用《永嘉先生八面锋》考察傅良的思想（如法律理念）时，应特别小心史料之真伪。辛更儒论文，参见《有关〈永嘉先生八面锋〉的几个问题》，《中国典籍与文化》2008 年总第 64 期。

（相当于道的层次），什么又是可以与时出入变化者（相当于法的层次）？季宣的看法是，根本上讲儒家仁义为纪纲、客观制度及其变迁次之，再下一层次，以周礼为纪纲、后世相对于周礼的损益次之。[1] 这篇文献中"纪纲法度"的提出，能帮助我们理解永嘉学者的经制意识。叶适称赞季宣在南宋初期的理学脉络中，"愤发昭旷，独究体统，兴王远大之制，叔末寡陋之术，不随毁誉，必撧故实，如有用我，疗复之方安在"[2]。所谓"体统"者，应该放在关乎道、法的思想规模中去理解。后来叶水心赓续永嘉传统，以"纪纲法度"作为政治体制分析的重要概念，在学统探索上又张皇"统纪"，新解"皇极"，也可以说是继承了季宣开创的思想路向。

那么，傅良在二者之间对此有何理解？首先，我们来看一篇傅良早期的作品《唐制度纪纲如何》。[3] 在这篇论文中，傅良同样是在体制的意义上运用和区分制度、纪纲，探讨它代表的法与儒家之道的关系。他试图反驳二程兄弟的一个观点，即认为三代政治纯任道，后世政治纯任法。[4] 唐代政治虽存在制度纪纲，在政治道义精神上却欠缺，或曰有法无道。这个意见与"儒表法里""阳儒阴法"的流俗之论相同，取消了儒学在秦汉之后政治建构中的宪制贡献。傅良认为这个观点分裂了道和法之间的有机联系，没有认识到唐代制度纪纲背后存在的政治道义精神。他指出，这样的观点在三代认知上宣扬三代完全以道治天下，实则犯了同样的错误，即片面强调道的作用。其实这是晚周时期一些儒者面对当时礼崩乐坏状况的激语，后世儒者却受此误导，轻视法度在政治中的作用。他肯定汉唐等后世的成功

---

[1]　参见《薛季宣集》卷二八，《拟策一道并问》，上海社会科学院出版社 2003 年版，第 368—372 页。

[2]　《叶适集》卷一〇，《温州新修学记》，第 178 页。

[3]　参见陈傅良著，方逢辰批点《蛟峰批点止斋论祖四卷》甲之体，《四库全书存目丛书》，集部，（第 20 册），《唐制度纪纲如何》，第 6—8 页。

[4]　"先王之世，以道治天下；后世只是以法把持天下。"参见《二程集》，《河南程氏遗书》卷一，中华书局 1981 年版，第 4 页。

政治其实在制度纪纲上都体现出道的精神。只是由于对三代理想政治的把握有深浅，对于经制的了解有精粗，产生了政治效果上的高低之别。但不能认为他们只有法度，没有道义精神，片面割裂二者。这里，傅良延续了季宣的问题意识，即透过制度纪纲的考察来探求政治中常与变、经与权之间的关联，并将其上升到道与法的理论高度。后来叶适在体制层面以其重要性程度来区分使用纪纲法度，可以说是延续、推进了傅良的用法。

透过上面这篇作品的分析，再来看傅良日后对朱熹和陈亮关于王霸义利的评论，可以更清楚地把握到他思想的基本格局。他对朱熹以道德动机和原则、陈亮以事功效果来评价政治历史的做法均不能满意。前者倾向于肯定三代、否定后世，事实上等于指出汉唐政治完全缺乏正当性，则"汉祖唐宗贤于盗贼不远"，暗示天下可以苟得，这样容易纵养乱臣贼子；后者纯以事功效果论道德，易于消解三代圣贤的道德价值，使人们认为完全依靠权谋诈术可以得天下，君主将对天道缺乏兢畏之心。"二君子立论，不免于为骄君乱臣之地。"[1]

傅良更倾向于以体制法度作为理解和评价政治历史的优先视角，它本身是道德精神的客观化形式，也是事功的政治保障。三代圣贤的道德精神透过周礼一类的体制落实为事功，汉唐君主的成就也能够透过他们的立法建制体会到其道德精神。二者虽有境界差异，在政治原理上却是相通的，都透过体制法度体现出道法两面一体的结构。或者说，傅良是透过体制法度来兼摄政治中的天理道德与事功，并使得他对于三代与汉唐的关系总体持一种贯通一元的看法。[2]

---

① 《陈傅良文集》卷三六，《答陈同父》，第460页。

② 陈傅良最亲密的弟子蔡幼学曾经聆听傅良与陈亮的学术辩论，并对陈亮指出"道一尔，奚皇帝王霸之云"。参见《宋元学案》卷五三，《止斋学案》，第1724页。案冯梓材云，蔡氏学术"大率在古人经制治术讲求，终其身固未尝名他师也"（同前引）。这条材料似乎说明，傅良讲求的道注重古今之一贯，对于陈亮根据事功划分的政治形态之差异并不刻意强调，而是寻绎其中的连贯变迁。

由上可见，要想全面理解傅良等人的经制学，应当看到"经制"一词涵盖的道与法两个方面，指向治体论的治道与治法。既有的研究多强调傅良在制度事功方面的探索，对其思想大体的把握难免变得薄、变得窄。从其他角度来看，傅良师友及其后学的相关议论也能够印证其思想规模的宏阔深厚。季宣在一封写给傅良的书信中指出，"史书、制度自当详考，不宜造次读过。《中庸》《大学》《系传》《论语》，却须反复成诵，勿以心凑泊焉。久之或当有见，自觉诸书之意不贰于己，而非平生窥测所到"①。傅良在后期思想中经常表示对于易理、六经大义的高度重视，甚至曾向陆九渊表示，关乎自家身心性命的"结果身分"问题在自己思想中较之事功具有优先地位，这些意向的重要性不可小觑。② 朱熹曾批评陈傅良等永嘉学者"以道艺先觉自处"，却不肯将其思想义理明白说出，对他们的学术论说风格甚为不满。③ 从楼钥、蔡幼学和叶适等人对傅良的身后评价来看，他们虽然都强调傅良在政治体制法度方面的研究贡献，同时也都郑重承认他在义理和修身方面的积极探讨。这是我们理解傅良时应注意到的特性。

理解了经制学的基本思想规模，进一步的问题就是如何理解傅良思想中道与法的内涵与相互关系。这个问题也可结合傅良思想的发展历程来了解大要。

现在流传下来的《止斋论祖》主要收录了陈傅良早年的决科之文。④ 据

---

① 《薛季宣集》卷二四，《答君举书一》，第313页。

② 前一方面可参见《陈傅良文集》卷三七中与吕子约、刘清之、胡季随、沈叔晦，卷三八中与刘公度等人的通信；后一方面参见陆九渊《象山集》之《象山语录》卷二，记录傅良在湖南任职期间在给陆九渊的书信中慨叹，"某老矣，不复见诸事功，但欲结果身分耳"。

③ 参见《朱子语类》卷一二三，"金溪之学"条。

④ 傅良的这些科场论文，除了郑伯熊之外，也可能受到了薛季宣的思想影响。张栻曾批评季宣要通过程文引导傅良钻研学问的做法不正确。参见《南轩集》卷一九，《答湖守薛士龙寺正之二》。

吕祖谦的评价，其长不独在于文字。今人也指出，傅良的这些文章之所以风靡一时，很大程度上应合了绍兴末年以降统治集团欲有所作为的政治动向，在思想上展现出关切时政大事的经世精神，在学理上运用长期遭禁的理学话语，因而产生了积极活跃的时代影响。① 我们可以根据其中论述，来尝试了解傅良早年即思想成熟期之前的思想面貌。虽然傅良本人日后对此类文字评价甚低，却可以透过与后期思想的比较来窥测其思想发展中的承续与变异。

《止斋论祖》向我们展示出傅良关于道和法丰富复杂的思考。其间，论题广博，论证辞章斐然，构思精巧，虽然在观念逻辑上存在不少龃龉难合的地方，却也显示出来自思想界的多元影响。从傅良的思想发展来看，其中比较明显的如理学气味较浓的部分，在后来成熟期的论著中变得隐晦不彰了，而另一方面，形成其成熟期思想特征的很多思绪其实已经在这些作品中初具规模了。

首先来看道的方面。傅良对于道的理解突出地显示出来自理学潮流的影响，他频繁地交错使用理、道、一、心、中、诚、神等概念来表达对于宇宙世界的形而上理解，其中尤其重视"心"这个概念。② 这些概念指示宇宙的本源与本体，也是心性根本。在本体和工夫的意义上，它们代表了一种天人、物己真正消除区隔的大公神圣境界，是道德学习与实践的根本指向、政治事业的根本精神。

傅良这方面的论述，比如《颜渊天下归仁》中有张载《西铭》式的浓厚道德宗教意味，显现出他自身强烈的超越意识。③ 这些理学色彩明显的论

① 参见祝尚书《论乾、淳"太学体"》，《宋代科举与文学考论》，第430—446页。
② 关于这方面可参见《止斋论祖》中的《天人相与之际》《圣人之于天道》《博爱之谓仁》《学者学所不能学》《下学而上达》《告子先孟子不动心》《学至乎礼而止》《虞夏不言损益》《回也其庶乎屡空》《君子所性》《荀氏在轲雄之间》《圣心万物之镜》《动静见天地之心》《韩愈所得一于正》等篇。
③ 参见《止斋论祖》丁之体，第48页。

述，与其他文章中傅良对于颜、孟学统的高调赞颂，可以说是内在一致的。他高度赞扬颜回屡空对于上达之道的领悟，坚守孟子的性善论，批驳荀子、杨雄、韩愈的人性论，强调公私之辨。其次，傅良关于形而上学理论的讨论同时显示出两个值得关注的趋向，对理解其后来的哲学态度意义重大。一个是在论述道、理的玄妙超越时，傅良同时指出它们并非空虚无物，而是要在形器事为中努力把握，"圣人于秭稗瓦甓而见道，舟车器械其中即礼"①。这种具有庄子道家色彩的重视具象性的观点，经由一种对于道和理的低调认识论得到强化，转而滋生出倡导经验实践的思想倾向。所谓低调的认识论，是指傅良多次强调道理的广大精微、散乱无统，人们很难把握到其全体精髓。然而人们的认识本性往往诱惑他们易于将一时局部的印象认定为道理的要旨。傅良将其视为一种认识论上的私性。有鉴于此，傅良对于道理的探讨，并不优先鼓励透过语言探讨来分辨真伪高下，对于人们大言论理、争论纷起的消极社会影响心怀警惕。② 在这个逻辑下，我们发现傅良对于天下之理和人情，往往表现出重视经验、重视实践的理论风格，强调透过亲身实践来了解纷繁复杂的宇宙事物。③ 这个特点与上述具象性的观点相结合，形成了形而上哲学前提下的某种政制实践定向，对于理解其成熟期的思想十分关键。

关于道和法的关系，傅良反驳任道与任法的两种偏颇观点，坚持道与法之间存在一种有机的内在关系，离道非法，离法非道。傅良强调道和心代表的精神是透过政治上更张泛应的事迹法度不断地予以体现的，比如尧舜官天下、夏商家天下、伊尹相天下、孔子师天下都体现出仁的精神。政

---

① 《止斋论祖》乙之体，《下学而上达》，第27页。

② 关于这方面可参见《止斋论祖》中的《仁与义为定名》《下学而上达》《博爱之为仁》《告子先孟子不动心》等篇。

③ 可参见《止斋论祖》中的《为治顾力行何如》《使功不如使过》《山西诸将孰优》《下学而上达》等篇。

治的行为和制度有其自身的运作逻辑，然而这不妨碍它们经过在不同历史时势下的变革来贯彻道和心的精神。需要注意的是，在傅良强调透过历史制度来理解道的意涵时，后者往往包含了不同的异质成分。除了道德本体意义上的心性天理，同时还掺入了功利主义的因子，整体上体现出义利合一的思想逻辑。

具体到《止斋论祖》中关于法的论述，一个十分鲜明的特色是傅良对于流行的儒者定论习见的挑战。在对于王者之法、汉唐评价的论述中，傅良高度强调法度思考的自觉意识。结合上述关于道体的实践性倾向，傅良的思想给人一种印象，即相对道德修身，把体制法度的实践作为儒者经世的最为可取、最有积极价值的领域。他提出，对于所谓治体问题一定要具备非常自觉的现实感，对于具体的政治时势，即一定的人情、世故、风俗有清晰的认知判断。法度体制的建设应当在路径形式上高度尊重现实的情状，经过现实格局下的体制建构来落实理想政治的精神。据此，他反对教条形式的复古专注于恢复古代法度，反对尊古卑今，特别强调对于自身所处政治传统的熟知把握，自觉时势的客观限制。傅良的治体论将现实感与历史感贯通，强调传统感的当前显现，从而将论述重心置于现实的立国经验之上，构成从近世变革思维向立国思维转换的关键节点。

在对于因应时势进行法度改革的历史解释中，傅良思想的开放性甚至透露出一定程度的异端色彩，如肯定贾谊优先重视法制和功利，如对于汉宣帝杂用霸术的积极肯定，再如声言为了有利于国不在乎流行的正统道德评价。① 不过，总体而言，傅良关于法度的政治思考体现出的是儒者关于如何规范与限制权力、建立理性政治的理想。比如关于政治文化忠、质、文的递进如何避免人情风俗的极端偏执、君臣之间如何为了避免政治极端

---

① 可参见《止斋论祖》中的《为国之法似理身》《贾谊通达国体》《为天下得人谓之仁》《乐天下者保天下》等篇。

而相互牵制和补充；比如如何将道德仁义精神完全地落实为制度纪纲上对于最高权力的规范制约。① 总之，傅良认为，政治形势变化多端，儒者最易于以不变之经常来衡定指导，因此应当自觉在客观时势下具体实践以落实理想精神的重要性，以免陷入迂腐不通的儒者定论。后来叶适批评儒者"以经为治"的教条主义，同样延续了这种以实践经验为根本依据的思维取向。

让我们再依据《止斋文集》来观察傅良成熟期的思想。可以说，在这个时期的论学与政论中，傅良思想依然体现出道和法两面的并重兼顾，而具体面貌上则相对前期有隐显轻重的变迁。

关于经制学的基本义理格局，傅良的《进周礼说序》可以视为一个代表性的总纲。② 朱熹曾说傅良胸中撑着一部《周礼》，而根据傅良对此经典的解释可以看出他论学论政的总体规模。③ 在文中，傅良依据孔孟论点指出周代政治是三代王道的完备形态，其特征不仅仅在于完备详密的制度礼法，而且在于"畏天命""即人心"体现出来的深刻政治精神。换言之，在周代制度和政事的展现中，处处可见统治精英对于天命人心的敬畏和尊重。进一步，傅良检视周秦之后的政治历史，认为后世统治者未能把握上述要旨。直到宋代，政治上才局部彰显出周道的理想精神。宋的制度虽不同于三代，然而其立国体制在在体现出深仁厚泽、宽大不苛的理念。只是经过王安石开启的变法运动，这些原初的理想精神逐渐丧失，才导致了宋国运的波折。因此，傅良主张根据三代政治原理，对南宋继承下来的变法成宪进行改革，透过格君心、正朝纲和均国势，以实现立国之初的理想精神。由此可见，傅良对于三代与后世政治的把握充分注意到了道与法之间的辩证联系。这

---

① 可参见《止斋论祖》中的《孝宣优于孝文》《魏相称上意》《唐制度纪纲如何》。

② 参见《陈傅良文集》卷四〇，第504—505页。

③ 参见《朱子语类》卷一二三，"陈君举得书云"。

是我们理解其政治思想的基本线索。其后，吕中《宋大事记讲义》可以说就是把傅良的这一观点予以系统化，以治体论来讲论阐释宋代立国理政的传统演进。

在道、法论述上，成熟期的思想相对《止斋论祖》显示出轻重隐显的变迁。先来看其道的论述。首先，原先关于道体如理、一、心、空的充满理学特色的论述大大减弱了，这方面的理论关切明显淡化多了。然而，这并不代表傅良彻底丧失了对于形而上学问题的关切，更确切地说是这种关切变得隐而不彰，或者转化成了更具德性论和政论性质的表述形式。所谓隐而不彰，自然有来自季宣"义理之说不必深究"的思想影响，有前期思想对于哲学问题采取低调态度的推力。而同时，透过傅良与季宣、祖谦、伯熊等人的通信往来，可以发现他们的论学仍然会围绕性理一类的问题展开。从朱熹对傅良的一些评论来看，傅良以孟子性善论解释《洪范》，赞同天人、人己、理心为一的一体论思想，也从侧面印证出傅良对于所谓理心、心性的问题仍然延续了前期思想的关切，只是表现程度大为减弱，在自觉意识上有意地回避理论争辩。①

从傅良更为积极论述的道论观念来看，源自宇宙形上学背景的观念更多地在德性论和政治论的范围内表达出来。一个突出的枢纽就是傅良的心论及相关的德性论。他的政治思想中屡屡言及天心、天命、人心、民心、君心、群心。所谓天心天命，其实与傅良前期思想中的道、理、一、心等互通款曲，意指宇宙—政治秩序得以存在、维系的根本，是现实政治的价值精神根基。而要保障这个根基，也就是确保政治生活的维系和更进，可取的着力之点是把握人心，既包括民心群心的凝聚，也包括君心士心的救戒。在这个思想前提下，傅良特别强调精神上的兢业、兢畏作为德性根本。

---

① 参见《朱子语类》卷二〇，"黄问《学而》首章""问《学而》首章"；卷一二三，"先生问德粹""陈君举得书云"。

这个观点其实在伯熊、季宣的思想中已经存在，至傅良而发皇张大。① 傅良在 12 世纪 80 年代中晚期，最终将其确立为六经儒学大义的关键。这种极度强调人的敬畏、警戒、恐惧、健行、勤勉等精神质素的德性，构成傅良道德实践与政治观念的一个核心。它不是现代论者所说的唯物论意义上的事功经世，而是在深厚的超越意识支配下的实践美德。没有关于宇宙本体根源的新儒学理解，对于天心人心的敬畏警戒就只是无根之木，我们也难以理解傅良的道德政治论述。② 傅良对这一点把握深为自得，多次向身边的学友论证这个心得的关键意义。它关联着思想家个人精神追求与事功经世这内外的两面，既与自身的道德成就、安身立命紧密联系，也支撑着政治事业中的主体精神与制度规范。以《周礼》为依托的经制事功之学，赋有兢业、兢畏为核心的治人德行论，是我们理解宋人治体论的关键。

所以说，这时期傅良的道论，一方面，大大减弱了之前理学性质的论述；另一方面，在思想的深层，其实仍然保留着对于形而上学问题的关怀，且以一种强化的德性论形式表现出来。明白了这一背景，我们才能更好地把握他关于法的论述所蕴含的思想意义。

《止斋文集》中的两篇策问很具代表性地反映出了傅良对于经制事功之学的问题意识。③ 他针对新儒学传统中的尊孟风气提出了质疑，认为过于夸大了孟子的思想价值，对于其他大儒评价不足。这一点可以说很大程度地改变了《止斋论祖》中的论调，后者曾将孟子视作儒学正统。傅良在此表

---

① 伯熊的思想特点前面正文已揭。季宣在给傅良的信中说"兢业之心，平荡之道，盖非一非二，知言知德，诚有不可载"。参见《薛季宣集》卷二四，《答君举书三》，第 315 页。

② 比如傅良在嘉王生辰诗后指出诗颂不只是歌功颂德，而且也可以寄托敕戒的意思，所谓"君臣相敕""战战恐惧、善始善终者"。这个意思在三代还有，秦始皇、李斯之后就消亡了。楼钥特别表彰傅良这个颠覆流俗常见的见解，表示"臣于傅良平日所畏，至是益以叹服"。参见《陈傅良文集》卷四一，《跋御书所进嘉邸生辰诗》，第 519—520 页。

③ 参见《陈傅良文集》卷四三，《策问十四首》，第 553 页。

达了对于荀子的再认识，认为荀子思想阐发政治的制作之原、富强之效，与帝王六经的精神是一致的，因此值得高度重视。浙东儒者对于荀子的评价模棱不一，多就其礼法论加以肯认，而大体上以"祖述尧舜，宪章文武"来贯通持衡"法先王"与"法后王"之间的关联，以经术大规模吸纳维系孟荀儒法之间的张力。傅良还进一步批评"笃恭而天下平"这种观点的不足，指出它太缺乏历史知识、制度政事的研究，难以实现儒学作王制、议大事的抱负。因此傅良主张要加强考证、议论的学问，以求"得古今之精，所以守经遭变"。

这种经制事功的问题意识扬弃了之前受理学影响的观念，也可以帮助理解傅良成熟期的思想风格，即对于古今事物问题的极为浩瀚精细的考究论述。"其教人读书，但令事事理会。如读《周礼》，便理会三百六十官如何安顿；读《书》，便理会二帝三王所以区处天下之事；读《春秋》，便理会所以待伯者予夺之义"，在天理世界观兴起的潮流中，于性理一路外特别注重事理、物理、治体的总结。[①] 这种看似博物考证的学术探索，并非后世朴学末流的玩物丧志，而是具有前述的思想指向。他对于历史上丰富现象的研究，用他在《止斋论祖》中的比喻来说，同时是希望透过对于形似绪余的具象存在来努力把握其中贯穿的政治精神，透过对于事物之理、极的研究展示古今传统的演变规律，最终将其运用到现实政治的理解和变革中去。

◇ 第三节　古今之论：政治传统与儒者实践

如果说道法之辨揭示出陈傅良政治思想的横切面，有助于理解其政治

观的基本形态，那么古今之论就关系到这一政治观的纵向枢轴，可以帮助我们明了傅良的政治历史意识。在纵横两个向度的观照下，作为其事功志向的儒者实践论动力方可有精到的阐明。

回向三代是宋代新儒学政治历史意识的显著特征。然而，关于三代理想与后世现实政治之间的关系，新儒学内部呈现出不同的理解意向。以前述朱熹和陈亮关于王霸义利的辩论为例，朱熹代表的理学思想倾向于采取一种二元论的历史观，将三代与后世政治视为道德统治与人欲统治的对立形态，对于现实政治不免流露出政治悲观主义的色彩。在回向三代的实践指向上，更强调道德人心的关键意义，以性理意义上的格君心为根本。

傅良的政治历史意识大体近于陈亮。他并没有将三代代表的古典时代与后世代表的现实政治截然二分，主张将古今历史看作一个基本同质的整体，其中的政治原理没有诸如道德与人欲、道德与法度的彻底断裂。在他看来，古今之间只有政治原理在应用及其效果上的程度差别，尽管这个差别要比陈亮指出来的显著，却并不构成历史的二元对立。他追求的复古，并非是具体政治形态的趋附模仿，而注重政治精神上的呼应一致。这一点导致他特别强调在现实政治的基础上如何理解其政治精神、明了其实际优劣，进而根据理想政治精神来谋划变革。因此他的政治思想一方面呈现出对古典政治的高度关注，另一方面特别强调现实意识，强调对于自身所处传统的精深把握。后者实际上构成他实现理想政治的基点，成为在当世重现古典理想精神的重心。

这一点在他关于时政的恢复论上有明确的表达。恢复中原是南宋政治中进取人士的战略目标，和战之争构成时政的一大主题。傅良在这方面坚守进取，并且对于所谓恢复提出了更为深刻的解释，体现出政治思维的特征。他的恢复论在孝宗初期（1172）时已启端绪，至孝宗晚期、光宗时期发展成熟，一直到宁宗时期延续不坠。① 他把"恢复"作为凝聚政治意志的关键，希望最高统治精英明确确立这个大政导向。而所谓恢复，并不是简单的军事战功上恢复失地赢得胜利，而是具备一种政治传统意义上的精神指向。用傅良的话来说，"非论边事以希戎功之谓，而结民心以祈天命之谓也"②。具体包含两层维度：一个是以三代周道的理想政治精神（如畏天命、即人心）来审视现实，指出现实政治的根本症结所在，改革政治以落实上述政治精神；另一个是在宋代政治传统中发掘太祖立国之初的成功政治精神，来对后来政治现实中的偏差歧出进行更正改革。这两个层面又是互相贯通的。所谓政治上的恢复，就是三代理想精神的恢复，就是宋代政治传统根源精神的恢复。可以看出，傅良对于时人所谓的事功恢复，不仅将攘外问题的内政层面揭示出来，而且将政治问题的传统层面彰显出来了。相比季宣，傅良的改革论述树立起了一个更为明确而系统的、更具正当性优势的政治传统理据对于立国秩序根基的阐发于士人外又发掘出开国政治家的宪制角色。

　　这种思路要求对于宋代政治传统进行全盘、深入的研究，对其根源和演变精确把握。傅良的这个政治传统意识，一方面出于宋代王安石变法运动和国势巨变刺激下士大夫试图通贯解释现实政治的智识需求。比如傅良虽倾向于支持元祐党人的政治立场，却批评司马光耽于修史，对变法事务了解不足，缺乏变通精神。③ 另一方面也切合了孝宗、光宗这一脉太祖后裔重续大统的政治合法性，恢复太祖立国精神对于时君来讲名正言顺。④

---

　　① 参见《陈傅良文集》卷一九，《赴桂阳军拟奏事札子四》；卷二〇，《吏部员外郎初对札子》《转对札子》；卷二一，《转对论役法札子》；卷二六，《请对札子》。

　　② 《陈傅良文集》卷一九，《赴桂阳军拟奏事札子二》，第267页。

　　③ 参见《陈傅良文集》卷三七，《与刘清之寺簿》，第474页；卷四二，《跋苏黄门论章子厚疏》，第530页，

　　④ 参见《陈傅良文集》卷二〇，《吏部员外郎初对札子》《转对札子》，如谓"陛下以艺祖之子孙而修艺祖之故事，此天意也"，第286页。

　　傅良指出太祖立国的很多举措都体现出三代理想政治中的仁爱厚泽，藏富天下，爱惜民力。后来的政治在这方面甚至有偏于宽厚无度的弊病。关心时政的士大夫们不满于此，而国家世守重于更定。最终，激进变革的王安石一派急于国家富强，专事敛财，破坏了宋代相承的体制法度（如商税、盐税、酒税、茶税、上供、兵制等），丧失了政治中的仁爱节制精神。傅良特别抨击南宋以来的所谓成宪，其实是统治者继承了王安石变法遗留下来的法度体制，而君臣群体对此却没有明确认识。[①] 想要在这样的体制基础上谋求所谓恢复，无异于南辕北辙。因此陈傅良的时政论述大力主张肃清现实政治中的王安石变法影响，根据三代与宋代立国之初的政治精神进行政治的重建由此展现出针对北宋变革主义的保守化回应。

　　在古今之统的视野下，陈傅良的政治主张体现出兼重德性与体制而特别强调体制化的取向。他十分重视君主与士大夫的德性修养，特别是强调兢畏、兢业精神中的自律与自强品质。他对于君主心术的重要性有清醒的认识，明确其对于整个政治共同体的导向作用。他也鲜明地把握到人心和民心对于政治兴亡的根本意义，认识到塑造人心中的道德价值对于政治意志形成的积极作用、民心离合对于国运休祚的意义。[②]

　　不过，对于心术精神伦理的重视并没有导向理学家式的精微道德论，而是呈现出试图加以体制规范化的特征。比如，傅良对于古典射礼的解释认为，三代射礼在生活礼仪、人才选拔和公事接待等方面的广泛运用，在君臣民众中形成一种文武合一、自修正人的生活形态。这种礼制体现出国

---

　　① 参见《陈傅良文集》，附录一，乙、新收佚文《〈文献通考〉中之佚文》；卷二一，《转对论役法札子》。

　　② 参见《陈傅良文集》卷二一，《直前札子》；卷二二，《内引札子》；卷二三，《直前札子》；卷二五，《直前札子》《奏事札子》，光宗与孝宗的关系紧张之后，傅良围绕君主心术道德的论述明显增多，这也是君主政体客观特征下的产物；卷二六，《请对札子》论人主心术之所尚。

家闲暇以戒惧为本的政治精神，有益于人们养成先事知惧的精神心态。① 比如，君主发自主体的仁爱意识在政治中固然积极，然而如果不能明了整体政治体制下实际利害的处理，对后者没有实质改进，这种仁爱意识的效用终究是有限的。② 为了确保君主能够落实理想的道德精神，除了诉诸君主自律，傅良更努力地运用多种客观化的力量。

在《唐制度纪纲如何》一文中，傅良反驳后人认为唐代法度详且密的观点，深入指出恰恰是唐代法度在对于君主规范制约的制度和纪纲两方面都还有欠缺，没有对最高权力做到真正详且密的规制，才导致理想政治精神不能完全落实，唐代政治不能达到三代水平。这种透过制度纪纲规制最高权力的意识可以说在傅良后来的学术和时论中都有淋漓尽致的发展。比如关于君主个体生活世界的规划，傅良向光宗指出高宗和孝宗如何安排自己的宫廷生活以符合儒学道德伦理的要求，避免受到近侍宠幸等力量的不良影响。③ 另外，傅良积极运用多种形式来实现规制君主的政治意图：比如他在政治传统中发掘祖宗重视公论的精神，把"不以主断废群议"树立为太祖故事，对于孝宗、光宗、宁宗等君主大加宣扬，试图确立公论人心的政治成宪价值。1172 年他对孝宗政治激烈批评，"独运专断，任一意之所独向，而忽群臣之所共违"④，其语言之大胆尖锐堪称罕见。

他对于宋代"事业付之书生"的家法传统大为赞赏，强调君臣共治、君臣相制，据此批评孝宗轻视、排斥儒者的做法，主张君主要与儒家士大夫共治共理，政治基础才会稳固夯实。⑤ 而儒者要能够积极地对于君主政治中具有偏向趋势的做法进行制约，使其符合中和之道。此外，他特别重视

---

① 参见《陈傅良文集》卷三九，《选德殿记代周子充内翰推进》。
② 参见《陈傅良文集》卷一九，《赴桂阳军拟奏事札子第二》，第 268 页。
③ 参见《陈傅良文集》卷二四，《再内引札子》，所论君主养心之道。
④ 《陈傅良文集》卷二〇，《转对札子》，第 287 页；卷二九，《壬辰廷对》，第 387 页。
⑤ 参见《陈傅良文集》卷一九，《赴桂阳军拟奏事札子》；卷二九，《壬辰廷对》。

长期政治实践中确立下来的成法，例如官僚体制的既定程序和制度，积极反对君主政治意志对于成法的干预、违背，反对以例背法。他在任中书舍人等职务时期，对于君主旨意多次抗拒缴奏，强调"法制之设，所以公天下而共守之，有不可躐者"，强调中书舍人这一官职具有的权力制约功能，体现出对于成法传统的尊重。①

任嘉王府（即后来的宁宗）赞读时，傅良"以为王者之学，经世为重，祖宗成宪，尤当先知，乃纂次建隆以来行事之要，为王讲诵大指。每至立国规模，必历叙累朝因革利害，附见其下，本末粲然，如示诸掌"②。他强调"事业付之书生"，书生也应认识到王者之学，非词章博学可限，需要养成对于治体的中心关怀。立国规模、祖宗成宪，是治体论的主干内容。王者之学与书生之学的区别，上承薛季宣对经制与文教的分疏，下启叶水心、陈龙川对于政治事业实践品质的特别强调，着重政治相对学术的自为性。在《嘉邸进读艺祖通鉴节略序》中，大臣除罢之类治人问题、取士养民治军理财等政事因革，尤其是创业垂统的立国精神和立国规模，这些在陈傅良看来是"治道之大端""实系治体"③。对于公论、共治、成法、立国规模的重视，正是为了利用客观化的政治规则因素对君主意志进行规范制约，以保证后者对于天命人心的敬畏和把握。

傅良痛切于当时士大夫事功风气的颓唐，但是他认为主要的问题并不在于人们的主观政治意志，而在于当时的国家体制（"势"）抑制了人们的政治活力。在如何促进政治精英发挥活力的国家体制方面，傅良提出了一系列可称之为平衡政制论的观点。一个是确保朝廷官僚系统中议论之臣

---

① 参见《陈傅良文集》卷二二，《缴奏内侍张安仁转官状》；卷二四，《缴奏册宝承官免减一员状》《再缴奏孙拱之转官及册宝承受官免减一员状》；卷二七，《缴奏谢渊请给合本色状》。

② 《陈傅良文集》，附录二，所录蔡幼学撰《陈公行状》，第692页。

③ 《陈傅良文集》卷四〇，第505页。

（如给谏馆阁）与治事之臣（如省寺）的平衡，另一个是维持中央权力及其代理者（如监司）与地方权力（如帅臣守将）之间的平衡。前者可以说是对于宋代政治中承担议论职能的官员权势日涨的一个反弹，以免压制、阻遏具体治事官员的政治活力（我们在苏轼、秦观那里已经看到这一点）；后者尤其对于宋代中央集权体制的弊病痛切不已，指出国家权力过于集中于中央、君主手中，地方政治缺乏活力基础，没有可以倚重的力量来经营地方。① 因此，傅良主张要适当加强地方官员的权力，能够专任责成，地方政治才会有发展，国家政权的基础才能更坚实。② 傅良对于政治制度中各权力要素的配置，特别强调其间相互关系的平衡，不让其中一者独大。这些意见反映出傅良对于权力平衡运作的体制自觉，在当时的新儒学思维中极为难得。

在事关民众福祉利益的制度治法方面，诚如叶适所述，"民病某政，国厌某法，铢称镒数，各到根穴"，傅良主张君主要以"救民穷""宽民力"为政纲。这方面最突出的一个例子是傅良对于王安石役法变革的研讨。他透过精密的考证，指出王安石变法造成了保甲法与役法制度的混用，以保甲长催科，强行结合分别依靠基层社会不同要素（地域安全与资产等级）组织起来的治安制度与劳役制度，在实行过程中造成民众负担的激剧增加，许多中产之家破产，地区人伦关系恶化，基层社会秩序受到很大的破坏。傅良要求改革这一南宋继承下来的恶法，消除地方治理危机的制度根源。③

在这方面，还值得注意的是傅良对于地方社会组织和制度创新的积极

---

① 对于傅良的军制观点，有研究者指出，傅良一方面在《历代兵制》中强调"兵无专主，将无重权"，另一方面建议在地方军政上进行一定的分权，两者形成矛盾。参见《历代兵制浅说》，第 22 页。从傅良数次向君主直接提出的政见以及永嘉学统在这方面的一贯主张来看，分权说更能代表傅良的主导理念。

② 参见《陈傅良文集》卷一九，《赴桂阳军拟奏事札子第四》，第 270—271 页。

③ 参见《陈傅良文集》卷二一，《转对论役法札子》。

认可。透过对于当时地方上义役组织的评价，傅良指出这种地方民众自发组织起来平均分担役务的做法不见于古，与周代官以义率民、使民相亲睦的制度不同，体现的是民私相亲睦，以义奉官的用意。虽然古今不同，然而共同体现出维护人伦温情、官民相得的精神，因此义役的做法值得肯定，并且希望能够普遍推广，在得到政府财政支持下更可以作为政治复古的基础。① 傅良对这种关乎民众利益的制度，不仅强调政府变革的重要性，也认可民众社会创新的积极价值，体现出他对于当时国家与社会关系变动中新趋向的通达把握，反映出在把握根本治理精神的前提下制度思维的开放和包容。还有一点是傅良在司法解释实践中体现出的审慎与精深，对于事关嫌犯生命的刑法条文细节仔细考究，对于宋代法制规定中的混乱之处予以澄清，避免了误判、重判的进一步延续。这种法律理性根本上反映了对于民众幸福的人道尊重与治理技艺上的专精，是儒学政治中法律理性的积极展现。②

◇◇ 小结

综上所述，叶适在《陈公墓志铭》中总结傅良政治思想的大体，较之《温州新修学记》所言更为精到，"公既实究治体，故常本原祖宗德意，欲减重征，捐末利，还之于民，省兵薄刑，期于富厚。而稍修取士法，养其义理廉耻为人才地，以待上用。其于君德内治，则欲内德外治为人主一体，群臣庶民并询迭谏，而无壅塞不通之情。凡成周之所以为盛，皆可以行于今世"③。治体探讨的精密化、切实化，在傅良对于当代政治传统的系统分

---

① 参见《陈傅良文集》卷四〇，《义役规约序》。
② 参见《陈傅良文集》卷二一，《缴奏刑部大理寺鄠大为断案状》。
③ 《陈傅良文集》，附录二，第698—699页。

析中展现开来。在道法之辨与古今之论的基础上，陈傅良以三代政治精神解读宋代立国基础，试图树立起可以取法的政治传统，并对王安石变法的歧出激烈批评，其中心意旨在于改革宋代政体中央集权和君主专制的弊政，积极培植民众社会与政治精英的活力，以实现国家富厚的理想政治。如果说单纯的制度主义无法全面解释经制大义，单纯的事功描述也无法概括傅良的儒者实践抱负，像南宋学者黄震"专修汉唐制度、吏治之功"的概括就只把握到了傅良思想的皮相。①

"实"在理解傅良一脉的政治思想时是一个十分值得咀嚼的关键，它在新儒学含有超越意识的信念背景下涵摄了儒者修身立命与经世成务两个根本面向，与他们的生命信念与政治理解内在关联。若是缺乏对他们思想中政治精神与体制演变的关系、古今政治之关系的把握，经制事功之学的实践意涵就不能获得全体说明，道德实践与政治实践的有机关联也不会彰显。这一点在我们运用现代心智的经验论、唯物论或社会学眼光去解释传统思想时，尤其应特别小心。"规模一以经术，事业付诸书生"的宋代传统在傅良身上有着生动精彩的演绎，其政治思想的历史蕴涵需要我们在上述脉络中进一步探讨。

另外，对傅良与其所处思想群体的历史意义还需要更宽广的历史理解。这种理解的脉络，一方面是南宋浙东学者对于宋代政治传统及其变法运动的深刻反思，另一方面是宋代新儒学运动发展的内部多样性关联。在前者，傅良可以说是开启了这一反思之宪制化、保守化趋向的主要先驱，继季宣、祖谦之端绪，发陈亮、叶适、吕中之先声；在后者，傅良身上体现出性理学与浙东学术的双重影响，其思想显示出宋代天理世界观的兴起对于政治道德思考的复杂冲击。

---

① 黄震：《慈溪黄氏日钞》卷六八，《读水心文集》；转引自侯外庐等《中国思想通史》卷四，第十六章，第一节。

第 六 章

立国思想家的风云际会:
吕祖谦与治体思维的二重性

　　学者追溯经制事功学的兴起,多注目薛季宣及其弟子陈傅良。同时期的另一个浙东大儒吕祖谦,学术以博雅通达著称。实际上,讨论经制事功学与治体论的近世勃兴,吕东莱在其中扮演着薛季宣之外的另一个源起性角色,在作为立国思想家的浙东儒者群中无疑是一个影响更为重大的中心人物。

◇◇ 第一节　作为立国思想家的吕祖谦儒者群体

　　上文介绍薛季宣、陈傅良的经制事功学,揭示其思想兴起的政治与学术脉络,视野多聚焦于南宋早期。这很容易让人轻视这些思想人物的视野之厚重性,从而对其思想精神的近世意义不能充分把握。陈傅良政治传统意义上的恢复论实际上已触及这一问题。

　　此处,我们使用"立国思想家"来进一步说明问题的丰富内涵。我们认为,吕祖谦、薛季宣、陈傅良、陈亮、叶适等人,实际上构成了一个注重现实立国本末的立国思想家群体。以学人交往谱系而言,也可称之为"吕祖谦儒者群"。而其余泽,至宋理宗时期的吕中,宋元之际的马端临、王应麟，明初宋濂、王祎、方孝孺，仍有思想上的承续发扬。

立国思想家，是指他们的政治思考，并非仅仅着眼于南宋的复国和中兴，甚或孝宗一朝的政治得失，而是呈现出更为根本的视野和关切。这个视野，就是在经历北宋晚期的王安石变法与政权倾覆之后，受此失败巨变刺激而溯源探讨有宋国家的立国规模、立国根本。这一政治体的根源视野，关切的是一个文明秩序如何一步步摆脱混乱无序而构建起来。这个根源性的思想关切，是经受王安石大变法和北宋失国的重大挑战，转而回溯深探国家根本宪制的构造及其演进特征。

吕祖谦儒者群的政治思考，在这个意义上，是对于宋代代表的近世政治文明秩序的一个系统性、纵深性思考，是对于这个文明秩序经历大变法重整后提出的深切反思与再立。立国思想家这个特质，通过与变革思想家和经验型守成政治家的比较可以豁显出来。

范仲淹、王安石、二程兄弟等北宋儒者，相比立国思想家的思维，更体现出变革思想家的精神特质，其政治思考主要在于论证文明秩序的体制变革与如何变革。司马光代表的元祐学术对于大变法提出异议，使其思考相对更多一些对于立国规模和传统的正视与肯认，在变法与反变法争论中蕴含了立国思想家的原型线索。变革思想家的思考，当然无法回避对于宋代立国规模的讨论，涵生出部分的立国思维。或者说，他们的运思中也含括着某种立国思维，以三代之法的理想主义精神谋划现实政治体的再度重构（reconstruction），在时论中直接显现为变革变法。但只有在经历了大变法的洗礼和搅动之后，立国思考才会经由长时段的常与变之比较、政治经验和智慧的反复检验，形成更为充分的自觉意识和辨析水平，发展出系统性的理论视野和资源。

北宋大变法之前的政治思考，如李沆、王旦、寇准等，紧密围绕立国规模和根基形成了一个维护成宪的保守传统。但这类思考的经验初生性质更强，在未经历大规模变革之前，自觉意识和检讨辨析空间更为孱弱和有限。经验派政治家无疑具有丰富政治智慧，但是全局性和精深性的政治思考还来不及滋生、辩难。

刘挚对宋神宗陈述当时治体论的两个取向，"是故今天下有二人之论，有安常习故、乐于无事之论，有变古更法、喜于敢为之论。二论各立，一彼一此，时以此为进退，则人以此为去就。臣尝求二者之意，盖皆有所为而为非也。乐无事者，以为守祖宗成法，独可以因人所利，据旧而补其偏，以驯致于治，此其所得也。至昧者则苟简怠惰，便私胶习，而不知变通之权。此其所失也。喜有为者，以为法烂道穷，不大变化，则不足以通物而成务，此其所是也。至凿者则作聪明，弃理任智，轻肆独用，强民以从事，此其所非也。彼以此为乱常，此以彼为流俗，畏义者以并进为可耻，嗜利者以守道为无能，二势如此，士无归趋"①。当时，变革思维强调祖宗之法当变，反对变法派则容易流为因循苟且。司马光、苏轼等人稍能阐述祖宗之法、祖宗本意及其治体蕴涵，而缺乏系统深入的论证。

蒙文通先生曾指出，"唐自中叶以还，经济文化皆起大变，新思想、新学术于以萌芽，又皆欲以新学术运动为新政治运动，故有二王八司马及牛李党争。至于宋初，朝廷皆为旧派，庆历以后，朝野皆为新派，而莫不主变法，是变法固为一世之风尚，自当时之学术议论可以证之者也，是当时之斗争实皆新派之自相争斗耳"。变革思维主导了宋学的兴起。"重人治而轻法治，本北宋通病，固非荆公一人为然。其卑视汉唐以为不足法，甚至废史学，弃封建社会之历史经验以为不足究，置历代制度之得失于不顾，而遽欲以变更一代之法度为己任，且曰'我将以救天下'，岂不难哉！北宋一代士夫皆疏于制度，欧阳修作《五代史记》，不能作'志'，司马公作《通鉴》，亦略于制度，讲史学者，尚不免此。废弃史学之王荆公将更不能

---

① 《吕祖谦全集》（第十三册），《皇朝文鉴》，刘挚《论人材》，第100页。

行其所学、展布其志也"①。

这一点在两宋史学特点上也有表现,"盖治法密于唐,自北宋人视之,若谓徒法之不如徒善,故北宋史人皆高谈性道,不识治法,虽激论变法,而北宋究无能论法者","南渡之究史者众矣,而实以(浙东)三派六家为最卓。其与北宋异者,自欧阳、司马之俦论史不言制度,而南宋诸家则治人与治法兼包,义理与事功并举"。② 阐明道德性命义理之说,对于治体的治法层面则思考不足,是北宋诸大儒的贡献和缺陷。

立国思想家的出现,标志着政治共同体经历立国、维系保守、变革变法之后,政治思考和心智进入某种成熟时刻。在这个阶段,不仅变法思想被置于文明秩序的宪制传统中加以审视检讨,立国和保守时期的政治经验智慧也经历后期变革的洗礼,在一种新的眼光和视野中重获新生,带着鉴往知来的演进讯息而再度归来。重构宪制和秩序的根基,究竟是依托于重新开掘经学系统和诸子思想,还是泊定于对于经制历史演进的传统研讨?立国思想家的贡献在于着重开发出后一路径,并在宋代新儒学的义理体系中对其予以治体论原理层面的阐释。

立国思想家的出现取决于历史运势和机缘,无一成之律。秦汉治体论的首发者贾谊,作为"汉代精神上的开国"(牟宗三语),活跃于立国初期;《贞观政要》记录的君臣论对,也是唐代立国之初的思想记录,用于后武周时代的资鉴。有宋立国之初,并无相应分量的思想人物,盛期涌现出来的新儒者,更多体现出变革思想家的精神,而系统审视立国规模的思想者晚至南宋前期涌现。③ 承其对冲,同期理学治体论在变革观念中也催生出了颇

---

① 蒙文通:《古史甄微》,《北宋变法论稿》,第459—461页。

② 蒙文通:《四库珍本〈十先生奥论〉读后记》,《图书季刊》新第3卷第1—2期合刊,1941年6月;《跋华阳张君〈叶水心研究〉》,《中国史学史》,第161页。

③ 蒙文通先生认为李焘(1115—1184)、李心传(1166—1243)、马端临(1254—1323)等人在这方面与浙东相通。参见蒙文通《古史甄微》,第402—473页。

为可观的立国思维，较北宋先行者更为丰盈精致。这也是思想史和政治史上大可玩味的一件事情。

吕祖谦儒者群体大多降生于南宋初立的 1130 年前后，思想成长于奋发有为的孝宗乾道、淳熙年间。① 若以吕祖谦学人群、浙东学术殿军叶水心为下限，可以说覆盖了从 12 世纪 60 年代末期乾道年间到 13 世纪早期的宁宗嘉定年间，孝宗、光宗、宁宗这五十多年恰好是一个政权立稳脚跟、意欲有所作为并能够对北宋政权倾覆进行系统反思和清理的历史时刻。北宋诸大儒如二程、苏轼、王安石等人的学术思想进入竞争整合阶段，核心主题则是对于变法思想家的观念遗产进行辨析和洗炼。可以看到，吕祖谦等人的时政思考，虽然大多围绕孝宗朝的战略治术，却共同展示出一个回溯立国根基、审视立国规模的长程视野，进而在其中去定位和检讨一时政治的取舍进展。这其中还有一个重要的历史机缘，就是孝宗作为太祖后人而继位，使政统由太宗一脉转移过来，也促使立国思想家能够正当地强调立国时刻的祖宗之法，为全面审视宋代治体提供了政治支持。

薛季宣的《召对札子》《上殿札子》，陈傅良的《建隆编》《赴桂阳军拟奏事札子四》《转对札子》《转对论役法札子》提出的恢复论，吕祖谦的《淳熙四年轮对劄子二首》《馆职策》，陈亮的《中兴五论》、"上孝宗皇帝书"系列，叶适《贤良进卷》的《国本》《外稿》中《纪纲》《法度》诸论，最能体现出这一思考特质。

薛季宣在《召对札子一》中期待孝宗"复艺祖之业"，对于后者"躬细务，亲鞍马"、侵权好武，引尧舜三代之法、明皇故事、祖宗之法加以批

---

① 他们年岁相仿，仿佛一批天才同时涌现于孝宗之世：薛季宣（1134—1173）、陈傅良（1137—1203）、吕祖谦（1137—1181）、陈亮（1143—1194）、叶适（1150—1223）、唐仲友（1136—1188）、郑伯熊（1124—1181）、郑伯英（1130—1192）、郑伯谦（著有《太平经国之书》，1190 年进士）。同期，又有朱子（1130—1200）、张栻（1133—1180）、陆九渊（1139—1193）。

评，称"太祖皇帝犹谓击毬非将相事"①。《召对札子二》探讨官制政制，溯源太祖，澄清转运使、禁旅原委和制度本意，主张"易简而天下之理得"②。《朝辞札子二》推许立国以来的边备制度，镇抚专任，"视古经制方面最为有法，承平二百年，享扞城之利而无前世方镇之患者以此"③，主张孝宗"上师祖宗之意""悉如祖宗之法"。

这一政治论说方式由陈傅良进一步发挥。陈傅良为"恢复"正名，凝聚战略意志方向，是依据"略陈祖宗立国深仁厚泽之意与熙丰崇观以来用事者之纷更"，阐明立国宽厚精神，"富藏天下"，对于地方不能竭泽而渔，否则政权失去民众支持，以此批评南宋承继新政弊端，取民太甚，敦促孝宗、宁宗在时政中利用好"渐复祖宗旧制之机"④。太祖立国之本的遗产在于，"凡所以创业垂统者，莫非可传之法，而深仁厚泽、垂裕后人，则专以爱惜民力为本"。傅良阐释立国精神，"肇造之业，其道甚易知、甚易行。何者？艺祖治大而不治细，任逸而不任劳。大抵惩五代丛脞之失，再立朝廷，以还君道。君道得则朝廷正，朝廷正则天下理"，进而主张"陛下以艺祖之子孙而修艺祖之故事，此天意也"，也在大政措施上以艺祖法度精神来评价臧否，取法"艺祖故事"，"凡中外论建一以建隆诏书从事"⑤。"再立朝廷，以还君道"，指出了君道再立包含的国家再造主题，君道与国体同构共理。吕祖谦、陈亮、叶适之后的思考也呈现出同样的思考论说方式，如时人称道龙川，"亮当渡江积安之后，首劝孝宗以修艺祖法度为恢复中原之本，将以伸大义而雪仇耻"⑥，且有更精深的阐释。

---

① 《薛季宣集》卷一六，第 190 页。
② 同上书，第 192 页。
③ 同上书，第 200 页。
④ 《陈傅良文集》卷一九，《赴桂阳军拟奏事札子》之二、之三，第 267 页。
⑤ 《陈傅良文集》卷二〇，《吏部员外郎初对札子》《转对札子》，第 286 页。
⑥ 吴师道：《敬乡录》卷一三，《奏请谥陈龙川吕大愚札子》。

吕祖谦在为薛季宣撰写的墓志铭里（这篇文献对于确认季宣的政学地位与道学发展的反省极为重要），特别用"治体"概念总结季宣的政见，"治体有本末：愿遴三公之选，责以进人才，张纲纪，延端直之士，与之讲学问，求治道"①。在同篇文献中，东莱特别把季宣之学置于晚周以来的政学传统中来看待，凸显其讲论"古先制作之原"的思想取向："自周季绝学，古先制作之原，晦而不章，若董仲舒名田，诸葛亮治军，王通河汾之讲论，虽有牾有逢，有支有别，千有余年，端倪盖时一见也。国朝周敦颐氏、程颢氏、程颐氏、张载氏相与发挥之，于是本原精粗，统纪大备。"②

这一统绪，与本书所指出的治体、经制之关切，是相一致的，注重经制传统的历史研讨。东莱特意以北宋理学宗师承接之，也反映出他们所理解的理学之宽大气象，本自涵盖经制事功学的端倪。东莱与艮斋本都是豪杰之士，经世志向不拘泥于后起理学的心性思辨一层。③

宋代立国时期的诸多精神和法度，正是在这一视野中得到了富有纵深感和辩证性的思想辨识与肯认，从而形成审视政治传统演变尤其是变革运动的智识前提。北宋中后期诸大儒的学思遗产，也在这个意义上得到检视。因此，我们把相应这一文明秩序构建的宪制性视野，而非仅仅是针对宪制更新的变法运动的思考，归类为立国思想。当然，立国思考必然会认真面对变法思考，然而后者并不能想当然地等同于前者，往往只是部分地、隐含地生发某类立国构设。

---

①　薛季宣的《召对札子一》并未使用"治体"来指称这几条建议，参见《薛季宣集》，第 190 页。吕祖谦的志铭，参见《薛季宣集》，第 619 页；《吕祖谦全集》卷一〇，《东莱吕太史集》，第 159—167 页。

②　《薛季宣集》，第 622 页。关于《薛常州墓志铭》的思想史意义，可参见王宇《道行天地：南宋浙东学派论》，第二章第三节之二，《吕祖谦与〈薛常州墓志铭〉》。

③　东莱称季宣"少年豪举，既知学，销落不留，省其私，泊如也"，参见《薛季宣集》，第 622 页。东莱也是"以少年豪气雄大，俯视斯世，一旦闻周、程、朱、张之说，乃尽弃其学而学焉"，参见陈淳《北溪大全集》卷三三，《答西蜀史杜诸友序文》，后一句自是理学家的一孔之见。

　　治体论的勃兴，其实是这类政治思考的一个重要标识，意味着对于秩序构建的系统自觉开始成型。这个自觉意识的勃兴，又是与对于经制历史传统的强烈关注同步出现的。立国思想家对于宋代立国的充分探讨构成其历代典制研究的当代环节，显示出不同于主要依仗经学或诸子典籍重构宪制思维的取向特质。立国思想家的治体论，是近世早期政治智慧极为重要的思想成果，形成了家国秩序从近世到现代转换的思维基础之一。

　　吕祖谦是南宋浙东儒者群体的核心人物。就经制事功学之治体论的兴起来说，他与薛季宣构成了最为重要的二元推力。然而，薛季宣享年短暂，在学术文化和政治上的影响力也比东莱逊色。东莱自身承载着所谓"中原文献之传"的政学统绪，这一点具有莫大的意义。"中原文献之传"的精义在于北宋形成的政学传统精神，而不仅仅是关、洛之学。① 吕祖谦承载这一文脉，实际上是北宋政治传统和学术文化传统的南渡传播，也为立国思想家群体提供了中心性的智识和认同资源。季宣与东莱相友善，后者构成艮斋与理学家交流的桥道；陈亮则自称四海之内，知己推伯恭；陈傅良、叶氏与东莱长期过从，待之为师友。《宋史·陈傅良传》记载"祖谦为言本朝文献相承条序"②，中原文献之传本就以治体为核心主题，这构成傅良"实究治体"的学术渊源。水心在东莱逝世后被认为可接续吕氏统绪。东莱在理学家群体中又与晦庵、张栻、陆九渊等并立，被朱子认为学术涵括浙东群体的龙川、止斋二家。在当时思想界，吕祖谦还是连通江西之学、浙东之学、湖湘、闽学的学人网络中心，"陶铸同类以渐化其偏"的精神被认为治学有宰相之量。③ 因此，吕祖谦儒者群可以说构成了立国思想家的主

① 参见王建生《吕祖谦的中原文献南传之功》，《浙江师范大学学报》2015 年第 3 期，第 45—50 页；另，参见蒋伟胜《合内外之道——吕祖谦哲学研究》，《绪言》第二节"中原文献之传"，浙江工商大学出版社 2012 年版。

② 《宋史》列传第一九三，中华书局 1985 年版，第 12886 页。

③ 参见黄宗羲、全祖望《宋元学案》，《东莱学案序录》，中华书局 1986 年版。

体，也是发扬宋学广阔气象的政治思想重镇。

关于吕祖谦"中原文献之传"，尚有两点需要注意：一者，蒙文通先生特别强调不能以简单的理学道统传承来看待东莱。王荆公新学、苏氏蜀学的线索不能忽视。《宋文鉴》收录苏轼作品占全书几八分之一。"女婺之学，实合北宋三宗于一途。"蒙先生上溯其学脉源头至宋初三先生，尤其是孙明复的春秋学。这一经学眼光提醒我们领会东莱思想的大旨趣。东莱治经，于《易》《诗》《书》都有讲论，尤专注《春秋左氏传》。其解经阐发天理学说，提倡"以理视经"而非"以经视经"。义理不限于性理学说，包含经制和事功，注重经世致用，附经起意，离经广意，不执于注疏之学。《左传》学尤其注重国家政治的历史兴衰分析，以治体、国家根本为"先立其大者"，形成了经史并重的风格。①

此外，东莱《皇朝文鉴》以治体（"国朝治体""治体本末""祖宗相传家法"）为中心，探讨有宋立国规模以印证义理。叶适点拨此书精神，认为其宗旨是"因文以示义""欲约一代治体归之于道"（《习学记言序目》卷五〇）。我们不能以简单的史学眼光来看待这一探讨。它应是中原文献之传的当代政治载体，透过东莱对于当世政治文献的编排来寄寓其政学理念，如肯定元祐政治、推尊理学、发展更为广博宏阔的宋学精神。孝宗本意只是令吕祖谦以馆阁官秘书郎的身份校雠差误，东莱却"诵言皆当大去取，其实欲自为一书，非复如上命"（李心传《建炎以来朝野杂记》乙集卷五"文鉴"条）。类似孔子作《春秋》因鲁存义（陈傅良称"圣人经世之用，要其托史见义，以五霸为据案"），乃至立一王大法，《宋文鉴》促进士人系统思考宋代治体背后蕴藏的道与天理，与通过《尚书》《左传》《史记》来领会治体、天理，应该属于一个融贯的思想学术系统。东莱在编撰文献时试图体现自己的义理观念，如多言民间疾苦、祖宗过举，引发与当时馆阁

---

① 参见姜海军《宋代浙东学派经学思想研究》，第三章，第一、二节，齐鲁书社2017 年版。

翰苑士大夫群体的紧张。二者围绕政治秩序有不同看法，周必大代表的馆阁之士更侧重君权的表彰尊崇。其道学俦侣朱子则评价"祖宗二百年规模，与后来中变之意思，尽在其间"（收入《吕祖谦全集》第十四册，《皇朝文鉴》附录），叶水心认为"一代之统纪略具焉"。

东莱对于反映宋代立国典章制度和盛大气象的文献特别留意，淳熙四年与孝宗的轮对中已经聚焦国朝治体阐发政见。这一点对于南宋浙东儒者群的启发应当得到充分认知。立国思想家如陈傅良、陈亮、叶适，透过宋代治体分析追索立国法度、辨析艺祖本旨，重新发皇《尚书》《春秋》《周礼》的"统纪"义理，将其引入宋代政治实践思考，批评并改进南宋继承的新法规模，应该从东莱编撰《宋文鉴》寻找其智识驱动力。叶适记述陈亮在《祭吕东莱文》中倡言"孔氏之家法"，主张"常欲正两汉而下，庶几复见三代之英"，慨叹"夫三代之英及孔氏，岂于家法之外别有妙用，使英豪窃闻之哉？"（《习学记言序目》卷五〇）朱子则认为相比理会尧舜三代，费神于汉以下的历史只是枉费工夫。南宋浙东儒者因宋政而论治体，确立义法，重现三代的王道大法精神，这一思维进路的经世格调实是孔子家法的近世典范。汉儒于秦政秦制之后发挥素王经世之旨，于此复见同调。[1]

从南宋理学与经制事功学的分流来观察吕祖谦，是学界习见的视角。钱穆先生在《宋明理学概述》里颇具洞见地将这种分流放在唐宋之变的社会文化脉络中来理解。吕祖谦承接深厚家学传统，风格斟酌协调，中庸温和，更有唐代门第贵族的风度，保泰持盈，不喜争较是非。而理学典型代

---

[1] 关于吕祖谦与《宋文鉴》，可参见巩本栋《论〈宋文鉴〉》，《中国文化研究》，2012年春之卷，第43—58页；许浩然《周必大的历史世界：南宋高、孝、光、宁四朝士人关系之研究》，第四章，第二节，凤凰出版社2016年版；王宇《道行天地：南宋浙东学派论》，第三章，第二节。陈傅良语见《陈傅良文集》卷三五，《答贾端老》，第456页。

表了宋学平民社会锋锐争胜的气质，喜计较原理更胜于研析历史传统。前者较为保守，后者更显革命。前者对于北宋诸大儒学问开放包容，悦纳重视祖宗之法、欣赏经史参合的苏氏蜀学和司马光之学，理学则要争辩一个道统出来，排斥异己，唯我独尊。[①] 吕祖谦这样不偏不倚的门第旧传统气质，在宋代学风中反倒属于孤调。但正是经过吕祖谦，浙东那一班出身并非世族的儒者对于理学树立了异议叛帜，形成二水分流。"这一风气，却由祖谦引其机。这是学术思想史的转变中，一件至可玩味的事。"[②] 结合钱穆对于北宋学术中经术派和历史派的分野，吕祖谦可以说开放继承了司马光一脉的政学遗产（张栻评曰"元祐间一等长厚之论"[③]），浙东经制事功与理学的分流可以说是史学与经术分野的另一种延续。当然，东莱也有宋学特质，即讲学风气，同样也扶持理学。

钱穆先生着眼于唐宋之变的长距离审视有其洞见，虽然聚焦处仍没有脱离传统学术史的理学与事功学之竞争视野。对于我们采取立国思想家这一观察视角，钱先生的洞见可以帮助我们进一步思考那种强调历史传统和典章制度的学术谱系，与政治实践之间存在天然的亲和关系、保守关系并非偶然。吕祖谦儒者群体，在基本面上仍属宋代平民社会新起的学术思想群体，然而经由吕祖谦的接引，承继了关注历史传统和典章制度的较为博雅宽宏的旧传统风格，并在与理学的论辩中形成立国思想家的显性精神气质。宽泛地说，理学家群体中的大思想家，也一定程度上分享这种气质，如二程，如朱、陆。但是他们并未形成这类立国思想家那种系统性、传统性以纪纲法度为中心的保守成宪取向。以格正君心为本位的、以争辩天理性命为最高原理的理学治体论，当其与成宪传统耦合时，蕴涵一种道德浪

[①]　浙东儒者中如叶适对于苏氏蜀学注重史义也颇称许，参见水心对于李焘《续通鉴》得《春秋》真精神的评价，《水心集》卷一二，《巽岩集序》，第209—211页。

[②]　钱穆：《宋明理学概述》，九州出版社2011年版，第185页。

[③]　同上书，第182页。

漫主义的抗议精神，而当这种耦合解纽，就释放出令人生畏的道德理想主义革命精神。这是一种颇具道德宗教精神的新儒学，与更为传统稳健的治体思维构成了某种并生的二重性。换言之，理学思考中也含有立国思想家的思维成分，但更多地属于变革思想家的趋向，其立国思维多属潜隐的、理想主义的，重立教过于立制。

东莱的学术风格以综合（或曰"博杂"）而著称，呈现出会通熔铸、多元混同的特征。就此而言，其门人丁希亮的总结值得留心。他认为祖谦"皇帝王霸之道无所不明其旨，隐显小大之书无所不揽其粹，以是为天下之师，总学者之会。英伟奇杰之士则与论明统而正极，笃厚谨信之士则与论正心而诚意，好古慕远之士则与论制度纪纲，尚文茹华之士则与论言语文字，以至隐逸之徒、进取之辈，莫不因其质以指其归，勉其修以成其志"①。

这段话极具概括性地揭示出了吕氏与当时思想界中性理学、事功学和经制学等几个主要流向之间的亲和关系。"总学者之会""为天下之师"，可见东莱思想学术的气象之弘远，同时能包容并蓄，广开多门。道一而已，学则多途，使天下学术复归于道一，这样的规模气象及其探索可以说推扬了宋学创发期的蓬勃生命精神。

相对地，朱熹的几处评价可视为上述概括的批判性表述。他认为吕氏思想隐含着这样的理论倾向，即"道理与作为，自是两件事"，"仁义道德与度数刑政，介然为两途，不可相通"，"（司马）迁之学，也说仁义，也说诈力，也用权谋，也用功利，然其本意却只在于权谋功利……伯恭极喜渠此等说"②。

---

① 《吕祖谦全集》，《东莱吕太史集》（以下简称《东莱集》），（第一册），附录卷三，"丁少瞻"，浙江古籍出版社 2008 年版。

② 《朱子语类》卷一〇三、卷一二二，中华书局 1986 年版，第 2604—2605、2951—2952 页。

这些倾向在朱熹看来具有悖离理学正统的危险，其警诫之意不言而喻。仁义道理，在朱子看来，应是绝对主导的价值中心，而东莱对于政治、历史的论述使人们看到问题内在的紧张性、复杂性。

值得探讨的是，我们应如何从吕氏综合主义的思想视野中看待朱熹指出的那种理论趋向。是否存在这种分化？如果存在，其思想意义是什么？这需要深入考察吕氏相关观念及其发展，特别是其间多元取向引发的复杂关系及其政治哲学意义。

◇第二节　"内外相维持"：治体论、理礼关系与人性论

一　吕祖谦的治体观念

吕氏的思想显示，对于秩序的关切和探究构成了其中的核心主题。

首先，让我们认识一下他对于政治秩序理念的总体看法。吕氏曾论述，"自古所建立国家、维持天下，大纲目不过数事，如三纲五常、天叙天秩之类……盖君臣父子兄弟是内治，制度纪纲是外治。内外相维持，皆不可欠缺"（《左氏传续说》卷一，第151页）[1]。

伦理德行和制度纪纲分别构成了政治秩序的内外两层，而且是相互维系、不可缺一、从属一个完整构架的（"内外相维持"）。

治体是吕氏思想中的一个核心概念，无论在理学性质的论述，还是在史学、策论性质的探究中，对于治体的关注都占据了十分重要的位置。与之相通的同类秩序性概念还包括政体、国体、规模（规摹）、统体（体统，统要）、

---

① 《景印文渊阁四库全书》（第152册），中国台湾商务印书馆1983年版。

政事等。这类概念关注一个政治社会中具有基础性、主干性意义的那些要素及其相互关系的总体构成形态，导向对于秩序基本原理和精神的探讨。

根据吕氏的具体运用，治体概念主要包含一个政治社会的精神—德性取向、体制与礼俗。"政体""国体"的意义与它较为接近，"规模"一词意指体现了特定政治精神风格的国家根本法度模式。"政事"的界定显示治体涵盖国家根本大纲（"政"）与品节条目（"事"）两个不同的层次。"统体""总统"则主要凸显这些要素和层面对于国家建立和命运具有纲要性意义。① 将纲纪、风俗、消长、治乱，合起来综合观察，根本大法、风俗及其演变，就是政治的大纲。一代有一代的统体，一君有一君的统体，这是政治体一层；天下和一国又有各自统体。又如"统要"，"'钦哉！惟时亮天工'，二十有二人治职之统要也"②。

大体上说，政治秩序的基本构成要素包括精神—德性取向、伦理德行、体制法度以及社会风俗。虽关注面与侧重各有不同，从精神德性的深刻层面洞察透视一个秩序宪制的法度规范，是吕祖谦治体论观念的特质。

吕氏认为，每一个政治社会都有可以辨认出的特定精神—德行取向，或曰宪制所具备的精神信念根基。"一代必有所尚，以定一代之治体"，一代之"尚"所推崇的价值体现在伦理规范、体制法度与社会风俗诸方面。比如周代理想政治的惇厚而明功、秦代的暴虐、汉代的宽大。③

宋理宗时期的张端义曾概括，"古今治天下多有所尚，唐虞尚德，夏尚

---

① 关于"治体"的代表性论述，可见《东莱集》卷三，《淳熙四年轮对劄子二首》，第57—59页；关于"规模"的运用，可见《吕祖谦全集》（第三册），《增修东莱书说》，《舜典》，第50页；"大抵为国，当识其大体。总统一代谓之政，随时维持谓之事"，关于"政事"的细致论说，参见《吕祖谦全集》（第二册），《丽泽论说集录》卷六，《门人集录论语说》，第163页；关于"统体"的论说，主要见《东莱别集》卷一四，《读书杂记三》，第561—562页。

② 《吕祖谦全集》（第三册），《增修东莱书说》，第49页。

③ 参见《东莱别集》卷一四，第561页。

功，商尚老，周尚亲，秦尚刑法，汉尚材谋，东汉尚节义，魏尚辞章，晋尚清谈，周隋尚族望，唐尚制度文华，本朝尚法令、议论"①。宋朝尚法令和议论的治体概括，陈亮、叶适也反复论及。

东莱论"汤尚宽"时指出，"后世不知治体。自古人君立一代规模，未有不出于宽。其间有若整治严肃者，亦宽之用耳"，宽大是立国宪制能够长久持续的基本精神。② 后来吕中又进一步辨析宽严之论，在治体中应明确为仁意与纪纲法度。迨至明代立国，宽猛之辨成为治体论的核心论题，产生了莫大的实践影响。

周代治体，"百工皆知所向，虽其职之异，其功之殊，而体皆惇厚宽大，共成温裕之风俗，则是周家八百年之所尚，实定于成王，休闻显誉，岂有既乎！"③ 体现在用人法度上，任用吉士、慈祥良善之人，"文武用人之大法，所以立周家忠厚之治体也"④，在官制上，发于公心，敬钦天职，共政共治，弥纶康济，"为治之体统系焉"⑤。治体立定，则治道可成。

典礼、典常、统绪、体统，与治体相通。"圣人开一代之治，各有一代之典礼，如夏尚忠，商尚质，周尚文。车旗正朔，本数末度，随世而新……王家作宾，统绪之并立而耳目之不变也，可以观三代易世至公之意。"⑥ 这又是公羊春秋学之义。

"治有体统"，君道不在于事事亲为，"蔼蔼王多吉士"，此为治之体统，"元首丛脞，非君道也"⑦，"治道体统，上下内外不相陵夺而后安"⑧。

---

① 张端义：《贵耳集》卷之中。
② 参见《吕祖谦全集》（第三册），《增修东莱书说》，第 261 页。
③ 同上书，第 306 页。
④ 同上书，第 373 页。
⑤ 《吕祖谦全集》（第三册），《增修东莱书说》卷二九，《立政》，第 367—381 页。
⑥ 同上书，第 260 页。
⑦ 同上书，第 424 页。
⑧ 《东莱集》，第 57 页。

"周家之典常，皆文武周公之所讲画，至精至备，凡莅官者，慎师之而已。苟喋喋利口，妄欲更改，以纷乱职业，则动摇一代之治体，岂细故哉！"①

吕祖谦认为，宋代在治体方面的特征是"忠厚宽大""礼逊节义"的文治精神，具体政策比如相对于五代时期在刑法上面的温和（"不嗜杀人"②）、对于荒政赈灾的重视等。

"臣窃惟国朝治体有远过前代者，有视前代犹未备者。以宽大忠厚建立规模，以礼逊节义成就风俗，当做扰艰虞之后，其效方见。如东晋之在江左，内难相寻，曾无宁岁；自驻跸东南以来，踰五十年，无纤毫之虞，则根本至深可知矣。此所谓远过前代者也。文治可观而武绩未振，名胜相望而干略未优，虽昌炽盛大之时，此病已见。如西夏元昊之难，汉唐谋臣从容可办，以范仲淹、韩琦之贤皆一时选，曾莫能平殄，则事功不竞可知矣。此所谓视前代犹未备者也。"③ 淳熙四年轮对劄子的治体论，已为编纂《宋文鉴》设定基调，要对标三代，显现宋的治体特质。

三代之后的治体演进，在整体衰变中难免各有偏至、长短兼陈。以宋代而言，笃厚有近于周文，但是事功却大为不足，军事上长期处于劣势，财政压力沉重难缓。但是，不能为了增加事功，而损伤立国根本，即所谓"祖宗化成风俗所以维持天下者"，宽大、忠厚、礼逊、节义的治体精神分别有利于"豪杰得以展尽""群众不忍欺诬""潜消跋扈飞扬之心""坐长捐躯殉国之气"。

治体的这个精神维度，渗透在治法体制和政事运作中，需要仔细辨认把握。"至治无象，至乱亦无象。治与无治，实相远而形相近者也。……果

---

① 《东莱集吕太史》，第 390 页。
② 《吕祖谦全集》（第八册），《大事记解题》卷四，引苏辙言，第 359 页。
③ 《吕祖谦全集》（第一册），《东莱集》卷三，《淳熙四年轮对劄子二首》，第 57—60 页。

何道而辨之耶？宽大似疏阔，简易似纵弛，安静似缄默，函覆似冗滥，优游似怠荒，精审似犹豫。见其似而不得其真，则其害有不胜言者矣。畏其似而并弃其真，则其害亦有不胜言者，此论治体者所当辨之于早者也。"①

透过历史研究与现实诊断，我们可以把握某一个时代政治社会的治体特点，并制定对治的举措。如针对宋代治体，吕氏指出精神礼俗方面远迈前代的长处，应该维持并巩固，而对于事功不足的弊端，则应该振奋而变革。②"增益治体之所未备"、不忘"本朝立国之根本"，"今日治体其视前代未备者，固当激厉而振起；其远过前代者，尤当爱护而扶持"，③ 这既是对于国初治体根本的效法和回归，更是对于当时政治的反省和展望。

在《治体论》中，东莱指出李沆与庆历、仲淹与熙宁之间的历史关系，"盖自李文靖抑四方言利害之奏，所以积而为庆历、元祐之缓势；自文正范公天章阁一疏不尽行，所以激而为熙宁之急政"。对庆历变法怀有期望，认为若能实行，可以避免王安石的激进改革。"使庆历之法尽行，则熙宁、元祐之法不变；使文正之言尽用，则安石之口可塞。今文正之志不尽行于庆历，安石之学乃尽用于熙、丰。神宗锐然有为之志，不遇范仲淹而遇王安石，世道升降之会，治体得失之机，于是乎决矣。"④ 东莱肯定庆历变革，反对王安石大变法。陈亮对庆历、熙丰变法都持批评态度，认为未能把握宋代立国规模，药不对症。后世吕中在《类编皇朝大事记讲义》中则与东莱同调。

我们知道，吕祖谦与朱子一起编纂了《近思录》，其政治部分即以"治体"指称政治原则大法，与治道等同，下则是治法政事。治体的逻辑前提，

---

① 《吕祖谦全集》（第一册），《东莱吕太史外集》卷第一，《策问一》，第619页。

② 《吕祖谦全集》（第一册），《淳熙四年轮对箚子二首》，第57—60页。

③ 同上书，第59—60页。

④ 《吕祖谦全集》（第一册），《东莱集》，《新增附录　吕集佚文》，第971—972页。

是道体、心体，遵循了"出内以治外"的体用逻辑。① 《近思录》也表达了北宋成宪传统的基本共识，如对于共治的肯定，以程颐"天下治乱系宰相，君德成就系经筵"的宪制概括为代表。② 理学治体论的特出在于，将政治根本笃定在诚心立志的审初工夫，强调政治体系中格正君心之非的关键价值。其中收录了程颐提出的治道与治法这一对区分概念，前者指《大学》模式代表的修齐治平之基本政治原则，后者则指向相应的礼法架构。

可以说，东莱对于北宋理学宗师的治体观念，应当是十分熟悉的。理学宗师对于治道、治法、治体的理论意识，推进了东莱的深思熟虑。他自己又透过经史之学，进一步强调治体的重要性，成为引导浙东学人群体汲汲努力阐发治体论的关键力量。从上文他对于薛季宣政论的概括方式中也可看出这一取向。季宣更多使用治道、纪纲法度、规模或规摹概念，"治体"少见。③ 按以季宣不喜言体用的义理取向，这一点很可理解。傅良开始使用它来指称"治道之大端"，水心称赞季宣师徒"独究体统""实究治体"，很有可能受了东莱的影响，间接来自于理学家们的义理辨析意识。④ 因此，经制事功学被赋予治体论旨趣，可以说是透过薛季宣和吕祖谦而有交合汇流的机运。

二 "至公大同，必文理密察"：理礼关系中的秩序思维

前文初步勾勒出了吕氏治体观念的基本含义，接下来进一步剖析与此

---

① 叶适概括"今之为道者，务出内以治外"，参见《水心集》，《进卷》，"总述"，第 727 页。

② 参见《吕祖谦全集》（第二册），《近思录》卷九，浙江古籍出版社，第 105 页。

③ 参见《薛季宣集》卷二〇，《拟上宰执书》，第 256 页；卷一七，《与虞丞相札子》，第 204 页。

④ 参见《陈傅良文集》卷四〇，《嘉邸进读艺祖通鉴节略序》，第 505 页；《叶适集》卷一〇，《温州新修学记》，第 178 页。《陈傅良文集》，附录二，第 698—699 页。

密切相关的秩序原理、特征和重要议题。

首先，我们应看到政治秩序所依据的基本原理和精神。作为涵括秩序基本面的"礼"与"理"的关系可以作为一个观察角度。这个角度也是后来治体论分化的一个重要线索，明清儒学中强调经世致用的学者多以礼来纠正空谈天理心性的弊端，批评以理代礼。其端绪在浙东儒者已经开发出来。

吕氏指出，"礼者，理也"，理是普遍无处不在的，所以礼也是渗透发见于整个宇宙之间的。整个宇宙都体现出礼所表征的那种秩序精神，这种精神本身是理的一种内在特性。① 可以说，礼本身是有一种宇宙论意义上的秩序，这是对礼的一种形上论证。而人类的政治社会秩序从属于这个整体的宇宙秩序，作为理的表现，其合理性毋庸置疑。质言之，"礼即理"其实表达了宋代理学视野下的一种宇宙本位的政治秩序观。吕氏同时指出，理的内涵无穷而高远，普遍而精微，但并非没有伦要，人们可以透过政治秩序（"惇典庸礼，秩然而不可废者"）来把握其肯綮，这又近于反向指出"理即礼"的具象内涵。② 东莱立国思维中重礼、崇理也是其内在二重性张力的观念根源。

吕氏的观点概见于"分不独立，理不虚行"一语，理的实质精神被赋予较强的规范伦理内涵。③ 分，名分，职分，代表一套具体的规范名器，本身就是普遍之理得以体现自身价值的载体，属于礼之要者，并非与理不相关。另外，我们不能脱离这套规范名器来把握理，否则理就是被掏空实质的空虚规则。比如在君臣这一大名分下，君臣伦理就是最大的理，君尽君职，臣尽臣分，而不能在此之外争曲直，即所谓"君臣无狱"。这种紧密结合名分纲常来论理的做法（职分本位的理），抑制了抽象化、普遍化的理之解释路向，体现了侧重秩序规范的治体论特征。

---

① 参见《东莱外集》卷六，《杂说》，第717页。

② 参见《东莱别集》卷九，《答方教授严州》，第456—457页。

③ 参见《吕祖谦全集》（第六册），《东莱左氏博议》卷四，第84—85页。

理、礼，都属于天之自然，出于天命，自然中是公道公理，并非人之私意安排。"天命者，天下至公之理，安可以为己有？""命者，正理也，禀于天。而正理不可易者，所谓命也"，"命者，天地之心也"①。《书》云"惟天监下民，典厥义"，东莱解释："义，理也。谓天监视下民，其所主自有常理。至公而无私，厚薄、高下、善恶皆合其宜，即常理也。理无偏全，气有厚薄。惟皇上帝，降衷于下民，安有一人不同此理者？"②

在理解立国思想家的经制演进思想时，不应该忽视他们对于制度背后所依托之大经大道的信念，礼尽管有时代变化，却透露出永恒而普遍的超越天理。这也是大经大法的本原意义。

鉴于吕氏在本体论上心、理并重的二元取向，我们还可从本心与政治秩序的角度了解其观点，这也是其治体思维二重性的哲学基础。根据吕氏心外无道（理）的逻辑，宇宙万物之理（包括政治秩序原理）都是森然具备于本心之中的。人们本心发露并呈现，对于秩序原理自然能够获得真实体认，这是公理之具现，而非私意之妄发。

本心所蕴含之主体精神对于秩序维系的意义很重要，其政治蕴涵为：德行（如"君德"）是治体中形成精神取向的主导力量，正心诚意相应成为吕氏治术论中理学气息较强的部分。而类似的道德实践也是士人和民众维持秩序的基本方式之一。吕氏解释"德惟治"时指出，德乃相对天、人、鬼而发用为敬、仁、诚，总之于己则谓之德。古今政治的基本原理为有德则治，出治则入乱（"治乱之定理"）。三代以前，证验甚明。三代以后，人们不知本原，不知所谓"德"。然而实际政治亦有暗合于德者，庶可为治，如汉高之宽大，光武之柔道。但习之不著，行之不察，治所以不如古。③

德的一个根本内容就是法天敬天，东莱在解释《尚书》时屡屡言及

---

① 《增修东莱书说》卷一五，第203页；卷八，第134页；卷一六，第219页。

② 《增修东莱书说》卷一二，第186页。

③ 参见《增修东莱书说》卷七，第141页。

"宪天"，即属于此。东莱解释《说命》"惟圣时宪"，"高宗当于'宪'字用工，君既宪天，则与天一也，为臣者安得不敬顺"？① "爱民者天之本心，奉天者君之本职"，奉天、宪天，皆是法天之意。② 天理，乃是公理。"公理不存，而我与天有间矣"、须"契公理"、"私则非宪天矣。"③

宪天之义，在于认识天之自然的公理公道，而不任己之私意聪明。"出私意，则非宪天聪明矣。夫天命有德，五服五章，则官与爵本天之所有，岂人君得而私之哉！"④ 宪天聪明，是出于对于自然之理的尊重和循守。

"夫一日二日万几，若事事物物欲其有备，当无心而顺行乎事物之理，则有该通之道。苟欲取办于一人之智术，则一人智术能几？备左则失右，备前则失后矣。惟宪天聪明，则自然之理顺，随事而处事，所以有备无患。"⑤ 在宪天意义上，公私之辨意味着尊重天理还是一任己私，包含着对于客观秩序职分的尊重。"惟厥攸居，政事惟醇"中的"居"，即"止"，"不出本位"。"盖出位而为政事，乃私意也，私则非宪天矣。"⑥ 如君不尽君职而干预臣职之类。

由天理、本心、成德而凸显出来的公共意识、公理观念、大法意识，是宋儒在天理世界观下衍生出来的近世信念，立国思想家群体也分享此共识。"宪天"蕴涵的公道公理为近世秩序提供了超越精神根基，君主、士人与民众在天人之际的背景下都是宪天立极的参与者。君主制使得君主在这一方面的宪制活力得以彰显，而共治也为士人民众敞开了相应空间，在原理上他们都是天人秩序正当性的担纲者。现代人以民众为秩序正当性的活力原则，实则应看到宪天大义下的广阔天地。

"宪天"的公共之义，还体现于"一体"。"一体"是一种秩序意义上

① 《增修东莱书说》卷一二，第 174 页。
② 《增修东莱书说》卷一五，第 203 页。
③ 同上书，第 177、273、176 页。
④ 同上书，第 175 页。
⑤ 同上书，第 175—176 页。
⑥ 同上书，第 176 页。

的整体，是合乎天理意义上的优良秩序。"圣人与天地万物为一体，天地之中一物顺理，无非所以发吾之良心。一物不顺理，无非所以警吾不善之端也。"① 在各个位置上，尤其是处于君主、大臣、士君子之位，应当具备实现一体维系的德行意识。

元首以此为责任，"汤合人己为一区而归于天"，才能"民以善言，躬以罪言，人己之道也"，君主应主动担当罪责。② 大臣也以此为责任，伊尹作为大臣，自觉"我之罪两负君民之责"③。君臣彼此责任，君臣相须一体。东莱解释君臣之义为天伦，一体乃"全其天伦"。汤之官刑，"臣下不匡，其刑墨"，对于臣下恰是要约束使之明股肱一体之义，实现君臣"交相正"④。其理想精神境界超越古今区隔，超越人我之分，实现"合古今为一体"，"通人己为一体"，"志士仁人进在朝廷，共兴治道，则通天下为一体"⑤。实现一体共荣，在于秩序内外、左右、上下的相互协和。导论部分曾指出钱穆先生《国史大纲》中对于宋儒精神理想的概括，于此可见典型。

秩序之一体，即大公之义。"圣人公天下为一体，不以一身之无疑，遂谓无事可稽，见工夫之无穷也。"⑥ 公天下、公共是政道原则，"盖唐虞君臣皆不认天下为己有，故无一不出于至公。后世君臣认天下为己有，所以变乱皆从此出"⑦，"圣人公天下以为心，天下之物与天下之人共之，非如秦皇以四海独奉一身也。然至公大同，必文理密察，自有差等，又非如夷子之二本而为无差等之爱也"⑧。"至公大同""文理密察"对应着治道原理与治

---

① 《增修东莱书说》卷四，第 83 页。
② 《增修东莱书说》卷七，第 124 页。
③ 《增修东莱书说》卷一三，第 183 页。
④ 《增修东莱书说》卷八，第 129 页。
⑤ 《增修东莱书说》卷一〇，第 149 页；卷一五，第 205 页。
⑥ 《增修东莱书说》卷一七，第 234 页。
⑦ 《吕祖谦全集》（第三册），《严修能手写宋本东莱书说》卷二，第 478 页。
⑧ 《增修东莱书说》卷一八，第 240 页。

法纪纲两个层面。陈亮论《尚书》《周礼》，特别重视文理密察这一层。后来黄宗羲《明夷待访录》以公私抑扬三代后世，乃至放逐君主。思以东莱至公与文理兼顾之义，似失于密察。

公共原则不等于平等无差别的制度安排。公共性应体现在政治过程中，如元首更替之际的政治仪式，"入自端门，万姓咸睹，与天下共之也。延入翼室，为忧居之宗，示天下不可一日无统也。唐穆、敬、文武以降，阉寺执国命，易主于宫掖，而外廷犹不闻，然后知周家之制，曲尽备豫，虽一条一节亦不可废也"①。再如公论，"天下有道，相与谋议于朝，以辅翼其君，天下无道，相与私议于家，而各尽致身之道，非得已也"②。

精神秩序还透露出一种超越政治秩序的批判性倾向。吕氏在一些地方指出，人的本原心性具有天赋德性的崇高价值，完足而不待外求，不必在意和攀附外在的富贵权势。现实政治社会秩序因此并不能完全涵盖和控制人的价值追求，人还有相对独立的精神领域可以维护德性尊严。申言之，如果现实政治违背了心和理代表的原理精神，经由这种精神秩序可以发掘出积极的批判、范导功能。

可以说，宇宙秩序、精神—心灵秩序分别侧重从客观和主体意义上为吕氏的政治秩序理念提供了总体基架。从这个基架出发，我们可以认识政治秩序理念的一些基本特征。

首先，作为宇宙秩序的一个重要部分，政治秩序在基本构造原理上与宇宙世界的很多现象相通。比如天地日月星辰相形而显的次序，被视为政治秩序中名分等级的模本。按照这种天人外合的逻辑，政治秩序中的伦理规范与体制法度符合宇宙秩序中共通的公理，从而具有原理意义上的正当性。③

---

① 《增修东莱书说》卷三一，第403页。

② 《增修东莱书说》卷一四，第190页。

③ 天人外合、内合的观点，出自张灏师，分别对应汉儒天人相应、理学天人合一。参见张灏《转型时代与幽暗意识》，《超越意识与幽暗意识》。

　　更为重要的是，这种正当性还赋予政治秩序很强的超越性与公共精神。政治秩序本身被认为是天秩天序，名位被称为天职天位，居其位者接受的是天爵天禄，信念和行动的法则是天理，中道公平的价值本源是天心。这种用法在吕氏解释三代历史和制度时显得特别突出，以此彰显政治秩序与超越存在之神圣性的紧密关联。特别是，这种对于政治秩序超越性格的强调，使其蕴含了十分浓厚的公共性。

　　比如吕氏认为对于一个政治共同体如国家来说，君主可以控制很多重要的组成要素，例如土地、人口、军队。但是作为国家基本织体的伦理规范，则不是君主可以独自把持的。这种名分规范源出自天，只是在政治生活中寄托于君主，让后者代为守护。君主在国家秩序上，根本可依靠的并不是勇力、智谋，而是这种规范守护者的角色。

　　"天未尝以名分与人君，特寄之人君俾守之耳。舆地广轮之博，版籍生齿之繁，甲兵卒乘之雄，象犀金缯之富，皆君之有。独名分者，非君之有也……盖名分者，四海九州之所自立，人之所轻，天之所重也。"① 名分即客观秩序位伦所系，来源于人们在政治群体生活中形成的合理安排。

　　在另外一处，吕氏又强调，对于"人纪"（人类文明秩序的根本法度），即使是圣王如汤也不能得而私有，它远远超出一个人手足的能力范围。天下无独立之理，"大而天下、小而一国，必众人扶持，而后得立"②。不论领导者个人能力如何杰出，都需要与天下众人共同建立人纪。这种秩序建设绝非君主个人意志可决定的，而是必须集合天下人的智慧才能，并符合天理东莱昌明治体，并非仅为宋代立国一时一地而发，乃将其阐释为古来大经大法，自有传统根基和超越本源。治体本三代王道，孔子仁礼之学也是传此大法，为后世立制。

　　这种具有超越性和公共性的政治秩序理念，为吕氏评判古典和现实中

---

① 《吕祖谦全集》（第六册），《左氏博议》卷七，第148页。
② 《左氏传说》卷一七，《吴子问伍员伐楚如何》，第176页。

的诸多政治实践提供了基本依据。比如他盛赞三代圣王的治国规模，在施政之前经过广泛的咨询讨论，然后确立法度，"必先资诸人，而后展出规模"，而不"自用"以违背天下为公的精神。① 比如分封制优越于郡县制的一个根本之处，就在于体现了天子与众治理天下的精神，而不把天下视作一家一人的私产。再如周礼中的蒐礼、社祭，遇到军国大事，把平常散居乡野、信息闭塞的农兵们聚集起来，公布消息，有"与众公共底"意思。②

三代时期，君臣关系比较紧密，日常生活经常在一起，有益于政治开明的风气，体现出共治天下的精神。而秦汉以来，政治上"上太尊，下太卑"，君主的权力和私利独大，破坏了君臣共治的理想。③ 吕氏据此对现实中的君主专制进行抨击，最鲜明的莫过于对宋孝宗的谏言。他从历史上合众成功的经验、应对复杂政治的个体智慧之局限、政治权威的等级生成性、规避宠幸弄权等诸多角度，向孝宗力陈一人独断的危害性，指出治道正途在于"公议而公行之"的开明程序原则。君主必须依靠政治社会的群体力量，适度地分权任责，"广揽豪杰、共集事功"，"合群策、定成筭，次第行之"。在充分吸收公共意见的基础上，制定合理的政策法度。而且一经制定，就要严格遵循。这是其政治秩序理念的出色应用。④ 从宋代政治文化传统来看，"公议而公行"的观念是对君主与士大夫共治天下之理想的继承和制度化引申，其中包含了积极的共和主义倾向。

上述秩序理念中的超越性和公共性，还孕育并转化出了批判意味深刻的二元权威观念，表现在吕氏对于儒者、道统、公议、史官、讲学等问题的看法上。天理、天心所指示的道是宇宙天地之间的公共大法，不能被君

---

① 《丽泽论说集录》卷一〇，《杂说二》，第260页。

② 《左氏传续说》卷一，第154页。

③ 《东莱别集》卷九，《与周丞相子充》，第262页。

④ 参见《东莱集》卷三，《乾道六年轮对劄子二首》，第54页；《淳熙四年轮对劄子二首》，第58页。

主独自垄断、把持，这就在政治权威之外留下了可以生成、发挥的评判空间。孔子作为古老公共传统的人格代表，是立国思想家、现实政治家所尊崇依循的大立法者。

吕氏认为，儒者的天职使命就是对于名分秩序的"品节扶持"。在这个意义上，可以把他们视为与君主共治的秩序守护者。如果君主忽视儒者的这种重要角色，势必失去维持秩序的根本力量，身陷权威瓦解的危险境地。① 而对于儒者，充分发挥道的批判精神，去针砭、督促政治权威的言行，是不可推卸的义务和使命。儒者不仅要有高远志向，其学其力还需能开拓格局、不断持守。东莱表彰汉代孔臧，"逡巡不就大位。方欲纲纪古训，以示来嗣，其必有以也"，叹息西汉申公，"自反尚未深，格局尚未进，志虽及之，而力尚未足以守之。此儒者大戒也。厌空言者必尊实行"②。

东莱批评陋儒逢君之恶，助纣为虐。"始皇三十四年焚书。始皇下淳于越之议，意虽恶之，然未必如李斯之酷也。逢君之恶其罪大，斯之谓与！战国陋儒，诵章句而不知践履，守陈迹而不识时宜。荀卿疾之，于是轻诗书，法后王，以矫一时之弊，初不知李斯假其说，其祸如此其极也。天下之患始于陋儒，而疾陋儒者实成之。"③ "疾陋儒者"开启"轻诗书，法后王"的风气，祸患反有大于"陋儒"者。明儒方孝孺批评荀子偏执导歧，可以说与东莱论调相通（《逊志斋集》卷四"读荀子"）。

就当时治体而论，吕氏称赞宋代朝野形成了抗颜直谏的政治文化传统，"自太祖、太宗、真宗以来，朝廷之上养成一个爱君忧国、犯颜逆耳底风俗，故一时忠臣辈出"，这是极为宝贵的风俗资源。④ 有此风俗，方能养成儒者主体。

---

① 参见《东莱集》卷五，《馆职策》，第86—93页。
② 《大事记解题》卷一二，第791页；卷一一，第754页。
③ 《大事记解题》卷七，第493页。
④ 参见《左氏传说》卷八，第103页。

从历史来看，历代圣王贤哲接续而成的道统，发挥着对于政治权威的规导作用。而与道、道统相为表里的公议、公论，体现了吕氏对于公共论域的自觉意识，同样代表了一种二元权威的趋向。这在吕氏赞扬史官的话中有典型表述：

> 史官者，万世是非之权衡也……公是公非，举天下莫之能移焉。是故人主极天下之尊，而公议复尊于人主。公议极天下之公，而史官复持于公议。
>
> 公议之在天下，抑则扬，塞则决，穷则通，纵能削一史官之书，安能尽柅天下之笔乎！①

这段话鲜明地表述了以史官为化身的公共论域相对于政治权威的重要性，是儒家源远流长的"道—势"二元对立观念的新发展。其间，秩序公共性与二元权威的紧密联系在在可见。它显示这样的公共信念：天下有一定的公共是非，即广为认可的价值标准，可通过公议、公论表达出来；政治权威虽极人世间尊荣，在价值上却要低于公议；公议最能代表天下公共价值，而史官是衡量持守公议的关键角色。东莱《宋文鉴》着眼治体，成一代之文献。虽当时争论纷纷，却流传于世，得到后人肯定与推扬，这就是人心公论的力量。

围绕公议、公论这种公共机制，我们能看到史官代表的道义价值与人主代表的政治权威之间，前者的位序更高。"唐、虞史官皆有道之士"②，代表了三代时代的道统所在。从现代眼光来看，人民判断是非并维系价值共识，这是政治权力需要尊重的人之权利，是比君主权威还要尊贵的公天下之价值，史官作为这种价值的维系捍卫者得到尊重。其间包含了两种宪制价值，权威与公共，权威服从于公共，而二者都服从于道义道理。

---

① 《东莱外集》卷三，《汉太史箴》，第 653 页。
② 《增修东莱书说》卷三，第 64 页。

　　吕氏还认为，在西周礼崩乐坏之后，公议虽然废于上，然而史官能够世守其职，不畏强权秉笔护道。"春秋之时，王纲解纽，周官三百六十，咸旷其职，惟史官仅不失其守耳……人君之言动，史官未有不书者也。为君者视以为当然而不怒，为史者视以为当然而不遗，此三代之遗也"，"然一时之史官，世守其职，公议虽废于上，而犹明于下……春秋之时，非有史官司公议于其间，则胥戕胥虐，人之类已灭，岂能复待仲尼之出乎"！①

　　从圣王殁后至孔子儒学兴起的数百年间，史官守护的公议力量使中国没有沦为蛮夷，丧失文明规范。史官与后世儒者的角色使命其实是一致的，都包含了范导现实政治权威的积极能量。从文明统绪上看，史官所持守者，也是孔子儒家儒学所兴起的渊薮凭借。史官公议，乃是儒者渊薮，这一点认知极为重要，与寻常以礼官原儒有所不同！从史官到孔子的转变，正是王官学在三代后转向由百家言发明的历史轨迹。南宋浙东接续者，也正是这一久远传统。其重视史学，经义大旨不可忽视。

　　天理人心中间包含公心公论，人民的情感价值、道义会彰显出其力量。如论"楚虽三户，亡秦必楚"，"楚怀王，庸主，民怀之。举国如悲亲戚，积怨深怒，传百年而不衰，又以见天理人心至公，而初无定在也"。②

　　吕氏在《大事记解题》还引用先祖吕本中的话，描述了公共论域对于政治秩序的意义及其运行机理：

> 君子为是，非一人之私言也，天下之公论也。天下之公论不能尽隐。不行于上，必传于乡党闾里，而世之好事者常必相与珍贵而扶持之。及世之有为，则必质前日不用之说以为治，取乡党闾里之所珍贵而扶持者，达之于朝廷，施之于四海，其效可睹也。③

---

① 《左氏博议》卷八，第182—183页。
② 《大事记解题》卷五，第397页。
③ 《大事记解题》卷一〇，第665—666页。

在这里，"乡党闾里""世之好事者"表现出与史官、儒者类似的政治文化功能，含有一种公共论域的指向。

东莱运用这一点解释秦汉代兴："用人必先长者，举事必先大体，此固汉之所以为治。而非汉之君臣建为此言也。因秦之世，其说不行，而为乡党闾里珍贵而扶持之者，汉知天下公论所主，取而用之尔。"① 汉代秦，在于顺承天下公论之主张，顺势而为。

而秦政，对于公论，恰恰认为是"众论为陋而不取"，对于社会民间，"以在下者为相阿党朋比而不用"。法家与国家中心论者，对公论往往采取这一态度。

与道统同一序列的讲学，即对于儒家之道的讲论实践，在吕氏眼中关系到政治社会的治乱根本。士人在这方面同样承担着义不容辞的责任。吕氏指出，士人讲学以改造政治社会，存在从上至下、从下而上两种路径。理学宣扬的正君心以正天下属于前者，士人在政府之外的社会领域从事讲学实践、移风易俗则属于后者。

后者主要作用于吕氏治体观中的风俗生活层面，似乎不直接触及政事体制，但在他的思想中意义并不比前者轻。这从吕氏秩序理念中的政治—风俗关系中可以看出来。他认为，"政之所及者浅，俗之所持者深。此善觇人之国者，未尝不先其野而后其朝也"，"善政未必能移薄俗，美俗犹足以救恶政"。② "尊古先神明之胄，乃故家遗俗相传之语，特施于篡逆之田氏，则非其所也。方是时，苟有王者，肇修人纪，明逆顺以示之，则其敬圣贤、严世系之风俗，乃封建之所凭借而久存者也。"③

这里的"敬圣贤、严世系"的风俗，被认为是封建秩序的重要支撑。

---

① 《大事记解题》卷一〇，第 665—666 页。
② 《东莱左氏博议》卷八，第 198—199 页。
③ 《大事记解题》卷二，第 284 页。

再如，吕氏指出，有了乡举里选的风俗才会有乡举里选的制度，风俗是导致制度演化的重要条件之一。① 改造社会风俗以改进政治，因此成为吕氏与其士友群体寄望的一条通往善政之路。其根本在于从士人自身做起，对于不良流俗，"别着一只眼"，批判以求革新。② 因此，从已经存在的风俗着手用力，政策制度顺此而施行，在东莱看来比起直接用力于政事是更为有效的政治路径。"当闲暇时，因已成之风俗，加以政事，则其治孰能干之耶？救已坏之政甚难，因已成之俗甚易。"③

上述这些概念，经由吕氏的诠释，使秩序思维呈现出广大宏阔的公共性指向。在政治权威之外，开辟出了具有并峙地位的价值中心与社会性自生空间，透过儒者、士人等社会角色发挥对于政治权威规导、评判、改造的作用。接续三代史官，孔子儒家的百家言以立王官学的道统，这也是东莱对于古老传统的承继。这种政治秩序理念中的二元权威潜能，对我们理解中国从近世到现代的思想和社会变迁十分重要，值得进一步讨论。④

三 "先立其大者"的治法论含义

吕氏治体论的秩序要素呈现出德性规范与体制原则并行的状态，决定了秩序理念的基本样式。这其中又包含着人性论、国家政治观上的复杂逻辑和某些新的观念意识。

---

① 参见《历代制度详说》卷一，《科目》，广陵古籍刻印社 1990 年版，第 19 页。

② 参见《左氏传说》卷首，第 6 页。

③ 《东莱左氏博议》卷八，第 198—199 页。

④ 从今天的眼光来看，理学运动特别自南宋之后带来的中国文明秩序中社会空间（如宗族、乡约、书院、社仓、义役等）的生长，及其相对于政治权威的潜在异质性，离开吕祖谦这类理学大家自觉意识的致思导向，可以说是难以想象的。因此研究他们的秩序理念，梳理由近世到现代的这一理念谱系，对于理解我们所处的历史—现实境况、理解近世的家国再造，未尝不是一种有益的探索。

　　吕氏思想中耐人寻味的一个取向是，试图以天理之理涵括一般政治意义上的法。法并不局限于一般的格式律令，而是包括体现了仁义之意的所有符合经旨的人情物理规则。举凡仁义道德、礼乐刑政都属于广义的公共法则（"成法""明法成理"）。东莱发展了一种经制意义上的政理、政德观念，不同于一般道德、事务实践意义的德行。

　　"凡所谓'政'者，系国家治乱兴衰之大纲，'事'则是品节条目、有司所掌者。"政关系到为国之大纲，即儒家所谓"先立其大者"。这里东莱对此理学熟语给出了一个治体论的解释，"不识大纲大体，而看一节一目，虽多闻多识，然终无总统处"。孔子与冉有辨别政与事，也是主张政不归季氏，这是秩序大纲，大夫只掌管"事"。

　　以两汉为例，前汉之政，宽大长者，以至凡百制度见于兵、民之间者，尚有三代遗意。而光武帝乃是"以一身为天下，凡所施设皆是事了"。不能建立治体大纲，而依靠君主个体德行能力驾驭事务，终归不是善治大道。因此东莱论断"前汉有政，后汉无政"。政需要在治体大纲意义上的秩序建构，有超越个体德能维持事务者。[①]

　　换言之，德行可分疏为两层，一层注重于秩序宪章的构造，另一层具现为具体经验事务的处理。对于实现善治，君主仅仅依靠个体德行才能，并不能代替整体治法秩序的作用，相反会削弱后者的建立。东莱在这个意义上批评汉光武帝"以一身为天下"，"凡所设施皆是事了"。[②] "先立其大者"强调抽象秩序规则的确立，这是政的治体所指重在纪纲法度。如果只是养成应付具体事务的德行能力，不足以支撑治体构造。

　　德性规范与体制政事往往又构成两种不同的政治类型。前者基于对人

---

　　① 参见《丽泽论说集录》卷六，第163页。
　　② 后来陈亮也是从治体建立的角度批评汉光武帝"以一身任天下"，突出批评君主片面依仗自身才智，而不注重公共治体秩序的大经大法。见下一章论述，《陈亮集》卷一八，《汉论·光武》。

理想德性的高度信念，认为政治精英充分的道德实践可以确立、彰显天赋伦理的典则意义，相对于社会发挥感化、涵濡的政治效应，以塑造风气习俗。它倾向于一种道德理想主义浓厚的政治观，包括以正心诚意为根本的内向性工夫及其外向转化的政治德性。但是，后者作为一种规则主义的进路，认识到了人们（包括君主）自身德性和智慧才能上的根本缺陷和不足、人情利欲的客观需求、天地万物自在的复杂作用，指出非人格化、组织性、制度化的法度规则对于处理人类复杂现实关系的重要性。

德行和规制是秩序的两个基本构成要素。以它们各自为中心，可以形成两套不同的治体论思路，即修身为本与经制中心。在东莱的思想中，前者有清晰表述，而后者也占据重要地位。一种比较恰切的理解思路可能是吕氏所言的"盖君臣父子兄弟是内治，制度纪纲是外治。内外相维持，皆不可欠缺"。尽管存在冲突之处，如吕氏在与理学同道讨论中会对正心立本进行高度肯定，但是其整体思想更加符合"内外相维持"的思路，较为妥贴地体现了吕氏秩序理念的特色，也体现出自身治体思维的二重性。这是他敛藏持养、不争较最高原理的特点，也招致朱子囫囵含糊的批评。

德性规范与体制法度，基于不同的原理和逻辑，不能够彼此取代或者化约，亦非决定和被决定的关系，而是彼此支撑、相互维系，共同形成理想秩序的织体。其间，从精神价值、道德伦理，还存在着经由社会化、习俗化、惯例化，而进一步制度化、规则化的运行逻辑，这样才构成一个完整的秩序治体论。东莱解读历史与政治，往往是在治体、为国大纲的意义上立论，而非只是从修身立德上阐释。上文论及风俗习俗对于政事的重要性，亦应当从这个角度理解。这也是浙东学人群的思想特质。

比如名分中极重要的君臣伦理关系，一方面固然取决于行动者道德信念的践履，另一方面体制构造也深刻影响了伦理行为的性质。宗法封建制下君臣之间根据亲缘宗法关系形成了自上至下多重对构的"更相联络、更相维持"的格局，相互之间的关系紧密而不易解散。如论"九宗五正"，

"譬之如木有根有干，有枝有叶，自大而小，此理之必然。故上下亦相亲附，虽衰亡亦不至于遽"。而郡县制下"君臣皆是暂时假合，若偶然相遇，初无悠久以相维持之意，故易于土崩瓦解"①。分封更符合"理之必然"，比官僚制君臣关系更具可持久性，这是东莱评价政治关系结构的一个重要标准。又如政事任官，一方面官员的主体道德素质十分重要，另一方面如果没有一个符合形式合理性的官制，本末倒置，轻重紊乱，即使是理想治人也难以发挥作用。

治体的根本法，部分地已经透过传统呈现在后人面前，如三代之法。东莱说，"后王知春秋之义，则虽德非禹、汤，尚可以法三代之治也"。治世所需的义理法度，不一定要求"后王"都具备圣王之德。"'行夏之时，乘殷之辂，服周之冕，乐则韶、武'，此其准的也。"这是"经世之大法"，其中微言大义，大义易见，微言时措从宜则难知。《春秋》有微言大义，南宋浙东儒者倡言治体，先立其大者，在此前提下，强调王者之学的艰难，深寓微言。"而得乎义理之安，文质之中，宽猛之宜，是非之公，乃制事之权衡，揆道之模范也……夫观百物然后识化工之神，聚众材然后知作室之用。于一事一义而欲窥圣人之用心，非上智不能也。"② 或者可以说，这里王者所需要的政治智慧，主要是一种尊重传统经验、历经积累从而进行选择并综合提炼的礼法理性，更侧重了治体经制的技艺理性，而不寄望于超凡神圣的"上智"。后来的叶水心对此也有精彩阐发，又强调只能略发意而不尽言（《叶适别集》，《序发》《法度总论》）。

代表秩序治体的礼，出于群体生活的客观趋势，体现出人类精神的某种天性。"物聚然后有礼，人群则礼自生，岂非天秩？……典礼出于天，天命之谓性也。"③ 这些趋势，是人类群体传统智慧的积累，部分地出于防范

---

①《左氏传续说》卷一，《吕祖谦全集》第7册，第13页。

②《大事记解题》卷一，第232页。

③《增修东莱书说》卷四，第76页。

人性中的情欲意气，并非全是人之优美德性的客观化。而其优良功能的实现，又离不开精神德行上的践履努力。"天叙，天秩，非人所为，惟君与天为一，故能惇之庸之也"，"君臣聚精会神，与天无间，则所惇所庸乃天之典礼。不然，则典礼无非虚文矣"。① "礼乐非可以虚文举。言礼乐必于左右宣力之后者，人民和气浃洽，然后可以兴礼乐，固有次序也。"② 可见，典礼施行依靠于人的"和衷"实践。

政体制度有客观架构，职分权责应合乎所谓"体统"，这是治体内在之义。"建官分职，固自古制治保邦之大道也。……若昔帝王，建其长，立其贰，设其参，傅其伍者，岂苟云乎哉？皆所以制其未乱而保其未危也，非曰文其治而饰其安也"，不能"舛逆体统失去建官之意"。③ 成王依据传统推上古官制，"观会通而行典礼"④，把三公确立为周礼定制，重建朝觐、巡守古制，体现出高超的制度技艺。"如三公古已有之。太师、太傅、太保，论道经邦，燮理阴阳，造物之友，非独天子之傅，尊之至。三孤贰三公，为少师、少傅、少保。"成王所序三公之职，在后世盖旷千百年而不见者也。"⑤ "周制每以三公兼六卿，抑有深意焉……三公无职，六卿则分职矣。三公论道，六卿则行道矣。以三公兼六卿，同精粗源委于一体，可离非道也。"⑥

在三代之法的典范参照下，后世制度可以得到一种检验。如论三公六卿制，"前汉三公之名不正"，因承秦旧，视古舛驳。"三公名虽均，其权实差。"⑦ "古之三公，一失而为秦之左右丞相，再失而为汉之丞相、御史大

---

① 《增修东莱书说》卷四，第 76 页。
② 同上书，第 81 页。
③ 《增修东莱书说》卷三○，周官第二二，第 383 页。
④ 同上书，第 388 页。
⑤ 同上书，第 385 页。
⑥ 《增修东莱书说》卷二七，第 347—8 页。
⑦ 《东莱文集》，《新增附录　吕集佚文》，第 973 页。

夫、太尉，三失而为东汉之尚书令仆，四失而为晋之中书监令，五失而为魏之门下侍郎，六失而为隋之三省，七失而为唐之枢密院。盖至于今，而枢密与丞相并称，谓之东西二府。不惟失其名，并与其实而失之。"① 这是基于三代之法的高级法原理，对于秦汉以降各代立国制度的深切批评。在后世黄宗羲《明夷待访录》"置相""学校"等篇章中，我们可以发现这个思路的进一步演绎。

"体统既明，不待衡石程书，斋居决事，而天下自无一夫之冤矣。彼秦皇、汉宣之流，矜其小慧，悉取四方之奏言而自治之。有司拱手，倚成于上，积栋充宇，岂区区两目所能遍察哉！"②"太中大夫，宿卫之官，而使之定律令。武帝时，近臣夺有司之职，类如此。"③ 体统代表了体制合理的构造原则，非君主代表的权力意志能够控制、扰乱。"位之布列，其法不可轻"④，君有君职，臣有臣职，其中有体统，总体制度才能运行有效、正当。

东莱解释官制变化，注意到天人关系、民性、风气等更深层的原因。他指出从唐虞官制到周礼，负责天时和礼乐的官员为何逐渐合并入其他官职，而且转少？东莱认为唐虞时代人民民性浑朴，风气未启，其本原可以自治，这方面官职多。此后，风俗变薄，以精微示之有所未喻，故三代之君通其变，凡天时礼乐之事，皆散寓于政刑度数之间以诏民。世变风移，不得不质文迭变，以通其政。⑤

朱子批评东莱仁义道德与度数刑政二分，似乎并未认可"内外相维持"的根本逻辑，而是表达出了自身以心性修身为本位的道德主义偏见。东莱更能把握治体内在的复杂秩序精神。心如果代表上通天理的精神心灵，那

---

① 《东莱文集》，第 974 页。

② 《大事记解题》卷九，第 566 页。

③ 《大事记解题》卷一二，第 779 页。

④ 《增修东莱书说》，第 383 页。

⑤ 参见《增修东莱书说》，第 109 页。

么对于治体的认知应避免主观立教之义的简单化。纪纲法度大体可睹，精微不易言。自东莱始，到了水心，就明确批判以心为本位的道德主义思想进路，深入解释内外关系（"内外交相成"），从认识论、实践论角度，宪制自身逻辑如国本论，做进一步阐发。陈亮，也继东莱而起，对法与礼、儒家法治提出系统解释，开拓了不同于理学道德主义的思想规模。治体思维的二重性，若无东莱这样大视野大气象的涵容，势必依据不同中心作各自系统性的发扬，而近世政治思想也正在此分化竞合中演进。

四 "于罪之中而知天理之所在"：治体的人性论根基

上述治体论，与吕氏人性论上的特殊体认存在对应关联。如果对照理学家习用的天理、人欲对抗模式，吕氏对于二者"同体异用，同行异情"的判断显得别有特色。[①] 在他看来，二者交融一体、不易分离，在不同情状下发用则有分殊。比如他把人心区分为内心和外心，内心代表了人性本真，属于本心、天理，而外心代表了受外物吸引的利益欲望，属于人欲。就道德实践而言，吕氏推崇本心内心，批评外心逐物，主张回复本心，这与一般理学家同调。但是如果细致观察吕氏对于政事制度等领域的理解，他对人性的利欲性和争斗性，并没有简单采取道德主义的态度，而是从一种较为客观的经验论角度，承认、正视政治现象与这些人性属性之间的事实联系。基于这种现实主义的认知，结合道德思考，去讨论权力、国家、体制安排等问题，产生了不少比较新颖的观念意识。

比如对于政治中的人性，他不仅看到理想人性中趋善的道德理性，更加看到诸如众人之性中难以克制的非理性激情（如意气、争斗），自律性道

[①] 《东莱别集》卷七，第234页，《与朱侍讲》。湖湘学派南宋初学者胡宏已经提出类似观点，"天理人欲同体而异用，同行而异情"，见其撰《知言》卷上。

德实践不能够完全解决群体社会中由此引发的冲突。① 人性中的激情和欲望在权力运用的过程中极易产生腐化和罪恶，权力与人性的易腐蚀性之间相互催化，因此对于政治权位应该严格分配，严密防范。吕氏对此表现出了相当自觉的幽暗意识。②

"凡人之情，为恶于人之所不见，为善于人之所见"③，如论恶，暴、贪、荒、险，"四者之根，藏于胸中伏而未发，虽吾亦不自知其恶也……迨夫一念之恶藏于胸中者既熟，遇事则见，遇物则动，外之恶习召内之恶念，内之恶念应外之恶习，以恶合恶，若川之决，若火之燎，有不能自制者。吁，亦危矣！"④ 对于人性中恶的多端表现、运行影响，有深切揭明。另外，凡人、常人之情，具有强大的利益属性，道德情操的养成不易。

"利者，人之所趋；义者，人之所惮。使为义而无祸，人犹且不肯为，况重之以祸乎。"⑤ "凡有血气之属，利小则争亦小，利大则争亦大。国者，其千万世之大争端乎……聚天下之大利，而萃之于此。"⑥ 政治事务，尤其是引发利益重大争斗的活动领域。若要以道义驯服人们逐利之情，尤其需要认知到其艰巨性。政治事务的本质之一是在人群中如何调配利益，事关少数人对于多数人的控制、动员和实现公共利益，从而展露出一种相对独立的领域属性。⑦ 国家是一个具有极大利益诱惑性的实体，势必引发人们的争夺。从确保稳定的秩序理性来看，取决于生理原则的嫡长子世袭制能比较有效地排除围绕最高权位产生的无穷争斗。

东莱特别强调从历史观察中，洞察凡人众人之情的面目，并从情理、

---

① 参见《左氏博议》卷三，第 319—320 页。

② 参见《左氏博议》卷一三，第 434 页。

③ 《左氏博议》卷二，第 51 页。

④ 《左氏博议》卷一，第 13 页。

⑤ 《左氏博议》卷三，第 64 页。

⑥ 同上书，第 71 页。

⑦ 参见《东莱集》卷三，《乾道六年轮对剳子二首》，第 28 页。

事理的角度来论说天下之理。东莱反复强调的是，现实中人情体现出不那么道德理想的性质，人们对此要有清醒认知。如论君子众人，后者的情状趋势是不能服于直理，"盖闻过而喜者，君子也；闻过而怒者，众人也"。众人不能预设会顺服于理，更多情况下是情绪、感性的支配。"君子常少，小人常多"①，这是实际政治情况。因此，现实政治中，应当不有其直，不以理傲，婉其辞。东莱更看重理性、感情情绪在实际人际互动中的作用。对于依仗理而进行的斗争，不能高估其力量；情感、冲动、心理的作用下，理智理性并不占优，对于普通众人尤其如此。因此，君子和众人之别，需要不同的处理。众人需要用事去教育，君子能容易明理。"告君子以理，告众人以事。所谓众人者，见形而后悟，按迹而后明，非遽可理晓也。"②

罪的意识与恶的意识牵连，十分显著。"君子欲无得罪于众，必先无得罪于独；欲无得罪于朝，必先无得罪于家。"③ 即使在罪恶动乱之中，也能见到天理。"横逆陂淫之中，天理间发，时见一斑，岂非是理之真在与？"④乱离中见天理之真。"善观理者，于此所以深致其观也。吾独于罪之中而知天理之所在焉。"⑤"是知上帝之降衷，虽在昏纵悖乱之中，未尝不存也。"⑥天理常在人欲中，未尝须臾离也。二者不能截然分离，透过人欲的修养调控而体现天理。

反映在个人伦理上，由于家庭社会和国家政治的不同性质，也产生不同的德性标准。"大抵君子勇于公，而怯于私。在家庭，在乡党，在田野，含垢忍耻，见侮不辱，恂恂愉愉，人百欺而不以为忤；在庙堂，在军旅，在官府，烛奸挞隐，洞见肺肝，凛凛洌洌，虽一人欺之，亦未尝容。"私德

① 《东莱左氏博议》卷三，第 57 页。
② 《东莱左氏博议》卷五，第 94 页。
③ 《东莱左氏博议》卷二，第 51 页。
④ 《东莱左氏博议》卷一一，第 281 页。
⑤ 同上。
⑥ 《左氏博议》卷五，第 98 页。

不校，因为"一己之尊，万物无对"，不与之计较。"至于国家之事，则存亡安危系焉，不得已而出力与之校。"① 也可见对于政治公共领域与个体生活领域产生了不同的区分意识。

在对礼所代表的秩序观的诠释上，吕氏虽也指出礼作为天理规则而自然呈现，有时特别强调的却是一种近似于荀学的思路，论证人在生活中随时可能被欲望腐化，招致自我和群体的毁灭，所以需要礼法约束、规范，以免于暴死非命的厄运。"君子视欲如寇，视礼如城。彼其左右前后，伺吾之失守，而将肆其吞噬者，不可胜数。稍怠，则堕其手矣。吾之所以孤立于争夺陵犯之场，得保其生者，非天非地，非父非母，实恃礼以生也。无此礼，则无此身。"② 另外，公共法度的建设事关治体根本，优越于由统治者个人品质决定的政治规模，可以更有效地保障政治秩序的运行。

这些往往来源于吕氏历史观察和体认的识见，相当程度上超越了道德理想主义的理学思维定势。似乎可以说，道德主义对于天理的价值肯定，与宪制理性对于人欲经验的知性承认，由此指示出不同的实践立场，这恰恰体现了吕氏关于天理人欲"同体异用，同行异情"的理解，与"内外相维持"的秩序样式相呼应。

这种区分对待的处理方式在其整体的秩序观中也形成了部分的两歧性。政治国家既是担负道德使命的精神实体，也是一种处理利益协调的体制性存在。这种双重性格具有很强的张力结构，既互补相济，也内含了不少模棱、冲突，甚至矛盾。可能正是由此缘故，朱熹批评吕氏学思中道理与作为、道德与制度之间出现了相分离的趋向。因为它没有纯然以仁义道德为政治根本，并从仁义道德推导出天理正当意义上的典礼法度，而是在道德主义的视界以外，从承认人性的欲望、利益、争斗性与有限性、人类群体生活的某些客观趋势来着力论证各种制度程序的必要性。

---

① 《左氏博议》卷一六，关于"君子勇于公而怯于私"的论说，第467页。
② 典型论述可见《左氏博议》卷五，《桓公与文姜如齐》，第343—344页。

◇◇ 第三节　历史观、王霸论与制度变迁

在吕祖谦的秩序关怀中，历史维度既构成了知识来源、解释原则，本身也蕴含了不少富有政治哲学意味的观念，深刻影响到对于秩序原理的理解以及实践导向的判断。[①]

对于秩序理念的把握，无论是其中的性理学抑或政事论，都依赖于历史学眼光下对于儒家经典和文献的探索。后世所谓"究性命于史""六经皆史"的观念都可溯其渊源至东莱，其根本动机是一种政治经世关怀。东莱对于史官之文明地位的强调上文已经指出，实际上构成了从三代到儒家确立之间的传统管道，因此对于东莱的儒家理解发挥了根本性的牵引作用。

他强调人在历史中的实践主体地位，并且指出，六经记载的只是古代圣王没有完备的法度，孔子也没有充分对其进行实践。经典系统并不是已完成了的封闭的人类经验，而是具有面向未来的开放性，有待后世人们不断实践以求施用。"六经所载者，尧、舜、禹、汤、文、武未备之法。用六经者，当有尧、舜、禹、汤、文、武未用之效……是自夫子既成六经之后，尚为未试之书也。试六经之未试，使异端恶党不敢指夫子之述作为虚言，非儒者责耶！"[②] 这种观点没有主张经典在价值上的绝对化，表现出很强的历史化理解的意味。陈傅良反思儒者最易于以不变之经常来指导政治，陷入迂腐不通的所谓儒者定论，叶适批评儒者"以经为治"的教条主义，体现的是同样以实践经验为根本依据的思维取向。另外，我们又要避免将他们彻底史学化，看不到继承夫子作春秋而来的大义微言、经世之志。夫子

---

① 关于吕祖谦的历史思想，参见董平《论吕祖谦的历史哲学》，《中国哲学史》2005 年第 2 期，第 99—104 页。

② 《吕祖谦全集》（第一册），《东莱外集》卷二，《策问》，第 634 页。

述作，立一王大法，六经既成，尚为未试。治体论立国思维正是承此而来，这是南宋浙东儒者的志业。

与此相应，吕氏对于道统的认识也透露出一种重视历史维度的特别倾向。他指出，儒家之道从尧、舜、文、武直至孔子的传承无疑是道之大全正统。然而，在他们其间的各个历史时期，道也都经由一些重要的贤哲而薪火相传，如商之甘盘、春秋之闵子马。① 这个观点较之典型的理学道统观，更彰显出道本质上的延续相接，而非断裂突兀。质言之，道是在人类活动的长期过程中连续地显示其存在的，而且面向未来呈现出广阔而开放的实践空间。薛季宣、陈亮、叶适等人对于理学狭隘道统观的批评，与东莱在思考精神上一脉相传。对于文中子续经传道的集体表彰，也是要确立道行于古今天地未曾断绝的承命意识。

结合其史官、史学的观念，我们可以说，东莱对于道的理解把握到了历史构成的经验质地，在流俗较易形成的经典教条、义理教条之下，强调对于基本生活经验的重视。他提出以理视经，而非以经视经。天机，天理，就存在于民众的自发生活之中。"天理之未凿者，尚有此存，是固匹夫匹妇胸中之全经也……圣人之意，盖将举匹夫匹妇胸中之全经，以救天下破裂不全之经，使学者知所谓诗者，本发乎闾巷草野之间，冲口而发，举笔而成，非可格以义例而局以训诂也。"② 这种鲜活的天理意识，大经意识，倾向于冲破既成经学的束缚，或曰超越既有典籍之格局，而以实际生成的人类经验不断开拓、提升儒家义理经典的视野。这是一种带有强烈宋学气质的儒家经典观，以"匹夫匹妇"即平民百姓的历史实践为天理生成的重要根基。晚明阳明学的平民精神可以说兴其思绪，允为胤子。《明夷待访录》中的学校寄望于天下之公是非，依托者岂非匹夫匹妇胸中之全经？

从认识论来看，只有对于人类历史经验整体而连续地深入了解，认识

---

① 参见《左氏传说》卷一三，《周原伯鲁不说学》，第 99 页。

② 《左氏博议》卷一三，第 334 页。

到其中的诸多动因及其变化，才可能真正地"通达治体（国体）"。吕氏对于司马迁的积极肯定，主要是由于太史公能够认识到三代的统纪规模。由于历史本质上是心灵的呈现和记录，观察者可以跨越古今的时空距离，透过富有想象力的敏锐心灵尝试认识其真实。读史人应该对历史现象作身临其境的拟想与运思，从当事人角度剖析所处的事势演变，进行权衡判断。这种情境主义的思考方法大有益于学者把观史转化为智慧养成的训练，其实践意义不言而喻。这本身是一种有益经世人格养成的政治教育。

这种重视历史的思想取向，蕴含了与历史典范合一、超越古今区隔的意象，指向与历史典范之圣贤理想和同的修身境界。"吾心之通或蔽，心无所蔽，以古为今，合千载为一朝，合万代为一世，与古圣贤更相授受、更相酬酢，于无声无臭之中和同无间。"① 其实践意味在于对现实的提升和驯化，纠正"以今为古"，不长教训，反复折腾。

考察历史，了解古史写法，也是掌握古典政治的关键法门。在这个意义上，史学和政治学紧密联系，史法与治法相通，"舜五十年只写第一年，规模一定，四十九年之事皆枝叶流派也。此最作史之妙，又见人君为治之要"②。观察历史，须把握统体和机括。

在解释"学古入官，议事以制，政乃不迷"时，东莱指出"三代君臣相与建事入官，一以稽古为本。至荀卿始开法后王之论，李斯得之，荡灭古学，令吏以法令为师，卒以亡秦。然则三代所以严守古学者，是诚有意也。既入官而议事，则必断之以制。制者，即前日所学之成法也。古今之变亦不齐矣，能斟酌权量，不胶不滞，是可谓能用其学者也"③。经制、成法，是治体的重心所在。在古今之变中尊重成宪，斟酌权量，才称得上善用其学。

---

① 《左氏博议》卷七，第 157 页。
② 《增修东莱书说》，第 50 页。
③ 同上书，第 389—390 页。

政治实践的前提条件之一在于，对于传统规则即成法的深入把握。古学包含了历代先王之制，是政事官事的经验前提，也是斟酌权量先王、后王的条件。不能完全否弃稽古古学，走向极端。

东莱认为，周代很好地实现了古今法度的继承综合。"学古，前代之法也。典常，当代之法也"，"周家之典常，皆文武周公之所讲画，至精至备，凡莅官者，慎师之而已。苟喋喋利口，妄欲更改，以纷乱职业，则动摇一代之治体，岂细故哉！"一代典法，决定一代治体，确立治人职业，因此不能轻易动摇。

吕东莱的历史理解重视人事现象的脉络性，把它们放在具体变动的历史阶段和环境中，努力客观把握实际上的整体表现，据此进行价值判断。

他的王霸论体现出上述认识论特征，多见于他对从三代到春秋战国的历史解释。他特别注意每个历史时期政治文化特征的不同（"时节"），这构成评价的一个基本尺度。比如春秋时期，他认为其关键性在于三代的法度风俗从此崩环，然而散而未尽，政治文化具有鲜明的过渡特征，如霸主迭兴、孔子修经。战国时期则法度彻底瓦解，政治极端恶化。如评论晋人责郑游吉吊且丧，先王之制士吊、大夫送葬，"因看许多制度，见孔孟之时不同"①，周王室天命在否，诸侯应对不同。在时有丧，诸侯大夫尚能自往。三代典制随时节变化。

他的王霸之辨显示出如下特点：一方面，受理学正统的影响，注重从道德动机的角度来尊王贬霸。比如认为王道尚德、霸道尚力，王者关怀天下的公义，霸主关怀自己国家的私利。另一方面，在历史性考察中，又往往从时代形势、实际行动和客观效果的角度，能够超越道德两极化的价值判断。比如认为王者用兵也严酷不贷，霸主也不是完全舍弃道德。如晋文公襄王利民，讲求礼信，可以说以德辅力，成就了霸业。② 这说明王霸之间

① 《吕祖谦全集》（第七册），《左氏传说》卷一七，第175—176页。
② 参见《左氏传说》卷一二，第91页。

有一些相似处，政治成功包含了道德、军事这些共同的因素。又如，在王纲解纽的乱世，霸主虽然存在僭越王道的地方，但是只限于一国。而他们对于整个政治秩序的扶持，功绩值得肯定。战国由于没有霸主的维持，混战更加严重，秩序崩溃到极点。这充分显示吕氏根据历史局势的演进与客观效果来评价政治现象的特点。

另外，从政治行为上看，霸主之间也因为德性、规模等因素，呈现出层次上的优劣高低之分。比如齐桓公在管仲辅佐下，能够数十年地积聚实力，君臣关系比较和谐，功业稳健扎实。而后来的晋文公等人，规模比较狭小，称霸心态却更为急迫，缺乏长期经营，功效不及齐桓公。这些不落窠臼的评价，显示政治现象的理解和评价，虽然仍受到一些价值教条的支配，但是也呈现出历史化、客观化的趋向与相对化的弹性。

这种历史化理解贯彻于吕氏政治秩序理念中的诸要素及其关系中。比如对宋代治体的评价，太祖开国之初的政治是否称得上宽仁？吕氏以酒禁制度为例，当时违背酒禁一石处死，单独来看惩罚确实严苛。但是如果放到五代以来的历史脉络中观察，认识到五代曾有以涓滴杀人的酷刑，才会理解太祖立法实际体现了政治的渐进改善，开启了后世仁政。只有这样历史地理解政治，才会明白"当贤君良臣不得已之中，于此亦未尝无一个省节，示此意于天下"①，德性精神是在具体的制度演进中曲折表现的。

总体上，他肯定三代政治秩序的理想性，比如井田制的公平分配、选材任用的慎重和优待、完备的荒政防险体制、财货上的与民共享，可为后世典范。不过，在三代内部，体制也有相对演进，比如由于人口数目与经济实力的不同，三代贡、助、彻之法轻重不同；由于人们的道德素质和互动方式不同，三代在敬老礼制上经历了默然感通到诉诸乞言的变化。②

---

① 《历代制度详说》卷六，第100页。
② 参见《丽泽论说集录》卷五，《礼记说》，第368页。

从整体来看，秩序体制从三代到后世呈现出衰变、恶化的趋向。

首先，秩序根本精神出现了从民众本位到君主国家本位的转变。三代秩序，体现了政治精英以民众生命、财产、道德和幸福为根本关怀的精神，而后世在君主官吏代表的国家与一般的民众之间，出现了对后者的蔑视、侵夺与戕害。比如三代军事制度，根本上是为了民众对于自身生命、财产的保护，而后世却成为君主利用民众和聚敛私财的工具；比如酒的管理，三代制度是着眼于民众德性的培养而限制饮用，后世国家却为了从酒榷获取巨利不惜诱导民众沉湎其中。

其次，制度本身的形式合理性和功能也表现出一种衰变。比如选官任用制度上，三代在选拔机制上设置多层详备的筛选，正式任用前认真试用考察。对于筛选出的人才则礼遇有加。而汉唐之后"自重而渐轻、自缓而渐速"①，选拔过程大为缩减，防范措施日密，正式任官也更仓促。比如屯田制度上宋代斥地于敌、守内虚外、以常为便，根本上违背军事防御的常理，造成兵费负担庞大而实际效用极微的悖论。②

就制度变迁的复杂性来看，三代以来各种制度的衰变又不是突然、急促而全盘发生的。它经历了漫长时期，各个制度的关键转折在时期上前后不同，衰变深浅也有程度差异，不能一概而论。这意味着，有的尚能够部分体现三代体制的精神，如汉代的三老制、乡举里选，唐代的租庸调制、府兵制、均田制。它们一时还能够发挥三代治体的客观效果，比如租庸调制明确赋役的基本名目界限，能够限制暴君污吏的随意征收。吕氏对这些制度的相对合理性抱持积极肯定的态度。有的则完全违背了三代体制的精神，如唐代的两税制、宋代的兵制，吕氏对此持严厉批判态度。如两税制合并赋税名目，为法外征收开启方便之门，无形中取消了对于暴君污吏的制约。

---

① 《历代制度详说》卷一，第16页。

② 参见《历代制度详说》卷一〇，第157—159页。

三代与秦汉的历史变迁，导致了先王之法与后王之法、儒家与法家的竞争比照。这其中包含了如何处理古老宪制与新宪制、新宪制传统的重大问题。

东莱评价公孙鞅变法，"法始于伏羲，而备于周，虽其间有略有详，要之皆本于伏羲也。法变于秦，而极于五代，虽其间有革有因，要之不能大异于秦也"①。周秦之变体现了古今先后两种法度模式的对照，而宋代法度似乎代表了又一个周期。明人陈邦瞻就延续了此一观察。浙东儒者大为彰显宋代政治的法度特征，即面临如何理解与对待的挑战。

东莱认为商鞅法家之法有利于豪滑，而造成社会不公。"鞅之法使贫弱者失职，豪滑者固便之也"，他解释道"法之始行，豪滑未能遽兴功利，仆妾服用皆就损抑，盖亦苦之。及其久也，能攻战者得志焉，能告奸者得志焉，损下益上者得志焉。踊跃称叹，合为一辞，宜孝公以为百姓果便之，而尊其位，重其任也"，"彼贫弱者日以失职，余息奄奄，怨气满腹而不敢吐，孝公安得而知之哉"！②

透过井田制之废除，可见法家主要用心在于强化新政治体国家的实力，而于传统民本之义有所偏离。变法十年，"始能坏井田，开阡陌……'决裂'云者，唐虞三代井田之制，分划坚明，封表深固，非大用力以决裂之，不能遽扫灭其迹也。毁之之难如此，则成之岂一朝一夕之绩哉！"井田，"虽有强者，百亩之外不容兼并也；虽有弱者，百亩之内不至侵夺也。强弱愚智，各得其所。天生民而立之君，凡以为此"③，"此井田之法，所谓教养具足，兵农兼资，不可加，不可减也"④。"商鞅不知代天理物之意，徒欲鼓舞奸猾，以利吾国……其设心如是，特盗贼之长雄耳，非

① 《大事记解题》卷三，第 310 页。
② 同上书，第 315—316 页。
③ 同上书，第 322 页。
④ 同上书，第 684 页。

可与论君道也"①。君道即优良政治原理，古宪根本在于民得教养，法家之法重在国家利益。

又如民户书年制度，"始皇十六年，初令男子书年。周官有类似制度。战国以来，不复重民之生，此制废缺久矣。始皇复令男子书年。其制及男，而不及女，特恐民之辟征役耳。岂有三代重民之意哉"②！

秦重军功，与封建君子成德之意不同，"秦初令吏带剑。佩玉，三代也。佩剑，秦也。秦与三代之分无他，观其所佩而已矣"③。

东莱论韩非，用公私来解释儒法之辨将其视为不同政治社会阶段的对应学说，论兼理势。"六经、孔孟之教，与人之公心合，故治世宗之。申商韩非之说，与人之私情合，故末世宗之。彼各有所合也。"④

然而另一面，即使秦创制新法，也不可能完全摆脱古老宪制的影响，古今先后之间其实有斩不断的联系，古宪的笼罩力虽秦制不能消除。

"轵既划灭三代之制，犹置三老掌教化，何邪？盖初变古者，必有余泽遗韵闻见层出于污法暴政之中，至于再变三变，则遂荡然矣。"⑤

东莱论秦庄襄王元年大赦，"秦汉以来，初即位肆赦，盖始于此。至于修功臣，厚亲戚，布德惠，则自古人君初政之所常行，虽秦之暴，不能废也"⑥。再如秦始皇帝四年复嫪毐舍人迁蜀者，"秦法虽峻，然始皇未并天下以前，犹间有宽宥。至于用水德之后，则无复有此等政事矣"⑦。秦制中仍然保留了相当的三代之法因素，这体现了宪制传统本身的延续

---

① 《大事记解题》卷三，第 322 页。

② 同上书，第 463 页。

③ 同上书，第 268 页。

④ 同上书，第 462 页。钱穆先生即发挥此论，参见氏著《秦汉史》，第三章，生活·读书·新知三联书店 2005 年版，第 93—94 页。

⑤ 同上书，第 325 页。

⑥ 同上书，第 446 页。

⑦ 同上书，第 461 页。

韧性。

继秦而起的汉朝为后世奠定下了基本的治体规模。其中既有对秦制规模的继承，也有汉代于其间重铸宪制精神的成功努力。前者，如诏尊太公曰太上皇，"盖用秦追尊庄襄王之制也"①；后者，如汉置县乡三老。"三老，秦法也。厚其恩礼，而责以教化，高祖、萧何之规模也"②。法度承续，而治体精神不同，秦以严酷控制，汉以恩礼教化，经制规模遂各不相同。

论萧规曹随，规则的确立固然不易，规则的维系也十分艰难。"不知立约束固不易，遵约束亦岂真不事事者所能办哉"③。

汉代法度，仍有偏离三代良意者，承东周以来末世之制，可见历史惯性之不得已处。如评价"令民买爵赎罪"时指出，赎刑在三代不是为了图利，而是对应疑罪。汉代，却使得富者脱罪，贫者无助。爵级虽起于战国，然用以赏有功，免罪则不可。④ 在论及收律相坐法等罪刑时，指出战国后风气中，严酷之政难于革除。虽有孝文之仁，陈平周勃之智，仍难以完全改变。"风俗移易，人性相近而习相远，信矣！"⑤

汉代创制，依据三代以来政体原理衡量其是非。或相对应秦制，而有成功创制。如置孝悌力田官一人，秩二千石。"汉初，君臣大意如此，至是始设官耳。耕战者，秦孝公、商鞅之规模也；孝悌力田者，高帝、萧何之规模也。使于孝悌力田，深探其本，而张其纲纪，岂止革秦之暴而已哉！此盖大司徒之职，而止以二千石掌之，其任轻矣！"⑥ 由制度彰明德义，由礼及仁，治体可明。

---

① 《大事记解题》卷三，第 551 页。
② 同上书，第 526 页。
③ 同上书，第 589 页。
④ 参见《大事记解题》卷三，第 586 页。
⑤ 《大事记解题》卷三，第 627 页。
⑥ 同上书，第 600 页。

例如，赐民爵户一级。"秦以来未有普赐天下民爵者也。自惠帝始，是后及于武帝，凡初改元，莫不普赐民爵。汉人认为宣恩惠，慰人心。"

对于这种新惯例的诞生，东莱依据政体原理剖析之，"为政而欲人人悦之，岂政体哉！萧何之相汉，于时务之要则知之矣，三代之政体，盖未之讲也"①。如论君主即位，"先朝于武宫，五日而后即位于朝。未有不见庙而遽临群臣者。此陈平、周勃不学之过也"②。《尧典》舜先格文祖，后临群臣，此义也。

再如批评汉代先帝崩遽即位的做法（"故事"），"自古既葬即位之礼遂废矣"，武帝之后，崩之日遽即位，葬前正位号。霍光不学少文，"班氏徒习见汉中业以后故事，不复知先王之典制，谬误若此比者非一条也"③。汉唐故事，须校之以三代先王典制，才得其所正。

吕氏指出，三代以来的这种转变，很大部分出于政治主体的活动，如精英人物的应对策略、士人的修养。比如管仲、商鞅、桑弘羊、汉武帝、杨炎等人各种军事、财政制度上的举措，或追求国家利益，或迎合君主私欲，或急于应对危机，变更治体，导致君主国家利益独大，民众生活受到侵害。吕氏从价值取向上批评管仲等人追逐便己私利的政治动机，然而也认识到这种变化已经形成了一种很难逆转的趋势和格局，呼应了历史发展的一些客观需求。比如国家生存竞争的客观压力的确需要相当财政军事实力的支撑，整个社会经济的发展导致货币秩序的必需。

从制度改革来看，理想出路是对于三代体制的全面恢复。但吕氏认识到这种激烈复古的难度，因此其实际主张，注重在现有制度格局下尽量按照三代政治精神进行调整或变革，重铸治体精神可以确立不同的经制规模，比如可以先部分取法汉唐的体制，温和渐进地迈向理想政治。治人主体对

---

① 《大事记解题》卷三，第587页。
② 同上书，第706页。
③ 同上书，第747页。

于宪制规模的精神重铸，比单纯在制度本身形式上用力要更有效。后来吕中阐释宋代政治演进，就贯彻了东莱的这一思路。

由于这种重视历史现实的思维，吕氏在政治文化上体现出重视经验积累和传统的实践态度。经典和文献以及作为传统承载者的前辈先哲，都是人类经验财富的积淀和结晶，为后人提供了智慧源泉。以宋代而论，他对于从庆历到元祐诸儒再到渡江诸老的前辈儒者，景仰而习熟，继承了他们的政治文化志向。他编成《皇宋文鉴》一书，总集有宋一代的重要文献，志向便是"欲约一代治体归之于道"（叶适，《习学纪言》卷四七，《吕氏文鉴》）。"一代治体"就是宋代立国规模，这个最为切近的实践传统无疑需要儒者充分正视辨析；"归之于道"，即提升以天理公道以及作为天理公道的成法载体——三代之大经大法。叶适的这一句概括，可谓宋学立国思想家的点睛之笔，背后又接续了夫子、文中子的本旨和家法！

东莱主张把宋代的祖宗之法确定为治体基础，在继承的前提下扬长补短，进行温和渐进的改革，纠正王安石激进变法的错误。对于科举制下缺乏历史感的士人，吕氏批评他们不识前辈姓名，轻视传统经验，政治实践难免不成"杜撰"。这种重视经验传统的态度，包含了对于道德—政治实践的一种特定看法，即于接续传承中向前开拓、形格势禁下调适有为。

◇◇第四节　儒者的实践意识

在基本的秩序理念结构及其历史性变动的视野中，吕氏思想中特别强烈的实践意识彰显了这种政治哲学的主体性诉求，具有本体论、认识论、价值观多方面的意涵，并关系到儒者身份的最终确认。

从学术发展的角度看，吕氏继承了北宋二程、张载阐明的理学思想，并特别强调天理与现实世界事物的实质联系，突出理学开物成务的指向。

理作为不同于佛老空无之家的实理，不能停留于理论概念的抽象层面，而需经由人类的实践活动呈现出实际效用。东莱论述燕国"禅让"时，指出"后世因此遂有不可慕虚名而受实祸之论……是论肆行，则利欲之外无非虚名，妨吾利禄者无非实祸，泯泯棼棼，人纪灭矣！此君子之所惧也。欲不惑者，其唯知实理乎！"① 人纪即是实理，体现公共精神的政治美德也是实理，不能如流俗只把利欲视为实理。

儒学在这个意义上是围绕实理的"实学"，必须落实为人们的"实才""实德"，在"实事"中表现出有益于人类世界的"实用""实效"。② 这也落实在东莱关于职业、职分的论述中。人在职业、职分中践履，养成实才实德，实现实用实效。需要注意，强调实事用功，又并非琐碎之经验主义，"君子用事，不为事用。君子独知事外之理焉"。

圣人、王者有其职分，"圣人为天地万物之主，天地之间一物不得其所，圣人歉然不安，以为职之不尽"③。具体讲，君主职分在于"奉天治民""事神治民"，"万世帝王之事，不过奉天治民。古者详于天，后世详于民，而二事俱不偏废……尧所职者，克明与乃命，可以观人君之道焉"④，"盖人君之职，事神治民"。⑤ "天所以立君之职分。天之所以立君师者，兼治教之职，惟其能助上帝宠绥四方而已"⑥，"辅相天地，赞其化育，抚摩人民，此君职也"，"使一人不得于中，人君之职即有所亏"⑦。

君主职责，又在于进一步制定安置经纶事物的职业系统，以领导、定

---

① 《大事记解题》卷四，第363页。

② "有实理然后有实心，有实心然后有实事，岂有借虚说而能收实效者耶！"《左氏博议》卷一九，第492页；"讲实理、育实材、而求实用"是国家教育的根本宗旨。《东莱集》卷五，《太学策问》，第44页。

③ 《增修东莱书说》卷一，第25—26页。

④ 同上书，第27页。

⑤ 同上书，第39页。

⑥ 同上书，第199页。

⑦ 同上书，第229页。

责，"君为万物之主，凡天地之间一物失所，舜见之皆己之责，故上下草木
鸟兽，莫不有职以主之"①。叶适水心提出人主职责在于"制置职业"，与此
同。由这一层看，也确定了君主角色的标准。"后世之君，富国强兵乃其职
耳，岂识代天理物之意哉！"②

实学、实材、实德等观念中包含着一种高度独立的实践性主体意识。"有
实理然后有实心"，实心是人们"身之所实"的根本，借此打通实理与实德、
实事、实用之间的通道。每个人据此获得的知见，应该是真正有得于己的知
见，而不是缺乏主体判断力地附和于经典文本、圣贤权威或者群众意见。③ 这
种认识论上对于主体独立性的强调，延伸指向一种积极的行动主义实践观。
即对于儒学传统的学术和政治智慧，一方面，要在理论上"实剖""实评"
"实相讲磨"，获得真实深入的认知；④ 另一方面，要把这些理论智慧转化为主
体的积极实践，这样才能确保实学成为主体自身的实德。

吕氏的实践观指出了行动的义理规范性，学者需要通过深厚的实践达
诸道体天理，明确理论导向。更突出的是，他对于停留在理论、言语层次
或名实不符的儒学始终抱有深刻的焦虑，担心学者立心不实，人云亦云，
不能真正"从事所以言者"。⑤ 因此他要求学者能够明确讲学的志向和规划，
对于学术政治问题的探讨要具体、翔实，付诸行动，并且根据行动的实用
效果作为衡量标准。理论正确，难免不流为一种意识形态意义上的姿态。
而实学的真正确立、主体实德的真正养成取决于长期具体的充分实践。

在价值观上，吕氏强调儒学作为实学应该具有实用、有益于人世，试
图贯通仁义王道与事功功利之间的逻辑关系（"王道之外无坦途""仁义之

① 《增修东莱书说》卷一，第 47 页。
② 同上。
③ 参见《左氏博议》卷六，第 355 页；《丽泽论说集录》卷一，《易说上》，第
303 页。
④ 参见《东莱集》卷五，《大学策问》，第 44 页。
⑤ 同上。

外无功利"①）。体现在实践论中，吕氏对于道德实践与政治实践的关系，尽管有时表现出理学以本末处之的立场，基本上持并重兼取的态度。

具体来说，在道德实践领域，诸如求其放心、集义工夫等道德实践在动机上高扬道德规则的绝对价值，反对伦理上的利己主义，也不赞成实用动机的干扰，但在实际评价中，又不得不关注为己之学对于主体德性最终确立的实践意义。而且这种工夫论在政治社会层面上的间接实用效果，比如仁义、礼让、节义等政治道德对于政策信用、人事任用、风气塑成的积极影响，同样属于学者应该关注的正当后果。在政治实践领域，由于面对人类社会纷繁复杂的利益关系，对于各种事务的处理既需要经验意义上的知识信息，也不能回避功效后果的谋划计算。体现在政治主体培养上，吕氏强调儒者把儒学修养与关于军事、财政、行政等事务的能力综合一体，才能成功应付时世。② 在治法政策的形成过程中，吕氏突出了政治主体应该具有的明智和审慎、务实与功效伦理，显示出浓厚的实践理性。③

在理学观念与致用伦理的双重影响下，吕氏的实践意识中存在着精神上的紧张性。比如有时赞同董仲舒"正其谊不谋其利"的论调，有时又予以否定，指出儒者不可不正视功利，肯定政治的利益属性，表现出一种义务论与后果论的张力。④ 比如一方面试图将事功追求纳入个体成德的过程，以后者为根本价值，另一方面又体现出对于道德和政治两个领域逻辑性相对独立的自觉，在价值上呈现二元化的趋向。

作为实践的整体归宿，事功凝聚了仁义道德和政事体制的最终成果。吕氏指出，儒学实践应该最后实现事功，而且是真正的王者事功。在比较孔门高足与管仲时，他指出在薪向上前者选择仁义无疑远过于后者的功利

① 《左氏博议》卷九，第 397 页。
② 参见《东莱外集》卷二，第 378 页。
③ 参见《左氏博议》卷九，第 392 页。
④ 参见《东莱外集》卷二，《策问》，第 381 页。

之学，是优秀品等的"种子"。虽然偶尔流露出怀疑，吕氏还是强调儒者蕲向经过充分的实践在功业上应该超越管仲。① 王者事功不仅是围绕国家—君主本位的富强目标，而且要实现民众生活的最大幸福乃至整个宇宙世界的和谐安详。在仁义纪纲代表的治体与政治共同体的事功之间，吕氏强调，只有遵循儒家治体规则，才能实现真正广大深远的事功。如果违背，则落入急功近利、好大喜功等政治歧途。从另一角度看，这种实践事功观，透过仁义伦理规范与法度建设，不仅确保了政治的正当性，而且肯定其有效性。结合吕氏针对宋朝治体的评论，我们可以看到他沟通规则与结果、为国家事功作论证的用心。

吕氏的实践观包含了个人成德与政治事功两个维度，这种"穷理经世"的实践成果对于确认儒者身份意义重大。如果没有它，儒者将不能免于武人和俗吏的嘲讽，变得与"闾巷人""常人""老成人"无异，无法彰显自己的政治文化特质。② 真正的儒者实践将造就超迈一时风气的豪杰，无论身逢创业还是承平、衰乱，都能够振发有为，推动社会发展。按照吕氏说法，"天下之事向前则有功，不向前百年亦只如此"③。因此，身处南宋前期，他对改革可能出现的僵局有敏锐的观察，对今日仍有警醒之义：

> 天下之患，方其未形也，则人以为难知。及其既验也，则人以为尚浅而可忽。及其方盛也，则又以为力之所不能为。至其极甚也，则遂熟眠退听之而已矣。此四者，使有一智者出而维持经营之，犹可以稍善其后。其最难者，遭极甚之时，天下耳目之所习熟，同知其患而以无如之何而遂已者也！④

---

① 参见《丽泽论说集录》卷七，《孟子说》，第 414 页。
② 参见《丽泽论说集录》卷一〇，《杂说二》，第 446 页。
③ 《丽泽论说集录》卷一，《易说》，第 286 页。
④ 吕祖谦：《历代制度详说》卷一一，《兵制》，第 172—173 页。

正是这种经世精神下的迫切感，推动了吕氏对于秩序、历史与实践的治体反思，也传达出一代立国大思想家对于宋代变革精神的不懈追问。

就思想构造的多样性而言，吕祖谦代表了宋学内部一种综合融汇的可能性，他试图将北宋以来逐渐成型的道德性命之学与经制事功学安顿在一个更为开阔宏大的治体论架构里。这一点涵摄北宋儒学整体规模，也近于二程、横渠的广大高远气象。而彼时诸贤，朱子乃将道德性命之学推演成一个成熟的理学体系，陈亮、叶适则把经制事功学的政治思想体系提升到近世学术的新高度。前者不满于东莱的驳杂不醇，后者对理学逻辑有进一步扬弃，这很容易让后人将此二者看作根本上对抗、冲突的思想体系，昧于宋学义理大规模。

东莱的思想价值，在于让我们窥见近世儒学更为多样性的可能，其间理学与治体事功学存在逻辑上融会贯通的一面，二者围绕宪制秩序分享着相当多的共识。在不走向心体绝对主义的情况下，理学为治体事功学提供精神价值信念，而浙东学者强化了事理、性理在秩序规则领域的表现，避免理学走向独断而浪漫的道德理念主义。"内外相维持"的秩序理念，对儒学内圣外王的观念提供了有别于理学正统的思路，有益于克服化约主义或决定论的政治思维。同时，又体现出一种饶有意味的多重张力结构，包含了道德主义与制度主义、动机伦理与后果伦理、道德实践与政治实践之间的紧张，显示了治体论勃兴融汇过程中的二重性有其模棱，也有其启示性。东莱的思想提醒我们这种宋学大视野的存在，也为理学、经制事功学的辩证扬弃和深入推进提供了珍贵线索。

第 七 章

唐仲友经制之学的治道与治法

经制事功之学，除了永嘉的薛季宣、陈傅良，唐仲友也以此闻名。《宋元学案》中指出，南宋孝宗乾、淳年间提倡经制之学的佼佼者有永嘉学者薛季宣（1134—1173）、陈傅良（1137—1203），与金华学者唐仲友（1136—1188）。另外，唐氏还是与吕祖谦、陈亮并称的婺州大儒。关于他的经世思想，鲜有论述。萧公权先生曾言及说斋，而未论述。本章先梳理其经世主张和学思渊源，再对其经制之学进行分析。

◇◇第一节　经世传统中的唐仲友：政见与学脉

后世对唐仲友的认识，大多围绕 1182 年他与朱熹之间爆发的政治冲突（所谓"台州事件"），特别是这个冲突对于"庆元党禁"可能产生的催化作用。在道学运动的宏大叙事下，作为思想者的唐仲友至多是一场戏剧性事件中面目可疑的配角，或权力斗争中的一颗棋子。[①] 然而，要想真正进入

---

① 有关论著可参见束景南《朱子大传》，第十二章，商务印书馆 2003 年版。对唐氏作思想史讨论的，有周学武《唐说斋研究》，中国台湾大学文学院 1973 年版；以及朱瑞熙《嘤城集》，《宋代理学家唐仲友》，华东师范大学出版社 2001 年版，第 50—67 页。

一个思想家的世界，避免脸谱描摹和化约主义的简单化，我们必须正视其思想生命的整体脉络，包括政治社会的经历，尤其是他所承接的思想文化传统。

首先，让我们扼要介绍一下唐氏的生平轨迹。大体上讲，唐氏的政治社会经历可以分成四个连续的阶段：1154 年开始担任衢州西安县官、1161 年出任建康府学教授（今江苏南京）、1164 年后在孝宗朝中央和地方政府上的长期任职，与 1182 年的台州事件及此后的家乡讲学。它们分别标志了唐氏经制思想的奠基、浮现、成熟和晚年的沉潜。

唐氏担任西安县官的时期，正处于宋高宗末期。他一方面在基层行政中熟悉了地方民众的实际状况，培养出对于行政法度（如役法）的观察力和理解力；另一方面又积极地钻研经史典籍，希望从中提取可以资治的思想养分。唐氏经制思想的基本理路，即运用儒家的古典思想资源去指导和支援现实政治实践，在这个时期已初显规模。基层阅历也使他对高宗末期的诸多弊政（如秦桧执政的消极影响、军政腐败以及流民现象）有直接、深刻的体会（《说斋文钞》卷一，《信州朝辞劄子二》，第 194 页上）。至 1161 年，这些严重的政治社会问题与金朝完颜亮南侵的危局交织呈现，形趋恶化，对南宋政府构成了一个不小的统治危机，也催生了唐氏的政治改革意志。这时他已改任建康府学教授，其对金态度属于抵抗派中比较稳健的一路，主张抵抗运动必须建立在南宋坚固的实力基础上，而后者有赖于高宗对于内政的根本整顿。这时期，他写给抗战派领袖张浚的意见书，可视为其经制思想的第一次充分表达（《说斋文钞》卷三，《上张相公书》）。这封长达万言的上书，针对抗金的战略部署问题，根据孟子的"天时—地利—人和"战略观，援引了广泛的历史例证，指出根本的应对之道在于南宋军事实力的增强。重点尤其在"人和"的环节上，具体的途径是广招募、明赏罚和严保伍。宋金战争导致的内忧外患，推动了唐氏经制思想的浮现和成形。以保伍制的推行为例，当时南宋政府号召各地实行保伍以安土卫民，但没有统一的制度规范可以遵循。唐氏于是以儒家经典中三代的"兵农合一"原则为根据，观照历史经验（如北宋王安石变法），结合现实形势，提出了自己的一套保伍制设想。

1164 年开始，唐氏在宋孝宗朝的中央与地方政府长期任职。以 1172 年（出任信州知州）为界，此前主要在中央政府出任馆职等清要官；之后，先后出任信州（今江西上饶）、台州（今浙江台州）等地的知州。长期的政治经验，为他广泛而深入地了解孝宗朝的政治社会提供了机会，推动其经制思想进入深化发展的成熟期。孝宗初期政治改变了高宗末年以来的因循腐败气象，立志恢复，致力富强。唐氏肯定这种变化的进取意义，认同追求事功的政治精神。但随着时势推移，唐氏认为这种进取精神逐渐显示出一些偏执的发展趋向，即功利主义的风格。它最终成为孝宗朝治效不彰的关键症结，阻碍了政治社会的良性发展。唐氏这个时期的经制思想，就针对中央和地方政治中广泛蔓延的功利态势，进行了深刻的反思和批判。这种思考在中央政府时期集中围绕君主政治的道德原则（修身、经筵和崇儒纳谏）、政治价值取向的次序（"治安"和"富强"孰为本末?）、政策制定的经典根据（三代政治的精神），以及士大夫群体风气的问题；在地方政府时期，主要针对行政法度的运行问题，汲汲谋求治法体系（政策的制定、执行、监察等）的完善①。

唐氏坚守这样的理念："经制"根源于三代理想政治的精神，取法历代政治中符合此精神的丰富经验，对于政治原则与法度的制定、安排，体现出儒家特有的道德理想主义基调。舍此而追求事功，只能堕入功利主义的泥淖。孝宗孜孜求治，却事倍功半，就是违背了由经制致事功的正确路径。

---

① 唐仲友有关这些问题的具体讨论，可参见《说斋文钞》卷一、二、三收录的奏议、上书。因篇幅有限，这里不详细展开论述。

唐氏据此向孝宗谆谆谏诤，后者也十分欣赏唐氏的学识。①

"台州事件"对于唐氏的确是一个沉重的打击，他的人生由此转入另外一个阶段。对于这个事件本身，学界已经有了相当多的讨论，本书并无新的解释或证据来增益对它的评价。但似乎可以说，这对于作为学者的唐仲友未尝不是一个有益的转机。他由此退出政坛，有比较充裕的时间沉潜学术，传播思想，以至终老。据记载，他在家乡婺州讲学时的从众有数百人之多，闻名遐迩。元明之世的学者称他是当时婺学的三极之一，以经制之学与东莱（祖谦）的性理学、龙川（陈亮）的事功学并驾齐驱。② 他的一些重要著作，在去世后由弟子编集整理，得以流传下来。不幸的是，随着后世尊崇朱熹的正统意识不断高涨，他的许多作品遭到贬抑和埋没，使我们难以认识其思想的全貌。

要了解唐氏的思想生命脉络，我们还须追溯他身处的思想文化传统对其有何具体影响。学者曾经指出，他的思想主要来源于父亲唐尧封的家学传授，这在其《愚书》自序里有明白交代。③ 本书认为，除此之外，更重要的是北宋新儒学运动对他的熏染和塑造。我们可以从三个层面探讨这种影响：

首先，受宋代新儒学思潮的浸染，唐氏表现出宋儒的自觉意识和基本特征，反映在他的学术旨趣和方法上。作为对汉唐儒学的反弹、超越，宋代新儒学的兴起总体上表现出对学术义理性的积极追求，以此自别于章句

---

① 周必大为唐氏《帝王经世图谱》作的序文中言"孝宗深奇其才"，见《四库全书》，第 386 页。

② 唐氏的讲学及弟子情况，可参见《说斋学案》。明代王祎则指出，"宋南渡以后，东莱吕氏绍濂、洛之统，以斯道自任，其学粹然一出于正；说斋唐氏则务为经世之术，以明帝王为治之要；龙川陈氏又修皇帝王霸之学，而以事功为可为。其学术不同，其见于文章，亦各自成家"。参见《王忠文公集》卷五，《宋景濂文集序》，第 89 页。

③ 这一观点详见《唐说斋研究》，第五章，第 108 页；《金华唐氏遗书》，《愚书》序文，第 138 页。

训诂之学。在经典诠释上，他们主张学者的"自得"，强调主体心灵与经典之间的融会、参悟。这些特征在唐氏身上明显可见。他批评赵歧对《孟子》的解释偏重诗书经文，对孟子的仁义性命之理彰明不够，是以汉儒待孟子。汉儒的贡献是为后世学者的义理阐释提供了较好的文献基础，而宋儒之长在于独抒己见。他特别重视《周礼》经制，强调要从其中的制度治法悟解周公的道德性命之理。对于《易》经传的义理，更是推崇备至，把它作为经制思想的宇宙本体论基础。① 在学术方法上，唐氏认为孔子以降的颜子、曾子、子思、孟子抓住了儒道的命脉，即"心"在知识论意义上的关键地位。由此中正无蔽之心去问学和修身实践，才能对于圣贤传承的文化传统获得真实不妄的心得成就。② 这些观念意识孕育出其学术精神中自主自求、寻求心证的思想风格。

需要注意的是，虽然以宋儒自居，唐氏并没有轻率否定汉儒的学术成就。后者为他提供了丰富的学术素材和思想资源，他的汉儒观还是相当辩证、宽容的。这在他消解理学的过度义理化倾向时形成重要的支援，尤其反映在对礼学的处理上。比如他批评理学过于重视《大学》和《中庸》义理，认为《礼记》中关于礼的论述（同样由汉儒进行整理、编定）也是学者理解道的重要法门。③

其次，宋代新儒学思潮中的"孟子升格运动"对唐氏影响强烈。《孟子》在宋代从一部儒家子书上升为重要的经典，理学把它列为四书之一，超越五经的传统地位，王安石把它列为科举考试的基本科目，尊崇备至。唐氏的思想显示，他正处于这场尊孟运动的势力范围之中。

可能受到理学家道统观的影响，他认为自颜子、曾子、子思至孟子的

---

① 对上述经典的论述，参见唐仲友《金华唐氏遗书》，《九经发题》，《孟子》《论语》《周礼》《易》。
② 《说斋文钞》卷八，《颜曾论》，第 244 页。
③ 参见《金华唐氏遗书》，《九经发题》，《礼记》，第 132 页。

学术真正继承了孔子的儒学精髓，而孟子尤其凭借对仁义性命之理的洞见成为"圣人之正宗"①。唐氏称赞孟子能够应对具体的时代情势创造性地发展儒学思想，积极肯定诸如性善说、义利王霸之辨、汤武革命论、辟异端等学说的意义。孟子的这些观念被他吸收入自己的经制思想中，发挥了主导性的作用。比如唐氏笃守孟子的性善说，认为这是王道政治的理念基础，正义的秩序无此难以确立。他也赞同以政治动机和手段的道德诚伪作为区分王霸的标准，并且激赏革命论里的公利公义精神，为孟子不尊周进行辩护。另外，唐氏对孟子思想作出了独特的诠释，以契合自己心仪的儒学精神。他概括孟子的思想特征，"学知而至乎觉，利行而至乎安，深造之道，而及乎取之左右逢其原。大不足以尽之，其进乎化犹可知者与！"孟子被他当作"学知"精神（学而知之）的典范，以与孔子象征的"生而知之"之圣相对。前者代表了《中庸》里所谓"由明而诚之"的儒学进路，强调知识—伦理型的积累实践，突出了由博学而臻至儒道的取向。唐氏抨击侧重内在心性修炼的"心学"，正是基于上述的儒学体认。这种体认落实在政治主体的观念上，表现为注重君主对于三代政治的学习和认知。②

除了"学知而至乎觉"，"利行而至乎安"更透露出唐氏对孟子精神的大胆诠释。他并非提倡一种功利主义的伦理观，而是在"公利"的意义上论证义利之间的统一性。唐氏在对《易》"益"象的解释中提出"利物足以和义"，他认为经世泽民必须正视事物利益的满足，由此实现事物之间正当的和谐秩序。③他追溯并反思了义利关系的思想史，指出二者在公共意义上的原初和谐状态，自尧舜后始分离对峙，至孟子时为了遏制逐利舍义的逆流，才严格义利之别。这种分析暗示，孟子在理论上定能明了义利合一

---

① 《九经发题》，《孟子》，第 134 页。
② 具体论述参见《说斋文钞》卷七的《汉论》《魏论》《唐论》等文。
③ 参见《帝王经世图谱》卷一一，《农事赏罚图说》，第 592 页。

的原理。① 据此，唐氏认为孟子的革命论符合公利大义，并引用孟子说明政事合乎公义是良好财政的必要前提。② 这种诠释几乎翻转了流行观念所认同的孟子思想精神，虽然言之有故，却不害于挟孟从己，成为唐氏思想的一个特别之处。

最后，对宋代新儒学的深切反思使唐氏抱持一种多样化的道论观，批评学术思想的独断性，主张对于诸家学问的广泛吸收。

这种反思主要来自对于王安石新学和二程洛学的观察。前者利用政府力量统一学术思想，传播芜杂而有疑的论调，严重损害了儒学的生命力；后者自视崇高，贬斥其他学说，同样想要垄断对于儒道的解释权。③ 唐氏认为众家意见都是纷纷射向靶心（道）的箭矢，不可以一概全。他强调道的公共性，"道未始私于圣人，圣人未始私于后学"④。这种包容、开放的立场使唐氏可以积极吸收各家的思想元素，避免偏狭自闭。比如他对于荀子的认识，一方面在尊孟的标准下批评荀子对于人性和礼乐的观点，另一方面从儒学宗旨的大角度肯定荀子严守儒家立场以谋富强，旨意与孟子同，自有正当的价值。⑤ 对北宋新儒家，他也是择善而从。他采纳司马光的荒政旧法、重视《孝经》的观点，批评后者的《疑孟》意气用事；他肯定李觏的《明堂定制图》对于明堂制度的规划，也指出缺陷，并以此为蓝本进行改善。⑥ 值得注意的是，他对于王安石的抨击最为猛烈，但在思想大旨上却与之十分相近。除了上述的批评，他还指控王安石没有了解儒家自治而治人

---

① 参见《说斋文钞》卷八，《孟子论》，第 245 页。

② 参见《说斋文钞》卷一，《台州入奏劄子二》，第 194 页；《九经发题》《孟子》，第 133—134 页。

③ 对王安石的批评，集中见于《九经发题》的《书》《诗》《周礼》；对程氏的批评可见《九经发题》的《论语》《礼记》。

④ 《九经发题》，《论语》，第 133 页。

⑤ 参见《说斋文钞》卷八，《荀卿论》，第 245 页。

⑥ 对司马光的处理可见《说斋文钞》卷一，《台州入奏劄子三》《九经发题》，《孝经》《孟子》；李觏见《帝王经世图谱》卷六，《新定明堂制度图法》。

的思想精髓，在《周礼》的诠释上偏颇舛误。① 这种指控自有当时非王思潮
的助推、影响。而另外，唐氏也吸收新学的观点，比如对孟子的尊崇、对
《周礼》的倚重、王氏的财富观以及对于《周礼》法度的具体解释。更明显
的是二者政治思想架构上的相似性，都以君主心术（德、智并重）与客观
法度为政治秩序的双轴，赋予同等的重要性。②

◇◇第二节　"帝王为治之要"的治道与治法

唐仲友的经制之学以三代之治为政治典范，希望于当世再现这个典范
的治效。学者往往注意到经制之学侧重治法制度的学术面向，对它所含括
的思想体系却领会不够。唐氏对于"经制"的界定，可以从他对《周礼》
宗旨的理解中窥见机要。这部经典是他建立经制之学的核心依据，其代表
作《帝王经世图谱》一书的框架就是模仿《周礼》而设。唐氏《周礼》发
题指出，如果只从礼制仪度的层次理解《周礼》，并不能认识到它的经典意
义。他强调，只有"因《周官》之制度文为悟《易》之道德性命"，才能
把握儒家的"大经大法"，才是完备的"诚实之学"③。换言之，对儒家道
德形上学的义理自觉，构成经制之学的一个重要维度。经制之学的道德性
命维度，是宋学治体论的特质和精粹，义理和制度、事功统合一体。这在
唐氏的学术宗旨中也是有迹可循的，《宋元学案·说斋学案》称他"上自天
象、纬度、方舆、礼乐刑政、军赋职官，以至一切掌故，本之经史，参之

---

① 参见《说斋文钞》卷九，《题王介甫荀卿论下》，第 254 页；《九经发题》，《周礼》，
第 130 页。

② 对王安石政治思想的研究，可参见李祥俊《王安石学术思想研究》，第二章，
第六节"尊王贱霸的政治统治方式"，北京师范大学出版社 2000 年版。唐氏的经制思想
以治道和治法为双极，与王非常相近。

③ 《九经发题》，《周礼》，第 130—131 页。

传记，旁通午贯，极之茧丝牛毛之细，以求见先王制作之意，推之后世，可见之施行"，所谓"先王制作之意"就包含了这个维度。这个维度的一个核心内容，正如《周礼》发题指出的，就是儒家的仁义观念（"盖先王以仁义治天下，礼为之节文"）①。唐氏认为，仁义提供了礼制设施的道德基石，是十分关键的理论原则。相同的理念也可见于唐氏对唐太宗贞观之治的评价上。他认为太宗推行仁义固然是帝王之道，但在制度纪纲的层面上仍有所欠缺（"太宗言仁义，本乎魏徵之劝。然所谓仁义，乃在制度纪纲而已"）②。唐氏的"仁义"理念，承于三代，既涵盖了制度领域，更着重政治秩序的道德追求，对君主个人的道德修养抱持很高的期许。概言之，只有认识到制度与其依赖的义理精神资源，综括政治原则和法度，才能把握经制之学的思想体系。

依照唐氏的界定，其经制思想呈现出一个三重结构，包括道德形上学基础、治道和治法三个层面。我们一般只注意到经制之学以治法为主的学术面貌，对其思想层面则了解不足。

经制思想的道德形上学基础透过道论、人的本质论，为治道、治法提供了信仰意义和本体论上的理念依据，是道德性命之理的主体。在道论上，唐氏表现出对于道之超越内在性的自觉。一方面，作为永恒而普遍的超越存在，道既是宇宙万物的形上学根据，也是人世价值的意义本源，具有至善的道德精神。"天理"的自然无私、"天道"、"天心"的公平不偏，都是道的超越内涵。另一方面，唐氏强调不能因为道的超越性而忽视其内在性，后者表现在气、形、事、物、器的运动中。"道散乎形气之间"，具有内在的发展规则和特性（比如与"理"相对的"势"）③。其中，道的具象性和周密性对于治法论述十分重要。《周易》发题指出"易

---

① 参见《九经发题》，《周礼》，第 130 页。
② 参见《说斋文钞补》，第 261 页下。
③ 参见《说斋文钞》卷八，《道艺论》，第 148 页。

本于数、寓于象，而明乎道者也"①，《帝王经世图谱》开头首揭宇宙的本体论依据，即河图洛书象征的象数图式。这个图式作为道的具象在政治世界中呈现为明堂、井田、军赋等古典制度，后者因此拥有宇宙本体论的永恒、至善根据，成为政治的典范模型。道通过在宇宙人世的内在呈现寄寓其超越性格，这种呈现还是周密而普遍的。《礼记》《周礼》记载了大量的礼仪细节，有的烦琐细碎，有的看似荒谬迷信，当时学风尚好义理，对此贬损摒斥。唐氏却认为道无往而不在，即使细节琐碎处也有圣人的用意，因此反对以精粗、本末论道，进行等级化的区分。这种对传统礼学的尊崇，透露出道的基要主义讯息。黄宗羲说他的学术"极之茧丝牛毛之细"，就是出于这种道论立场。

相应于道的超越内在性，唐氏对于人的本质论述也表现出双重性。一方面，根植于道的超越性，唐氏秉持孟子的性善论。人人都具有天赋的理想本性（"中"），它是内在于天、人的诚道。理想政治必须以实现这个本性为终极目标（"复性"）②。政治建制必须以内在的性善论为理论根据，否则治道就会沦为外在于人性的强制手段（荀子的礼乐论即属此谬误）。政治主体（尤以君主为重）的道德修养至关重要，其人格设计同样基于性善论前提下对人之道德造诣的乐观期望（到达天道的公正无私境界）。另一方面，人的气质性构成了各种感情和欲望，它们总是与本性缠绕一体，难以分辨清楚。③ 人们对本性的知觉力不同，因此理想人性的实现程度有异，表现在人们的习俗等社会行为丰富多样。这种表现多端的社会人性与普遍一致的本性是唐氏人论的两面。

他又特别重视前者中大多数民众的表现（所谓"中人"），指出"岂秦

---

① 《九经发题》，《周礼》，第128页。
② 参见《帝王经世图谱》卷三，《建极说》，第415—416页。
③ 参见《说斋文钞》卷八，《性论》，第246页下。

之民异乎汉之民哉？亦避害就利而已"①。避害就利的人性观察是制度论述的一个基本依据，在唐氏的义利合一论中获得其正当性。根据对于人性的多重观察，唐氏在对"皇极"的解释中，提出"皇极一而建用之道三"的政治观。以性善论为终极信念，对于知觉力高的人使用道德教化的手段，对中人使用建立在利害原则上的各种政治制度（爵禄赏罚等），对下人则尽力规劝戒勉。政治的目标在于改善民众的习俗行为，使他们由各自的社会存在接近并恢复善良本性，达到整体的和谐（"善民之习而复其性"②）。

经制思想的治道，指通过君主树立典范，推行教化，调动民众的自主性，培养起理想的道德和价值人格，为政治秩序提供深厚坚实的机体。治道最能体现仁义的政治精神，具体包括《周礼》"八统"、《中庸》"九经"和《大学》之道（"自明明德至治国平天下"）③。他对魏徵思想的概括也可印证其治道宗旨，"以尧舜为准，以仁义为本，以修身、知人、安民为说，可触类而通也"④。治道的推行以君主修身为支点，因此对君主素质要求很高，强调君主的学养道德，应该具有无私、公明、敬畏等品质。

仲友论君主，蒙文通先生有言，称赞其不只为一时一事言之，而是为天下百世言。《诸史精义》中《汉论》曰："创业之君在无心，中兴之君在有志。天下非一人之天下，乃天下之天下也。地非其有，而欲取之。民非其臣，而欲得之，不视为至公之物，且偲偲然有苟得之心，则将行不义、杀不辜以趋一时之利，其诒谋必不永矣。故创业之君在无心。"创业立国政治家，其行为必须合乎天下公义，才能建立长久基业。"天下者，非后王之天下，乃先王之天下也。基业中偾，而欲振之。土地既失，而欲复之。不断为必取之谋，乃

---

① 《说斋文钞》卷二，《馆职策三》，第 201 页。
② 《帝王经世图谱》，《建极说》。
③ 参见《说斋文钞补》，第 261 页下。
④ 王祎：《大事记续编》卷五一，第 72 页。

恐恐然有狐疑之志，则将怯大敌，忘大耻，而为偷安之计，其成功必不广矣。故中兴之君在有志。"这又显然有针对南宋时局的政事意味。①

教化的内容上，除了伦理道德的敦促，值得注意的是对于才能功绩的肯定、提倡。具体表现在"八统"的"进贤""使能""保庸"上，透露出治道的功用主义价值取向。②

另外，还有几个特征需要着重指出：首先，唐氏强调治道是根植于性善论基础上普世的政治途径，不是君主个人私智的产物。他用孟子的仁义礼智四善端来解释"八统"中的各项内容，论证它们出于天性、发乎自然。其次，由于上述的天然性，治道强调在从君主到民众由己及彼的过程中修身的自发自觉，君主的垂范应该充分调动民众的道德自主精神，不需要外在的强制。由此，唐氏批评王安石对于仁智之道的解释（"使人知己爱己，所谓在彼者，圣人之所不能必也"）违背了儒家由己及人的原则（己正而后正人），带有道德强制论的色彩。③ 最后，由于是一个自发自觉的过程，治道的推行需要长时期的积累才能实现深远的治效，它反对急功近利的政治态度。唐氏认为周朝国祚长久的历史根源，就在于文王和周公能够长期实行道德诚服的基本政策，为国家奠定了坚实的基础。④ 急功近利的富强主义如果僭越治道的根本地位，政治就本末颠倒，离动乱危亡不远了。

经制思想的治法主要是指，通过君主与其领导下的官僚体系，对国家和民众的活动进行组织、管理的各种体制和规范。相关论述集中见于唐氏的代表作《帝王经世图谱》，主要内容包括封建、井田、学校、保伍、荒政、理财、屯田、礼仪等。本书不讨论治法的具体内容，而主要介绍它们

---

① 参见《蒙文通先生全集》（第二册），《中国史学史》，《史学甄微》，第418页。

② 参见《帝王经世图谱》卷一〇，第562页。

③ 参见《说斋文钞》卷九，《题王介甫荀卿论下》，第254页。

④ 参见《说斋文钞》卷七，《周论》，第237—238页。

在思想上的特征。

首先，治法作为道的载体，具有不可替代的必要性。治法把道的普世精神予以形式化和具象化，如官制礼仪表现为不同等级在权责、行为上的区分，为世人提供了彰彰可循的规范。在这方面，治法设计的行为化和社会化具有治道所缺乏的可操作性。其次，治法主要是利用国家机器对其成员进行引导、操控，其心理根据是对人们趋利避害性格的设定，因此表现出功利性、机械性以及一定的强制性。与治道相比，它的长处也是其限制，即对官僚体制的依赖。它不能充分调动起民众的自觉精神，进而深入、广泛地影响社会秩序。① 但另一方面，唐氏认为，通过治法长期有序的推行，民众耳熟能详、心悦诚服，政府引导的制度也能转化为社会自觉的行为，规范仪式由外在而内化。在此意义上，治法和治道可以殊途同归。② 最后，治法具有强烈的理想主义色彩和积极的现实变通性。唐氏笃信三代的治法曾经带给人世一个理想的政治秩序，因此根据《周礼》等儒家经典对之详加论述，试图重现古代的完美世界。此类论述的一个学术特征是以周易论周礼，利用《周易》卦象的义理解释治法的旨意，彰显"先王之心"的理想主义。还频繁使用古今对照的方式，在古代世界的理想主义之下凸显后世政治的各种弊病（后者包含了现实状况的映射），由此呈现出一种批判性的观察视野。这种二元主义的史观难免导致一种悲观的乌托邦意识，认为三代治法的世界已经逝去，后世很难重建。唐氏对封建、井田制的评论都流露出这种情绪。③ 但他并没有彻底绝望，而是退而求其次，主张在不能完

① 参见《说斋文钞》卷六，《八统说》，第234—235页。

② 他在论述讲武之礼时，认为"公私之义，其初律于礼法，其久出于诚心"，"致禽之礼，其初出于官师，其久期于自尽"，参见《说斋文钞》卷四，《农隙讲事说》，第218页。

③ 唐氏认为，"然兵农之分久矣，虽尧舜复生，井田之法亦未易于遽复"，参见《说斋文钞》卷二，《馆职策三》，第201页；对封建难复的议论，参见王祎《大事记续编》卷五一，第70、73页。

全恢复的情况下最大限度地取法运用。积极的变通试图缩窄乌托邦意识和现实理想之间的距离，强调治法形式针对各种现实因素（风俗、利害和时势等）进行调整应对，仍然可以实现良好的治效精神。唐氏论述当时的保伍制和法度制定情况，兼顾治法的规范性和地方适应性，就是变通治法的实践。①

经制思想的治道和治法贯穿了三代政治的基本精神，唐氏在《馆职策一》里对此有一概括，"因其势而利导之，探其本而力救之，通其变使乐而不倦，神其化使由而不知。待之以驯致而不迫，处之以忠厚而不暴。法若甚宽而其严不可犯如江河然，功若不显而其利不可胜计如天地然。此唐虞三代之所先务而五霸汉唐之所不及也"，其中包含了民本、通变和事功三个核心原则。②

概要而言，唐氏突出民本不仅重视民意舆论，强调民众教化的渐进性，而且指出民众的利益与国家之利相统一，国家应该爱护民利。国家富强的根本在于一个繁荣、深厚的民众基础，这是唐氏超越传统民本之德治意义的地方。③ 通变原则强调治道和治法因时势而变通，使它们不至于悖离现实，又符合三代的精神。事功原则确立了政治的价值取向，它是由遵循三代之法（治道和治法）而实现的，因此其特征可概括为"以经制论事功"。它明确揭示出，源自道德形上学的政治典范必然会导向现实事功的成就。舍经制而求事功，将会走向功利主义的歧途。唐氏严厉地批评孝宗前期的政治，就是以此为理据。比如他认为孝宗混淆了治安和富强的本末次序，忽略了治道根本，因此在用人和决策上重才轻

---

① 参见《说斋文钞》卷一，《信州朝辞劄子二》《台州入奏劄子一》；卷三，《上张相公书》，第 208 页。

② 参见《说斋文钞》卷二，《馆职策一》，第 196 页。

③ 这些观点例如，"国家之益莫大于益民，国家之利莫大于利民"，"孟子欲得民，而荀卿欲附民，是不务强兵之末，而深得强兵之本也"，参见《说斋文钞》卷一，《馆职备对劄子四》，第 193 页下；卷三，《上四府书》，第 209 页。

德、唯利是求，已经接近战国秦汉的风气。他主张孝宗要在法度和公议的约束下正心诚意，崇儒纳谏，先治安后富强。[①] 在政治、经济和军事的具体法度上，他同样强调以三代治法为典范增益加损，才能取得良好的成就。唐氏的经制思想是其时政评论的根据，在此意义上实践他所抱持的学以致用理想。

综上所述，唐仲友的经制思想兴起于南宋孝宗时期，对时政问题做出了积极的反思。在学术上得到宋代新儒学的深刻熏染，转益诸儒而自成一家。通过对这些外缘内因的考察，我们才能领会经制思想的历史意义，进而重现其思想上的努力和成就。随着后世对朱熹的尊崇提升，唐氏的地位不断遭到贬斥，其弟子门人也逐渐被南宋其他学派同化，但其经制思想仍然受到后世一些大儒的重视和吸收。[②] 衡之以后世经世思想的发展，唐仲友可以视作治体论的思想先驱之一。

---

① 参见《说斋文钞》卷一，《馆职备对劄子一》至《馆职备对劄子四》。

② 元明之世的宋濂、王祎对唐氏十分重视，前者有感唐氏因受歧视导致生平文献的流失，作《唐仲友补传》，王祎在其《大事记续编》里征引了唐氏的许多观点，承认其不凡的学术地位。

第三篇

第 八 章

立国规模的本旨与成宪：
陈亮论治法和治人

在近世的思想世界中，陈亮无疑是极富魅力与刺激性的一位人物。这不仅由于他那跌宕非凡的英雄气质和传奇人生，也源自其思想上相对理学挺拔而起的异端性质。关于这种性质的内涵，学界论述往往聚焦于其中的事功理想。事功精神和德行，当然是陈亮等浙东儒者不同于当期理学家的一大特质。然而，我们需要看到，这种对事功的提倡是与他们对于法度经制的论述紧密联系的。而与这一方面相关的探讨还很不充分。①

如何摆脱肤浅操切的功利主义和鲁莽少学的英雄主义刻画，立国思想家和立国思维是一个更为贴近其时代视野的角度。"亮当渡江积安之后，首劝孝宗以修艺祖法度为恢复中原之本，将以伸大义而雪仇耻。"② 追溯国初立国根基，阐释艺祖法度，进而在经制历史的传统演进中揭明天理物则，挺立豪杰成人理想，是理解陈亮政治思想的主线。在其中，对于宋代政治

---

① 目前已有研究，可参见［美］田浩《陈亮论公与法》，《宋代思想史论》，杨立华、吴艳红等译，社会科学文献出版社 2003 年版，第 518—576 页；董平、刘宏章《陈亮评传》，第四章，第六节"论法治与人治"，南京大学出版社 1996 年版；肖建新、李永卉《陈亮法制思想的特色》，载卢敦基、陈承革主编《陈亮研究：永康学派与浙江精神》，上海古籍出版社 2005 年版，第 129—137 页。

② 吴师道：《敬乡录》卷一三，《奏请谥陈龙川吕大愚札子》。

社会特质的反思与新儒学反思，展示出陈亮治体论对于治法和治人的精妙洞见。

◇ 第一节 "至公而时行"：法度的价值与历史

秦汉政制结构形成以后，儒家借由其强大的思想涵化力与对政治中心群体的养成和供给，透过应对政治传统中由先秦儒法之争破题而持续存在的法治经验，累积形成了非常珍贵的治理智慧。

宋所开启的近世中国，以其诸多类现代性的文明特征，如愈加开放而平民化的社会结构、繁荣丰富的民间经济与社会交往、士大夫政治参与的扩大和文官政治的成熟、中央集权制的细密深化，而呈现出统治的高度法度化、规则化。这一点，在宋代士大夫群体中有着十分深刻的意识自觉。①

《续资治通鉴长编》卷一百四十三记载，庆历三年（1043）"枢密副使富弼言：臣历观自古帝王理天下，未有不以法制为首务。法制立，然后万事有经，而治道可必"②，提出的立法建议被宋仁宗采纳。陈亮就指出宋代现实政治具有高度法度化的特征，所谓"本朝以儒道治天下，以格律守天下"，"本朝以绳墨立国，自是文法世界"。又谓君主"以绳墨取人，以文法莅事"，而士大夫"以议论为政，以绳墨为法"。③

---

① 学界对此的初步论述，参见田志光《宋朝士大夫"以法治国"观论析》，《安徽师范大学学报》2010 年第 1 期，第 84—89 页。

② 李焘：《续资治通鉴长编》卷一四三，中华书局 2004 年版。

③ 《陈亮集》卷一，《戊申再上孝宗皇帝书》，中华书局 1987 年版，第 20 页；卷二九，《与吴益恭安抚（又书）》，第 388 页；卷一，第 7 页。

"格律""绳墨""文法"，成为宋代立国、治国的重要手段。整个社会成为法度繁密之世，"举天下皆由于规矩准绳之中"，乃至"宛转于文法之中，而无一人能自拔者"。① "规矩准绳"代表的法度规则成为笼罩力极强的统治纲维。

北宋秦观认为，"臣窃观唐虞以后，有天下者安危荣辱之所从，长久亟绝之所自，无不出于其所任之术。而所任之术，大抵不过诗书、法律二端而已。盖纯用诗书者，三代也；纯用法律者，秦也；诗书、法律杂举而并用，迭相本末，递为名实者，汉唐也"，"臣闻古今异势，不可同日而语，以今天下而欲纯用诗书，尽去法律，则是腐儒不通之论也。要使诗书不为法律所胜而已"，"盖昔者以诗书为本，法律为末；而近世以法律为实，诗书为名"。② 法度在秦汉以后政治中的地位越来越重要，唐以来尤其如此。

陈亮也指出"今儒者之论则曰'古者不恃法以为治'……儒者合于古而不便于今"③。其讲友叶适叶水心有类似概括，"夫以法为治，今世之大议论，岂可不熟讲而详知也"，"且天下以法为治久矣"。④ "以法为治"，在水心看来，已然成为宋代政治社会的"大议论"（群体重要共识）与基本事实。水心又认为宋代"国家以法为本，以例为要"，导致不任官而任吏，不任人而任法。⑤ 这与人们习惯上指称中国传统社会的德治、人治，殊为不同，也提醒我们对传统政治有必要进行精准的辨析和比较。

近世儒学在道—法区分的基础上，重新用法或治法的概念统合了原先儒家强调的礼乐宪章与法家所重的政刑律令，这一进展具有思想范式的转

---

① 《陈亮集》卷一，《戊申再上孝宗皇帝书》，第 20 页。

② 秦观著，徐培均笺注：《淮海集笺注》第一三卷，《法律上下》，上海古籍出版社 2000 年版。

③ 《陈亮集》卷一一，《人法》，第 126 页。

④ 《叶适集》，《新书》，中华书局 1960 年版；《水心别集》卷一四，第 807、806 页。

⑤ 参见《叶适集》，第 834 页。

型意义。① 南宋浙东学派自永嘉薛季宣的经制之学起，对于纪纲法度的关注就极为突出。对季宣来说，纪纲指向比较根本的、持久的体制原理和规则，法度是可以随时代情境调整的具体制度安排。② 薛季宣特别强调程伊川所言道与法的紧密不可分，"故须拔萃豪杰，超然远见，道揆、法守，浑为一途，蒙养本根，源泉时出，使人心悦诚服，得之观感而化乃可为耳。此事甚大，既非一日之积，又非尽智穷力所到，故圣人难言之"③。

薛季宣的弟子陈傅良认为"朝廷纪纲之所系莫大于法"④，在《唐制度纪纲如何》中反驳自二程起即流行的一个理学观点，即三代政治纯任道，后世政治纯任法，唐代在政治道义上欠缺，或曰有法无道。⑤ 傅良指出，这样的观点片面强调道的作用，其实是晚周儒者面对礼崩乐坏提出的激语，后世却受此误导而轻视法度在政治中的作用。他肯定汉唐在制度纪纲上都体现出道的精神，只是由于对三代理想政治的把握有深浅，产生了政治效果的高低之别。傅良延续了季宣的问题意识，即透过法度纪纲来探求政治中常与变、经与权之间的关联，并揭示道与法的紧密理论关联。叶水心承此指出"纪纲、法度，一事也，法度其细也，纪纲其大也"⑥。共治、封建、郡县制、巡狩，属于纪纲层面的重要制度，其他如选官、财政、刑律等属于次一级的法度层面。二者尤其是纪纲关系到为国之道，立国之本，对于国势影响极重。龙川在这个思想传统中也是推进治体论演进的关键环节。

---

① 程伊川曾谓，"治身齐家以至平天下者，治之道也；建立治纲，分正百职，顺天时以制事，至于创制立度，尽天下之事者，治之法也。圣人治天下之道，唯此二端而已"，又谓"先王之世以道治天下，后世只是以法把持天下"（《二程遗书》卷一）。

② 《薛季宣集》卷二八，《拟策一道并问》，上海科学院出版社 2003 年版，第368 页。

③ 《薛季宣集》卷二三，《沈应先书》，第303—304 页。

④ 《永嘉先生八面锋》卷五。

⑤ 参见陈傅良著，（明）方逢辰批点：《蛟峰批点止斋论祖四卷》甲之体，《四库全书存目丛书》，集部，第20 册，《唐制度纪纲如何》，第6—8 页。

⑥ 《叶适集》，《水心别集》卷一四，《纪纲一》，第811 页。

　　陈亮思想中的法和法度概念，大体指涉三个层次：在最广义的层次上，法指一切关乎宇宙与人类存在的规则，如仁义等规矩准绳（"夫人心之正，万世之常法也"）；① 中观层次指政体、制度、礼乐意义上的法度，或曰法制；狭义层次指刑罚、政令、术数，有时与中观层次的礼乐相对使用。陈亮主要是在中观及狭义层运用这类概念，即涵括礼乐政刑、纪纲法度及政令刑律的规则体系，把它们作为治道的体制化保障。

　　在与朱子理学的争辩中，陈亮突出了道的实在性与时代性，认为道是透过宇宙万物的存在与运行表达自身，并且随着历史环境的变迁而不断发展。这种形而上意味淡薄的道论观，在法度中获得了极好的体现。作为人类共同体的体制规范，法度提供了人类文明得以确立核心正当规则（"人极"）的保障，构成了人道基础，并且最能彰显人们的积极实践角色。

　　陈亮指出，"夫法度不正则人极不立，人极不立则仁义礼乐无所措，仁义礼乐无所措则圣人之用息矣"，"人道立而天下不可以无法矣"。② 这样的认知把法度提升到了紧密关系基本文明规则（"人极"）的高度，并且以法度为根本来解释传统仁义礼乐的安顿和功效。这与从人的心性道德本源来铺陈一套秩序理论的思孟理学进路，已大不一样。相对程伊川的道、法二分，更强调法度的根本地位。③ 吕祖谦从天理高度对于法有积极阐释，陈亮的这一论题与东莱相互呼应，更进一步。

───────────

　　① 参见《陈亮集》（增订本），《问答》，中华书局1987年版，第47页。
　　② 《陈亮集》卷二三，《三先生论事录序》，第254页；卷一一，《人法》，第124页。
　　③ 这段话本身就是针对程颐读《通典》一节而发，强调二程与张载讲明法度这一学术面向，也可视为陈亮相对朱子而就理学传统做出的重心不同的继承与发挥。程伊川谓，"治身齐家以至平天下者，治之道也；建立治纲，分正百职，顺天时以制事，至于创制立度，尽天下之事者，治之法也。圣人治天下之道，唯此二端而已"。纪纲法度是治道赖以实现的法度规则、实现善治的"治法"。道与法是善治的两个基本着力点，作为宋代理学经世观念的典型概括，上述两条被朱子、吕祖谦、东莱先生收入在《近思录》，"治体"第十、十五。

依据这种法度中心的秩序观，陈亮曾批评当时儒者，或者反对关注法度，或者动辄依赖法度。① 前者代表了传统的、类似理学的修身本位政治观，他们认为浙东思想滑向了申、韩法家一路。后者则代表了实际政治中传统儒家的困境，心性本位的政治心智面对政治实践缺乏制度构思能力，很容易陷入对法家术数的片面倚赖。浙东代表的这一进路，恰恰是要在二者之外开拓出近世儒家理智应对政治法度的可行思路，扬弃修身本位的政治观，正视政治社会的法度问题，同时形成对于法家的有效节制。儒法关系这一中国政治思想传统的大关键，在浙东儒者这里透过法度化得到了高度的正面重视与推进。

法度在何种意义上能够作为文明政治秩序的根本或前提？这牵涉到对于法度特质的理解、法度在文明史中的演成与法度在诸多秩序规则类型中的定位。

首先，陈亮、叶适等人最具代表性地指出了法度规则源自强烈的公共意识，这被视作公共政治理性的体现是治道原理的核心。陈亮认为，"人心之多私，而以法为公，此天下之大势所以日趋于法而不可御也"②。人心最容易被各种私欲、私情诱惑牵扯，而法是人们用以约束这种私性的公共规则。这里显示出人心的双重属性，一个是"多私"，另一个是"以法为公"的规则化能力。二者共存于人心，这种认知可以说是陈亮等浙东儒者的一种幽暗意识，值得注重。后者是对于私性的克服和超越，出于人类价值与意志的主动构建，并且表现出必然的客观趋势。

法度是人类应对自身私利私欲而彰显公共价值的基本规则，由公共性道义落实为法度化，构成文明秩序的重要基础。陈亮强调了法度的人为正义属性，"时者天之所为也，法者人之所为也。法立而时不能违，则人谋足

---

① 参见《陈亮集》卷一一，《人法》，第126页。
② 同上书，第124页。

以定天命"①。他并没有进一步挖掘其人性根基，而倾向以这样一种基本事实作为既成的秩序基点，更关注由此确立的秩序安排。

需要注意的是，这种体现人为正义的法度规则仍然以更深层次的天人合一为秩序框架，并未产生法度与天理天道的断裂。他并不拒绝理学的天理概念，而且用"公道"来指称法度，透露出天理观念经由法度载体而强化的公共特质，这较之单纯从道德伦理解释天理更具思想特色。其中也包含时人的一种"公法"意识。如叶适指明，"盖人不平而法至平，人有私而法无私，人有存亡而法常在，故今世以'人乱法不乱'为常语，此所以难于任人而易于任法也"②。法度被看作公平、公共、恒常的治理规则，处于天人合一的天理秩序之中心位置。儒家所憧憬的"任人"理想，推崇人的德行智慧，相对任法是一个更难企及的目标。朱、陈之辨中，朱子以心为根本，龙川以法为中心，关切分途。

其次，法度在陈亮的历史叙事中被作为一条中心线索，由此揭示它在文明历史演进中的功用，更显示出法度的传统维度与经验理性。陈亮将其概括为"至公而时行"③，并提出"彰法度以存公道，相时宜以立民极"④。依据这一原则，他追溯了三代、秦汉以来的法度演进。

远古时期为法度雏形阶段，人类尚处于天真未失的初民社会，本性淳朴，法度简要。政治领袖由人民根据才能和道德标准共同推选与认可。陈亮认为这种政治权威不是自相尊异、凌驾于民众之上，也不是依据世袭制原则产生，体现出了人民直接参与政治事务的公共精神⑤。

然而，由于社会发展开始复杂，人们的品质变得良莠混杂，真伪难辨，

---

① 《陈亮集》卷一五，《问古今损益之道》，第 174 页。
② 《叶适集》卷一四，《新书》，第 807 页。
③ 《陈亮集》卷二八，《丙午复朱元晦秘书书》，第 354 页。
④ 《陈亮集》卷一五，《问古今治道治法》，第 168 页。
⑤ 《陈亮集》卷三，《问答》，第 39 页。

上述黄金时代的法度不免成为一种难以重现的乌托邦。到三代时期，礼乐刑政等法度构成了君道根本，以适应复杂化的人情风俗。特别是在尧之时，政治社会开始建立起"君臣有定位，听命有常所"的法度，政治领导与决策的产生、政治社会地位的厘定，都有专门确定的机构、程序和方法，不再由天下人直接决定。最高领导的产生，经过了从禅让制到世袭制的过渡，政体上走向周代的宗法分封制度。

无论禅让制抑或世袭制，都需要体现公天下的精神。如尧传贤不传子，就是以天下为公。由于圣贤不可常得，所以转而采用统治家族内部的世袭制，商朝兼用兄终弟及，周代确立嫡长子继承制。如果从形式上看，世袭制把国家政权系于一部分特定的统治家族，正是后世儒学抨击的"私天下"。但是陈亮的理解取径不同，更注重政治法度的秩序功能，认为相应于纷繁复杂的民情，这种制度可以树立一个明确的权威中心，消弭了人们对于最高权位的种种觊觎，使政治社会免于潜在的争夺动荡。法度的权威性及其安定功能，也符合公共精神的需求。而且在治理中，这种权威秩序要符合五典五常等客观规则，以天下公利为宗旨，受到天下人公议的制约。如果统治者不能胜任，人们可以通过革命进行置换。① 可见，除了公共性，权威带来的和平安定，也是我们评价人类法度的重要标准。

作为道德蜕变、私性滋长的产物，夏商周以"家天下"为实质的法度在精神和形式上都不及远古时期更能彰显公共性，但却适合逐渐复杂世故的民情风俗，成为后世典范，并体现出不可遏止的演化趋势。"人心之多私，而以法为公，此天下之大势所以日趋于法而不可御也。"② "以法为公""相时宜以立民极"，使得"以法为治"构成一个不可回转的文明演进趋势。

鉴于人心多私的经验常态，陈亮把法度看作是对治私性的根本规范。另外，从这种历史演变角度，陈亮指出被儒者圣化的三代政治也并非纯然

---

① 《陈亮集》卷三，《问答》，第33页。
② 《陈亮集》卷一一，《人法》，第124页。

完美，其实是经过孔子等人净化的"正大本子"①。三代与后世都要面对一些根本性的永恒难题，如"才有人心便有许多不净洁"的幽暗性，这也成为陈亮在历史观上能够避免政治乌托邦主义、打通三代和汉唐理解的一个人性论基点。②

陈亮的法史观显示出两个治理标准的重要权重：一个是政治精英的参与能否得到肯定和鼓励，另一个是一般民众的基本自由能否得到保障（"故一世之贤者得以展布四体以共成治功，而民之耳目手足亦各有定而不摇也"③）。这一点在他对周秦之制的评价中很明确。三代法度中周法堪称典范，"昔者夏、商之衰，天下之法尝弊矣，一圣人起而易之，而大纲无以异于夏商之初"④。在事变人情的广泛领域中，周法通过全面而合理的规则确保了政治共同体的公共与自由，人道由此臻至完备状态，政治权威由此获得充分坚实的保障。周代长达八百年的国祚，根基于这种理想法度。

但是随着历史发展，周法"及周之衰，文弊既极，华靡淫浮，变而为权谋谲诈"，穷尽其形式主义，过于求备详密，并且针对民众的背法而著于条目，转向成文法，于是开启了重视刑罚的法家趋势。法家法度并非全恶，但是对于人们生活严密控制，丧失了周法中基本的自由精神，乃是周法衰变的产物。⑤

秦独取法家学说，放弃了德治关怀，强化了法度流弊，导致权威独大，君民悬隔。以天下迎合统治者私欲，严重违背了法度的公共精神。人道无法确立，君主的政治权威自然也难维系长久。而汉兴的意义就在于结束秦朝苛政，建立了宽仁制度，使民众重获自由（"而天下之人得以阔步高谈，无危惧之心"）⑥。综合来看，政治社会的权威及其和平之外，共治和自由是

---

① 《陈亮集》，《又乙巳秋书》，第 352 页。
② 参见《陈亮集》，《又乙巳秋书》，第 352 页。
③ 《陈亮集》卷一五，《问古今法书之详略》，第 170 页。
④ 《陈亮集》卷一九，《问古今文质之弊》，第 169 页。
⑤ 参见《陈亮集》卷一九，《问古今文质之弊》，第 169—170 页。
⑥ 参见《陈亮集》卷一五，《问古今法书之详略》，第 171 页。

优良法治的关键指标。

法史观的一个重要方面是三代之法与后世之法的区分。三代之法在典范意义上被看作法度实现的理想形态，因此构成评价和纠治后世及儒者身处之现实法度的传统资源。对于近世儒家，三代之法、汉唐之法与本朝祖宗之法之间的张力，及相应史观的张力，是推动法度反思与构建的重要力量。

三代之法可以说是传统意义上的高级法，它强调法度与法治需内在于传统自身的损益发展之中。近世儒学内部对此有不同方式的处理。理学家产生一种强烈的二元对立意识，强调三代之法与后世之法的巨大差距。如程伊川所谓"先王之世以道治天下，后世只是以法把持天下"①。朱子与陈亮辩论，认为三代天理光明，后世人欲流行、架漏牵补，也同此意。相比较，浙东一路的事功学者更主张古今之间存在程度差别，而非性质鸿沟。

陈亮与朱子反复申辩，秦以后并非一团漆黑，其中汉唐建立了值得相当肯定的功业。这个漫长时期并非依靠权谋强力维持时日，而是处于法度不完善或曰良好非优的状态。不同朝代根据时代情势在法度规模上也形成了各自特点，方能形成长期有效统治。一方面，相对三代典范表现出的取法与悖离很大程度上决定了汉唐后世政治的成败；另一方面，不同朝代根据时代情势在法度规模上也形成了各自的特点。

◇第二节　法史观下的汉宋政治传统及其国本论

一　陈亮的汉宋政治传统论

陈亮认为，应该把事功作为政治评价的标准。关于政治的评价标准，

---

① 《二程遗书》卷一。

陈亮与朱熹进行了反复辩难。朱熹以道德动机的纯驳作为评判王霸之道、三代—汉唐的绝对标准，固然树立了高亢的政治标尺，对于现实政治却是一种悲观主义，总体上接近于宗教神学式的二元历史视野。三代尧舜之道是真正的天理流行世界，人欲不得张狂，而后世即便是汉高祖唐太宗，也不过是假借仁义行其私心。朱子说：“若以其能建立国家，传世久远，便谓其得天理之正，此正是以成败论是非，但取其获禽之多，而不羞其诡遇之不出于正也。千五百年之间，正坐如此，所以只是架漏牵补过了时日，其间虽或不无小康，而尧舜三王、周公、孔子所传之道，未尝一日得行于天地之间也。若谓道之常存，却又初非人所能预，只是此个自是亘古亘今常在不灭之物，虽千五百年被人作坏，终殄灭他不得耳。汉唐所谓贤君，何尝有一份气力扶助得他耶！”①

陈亮不同意朱子对于汉唐以来历代政治的评价。他一方面指出三代政治的不完美处，另一方面为汉唐政治进行辩护，认为后者绝不是一团漆黑，而是于儒家道义或有所暗合，或有所大明。这特别通过政治的实际效果得到印证，譬如反儒的刘邦结束秦之暴政，部分恢复人民的生活常态和自由，事实上契合儒家宽厚仁义的政治精神。

陈亮指出：“故亮以为：汉唐之君本领非不洪大开廓，故能以其国与天地并立，而人物赖以生息。”② 又说：“诸儒自处者曰义曰王，汉唐做得成者曰利曰霸，一头自如此说，一头自如彼说；说得虽甚好，做得亦不恶；如此却是义利双行，王霸并用。如亮之说，却是直上直下，只有一个头颅做得成耳。”③ 理学家根据天理人欲、道义智力褒贬古今，使人们不能正视政治世界之所以成立运行的道理，“千五百年之间，天地亦是架漏过时，而人

---

① 《陈亮集》（增订本），朱熹《寄陈同甫书之六》，中华书局1987年版，第361页。
② 《陈亮集》（增订本），中华书局1987年版，第340页。
③ 同上。

心亦是牵补度日，万物何以阜蕃，而道何以常存乎？"① 一般儒者评价王霸，最后都落入"义利双行，王霸并用"的二元论，在道德与政治之间形成断裂的两橛。陈亮认为自己的主张才是协调统一的。他的主张实际是"王霸一元论"和"义利一元论"。陈亮的论述论证了事功和王道的内在统一性，进而表明了事功不仅是合理、正当、与王道不悖的，而且是王道所必需的。要认识到政治家的精神复杂性，彰明其理想义（"英雄之心"），批判其差误，所谓"发出三纲五常之大本，截断英雄差误之几微"②。

陈亮的上述观点的立论基础是他关于道、物关系的哲学观念。与理学家主张的"理一分殊"不同，陈亮主张"何物非道""道在物中"。他说："夫道岂有他物哉，喜、怒、哀、乐、爱、恶得其正而已；行道岂有他事哉，审喜、怒、哀、乐、爱、恶之端而矣。"③ 又说："天地之间，何物非道？赫日当空，处处光明，闭眼之人，开眼即是。岂举世皆盲，便不可与共此光明乎！眼盲者摸索得着，故谓之暗合。不应二千年之间有眼皆盲也。亮以为后世英雄豪杰之尤者眼光如黑漆，有时闭眼胡做，遂为圣门之罪人；及其开眼运用，无往而非赫日之光明，天地赖以撑拄，人物赖以生育。"④ 在陈亮看来，道并不神秘，它存在于日常生活之中，人们都可以接触到道。"何物非道"表明他与叶适等人一样，是从物、身、心的多样历时关系中去认识道，而不是朱子一样固执于一种对于道的完美天理界定，忽视身、物之复杂。英雄豪杰虽有差错，甚至罪恶，却不能完全排斥于常道之外，与圣贤做两类人看。陈亮对于汉宋政治传统的评解，就显示出这一历史哲学的取向。

陈亮与朱子的这一论辩，颇能反映出南宋浙东儒者群与理学家的志业旨趣之相异。受清儒汉宋之分、经史之分的意见支配，我们往往看到南宋

---

① 《陈亮集》（增订本），中华书局 1987 年版，第 340 页。
② 同上。
③ 同上书，第 101 页。
④ 同上书，第 351—352 页。

浙东对于史学和治法的注重，而忽视他们义理上的整体规模。经制，经史，不能舍经而言史、言制。钱穆先生在《孔子与春秋》一文中，指出宋学中理学逐渐偏重立教，关注儒家道德教义的普适性，突出了理想的内圣一面。而汉儒特别是西汉今文经学发扬百家言—王官学精神，由民间学术立场而首重立国之道和典章制度，希冀改进政府体制，此一进路宋以降渐为不显。西汉公羊春秋家以夫子为素王，视为大立法者，唐以后渐把夫子视为先师，已经偏向文教内圣。后世更有把夫子视为圣臣者，进一步相对时君来降低其思想义理的价值。① 从这个视野来看，陈亮等人的南宋浙东学术，相对理学，作为讲学一派而以经制事功首重立国本末，更接近汉儒精神。要了解这一点，浙东诸贤的经学特质、他们对于孔子和文中子王通的推崇，值得特别重视。②

吕祖谦的经学特点上文有过交代，以理解经而不受章句训诂之学的束缚，强调实践经验的根基性，把经典看作尚有待充分展开的实践文明智慧。东莱重视《诗》《书》，尤重《左传》。其他诸贤也显示出一个共识，就是对于《尚书》《周礼》和《春秋》的重视。③《尚书》中《洪范》皇极，自薛季宣到叶适，都单独为之作解，是他们政治思考的中心轴。陈亮则认为"《洪范》之九畴，盖天地之成理，君道之极致也"，在上孝宗皇帝书、《廷对》中依据《洪范》"皇极"和"三德"来解释夫子四科之学、大司寇中包含的君师之道。④ 朱子门人记载，"陈君举以为读《洪范》，方知孟子之

---

① 钱穆：《两汉经学今古文平议》，《孔子与春秋》，商务印书馆 2005 年版。

② 陈亮对于汉唐先儒经世传统甚为推崇，如称道贾谊，援引"通达国体"、经制说，参见《陈亮集》，《萧曹丙魏房杜姚宋何以独名于汉唐》《古今治道治法》，第 129、167 页。

③ 参见姜海军《宋代浙东学派经学思想研究》，齐鲁书社 2017 年版。此书特别追溯了两宋之际高闶、郑伯熊弟兄接续北宋理学二程、张载学脉，注重《春秋》《尚书》《周礼》的学术先导贡献。

④ 参见《陈亮集》，第 175、1—20 页。

'道性善'，如前言五行、五事，则各言其德性而未言其失，及过于'皇极'，则方辨其失"①。经制之学，以《周礼》为典制范本，诸贤之重视不必多言。②

需要强调的是他们对于《春秋》精神的发扬。薛季宣《经解〈春秋旨要〉序》明言春秋之教，在于"治棼而不乱，处群而不党，是是非非而天下之理归之矣"。《春秋》以事辞为教，孔子"直书以明得失谓之辞，辞以别是非谓之事"，属辞比事，"考辞而知其事，因事以观其理"，服仁守正，是《春秋》治乱复古之道。季宣因此批评三传，不明春秋之教，舍古经之显白而执着于晦，有反常道，事辞之教于是荒矣。③陈傅良则认为《春秋》是圣人经世之用，托史见义，以五霸为据案。《春秋后传》认为夫子作《春秋》，博极天下之史，拨乱世反之正，笔削之旨不能以编年之史待之。南宋浙东在这方面的一个特征，即经史高度的相参融合，体现在傅良对于夫子之经与左氏之史二者相互支持的认知上。楼钥称赞止斋，"深究经旨，详阅世变"，可以说点出经史意识的这一特质。我们应当看到南宋浙东儒者对于历史世变的重视，背后有一个深邃的经旨义理追求。④

《春秋》对于陈亮更为重要。元人刘埙评价，"龙川之学，尤深于春

---

① 参见《朱子语类》第一二三卷。颜元评价，"君举认性道之真如此，精确如此；程、朱'气质之性杂恶'，孟子之罪人也，而反贬斥君举，望人从己，愚谬甚矣"。参见《颜元集》，《朱子语类评》，中华书局1987年版，第260页。

② 可参见姜海军《宋代浙东学派经学思想研究》，第一、二、三章。其中对于郑伯谦《太平经国书》的论述体现出浙东儒者《周礼》思维的典型。朱子评陈傅良，"至如君举胸中有一部《周礼》都撑肠拄肚，顿着不得。"颜元习斋对此有犀利批驳，"陈永嘉、陆象山、陈龙川到吃紧便含糊不与朱子说。盖朱子拘泥章句，好口头角胜，又执呆自是，不从人善。凡英雄遇之，初慕其名望，皆爱与谈学问，商经济，到看透他不作事，好争长书生局，便只到模糊罢手，所以皆致朱子'不说破，墨淬淬'之讥也"。《颜元集》，《朱子语类评》，中华书局1987年版，第261页。

③ 参见《薛季宣集》卷三〇，《经解〈春秋旨要〉序》。

④ 参见赵伯雄《春秋学史》，山东教育出版社2004年版，第545—546页。

秋"①。陈亮认为，"圣人之所以通百代之变者，一切著之《春秋》"②。他的《上孝宗皇帝书》，就是以《春秋》天人之际、尊王攘夷、大一统来作为立论根基。③《上孝宗皇帝书》可与董子"天人三策"合观。这几次上书，论述的是南宋政权何以立国的根本问题。在周边的竞争政权高度礼乐化、中国化的局势中，南宋需要认识到天命民心的去就，系于王道人道。北宋统治的既有传统、自命正统的中华意识，都不足以确保南宋能真正继承中国的王道礼乐，成为天命正统的承载者。敌国竞争前所未有地激烈，中国何在，人道王道何在，实在是谋政者首先要直面的立国根本问题。

陈亮在论述中首重孔子、王通的经世之志、春秋大义。南北朝期间北魏孝文帝实行华化，夷狄中国化，之后统一大业由北朝任之，王道正统不系于种姓，王通已发明其义。龙川径引其论（"戎狄之德，黎民怀之，三才其舍诸"），进一步引用"复仇"论主张抗金，反对和议。④ 在这个立国大义的前提下，陈亮进一步讨论立国本末、艺祖本旨。继而在注重立国大道和法度宪制的意义上，陈亮对于当时的两种思想学术提出批评，即理学心性之学和富强功利之说。这让人联想起董子"天人三策"中"统纪可一而法度可明"的中心主张，领会陈亮上孝宗书直击南宋政学肯綮关键的大意旨。

在《六经发题·春秋》篇，陈亮对于《春秋》乃孔子自作的传统论点提出质疑。表面上看，这一质疑似乎是对于汉儒"素王"说的架空，认为孔子依然是周民，"以匹夫而与天子之事"，似乎难为王法所允可。细读之，陈亮论述中指出，孔子"伤周之自绝于天"，透过对于鲁史的"整齐其文"，实际上是在代周天子行事，施行天命天讨，使得实际效果达到"天下犹有

---

① 刘壎：《隐居通义》卷二，《龙川学术》。

② 《陈亮集》卷一一，《传注》，第 137 页。

③ 参见《陈亮集》卷一，第 1—20 页。

④ 关于王通的正统论及其学术来源，可参见刘璞宁《王通的政治道统论》，《北京行政学院学报》2014 年第 3 期；祝总斌《关于王通的〈续六经〉与〈中说〉》，《中华文史论丛》2015 年第 2 期（总第 118 期）。

王"。陈亮主要突出的是，孔子代行天之赏罚，依据乃是天道之全、天下之公，并非出于夫子个体的私意主张，也不是出于周天子授权。"春秋所书，无往而非天。"① 陈亮是强调夫子之经的天道超越性和公共性。虽然没有援引汉儒素王说，却充分肯定夫子与天子之事的公共精神和天道根基，依然将孔子视为大立法者。陈亮于上孝宗皇帝书中，多处高度评价孔子在现实政治不能伸展抱负之后，寄寓志业于《春秋》，犹能惧乱臣贼子。"孔子之心，未尝不庶几天下之民一日之获瘳也。是君道之大端，而圣人望天下与来世者，可谓深切著明矣。"② 孔子东周之志，在于复王道，实践不得机会，乃寓志于《春秋》。"《春秋》，事几之衡石，世变之砥柱也。故《春秋》，《易》之著者也，百王于是取则焉"，又云"《春秋》律五霸以王道"③。这些论述，可见陈亮对夫子和五经的理解，正是肯定其以家言家学而立百世王道君道之大法。④ 如果说，理学透过心性的超越内化树立起内圣道统，推崇师道，与时君治统形成二元权威，那么夫子"素王"、代天子行事乃是依据更为古老的公共宪章，以大立法者的祖述、宪章相对立国政治家、时君而形成另一个权威中心。

南宋浙东儒者对于三代以下政治历史的强烈关注，应当在这一视野下加以理解。陈亮在《祭吕东莱文》中倡言"孔氏之家法"，主张"常欲正两汉而下，庶几复见三代之英"，慨叹"夫三代之英及孔氏，岂于家法之外别有妙用，使英豪窃闻之哉？"⑤ 孔子以《春秋》正乱世，秦汉以下政治同样需要儒者运用夫子之法阐明正道。南宋浙东儒者对于文中子王通的共同推崇，就是认可王通能够接续汉儒精神，首重立国政教规模，于世变中发扬

---

① 《陈亮集》卷一〇，第 107 页。陈亮对于孔子作六经的公义公道，反复强调，可见《六经发题》的其余数篇。

② 《陈亮集》卷一，第 10 页。

③ 《陈亮集》，第 177、172 页。

④ 参见《陈亮集》，第 176 页。

⑤ 此条记载于叶适《习学记言序目》卷五〇。

了夫子《春秋》志业。① 朱子也肯认王通"论治体处，高似仲舒"，精研世变经制，但不明"明德，新民，至善"，夹杂佛老，"于大体处有所欠阙"，依据的是三代与后世之高下不同，王通不应强为比附接续。② 钱穆先生认为

① 陈亮等人对于王通的推重，也可参见董平、刘宏章《陈亮评传》，南京大学出版社1996年版，第八章，第一节。另如郑伯谦在《太平经国书》之《原序》中特意彰显孔子、文中子、二程和横渠的道统学脉，参见姜海军《宋代浙东学派经学思想研究》，第69页。

② 朱子极为重视文中子，语类中点评汉唐诸子，以王通为最重要的对象。"这人于作用都晓得，急欲见之于用，故便要做周公底事业，便去上书要兴太平。及知时势之不可为，做周公事业不得，则急退而续诗书，续玄经，又要做孔子底事业。殊不知孔子之时接乎三代，有许多典谟训诰之文，有许多礼乐法度，名物度数，数圣人之典章皆在于是，取而缵述，方做得这个家具成。王通之时，有甚么典谟训诰？有甚么礼乐法度？乃欲取汉魏以下者为之书，则欲以七制命议之属为续书，'七制'之说亦起于通。有高文武宣光武明章制，盖以比二典也。诗则欲取曹、刘、沈、谢者为续诗。续得这般诗书，发明得个甚么道理？自汉以来，绍令之稍可观者，不过数个。如高帝求贤诏虽好，又自不纯。文帝劝农，武帝荐贤、制策、轮台之悔，只有此数诏略好，此外盖无那一篇比得典谟训诰。便求一篇如《君牙》《冏命》《秦誓》也无。曹刘沈谢之时，又那得一篇如《鹿鸣》《四牡》《大明》《文王》《关雎》《鹊巢》？亦有学为四句古诗者，但多称颂之词，言皆过实，不足取信。乐如何有云英咸韶濩武之乐？礼又如何有伯夷周公制作之礼，它只是要做个孔子，又无佐证，故装点几个人来做尧舜汤武，皆经我删述，便显得我是圣人。如《中说》一书，都是要学孔子。论语说泰伯'三以天下让'，它便说陈思王善让；论语说'殷有三仁'，它便说荀氏有二仁。又提几个公卿大夫来相答问，便比当时门人弟子。正如梅圣俞说：'欧阳永叔他自要做韩退之，却将我来比孟郊！'王通便是如此。它自要做孔夫子，便胡乱捉别人来为圣为贤。殊不知秦汉以下君臣人物，斤两已定，你如何能加重！《中说》一书，固是后人假讬，非王通自著。然毕竟是王通平生好自夸大，续诗续书，纷纷述作，所以起后人假讬之故。后世子孙见它学周公孔子学不成，都冷淡了，故又取一时公卿大夫之显者，缵缉附会以成之。毕竟是王通有这样意思在。虽非它之过，亦它有以启之也。如世人说坑焚之祸起于荀卿。荀卿著书立言，何尝教人焚书坑儒？只是观它无所顾藉，敢为异论，则其末流便有坑焚之理。然王通比荀扬又复别。王通极开爽，说得广阔。缘它于事上讲究得精，故于世变兴亡，人情物态，更革沿袭，施为作用，先后次第，都晓得；识得个仁义礼乐都有用处。若用于世，必有可观。只可惜不曾向上透一着，于大体处有所欠阙，所以如此！若更晓得高处一着，那里得来！只细看它书，便见他极有好处，非特荀扬道不到，虽韩退之道也不到。韩退之只晓得个大纲，下面工夫都空虚，要做更无下手处，其作用处全疏，如何敢望王通！然王通所以如此者，其病亦只在于不曾子细读书。他只见圣人有个六经，便欲别做一本六经，将圣人腔子填满里面。若是子细读书，知圣人所说义理之无穷，自然无工夫闲做。他死时极后生，只得三十余岁。他却火急要做许多事。"参见《朱子语类》卷一三七，《战国汉唐诸子》。

王通接续汉儒精神，颇显北朝门第之学对于大群立国政教的首要关切。① 蒙文通先生指出，"迄柳开、孙何而下，王通真为圣人，可继孔子，南渡浙东之儒重文中子，而朱子巫斥之，其后朱学行而浙东之学衰，后世皆知斥《中说》之书，其实皆紫阳一派之见"②。在对经典大义的说明（《传注》）中，陈亮特别举出孔子和文中子，"圣人之所以通百代之变者，一切著之《春秋》。六经作而天人之际始终可考矣。此圣人之志也，而王仲淹实知之"③。在这一点上，吕东莱、陈龙川可谓步武文中子，心有戚戚然。陈亮推尊王通，"天地之经，纷纷然不可以复正，文中子始正之，续经之作，孔氏之志也，世胡足以知之哉！"《汉论》《三国纪年》《酌古论》《史传序》这些作品，正体现了陈亮对于孔子、王通《春秋》经旨史志的认可和承继。因此，他才从经史参合来论天人之际，"《六经》、诸史，反复推究，以见天运人事流行参错之处，而识观象之妙，时措之宜，如长江大河，浑浑浩浩，尽收众流而万古不能尽也"④。

陈亮赞同王通的见解，特著《汉论》肯定汉代高祖、文、宣、光武等七位明君的治功。如汉兴在于结束秦朝苛政，建立了宽大的制度，使民众重获自由（"而天下之人得以阔步高谈，无危惧之心"）⑤。在政体上的分封等制度，在精神上继承了三代遗意，有利于国家政权的延续维系。他依据对于汉代君主政治的深入评解，相当系统地阐述了自己的政治观。其中，最值得关注的，是他从社会秩序、礼法传统的维度出发提出了对治体的阐释。

从总体的社会政治秩序立论，陈亮为我们呈现出对于君道不同模式的评判。相对理学家历史评价以德性修为主，他更强调在三代秦汉以降的

---

① 参见钱穆《钱宾四先生全集》（第十九册），《读王通〈中说〉》，《中国学术思想史论丛》（四），中国台湾联经出版事业股份有限公司 1998 年版，第 1—20 页。

② 《蒙文通全集》（第一册），《儒学甄微》，《文中子》，第 182 页。

③ 《陈亮集》，第 137 页。

④ 《陈亮集》卷三六，《钱叔因墓碣铭》，第 484 页。

⑤ 《陈亮集》卷一五，《问古今法书之详略》，第 171 页。

具体时势中依据帝王的功业来评价，不能"辨其德而掩其功"。具体说，在秦将生民置于绝境之后，能够再次使生民"相保相安"，获得和平与自由，本身是一大功绩。汉代的高祖、文帝、武帝、宣帝、光武、明帝、章帝，是七位具有代表性功业的君主（有"七制之功"）①。陈亮承认有德之君与有功之君的高下之分，前者有"治心修性之学"，"君心退藏于道德之密，民俗优游于德化之中，固不容专以功名"②。后世是一大变化，"夫世俗之变而道德之日以薄"③，难以完全依据道德要求君主。历史政治变迁显示出道德的退化，权术、法度、典章的地位上升。陈亮希望历史评价应有"恕"与"忠厚"之心。七制中，文帝、章帝之外的君主皆德不足而功有余，此二者稍好于他人。

陈亮对两汉七位君主的评论，透过功、德之辨，内在包含了对于一个政治体兴衰治乱的机理分析。其中，政治传统的形成与变迁是一条重要线索。君臣共治与以制度政策为主干的治体，是两个组成部分。陈亮分别称之为"治本"与"治具"。关于二者关系，一些地方的表述，似乎倾向于本末的处理。这一点与《近思录》区分治体和治法依据本末、体用关系近似。二者相互维系，前者会在动力层面带动后者的形成，具有根源的导向价值。而对于继世君主、政治体的延续发展而言，法度则是更为便利的，也具有相当的独立价值（文帝"以朴素为天下先，以恭俭为子孙法"，景帝"忌忍刻薄"，"然所以犹获与文帝并称贤君，惟不改其恭俭耳"④）。这样的区分某种意义上对应着政治秩序的演进阶段。

变迁之理，在于针对上一时期的政治特点，"变焉而迭相救"，"变而之善"。⑤ 文帝惩秦之失，"以宽易暴，以德易刑，自农桑之外无余说，自涵养

---

① 《陈亮集》，第 193 页。
② 同上书，第 192 页。
③ 同上书，第 193 页。
④ 同上书，第 197 页。
⑤ 同上书，第 204 页。

之外无余事"①。若是明察之政，继之以明察苛刻，此为失也。"人主为治，有所惩者斯有所善"。"大抵天下之事，有所遭者必有所变，遭其会而不知变焉，则变穷而无所复入矣。"② 这也与天道善变同理。"故夫前人有可随之规，则谨守而勿失者，乃善述人之事；前人无宏远之谋，则惩创而有所反焉，斯为善达权之君。若昧夫时措之宜，胶焉而不调，吾虑其难善于后矣。"③

最佳治体的因承发展，关键在于把握到制度背后的政治精神（"心"）。这种把握，也有统绪可循，并非完全付诸一己主观之把持。

"心"代表万化之原，君主正心、政治精神的取向因此是治体关键。心导向刑罚、征伐、聚敛、嗜好、便佞，治道必定偏差。君主德化于心，民化于德，"此其源流本末所在，为君者要在端其本也"④。"秦人不知务本，一意于严刑酷罚，务以束天下而震之，一时治效，君益尊，民益卑，疑足以过古，而一夫作难，七庙为墟，夫岂他哉？心蠹于功利，视德化为不急之务故尔。"⑤

陈亮提出"心有定向，治无定体"⑥。治或因承前人，易于用力；或因于身致，难于为功，因此"治无一定之体"。而心笃定宽仁，否德终不足以败之，对于治体发挥根导之价值，"此心有一定之向也"⑦。

在精神本源与治道之间，有一个"循理而行"、"及穷其理"、应对世界事理的重要环节，在治本、治具层面会有所表达。⑧ 不仅仅是修身心性的内圣，更需要在事物情理上讲求。对于继世之君来说，把握前人之心、继承

---

① 《陈亮集》，第 195 页。
② 同上书，第 203 页。
③ 同上书，第 204 页。
④ 同上书，第 195 页。
⑤ 同上。
⑥ 同上书，第 196 页。
⑦ 同上。
⑧ 参见《陈亮集》，第 196、195 页。

前人之治，极为重要，"自夫前人以宽仁涵养斯民，盈成之业已就矣，后人承之，蹑其宽仁之厚，而益培其涵养之根，则治道之成必过前人远甚矣"①。

若从政治传统的角度看，政德和治法都有长期可资赓续的传统。前者或可称心法、心体的传统；政治精神—德行的传统，后者体现在一系列长期有效的法度之中，如所谓"高、文之家法，以宽仁为心，以洪大为度"②。

陈亮思想的一个特别贡献，在于把政德这一主体内在维度放置在治体安排中审视，特别挖掘出更为深刻的社会秩序根基。从人性民情与社会秩序演进的深层视角，而非单纯的道德修身感化视角，对于政德和治法进行说明，这是相对于儒学传统，特别是理学内圣思维的一个进展和贡献。

他指出，社会秩序的根基在于人情民心，"吁，乐简易而恶烦碎、喜柔和而惮严切，人情之常也"。相对于权力带来的宰制，陈亮强调人情更安于简易柔和的状态，这更符合其本真。由此确立治道的原理，在于为政顺应人情。"为政不顺人情，而曰权之在我，制之无不从，势之在我，劫之无不服"，"从固从矣，服固服矣，其如苟何？"③ 屈服苟从的社会成员并不能真正确保统治的稳定性。"人心以苟而顺，亦以苟而违，君子固亦忧其所终。为之臣者，适遭其变，则亦有所惩而已矣。易严以宽，变薄以厚，概见于事者皆然，庶乎可以众情而使之安；不然，人心去矣，此岂细故也哉！"④ 民情人情的安定，是权力运作的根基。陈亮从权力节制的角度，对于儒家宽厚之道进行了解释。

"人主为治，莫患乎饰治者有余，而出治者不足也。夫文物者，饰治之具，而宽洪者，出治之本。"例如，品式仪节、典章法度，相对于保全安顿人情的仁德，是第二位的。这里，相对于治道和治法、仁义与法度的互为

---

① 《陈亮集》，第 196 页。
② 同上书，第 203 页。
③ 同上。
④ 同上。

表里关系，似乎偏重于政治道德。而其中重点，乃是社会秩序的阐释纬度。"自夫本不足而具有余，是以一时之政虽足以眩耀人之耳目，而大体实伤于冥冥之中"，"是故古之圣人，以具扶本，不以具胜本，以文辅质，不以文灭质"①，"汉至显宗（明帝），治具备矣，文物焕然可述矣，而元气实销铄于冥冥之中"②。文质之"质""元气"是什么？就是不可见而实存的民情人心。他把这样的人情民心视为政治社会的"大体"，并由此区分出治体的本原与工具，强调精神道德相对于规则形式的基要性。

陈亮对于"宽洪"所代表的政德之理解，背后其实蕴涵着深刻的秩序理由。对于政治事务之高度复杂性的自觉，在陈亮看来，构成了政治理性的天然边界。"万几之伙，千官亿丑之众，岂一人聪明智虑之所能固？"③ 君主之聪明，有所及，必有所不及，文物有所及，而宽洪之量乃用以应付有所不及的广大领域。"含洪光大者，乃胶人心之理；而众情之所不依者，皆苛切迫急者之为也。"④

这方面，天地之道、天地之德其实构成思考政治原理的根本参照模式。天地万物尽其本性而自在生长、自然共存的意象是这一根源性道德的主要讯息。君道政德提倡含洪广大、避免单纯依靠才智文物的一己聪明与刚性约束手段，就是基于对这种道德的效仿。可以说，这是一种自然社会秩序基础上的治道阐述，并有着天人之道的形而上根基。我们可以比较同甫与朱子对于"含洪宽大"的不同看法。后者在《皇极辩》中批评把"大中"按照含洪宽大的方向去解释，更强调君主作为道德修身的典范中心，树立起对于共同体的至高准则地位。⑤ 比起这种理学道德中心论的解释路径，同

---

① 《陈亮集》，第 201 页。
② 同上书，第 203 页。
③ 同上书，第 202 页。
④ 同上书，第 203 页。
⑤ 朱子在《寄陈同甫书》第八中批评如果不能明见天理，"其所谓'洪'者乃混杂而非真洪"，参见《陈亮集》卷二八，第 367 页。

甫显然更注重社会政治秩序的特质，强调从规则类型上礼俗民情对于政刑的优越地位，含洪广大的政德是在这个维度上得以落实。

政德的理想形态，是三代圣王树立的仁义宽厚。例如，商宗中兴，"严恭寅畏，自度治民"①，敬畏天命，不敢自任纵才。又如，汉高祖的"宽仁大度"，文帝德化的诚笃。② 政德的根端不在于才智法术的自任或曰政治理性的僭妄。陈亮提倡事功，重视才智谋略，乃在政德的大架构中提倡，因而反对专恃才智，或倚重术、法、势。③

如其论汉孝宣帝，对其"作意""振新"提出了深入反思。宣帝"承武、昭之后，欺谩虚伪之弊不少也。帝愤百缺之呈露，思所以振刷而一新之，故作意以有为，而治效立至，不可谓非其整齐之力"④。但是宣帝之政有可议者，所谓"夫急于效者有术中之隐患，详于禁者有法外之遗奸，求备于民者，民将至于不能自胜也"⑤。民众生活有其自由活力，良好的秩序在于提供一宽厚包容的规则体系，而不穷尽法制术数以督导压迫之。所谓"治之在天下，不可以求备也；必求备，则有所不可备者捷出而乘其后"，有限的政治理性如何能够依靠禁令政刑完全控制层出不穷的民情物事！"故风林无宁翼，急湍无纵鳞，操权急者无重臣，持法深者无善治"⑥。善治的关键，恰恰在于政治家维系礼法秩序，但不穷尽方法以控制民物。这是尊重民物自由的统治智慧，其中蕴涵了对于民众秩序主体性的高度尊重。

"古之圣人，其图回治体，非不欲震之而使整齐也，然宁纡徐容与以待其自化，而不敢强其必从"⑦，"故圣人宁受不足之名，而推其有余以遗后

---

① 《陈亮集》，第 200 页。
② 参见《陈亮集》，第 194 页。
③ 同上书，第 200 页。
④ 《陈亮集》，第 198 页。
⑤ 同上书，第 197 页。
⑥ 同上书，第 198 页。
⑦ 同上书，第 197 页。

人，不忍尽用其术以求多于天下；蛰斯民之耳目于标枝野鹿之风，不忍斲其朴以启其鸥鸟不下之机。礼足以使之逊则已，不过求其尽曲折纤悉之仪；法足以使之畏而则已，不过求其备节目品式之繁"①。

三代圣王的政德体现在如何编排礼法、安顿生民，使其有充分的自由空间能够成德化俗。这是吕祖谦、陈亮、陈傅良反复强调宽大、宽仁、宽厚的主要旨趣。这在汉代立国之意中也有体现，"炎汉初兴，犹有古人之遗意，所以创立规模，经画治体者，务在宽厚，斫雕破觚，与斯民盰盰睢睢，而法令礼文之事皆不敢穷其情者，惧其有以震之也"②。明代立国反其道而行之，以为宋元弊在文靡宽纵，因此强调治体用刚猛，法度严酷。近世治体的辩证演绎由此形成。

再以光武帝为例。恢复汉室天下，重整乱局，的确需要超凡之才智。但是取得政权的打天下与维护统治的治天下，二者不同。"呜呼！以才智而收克敌之功，君子固无恶夫才智，以才智而为守文之具，君子固亦忧其所终。"③ 汉光武"复袭其前日之所为，曾无转移迁化之功，此恃才智之过也"，"故与天下战于才智之中者，虽足以起一时之治使之整肃，而心地不广，规模不宏，亦足以为治道之累"。④ 人的智谋理智，贵在不尽用，不过于自负自大。一是用之不已难免缺折，追求尽用难免有遗漏，"善用才智者深藏而时出之"⑤；一是从政治角度来说，君主"察察然以一己任术而自为之"，不信任或蔑视臣民，处心积虑来防范监督臣民。光武"专以一身任天下"，不能任贤，不能信任三公而专任尚书为私器，以发奸摘伏为贤。这是一代英主的大缺陷。君主应能够虚己，节制自己的才智运用，使君权成为公共

① 《陈亮集》，第 198 页。
② 同上。
③ 同上。
④ 同上书，第 199 页。
⑤ 同上书，第 200 页。

治理的保障，"屏智虑，黜聪明，泯才智于无用，兼天下之视听以为视听，资大臣之谋猷以为谋猷，有好问之诚，无自用之失，断大事以圣人之经，假宰相以进退之权，无以谣言而亟易守令，毋以谶文而妄议封禅，则中兴之美岂不全尽"①！这里发扬的是共治的公共政德，以克制自用才智之私。

不能倚办于才智，也不能"倚办于文物"②。"文物"即各种制度政策举措。政治效绩有璀璨于一时，然而不能深入持久，甚至伤害社会政治秩序的根本。需认识到，"天地之德不专在于文也"，人君出而经理天下，要在于养成"大哉乾元""含洪广大"的乾坤之德。③"临简御宽者，皆圣人体天地之量。"片面倚靠刑政，强调明察，有违君道政德。陈亮评价东汉明帝，在制度政令上实现了一时至治，郊祀制度、养老尊老、重农崇学，"洋洋乎诗书之盛，彬彬乎文学之盛"④。但是，问题在于，"刑理善而德化之不闻，法令明而度量之不广"，特别是不能尊重体貌大臣，苛刻刻薄，不能实现优良的君臣共治，导致"朝廷莫不悚栗，争为严切以避诛赏，而以苛刻为俗"。⑤

陈亮《汉论》中的法度史观，揭示出政治传统及其变迁机理的重要性，在其间强调了政德与治法的相维系功能。特别是经由一种社会秩序的基础说明，对于政德中政治理性可能趋向的僭妄自用、治法的严苛急用，提出了批评。这使我们看到其政治思想中对于民情物用之自由活力的高度注重，这是他反对过度运用才智、私意、度数文物的根本缘由。

二　陈亮的国本论要义："立国之规模不至戾艺祖皇帝之本旨"

《汉论》中的法度史观，在陈亮对于宋代政治的解释中有一以贯之的发

---

① 《陈亮集》，第 201 页。
② 同上书，第 202 页。
③ 同上。
④ 同上。
⑤ 同上。

挥，值得注重的是其本朝史观中的国本论。

对于汉唐以来的政治文化，陈亮认为难以再用汉儒提出的三代忠、质、文循环的理论模式进行概括。这一点，在薛季宣论"规摹"那里就有初现。①

南宋浙东儒者发扬夫子作《春秋》大立法的精神，但对于董子代表的春秋公羊学有所扬弃。典型者即是关于忠、质、文和文质说的辩难。文质论是古人用以解释政治历史精神模式的特质及其演进的重要思想资源，自孔子、《礼记·表记》、董子、《白虎通》以来论述逐渐丰富。②

南宋浙东儒者以纪纲法度为中心的经制和经史论述，扬弃汉儒旧论，可以视为他们综合《尚书》《周礼》《春秋》经义、强化历史理势意识之后的思想贡献。陈亮对于孔子、文中子的解读，着意凸显立法经制这一维度。孔子适周观礼，遍览上世帝王之书，以易十三卦存三皇建人极之大者，裁《尚书》而彰明百王纲理大法，因夏商之礼难征而定《周礼》、删《诗》，最后著《春秋》通百代之变。六经作而天人之际始终可考！汉代经师，在陈亮看来，"而圣人作经之大旨，则非数子之所能知也"③。于汉儒忠、质、文（又称"忠、敬、文"）三教之说，他指出"未之前闻也。天下既已趋于文矣，而欲反之以忠，是挟山超海之类也。循环之说，又不知果何所据乎！使忠、质、文果可循环而用，则童子轮指而数之足矣，百代之损益不待圣

---

① 薛季宣《拟上宰执书》不满足夏、商、周尚忠、质、文的说法，进一步提出要探究三王为邦之规摹，即其中具有持久性、稳定性的政治结构和措施。叶适在《进卷》"治势"中也将忠、质、文提升到客观秩序结构来探讨。

② 参见赵园《明清之际士人的文质论——兼及其时语境中文人的自我认知》，《江西社会科学》2005 年第 5 期；黄前程《文质论：中国传统治道的一个视角》，《广东社会科学》2010 年第 6 期；秦际明《通三统与秩序的政教之旨》，《学海》2016 年第 5 期；徐兴无《〈春秋繁露〉的文本与话语——"三统""文质"诸说新论》，《中国典籍与文化》2018 年第 3 期。

③ 《陈亮集》卷一二，《传注》，第 137 页。

人而后知也"①。任人和任法的分析概念，相对忠、质、文，在陈亮看来是"晓然可知者"，显示出思想辨析的理性化偏好。相对于汉儒天人感应论的奉天法古，宋学以天理诠释天道，更侧重从天人性情理事的角度解读历史政治。而相对于理学家侧重心性主观内在层面，南宋浙东强调对于人群抟聚结合这一立国视角的注重。他们在孔子作为大立法者的传统下，审视纪纲法度、经制成宪的演进，因而提倡用任人、任法一类的概念来阐发政治思想。这一点承继了六经和儒家诸子的经世传统，对于治体论的近世成熟尤其重要，使得纪纲法度的重要性越发清晰，开辟出宋学政治思维的新境界。当然，浙东儒者强调这个政治历史模式的替代性视角，并不意味文质论经此而淡出。龙川在汉宋历史解释中有时也运用文质之辨，强调"质"相对于"文"的重要性，且文质与治法治人之间又有潜在的对应关系。后世吕中《大事记讲义》也同时运用这两套论述话语。②

陈亮总体上突出了法度化的演变视角，尝试提供一种更加符合历史特征的解释，如"汉，以法付人者也，唐，人法并用者也，本朝则专用人以行法者也。纪纲法度真若有继承之理于其间，夫子之所谓损益者岂在是乎"，"汉，任人者也；唐，人法并行者也；本朝，任法者也"。③ 在陈亮看来，这三个重要的朝代代表了三代法度典范的三种变异类型。"以人行法"是陈亮对于宋代政治的理想期许，"任法"则表达了他的现实批判。

陈亮肯定宋初确立的法度规模，认为宋太祖、太宗针对唐末五代以来

---

① 《陈亮集》卷一五，《问古今损益之道》，第 173 页。这个观点似从苏洵而转来，苏洵曰："忠之变而入于质，质之变而入于文，其势便也。及夫文之变而又欲反之于忠也，是犹欲移江河而行之山也。"（曾枣庄、金成礼笺注：《嘉祐集笺注》，《书论》，上海古籍出版社 1993 年版，第 158 页）黄宗羲《留书》"文质"篇批驳了苏洵的观点。参见赵园《明清之际士人的文质论——兼及其时语境中文人的自我认知》。

② 另一对相似的概念是宽猛（宽严）。在元明交替之际的明代立国中，治体刚猛仍然是指导政治家思考的中心术语，尽管南宋吕中已对宽猛论与治体论的关系做出反思辨析。

③ 《陈亮集》，《问古今损益之道》《人法》，第 173、124 页。

的弊政建立了国家法度，把行政、财政、军事各种权力集中于中央政府，从权力结构上树立了后者强大的威势，有其现实合理性。在实际政制上，君臣共治，优礼大臣，朝廷威严得以建立，重视地方守令则使郡县宽裕不迫，同时为经济上的富商巨室和天下豪杰提供了一个宽松优待的法度环境。宋代的国本也由此而奠定。

值得重视的是，这也构成陈亮评判后来宋代政治发展的基准。其政治原理的蕴涵是，对于一个政治体的命运变迁，立国之本扮演了极为重要的角色，其中包含了该政治体的成功基因。其兴衰也将依赖于这一基体基因在后世发展中得到了何种对待。这个思想，与叶适的国本论是一致的①。

国本论中关于治人与治法的关系，有一个重要问题值得讨论。在陈亮对于立国根基的讨论中，太祖（艺祖）扮演了一个十分关键的角色。我们说过，对于太祖政统本源地位的强调，有孝宗复接统绪的时政背景，薛季宣、陈傅良、吕祖谦等人就此都有着重阐发，如陈傅良的《建隆编》和恢复论。在陈亮这里，这一层面更加强化鲜明，引导人们去思考所谓立国之本的精微含义。

陈亮批评宋代任法的政治传统，认为这个传统实际上自宋太宗开始逐渐强化。陈亮对这个任法传统的批评，实际上逼显出立国之本的第一根源问题，即创业立国者、第一立国者的问题，如何理解"太祖之法""艺祖故事"，如何看待太祖与之后的太宗政治传统的关系。

他说，"艺祖皇帝经画天下之大略，太宗皇帝已不能尽用"，"臣窃惟艺祖皇帝经画天下之略，盖将上承周、汉之治，太宗皇帝一切律之于规矩准绳之内，以立百五六十年太平之基，至于今日而不思所以变而通之，则维持之具穷矣"②。

太宗把太祖的立国大略进行了高度法度化，构成后世保守成宪的基础，但是这个任法传统与太祖故事及其精神，仍要区隔对待，这是陈亮国本论的关键。从立国创业到法度化，从君道复还到纪纲法度的系统化精密化，涵盖

---

① 《水心别集》，《进卷》，《国本》。
② 《上孝宗皇帝第三书》，第12页。

了治道、治人向治法转化的政治逻辑，也显示出立国创业的秩序起点本身含有超越后世法度化的层面，精神本旨、措施谋略不能完全以法度化来阐释。孝宗时期的政治问题，"非必道微俗薄而至此也"，需要看到政治体的立国之势这一客观传统。① 要实现恢复、中兴，大有为于事功，诉诸道德主义的教化振厉，或因循南渡以来的故事典制，都不足够。不回溯把握立国传统中的太祖本旨，连维持基本格局都会艰难。真正的出路在于，"陈国家立国之本末而开大有为之略，论天下形势之消长而决大有为之机，务合于艺祖皇帝经画天下之本旨"。这是陈亮对于立国思维的经典概括，代表了南宋浙东儒者群的思维取向。

陈亮反复强调要辩证理解太祖立国的本旨精神，"推原其意而行之，可以开社稷数百年之基"。或变而通之，顺势而振厉②，可以依据艺祖本旨寻找到变通解困的道路③。

例如，太祖上收地方节度使的权力，对于立国之初强化中央权威必不可少，但这并不意味着肯定后继政治实践不断削弱地方的做法。④ 陈亮提醒我们，在艺祖本旨与成宪法度之间，存在着不一致、张力甚至断裂。最根本的立国问题还是如何使国家建立权威，秩序兼具权威、能力和活力。国家建立之初的成功中，包含了丰富精妙的经验智慧，隐藏着政治生命体的原初奥妙。立国法度和措施的传统演进应该不断回溯和领会其根本旨趣。用陈亮的话，就是"立国之规模不至戾艺祖皇帝之本旨"⑤。他对于北宋变革变法运动的俯瞰，就是在回归艺祖本旨、立国规模的高点上，才能看到前者的偏颇和隐患。这一点，他受到北宋张方平的影响，屡次称赞"独张安道始终以艺祖旧事为言"⑥，强于苏轼兄弟。

---

① 参见《上孝宗皇帝第三书》，第 12 页。
② 参见《上孝宗皇帝第一书》，第 7、14 页。
③ 参见《上孝宗皇帝第三书》，第 13 页。
④ 同上书，第 14 页。
⑤ 《上孝宗皇帝第三书》，第 14 页。
⑥ 《陈亮集》，第 134、141 页。

陈亮立国思维中的艺祖本旨，创制法度开端，同时非常灵活地运用各种措施，兼顾权威与活力自由。在陈亮看来，这是经由太祖认知立国之本的真正关键，也揭示立国政治家这类治人主体对于治法传统的根本创制价值。艺祖本旨，在治体构成中，确立治人与治道基点，是优先于立国法度的宪制根本要素。后世的法度精密会掩盖立国立法之初的实践智慧。① 后世变革变法论，往往趋向于树立一个理想典范如三代，去规范当下法度，而失去现实立国本末中的宪制演进视野，未能切当把握到政治改进的要害。除弊正法，而非因弊立法，因此更适合守成时期的治国者。陈亮的国本论，因此包含了以艺祖大略为中心的本旨和法度传统化的立国规模两个层次。

这一思路，在治体论的系统思维聚焦治人、治道和治法之总体关系以外，强调了历史性、传统性的时间维度。国本论，呼吁人们关注所处政治体的源流演进，经由立国思想家的回溯，呈现出立国本旨与法度成宪两个层次。这两者的关系，既有一脉贯通的一致性，也有出于各自特质的紧张。这一面构成了陈亮治体论之传统解释的本旨论特色。②

陈亮对艺祖本旨的讨论，显示出国本论中历史本源与秩序本原这两重

---

① 参见《陈亮集》，第132、134、135、137—138、142、157—158页等各处。

② 这一点，在陈亮论敌朱子的思想中，也有类似表达。《朱子语类》卷一二七"本朝一"记载，"汉高祖、本朝太祖有圣人之材"，"或言：'太祖受命，尽除五代弊法，用能易乱为治。'曰：'不然。只是去其甚者，其他法令条目多仍其旧。大凡做事底人，多是先其大纲，其他节目可因则因，此方是英雄手段。如王介甫大纲都不曾理会，却纤悉于细微之间，所以弊也'"，"因说今官府文移之烦，先生曰：'国初时事甚简径，无许多虚文。尝见太祖时，枢密院一卷公案，行遣得简径。毕竟英雄底人做事自别，甚样索性！闻番中却如此，文移极少……'"相比太祖的英雄圣人手段，太宗以后显得庸碌无为，"才卿问：'秦汉以下，无一人知讲学明理，所以无善治。'曰：'然。'因泛论历代以及本朝太宗真宗之朝，可以有为而不为。""太宗每日看《太平广记》数卷，若能推此心去讲学，那里得来！不过写字作诗，君臣之间以此度日而已。真宗东封西祀，糜费巨万计，不曾做得一事。仁宗有意于为治，不肯安于小成，要做极治之事。只是资质慈仁，却不甚通晓用人，骤进骤退，终不曾做得一事。然百姓戴之如父母。契丹初陵中国，后来却服仁宗之德，也是慈仁之效。缘它至诚恻怛，故能动人如此。"然而，朱子大体上对于祖宗之法持批评态度，详见本书第四篇论述。

维度。对于历史本源的追溯和辨析，引入了秩序本原意义上的立国原理、立国精神反思，二者转换于经史、事理之间，使得对于祖宗之法的历史性援引，开启了与论述者现实情境颇为相关的治体资源。① 祖宗故事被赋予指向现实政治的规范性意义，也为后来者打开援引经史理念进行多样诠释的丰富空间，"法先王""法三代"的高级法精神可以灌注重铸"法祖宗"的法祖思路。② "祖述尧舜，宪章文武"内部的古今平衡也是由此而实现。

北宋王安石与司马光、苏轼等人的争论，已显示出"法祖"论的二元取向，即创业政治家与守成政治家的不同典范价值。陈亮深化了这一"法祖"论的内在紧张。"本旨"与"成宪"，与此前"精神之运"和"自然理势"的区分相为呼应。

《上孝宗皇帝第一书》指出艺祖法度的两面性，一方面以中央集权、强化文治建立起国家规矩准绳、纪纲法度；另一方面以宽郡县、尊庙堂、重富民、奖豪杰纠正法度缺陷，"助立国之势，而为不虞之备"③。法度与人

---

① 陈亮对于太祖本旨的强调，突出了立国本旨这一层面，产生与后继立国传统的张力。这一思绪，后来在吕中对于治体的演进解释中更为系统化。另外一本成书于宋理宗时期的杂史，王栐的《燕翼诒谋录》也显示出类似看法。王栐认为，"人皆知罪熙、丰以来用事之臣，而不原祖宗立国之本旨"。盛赞太祖本旨，"太祖皇帝美意，数传之后，寂然无闻，是可恨也"。参见冯庆磊《王栐〈燕翼诒谋录〉研究》，硕士学位论文，杭州师范大学，2017 年，第 44—51 页。

② 由国本论而伸张"法祖"论，以经典文明原理重铸立国精神，譬如《群书会元截江纲》卷四"法祖"云，"以实德用家法，必有大《易》体天行健之德，而后家法为能用；必有《大学》明德新民之功，而后家法为能用；必有《中庸》纯亦不已之诚，而后家法为能用。否则，议论详而功实少，条目备而纲领疎，是皆虚文故事之为，而未见其有益于法祖也"。

③ 所谓尊礼大臣，刘咸炘以为"太祖以柔道抑强悍之风，所用之臣，皆传唐世之习，恬静蕴藉，宗法冯道，久而夸毗。范、富诸公，乃以刚节矫之，争言更张，引起王介甫"。在宋以来趋于平民化的社会结构中，富民群体逐渐成为承担较多社会治理义务的力量，薛季宣、陈傅良、陈亮、叶适等人都倾向于承认和鼓励这一方面的发展，在政治观点上将其视为对于立国之势的治体性调剂要素。宋明人士多言"州县赖之以为强，国家恃之以为固，非所当扰，亦非所当去也"（苏辙）、"故富家者，非独小民倚命，亦国

事、政策灵活配合，治法须治人以高超技艺行之，"故我祖宗常严庙堂而尊大臣，宽郡县而重守令，于文法之内未尝折困天下之富商巨室，于格律之外有以容奖天下之英伟奇杰"①，这些都有助于立国初期的国势。国势之立，既有法度严明的制度化一面，也有治人技艺调适一面，二者一正一奇，一经一权，合乃大用。开创立国者的历史行动，蕴涵了远比继体遵循之君丰富复杂的立国智慧，关系到一个新创政治体的核心奥秘。相对于宋代任法的政治传统，艺祖本旨不断强调治人主体灵活运用政策手段的重要性，这对于后继者改良法度传统具有莫大的启示价值。在《任子、宫观、牒试之弊》《人法》中，陈亮都从法度传统演变的视角称道艺祖之初的立法精神，宽直简易，"明白洞达以开千百年无穷之基"，"治兵贵制敌，理财贵宽民，立法以公而以人行法"，治人有充分事权可以任事。②

陈亮认为，太祖之后的宋代法度发展偏离了国初规模，法度数量增加，设置繁密僵化。加之政体结构的中央高度集权导致地方郡县权力日轻，而法度又繁密多变，人们难以熟悉。这一切使得国家基础变得脆弱，政府权威难以壮大。从这个角度来看，宋代的几次改革都没有解决这个问题。庆历改革虽然在用人、经济上有可取的措施，但是，大臣争相议论变法削弱了中央政府的权威，按察使制度又削弱了郡县实力，不仅没有增强，反而

（接上页）家元气所关也"（钱士升）、"大贾、富民者，国之司命也"（王夫之），有学者据此将近世称为"富民社会"，凸显了社会流动、市场功能和平民化趋向的增强，与中古较为封闭固定的豪民社会不同。吕祖谦《薛常州墓志铭》记载季宣"访求河北、陕右弓箭手保甲法及淮西刘纲保伍，要束讨论甚具。会要伍民之令，乃出其法行之。五家为保，二保为甲，六甲为队，因地形便合为总，不以乡为限，总首、副总首领焉。官族、士族、富族皆附"。"富族"与"官族""士族"相对加以表述，体现出社会治理地位的抬升。参见林文勋《中国古代"富民社会"的形成及其历史地位》，《中国经济史研究》2006 年第 2 期；《宋元明清"富民社会"说论要》，《求是学刊》2015 年第 2 期。胡寄窗：《中国经济思想史》，上海人民出版社 1981 年版，第 184 页。

① 《陈亮集》，《上孝宗皇帝第一书》，第 5 页。

② 《陈亮集》卷一一，第 123、126 页等。

进一步削弱了国家实力。它的失败进一步激发了王安石变法。后者以正法度为号召，虽然在改革官制、财政上有积极效果，但是实际上进一步把地方的军事、财政权力集中于中央，经济上压制商贾富民，政治上排斥豪杰士人，反倒是恶化了国初政治体制中的偏弊。

这种不知立国本末的变法同样难以成功。"彼盖不知朝廷立国之势，正患文为之太密，事权之太分，郡县太轻于下而委琐不足恃，兵财太关于上而重迟不易举。祖宗惟用前四者以助其势，而安石竭之不余其力。不知立国之本末者，真不足以谋国也。"① 尊礼大臣、重视守令、包容富商巨室、任用豪杰英才，是为高度法度化的国家架构输入治人与社会的活力，俾以更均衡地处理权威与共治的立国合题即政治社会中心的整合构建。陈亮对于庆历革新的批评，又比吕祖谦、陈傅良深入，从立国本末的大传统来宏观评价，这一点成为后来吕中的思想基调。对于太祖这个创业立国者的强调，直追立国根本，开辟了法仁宗、尊奉庆历、元祐等类似法祖思维之外的深远论域② 。陈亮的《上孝宗皇帝书》系列也超越了自己早期在《中兴五论》里面尊奉成宪传统的士人共识思维，强调立国本旨的根源地位。可以说，二程兄弟鼓舞的"体乾刚健"精神，在此超越守成政治家的典范，直追立国开端时刻，回溯根本立国精神，然后又返归降临，被视为中兴的终极出路。体乾，溯本，归返，先王复活，归来再临，带来的是另立规模的革政信息。

以法度化为主要角度，陈亮对宋代现实政治提出了颇具洞察力的判断。他认为"本朝以儒道治天下，以格律守天下"，"本朝以绳墨立国，自是文

---

① 《陈亮集》，第6页。

② 南宋人多以仁宗为法，稍早于陈亮的李焘指出"经远以艺祖为师，用人以昭陵为法"，同期王栐《燕翼诒谋录》强调艺祖皇帝的立国本旨和规摹则近于浙东儒者，可参见李华瑞《略论南宋政治上的"法祖宗"倾向》，载《宋史研究论丛》，2005年，第199—226页。

法世界"，"汉，任人者也；唐，人、法并行者也；本朝，任法者也"①，士大夫"以议论为政，以绳墨为法"，孝宗"以绳墨取人，以文法莅事"。②宋代演变成为高度依赖法度的法度繁密之世，"举天下皆由于规矩准绳之中"，乃至"宛转于文法之中，而无一人能自拔者"。③

宋代的国家政治因此呈现出一个儒法高度混杂的特征，儒法之间的复杂关系非常关键，士大夫政治突出了议论与法度两个特质。陈亮的法度观正是应对这种现实特征而发展起来的。

"臣闻治国有大体，谋敌有大略。立大体而后纪纲正，定大略而后机变行"④，这体现了陈亮的治体观念。探究立国本末、立国规模、立国之势，尤其是把握立国政治家的大略本旨，在陈亮思维中是治体分析的关键。时政的出路，如变通改革，需要放在这个本旨和法度传统的演进中来构思。"人各有家法，未易轻动，惟在变而通之耳。天下大势之所趋，非人力之所能移也。"⑤汉、宋立国之本不同，也不能简单模仿移植。

南宋基本上仍延续了北宋的规模利弊，没有值得一提的改变。孝宗时政落入王安石变法的思维窠臼，因此勤政乏效，国势日困。⑥

因此，陈亮在孝宗时期呼吁追溯国本，重新光大艺祖本旨，无异于是要对南宋继承的家法成宪进行大规模的革弊和振作。这不仅是对于王安石变法传统的修正，还是对于立国法度传统基于艺祖本旨的重新矫正。龙川乐道"创业之初"和"国家再造"。⑦这样的矫正，相当于再造。如相应

---

① 《陈亮集》，《问古今损益之道》《人法》，第 173、124 页。
② 《陈亮集》卷一，第 20 页；卷二九，第 388 页；卷一，第 7 页。
③ 《陈亮集》卷一，《戊申再上孝宗皇帝书》，第 20 页。
④ 《陈亮集》，《中兴五论序》，第 21 页。
⑤ 《上孝宗皇帝第三书》，第 14 页。
⑥ 参见《陈亮集》卷一，《上孝宗皇帝第一书》，第 5—7 页。
⑦ 《陈亮集》卷一三，第 146 页。

"以儒立国"的立国定势，强调养育各种事功人才，克服文法烂熟之弊。①
在不可能完全改变立国定势的前提下，这样的变通是必要的损益。这一点
与吕东莱的治体建议、叶水心的政德反思均属同调。

　　陈亮对于国家法度化的政治大势抱有高度的理性认可，汲汲探讨制度
化命题，同时强调人事在其间的主动运用。而艺祖本旨论，为反思既定的
成宪传统提供了一个超越性的、反思性的智识来源。对宋太祖立国之本的
探讨因此成为其时政论述中一个极具启发性的论域。② 以文质来论，本旨论
强调法度成宪传统（"文法"）的质实根源，注重创业政治家的根基角色。
这一文质之辨在明代朱元璋立国之际再度浮现，主张以质实惩治文弊，并
且以刚强严猛为质实之本，开辟了不同于有宋立国的近世另一个治体模式。
需要注意的是，艺祖本旨论的理论根基在于作为大立法者的孔子六经。龙
川是在"孔氏之法"的前提下，以三代王道王法精神融会理解立国本旨③。
所谓"古之帝王独明于事物之故，发言立政，顺民之心，因时之宜，处其
常而不惰，遇其变而天下安之"④。这使得对于王者、时君的解读不至于导
向缺乏批评反思维度的"以时君为师"，陷入存在即合理的逻辑。这一理路
精神，与汉儒由百家言而论王官学的进路隔代呼应。如叶水心所称，"天子
得同甫书，惊异累日，以为绝出，使执政召问当从何处下手，将由布衣径
唯诺殿上以定大事，何其盛也"！（《水心文集》卷一二《龙川集序》）⑤
　　清儒颜元引述龙川批评理学之弊端，"文章之祸，中于心则害心，中于

---

　　①　参见《陈亮集》卷一，第14页。
　　②　参见《陈亮集》中的策论《任子官观牒试之弊》《人法》《国子》《铨选资格》
《变文格》《传注》《制举》，策问《问汉唐及今日法制》《问科举之弊》《问学校之法》
《问古今文质之弊》《问古今损益之道》等篇。
　　③　孔氏之心，"上许管仲以一正天下之仁，下许颜子以四代之礼乐"，孔氏之法，
则取皇道霸道之间，参见《陈亮集》，《子房贾生孔明魏征何以学异端》《问皇帝王霸之
道》，第128、172页。
　　④　《陈亮集》卷一〇，《六经发题·书》，第103页。
　　⑤　明代方孝孺以陈亮为俊杰丈夫，孝宗不能用之，宋天命不能复兴。参见《陈亮
集》，附录，方孝孺《读陈同甫上孝宗四书》，第560页。

身则害身，中于家国则害家国。陈文达曰：'本朝自是文墨世界。''文墨世界'当日读之，亦不觉其词之惨而意之悲也"①。习斋更将龙川的法度洞见与明代立国联系起来，"宋、明两代之不竞，陈文达一言尽之，曰：'本朝是文墨世界。'明太祖洞见其弊，奋然削去浮文，厘定学政，断以选举取士，可谓三代后仅见之英君。卒为文人阻挠，复蹈宋人覆辙，则庆历学术之杂乱，启、祯国事之日非，皆崇尚浮文之祸也"②。龙川以艺祖本旨矫正文墨世界，在颜习斋看来，这一洞见在明太祖立国中显其启示。在南宋并未激活的艺祖本旨，却启发了新王后王。龙川、习斋对于各自传统中文法之弊的批评和尚质呼吁，自是各有脉络。若统合观之，近世秩序法度化引发这类相似的回应，影响到政治演进，为我们揭示出了更深层的政教困境。③

---

①　参见《颜元年谱》，转引自钱穆《中国近三百年学术史》，第五章"颜习斋李恕谷"，第 184 页。习斋又称，"'各代大儒'一段，仆意宋推胡文昭，元推许白云，明推韩苑洛，未审当否……陈文达似可进之韩、范例，间于蔡、黄中，似不伦。"龙川于宋理宗端平年间得谥"文毅"。此处称陈文达，按其所述言行品节，应是陈亮。《颜元集》，《习斋记余》卷三，《与都察院许西山书》，中华书局 1987 年版，第 425 页。颜元认为，"使文达（毅）之学行，虽不免杂霸，而三代苍生或少有幸，不幸宋、陆并行，交代兴衰，遂使学术如此，世道如此"，"如陈龙川谈'经世大略，合金、银、铜、铁为一器'，此一句最精、最真，是大圣贤，大英雄罐鏂乾坤绝顶手段，却将去与书生讲，犹与夏虫语冰矣"，"龙川之道行，犹使天下强"。《颜元集》，第 269、272 页。

②　《颜元集》，《习斋记馀》卷六，《阅张氏王学质疑评》，第 491 页。

③　颜元的明太祖崇拜，与晚明罗汝芳、管志道颇为相近。从陈亮的艺祖本旨到明清儒者的太祖情结、时君崇拜（道统与治统合一的君主形象），其间的政学逻辑值得进一步思索。颜元论宋太祖，"艺祖立国，已非做事之君。至后世又添出道学、文人两派，不能做一，专能阻人做"。明太祖则是三代之后仅见英君。《颜元集》，第 293 页。其抨击理学道统论尤力，"宋家全无立国分毫规模，宋人全无立身致用分毫本领，只不挈家走者便出色；而纸笔口头间辄敢藐视汉、唐，大言道统，真伪儒也，贼儒也。可杀！可杀！"见《颜元集》，第 296 页。阳明学者罗汝芳、杨复所、管志道思想上"祖述孔子，宪章高皇"，以明太祖直接接续孔子道统，以为明代足与三代媲美。参见吴震《罗汝芳评传》，第四章，南京大学出版社 2005 年版。清儒逢迎康、乾时君，将后者尊为道统、治统合一。这类意见，与朱子严判三代、后世之别迥异，与陈亮、叶适等人大不同，忽视治体的治法维度，以洪武《圣谕》直接孔子《春秋》之旨。孔子之志之法被认为已经在当前政治家这里实现，因而取消了前者作为大立法者的批判维度。

◇第三节　法度规则与治人的双重主体性

如何从整体的秩序构成来理解法度的地位，有助于认识这种体现人为正义、关乎人极公道的规则为何能够成为文明演进的客观趋势。这关乎秩序构成的理论解释，同时须处理诸种规则类型，尤其是礼乐纪纲与法家之法的关系问题。联系到陈亮指出的宋代国家特征，儒法所蕴含的法度规则之辨析显得十分紧要。

陈亮指出，"今儒者之论则曰'古者不恃法以为治'……儒者合于古而不便于今"①。其讲友叶适叶水心有类似概括，"夫以法为治，今世之大议论，岂可不熟讲而详知也"，"且天下以法为治久矣"。②

近世儒家既主张"以法为治"是政治社会不可逆转的发展趋向，并从儒家立场提出一系列关于法度特质、历史与秩序功能的说明，同时也从政治类型的角度强调防止走向"任法"，即片面推崇法度政治的误区。

上文指出，"以人行法"是陈亮对于宋代政治的理想期许，"任法"则表达了他的现实判断。陈亮、叶适等人都批评宋代政治由"以法为治"陷入了"任法"误区，表现为"以法为定""使法自行""持法深"等问题。它集中指这样一种法政心智和行为模式：将法度理解为一套确定的、自动转运的、不断精密化的规则体系，使其支配政治世界中的人与事，代表了一种理想的秩序模式。这似乎是一种公正治理的理想。然而，却潜藏两个重要的迷思和缺陷。

一个是对于法度的实证主义、成文化、教条化理解。

---

① 《陈亮集》卷一一，《人法》，第 126 页。

② 《叶适集》，《新书》，中华书局 1960 年版；《水心别集》卷一四，第 807、806 页。

首先认为此类制定法已足以胜任应对政治世界的重要事务，由此只需注意政治智慧的立法表达与立法之后的严厉执行及其细密化。其次把法度看作可以自动运行的客观机制，即使没有胜任的行动主体也可实现治理功能。因此，过度信赖一套自动运转的客观机制，极大轻视人的主体智慧，越来越趋向于要求这套机制尽可能详密，遂导致法度繁密。

另外，由于人们不可能全面把握法度的原意和宗旨，进行有效改革，往往针对实行过程中的弊端因弊立法。这也导致"一弊生而一法立""法愈详而弊愈极"的态势。处此局中，人们虽然知晓其弊，却不去振作改变。这就形成"上下之间每以法为恃者，乐其有准绳也"的"恃法"困境。①

陈亮提出"持法深者无善治"。人情物理纷繁多变，即使最完备的制定法，也无法有效应对所有问题。执着于"任法"反倒会带来新问题，"奸尻之炽，皆由禁网之严；罅漏之多，亦由夫防闲之密"②。过于严密繁重的法度，终会造成对民众自由的威胁，抑制共同体活力。这一点《汉论》已申述过。

法度相对于整体的社会秩序自有其边界。其根底包含了儒家对于社会秩序的基本认知，即一个基于人性、人情、物事、常道的秩序，依靠内蕴于自身的规则运作互动。法度尤其是制定法仅仅是其中的一种规则，须顺循秩序大体，以防成为一个异化、高高在上、外在的权势体系。真正的治道规模，在于充分尊重社会活力，自觉其法度边界，"古之圣人，其图回治体，非不欲震之而使整齐也，然宁纡徐容与以待其自化，而不敢强其必从"③。

另一个弊症是造成了专权独大的君主与日益萎缩无力的政治精英，根底上是政治权力的专制倾向对于共治传统的抑制。

君主的专制倾向使其试图依赖于一套客观确定的法度自我运转即实现

---

① 《陈亮集》卷一二，《铨选资格》，第 133 页。
② 《陈亮集》卷一七，《汉论》，第 198 页。
③ 同上书，第 197 页。

治理目标，应对问题时不断因弊立法。陈亮认为这种君主"任法"（或可称为君主法制主义）的政治理念恰恰暴露出君主的权力私性，而士大夫政治精英受其怵惕，逐渐放弃在法政事务中的主体地位，最终沦为只需俯首听命的执法工具，丧失掉政治责任感与智慧。

陈亮对于专制君权的批判，显示出不同于理学家道德主义的维度，更注重法度宪制意义上的规约。另外，他对于这种法政模式下，各种利益集团包括士大夫官僚群体的谋私，同样进行了批评。君权任法专制的私性政治无法杜绝利益群体政治的腐败蔓延，因为其根底上已违背了法度的公共原则。

应对"任法"的挑战，近世儒者的解决思路在于厘定天理治道、治人与治法之间的关系，显示出治体论的整体思维。如陈亮所陈，"大概以法为定，以人行之，而尽去其使法自行之意，上合天理，下达人心，二百年变通之策也"①。不是回到人治，而是在"以法为治"的格局中承认法治之客观性，尊重治人之主体性，以节制"任法"之弊。

首先，法度是天理世界中的公道所系，是基于文明社会秩序而体现公共实践理性的规则集合体。体现天、地、人公共之道是法度的内在本质，儒家法治强调政治社会成员共同遵循法度，不仅以统治工具处之。

更为重要的，是在一种恰切的治人与治法关系中追求优良法治，对于治人的注重特别凸显儒家对于礼法主体与共治主体的双重关切。

所谓礼法主体，是指对于更为历史性、传统性、非成文化的秩序规则也即惯习、先例、风俗、共识等礼则的重视，尤其需要治人主体在政治社会的实践脉络中予以积累、提炼与确立、改良。这方面可以纠治法度过于实证化以及对此种法度的片面依赖。

比如叶适讨论国本问题，就是从政治礼法的实践演成来理解国家的法

---

① 《陈亮集》卷一一，《人法》，第125页。

度根本。陈亮强调立国之势、国本的关键价值，实质上就是将政治行动者放置在立国之初的脉络中，希望后来者领会创制先例、故事之典范意义，而在治国过程中因应新的形势和问题去做出合乎立国精神（艺祖本旨）的解答。对于宋代政治传统中形成的优良先例、惯习、风俗和礼法，他都积极地予以汇集、解读，运用于实践。

如面对孝宗专权独断，他指出君主职分应"明政之大体，总权之大纲"，不能"屑屑焉一事之必亲"。具体论证中，陈亮引用北宋形成的政治制度惯例，所谓"自祖宗以来，军国大事，三省议定面奏，获旨差除，即以熟状进入，获可，始下中书造命，门下审读……""自祖宗以来"显示出这一传统的悠久和成熟，其间有长期形成的权力配置的稳健程序，构成后来政治人物的先定规则。

陈亮还引用仁宗故事，指出君主不专权而重视公法、公论的优良典范，"臣闻之故老，仁宗朝，有劝仁宗以收揽权柄，凡事皆从中出，勿令人臣弄威福。仁宗曰：'卿言固善。然措置天下事，正不欲专从朕出。若自朕出，皆是则可，有一不然，遽以难改。不若付之公议，令宰相行之。行之而天下不以为便，则台谏公言其失，改之为易'"。陈亮特别称赞仁宗的这个治国理念，举为法度，"大哉王言！此百世人主之所当法"，并且将分权协作制衡的"祖宗上下相维之法"称作"政体""权纲"。①

所谓共治主体，是基于政治与法度的公共本性，强调政治过程的公开公平，尤其针对君权独断而主张与士大夫共治天下，充分发挥后者的政治积极精神，重视公道、公法、公论等宪制要素。②

共治天下乃是基于天下事务的公共本性。对于君主来说，共治意味着对自身权力边界的客观承认，对政治参与主体的开放和包容、尊重。陈亮

---

① 《陈亮集》，第 28 页。
② 转引自任锋《道统与治体——宪制会话的文明启示》，《公论观念与政治世界》《公共话语的演变与危机》，中央编译出版社 2014 年版。

在评论汉宣帝时期田延年畏惧自杀时，提出"先王知朝廷之尊严在乎体貌大臣而厉其节，故其用之也加之以审，而其待之也加之以礼。是以一代之臣必立一代之勋，由夫上之人以礼维其心，而不以法约其外，用礼愈严而人臣畏法益谨。传曰：'刑不上大夫'，乃先王尊严朝廷之意也"①。

朝廷尊严的"尊严"，不同于现代伦理意味的尊严，是针对政治公权力的权威而推崇其庄重尊贵。公权力代表的政府应当在人类事务中享有这样的崇高。而要获得尊严，构成政府的政治主体尤其是共治主体应该得到礼遇，即所谓"体貌大臣"。"体貌"与"尊严"一样，同是古典政学的词汇。体貌，即礼遇、尊重、优待，进而形成一种尊重崇尚的规矩和体制。在这里，陈亮特别指出对待大臣这样的共治主体应该"以礼维其心"，而不依靠法刑约束之。首先待之以礼，是为了振作笃厚他们的节操气节，因此才会"用礼愈严而人臣畏法益谨"，大臣也才会取得事功。刑不上大夫，乃是为了树立政府优先用礼的传统，也是尊严朝廷的根本。

在这个意义上，陈亮对待君臣共治的阐释，显示出儒法二家的不同，对于权术势利的负面效用即士丧廉耻有所警醒。② 叶适把"礼臣"推为宋代

① 《陈亮集》，第226页。

② 《续资治通鉴长编》卷一六五，庆历八年（1048），"资政殿学士、知陕州吴育上言：'先王凝旒黈纩，不欲闻见人之过失。有犯宪典，即属之有司，按文处断，情可矜者，犹或特从宽宥。如此，则恩归主上，而法在有司。人被诛殛，死亦无憾。祖宗以来，不许刑狱司状外求罪，是以人人自安。近传三司判官杨仪下狱，自御史台移劾都亭驿，械缚过市，万目随之，咸共惊骇，不测为何等大狱。及闻案具，乃止坐请求常事，非有枉法赃贿。又传所断罪名，法不至此，而出朝廷特旨。恐非恩归主上，法在有司之意也。且仪身预朝行，职居馆阁，任事省府，使有大罪，虽加诛斩，自有宪章。苟不然者，一旦至此，使士大夫不胜其辱，下民轻视其上，非所以养廉耻，示敦厚也。'"最后一句"且仪身预朝行，职居馆阁，任事省府，使有大罪，虽加诛斩，自有宪章。苟不然者，一旦至此，使士大夫不胜其辱，下民轻视其上，非所以养廉耻，示敦厚也"。共治群体的廉耻敦厚需要礼臣的宪章传统来维护。这就是陈亮、叶适所推重的"体貌大臣""礼臣"。在宋人那里，这是一个悠久传统，也衬出龙川等人非空想虚构。参见任锋《重温我们的宪制传统》，《读书》2014年第12期，收入本书附录。

两大国本之一，反对用刑法驾驭大臣，也是同一意思。

对于宋代法度中强调防制范围的现实重心，陈亮突出的是公理规约下的共治。共治在央地关系上要破解中央高度集权的体制弊病，增强地方权力。在中枢政体上，如前文所述，继承优良的分权传统（"祖宗上下相维之法"即君主与宰执、台谏的分权制衡），主张君主"立政之大体，总权之大纲，端拱于上而天下自治"①。

共治体制是摆脱宋代政治"任法"弊端的重要保障，背后蕴含着共治宪制对于君主法制主义（"任法"）的克服。共治宪制本身是一重根本法度，对政治体的权力分配有一合理安排。陈亮在《论正体之道》中，特别提炼出"君行恩而臣行令"，"君当其善，臣当其怨，君臣之体也"，"君任其美，臣任其责，君臣之体也"，也是对于政体、权纲的一个宪制解释。

君主的功能，近于一种精神性、道德性的职位，与强调事务性和责任性的治理机制共同组成政治体制。"臣闻君以仁为体，臣以忠为体。遍覆包含，如天地之大，仁也；公家之事，知无不为，忠也。"② 君主效仿天地行仁，臣民忠于"公家之事"。自北宋起即有一士人共识，所谓"恩归主上，法在有司"。富弼就殿试制指出"礼部放榜则权归有司，临轩唱第则恩出主上"的时人之论，宋人还云"权归人主，政出中书"③。于此可以窥见一种清晰的"宪典"自觉，即君主主导整个政治系统的道德—精神性部分，维系其权源地位，行政、司法则归有司严格按照程序法典来处理。

陈亮广泛引用宋代故事，来论证上述君臣共治的宪制传统。"庆历间，杜衍辅政，遇有内降，辄封还之。仁宗以杜衍不可告之而止者，有多于所

---

① 《陈亮集》卷二，《论执要之道》《论正体之道》，第27、29页。

② 《陈亮集》，第29—30页。

③ 《宋史》卷四〇六，列传第一百六十五，《洪咨夔传》，"臣历考往古治乱之原，权归人主，政出中书，天下未有不治"。

封还。治平初，任守忠离间两宫，韩琦乘间开悟上心，斥之远方，仍放谢辞，即日押出国门。君当其善，臣当其怨，君臣之体也"，"澶渊之役，自寇准而下，均欲追战。章圣皇帝独恻然许和。及其议岁币也，章圣不欲深较，而准戒曹利用以不得过三十万。天圣初，契丹借兵伐高丽，明肃太后微许其使，吕夷简坚以为不可而塞之。其后刘六符来求割地，夷简召至殿庐，以言折之。君任其美，臣任其责，君臣之体也"。①

陈亮对于行动主义英雄人格的提倡，同样是对于君主与大臣共治天下的公共精神之发扬，以期养成仁、智、勇兼备的共治主体。他据此批评孝宗专权，违背了上述祖制，希望"陛下总揽大柄，端己责成，畏天爱民，以德自护；明诏大臣，使当大任，不惮小怨，不辞大艰"。这是"祖宗养人心以行德义，正君臣之体而为百世不易之家法也"②，事功乃依此而成。

概言之，"以法为定""以法为治"既然是政治文明发展的客观趋势，陈亮对此顺承肯认之，同时警惕"任法"将法治完全理解为实定化、自我运作、不断细密的客观规则，而强调透过礼法主体充分把握法治的传统累积、非成文、诸多规则类型之互动，以避免法在权力异化中全然转化为教条性、压制性的法条，而与文明秩序中的更深层道理相脱节。

由此儒家呈现出一个兼备制定法与礼法的双轨型法治形态。同时透过共治主体保障法治的公共性、政治主体精神的积极昂扬。此种法治论构成了近世儒家治道传统的正根和主旨，显示了儒学经世思想的新生机新动向。理学家政论也有礼法学的面相，但在法度意识的高度肯认、法度中心的秩序理论、法史的谱系建构上较之浙东一脉终是逊色。③

---

① 《陈亮集》，第 30 页。

② 同上。

③ 理学家在法治论上更着力于法哲学层面的形上论证与伦理法意义上的"克己复礼"。参见宋大琦《程朱礼法学研究》，山东人民出版社 2009 年版。

其影响透过明清之际的重要思想发展即可窥见。笔者曾指出，没有宋代开启的儒家治道传统，明清之际的思想突破不可想象。我们看到，黄宗羲在公共性意义上以三代之法为判准，批评秦汉后法度的专权任私，以前者为"无法之法"、后者为"非法之法"，提出以"天下之法"取代"一家之法"，并由此重构传统中的宰相制与学校制度，使之成为真正体现公共政治精神的法度。在此基础上，他才提出"有治法而后有治人"的新观点。

可以说，梨洲是在近世儒家传统中，依据法度的公共本性充分豁显了法史观中的三代与后世之对立，相较陈、叶等人对于后世之法批判更为彻底，并以重新建构的理想治法反思传统的治人与治法关系。明清之际的天地崩解促生了这种理想主义，其对于治法的注重却离不开近世儒学开启的传统脉络。而另一方面，依据陈亮、叶适等人思想，我们也可反观梨洲思想之激切处，即理想治法除了充分张扬共治主体的公共精神，也不能轻视礼法主体之因承损益，治人对于秩序规则的不断发现、整理与维系也十分重要。

王夫之一方面肯定法度的中心地位，强调把握法度背后的天理大经，斟酌尽理，善于立法；另一方面深入辨析"任法"与"任人"，批评前者导致的实定化、教条化、繁密化，主张以治人行一定简易之法，并且提出"任法"不如"任道"，强调儒家之道、理作为秩序根本规则的重要性。[①]这些论述与陈亮等人的治道论显然同调共鸣，也构成晚清中国现代转型之前的重要文明资源，是我们曾经拥有的理论资产和思想高度。虽然为现代国人长久忽略，却值得我们发掘与拓展。

先贤应对于近世文明实状（如中央集权、文官制度、士大夫共治与富民兴起）而生发的内在思考，以法度法治为中心形成了一套涵盖法之特质、

---

① 参见任锋《宪制儒学的传统启示》，《开放时代》2011 年第 6 期。

法史观、法之规则类型、法之政治类型的系统论述。这是中华法系在治体论视角下的丰富资源。对于百多年来竭力引进西方现代法治、不吝改造自身传统的现代国人来说，重温这样的传统，不仅利于破除人治、法治的简化类比，也益于廓清一些流行话语的纠结或迷思。

◇ 第四节　治人：朱、陈之辨的德行维度

陈亮针对宋代政治传统的现实问题，从治人角度提出了自己的睿见与豪杰理想。他反复强调宋代政治形成了两个特点，"以议论为政"与"以绳墨为法"。士大夫好发议论，注重推动公共参与的舆论影响，言往往高于行。

针对这一点，陈亮回溯宋代立国之初的精神，高度褒奖当时的政治风气，所谓"宋兴，宜用文矣，而艺祖皇帝以宽仁质实临抚天下，而士大夫以端简厚重成风，天下以笃厚朴素成俗"①。这种"笃厚朴素""端简厚重"的士风世风与"宽仁质实"的政风，在陈亮看来很大程度延续到嘉祐时期。

这里其实包含了陈亮对于庆历以来士风的深切批评，"庆历诸臣亦常愤中国之势不振矣。而其大要，则使群臣争进其说，更法易令，而庙堂轻矣"②。他认为这种"纷纷争言"的议论型政治，并不能促进法度的有效改进，且无益于政治的持续发展。"夫法制一定，子孙世守之，小弊则为之损益，大弊则度德顺时，一易而定矣。纷纷而争言之，扰扰而迭易之，上下汨乱，不知所守，此岂为国久长之道邪！"③ 士人能否度德顺时，准确把握

① 《陈亮集》，第 173 页。
② 同上书，第 5—6 页。
③ 《陈亮集》卷一三，《问科举》，第 147 页。

时政弊病症结，顺应时势机遇，进行有力改革，这才是应当发展的政治才能。

言胜于行、浮于意气、党争不已，于实际政治无补而害深。宋初的"端简厚重"，而不是追求文章、道德、议论、政事的花样翻新，真正值得后世取法。陈亮的这一反思，指向了有宋士人政治文化的演变，对于仁宗以降欧阳修、苏轼等士人代表的综合性儒家人格理想（追求辞章、经术和事功的合一），其实是一种损抑和回转，与他对于政治传统精神的领会密不可分。

针对"以绳墨为法"的宋政，陈亮指出这样的政治法度其实是扼杀了士人的活力，使其循规蹈矩、按部就班，失去从事政治活动应有的气魄、胆识和大智慧。这是在陈亮思想中反复提及的一个问题。这其实涉及日常政治与非常之人的关系，如何超越日常政治、为非常之人施展才能提供空间？在向皇帝和大臣的上书中，陈亮每每强调这个重要问题。"臣闻有非常之人，然后可以建非常之功。求非常之功而用常才、出常计、举常事以应之者，不待智者而后知其不济也。前史有言：'非常之原，黎民惧焉。'古之英豪岂乐于惊世骇俗哉！盖不有以新天下之耳目，易斯民之志虑，则吾之所求亦泛泛焉而已耳。"① 要解决这个问题，不仅仅在于提倡一种英雄主义的人格，陈亮更强调着眼改变宋代以绳墨为法、束缚人之活力与自由的政治架构。

艺祖本旨在这里予人启迪。宋代立国之初，"于格律之外有以容奖天下之英伟奇杰"②。但后世政治越来越强调常规格式，斫丧了士人精神，"本朝以儒道治天下，以格律守天下，而天下之人知经义之为常程，科举之为正路，法不得自议其私，人不得自用其智，而二百年之太平由此而出也。至于艰难变故之际，书生之智，知议论之当正而不知事功之为何物，

---

① 《陈亮集》，《戊申再上孝宗皇帝书》，第 15 页。
② 《陈亮集》，第 5 页。

知节义之当守而不知形势之为何用，宛转于文法之中，而无一人能自拔者。陛下虽欲得非常之人以共斯世，而天下其谁肯信乎！"① 他因此建议孝宗除了尊重儒道，还要加强事功人才的养成。这本是立国精神的应有之义。

理学心性之学的流行，加剧了治人弊病。陈亮结合宋代政教传统演变，有一段评点极为精彩：

　　"昔祖宗盛时，天下之士各以其所能自效，而不暇及乎其他。自后世观之，而往往以为朴陋，而不知此盛之极也。其后文华日滋，道德日茂，议论日高，政事日新，而天下之士已不安于平素矣。众贤角立，互相是非，家家各称孔孟，人人自力稷契，立党相攻以求说之胜。最后章、蔡诸人以王氏之说一之，而天下靡然……二十年之间，道德性命之说一兴，迭相唱和，不知其所从来。后生小子，读书未成句读、执笔未免手颤者，已能拾其遗说，高自誉道，非议前辈以为不足学炙，世之为高者，得其机而乘之，以圣人之道为尽在我，以天下之事无所不能，能麾其后生以自为高而本无有者，使惟己之向，而后欲尽天下之说一取而教之，顽然以人师自命。虽圣天子建极于上，天下之士犹知所守，吾深惑夫治世之安有此事乎，而终惧其流之未易禁也！"②

　　又云，"自道德性命之说一兴，寻常烂熟无所能解之人自托于其间，以端悫静深为体，以徐行缓语为用，务为不可究测以盖其所无。一艺一能皆以为不足自通于圣人之道也。于是天下之士始丧其所有，而不知道从矣。为士者耻言文章、行义，而曰：'尽心知性'，居官者耻言政事书判，而曰：'学道爱人。'相蒙相欺以尽废天下之实，则亦

① 《陈亮集》，第20页。
② 《陈亮集》（增订本），中华书局1987年版，第270页。

终于百事不理而已。"① 甚至曰"今世之儒士自以为得正心诚意之学者，皆风痹不知痛痒之人，举一世安于君父之仇，而方低头拱手以谈性命，不知何者谓之性命乎"②。

这一段中的文教与政治讯息极为丰富。从开国之初的笃实厚重到盛世的多元竞争，再到荆公新学、理学的道德性理之学流行，北宋盛世士大夫在文化、政治上的繁荣，在学说上的多元与超越，并不意味着治理的进步，反倒构成政治恶性竞争的渊薮。陈亮将理学的兴起和流行放置在同一脉络去观察。

他眼中的理想状态是宋代立国之初的"天下之士各以其所能自效，而不暇及乎其他"，朴实而节制，学者官吏能安于职分（"知所守"）。这体现出一种有节制而笃实审慎的政治德行，所谓"各务其实而极其所至，人各有能有不能，卒亦不敢强也"③，也即上文所言及"天下之士各以其所能自效，而不暇及乎其他"（"盛之极"）。其政治哲学蕴含，在于承认每个人的材质能力各有短长，应在此有限基础上发展职分德行，此乃所谓"务实"，理想也缘此而追求尽分。质言之，陈亮提倡一种笃实而审慎的、专精的职分人格，而非一种全备的、综合性的德能人格。明代张居正针对近世议论讲学带来的士风政风虚浮，强调"官先事，士先志"，就吸取了龙川的反思，而提倡务实于职分伦理。

这种务实、节制、稳健的政教精神，与季宣那里对于胡瑗典型的领会是相通的，都是对于儒者在广阔多元的活动领域中进行笃实实践的强调。对浙东儒者影响深远的苏轼，在《应制举上两制书》中，就提出宋代政学传统的两大弊病，"其一曰：用法太密而不求情。其二曰：好名太高而不适

---

① 《陈亮集》（增订本），中华书局1987年版，第271页。
② 同上书，第9页。
③ 同上。

实。此二者，时之大患也"。

"何谓好名太高而不适实？昔者圣人之为天下，使人各致其能以相济也。不一则不专，不专则不能。自尧舜之时，而伯夷、后夔、稷契之伦，皆不过名一艺办一职以尽其能，至于子孙世守其业而不迁。夔不敢自与于知礼，而契不敢自任于播种。至于三代之际，亦各输其才而安其习，以不相犯躐。凡书传所载者，自非圣人，皆止于名一艺办一职，故其艺未尝不精，而其职未尝不举，后世之所希望而不可及者，由此故也。下而至于汉，其君子各务其所长，以相左右，故史之所记，武、宣之际，自公孙、魏、邴以下，皆不过以一能称于当世。夫人各有才，才各有小大。大者安其大，而无忽于小。小者乐其小，而无慕于大。是以各适其用，而不丧其所长。及至后世，上失其道，而天下之士，皆有侈心，耻以一艺自名，而欲尽天下之能事。是故丧其所长，而至于无用。今之士大夫，其实病此也。仕者莫不谈王道，述礼乐，皆欲复三代，追尧舜，终于不可行，而世务因以不举。学者莫不论天人，推性命，终于不可究，而世教因以不明。自许太高，而措意太广。太高则无用。太广则无功。是故贤人君子布于天下，而事不立。听其言，则侈大而可乐。责其效，则汗漫而无当。此皆好名之过"。批评法度繁密和人才虚浮，特别是近世士人高谈义理，干略专能退化这一点，与陈亮等人思绪相通。

对于北宋立国之初与中后期之间的比较，特别是对于经世人才的演变，叶适也表达出类似看法："太祖之事，如姚内斌、董遵海、郭进、冯继业之流，皆守一郡，官卑兵少，然而丰财厚禄，久任责成，边警无虞，而太祖能以其力内平僭伪，盖雄略如此，而窃叹后之不能。不知此固昔者为国之本然。曩以惩创五季太甚之故，削损已多，提防已严，此特其未能去者，而至其后则尽去之耳。"对于真宗之后人才则提出严厉批评，"自景德以后，王旦、王钦若，以歌颂功德、撰次符瑞为职业。上下之意，以为守邦之大猷当百世而不变，盖古人之未至，而今日之独得也。奚暇他议哉！纪纲之失犹其粗者耳，并与人材皆坏"①。水心在此基础上发展出一番儒者的职业、职分论述，以克制宋代新儒学发展中的虚妄、躁进和独断。这提醒我们，立国思想家对于治人主体的新思考，与其治法论述并行不悖。下章会有专述。

在陈亮看来，北宋中后期的政治发展，囿于常态政治既不能鼓励真正的经世人才涌现，又形成一种无益于经世法度的虚夸浮妄、党争不已的风气生态。从思想与意识形态的角度来看，"众贤角立，互相是非，家家各称孔孟，人人自力稷契，立党相攻以求说之胜"，揭示的是儒家内部随着主体意识高度自觉而多样化、竞争分化的重要趋势。而且竞争者相互之间的排斥性和独断性都非常强烈，趋向强势的一元垄断，荆公新学与理学都概莫能外。他们虽有主张分歧，却都表现出对于道德义理的极端强调，并在一种抽象形而上学的维度上铺陈自身的道德政治主张。

可以说，南宋浙东诸儒透过对于北宋立国政教精神的回溯，恰恰试图解构那种以道德义理为本位、为唯一根源的儒家新进展。他们试图从经世实践的广阔视角均衡对待儒者在多方面领域中的努力，克制道德义理绝对化的趋向。他们对治的，是在宋代新儒学竞争基础上形成的道德义理独断论，所谓"以圣人之道为尽在我，以天下之事无所不能，能麾其后生以自为高，而本无有者使惟己之向，而后欲尽天下之说一取而教之，顽然以人师自命"②。这也代表了以经制事功为本的政治经世传统对于以文教义理为本位的新儒学取向的反弹和异议。

陈亮等人珍惜均衡发展的经世实践，理学家更重视把握道德义理根本的实践主体。如果我们价值上认可北宋中后期政治文化的多样分化趋势，那陈亮的批评无疑较为保守。从中我们也能看到对于理学意识形态虚妄性的一种批评，其自大骄傲有损于陈亮推重的有限型职分伦理。这个批评乃

---

① 《叶适集》，第814页。
② 《陈亮集》，第270页。

是立足于对宋代整体政治传统的透视和反思。

上述问题，既牵扯到宋代政治架构，也产自于儒家文教的自身发展。出路之一，就在于从政治的宪制维度，充分发扬与士人共治天下的精神，给予后者更为充分的政治自由，而不仅仅作为工具意义上法度的执行者、遵从者。就人格理想本身来说，"夫人之所以与天地并立而为三者，仁、智、勇之达德具于一身而无遗也。孟子终日言仁义，而与公孙丑论一段勇如此之详，又自发为浩然之气。盖担当开阔不去，则亦何有于仁义哉！气不足以充其所知，才不足以发其所能，守规矩准绳而不敢有一毫走作，传先民之说而后学有所持循，此子夏所以分出一门而谓之儒也，成人之道宜未尽于此"①。在陈亮看来，儒家的"成人之道"，追求的是超越常态政治世界，有所担当、有所开辟的大儒理想。

如果说理学家的人格形象根本上是天赋性命下复性修身的道德人，那么陈亮提倡者是勇于在政治世界中跋涉进而参赞天地之道的行动人、政治人。陈亮认为要实现实践功效，在儒术上不能囿于个体心性的修养，而要面向广阔世界的开物成务。在新儒学理学化之后，士大夫的政治素养呈现出明显不足，空知议论、节义，不通事功、形势。因此，培养政治人的实践智慧，包括谋略、意志和行动能力，就成为陈亮不同于理学家的显著用心处。英雄豪杰的事功理想，最能代表陈亮对于儒家实践者的期望。他们是与君主共治天下的重要力量，是一世才用的中流砥柱，正所谓"堂堂之阵，正正之旗，风雨云雷交发而并至，龙蛇虎豹变见而出没，推倒一世之智勇，开拓万古之心胸"②。陈亮所召唤复归的是儒家刚健进取的用世精神。

陈亮的思想提醒我们思考，什么是理想的治人主体？他表达出了对于一种文化政治的不满，对于一种接近于意识形态狂热的政治竞争的警惕。

①　《陈亮集》（增订本），中华书局 1987 年版，第 340—341 页。
②　同上书，第 339 页。

在他看来，这一步步侵蚀了宋代立国营造的政治根基，独断空疏排斥多样包容，无益于儒家理想治人的养成。陈亮代表了近世治体思维在治法和治人方面的创新，同期人物中仅有叶适堪与之比肩，也使得据此而产生的理学异议至水心处终于有系统发挥。

第 九 章

甄定统纪：叶适与治体论的事理思维

"人物满东瓯，别我江心识俊游。北尽平芜南似画，中流，谁系龙骧万斛舟？"这一句语出陈亮的《南乡子·谢永嘉诸友相饯》①。南宋浙东思想学术，自薛季宣、吕祖谦推动转型，陈傅良、陈亮、唐仲友等人推波助澜，各放异彩，至叶水心而有一个系统的综合和阐发，治体思维较为清晰地呈现其事理特质，对性理学一路的新儒学发展抒发其异议。

◇ 第一节 "欧阳批判"：士大夫政治的反省

让我们先从叶水心晚年所作的《习学记言序目》开始。② 这本书卷四七至卷五〇，水心根据吕祖谦的《皇朝文鉴》对宋代历朝的政治和文化进行了评论，构成此书历史评论的当代部分，也是压轴遒文。通读这四卷内容，及其他相关部分，令人印象深刻的一条线索是对于北宋大儒、士大夫领袖欧阳修的评论。这一点少为现在的研究者措意，实则包含了理解水心思想的一个根本面向。

这些意见大致有三十多条，我们将其分作思想学术与政治文化两个主

---

① 《陈亮集》（增订本）卷三九，第 508 页。
② 参见叶适《习学记言序目》，中华书局 1977 年版。

要方面稍作概介。

首先来看思想学术方面。欧阳修可以说是宋学形成期的枢纽人物，在经学变革、古文运动、史学编纂等多领域都有开辟天地、奠立巨构的贡献。这一点两宋之际已多有言及，水心也予确认。然而，他更侧重点评其中的不足和消极影响。

在经学方面，水心指出，"以经为正而不汩于章读句读，此欧阳氏读书法也。然其间节目甚多，盖未易言。以其学考之，虽能信经，而失事理之实者不少矣。且笺传杂乱，无所不有，必待战胜而后得，则迫切而无味，强勉而非真，几案之间，徒见其劳而未见其乐也"①。一方面肯定欧阳以经为本、超越传疏的基本立场，另一方面认为他牵绊于汉唐樊篱，对于经典的研究多不能符合"事理之实"。

在文学方面，水心认为，"文字之兴，萌芽于柳开、穆修，而欧阳修最有力，曾巩、王安石、苏洵父子继之始大振。故苏氏谓'虽天圣、景祐，斯文终有愧于古'，此论世所共知，不可改……"② 自国初"柳开、穆修至欧阳氏，以不用世之文，欲捩回机括，虽不能独胜，然后世学者要为有用力处"③。欧阳修被视为古文运动的最关键人物，后世所谓"唐宋八大家"中的宋代其余诸子都得到欧阳的灌溉荐引。然而，水心同时指出欧阳修所推动之古文运动表现出多层缺陷。

首先，欧阳氏提倡"欲复训诰于三代之文"，而所撰训诰之文，如《尊皇太后册》，被水心认为多处不合体例，又云"余尝考次自秦汉至唐及本朝景祐以前词人，虽工拙特殊，而质实近情之义终犹未失；惟欧阳修欲驱诏令复古，始变旧体。王安石思出修上，未尝直指正言，但取经史见语错重

---

① 叶适：《习学记言序目》（下），第 703 页。以下简称《序目》。
② 《序目》，第 696 页。
③ 同上书，第 703 页。

组缀，有如自然，谓之典雅，而欲以此求合于三代之文，何其谬也！"①

"质实近情之义"值得特别留意，是水心理解宋代国初政治和文化精神的一个关键，带有对于后世虚文浮华进行纠正弹偏的含义，也蕴涵了水心对于道、德合乎事理的哲学认知意味。

其次，古文运动虽然强调文以载道，可是过分注重文词也导致偏离了对实理的追求。例如，水心在批评继欧而起、对斯文高度自诩的苏轼时说：

> 独苏轼用一语，立一意，架虚行危，纵横倏忽，数百千言，读者皆如其所欲出，推者莫知其所自来，虽理有未精，而词之所至莫或过焉，盖古今论议之杰也……嗟夫！古人岂必有此文而后有此论哉？以文为论，自苏氏始，而科举希世之学，烂漫放逸，无复实理，不可收拾矣。②

欧阳修语云"文学止于润身，政事可以及物"，被水心讥为"修犹为此言，始悟人之穷力苦心于学问文词者，徒欲藻饰华泽其身而已。贤之事业，非所以责之也"③。终以文士视欧阳，惜其悟道之钝。

在史学方面，水心批评欧阳修不懂史法，没能够继承先古以史书监督制约君主的精神，误以为君主不须观史。④而其用春秋笔法修撰唐和五代帝王纪传，对《尚书》《春秋》经传和《史记》的体例规则不甚明了。于人事本末不能具备，陷入以空言主断的公羊式误区，从而不能发挥据实事惩劝的功能。⑤

---

① 《序目》，第709—710页。
② 同上书，第744页。
③ 同上书，第752页。
④ 参见《序目》，第719页。
⑤ 同上书，第559页。

　　再来看水心从政治文化角度对于欧阳修的评论，具体涵盖了政治思想、政治行动模式、政治人格和角色，与其思想学术存在内在密切的关联。

　　在实际政治见解上，欧阳修的朋党论一反传统抑制党论的言调，为士大夫群体组织化的正当性（"君子有党"）大声疾呼，反对保守派借朋党名目对改革立场的士大夫进行污名。对这一点，水心却认为是"欧阳氏迫切之论，失古人意，徒使人悲伤而不足以为据也"①。

　　另外一个水心反复致意的欧阳修论调，是对于三代之法和汉唐之法的比较。在欧阳修所撰的《策问》七首以及《新唐书》中，都曾对二者的长短优劣进行体制意义上的对比。水心指出，《策问》中欧阳修看似言语上肯定三代周礼，意向中却是倾向秦汉唐代之法。前者以礼乐为本，后者以刑权为本。"欧阳氏之学，非能陋汉唐而复三代，盖助汉唐而黜三代者也。"②水心又指出欧阳修在《新唐书》中以三代之法为繁重粗疏，汉唐之法为简易精密，这种看法完全失去了对于现实政制的批判视野，不明古人之道，误导后世学者和政治。③

　　对于承载三代法度的经典《周礼》，欧阳修不能知其中的"道德性命之要言，经治揆物之成迹"④。疑经言似凿凿，却只是知识浅薄的表现。比如："欧阳氏言，'古者山泽之利，与民共之'，此谓盐铁金锡之类可也，若茶则民所自种，官直禁而夺之尔，何共之有！"⑤

　　在政治行为模式上，水心抨击最为严厉的当属欧阳修对于舆论政治的极大塑造。"盖韩、范之所以攻人者，卒其所以受攻而无以处此，是以虽有志而无成也。至如欧阳，先为谏官，后为侍从，尤好立论，士之有言者，

---

　　① 《序目》，第 743 页。
　　② 同上书，第 753 页。
　　③ 参见《序目》，第 584—585 页。
　　④ 《序目》，第 754 页。
　　⑤ 同上书，第 708 页。

皆依以为重，遂以成俗。及濮园议起，未知是非所在，而倾国之人反回戈向之，平日盛举，一朝堕损，善人君子，无不化为仇敌，至今不定。然则欧阳氏之所以攻人者，亦其所以受攻而不自知也。"①

另外，欧阳修虽然好发议论，却不明白致谏大体，"修之学未能进此，而抗然为争议之主，余惧后世之忘其本也"②。宋初三先生之一的石介撰写《庆历圣德颂》，激化了朝野党争。石介去世后，欧阳修哀悼石介的遭遇，也被水心讥为"然则修所见，亦与介同者耶？"③

水心对欧阳修的政治生涯有一个基本的论定，十分激切，也衬托出其判准之陈义高远。"欧阳修既执政，人有贺之者，答以'惟不求而得与既得而不患失'，然余病其侵寻于官职矣，而吕氏（吕祖谦——作者按）嫌余此论太高，余亦不敢竟其说而止……然则虽不求得，不患失，而卒与庸众人同归于温饱者，无异以尽民财为能，以尽民命为功，至其他刀笔毫末之巧拙而夸竞不已也。呜呼！此有志者之所当深思也！"④

另外，在一处关于包拯评论宋庠的文字中，也曲折透射出水心对于此等执政大臣的使命期许，与上述激语交相辉映。"包拯论宋庠，'且云无过则又不然'，'执政大臣不能尽心竭节，灼然树立，是之谓过'；及'近岁方乃捃拾细故，托以为名'。并举权德舆事。此一项议论，虽非卓卓关系，然亦从古流通，至其时未断绝者，自后无复有矣。欧阳修谓'拯素少学问'，观此，是其天资能近大体，不待问学也。"⑤

水心为什么如此重视欧阳修，花费这么多笔墨对其进行批评？

最直接的理由，如论者曾指出的，欧阳修本人在北宋中期这个诸多新

---

① 《序目》，第 709 页。
② 同上书，第 720 页。
③ 同上书，第 732 页。
④ 同上书，第 749—750 页。
⑤ 同上书，第 719 页。

趋势兴起的枢纽时期扮演了至关重要的角色，而"北宋的盛期确是创立中国近千年来典型的一个关键"①。如水心多次称其为"本朝议论之宗""争议之主"，对宋代新儒学的文化与政治至为攸关。其间所谓"议论"，既指欧阳在经学、文学、史学方面开启的自由纾解、超俗特立的风格和意见，也指以上述学问为基础的政治论述与播扬此种论述的政治实践。而水心的强烈关注，不仅为此不世出之精英领袖而发，亦含有对于其所代表的近世文明潮流的深层体会。

就前者来说，水心的部分批评可以说就事论事，有理有据，尚称公允，如欧阳修对于三代与汉唐法度的比较。而有些批评则属于借题发挥，由欧阳修而引申至宋代整体政治和文化的评论，以此阐发水心个人的见解。这类评论中，一些的确触及争议性较大的历史疑难问题，如朋党论和舆论政治，而一些则显得苛刻和偏颇，引申过度，未为的当，如欧阳修与石介的政见同异问题。

这里着重要指出的是水心之欧阳修批判的第二层意义，即对于欧阳修代表的近世政学潮流的深沉关注。因为如前文所言，这尤其涉及我们对水心思想面向的一个根本把握。

现代学者研究叶适以及浙东学术的一个常见路数，是将其置于与南宋道学或理学相对抗的思想语境中，显示其"功利主义"或经世事功的基本特征。水心或者陈亮等人的思想往往需要在理学批判的对镜中定位特质。这一点自有其合理之处。然而，这种做法转相承袭，不断重复，也容易使人忽略对历史实况的进一步还原。本书所指出的欧阳修批判，相对于理学批判，就促使我们正视叶水心思想论说的一个更广大视野，即对于近世新儒学推动下的士大夫政治之反省，上一章也介绍了陈亮对这方面治人的反思。这个视野，更能体现出浙东儒者对于近世政治、社会和文化变动大潮

---

① 刘子健：《欧阳修的治学与从政》，《引言》，中国台湾新文丰出版公司 1984 年版，第 9 页。

的全面观解。相比较，理学批判只是这个视野的部分之一，并不足以表达水心的整体关切。

水心这四卷评论，围绕欧阳修批判这根线索，背后其实张悬着士大夫政治反省这样一张网络。他的思想，是针对近世士大夫政治兴起而产生的儒家政学传统而发。在士大夫群体展现出来的问题中，欧阳修或者扮演着问题的有力推动者，或者就是问题的典型体现，或者以不同方式与这些问题交涉勾连，以个体言行及其影响而呈现出问题的一般共性。

水心批判的触角，上溯中晚唐的韩愈、宋初王禹偁，中涉王曾、王旦、范仲淹、韩琦、富弼，下及司马光、王安石、苏氏、程氏，辞锋鞭及南宋当世，寓意深切锐利，几若树新儒学之叛帜，让人有抽薪破釜之感。

我们可将批判的内容划分为政治智识、政治能力、政治风气、政治志向、政治体制几个方面，来了解水心的意见。

政治智识关注的是士大夫政治精英的知识思想基础，所谓平素讲学的大旨应该为何。比如军事外交问题，在批驳杨亿代表的士大夫弃地论时，水心指出"然则见利害不尽，设策画不精，泛滥缀缉，以空言误后人，乃今世儒生学士大病也"[1]，韩琦阴营洛阳以备敌的建议，则被视为肤浅的"书生意貌之论"[2]。再如评价吕大钧的恢复封建井田论，"若存古道，自可如此论；若实欲为治，当更审详尔"[3]。这里的区分显示，实际政治的考量与纯粹学术或者道学激情的议论应该有所不同，而杨、韩二例正在于对于实际政治的思考谋划明显不足，落入空言空想，被水心看作是宋代儒家士大夫的重大病症。

回到欧阳批判，水心批判他过于注重文词学问，对于事关实物实理的政治重视不足，政治见解和做法也因而问题多多。比如名义上尊古批今，

---

① 《序目》，第715页。
② 同上书，第718页。
③ 同上书，第699页。

实际上既不知古，也不能知今。在法度上偏向汉唐，不能把握三代精华。古文运动教条地模仿三代，对于秦汉后训诰合乎实情实理大体的地方又不能汲取。流风所及，"后世以经术起之，无不欲上继尧禹而鄙陋汉唐；然古人论议断绝皆尽，而偏歧旁径，从横百起，莫觉莫知，而皆安之以为当然也，岂不可叹哉！"①

再如欧阳的朋党论，水心文中虽仅言及欧苏，实则触及宋代政治的大关目。君子可以成党，以战胜小人之党，这一论调自王禹偁以来，范仲淹、司马光、苏轼以至秦观等人都有阐发推进。其中包含了士大夫与君主共治天下这个格局下新的组织发展问题，政治利益和意见的分化寻求得到客观形式的表达。欧阳此论最能代表以正义自许的士大夫之政治进取意向。

然而，水心却从君主制前提出发，直陈这种论调在实际政治中只能增加君主的猜忌疑惑，不利于进取人士的立足，因此"徒使人悲伤而不足以为据"②。水心秉持的是"小人为党，君子不为党"之古训。另外，借用对石介《庆历圣德颂》的批评，水心认为这样也会"明发机键以示小人，而导之报复……宜若不足以助治，而徒以自祸也"③。水心的立场虽没有欧阳等人的道义激情，却颇体现出实际运筹中的冷静审慎。衡之以庆历以后宋代政治的发展，变法派和反对派之间以及各个派别内部的斗争多以正邪互相构陷，党争恶化循环，耗尽了北宋政治的元气精神。水心立场虽嫌保守和无奈，维护君主制与共治原则，却揭示出当时政治格局基本逻辑的致命限制。

政治能力强调的是士大夫在政治实践过程中形成处理各类事务的技艺策略、意志度量和战略谋划。比如水心批评寇准在澶渊之盟中，既不能知

---

① 《序目》，第 719 页。
② 同上书，第 743 页。
③ 同上书，第 732 页。

人善用，也不具备军事和外交谋略，而挟君冒险，以和约为己功。① 又批评范仲淹庆历变法对于改革事项的轻重缓急安排失当，轻率激化了既得利益集团的反弹，有志而不成。② 再如神宗初年，对于冗兵冗费问题，执政大臣不能"公共为上别白言之，图其至当而决于必行，事既广远，非十数年功绪不就，则人主之志已定，而其他纷纷妄言改作者不复用矣"，也属于缺乏远大可行的战略规划。③ 再如批评元祐诸人在元祐初"不能以轻改祖宗政事为熙、丰小人正名定罪，治其尤无良者，倒戈以授仇人，此大失也"④。水心希望在元祐期间稳固确立"尊祖之义"，从政治合法性上杜绝王安石变法的反复。这个假设性建议是否能够奏效是另外一个问题，不过从中可见水心的长远战略意识和决断意志。

政治风气侧重于士大夫精英在政治活动中个人作风和群体行动特征以及由此生成的政治社会氛围与情势。这方面最瞩目的就是水心对于欧阳修代表的、弥散于近世士大夫群体中的好议论风气的激烈批判。前文已述及庆历变革中韩、范等人因此而受制，欧阳作为议论宗主而在濮议中被攻击。

还有一处，就是在评论王禹偁上奏真宗语"简直不回护"时，指出："禹偁受知太宗，夫世有直道自有直气，而为真宗言此不疑，真宗亦未尝以为谤者，直道素明也。自庆历后，议论浮杂，直气空多，直道已散，至治平、熙宁，纷争于言语之末，而直道荡灭无余矣！"⑤ 后世王夫之在《宋论》里发挥了这一历史批评的思绪。

结合水心的多处分析，庆历之后的风气恶化之始作俑者自是欧、范等人。这部分地是欧阳代表的士大夫在学问思想上面的病症有以致之。在水

---

① 参见《序目》，第 716 页。
② 同上书，第 716—717 页。
③ 同上书，第 721 页。
④ 《序目》，第 728 页。
⑤ 同上书，第 713 页。

心看来，思想议论不能合乎事理，夸张求奇，而又纷纷以正道自居，遇到异议则攻击不遗余力。在现实中经庆历而成为动员舆论、挑战权威的舆论政治风气。挑战者固然可以借助它赢得政治空间，而成功掌权后又得面对新一轮的舆论政治风潮。水心痛心不已的，就是政治淹没在言语和意气的纠缠中日渐沉沦，和衷共济、实事求是的政治作风难以重现。这也是伴随北宋党争恶化循环出现的一个重症。陈亮对此已有非常深切的批评，反思新儒学的义理高调和结党恶斗。这揭示出君主以外，治人主体之一士大夫群体的政学病灶，也是对于宋代国家政治特质精神（好议论）的深切透视。

政治志向关乎士大夫的政治意志、政治理想和目标以及贯彻的精神。前文述及欧阳时已有涉猎。王曾中第后称"平生之志不在温饱"，水心认为类似的欧阳之志最后都与庸众安于温饱无异。

水心指出，士大夫应当有建立事功的使命感，"而况沈酣势利，以玉帛子女自厚，在世俗最为浅下"①。他肯定范仲淹的改革志在开济，批评富弼晚年无为益昏，变法受挫益发加强了因循习气。他推崇司马光面对王安石的强势变法，始终不挠地予以反对，坚持主张恢复祖宗旧法。浙东儒者对于北宋诸大儒，较多肯定司马光，薛季宣、吕祖谦以来皆如此。吕祖谦继承中原文献之传，在经史经世之学的结合上，在道文一体方面，在政治取向上，都与司马光一脉有切近趋同的气质，比南宋理学更能把握司马氏代表的治体论传统。叶适指出宋朝议论行事的演变可分三节：庆历、熙宁、元祐。司马光虽然不如范仲淹开济，但是始终守成，在保守派中最为元勋，"独光挽回一世之力以还祖宗之旧，其灼知国家守成之规模，极始尽末，不增宴安有过之病"，胜于韩琦、富弼等人，显见其认同司马光守成规模之调适。他褒扬其保守尊祖之义，肯定元祐精神，"始终用元祐，自无可憾；用庆历不终，乃深可惜耳"②。光为人能合于性情伦理的大道，充实积久，"用

---

① 《序目》，第734页。
② 同上书，第721、722、728、742等页。

舍进退关乎民心，为宋元臣"，叶适认为相比王安石更能代表"圣贤之德业"①。

最后一项是政治体制，这里先提出一条线索。1178 年，二十九岁的水心在获得进士第二名的《廷对》策中，曾经指出"且夫祖宗之盛，盖尝有意于礼乐矣；屡举而不遂，欲行而辄止者，陛下知之乎？汉唐苟简之说杂乎其中，旧臣元老未能深识礼乐之意以有所论建也。故臣愿陛下以兴礼乐以为出治之本，而无求乎汉唐之陋，则天下之士必有出而赞陛下者矣"②。三十多年后，他在《习学记言序目》中对于欧阳以及其他士大夫精英的批评，正是具体证实了他的这个意见。欧阳"助汉唐而黜三代"的思绪，正是所谓"旧臣元老"的代表，对宋代政治变迁的影响可谓深远。

综合上述几个方面，在水心看来，近世士大夫政治呈现出书生政治、舆论政治、朋党政治等特征，从政治志向到政治智识、能力和作风，都有比较严重的弊病。宋儒近世政学之弊，叶适可谓痛加针砭，直指政治能力之浮夸不实。从更宏观的政治视野，宋代国家政治也表现出诸多特性，如其治体治法方面的儒法特征。就水心的意向来说，政治反思由何而来、如何指向积极性的纠弊和重建，而不是简单的否定与颠覆？这就需要结合其整体的思想构造做通盘了解。

◇ 第二节 "经"与"治"：统纪何在？

儒者经纶世界，特重从政学传统立论。水心这方面，直探政治之本根，而警惕学统衍生之各种教条缠绕。"其文则必皆知道德之实而后著见于行事，乃出治之本，经国之要也"，深揭政学根本在对于"道德之实"的知晓

---

① 《水心集》卷九，《司马温公祠堂记》，第 145—146 页。
② 《叶适集》（下）卷九，中华书局 2010 年版，第 749 页。

并能将其有效付诸实践，由此他主张对于政治和经典（道统学统所系）持一均衡立场。①

"古之治足以为经，不待经以为治；后世待经以为治，而治未能出于经。其事宏大广远，非一人之故，一日之力，而儒者欲以一二而言之，此其所以漫然而莫得其纪者也。"② 这是水心在《进卷》《总义》中开端明义的话，论述政治与经典的关系，已预示其晚年重点关切之儒者政学的统纪问题。其中触及的问题是，优良的政治如何能够实现？经典是否能够提供实现理想政治的充足根据？水心的立场可以说旨在超越历代儒者"待经以为治"的教条主义心智，提出"古之治足以为经"，强调以政治实践为本、直面政治世界的经验。政教两面中，正视政治的自主性，薛季宣提倡经制之学已透露这个思想意识，吕祖谦则以六经为未全试之经，到此逐渐凝结为统纪辨析的问题。以政治实践的历史视野看待经典，下启后世经史关系的政治本位论取向。

以治为经的含义耐人寻味。首先，它试图破除儒家政治千余年来的心智传统，指出儒者所倚重的经典本身只是理想政治的纪录载体，背后更值得重视的是活生生的政治经验和实践；其次，治严格限定在三代典范上，是寄托了儒学规范理念的特定典范政治。稍加思索，这个提法似含悖论之处，即一方面要强调三代政治本源相对于儒家经典的优位性；可是，另一面，三代政治本身并不是后世儒者可以直接面对的，它基本上还是透过经典记载才得以呈现出来。水心要以治为经，最后是否还须归于儒者传统的经典套路？

叶适如同其浙东俦侣一样，对于文中子王通续经传道高度表彰。与陈亮同调，水心主张仁义礼乐之道未尝一日不行于天下。"孔子之为《书》也至《秦誓》，为《诗》也系鲁，为《春秋》也因鲁以存义。道之所在，仁

---

① 参见《序目》卷四八，第 711 页。

② 《叶适集》（下）卷五，第 693 页。

义礼乐之所行，不专于一人也，不私于一姓也，岂断是经而遂已乎？作之于前，当时蒙其治；述之于后，万世垂其道。作者不废，则述者不息矣！"①以为道只行于三代，其实是割裂古今，也宣告了道的现实死亡。"顺三才之理，因当世之宜，举而措之而已矣！此王通氏之所以独得于孔子之意也。"水心由此指出，"以道观世，则世无适而非道"。

我们需要把握水心的政治学视野，把握到构成这一视野的认识论和实践论特点。如同季宣、傅良、陈亮，水心常常强调一个重要的区隔，即所谓帝王事业与书生之学的不同。如其论汉高祖，批评班固对于刘邦"不修文学而性明达"的意见，"按与高祖同时者，如楚怀王仁义，成安君儒者，不免败亡。天下大虑，帝王事业，非区区书生所能知，固所谓文学，恐未足以语王者之事也"②。这几乎是立国思想家的一点共识，陈傅良和陈亮都多次借此强调政治活动的特殊性，书生不能以文化逻辑化约之。这也是立国思维高度重视王者本旨的重要根据。王者事业代表了政治实践者的视野，要直接处理宏大广远而丰富复杂的现实经验，而后者往往重视经典、文教的基础，所依据乃语言文字寓含的二手知识。叶适在《进卷》之《序发》里面特别强调自己对立国之道的阐述，只是略发其意而不尽言。他肯定宋代议论开放自由的风俗氛围，但是也忧虑这样的状态未必真的能帮助政治家了解立国之道。后者往往在见识了言论过度释放之后，丧失了对于社会政论的兴趣或辨识力。水心对于公论舆论政治的省察，使他持一种低调的慎微的言论观。况且，关于政治立国事务的探讨本来就是复杂而精微的，并非立教之类宣传谕告可比拟。

从儒者经世的视角来看，前者相较后者，犹如政治家之于哲人，更应成为政治学的重点关切。接近经古文家的看法，叶适认为三代政治如周公之治是前者的典范，孔子建立的儒家学派从事经典编撰，努力保留前者代

---

① 《水心别集》卷八，《王通》，第 742 页。
② 《序目》卷二一，第 298 页。

表的政治经验。而政治经验一旦逝去，囿于其实践特点，很难完全传承下去。经典记载在此意义上只充任线索头绪，启导后世之人努力理解背后的政治经验，而非固守文字教条。[①]

孔子述作，仍有大立法者的意味，后世"有王者起，必从之矣"。叶适强调"孔氏之本统"，乃接续古圣王王道大法，而非理学家强调的孔孟子思之立教一脉。

水心认为孔子之后的儒者大都固守经典，"以经为治"，实际上是经且不明，治更难期。直至宋代新儒学兴起，重新注重儒学经典的经世指向，情形有所改观，"盖至于今百有余年之间，豪杰之士相因而起，始能推明其说，务合尧舜三代之旧，以无失于孔氏之遗意"[②]。

然而，宋代统治者"欲因儒者之学以求三代之旧而施之于政事之际"[③]，士大夫政治兴起，但仍然未能很好处理政治与经典的关系。这就引出前文所揭"欧阳批判"所代表的士大夫政治之反思。水心身处新儒学脉络之中，对其不足痛下评语，欲彰明儒者经世的根本要义，领会古典政治的真精神（"统纪"）。更为重要的是，他要对日益兴起的理学新经典、新教条以及政治世界中的诸种歧义（如法家者流），提出一套以实情事理为本的反思，豁显其政学思考之基调。

可以说，实情事理是水心思索优良治理及其三代典范所彰显者。这方面显示出水心代表的近世儒学政治思维的重要进展，也是立国思想家群体在治体原理之治道层面的思想结晶。

---

① "先王以礼乐施于上下，自朝廷至乡党日用之物也，王政不作，则礼乐因以不举，浸衰浸息而遂亡。孔子以身习礼且正乐，考论虽多，然文字不可得而具，而亦非文字所能具，故《诗》《书》《春秋》可传而礼乐不可传者，治之兴废在人故也。然而因孔子之论，使后世知礼乐为治在政刑之上，有王者起，必从之矣。"参见《序目》，第316页。

② 《叶适集》（下），第694页。

③ 《叶适集》（下）卷九，第746页。

人情、风俗恒常存在，而义理则不因古今族群产生分别，叶适由此表现出一种对于道德、道理的普遍主义信念。这是其思想的一面（尚有相对化的另一面）。"字有古今，义无古今。人情之好恶，习俗之流传，亘古今而常在，岂特义无古今夷夏，而文亦无古今夷夏也。学者知此，则道德之意，思过半矣。"①

义理、天人常理是治体的前提。"古圣人所以为治道，必能知天人之常理而顺行之。武王所谓'阴骘''相协'以为彝伦者也。"② 天人常理，重在尽人事以应天道、顺天命。"吴范占验，存亡兴废，无不审中。使如其言，无用人事矣。将天定而人从耶？将人为而天合耶？将如物之形立而影随耶？自尧舜三代，以道制命，以德听天，而祯祥数术，犹未尝不行乎其间。独未知秦汉之后，或有圣贤事功者，其天道先具，又当如何尔？"③

道德、治道的成立，来自于人应对天命天理的积极行动。"夫奉天以立治者，圣人之事也；夫物各赋形于天，古人谓其独降衷于民，然必为而后成，求而后得，故为圣贤。败而失之者，下愚不肖也……且虽圣人，无不自修于受形之后，而未有求知于未形之先者，及其既修而能全天之所赋矣，则惟圣人为求知天。"④ "奉天立治"，"为而后成，求而后得"，人事不可无，天命不可不知。水心因此批评荀子的学说是"以人灭天"，"自大官使天地"。这是不信《书》典的害道之言。孟子民贵君轻之说虽偏，却不似荀子一脉走向神化政治权威，为后世法家埋下伏线。

法天、奉天而为的治道原理，有一个历史的呈现，即以三代为典范的圣王传统。"天地之初，皆夷狄也，相攘相杀，以力自雄，盖其常势。虽炎

① 《序目》，第 545 页。
② 同上书，第 546 页。
③ 同上书，第 398 页。
④ 同上书，第 649 页。

黄以道御之，不能止也。及尧舜推身实有与民共之，功成治定，择贤退处，不为己有，而忠信礼让之俗成矣。夫先人后己，徙义远利，必出于心之自然而明于理之不可悖。"①

水心对于文明演进的阐述中，夷狄不是一个族群概念，而是一个文野概念，端赖乎是否形成文明的社会规则。在这里，水心严格遵循儒家经典义理，将文德政教之始确定在《尚书》开篇之尧舜，而非炎黄。后者虽能"以道御之"，却未成有效感物化人之德俗。

尧舜典范代表的是，"以身为德，感而化物，远近不变""以道制命，以德听天"，是"忠信礼让之俗成"的文明精神。水心给予这个传统典范的解释，突出了心和理的终极来源，以证成法天奉天、何为何求。这显示出宋代新儒的思想特质，所谓"必出于心之自然而明于理之不可悖"。

三代由此是天下道义的传统渊源、后世法度的根据。"凡天下义理，始于尧、舜、禹、皋陶，使其见义不明，析理不精，安得致唐虞三代之治？孔孟犹是祖述之尔。"② 孔子是在继承三代之道、三代之法的意义上成就其伟大的（尊孔也意味着对于三代道法的尊重），统纪根源在古圣王的义理精明。而没有确立对于三代道法的坚定信念，随时势浮沉于世态变迁，是后世学者的根本弊病。前述欧阳等人也是于此不足。

我们可以从两个角度理解三代道法的典范地位，一个是如何了解其内在的制作精神，一个是如何评价后世法度相对于这个典范的变迁。

首先，水心的分析显示，他把三代视为此前文明长期演进而形成的一个典范，比如文字义理在这个时候获得了一个比较稳定的形态，由尧舜这些标志性人物予以确定下来。"文字之兴，盖莫知其所从始……孔子序书起于唐虞，今考典谟，凡后世所谓文字义理，是时皆已备尽，不可复加。人文乃自然之理，圣贤得其精，庸人并粗失之，盖有古人所能而后世不及，

---

① 《序目》，第 528 页。

② 同上书，第 420 页。

未有古人不备而犹待后人备之者也。"① 这里需要注意的是，水心并非依据一种非凡的圣贤能力视角来理解人文义理，而是在自然演进形成的意义上阐述其崇古论和崇圣论，"人文乃自然之理"中的"自然之理"至圣人而极。可以说，水心是在一个轴心文明视野中确立这种尊崇。

我们生存的文明秩序，其长期自发、精妙的演进，实在是超越了个体一己、人类有限的理性知识所能掌握的范围。如文字、度量衡、物号事名，都属此类。至于那种归之于文明圣贤英雄创制的解释，很难当作可靠的信论。王安石不满意北宋政治一任自然之理，司马光、苏轼等人重视自然之理蕴涵的传统机理，"精神之运"与"自然理势"的张力关系，至水心处能于一种秩序机理上对政治传统特质予以事理论的阐释。

水心在秩序演进上，持一种审慎、克制的低调认识论，甚至是不可知论。"然自伏羲至尧舜，文字皆已一成不变，后世无复加损矣。凡物号事名，亘天极地，无不皆然，此人为之耶？天设之耶？莫知其然而然耶？学者乃谓伏羲始画八卦，造书契以代结绳之政，由是文籍生焉，恐未可据也。"②

再如，"夫律之清浊，度之长短，量之多少，衡之轻重，自生民以来，未有知其所由然者；而所以为律度量衡，亦自有生民以来，未有知其所由然者也"③。以律生度量衡的论调，起于汉人，古盖无有。水心认为能够把握到的是，圣人作为人类文明的代表，其功绩在于使这些技艺相互协调，不相妨害（"和均相通"），"昔之圣贤，能和均四物，使之相通而不相害，则有之矣……"他反对的是"执一异以废众同"，在其中强立一种生发等级。④

---

① 《序目》，第 418 页。
② 同上书，第 393 页。
③ 同上书，第 541 页。
④ 同上。

　　这种对待秩序演进的低调认识论，在对待政治制度、古代大法时也有显现。"封建虽上世明制，不知圣人要以何法为准，将国国齐整，抑姑示大纲？已灭者有无复兴？始封者于何取地？其禁令纤悉，盖不得而详也。后世徒见周官所立度数，便以为封建成规。然当时既无空天下以待封建诸侯之理，则此书已不可信，而况夏商以前乎！所谓万邦，区聚之众名，无地理之实制。"① 封建制是儒家的重要古制理想，水心坦言难以获知其具体面目，《周官》所载度数也不可信。

　　水心赞赏圣王在政治中的敬畏、审慎之德行，后者是基于天地至理之道的精微、难以把握。例如，声律象数与政事之间的对应关系，就难以把握精微，圣智犹不轻辨，必知乐而后可以致治。梁武帝的知乐，只是"以乐为技"，不能"以乐为道"。君主以乐为道，"先之以音而知其所以为治，先之以治而知其所以为音，均和齐中，物召气应，而夔龙之功可复见也。虽然，圣人犹畏之，故禹戒以'无若丹朱傲'"②。

　　就政治与音乐而言，古代圣王一方面努力改进政治，另一方面透过音乐检验政治的效果。水心批评唐太宗过于自信自己的政绩，狂妄地相信自己的善政可以自然随以乐和。这是一种过度自信的君主理想主义，有违治与乐的双向关联。"夫乐疑非以致人和，而非人和则不足以制乐。唐太宗以治自矜，不以时之治乱责效于乐可也，而谓'我能造治，使乐随以和'，虽圣人不敢当。""舜闻律音在治忽，正恐乐有未谐则治有未至。既以己致治，复以乐察治，此道之密微，非太宗与征之所能知也。""太宗之治，力行不已，宜若可以语乐，而其见处卑下如此！"③ 比照舜，后世唐太宗在治道的理解和践行上显得逊色，恰恰在于缺乏圣王面对政治时的那份高度敬畏和审慎。

---

① 《序目》，第 413 页。
② 同上书，第 539 页。
③ 同上书，第 578—579、584 页。

其次，如何评价后世法度变迁。

三代与后世，各行其纪纲法度。在水心早期的思想中，多持这种相对的、包容变迁的看法。如对于三代封建、秦汉以来的郡县。

在水心晚期的思想中，对三代之道法强化了其典范地位，对于汉唐之法更发出严厉批评。他指出《新唐书》称秦汉之法"简而易行""精而密"，其实都是秦汉变古、方便君主专制的设施。"且秦变古，汉不能复，武、宣以意妄作，流及魏晋，遂有三省以为政本。所谓'简而易行'者，秦之余，汉之初也；'精而密'者，武、宣所创也，盖患秦之简而以为疏，且不便于人主；是秦虽暴戾，犹未至于全失古意，乃武、宣斫坏之令尽耳。"① 他对于汉代武帝、宣帝的批评，"以意妄作"，让人联想到陈亮在《汉论》中的类似见解（"作意"）。

叶适评柳宗元的《封建论》，对于封建制的推崇明显强于早年的纪纲法度论。柳宗元强调封建被郡县代替是势之客观趋势，叶适认为"圣人惟恐德不足以有诸侯，更分别甚意与势……方尧舜三代时，所为建置国家者，皆天下之圣贤……岂如汉唐以腥臊剑挺之臣、膏梁乳臭之子，加诸亿兆人之上哉"。

郡县制将"天下之贵聚于一人，德不能化，力不能给，而吏胥制其命，其间藏无限弊事，民何尝受实惠"。封建制更能体现政治上的分权，与天下共治，治理深入民众且较稳固。"柳宗元据末抗本，不习治道而强言之。做成标的，后学反受聋聩之患矣。"② 以民众本位为旨归，更显出古儒保守本色。再如汉创封禅制，水心认同许懋（464—532）"圣主不须，凡主不应"的意见。③ 他还认为府兵制不必羡慕，非三代之法。④

---

① 《序目》，第 584 页。
② 同上书，第 592 页。
③ 参见《序目》，第 479 页。
④ 同上书，第 586 页。

从三代礼法传统来看，如何评价后世创制的确是一个难题。

水心认为"名虽不合而义不可离"。比如魏晋官制影响唐宋深远，唐虞以前有不可传者。魏置从品溯上古官制，象物质野，象事冗杂，"乃夷狄之余，率意妄作，自无足论。然从品历隋唐至今，遂不能易，岂非事敝之极，并其义不足据矣"①。对于三代礼法，要明辨其中之义。再如北朝八柱国制度，"夷狄妄以意造……周本与戎狄杂居，直以圣贤迭兴，法度最久，故孔子从之"②。后世创制大多作意，根据一时意志和理性而创制立法。

世人的智慧不能完全把握其典范细节，唯一可能的是依据留存下来的经典推度其内在精神。水心反对后人忽略经典确立下来的诸多先例，任意解释古制，更糟糕的是将这种新解服务于君主的独断专行。

在对于西晋尚书杜预解释谅阴制这个事件上，可看出水心的这一认识。杜预认为谅阴不必服丧，只是心丧。水心认为对于谅阴古制，后世虽不得知其制矣。但是，从舜、禹推，从周公、成王推，从孔孟推，可以推知其基本精神和制度要件。水心据此批评杜预礼存诸内、剥离丧服与谅阴的说法，指出谅阴的心丧解释是个臆解，需依据先例予以反驳。更重要的是把杜预主张天子特殊身份可以超越礼法的危险意涵，揭示出来。"而预乃言'天子位尊政大，不同凡人'，则尤戾矣。"③《晋纪二》记载杜预的话："'君子之于礼，存诸内而已。礼非玉帛之谓，丧岂衰麻之谓乎！太子出则抚军，守则监国，不为无事，宜卒哭除衰麻，而以谅闇终三年。'帝从之。"北宋司马光曾评论，"杜预巧饰《经》《传》以附人情，辩则辩矣，臣谓不若陈逵之言质略而敦实也"。后世王夫之在《读通鉴论》"晋泰始元年起"也继承了水心这一批评。叶适在这里做出了更为深刻的依据经典先例的评

①《序目》，第494页。
② 同上书，第524页。
③ 同上书，第414页。

析，体现出儒家礼法传统的精髓。

宋儒欧阳修、苏轼等人推重汉唐之法，水心认为前贤并不能把握到三代之法的高级法地位。"欧阳氏为本朝议论之宗，苏氏专向陆贽，所以数百年好恶从违，无所统一，而古人之道终于不可行，此亦今世之大患，有志于学者所宜知也。"一代学术议论会影响后世治道之从向，水心不满先儒，而主张回溯根本，确立统纪。这也是其晚年讲学宗旨，希冀治道由此有新思维。

◇◇第三节　皇极秩序与国本论

一　皇极的"共建"和"大建"

浙东理解经世秩序，重《尚书》《洪范》之皇极，以其为中道在政治秩序之体现。而以季宣、叶适一先一后为例，二人都比较重视结合《中庸》《皇极》做一系统的解释。

季宣认为《洪范》"次皇极于中数，九畴用中于建也。尧舜之禅，传是中也。孔颜之学，明是中也"，反对以灾异之书视之，以《中庸》性、命、道、教来参解《皇极》的大中之道（"中极之道"），并作有《皇极解》，强调在诚与明之间，由明而即诚的致曲之路为优先。①

叶适进一步吸收《大学》来综合厘定道、学、政之间的精妙关系。在水心看来，中庸之道本身特别强调世间万物的相维系相节制，重视对于物的经纶编排应符合其自身的事理法则。近世以来，儒家透过发扬理性精神，推阐文教，申张人之主体性，为实现中庸之道贡献良多。但是，这一聚现

---

① 　参见《薛季宣集》，第350、353页。

于《大学》中的学统努力，有其偏执之处，即过于以己度物，自是而愚物，己是而人非。要矫正这一偏执，水心强调重新认识《皇极》蕴含的经世政治之道。①

道、学与政治之间的关系需要更大的张力来平衡。在一个平民化逐渐强化的社会秩序结构中，唤醒人的主体意识，弘扬道德义理的文教理想，容易得到广泛首肯。但对于国家政治事务的认知，是否必然随之而更为简易化、平等化？

借鉴经验活动形成的统纪，需要尊重过往政治的必要启示。在这里，对于政治事务的思考，被放置于《中庸》所体现的整体天人秩序的框架下，在与道统精神追求的互相矫正中得以均衡发展。学、教、治均衡一体的古典范式，以及面对理学凸显道学而思以纠偏的思想努力，后世王夫之、颜元等人都有不断呼应。水心晚年更大力批评《中庸》首三句纲要，反思理学式解读，注重以皇极秩序为中心把握事理礼则之道。

水心在前期和晚年对《洪范》皇极进行了持续深入的探讨，由此阐发对于理想政治的理解。围绕物、极、道与王权、秩序等命题，我们可窥测到水心政治哲学的核心构造。

首先，水心从经典诠释的角度指出，《洪范》九畴虽然晚出于武王访箕，实质内容却与陈述六府三事九功的《尚书·大禹谟》一脉相承，都记载了三代"经世之成法""先圣之治法"②。汉儒以阴阳灾异说主导《洪范》的义理解释，流入神秘诡怪，背离了儒家政治"顺五行之理以修养民之常政"的基本精神。五行之理，就是自然之理、三才之理，是事理秩序。

其次，水心发扬宋代洪范学的主题，以第五畴皇极为政治中心，特别

① 关于洪范皇极，参见任锋，《道统与治体——宪制会话的文明启示》，《经世精神和皇极观念：宋儒的洪范思想传统》一书。

② 《序目》，第 55 页。

将其视为王道标识。他的皇极论实际蕴含了一套关于政治秩序构造的基本看法。① 这个构造的基础是水心的道—物论述。重视物的具象实践性，这是薛季宣、陈傅良、陈亮以来的思想基本取向，在他们的皇极论中也已有部分体现。水心在《习学记言序目·皇朝文鉴一》中进一步指出："……物之所在，道则在焉；物有止，道无止也。非知道者不能该物，非知物者不能至道；道虽广大，理备事足，而终归之于物，不使散流，此圣贤经世之业，非习为文词者所能知也。"② 三代典范确立了根源于天人常理以成就道德的基本逻辑，而物的事理则是成就治道的基础。面对道理与身物，浙东重身物为本，理学相对持道理本位立场。

在《进故事》一文中，叶适借孔子与鲁定公的对答，阐释"推兴丧者治之理"、为邦义理（"参稽于义理之初而未尽埋没于事为之末"）。③三代典范在于，"君臣各知难而任责，人主必舍己而求是，乃从古致治之本原"。水心由人情与治理的关系提出，"治道有二：内理也，外事也"，"事著而有方"，"理微而无形"，只有分别应之以"任难"和"察逆"，才能充分调动人的实践和思虑积极性，达到事举理明的目标。④ 如果一味顺应人情喜易喜顺的自然趋势，"以易求易而不知其难，以顺求顺而不知其逆"，身家邦国与善治只能越来越远。经世事业需要激发人的振奋精神与理智心灵，"克艰乃致治之原，受逆乃得顺之门也"，"外业广，内理明，治天下不能加毫末矣"。行动的领域与思考的领域，在经世政治的范围内，是针对人情求易求顺的天性，提升处理人情事务的技艺，一步步确立治道规范。此处的理，是紧密结合着人情事物的经世来阐述

---

① 参见《叶适集》（下）卷七，《进卷》，《皇极》。

② 《序目》，第702页。

③ 《水心集》卷二九，第593页。

④ 水心又云"治道之象，微而难知"，言事理也。参见《水心别集》卷一五，《应诏条奏六事》，第838页。

的。任难察逆，也透露出与陈傅良所强调"兢畏"之六经要旨相通的精神旨趣。①

叶适论《春秋》治世之义，在于情势理三者均衡处理，"察其情，因其势，断之以理，而《春秋》之义始可得而言矣。不以情不以势，其心不厌然而服我，则谁肯自愧于空言之理哉"②！理需要在客观人事的情状和相互关系中得到落实。完全依靠心性自治，并不属于政治活动的范围。经世政理，主要针对人之有私有欲、言行产生群体效应者。因此水心聚焦事理来论经世。事物有一定与变化之理，古圣王治法势必有所损益。水心论《周礼》，不拘于经典本身，而指出，"工人之为器也，得规矩以通之天下之器，其可方可圆可觚可椭者，皆规矩之类也。故法存于心，巧形于物，器成而天下利，未有尽待其法而尽用其巧者也"③。"以经为治"，恰恰不能透视法度背后的事理变迁，教条地固执于经典记载，这是一种教条主义的任法。孔氏家法，孔子本统，在于"孔子之于经也，微见先王之意而不尽其所以为之说，其告门人弟子与当时之人所以问之政事者详矣，若曰修身以应变，酌古以御今，然后其继周者百世可知也，奈何取其说之具者而徒加之后世哉"④！浙东经制之学，以理解经，努力揭示经背后涵摄的事理情势，

---

① 水心从经史角度看事理，"经，理也；史，事也……专于经则理虚而无证，专于史则事碍而不通"。参见《水心集》卷一二，《徐德操春秋解序》，第221页。经史参合，是全面了解事理世界的基本途径。

② 《水心别集》卷五，《春秋》，第702页。

③ 《水心别集》卷五，《周礼》，第703页。南宋浙东儒者常常以工商活动作为政治事业的譬喻，如薛季宣以之论为政规摹，见本书第四章，体现出其时工商业经济对于儒者政治思维的渗透影响。水心、陈亮对于四民社会秩序合作分工、富商巨室担负治理功能的义理肯认，折射出南宋以来近世风貌的一个重要趋势。关于经济社会史方面，可参见叶坦《富国富民论——立足于宋代的考察》，北京出版社1991年版，《儒学与经济》，广西人民出版社2005年版。林文勋《中国古代"富民社会"的形成及其历史地位》，《中国经济史研究》2006年第2期；《宋元明清"富民社会"说论要》，《求是学刊》2015年第2期。

④ 同上。

而非胶着于具体经典记载，因而其重心安顿于制度治法的历史变迁之中，试图从中提炼更为广阔而敏锐的常道大义。其经制模板，与具体经典如《周礼》可相对剥离依附关系，转而探索历史变迁中的立国经验，并援引更为广泛的诸子百家资源，这是其史学、制度学兴盛，说理开辟多途的义理根源。史学和制度学由此抬升其义理地位，同时也打开了对于所谓"经"的更为开阔的视域。水心思想里，既有对于三代政治蕴涵之优良原理的肯认，也开放思考各代治体之成理得失，开拓出一种比较政治的历史纵向论域。汉代今古文经学张皇经典义例典制，南宋浙东发扬经史互参之理，各自代表了汉儒与宋学的经世精神气质，也推进了传统治体论的演进，张大了政治社会思考的格局。

在治法之外，从治人主体的视角来看经世事业，"夫尽其身之聪明，遇事成理而于性无所失，岂非圣人之德，人理之正哉！然而以质独就者常远于性，以材特见者常离于身，盖其理谬，其德薄，而非天下之材矣"①。人才成就，在于以自身材质而经历事理、完成天性，这也是皋陶教德的核心。水心据此批评后世之学，无视人的具体材质特点，一概以道强求符合，这样的理性远离实际，无法成人成物。

如何使物不至于散流，这就关系到经世成法的秩序原理。以道的秩序关切为根本，水心强调对于物性的认知，提出极对于物之为物的关键价值。"极"作为根本的构成法则指向物之存在的规范状态，以物本身内在秩序的优良为表征，轮之为轮，室之为室，人之为人，国之为国，都有自身的所谓"极"。这一点，不能简单套用人自身的道德品性来化约统摄。

皇极作为天下万物的整体秩序，是指这样一种优良的治理秩序：在其间，人的各种生存层级及衍生团体，由一人至家国天下以及职业族姓，都

① 《水心集》卷九，《六安县新学记》，第 147 页。

能保持自身的存在特性，并且相互之间存异和谐。① 这与"各正性命，保合太和"的乾道精神亦相通（《文言·乾卦》）。那么，如何落实这样的秩序理想？这就需要有进一步的体制建设与政治素养予以保障。

一方面，君主代表的最高政治权威与民众之间以极之有无为纽带建立起"锡民"和"锡君"的关系。"人君有极，则能敛福以锡民，民亦能锡君以保极；人君不极，则与民同受六极之罚，此洪范之正义也。"② 民众的福祉是政治权威确立的条件，是政治人物致力的理想。这里，水心甚至提出了对于君主的惩罚正义，将其置于皇极正义的规则之下。水心据此批评"然则千有余岁，覆载之广，合离成坏之多，求其能调和血气志虑以整顿当世者，不曾一二而得，况欲望其宣聪明，备道德，为百姓请命上帝而保佑之乎！"③

政治人物的使命在于"为百姓请命上帝而保佑之"。而大部分政治人物最终的事业"无异以尽民财为能，以尽民命为功"④。可见，保障民众的财产、生命和福祉是对于政治权威的要求，是具有超越意志维度的政治使命。

另一方面，水心着重强调皇极理想的关键不仅在于正确的理解，更在于广大宏远的实践，即所谓"建极"。三代理想政治显示，建极并非最高政治权威一人的行动（"独建"），而是一种具有公共面向的事业，需要联合一定时期内对于政治社会事务做出重大贡献的人物，进行"共建""众建""大建"。水心批评宋代立国规模，中央和君主的集权主义遂造成人主一人守天下，不能共治共守，这是面对外患屡次失国的根本原因。公共

---

① 水心在现实政论中，向宁宗指出"治国以和为体，处事以平为极"，"善调味者，必使众味不得各执其味；而善制器者，必能消众不平使皆效其平"。参见《叶适集》（上）卷一，《上宁宗皇帝札子一》，第2页。

② 《序目》，第315页。

③ 同上书，第562页。

④ 同上书，第750页。

秩序的大建，即政治社会中心的构建，政学相维，整合权威与士民，这是近世平民化社会结构下的经世关键，叶适在此处有深切揭示。

共治实践也符合皇极秩序的深层构成逻辑，要在民众群体的各类组织、职业和族群之间形成包容和谐，势必需要在各方面具有卓越才能智慧的人们协作共和。这种思考也引向对于实际权力格局的敏锐判断，从整体秩序维持运行的目的不断进行权力体制的调整。另外，政治实践的广阔性、丰富性也得到强调，皇极一畴需要五事、八政、稽疑等其他范畴的政治具体活动来充实，不同于理学家对于五事修身养性的过度倚重。

可以看出，水心的共建皇极理念，与陈亮一样主张深化儒家的共治传统，依据的是对于天理天道的事理论认知。这也使得皇极代表的理想政治秩序内在地生成了对于政治权力进行规范制约的宪制因素。

水心早年着重从正面阐发皇极秩序的积极实践意义，而在晚期的《习学记言序目》中则频频从批判王权主义的视角强调理想秩序的宪制精义。比如批评王权自作正义，不注重自修而强调威权，君臣不能共治，待民狭薄，违背天听民听的古道，衍生出后世法家王权主义的端倪。理想秩序应该是具有公共面向而宽广仁义的，民众与精英人物都能获得应有的尊严与自由，最高政治权力与之形成仁厚共治的关系。①

水心据此批评王权意志的独断，"古人立公意以绝天下之私，捐私意以合天下之公；若夫据势行权，使物皆自挠以从己，而谓之如意者，圣贤之所禁也"②。物能由其自性事理，合乎其极地在秩序中生存，免于政治权势的压制，才是皇极理想的根本目的。

"据势行权"，恰恰是对于人世秩序不能尊重的权势意志之独断。不使物"自挠从己"，这与陈亮的"自化"理念也是相通的。三代理想蕴含的宪制因素，生发出对于王权主义的批判维度，"盖秦汉以后，执权当位者皆有

---

① 参见《序目》卷五，第55—57页。
② 《序目》卷四九，第735页。

一种操切裁制之习，虽（诸葛）亮亦不免也"①。另外，认识到秩序构成复杂性中的多样和特殊，反对一元主义的化约处理，据此对于儒家习见的"一道德、同风俗"理想保持警惕态度，这一点具有宽容、妥协的潜能。

二 立国定势和国本论

水心论政，首推"必能先明所以治其国之意"。而明治国之意，根本在于对于立国精神和立国规模的深刻透视，然后"视其时之所当尚而择其术之所当出，不可错施而杂用也"②。

水心对于国家的理解，敏锐地把握到了其中构成性因素的互动和变迁。国家的形成与维系，需要培植养护其元气活力，注意架构的稳固和自由空间。对于社会活力、代表社会活力的新兴权力的兴起，水心予以高度关注。

水心在政治秩序上的一个特殊贡献，是儒家的势的观念，以此标识出政治权威和体制对于共同体生活的凝聚维系。观察者容易将这种观念视为法家的影响，而未能注意到"治势"在于君德、国本、仁礼的客观公共性质，后者实由此而有一透发。北宋秦观也著有《治势》篇，尚仍聚焦宽猛之术论治势。③ 浙东儒者喜论天下之势、立国之势、治势，侧重治体客观意识的体现。

"天下之势在己不在物"，圣人能以一身功德成就治势。"夫不能以一身为天下之势，而用区区之刑赏以就天下之势而求安其身者，臣未见其可也。"

---

① 参见《序目》卷三一，第451页。
② 《水心别集》卷一五，《应诏条奏六事》，第837页。
③ 秦观著，徐培均笺注：《淮海集笺注》第一二卷，《治势上下》，上海古籍出版社2000年版。

治势代表了政治共同体的客观秩序，其源出于秩序创建者。"能以其身为天下之势，则天下之势亦环向而从己"，政治权威得到服从，才能确立秩序。"天下之人所以奔走后先，维附联络而不敢自弃者，诚以势之所在也。故夫势者，天下之至神也，合则治，离则乱，张则盛，弛则衰，续则存，绝则亡。"① 君主应当"操天下之垣鐺，以与天下共守之而无所害"。

政治史显示，破坏垣鐺，使君主失去秩序根基的，多为女宠、宦官、外戚、权臣和奸臣。若人主得罪于民，则另当别论。水心称赞有宋，虽政事条理、才智事功、国家财富和疆域不如前朝，却在维系天下治势上，"周密而无间，附固而无隙，不忽治而乍乱、几亡而仅存，可以传之后世，垂之无极，则远过于前代"，独有成功处。

治势的一大成功在于政治权威能够成功转换并建立稳定的治体、治法、立国规模、立国之势有精妙之处。② 这相对国家的物质、人事条件，突出了客观规则和制度化的中心价值。

天下国家之得，有赖于纪纲规模的确立。叶适用"一家"的譬喻来指示，"譬如一家，藩篱垣埔，所以为固也；堂奥寝处，所以为安也。固外者宜坚，安内者宜柔；使外亦如内之柔，不可为也"③。国家的外事内政两个层次，分别以"固"和"安"为价值标准，对应"坚"与"柔"两种精神。政治秩序的价值，实内外有别。对外应该形成稳固独立、不受侵扰撼动的秩序，在内部事务上则是强调社会的安顿安定，不同于对付外敌之道的柔服。唐代政治的问题在于内外皆坚，人不能自安；宋代内外皆柔，内部虽能自安，整体国势却有"大不可安者"。

内外之分，有强大的人情现实作为基础。水心仍以一家之情为喻，"使

---

① 《叶适集》（下）卷一，《治势》，第 637—639 页。
② 参见《叶适集》（下）卷一，《治势》，第 640 页。
③ 《叶适集》（下）卷一四，《纪纲二》，第 813 页。

其外不失为捍患而内无以伤吾乐，患去功成而饮酒歌舞者不知焉"。他承认人情习于安乐的积习取向，抱持比较保守现实的政论基调，对于激进大变化不抱乐观，"强其所未能，废其所已能，其要在于天下之皆能也，皆能而臣忧其患有不可胜讳者矣"①。

宋代立国最为根本的不足，在于"二百余年所立之国，专务以矫失为得，而真所以得之之道独弃置而未讲"②。今人批评宋代政治，多注意到了水心"专务以矫失为得"这一意见。公允地说，水心也辩证指出宋代立国（"国家规模"）的得失两面。削弱地方坐大势力，中央集权，其关键在于"上独专操制之劳而下获享其富贵之逸"③，实现了内治柔和，安枕无事。这是宋代国家再造的成功之处。"外网疏漏"，不敌强虏，是国家规模之失。又总结为"尽收威柄，一总事权"，弊端在于"视天下之大如一家之细"④，法度细密禁锢。

内治防范君主以外的各种权力坐大，逐渐主导立国思维，以致压制过重、活力不足。水心指出真正的解决之道在于重新厘定纪纲内外的规模，注入分划委任的精神，做到"坚外柔内，分划委任，群臣合力，功罪有归"，决不能"欲以人主之一力守之"⑤。内部需由委任、分权而形成共治、共和，才能真正激活国家的内在活力。立国纪纲应该处理好密与疏、专与分、控持与纵舍的关系，权力的运用不能偏于一端，只知道专制、严控把持。"昔之立国者，知威柄之不能独专也，故必有所分；知控持之不可尽用也，故必有所纵。"⑥

水心等浙东儒者主张在郡县制下加强地方自治活力，形成某种封建、

---

① 《叶适集》（下）卷一，《治势下》，第643页。
② 《叶适集》（下）卷一二，《法度总论二》，第789页。
③ 《水心别集》卷一五，第833页。
④ 《水心别集》卷一五，《应诏条奏六事》，第842页。
⑤ 《叶适集》（下）卷一四，《纪纲三》，第816页。
⑥ 《水心别集》卷一五，《应诏条奏六事》，第842页。

郡县的混合体制观念，遥启后世顾炎武等人的思绪。① 混合的关键，在于为现实的郡县官僚体制引入儒家重视的三代之礼意。针对宋代政治任吏、任法、重资格，水心提出"使官与吏相制而不制于吏，使人与法相参而不役于法，使贤能与资格并行而不屈于资格"②。官吏相制、人法相参、贤能和资格并行，前者为主导，终究是要充分激活相对于法度而言活跃的治人要素，即儒家理想的士君子主体。这是引导政治战略变迁的力量。

水心强调，对于立国治国，要先论存亡，再论治乱。"立国之势，有未当论治乱安危而当先论存亡者。"③ 唐代晚期的中官将兵，问题比藩镇割据还严重。唐代君臣一步步造成这个局势，使政权陷于存亡之危。再如南朝梁武帝，本是罕见贤君，慎终如始。其悲剧结局非败德所致，而是计数、谋略的问题，未能应对好外部与夷狄的形势。④ 水心强调"明特立国之规"，避免"计数之失"，培护立国之势，首先确保政治体是否能够成功运作起来。

文化意识上的夷夏论与政治成熟并不同。他对于后世称赞的魏孝文帝拓跋宏批评甚多，认为孝文"急于有为，不计阶序，不本土俗，不量难易"⑤。迁洛一事，"王政兴废，岂在都邑"⑥? 真正的国本，在于为其国开百余年深厚之业。变更首都，轻易改造成俗，导致鲜卑根本动摇。水心认为这是政治家好名慕古而不实见国家大计。另外，"好治与念乱同科"，拓跋宏"失名实，昧先后"⑦。太子拓跋恂不服华俗而生变乱的悲剧，在于过分执着礼制仪节，而没有根植于生活过程的积累。这里的重礼流于注重华

---

① 混合体制论，参见张灏《儒家经世理念的思想传统》一文。

② 《水心集》，第 836 页。

③ 《序目》，第 633 页。

④ 参见《序目》，第 469—470 页。

⑤ 《序目》，第 497 页。

⑥ 同上书，第 496 页。

⑦ 同上书，第 497 页。

化的表面功夫，缺乏政治实效。水心因此认为不能将这类文化意识等同于北魏的政治成熟。

立国根本或立国之势，在三代之后的政治语境中，要认识到国家的实力能力相对于礼文礼节更为关键。"古人论礼之兴废，而国存亡不在焉。以为为国而无礼不如亡，此非不及存亡之论也。"① 礼不以存亡为限，是就后世礼仪来说的。所以"若战国秦汉以后，当论其所以存亡而已，不责礼之废兴"。这些议论，隐含了秦汉前后国家政治与礼的关系发生变化，之前二者合一，而秦汉以来由于礼变得形式化、逐步脱离政治实践，就不能在三代的意义上看待二者关系。这里批评的重礼，主要是侧重形式上的复古，与国家存亡的战略计数相对而言。

立国，需要道德与智谋并重。三代之世，政治上道德与智谋皆优长；秦汉以后政治，只剩下智谋。而唐，二者缺失，唯有干力。安禄山之乱，唐的应对有两个重大失误：一是节度使制度导致自作分裂，二是借蛮兵引狼入室。自坏国家根本，唐人虽有干力而少智谋。② 藩镇是唐代弊病根本，于国家法度承平时不能无故变动。唐代宗虽属良主，藩镇已成，自无治法。"大率天下于已安平时，无故更张，忽有变处，不能把握，皆是亡形"③。魏孝文迁都与唐增节度使，都属此例。

水心对于国势、治势的看法，显示出现实主义的务实审慎与理想主义的渐进进取。他坦陈宋代立国乃是处于军事、外交与外敌缔结和约的前提下，这一点很难根本改变。然而，不能因此无所作为，而应着手于内部体制的变革，逐渐增强国势，扭转国力对比。④ 再如论立法，一定要注意到整体历史格局的限制性。他评论汉高祖约法三章，是因为历练民间疾苦，出

---

① 《序目》，第 538 页。
② 参见《序目》，第 566 页。
③ 《序目》，第 567 页。
④ 参见《序目》卷四八，第 723 页；《叶适集》卷一二，第 789 页。

身非高高在上。而不能彻底轻刑，"内外前后积习使之也"，非不欲也。① 朱子在与陈亮辩论时，认为"且如约法三章固善矣，而卒不能除三族之令，一时功臣无不夷灭"②，反映的就是一种道德主义的理想意见。

在国家内部的政体构造中，水心重视政治权威的角色，认为政治权威应该具有公共回应性、法度性。然而，和陈亮一样，他同样强调中央政府的权威不应受到过分动摇。他认为士大夫诉诸舆论推动变法，又夹以党争循环，这种方式大大削弱了宋代中央政府的权威基础，也对变法形成掣肘，无益于公共权威的树立，实在是宋代政治的重要病灶。相对于宋代变法的改革潮流，水心与陈亮都倾向于强调中央政府的中心权威，尤其是宰执群体的政治权威，而其根底上是谋求代表公论的台谏与行政机构形成一种良性的平衡。

水心在树立理想秩序理念的前提下，特别强调政治体制建设的传统经验性，强调传统对于国家宪制的重要性。

治理天下国家，需要把握其中的普遍道理。而这首先依赖于对政治历史经验的深刻观察，并在此基础上形成政治判断与行动。"夫观古人之所以为国，非必遽效之也。故观众器者为良匠，观众方者为良医，尽观而后自为之，故无泥古之失而有合道之功。"③ "尽观"是另一方面，"自为"是一方面，二者需协调，在传统边际上推新，才能不陷入泥古，而又合于道。

叶适主张不限制于具体政体的束缚，比如封建、郡县之争，而要把握维持上下之势的法度精神，深究其间得失天下之理，特别是得天下之道。相对长时期内的政治有其内在机理，如三代有相因之法，秦汉有相因之法，立国之道在于把握其中的得天下之道，而不是"矫失以为得"，否则也"必

---

① 《序目》，第297—298页。
② 《陈亮集》卷二八，第366页。
③ 《叶适集》（下）卷一二，《法度总论一》，第787页。

丧其得"①。

三代治法传统和宋代政治传统构成叶适政治运思的两重视野。他从积极层面指出宋代国家的根本在于百年来逐渐确立的礼臣和恤刑，立国之初的重大政治行为在具备一定时期的延续性后成为国家政治的本原法则，显示出与傅良、祖谦等人相同的当代政治传统意识;② 从消极方面试图改革宋代的中央集权制、官制、科举制等方面的弊病。

对于宋代政治传统的成功智慧，水心在国本论中有积极评价。这一点对我们理解浙东及事功派学者的治体论非常重要。所谓"国本"，就是立国之本、为国之本。这方面，他强调不必限制于传统儒者关于政治根本的论述，如民本论。

他指出，"夫国与天地，必有与立，亦必有与亡"，并从树木、植树这样的有机体养成的比喻视角解释如何理解一个政治体的国本。不仅要透过植物的"华叶充荣"观察其"根据盘互者"，而且应注重"自封殖培养之始，必得其所以生之意"③。这意味着，应特别注意观察一个政治体的确立初期、国家创立者所体现出的"祖宗之意"（近于陈亮强调的"艺祖本旨"）。在这个意义上的国本自觉，会决定该政治体的兴衰，"继世而有天下，其中才者固能守祖宗之意，其贤圣者则增益祖宗之意，其好谋而寡德者徒以变乱祖宗之意，而昏童不肖者则又不知祖宗之意。故其为兴亡治乱，皆可考而无疑"④。法祖，不仅是尊重祖宗之法的成宪，更要把握到法度背后的祖宗之意，即法意、法的精神。关系到国家形成与确立的根源性政治行动及其规则、精神，是观察者把握立国规模的关键。

超越传统民本论，叶适具体将礼臣与恤刑视为宋代的两个国本。比如

① 《叶适集》（下）卷一二，《法度总论一》，第788页。

② 参见《叶适集》（下）卷二，《国本》。

③ 《叶适集》（下）卷二，第644页。

④ 同上书，第645页。

前者源出自三代西周的政治传统，基于君主与天下贤能的共治精神，尊重士人，礼遇备至，避免君主以刑法御其臣。体现在太祖新立而厚用故相，太宗择吉日命拜大臣，真宗仁宗不轻退执政大臣、奖擢勇于谏诤之臣，神宗增益宫观优待冗员、党争不杀士人，形成了一系列政治惯例、先例、制度，保障士人士大夫政治实践的基本尊严和权利，体现出礼臣的国本精神。"夫不以刑法御臣下，而与臣下共守法，此岂非祖宗为国之本意与舜、文王之俗然欤！"①

而"恤刑"，此处之刑主要是指百姓为追求民命民财而违反政府严酷律令。水心认为宋之得天下，出于厚重民生、节制权力，"恤刑"实则表达了对于民众经济社会活动自由的尊重和维护。宋得天下，一步步从晚唐五代百般竭泽而渔的苛政中转变出来，形成诸多惯例良政，这是应该守护的国本传统。

国本的观念，引导我们注重在政治体确立的根源时期，如宋初太祖、太宗朝，部分地在真宗仁宗期，国家宪制如何一步步形成，其中的治体精神是什么。此后政治体的兴衰变革，主要相对于国本来观察其成败得失。这种治体传统的国本论，可以说包含了非常多的睿见。陈亮、叶适等人评价庆历、熙宁以来的变法政治，就贯彻了这种方法。对南宋时政的判断，也是在这个政治传统的维度上提出。

换言之，对于北宋中后期政治的评价，习见理路是就变法与反变法展开，或者引申出对于国家政治秩序的不同理解，如中央集权与民众社会为本之间的冲突。而国本论的保守宪制思维，超越变法范式本身，将政治发展放置在与立国规模相应对的关联视野中加以理解和评价。这也涉及对于立国之本，尤其是其治体精神如何提炼的问题。

水心及其浙东学友一方面批评立国法度过于集权化的政治基调，另一

---

① 《叶适集》（下）卷二，《国本》，第648页。尊礼大臣，自《孔子家语·五刑解》《礼记·曲礼》始，贾谊《新书·阶级》纳入治体论，至宋发皇，明代丘濬《大学衍义补》亦有专论。

方面努力发掘其中尊重和包容秩序活力的精神（对于经济和文化、政治上的精英人物能够优待重用）、尊重中央权威与地方活力的精神。在这个国本前提下，对庆历、熙丰以降的变法运动提出了别致的反思，认为变法政治削弱政府权威和地方活力，进一步恶化了政体中的集权弊端，遏制了社会、经济和文化秩序中的活力。浙东的立国思想家，既看到宋代立国规模中的优良传统，也不讳言其中的弊病缺陷。叶适和陈亮对于宋代法度细密，禁锢活力，就不断展开批评，水心谓"国家以法为本，以例为要"，"本朝以律为经，而敕令格式随时修立"，导致不任官而任吏，不任人而任法。① 对于国本的透视，展现出多个维度。围绕礼和刑展开的立国思考，侧重体现出国本论的规则意识，其基本规模乃是统合儒法，最终以儒家德义为旨归。明代宋濂、方孝孺等浙东儒者，也是继承这一精神对有明治体提出矫治建议。

在后世如王夫之的《宋论》思想中，也可以发现这种国本论的延续推进。如船山结合赵宋祖庙誓约，评曰"以忠厚养前代之子孙，以宽大养士人之正气，以节制养百姓之生理"，后两句就是水心论国本之大义。② 总结北宋政治时，船山感慨，"宋有求己之道三焉，轶汉、唐而几于商、周，传世百年，历五帝而天下以安，太祖之心为之也。逮庆历而议论始兴，逮熙宁而法制始密，舍己以求人，而后太祖之德意渐以泯。得失之枢，治乱之纽，斯民生死之机，风俗淳浇之原，至简也。知其简，可以为天下王。儒之驳者，滥于申、韩，恶足以与于斯！"③

"太祖之德意"，就是国本的立法精神，与陈亮所谓"艺祖本旨"相通。创业政治家的中心角色，需要结合国本的本旨和法度，紧密透视。庆历以后的政治落入法儒格局，逐渐违背了"忠厚""宽大""节制"的宪制大义，背离儒家根脉。可以说，国本论提供了理解宋代政治演进的一个根基

---

① 《叶适集》（下）卷二，《国本》，第 834、806 页。

② 王夫之：《宋论》卷一，《太祖》，中华书局 2009 年版，第 5 页。

③ 同上书，第 6 页。

性、宪制性视角，集中体现出水心等人政治思考的现实感与保守气质。以往我们评价宋代政学多强调变法思维的历史认知框架，这种思考惯性可以由治体思维的国本论而得到另一视角的反省。放在世界近世史的宏大视野中，这种应对大规模国家变革而生发的思想回应也可视作世界性保守宪制思潮的先声，特别值得我们重视。

水心保守国本的治体论述，在思想上当然还有更为深刻的维度，就是三代典范的统纪根源。就此，可以说存在双重意义的宪制保守论，表现为立国精神中"法三代"与"法祖宗"、三代之法与祖宗之法的关系。水心在1178年《廷对》中提出，"祖宗立国之定势，则常因儒者之学以求三代之旧而施之于政事之际"①，一语指点出宋代立国精神中"法三代"与"法祖宗"之间的紧密关联。"秦汉以来，其始大抵草创苟且，出于一时之意，及后世文物议论既盛，方据礼以抑俗，损其已隆，而欲反之于古，无怪其难也。"② 早期思想中，他汲汲于沟通二者，以三代典范指导现实改革的意向更为主动明确。晚期思想中，虽仍在学术上强化三代理想相对于后世政治的优越性，现实政论则从三代治法逐渐颓败的视野中指出宋代体制改革之难成，立场上更偏于认同司马光代表的元祐士人，渐同于祖谦式的保守温和立场，对于再现三代之治不似早期之积极乐观。对于"艺祖本旨"指向的创始立国者，他的阐释也不像龙川那样高调。

◇ 第四节　叶水心治体论中的社会维度与儒法之辨

叶适注重国家治势，发掘立国国本的传统价值。除此，我们还须注意

---

① 《水心别集》卷九，《廷对》，第746页。
② 《序目》，第326—327页。

到另一面，即国家实力的基础在于以民众共同体为根本的活力发展。国家应按照是否有利于保护和鼓励社会的积极活力，实现秩序安排，恰当处理利害关系，为自身确立之基础。

水心对于近世以来的权力秩序之变动具有一种极为敏锐、深刻和通达的意识。比如批评宋代祖宗家法为了防范权力旁落而"矫失以为得"，防弊太甚，对于疏导发展社会活力反倒没有积极正面的制度关怀。他希望透过与封建制的比较，增强宋制的公共性和开放性。政府集权化获取力量之后，不能走到另一个极端去，使得社会民间丧失活力元气，专与分的关系需要高超的平衡技艺。

社会权势演变的客观认知，被水心纳入到秩序建构的视野中进行评价和安排。他积极肯定工商阶层与富民等社会精英的政治重要性，指出权不再垄断于上的时代客观趋势，正视"崛起自致"的社会权势，主张在政治上予以吸收、支持和认可。他对于仇富反富论调的反驳，对于"宗"作为社会治理精英的新解，对于社会公共事务自治的承认，都体现出对于现实秩序构成的客观理解与更新推动，蕴含了许多丰富的具有历史远见的洞识。①

先儒关于治道类型多有陈说。水心对于先秦汉儒的一些说法，表示异议。比如所谓忠、质、文之论，循环相救之说等，他认为都不合于唐虞三代"修身以致治"的政治精神。儒者不应受老庄、易传等影响，"夫所贵乎儒者，得古人之意，续其统纪以贻后人，奈何效诸子隐士转相增饰，重为斯道之弊乎！"② 诸子、经传教条，都不应妨碍儒者领会统纪精神，从治体思维理解传统精义。陈亮也不同意汉儒忠、敬、文等政治历史解释的范式，而强调纪纲法度与治人互动的宪制并行视角。

对于治体形态，水心曾根据"名""实"提出划分，从治体原理精神命

① 分别参见《叶适集》（下）卷二，《民事》；《习学记言序目》卷五〇，第746—747页；《叶适集》（上）卷一〇，《东嘉开河记》。

② 《序目》，第112页。

名形态特质。如三代以实治，封建分权，责任委成，治人手握实权可以自由运作，并承担相应责任；而宋代，在水心看来，乃以名治。透过治人主体在不同职务位置上的历练，养其尊望，并没有三代体制下的实际大权。另外，"东晋也以名用人，士大夫亦以名自用"，如谢安。有其实者，唯温峤一人，但失于太明锐。"以名用人，累世多，历年久，心诚好之而不倦，自是为国者大根本，此事未易轻论"①。

若从权力法度视角来看，宋代并未充分实现三代那样的共治，水心对此似有微词，但是也承认它发展出了一套统治技艺，这体现出政治世界的经验丰富性。他对宋代任官以"资格"为主的论述，在批评其不能尊德任贤的同时，也剖析肯定了其中的一番政治用意和有效功能。水心的论述其实展示出的是一种比较政治的视野，这种视野既有规范主义的褒贬，也拓展出了实证意义的客观意味。②

另外，从财政国家的视野，他指出宋代国家政治与财政经济的高度依赖，亘古未有。"官民相依存"达到了一个历史高度，而北宋王安石和司马光分别代表了两个极端，要么偏重政府，要么偏重民间。

水心对于儒家理想治道的解释，突出了一种追求共同善、共和德行的精神。真正的治体原理即治道是，"推其身之实有与民共之"③。他引用孔子"子欲善而民善矣。君子之德风，小人之德草"，来印证这一点。"此是通前彻后功用，更无今古，但信及者鲜耳"。"与民共之"，是理想；自施政者推身之实有，"实"是可普遍分享者，为路径。儒家治道，不能悬置高标，不近人情，亦非局于少数，不及公义。使性情常理之扩展实有惠于世人，端在于施政者经由仁礼之道，由其体会发用而推广之。另外，治体原理在于据是非，而人情的难易与意见的同异，并非关键。由此，不惮难、不恶异

---

① 《序目》，第 434 页。
② 参见《叶适集》（下）卷一二，《资格》，第 791—792 页。
③ 《序目》，第 496 页。

仅是治道之粗。合于道之是非，用道指导君主之心，才是核心。①

这样的治道理念在三代后经受了巨大挑战。如子产与叔向论礼法之治，认为礼治"可行于古而不可行于今"。水心痛惜，后世论治道，"不过祖述子产、叔向余论，无由而起"②，"然其病根正以有己而忘人，做下样子，令其不可回转，如子产是也"③。经过水心重新阐释的孔子治道，揭示了古老治道的共善目标，而只有德礼之治才能保障其实现。刑法之治代表的现实主义政治观，造成了治道论上的古今断裂。子产的刑法之治其实是把民放到低位，就下流俗，放弃了依据德礼寻求共善的理想。子产治郑、子文治楚，即所谓"导之以政，齐之以刑"。后世如汉酷吏，严刑峻法，尚不及此，"先王所以力行，全要消弭服习如此等人，还于中道，不使平民受其无告"④。平民"还于中道"，与君子实现共善，是三代垂范。

儒法之辨析，是水心治体论的一大中心。秦汉之后，法家作为独立的思想学派不复有声势。然而透过儒法合体的政制构造，法家思想仍然在政治中发挥着重要的作用。如何对待其与儒家的关系，是历代儒者尤其是事功儒者不得不面对的重大问题。

水心一方面承认子产救世之诚，也肯定后世如隋以降的律文"与事情轻重相称"，"自秦汉以后稍号平时者，法无不宽；其君之薄德者，法无不苛"，另方一面也惋惜后世不能超越法家之法，去重现三代更高的治理境界，所谓"推而至于尧舜汤武，君臣各躬行以靖民，而法自为无用。则叔向所谓'不为刑辟'，固非高远不切之论也"⑤。三代之后的政治衰退，除了人才日下，病根在于法治规则的类型落在了法家刑律一路，不能拯拔。

① 参见《序目》，第 395 页。
② 《序目》，第 496 页。
③ 同上书，第 544 页。
④ 同上书，第 292 页。
⑤ 同上。

水心提出了"四民交致其用而后治化兴"，"民相依以生，而不相依以刑"的论点，为古典儒学引入了更有时代感的社会维度，充实提升了礼治基础上的规则观、法治观。这也是近世儒学对于儒法辨析推进一步的重要发展。

水心积极评价社会分工对于秩序繁荣的重要性，并不认同传统的农商本末论，而从一种均衡视角来看待职业社会分化之间的相互维系。四民代表的职业分化，自有其机理，不是政治力量能够操控的，"商之市井，农之田野，固不待上之教令矣"①。而从职业社会中选拔治理精英，须秉持开放的精神，"至于烝进髦士，则古人盖曰无类，虽工商不敢绝也"②。工商也可进行士人化，转变为政治精英。

他强调，"夫四民交致其用而后治化兴，抑末厚本，非正论也"，由此产生的重农抑商并非正大之道。水心指出，"按《书》'懋迁有无化居'，周讯而不征，春秋通商惠工，皆以国家之力扶持商贾，流通货币，故子产拒韩宣子一环不与，今其词尚存也"③。国家政府对待工商业持积极扶持的立场，而汉代高祖、武帝等开启了控制盘剥政策，"取天下百货自居之"，这背后又往往是打着重农抑商幌子的"夺之以自利"，是政府以牟利者自居干预经济发展的私心驱动。

水心认为高明如司马迁，在《平准书》中，以时势不同来为干预控制政策做解释（"安宁则长庠序，先本绌末，以礼义防于利；事变多故而亦反是"），并没有认识到"四民交致其用而后治化兴"这个社会秩序的基本原理。水心对汉儒的反思，多申明社会秩序内在的机理，引为依据。

进一步，我们可以说，在水心看来，国家之利其实不在于对工商经济的削夺侵蚀，而在于提供发展的开放架构，以四民交致之利为国家之利，

---

① 《序目》，第 100 页。
② 同上。
③ 同上书，第 273 页。

这才是治理的奥秘。这对儒家关于经济发展的政府最小限度干预立场是一个理论上的提升。

一方面，须注意，水心并非持一个完全自由放任的经济立场。在尊重商贾充分自由发展的同时，强调政府不放弃基本的教化和引导职责，政府代表的礼治对经济社会秩序自有其影响和价值，这在他对于老子经济社会思想的评价中可窥一斑。

另一方面，他部分认可道家"至治之极，民各甘其食，美其服，安其俗，乐其业"的主张，同时认为经济社会秩序也会遭遇"上下无制，而因其所以衣食者，斗其力，专其利，争夺而不愧，赡足而不止"，圣人教养因此自有合理性。① 水心思想显示出经济秩序与治理秩序存在紧密联系，他理解的权力应被放置在这种关联性的理解框架之中。

在早年为富民辩护的文章中，他曾向执政者指出应承认权力分化并下移的社会趋势，富民作为新的治理者需要得到尊重和保护。② 而在对司马迁《史记·货殖列传》的评论中，围绕太史公"善者因之，其次利道，其次教诲整齐"的名论，水心提出，这样会导致"其权皆听于奸猾不轨之细民而后可，则孰与为治"的困境，显示思考的深化和成熟。③

他忧虑的是，治理之权完全被民间特别是那些投机无良之民把持。水心对于儒家圣人礼教典范的坚持，代表了政府权力的某种必要职责，即对于食货经济的指导功能不可放弃。"古之圣人，以民不能自衣食而教以衣食之方"，"教以衣食之方"就是这种功能。

儒家政教思想提示我们，君子政治权力的来源，在于对于民众的引导和协调仲裁，此所谓教。教成之后，则民由而不知。或者说自生演进秩序之中有一个君子之教在发挥能动作用，这其实契合于文明的常情演进。"天

---

① 《序目》，第293页。
② 参见《叶适集》，第655—657页。
③ 《序目》，第293页。

下之物，未有人不极其勤而可以致其用者也。目之色，耳之声，口之味，四肢之安佚，皆非一日之勤所能为也。智者知之积，一粒之萌芽，一缕之滋长，以教天下，天下由之而不自知也，皆劳民劝相之道也。"[1] 圣贤代表了这个文明演进过程中教养机制的人格结晶。薛季宣讲"行其所无事"，又讲"蒙养本根，源泉时出"，也是同样的道理。

如果在上之人不能尽职，则"上下无制，而因其所以衣食者，斗其力，专其利，争夺而不愧，赡足而不止"，奸猾不轨之民会无限放纵贪欲，从而影响治理秩序的表现。老子"不贵难得""不见可欲"的思想，虽然不是正论，却也指示出了在上者无法规避的权力责任。这反映了儒家在面对工商经济兴起之际持开放态度的审慎心态，其中圣人自上而下的教导典范未必是现实政权力的意志投射，毋宁说来自于儒家对于文明礼治规则之中某种道义向度的坚信持守。

四民交致其用，相互维系为一体，而上下相维之道也仍有效，以防止某一个群体尤其是"奸猾不轨之细民"的独大。这里体现出社会政治秩序中纵横两个维度的相维相制，印证了儒家更为广阔的秩序观察视角，也显示出面对经济社会秩序演进的儒家政治成熟。

四民社会形成紧密的互动秩序，如富民富人在其中发挥愈加重要的作用，形成富贫相互依靠的社会关系。水心对此一方面承认其必然性，另一方面却始终不忘强调政府应当担负对于民众的教养职责。前者体现出儒者对于现实秩序演进新趋势的包容，后者更显示儒家对于政府的理想主义期待。这一点于先王之法有据，"夫以司徒教养其民，起居饮食待官而具，吉凶生死无不与偕，则取之虽或不止十一，固非为过也。后世刍狗百姓，不教不养，贫富忧乐，茫然不知，因其自有而遂取之，则就能止于十一，而已不胜其过矣，亦岂得为中正哉！"《周礼》代表的责任政府理念始终

---

[1] 《序目》，第28页。

存在于水心等儒者的典范之道中，以此批评后世政府失职却强征暴敛的恶政。①

这种"四民交致其用"的分工合作秩序，代表了叶适心目中儒家礼治秩序的精义。四民职业分工有其必然机理，社会流动也无法禁锢，这其中体现一种动态的分化与整合。水心既承认"四民古今未有不以世"②，社会分工形成的阶层传承有其势，又指出"'四民不得杂处'，此非先王旧法，亦非管仲治齐法也"③。分工有世代继承之道，而无隔绝闭锢之理。职业的分工、社会的流动，其实体现了社会多样并存、动态融汇的"和"之义。

"因史伯晏子所言验天下古今之常理，凡异民力作，百工成事，万物并生，未有不求其和者，虽欲同之，不敢同也；非惟不敢，势亦不能同也。惟人心之取舍好恶，求同者皆是，而求和者千百之一二焉；若夫綦而至人主，又万一焉。贤否圣狂之不齐，治乱存亡之难常，其机惟在于此，可不畏哉！"④ 这一段，可以说深刻揭示了儒家治体的社会基础（"常理"），事物经纶需要了解事物生成的存异求和之原理，它是政治经纶秩序的前提。对于事物和民众的多样性、复杂性，需要保持高度的自觉和尊重。而人们的理智和精神，却吊诡地追求同一，习惯于用某种善恶标准作为普遍规矩。法家的强制、儒家的强制无不出于这样的缘由。造成人心与事物合理秩序的激烈冲突，这是治道心智面临的一大迷思，可敬可畏！

王道理念在于"盖调美之俗既成，民民物物并游于至和之中，我不害物，而物亦莫吾害者"⑤。人心往往容易求同排异，而这恰恰蕴含了对于事

---

① 参见《序目》，第 85 页。
② 《序目》，第 167 页。
③ 同上书，第 331 页。
④ 同上书，第 171 页。
⑤ 同上书，第 63 页。

物多样性秩序的压制威胁。政治权力尤其应节制这种求同的冲动。儒家强调"和"是礼治精神，"礼之用，和为贵"，存异共荣使事物自由发展，并不互相伤害，也构成权势的界限。叶适特别从社会分工合作的角度，为古典儒家的和谐智慧赋予了新的阐释维度。

水心曾批评"自春秋以来，儒者论礼乐何可胜数，虽无谬于道，而实知其意可以措之于治者绝少"①。善治的关键在于礼治，因为它依赖的正是民众之间社会生活的内在相互联系。政治的正当性也基于此，所谓"夫民不可以一日无其上，而亦不能一日以安其上"，安定秩序的权威与不安精神驱动下的自由构成了政治的基本情态，二者之间的紧张性无日不在。

那么，"上"代表的政府靠什么来维系统治。一种偏颇之见是诉诸刑罚政令，"后世为上之不能安也，摇手动足，皆归之于刑"。水心强调，"夫民相依以生，而不相依以刑也，刑之而后安，非善治也。故安上治民，齐之以礼，孔子以为善治"②。

"夫民相依以生，而不相依以刑也"，水心在社会秩序基础的洞见上提出了对于儒家治体原理的精炼概括。"相依以生"，此"生"中就孕育了治理所依托的诸多价值、规则和制度，它们乃优先于政府刑政。

如儒家向来重视的诗、礼、乐。水心认为它们是本乎人性民情的产物，"三者皆自中出而不由外入"。由外入的，是来自于政治权力的教令，"然由者，上之所教令，民不敢不能也"。水心解释"民可使由之，不可使知之"，指出"由之"是政教所致，而知之，是"知者其自知，不待教令而能也"③。诗、礼、乐，本于人性，政治敷以为教令，周政、周礼在这方面率为典范，而能知其所以的终属少数人。政治的力量不能使一般大众在知性

① 《序目》，第271页。
② 同上。
③ 同上书，第189页。

上对此有一番彻底明了，只能在行动上使其熟悉习惯规则，重要的规则是根植于人性自身。另外也须注意，即使出于人性自有，也须政教有意识地培植化成，才会形成文明典范。

换言之，自由与政教，乃相辅成。社会秩序与政治秩序之间，前者有根基性的指导价值，后者在形成优良治理时具有中心地位，二者本为一辩证的互动关系。"自有生民，则有诗矣。而周诗独传者，周人以为教也。诗一也，周之所传者可得而言也，上世之所不传者不可得而言也。"①

"民相依以生，而不相依以刑""四民交致其用而后治化兴"都指向在经济、社会、文化生活中逐渐形成的某种自由相维秩序，也是上下维系的根基。政府顺应于此，而生发出某种道德精神指向，成为教化、政教。所谓"淫鄙暴慢，化导迁改，和亲安乐，久而成性"，也即"若有恒性，克绥厥猷惟后"的政教道理。

在上下君民之间存在一种平衡，"上"这一方不能缺少，而存在之根基在于对民情的敬重和顺导。水心在评论《诗经·七月》时，提出"君者众民之总，国者众家之总"，显示出以民、家为本位演进，积总式理解君国的思维特征。"以家计通国服，以民力为君奉⋯⋯此论治道者所当深体也。"② "古人未有不先知稼穑而能君其民，能君其民未有不能协其居者"，"（后世）乃以势力威命为君道，而以刑政末作为治体。然则汉之文宣、唐之太宗，虽号贤君，其实去桀纣尚无几也，可不惧哉"！③ 这里对于秦汉之后政治的批评可谓深切严厉，突出了治体论的理想三代维度。

水心在评论皇极时，批评"王义、王路以我为正，而民之情不敢自任

---

① 《序目》，第 62 页。
② 同上书，第 71 页。
③ 同上。

焉，岂待于民者已狭，而出于君者已不可忤欤"①，政道在于公共广大，容民蓄众，不自以为正。畏民、贵民，是三代圣王之道。"'愚夫愚妇，一能胜予'，禹以民为可畏若是，申不害、李斯所谓'命之曰桎梏若尧禹然'者也"，"舜禹贵民之甚，以君为轻"，儒法之不同正在于对于民的敬重与否，而健全的儒家以民本确立政教权威。②

由畏民贵民而衍生出儒家政德，水心透过评论《诗经·小雅》指出政德之要在于"盖以事合政者，德以致之也。以政求事者，具之尔"。其中关键，在于使事物得遂其性情。水心特拈出这个"得"字，"以'得'字言之，是其实顺生长之理，实无夭阏之患，实遂土地之性，皆知其所以致之之由，非泛然以意言之也"③。事物的性理，是客观规律，顺遂这个规律，方为"得"，也即"德"之本义。这是儒家政道中的自然精义、自由精神。儒家以承认和尊重事物本有之实在性命为正根，由之衍生对于权力压制之警惕、对意言妄见的甄别。由意言妄见而产生的权力压制，较为潜晦，更值得反思。有实事才有诗，继而有乐，"若未必有是事而逆有是诗，出于上则为具文，出于下则为虚美，既非其实，焉能责治"④？得事物之实情，是儒家治体的事理论基础。不可先有一个教条存在心里，"以政求事"，这样就违背了儒家政理政德。水心论"宗"，针对苏轼劝亲睦的"复小宗"构想，指出要顾及社会"崛起自致"的情势，以贤义为宗主标准，"相趋于实而不惟其名之徇"，这才是宗道的关键。重视实际治理能力、制度化能力，而非身份特权、不确定的权术刑威，是水心治体论重"实"的核心精神。

水心对于《孔子家语》《入官》中的孔子之论，竭力表彰其中因民尊民的意思，如"夫临之无抗民之志，胜之无犯民之言，量之无佼民之辞，

① 《序目》，第 56 页。
② 同上书，第 53 页。
③ 同上书，第 72 页。
④ 同上。

养之无扰于其时，爱之无宽于刑法"，"君子莅民，不可以不知民之性，而达诸民之情，既知其性，又习其情，然后民乃从命矣"，"君子莅民，不临以高，不导以远，不责民之所不为，不强民之所不能……不因其情，则民严而不迎……不因其力，则民引而不从"。① 这种尊重，是有鉴于民性民情的民本，对于民所不为、所不能的承认，不能高于、远于这个限度去施政。

如果礼失去了内在的政德精神，也不会发挥实际效用。水心指出，"今考尧舜禹汤文武旧事，皆以德为本而以礼义行之，未有专壹而言礼者。专一言礼，见于春秋。其君臣上下，不务德，而以礼相缘饰、相责望，取足一时，不厚其本，难以长久"②。礼的根本在于政德，"政之所行，行其德也，未有无德之人而可任以政者"③。他批评晏子不能"秉刚执礼，奋其威怒以收陈氏之权，取其所窃以予民者而公施之"，"国利既归于臣，无以予民，而欲出虚礼以节其予者，民其能叛私而归公，臣其能惧君而自贬乎"？或如评汉宣帝"政平讼理"，正是在罢盐铁榷买之后，不与民争利，才可以富而教之，进一步兴礼乐、行道化。④ 国家财政上的宽松，是社会秩序礼乐化的一个前提。以宋为例，即使是财用大乏的仁宗之世，也不汲汲于聚敛，"以为昔之已取者固不可去，而今之所少者不可复取，皆安其心于不能"，因此才为"至平极盛之世"⑤。政德之要，在于公道平和之精神，不使有偏颇私害，否则礼仅为虚礼。

对社会内生秩序的尊重，在水心思想中与对事物世界秩序的物本认知是一贯的，都蕴含了对于儒者某种教条心智的反思。

① 《序目》，第 240 页。
② 同上书，第 158 页。
③ 同上书，第 157 页。
④ 参见《序目》，第 330 页。
⑤ 《叶适集》（下），第 772 页。

他批评王莽改革度量衡法"何取于知物"，而认为"物皆由律起，斯又妄也"①。汉儒自司马迁以来将律视为事物根本的论调，违背了《尚书》体现的"度与律数同为一物，未尝言皆由律起"。水心阐明，"夫准平规矩，世用所须，粲然陈列，虽在夷狄荒远，无不毕具。生民以来共之，但其精粗疏密不同耳。学者将求通乎物变，未明其本而先胶其末，有终身不得而至者，又从而为说以徇之，多此类也"。准平规矩，是人们经济社会等公共活动演进出来的产物，并非依靠权力外在的强行规定，也不能出于后人的揣度臆造。这方面，水心强调人类理智理性之不及，尧命历"其法不可见"，"学者立乎百世之末，而律、历皆难知之技"②。"以律为万事根本"颠倒了规矩由物用而生的原理，难以成立。

可见，水心的政治观非常重视事物之实理的根本地位，"以事合政"，而非"以政求事"，政不能成为外在于事物实理之上的虚假规定。否则，只会是泛泛的"以意言之"，用臆测、空想乃至妄见来界定政治，也会衍生政治的空想与浪漫主义。这里，我们能窥见实践型政治观与某种意识形态政治观（如理学末流化）的区别，也是水心等浙东儒者以现实政治实践经验为本位的思维根基。

水心的治体论一方面高度重视基于人性、民情、常理的经济、社会和文化秩序的演进，另一方面也从立国之道的治理角度正视政治权威、规则、教化对应这些要素的积极角色和功能。可以说，在权威、教化、规则与自由、"相依"、"交致"之间试图形成一种宪制性的整合关系，其致思重点则会因应时势和问题出现具体偏重指向。

在拓展出治体论的社会维度之后，叶适对于儒法之辨的阐释显示出不凡之处：一方面，不流于传统儒家德治主义的陈说，而具有治体经制的构架视野；另一方面，能够反思性地对待法家提供的政治智慧，从治体论的

---

① 《序目》，第 304 页。
② 同上书，第 304—305 页。

角度予以吸收而节制，并从公私之别的关键原则上辨析长短。

"自有生民，而君之教治之道不一端"，尧舜文武以来的政教在于仁义礼乐，政治权威能够有效地承担起教化之道。春秋以来则是"各以私智为治"，或"以政刑劫民"。① 至于"刑辟"，水心辨析，"尧舜禹汤特缺此一门，虽有刑而无辟故也。故曰'象以典刑，流宥五刑，鞭作官刑，朴作教刑，金作赎刑，眚灾肆赦，怙终贼刑。钦哉钦哉！惟刑之恤哉！'悬刑以示民，而不曰某罪必入某刑，惟数圣人为然；盖纯用父兄师友之道熏染而入，而民亦自然乐从，其丽于刑者少矣……后世君上德薄，设险驭民，微细动息，皆有以待之，使民不知所避"②。

"礼乐刑政其极一也，所以同民心而出治道也"，功能宗旨同一，而孔子区分礼乐与政刑，并批评纯任政刑，这是儒家基本的政治原则。水心认为如果把这两类治理模式"融会并称，而谓其不二"，最终必定"礼乐不用而以刑政为极功，儒者之过也"③。"夫不为刑辟而后礼乐可为，未有礼乐刑辟兼而为之者也"④，《乐记》并称礼乐刑政在水心看来违背了三代政治精神。汉儒如贾谊、董仲舒，都是在刑政格局内试图复兴礼乐虚文，这种进路的王道理想终究难以实现。⑤

水心强调儒家之礼就是儒家的法。水心指出"前于孔子，固已纯任政刑矣"⑥。儒家法治乃以礼治为主干，如所谓"法之所为用者易见，而礼之所为禁者难知"，水心认为"此尤非春秋本义，以法对礼，乃汉儒语也"⑦。水心是把社会经济秩序之相维生发作为礼治根本，以此确立国家政刑之边

---

① 《序目》，第 305 页。
② 同上书，第 589 页。
③ 同上书，第 103 页。
④ 同上书，第 305 页。
⑤ 参见《序目》，第 306 页。
⑥ 《序目》卷八，第 103 页。
⑦ 同上书，第 296 页。

界，把握治体和政德的真精神，这是他自认为超越汉儒之处。

儒家法治与法家的根本不同，在于对民众社会秩序的保养厚爱。"先王以公天下之法使民私其私，商鞅以私一国之法使民公其公"，水心指出真正的公法恰恰是保护民众之私，也即生活之基本利益、事务之自治能力，而法家之公其实是压制民众能力和利益以就一国之私，所谓"禁民巧，察民专，沈鸷果敢，一施于上下而私其便于国，故虽杀其身，卒不能废其法，数百年而禁制成，秦已亡而犹不可变"①。在承认和保护民私的基础上最终实现天下之公，而不是压制禁察民众以实现政府功利，这种以天下为旨归的公私之义是衡量优良政治的至高标准。从中，我们也能窥见后世黄宗羲公私之辨及其治法论的思想先声。

三代田制能使"公私共之"，对民众基本生活有所保障，对民众秩序能力则有信任寄托。② 对于春秋战国以来以刑法为载体的法律成文化过程，水心出于礼治典范评价并不高，皆因其间政权对民的压制日益加深，民众自身的秩序活力日益泯灭。即使商鞅告奸法也不可能做到"遽立一成之法以齐秦俗"，而在经济商业、司法问题上政府都是"设法抑民，轻重曲折，事不一端"，司法权完全归于有司，民间商业活动严厉打击。在对于法家的批评上，水心可以说弘扬了儒家的传统民本原则。另外，对于国家理性的合理表现，如设县制、开阡陌，水心则承认其合理性，并非教条地拘执古典。③ 水心辨析儒法，扬儒则重经，容法则重史，对于历史进程中的理势有客观分辨和选择，这是需要我们领会的。

即使是政刑之道，也须以理义为准，而不徇于人欲（君或民之欲）。"数术家以令为令，而孔子以不令为令。数术家以言而不违为兴国，而孔子以言而不违为亡国也。夫上之所欲未必是，逆而行之不可也。民之所欲未

---

① 《序目》，第284页。

② 参见《序目》，第310页。

③ 同上书，第284页。

必是，顺而行之不可也。非顺非逆，理有必可行而行之者也。先之以开其
所知也，后之以熟其所信也，申重谆悉，终于无不知也，斯行矣。命令之
设，所以为民，非为君也，焉有未能生之而已杀之者乎？数术家暗于先王
之大意，私其国以自与，以为是命令者，特为我而发，民所未喻而操制之
术先焉，故始于欲尊君而行令，而其甚也无所不用矣。"① "后之为学，既一
于尧舜周孔，然不思以易、论语之言出令，而皆欲以管子之言出令，是数
术刑名常为主，而申商韩非之祸无时可息也，悲夫！" 政刑政令的渊源，仍
在于人性民情的常理，而非君主政治权威的决断意志。"然惟圣人为能，非
圣人则皆以命令轧天下，失巽道而用武人者也……盖居尊用柔，而以巽出
之，申命之道也。"②

水心遵循三代之法的公共性原则，批评法家或儒法合流的政治权威。
以汉宣帝为例，水心认为宣帝以家事的态度处理国政，"以天下为私，侍中
尚书终身不迁"，不能从天下为公的立场举任贤良。③ 法家者流以刑赏为理
想政治原则，宣帝声称王霸杂用，法度严格主义中渐失宽大和平之意，后
世却 "皆以王道儒术缘饰申韩之治"，不能明了儒家礼乐政治的体制内涵。④
与陈亮一样，水心尖锐地揭示宋代实政同样用儒术正论来包装君主专权的
法度主义，并不合乎基于人情事理之上的三代大法。⑤

叶适的治体论，揭示了天下秩序的大中共建之道。天下的公共性十分
明显，它是优良政治的准绳与旨归。经营天下秩序的政权，其得失之道，
也显现出道德、智勇、干力等不同的进路。若以政体范畴的最高权力归属
与分配来理解，治体论基本主张的是圣贤率领下的共治，水心也揭示出了

① 《序目》，第 666—667 页。

② 同上书，第 31 页。

③ 《序目》卷二一，第 300 页。

④ 同上书，第 301 页。

⑤ 参见《叶适集》(下) 卷一二，第 789 页。

三代与后世的不同共治类型，以及后世君主制下的变异形态。须注意的是，治体论不仅仅限于一种最高权力分配的政体论，它在公共性原则上更注重政治治理的基本形式，如水心提到的名治与实治、德礼与刑政、躬行靖民与倚重政刑、自由与政教，以及具体历史传统中的礼臣、恤刑等。在事功儒学这里，治体论的基本形式依托德礼蕴涵的政治德行与秩序规则，共同指向一种宪制化的治理秩序结构。值得重视的是，它覆盖了立国之道与社会意义上的秩序演进，由此而呈现出一个广阔通达的宪制秩序之理解视野。这是水心代表的浙东事功儒学、经制儒学为我们遗留下的宝贵资源。①

◈ 第五节　政德论：性分、人职意识与振俗再造

政治志向、心智、才能、作风等关系到治人主体的素质养成，是水心对于儒者平素讲学的期望重心。它们共同指向一种政治意义上的伦理美德，须在长期知行中砥砺修磨，以政治实践及功业为归向。我们可以称之为"政德"，归属于治人议题，与经制法度的治法共同构成了事功派学者的治体关切。

叶适政德观中一个极为重要的内容，是其职业论、职分论。

① 从陈亮、叶适等人的治体论、儒法辨析观察后世明清之际、晚清民初的政治思想演变，如黄梨洲、王船山，如宋恕等人，似有激进化之大势。如船山反复辨析儒者之驳，流于申韩，在社会活力论基础上褒扬儒家。如晚清大力推扬黄宗羲的宋恕，尤其强调秦汉宋儒认贼作子，窜入法家。宋恕有一譬喻，将儒家比作肩舆之肩党，法家为舆中党，前者重视平等公义而后者保守专制，趋于将儒家视为批判性思想、法家为建制性意识形态。这一现代变迁，衡以近世早期之叶、陈，未能充分理解儒家在宪制秩序中的建构功能，以及其在建构中对于法家的批判和吸收，也开启后来影响极大的"阳儒阴法"等历史理解模式。其中变迁，颇堪寻味。

"职业"一词，在现代社会中似乎已经成为专业、工作、劳动的同义词，承载着世俗性、理性化的价值。然而当我们理解传统的职业论述，如在水心这里，需要认识到这个词语表达的概念，实则与古典的人性论、伦理观和秩序观有着更为深厚的、带有终极价值归属意味的联系。

它着重强调人在秩序体制中的位置和角色，指向人们主动积极的担任与践行。水心笔下的"职业"含义甚为广阔，它涵盖一个人对于自己在世间所履行职责的基本伦理意识，立基于性命分数，对应着伦理、事业、社会政治等多方面的秩序安顿。

职业和职分的根底，是一种关于人之性分的本体认知，与天命本体论有着深厚关联。最根源处，是天人秩序下对于万事万物适当存活运行之机理的认定，一种具有深厚秩序感的信念和认知。这使它不同于一般世俗意义的活动所指。

水心云，"明德，反之言无逸也；慎罚，反之言恶杀也；自人道言之，其性分也；自君道言之，其职业也"①。职业，系于性分，来自于人性本分（人道）的应然。而君道代表的人群秩序体制（君乃"人道之主"②），可将这种"性分"转换为"职业"的观念，遂将自强厚德之特定秩序理念的精神灌注入人性角色之中。

可以说，职业有性分的人道基础，也应结合宪制秩序的架构来实现。空谈性分，忽视后者，是水心反复批评的。

由官职概念，水心伸张其对应的"人职"概念。这是水心在德行伦理方面的一个重大贡献。二者围绕秩序体制而相为表里。"舜典以人任官，而《周官》以官任人尔。"周之成康，人才已不足以尽行其道，因此才依据一套政体制度为主来安顿人才。"六卿分职，各以数字之微使归统叙，一职之内，各有条目，使就绩用，充其所行，而三才之道无遗憾矣"，这是舜禹以

---

① 《序目》，第 57 页。
② 同上书，第 540 页。

下政体制度发展的一个新典范。

水心认为背后的政治意蕴是，"余故谓自成康盛时，其人已不足以尽行其道。然学者于此观之，当知官有职业。知官有职业，故知人有职业。知官有职业，则道可行；知人有职业，则材可成。愈于子思、孟子犹未免以意言之，岂其亦未见此书也"①？最理想的秩序，是有圣贤之人能够充分行道，充分实现天命所赋的性分潜能；第二等，无此类人物，而只能依托客观体制来行道。这近似于一种浅近的法治论。而我们从这种政治的退化中，有幸还能窥见行道之人的性分所在，透过它来追求德才之成就。"知官有职业，故知人有职业"，水心将一个经制法度性概念回溯至人性论的根源层面，进而扩展、豁现了"人职意识"，或者说明确了性分的"人职"性质。水心据此观念来批评思孟学派的"以意言之"，即脱离秩序职业向度而高飘的性命观念。

人职观念有几个特征：首先，人的性分天命需要透过官职、职事在具体的职事实践中得以落实，否则为空论，甚至形成才能自恃的虚骄。

"后世无所据执而以意言之，虽拳拳服膺，不敢失坠，而以义理为空言之患未忘也，此亦学者之所当思也。"②"以意言之""意言"，是水心对未能据实论政、论道的常见批评。他是针对思、孟以来及理学家离开宪制秩序空论人性，提出这个反思。关于人道性分的义理不应当空言泛论，人职观念将其与秩序体制关联起来，可避免此弊端。

可以说，职分、职业是人的社会政治存在，需要有适合的事业活动来承载。"人在天地间，职分必有所底丽。不然，虽励志业无用也。"③ 一个人的才能素养，很自然地对应其职业事功，二者不必对立。"古今人受病处，皆以身之材能、外之官职对立。一念既偏，至于失其身而不能救，是真可

---

① 《序目》，第 84 页。
② 同上书，第 112 页。
③ 同上书，第 630 页。

哀也!"或曰,性分高才,也需对应适当的位分职事。

当然,这种人才养成须有制度鼓励和评鉴,否则反丧失人之职分性质。"自皋陶立选用法,以人之性质合其材之所宜,万不差失;春秋以后,始专论材,十犹得四五。后世遂舍材而论艺,常违所贵取所贱,又以年月断之,其偶合万一,虽所谓巨贤上德者,皆古人品第所不及,又况其下乎!直以夷狄之道治国家,而欲兴起大功,安可得也!"①

水心在评论韩愈时,认为其文字议论胜过立身处世之道,志向高大而不能有济世干略。② 士人士君子之自尊,是在才能与职事结合的基础上确立的。他比较裴度与韩愈,认为前者更能体现出士君子、士大夫的精神理想。才能、志向,需要在实践性的事业、功业中去磨炼,而不能空发浩叹。

对于唐代士大夫,水心认为,"唐人无识治乱者,惟以文华进身,以气力任事,随其所至,裁割而成……"③"唐兴百五十年,士大夫未有风流学尚,王义方卑贱,张九龄孤特,皆不能开其端,至房琯始为宗主,所以名过其实尔。"④"王义方孤峻,动必以义,其徒便有员半千,如此等人,亦可自成风俗。但高宗武后时,举世贪沓,而义方又孤远,故不能达其所为耳。"⑤

治人主体在一个社会,面对流俗,可为者首先是改变风俗、形成新的风气。"大抵古今风俗好恶,不甚相远,其因循拘碍,则谓之流俗。而能自超越者则谓之贤。但世愈降,则超越者愈微,而道义遂沦没矣。"⑥

---

① 《序目》,第514—515页。
② 参见《序目》,第632—633页。
③ 《序目》,第630页。
④ 同上书,第615页。
⑤ 同上书,第606页。
⑥ 同上书,第609页。

这其实是制度变迁的根基，针对流俗中人们习惯之行为精神模式的改变，以形成新的信念、价值与行为取向。风俗素为儒家治理论所重。水心思想显示出，风俗变化的起点在于人道性分，能够担当治人主体的行动者明其人职，而后陶铸其德行才艺。在一个尊重统纪的共治体系中，由此而导致的风俗、体制变迁是可欲的。囿于时代风俗，囿于一时权势格局，不能直究人道人职，治道之改善终究成效浅薄。

南宋周必大曾描述理学士风，"不知如胡安定因其材而笃之，惟复一概语上也。迩来晚辈喜窃伊洛之言济其私，欲诘之则恫疑虚喝，反谓人为塞浅。非如庸夫，尚有忌惮"①。北宋胡瑗教学注重因材施教，才性疏通者研究经义，有特长者侧重各种实践才能的培养。而理学家重视对于心性的探讨，把学者引入玄谈高论之中。这种理学主知论的自负，在实践上却未必有意想的后果。周必大言，"观嘉祐以前名卿贤士，虽未尝极谈道德性命，而其践履皆不草草。熙宁以后，论圣贤学者高矣美矣，迹其行事，往往未能过昔人。至于近世抑又甚焉！虽其间真学实能固自有人，然而上智常少，中人常多，深恐贪名弃实、相率为伪，其害有不可言者"②。这其实是荆公新学、理学兴起后近世儒学出现的共同趋向，伴随义理高调升起，真学实能、践履笃行之士风消沉，引发有识之士的忧虑。

后世黄震特别指出，"本朝理学虽至伊洛而精，实自三先生而始。震既续伊、洛书抄其要，继及其流之或同或异，而终之以徂徕、安定笃实之学，以推发源之自，以示归根复命之意，使为吾子孙毋蹈或者末流谈虚之失，而反之笃行之实"③。

---

① 周必大：《文忠集》卷一八六，《景印文渊阁四库全书》（第1149册），中国台湾商务印书馆1983年版，第86页。

② 同上书，第88页。

③ 黄震：《黄氏日钞》卷四五，《景印文渊阁四库全书》（第708册），《读诸儒书十二》，中国台湾商务印书馆1983年版，第253页。

水心重质实，反意言，强调人职观念，指向才能之笃实修养，这也可理解为事功学者主张事功伦理的特出所在，与理学家主知论的实践观不同。① 明末李贽称赞叶适，"此儒者乃无半点头巾气，胜李纲、范纯仁远矣，真用得，真用得"②！更为重要的是，水心和陈亮都是在宋代任法、法度细密的客观治法架构下，来反思政德、治人主体的德行问题，痛陈"人心日柔，人气日惰，人才日弱"，而非单纯从心性修身入手，进行道德主义的说教论理。要打破法度细密禁锢，需要有发扬共善共治精神的豪杰，再造规模。

在儒者人格上，水心屡屡称扬"豪杰"，以别于"庸众人"，这在浙东学统中其来有自。如薛季宣曾提倡，"故须拔萃豪杰，超然远见，道揆、法守，浑为一途，蒙养本根，源泉时出，使人心悦诚服，得之观感而化乃可为耳。此事甚大，既非一日之积，又非尽智穷力所到，故圣人难言之"③。

水心指出，"夫有贵于儒者，其所立所识非必高出流俗，要使不堕于流俗，而后可以振俗矣"④。这里的"振俗"，所本就是人道性分、人职意识。治人职业，是水心政德论的要目，豪杰精神乃人格典范。他在易学解释中特别强调"乾"卦代表的阳德，将其视作本体论和伦理学意义上的宇宙主导精神，努力在南宋世风中唤起阳刚进取的德性。⑤ 陈龙川批评当世士大夫的弊病之一是固守文法绳墨，不敢一毫走作，未能对其超越反思进而更新

---

① 参见任锋《道统与治体——宪制会话的文明启示》，《胡瑗与南宋儒学的实践意识》，中央编译出版社 2014 年版。

② 李贽：《藏书》卷六，《名臣》，《叶适》；转引自周梦江、陈凡男《叶适研究》，人民出版社 2008 年版，第 121 页。

③ 《薛季宣集》卷二三，上海社会科学院出版社 2003 年版，第 304 页。此处与前揭水心所言"其事宏大广远，非一人之故，一日之力，而儒者欲以一二而言之，此其所以漫然而莫得其纪者也"十分接近，应有渊源承接。

④ 《序目》卷五〇，第 745 页。

⑤ 参见蒋伟胜《叶适的习学之道》，第一章，第二节，中国社会科学出版社 2009 年版。

变革。龙川不取理学家的醇儒模样，主张发挥原始儒家汇聚仁智勇品德的成人理想，呼唤有所作为的立法者建立事功。这些与水心超越流俗、再造规模的理想是相合的，也可看作对于北宋新儒学"体乾刚健"精神的升华。

在儒学传统方面，叶适应对理学日益流行的话语，重归周孔本源以求启示，透过经史之学塑造自己的知识论系统，讲求政事、经术和文学追求的合一。在儒者典范上，类似于季宣向胡瑗追溯，水心更越过道学谱系，提出"今人欲景行前辈，须是于明道、景祐以前更接上去看，方得"①，直指仁宗早期以前的北宋立国初期，如王禹偁体现的直道风气。这一点与陈亮也相同。

"人职"，颇类似于孟子的天爵观念，与官职、官爵相对而言。但水心的这一思路不同于以内圣为本位的思孟学派，根底上抱持一种道法演进的秩序观，从传统演进、经制法度的角度来理解人性、人的社会政治构成，侧重从人的才能养成和实践来确定其位置。结合宋儒的人极意识，理学侧重的是主体内向性的主静和涵养，人职意识则代表了秩序性、社会性的主体落定。而且由于其传统演进的特征，使得人极意识不至于向着一种寻求激烈变革的道德理想主义进发。

叶适强调人职与官职的相应贯通，虽然其中的张力仍不容忽视。如水心批评司马迁在《循吏列传》中提出的"奉职循理，亦可以治，何必威严"，认为这只是相对酷吏残酷而言，非根本之论。根本之论还在于正其身而后正人的君子之道，循吏之职业反为第二义。② 观列传中公仪休、石奢、李离等人，执法严厉，肃杀凌烈有余。水心此处批评，意在敦促学者更体会儒家德礼的根本价值，政道应不远于人道的德行精神，而应就性分处挺立人职、确立官职。这也是我们理解其职业论说的前提。

人职的实现须以文明圣贤传统为脉络，注重圣师典范与心之运用的

---

① 《序目》，第 713 页。

② 参见《序目》，第 291 页。

平衡。

"然人具一性，性具一源，求尽人职，必以圣人为师。"① 履行实践其人职，不是道德理想主义的自我独创、发挥。水心承认共同的人性论本源，在这个前提下人的自我实现，需根据其材质，结合文明传统来思考、落实和扩展。圣人的职业、职分在于稽古道、续先民（"稽古道，续先民，圣人之职当然也"）②。

"师圣人必知其所自得，以见己之所当得者。诗书虽不可复删，礼乐虽不可自制，至于随世见闻，因时述作，既不极乎义理之正，而祖其固陋，转相师习，枝缠叶绕，不能自脱者，锢人之材，窒人之德者也。"在文明传统中，人们得到义理指引，发挥其主动能力，可实现人职。在传统继承与人的自主推动之间，应有一个平衡，所谓"随世见闻，因时述作"。在性分—人职—官职的逻辑链条中，继承传统而推陈出新，是贯穿其中的一条演进线索。在转换为政治秩序之前，人职自觉代表了人们出于文明自觉和传统自觉的自治更新，这是人职的秩序价值，也可以视为治体论中社会维度的德行伦理表达。

"师"代表的传统，本身有一精神延绵，此之谓"心"。但我们需要避免脱离统纪的心之独创发挥。"古者师无误，师即心也，心即师也……非师无心，非心无师。"③ 透过师的演变来看历史，周衰设学而教，师已有误，故其义理渐差。"至后世，积众师之误以成一家之学，学者惟师之信而心不复求。虽然，师误犹可改，心误不可为……而以心为陷阱者方滔滔矣。"④ 三代之圣师，能体现文明精神之心；后世之师，不能及此。因此，学者需要辨析师与心之分离，回溯三代圣师统纪，而以心求得义理之正，成就德

---

① 《序目》，第467页。
② 同上书，第282页。
③ 同上书，第508页。
④ 同上。

才，并"随世见闻，因时述作"。叶适在这里对于师统、心统的追溯，蕴涵了"皇极—大学—中庸"架构下对于大学立教张扬师道的一种反思，反思根基是其统纪意识。

在秩序表达上，职业、职分涵括了政治、社会、经济等丰富的领域，关联着秩序的治体构成，成为人们在其中得以确立自律和他律约束意识的关键依据，也与一个秩序中规则法则的确定紧密相关。我们可以把它看作儒家实践、事功伦理的某种界定性概念，与现代西方的权利思维不同。然而，这个意义上的职业并非完全依赖权力确定下的社会政治角色，其根底是人们天性潜能的成长、自治修养，权力乃顺承其而予以确立。

《诗经·棫朴》《尚书·牧誓》赞美周文武"之所以作人而成其材者"，水心指出"使之皆知自尊，而非以尊其身也"，这里潜在地对于君臣相待以礼、各尊职业的精神予以褒奖。因此紧接着水心批评"尊君抑臣，朝廷济济"这样的秦制政治伦理，践踏了君臣职业尊严。[1] 人才附丽于人职而成，相应地需要在法度秩序中寻求一个充分发挥主体才能的架构，这个架构必定是一个共治性质、互相尊重、礼待的治理模式。

比如对于君主与职业的论述，君主首先有自己的职业职分。"盖以圣人之道言之，既为之君，则有君职。舜禹未尝不勤心苦力以奉其民，非为民赐也，惧失职也。"[2] 只有在圣人三代之道、禅让之法的前提下，才能明白君道实际上有君职的规范，面临失职被惩罚的忧惧。君主位分处于一种公共体制下，被赋予一种职业职分的约束。而且水心批评孟子不忍人的论调，揭示出统纪根本上是一种宪制性、约束性的传统，并非后世心学思路所偏重的主观品质。君道有职业，如明德慎罚，这本身是更广阔的人道性分之向善避恶所规定的。[3]

---

① 《序目》，第 222 页。
② 同上书，第 199 页。
③ 参见《序目》，第 199 页。

君臣之道克艰，"禹益为言治道之首，其言至后臣克艰而止，不可以有进矣。曰'勤俭'，曰'不满假'，曰'不矜伐'，皆艰类也。世稍降而德衰，艰逸之论始参，至孔子乃复正之，曰'为君难，为臣不易'"①。互尊需要依靠德行的自制、勤勉、审慎。"禹言克艰，为圣君也；周公言无逸，为中君也。艰非逸之对也，以艰先之，以逸戒之，以寿诱之，以夭惧之，开之多门，禁之多涂，硱硱乎治道之难进也。"②

君道之政德，"必自修而民服"，"古者戒人君自作福威玉食，必也克己以惠下，敬身以敦俗"，"盖人君敬己之德，教多材而官使之，百世不变之道"。③ 君主重德，也养成官员之德（"教德而多材"④）。君道主要不依靠威、刑。后世君重威福，君臣相仿，"则非大刑弗治，非峻防必逾，君德日衰，臣节日坏，是使帝王之道非降为刑名法术弗止矣，悲夫"⑤！

"天下，大器也；圣贤，厚积也，所以富是道而出之也。刑政、权势、威力，皆道德之弃余也。"⑥ 君道是人职之大者，君主王道本是修人职、积累功德所至，后世退化，反倒以政刑权势为君道中心。叶适《进卷》首论君德，摒弃权谋刑威命令之论，强调实德，正可从人职、职业的秩序客观维度予以印证。

君主的政治权威与人职、职业的关系，还表现在君主能"制置职业"，即确定人们的位秩规范、责任与行为规则。君主的这个权力，并非绝对的、任意施行权力，需要以道义、公论、祖宗成宪、常典作为前提条件，而确立政治的中心性与权威。"制置职业，虽曰人主之柄，非人所得干议，然须制置得是；若悖于道，乖于事，而禁人不使议，岂不危亡乎？又所谓制置

---

① 《序目》，第53页。
② 同上书，第57页。
③ 同上书，第56页。
④ 同上书，第52页。
⑤ 同上书，第57页。
⑥ 同上书，第59页。

职业者，须祖宗成宪已为常典，子孙遵行，故非人所干议……如钱、谷、盐铁、刑法之类，若屡经更张，朝此暮彼，非所谓制置职业也。"① 这一段，清楚显示，职业乃是一治体秩序的产物，制置得当须有优良宪制秩序。商高宗"不自为规矩律度以先天下，必委于臣之能言者而后以身从之，平世持盈守成之常道也。古之圣人，皆备道成德，首出庶物，其行在前，其谏在后"②。透过这些方面的规则确定，为人们的活动设置正当规范，是"制置职业"的重要内容。陈傅良指出宋兴，政治上"再立朝廷，以立君道"，国家再立与君道再还是近世国家确立的议程两面。水心的"制置职业"君道观，可以说对于国家近世化的治体精义给予了社会政治秩序的新颖解释。

古代圣王树立了君道、君职典范，要义在于公共秩序的建立，或曰提供有效的公共品，"修立人纪""与万世共功""并建圣哲"。"自古圣贤，天造草昧，不止为一时私计，所以修立人纪，盖与万世共功，传之无穷。而太宗偏躁狭劣，苟循一人之智勇，薄中国之气类，而笃所厚于蛮夷，华戎杂统，汉虏参用……"③ "古之王者知命之不长，并建圣哲，此意当无极。后世人主，苟计数定，自足以守。"④ 圣王对于个体生命、统治的有限性有清醒自觉，因此致力于确立公共规则，并促进共治。这是"制置职业"的要义。这里对于后世人主自足守天下的批评，正是水心对于宋代立国规模的批评，即不能与众人共守共治，法度细密控持。

这个标准下，后世如汉唐明君，也都嫌不足。"汉高祖、唐太宗，与群盗争攘竞杀，胜者得之，皆为己富贵，何尝有志于民？以人之命相乘除而我收其利，若此者犹可以为功乎？"⑤ "秦汉以来，由徒步搏取天下者，必以

---

① 《序目》，第 572 页。
② 同上书，第 523 页。
③ 同上书，第 637 页。
④ 同上书，第 438 页。
⑤ 同上书，第 563 页。

智起，以勇奋，以气盛，非兼是三长蔑济矣。……然则千有余岁，覆载之广，合离成坏之多，求其能调和血气志虑以整顿当世者，不曾一二而得。况欲望其亶聪明，备道德，为百姓请命上帝而保佑之乎！"

在智、勇、气之上，是一道德境界，"为百姓请命上帝而保佑之"①，这是君职，人道之大者，也是事功功业所出。"飞龙在天，圣人事也。道成德熟，居得尊位，物无燥湿，各以类从，故有风云龙虎之喻。若汉唐浅迫，苟用末术，并希富贵，暂为君臣，猜阻在心，获全者少矣。"②

透过制置职业，君职、君道的宗旨在于"成民"。"古人勤心苦力，为民除患致利，迁之善而远其罪，所以成民也，尧舜文武所传以为治也。"③"成民"，就是在价值和利益上使民得其所。这又不是透过法令实现简单的"操一致"，而是尽民之本性以实现其成长。"夫古之圣王，教养天下之英才，尽其性命之理，使言语文字各极其至，故能不约而自合。"④ 这个"尽性命之理"的过程，包含了教养的维度。

自由天性的实现，离不开某种文明理想的引导。注意这里的"使言语文字各极其至"，结合上文讲到的"文字义理"之长期自发演进与至尧舜而极，我们需领会这里所谓教养的演进自由空间及其上的典范确立，如水心所言，将是一个"不约自合"的过程，社会秩序与政治秩序之间有个先导和确立的关系。我们不能轻视社会秩序的基础性，也不能忽视政治权威的中心性。

水心对各尽性命的理解浸透在其职业观中，表现出一定程度的亲道家色彩。⑤ 如评价皇甫谧"所谓一介不取与，旅泊天地，固无欠余，比之管宁

---

① 《序目》，第561—562页。

② 同上书，第596页。

③ 同上书，第639页。

④ 同上书，第529页。

⑤ 水心比较道佛，认为"道家淡泊，主于治人，其说以要省胜支离"，愈于"浮屠本以坏灭为旨，行其道必亡"，参见《序目》，第631页。

更有职业尔"①。他称赞皇甫谧（215—282）、陶潜（352—427）为"道自分界"者。中世之士，显隐多不得中道。陶潜非必于隐者，"所守则通而当于义，和而蹈于常……至于识趣言语足以高世，而咏歌陶然顺于物理……"② 这类人物能知道义与性分，洞察时势而定出处，可谓明于职业。按水心对其政治理想的引述，如皇甫谧所谓"道自分界中言语""温温和畅""混混""索索""芒芒""醇醇任德""暗然内章"，相对"察察明切""区区分别""琐琐执法"等刑法模式，"意足语真"，为知道言。水心对于皇甫谧的评价，比较管宁"更有职业"，颇堪玩味。皇甫一生未仕，从容述作于田野，无官职而能尽人职。如果这是职业职分之典范表现，可见水心对此的理解包含了从容广阔的社会活力，绝非仅系于政治的经济领域。

儒家的政治过程，在尊重人世间事物秩序的基础上，确立政治权威的功能与宗旨，表彰教化与自由的互相促进，其义大哉！在职业职分论的秩序论前提下，我们可以理解治人主体意义上的职业论。

三代君臣伦理，有其客观结构背景。"盖春秋以前据君位利势者，与战国秦汉以后不同，君臣之间差不甚远，无隆尊绝卑之异，其身之喜怒哀乐，尚可反求故也。"③ 大体上前世近于封建制之相契，而后世帝制不同。因此也导致谏诤君主，于身上说教如格君心一路，难以奏效，反不如就事开说，"于事有所正"④。

如结合君相关系论职业。叶适指出"宰相职业，不在进用百官，余固论之。后世尽夺吏铨归庙堂，宰相事但有此一条，不然则为落寞失权，是其上者皆沦灭不复见。君德天道，谁与助成，极当详考"⑤。吏部得专选事，

---

① 《序目》，第 426 页。
② 同上书，第 437 页。
③ 同上书，第 157 页。
④ 同上书，第 156 页。
⑤ 同上书，第 449 页。

乃后世宰相之职。故虽人主子弟求三公，亦可执论不行。宰相职事，日以卑下，并与其才识皆失。①

水心对于宰相职业，应与西汉陈平所论接近，即"宰相者，上佐天子理阴阳，顺四时，下育万物之宜，外镇抚四夷诸侯，内亲附百姓，使卿大夫各得任其职焉"②。宰相是辅佐君主、共同协理天地秩序的重要角色，不能仅仅从进用百官这种单纯的官僚人事角度予以定位。

借批评唐元和杜黄裳，水心指出宰相应该明国论、成士俗，做到这样可达两汉魏晋的境界。"所可恨者，材智止于其所能。既不知上一截，又不知下一截尔。夫不知上一截，则国论不明；不知下一截，则士俗不成。"③"裴度能聚天下之望在己，为公卿大夫所宗终其身，此一事，自唐以来贵人皆无其意，与仅有其意而不能成。其能成者，度一人而已。"④

姚崇、宋璟，以功业自许，旁观粗有识者不许。"盖雍滞处豁开，横流中猛截，只是随时精彩，何异白驹过隙？至于一家局面伸缩，一人身分整顿，能使之自然及远，则非二人本质所有矣。张九龄却颇近似，宜乎后人谓其用舍为开元、天宝治乱所由分也。"⑤核心政治精英群体的作为，影响政治格局、立国规模的变化，由一人身分和一家局面，延及广远。

他批评后人对于功名的理解退化，"庸情常论，狃于近而忘其远也。后世又不止尊异李、郭而已，如赵普、李沆、王旦，皆欲以无功而自为功；又其决不可无者，文彦博以贝州，富弼以议和，狄青以侬智高，韩琦以定策，张浚以苗、刘，赵鼎以亲征，皆为元功盛业矣。然则古人之功名，岂终不可及耶"⑥？古人之功名，在于"拨乱反正，一劳永逸，世载不朽"，而

---

① 参见《序目》，第 488 页。
② 《史记·陈丞相世家》。
③ 同上书，第 625 页。
④ 《序目》，第 626 页。
⑤ 同上书，第 610—611 页。
⑥ 同上书，第 614—615 页。

非"扶持收拾，仅救目前"①。

"一人身分整顿"而"使之自然及远"，由人道根底立论而畅发经世大业，避免陷入一时格局限制，正是需要宰相能明职业，与君道伸张、明其职业同理。此处用"身分""本质"等词，通于性分人职，其职业实行的精神特质与直接由心性修身立论不同，着眼于经制法度的立国规模，颇可玩味。

职业观表达了水心对于政治和社会角色和制度的规范性认知。职业认定，相对现实中的权势变迁和实际表现，可以发挥约束、批判的功能。职业为职权的先导。君主职业须合公道，叶适批评"尚书为君主私人，事归台阁，公卿充位"，就违背了天子大公无私的原理。② 东汉宰相只是无实权，魏初仅仅成了官称。"数百年间，有君无臣"，违背天地之经。"有君无臣"，君主成为违背公共原则的孤家寡人。③ "北魏待其臣，佣力之不若，犹行之百年。然则必能明臣邻之义者然后为舜乎？魏未尝禄其臣，教之使贪，而以重法禁之。"④

宰相职业沦落，职权剥离，君权专大。"政归尚书，汉事也；归中书，魏事也；归门下，盖是时母后专朝，与宦者同耳。然后世相承，遂为故实，并号三省，而侍中、门下、侍郎为真宰执，其源有自来也。"⑤ 又如内宫制度，"隋炀帝置女官，准尚书省，以六局管二十四司，则出于创建。内外分庭，人臣不得分毫预矣，所谓人主之职十倍宰相者也"⑥。"人主不能以道御臣下，而与之争职事，以此为收揽威柄。"⑦

---

① 《序目》，第 614 页。
② 同上书，第 380 页。
③ 同上书，第 386 页。
④ 同上书，第 498 页。
⑤ 同上书，第 500 页。
⑥ 同上书，第 547 页。
⑦ 同上书，第 454 页。

宰相一步步丧失权柄，是君主权力扩张、专权的后果。水心批评君主不断试图绕过公共职权体系，发展服从自身的私人力量，这是造成传统政制中最具破坏力的因素。君君臣臣，本具有公共性的权力安排和分配意义，专制君权其实破坏了这种公共原理。

"君相之职，自前世无的切证据，然君之所欲为，必以命于相，相之所得为，必以归于君，此古今之通义也。"① 水心严格依照《尚书》"尧典"提出，君不当自为，分职分权属于客观公共治理之道。这与时人"权归人主，政出中书""权政二分"的思路也相通。② 他称赞苏绰反对"以官职为私恩，爵禄为荣惠"，彰显了"天下至广，非一人所能独治""天官不妄加，王爵不虚授"的"至公之道"。③ 君主专制，其实是一种变态法度，它把公共政治私人化、独断化了。

◇ 第六节 反思理学的道德—政治浪漫主义：叶水心论习性与事理

统纪之学讲求治体统绪、兼重治法与政德，水心却屡屡指出治道难言、法度难革、豪杰难求。④ 正视政治经验与实践的儒家道问学之不易得，是水心遍视古今、亲历实政之后的大感慨。在先后同出的时贤中，他继承浙东学脉，对于理学家道学持异议。检视起来，他的浙东俦侣在思想上仍然表

---

① 《序目》，第 415 页。

② 任锋：《重温我们的宪制传统》，《读书》2014 年第 12 期，收入本书附录。《宋史》卷四〇六，列传第一百六十五，《洪咨夔传》，洪咨夔上疏曰，"臣历考往古治乱之原，权归人主，政出中书，天下未有不治"。

③ 《序目》，第 520—521 页。第 525 页云"自宇文泰起接隋唐，百年中精神命脉，全在苏绰一人"。

④ 参见《叶适集》（下）卷一五，第 835 页。

现出来自早期理学的深刻影响，于经制事功之外杂以程度不等的道德形上学色彩。这一点至水心晚期，可以说洗刷殆尽，依据统纪之学的政治中心论对理学进行了深入检讨。这种检讨的根本视野是儒者的政治成熟、近世士大夫的政学反省。

在知识论上，他继承了新儒学关于道与主体能动性的基本看法，并不否认心的明道角色。不同于理学的是，他对于心和物秉持一种均衡的立场，并且更注重事物、物理对于道的实践论含义。① 在此意义上，古文运动、道学思潮都有偏失，对于儒者道德和政治实践都有蔽障之见。②

水心提出的"内外交相成"，强调心物兼济，可以说为季宣的道法合体、祖谦的内外维持等论述赋予了知识论的成熟基础。需要注意的是，统纪之学所追求的并非现代学科意义上的哲学或伦理学，所建立者乃一种以实践经纶为中心的道德—政治学说，对于宋代代表的近世立国规模的系统性体制剖析，对于社会、经济、文化秩序的解释是其核心贡献。这一点上，理学话语虽然也有这个面向，但主要发力处及成就偏重于所谓道德哲学。或者换个角度说，经制事功之学、统纪之学与朱、陆等人的理学，在政治思想上也显示出两类不同进路的理解，前者更重秩序经纶和宪制构架，而后者更重以"格君心"为纲要的内圣开外王。

但这样一个分疏，并不是说水心的政治思考缺乏哲学维度。可以看到，他在理学家关注的一系列哲学议题上发展出了自己的看法，这套看法与他政治理解的特质互为表里，也为我们反思理学的政治思考提供了极为重要的视角。

---

① 蒙培元先生从德性之学的角度对水心有较为深入的探讨，参见蒙培元《叶适的德性之学及其批判精神》，《哲学研究》2001 年第 4 期。

② 水心从理想政治的角度，指出"其文则必皆知道德之实而后著见于行事，乃出治之本，经国之要也"。参见《序目》卷四八，第 711 页。所谓"道德之实"，就是正文皇极部分指出的物、道、极的恰当关系。

水心的人性论不同意"生静而感动"的传统论调。对于《礼记》所云"人生而静，天之性也，感于物而动，性之欲也"，叶适认为"但不生耳，生即动，何有于静？"理学由此而生发出主静之论，强调本性安宁、受物欲鼓动而出现偏差。在水心看来，"以性为静，以物为欲，尊性而贱欲，相去几何"①。对于人性与事物的关系，看法过于偏颇，贬低了事物的地位，也认识不到人性之尊明不能须臾离开事物经纶。从上一节性分与人职的关系，我们也能看到这一点，人职恰恰是要在具体事物的秩序中安身立命、展开活动。

同样，在批评《乐记》"知诱于外，好恶无节于内，物至而人化物"时，水心也指出"知与物皆天理之害也，余固以为非"。理学的天理人欲二元论，容易把天、理高度神圣化、纯洁化，对人与事物的互动采取禁制、隔断的被动视角，而对人发展出一种极端的想象，或者全是人欲，或者全臻天理，极大夸张了天理、事物与人之间的鸿沟。

水心不同意这样的天人之论，更平实地承认人内在的情欲和道德张力，认为这是儒门修己工夫的出发点，批评"近世之论学，谓动以天为无妄，而以天理、人欲为圣狂之分者，其择义未精也"②，"近世之学，谓动以天为无妄，动以人则有妄。夫卦之画，孰非天者？偶震与乾合，而遂谓动以天为无妄，则他卦之妄者多矣，岂足以教人哉！且人之动，则固人而已矣，又孰从而天之？不见其天而强名焉，是将自掩而为妄不可止也"③。

---

① 《序目》，第103页。

② 同上书，第24页。

③ 《序目》，第16页。墨子刻指出理学政治文化中存在难以逃脱的困境感，尤其是内在精神追求的陈义太高，而使信从者在实践中难以企及。为摆脱这种困境而衍生出近世新儒学内部的种种争论，如程朱与陆王。这种近世政治文化中的困境感为现代中国不断寻求变革，乃至不断革命的道路设定了文化基线，其赖以形成的思想架构也是我们理解现代中国意识形态最终以革命主义将宇宙、社会政治与人性予以一致性强化解释的重要渊薮。从水心的批评视角来看，理学政治文化思维的这种虚妄在其兴起时得到了近世儒学内部的警示和反省。这对我们透视从近世到现代的政教变迁尤为有益。

《大学》强调"格物"的首要地位，二程解"格物"为穷理，而水心认为《大禹谟》"人心惟危，道心惟微"、孔子"非礼"之论都不论有物无物，格物只是入德之门非穷理之境，后学者纠结于格物或绝物或通物，容易迷失方向。相对地，水心把"致知"作为首要，"知者，心意之师"，"所知灵悟，心意端壹，虽未至于趋诣简捷之地，而身与天下国家之理贯穿通彻"①。但需要注意，水心并非贬低格物的重要性。相反，格物需要持久通贯的实践，需要真正进入内在与外在之事物的世界，而不能一味与物隔离，甚或拒斥。

对于历史上的诸家人性论，水心强调从历史演进的视角来看待各家各派的说法，指出孟子在三代没落的世界中大力提倡性善论，让人们认识到"人性之至善未尝不隐然见于搏噬、紾夺之中，此孟子之功所以能使帝王之道几绝复续，不以毫厘秒忽之未备为限断也"②。然而，水心自己的立场更强调超越善恶来进行理解，"余尝疑汤'若有恒性'，伊尹'习与性成'，孔子'性近习远'，乃言性之正，非止'善'字所能弘通"③。"恒性""常性"蕴涵丰富广阔的经济、社会与政治内容，不是用道德善恶的单一视角就能完全概括的，这一点与北宋诸儒苏轼等人更为接近。水心更强调从一种习惯、习俗、习性养成的角度来理解其构成和性质。水心的人性观是一个比道德构成性远为丰富的概念，体现出一种广阔的法度演进性，或者说将人性论转换到了习性论的思路，与实践经纶的开物成务紧密结合一体。

水心主要透过回溯《尚书》这样的根源经典来阐发自己对于理学论述的异议。这一点在他对《中庸》首三句的批评中有典型表述。

对于"天命之谓性"，他引用《尚书》《汤诰》"惟皇上帝，降衷于下

---

① 《序目》，第 114 页。
② 同上书，第 206 页。
③ 同上。

民"指出，可以说"降衷"，不可言天命为性。因为万物与人类生于天地，都出于上天之命，而唯有降衷是人独得，"盖人之所受者衷，而非止于命也"①。由于这个原因，人类受衷，"故能得其当然者，若其有恒，则可以为性"，在行动中践履、遵循规范之延续恒久，这才是性的本义。人性民情在世间事物秩序中，有其独特的性质。由于人类得之于天的独特禀赋，才能在实践中形成常道常行。

而"率性之谓道"，在人享有普遍天命的假设上，不能把握"降衷"之独到命意，"不可知其当然也，而以意之所谓当然者率之，又加道焉，则道离于性而非率也"。人类独有的降衷、受衷使他们真正得其当然，知其当然，最终形成恒性；反之，泛泛的天命论只能诱使人类运用自身的私意去揣度道德之当然、天地万物之所谓普遍命理和规律。这并不能导致率道，反倒是导致了意想之道远离，甚或违背人类的本性，人类以臆想提出理性僭越之道论。道远于性，又以道宰制人之材质，使人离成德远矣。

接下来，水心对"修道之谓教"的"修"提出意见，认为如"克绥厥猷惟后"所言，"盖民若其恒性而君能绥之，无加损焉耳。修则有所损益而道非其真。道非其真，则教者强民以从己已"②。道须绥人性民情，不可修之，否则政教必沦为强制。按照水心的分析，《中庸》的修道最终导致的是根基于私意之上的强制，并且是一种自以为掌握了道而实际违背人性人道的强制。水心认为，古典智慧中，性与道是结合一体的，而"率性谓之道"，实际上"以道合性，将各徇乎人之所安，而大公至正之路不得而共由矣"。臆想意言开展出的道，并不能为公共秩序提供坚实的基础。

水心强调的是，依据"降衷"—"有恒"—"绥猷"之间的公共性逻辑，去破除天命之性—率性—修道之逻辑中的我私、我执（"意之所谓"、

---

① 《序目》，第107页。
② 同上书，第108页。

加之损益的"强民从己"）。如果说理学一路的思想在其间开发出了人类张扬意志与理性的"率""修"空间，水心对此表示怀疑，主张认识到人性独特受衷的常道、大道，切莫陷入以己意揣度大道、设限推行的独断逻辑。朱子批评苏氏之学，"他认道与圣人做两个物事，不知道便是无躯壳底圣人，圣人便是有躯壳底道。学道便是学圣人，学圣人便是学道，如何将做两个物事看！"① 圣人道成肉身，以完美人格代表道体，深浸一种宗教性精神，与浙东经世实践型的治人理解大有不同。尤为重要的是，这个人格理念的浪漫和宰制，极容易导致某种强迫、强制的政教。对于我们反思理学影响下的近世政治精神，水心提出了极为深刻的洞见。

对于"道也者不可须臾离，可离非道也"，水心引用夫子的"谁能出不由户，何莫由斯道也"指出，由户而出是行道的恰当譬喻，"不可须臾离也"则意味"无往而非户也，无往而非户，则不可须臾离者有时而离之矣"，这毋宁是一种过于泛化、普遍化的道论，不能如孔子论道之"明而切"。可见，水心是运用《尚书》《汤诰》的"惟皇上帝，降衷于下民。若有恒性，克绥厥猷惟后"来对治《中庸》首三句纲领这一理学性命论的大根据。

其间紧要处在于，道的根据究竟是人类独受的降衷，抑或天地万物的普遍天命。水心是紧扣人类的道德和政治领域来思考，从一种有限度的形而上学视角来确定天命与人类的相关性。这种形而上学并不否认万物与超越之天的关联，只是并不将天物关系与天人之际混合一体谈论。理学思路则根据全包式的普遍形上学演发一套当然之规范，在水心看来已属于人类私意私智的过度发挥，不够审慎，容易陷入人人各执己见、标举超凡的分歧纷争。

更为关键的是，水心认为依据这种私意私智，形成了自以为是、独断

---

① 《朱子语类》卷一三〇，本朝四。

性质的"强民从己",从根本上违背了民的恒性厥猷,对于事物秩序的内在机理形成一种不当的宰制。而这种不当,配合觉悟天地万物的普遍命理自负,容易形成一种道德—政治的宇宙浪漫主义,为政治领域增添不必要的重累("自掩而为妄不可止")①。水心根据夫子"老安少怀"批评近世学者以为如是则与天地同量的浮言,"且天地虽大也,亦乌能安老而怀少哉"②?这个思路的政治思想陷阱即在于此。

这种理学政治观在基本的修身之道上,不能正视事物欲望的正当性,往往"抑情以徇伪,礼不能中,乐不能和,则性枉而身病矣"。而水心依据《周礼》司徒、宗伯,指出民伪乃是天生之动作、文为、辞让、度数之辨,由于其不可见而匿情,属性为阴;民情是耳目口鼻四肢之节,其可见而能灭伪,属性为阳。人情民情的抒发、行为规则之辨明,需要乐和礼来予以规范校正("防"),因此"礼乐兼防而中和兼得,则性正而身安,此古人之微言笃论也"③。修身之道要实现人情和法度合乎中和原则的兼得,不能过度抑制人情欲望。

在秩序经纶上,水心批评学者是己非人、自智愚物,也包含了对于理学末流轻视事物实践的批评。"余每患儒者不知以伦类之通开物之所有,而好以亿虑之私疑人所不能,自智而愚物,而不知己之愚自是始也。"④水心把五行视为政理之精义所在,认为《洪范》箕子首告以五行,希望武王"顺天行而万物并育,不欲其私人力而一家独利"。政治人应该做到德、智、力兼备,做到"顺五行之理以修养民之常政"⑤。遵循天理是良政的前提,这一点水心与理学家相同,关键在于理学强调人的道德主体优

---

① 《序目》,第16页。
② 同上书,第180页。
③ 同上书,第88页。
④ 同上书,第240页。
⑤ 同上书,第314页。

越性之关键地位，而水心强调德智力兼备的实践主体面对事物经纶应有的谦逊审慎和多样才能。从道德观到经世观上，他都不同于理学一派的思路。

儒家的道与学，其全体规模表现为"为仁由己""克己复礼"的"具体"与"出门如宾，使民如祭"的操术。① 孔子揭示"一以贯之"的道理，则此道学"贯通上下，应变逢源，故不必其人之可化，不必其治之有立，虽极乱大坏、绝灭蠹朽之余，而道固存，学固常明，不以身没而遂隐也"②。此处可见水心的道论仍与理学分享近世新儒学一路精神。

然而，对于曾子以"忠恕"解"一贯"，水心并不认同，指出"忠以尽己，恕以及人，虽曰内外合一，而自古圣人经纬天地之妙用固不止于是"。水心认为孔子继承圣王一道以教育学生，后者所受各不同，不能认为曾子独受独传。水心以颜子的"克己复礼"批评曾子的"动容貌而远暴慢，正颜色而近信，出辞气而远鄙倍"，前者体现的精神是"己不必是，人不必非，克己以尽物可也"，而后者自以为是，非人非物的狂妄可见，"专以己为是，以人为非，而克与未克，归与未归，皆不可知，但以己形物而已"。

"以己形物"，发生在与物隔绝不通的情况下，易流于对物的强制宰割。这里对于曾子的批评，正是对理学本源的批评，如水心自述"传之有无，道之大事也。世以曾子为能传而余以为不能，余岂与曾子辨哉？不本诸古人之源流，而以浅心狭志自为窥测者，学者之患也"③。

水心思想肯认道、德、性、理一类概念的重要性，而他的理解是显明地体现出对于事物与此类抽象概念之关联的高度强调，批评舍弃前者空谈性理道德的取向。如所谓"理本不虚立""德兼物""订之义理，亦必以史

---

① 《序目》，第 178 页。
② 同上。
③ 同上书，第 188—189 页。

而后不为空言"①。前文述及皇极哲学，盖"夫极非有物，而所以建是极者则有物也"②。因此，水心思想的形而上学层面，是主要基于一种经纶秩序的角度来加以阐明的，它不同于理学家宗教性体验意味极强的形而上学境界。水心指出，"君子必将即其所以建者而言之，自有适无，而后皇极乃可得而论也"。道德礼义，是透过事物的经纶秩序得以显现，"物之所在，道则在焉……道虽广大，理备事足，而终归之于物，不使散流，此圣贤经世之业"③，"夫物之推移，世之迁革，流衍变化，不常其所，此天地之至数也，圣人已见之矣。是故道以易天下而不待其自易，迎其端萌，察其逆顺，而与之终始"。"圣人迭起而能以道易天下"④，事物合乎其本性的安顿编排，形成优良之秩序，这是水心事物经纶之形而上学的观念。

这种经纶性形而上学的观念精神，在水心对于《易》之"乾"卦的解读中最能体现出来。他不满于易传系统对于阴阳关系的辩证解读，而高度强调"乾"之首出地位，将其理解为宇宙生生不已之力量根本，"道者阳而不阴之谓也"，因此表彰"独乾""独阳"的价值。阴只是对于这种力量的破坏破损抑制，"杀其已生，坏其已成，性情使之耳"⑤，不具备根本意义。"乾"是宇宙形而上意义的根本，阳刚之德代表了人文与天地的根本力量，人应当把握这个根本而指导道德与政治领域的活动，彰扬一种刚健有为而不至于妄的进取精神。我们也可说这是水心所谓天人之际"降衷"的核心。

如果把这个观念放在水心乃至浙东学派的整体思想中去领会，我们可以说它代表了一个根本性的人格活力、社会活力、秩序活力的概念，指向

① 《序目》，第 145、155、205 页。
② 同上书，第 728 页。
③ 同上书，第 702 页。
④ 同上书，第 695 页。
⑤ 同上书，第 14 页。

社会政治世界中那些生发、经纶、进取、刚健的根本力量。在治体论范畴中，一步步落实为对于经纶性治人、治道、治法的新颖阐释。比如吕祖谦对于天下事往前进取的强调，季宣、陈亮对于英雄豪杰人格的推重。水心对于育德振民、乾阳刚主内应物的提倡、人职意识、为国之道中立国活力的强调，对于社会经济领域财富创造、秩序维系之有生力量的尊重（反对贬低商贾、为富民辩护）。乾道发扬，这是三代盛治的根本，"若夫乾之二为见龙，三为夕惕，四为跃渊，五为飞龙，其君以是道，其臣亦以是道，所别者位而已矣，此唐虞三代之所以为盛也"①。体乾刚健，是二程代表的北宋新儒学的核心精神，至此而有一番治体论视野中的升华洗礼。如何承续、包容、转化社会政治中那些元气淋漓、阳刚进取的精神力量，使之抟成一种共善、刚健而可持续演进的优良秩序，国家有活力而政府有权威、法礼，浙东经世哲学的基调可以在水心对于"乾"卦独具一格的解释中得到根本印证。

水心与理学均出于推动宋代天理论兴起的新儒学流派。后者从心性、修身的进路彰显了天理论的性理一面。作为纠偏与平衡，水心代表了侧重事物物理经纶的天理论之宪制一面。事功派学者都有此一偏重取向，而水心与前代如王安石等人相比，更注重从传统、社会、民间自发秩序的角度来阐发这一事理论面向，极大丰富了天理政治思维的多面性，显示出近世儒家政治维度的趋向成熟。

---

① 《序目》，第7页。

第四篇

第 十 章

从治法到心法：朱子和陆象山的
理学治体论

今人对于宋明儒学、宋学往往以理学、道学代之，并以后者为纯粹讲求心性内圣之学，对于近世政治思维贡献细微。这一点，自政治思想研究的视角来看，已得到不少学者的有力拨正。

萧公权先生在《中国政治思想史》中虽然对理学群体的政治思想评价低微，唯独对于朱子褒奖有加，认为晦庵之学不限于正心诚意，而能讲求实政，提出了对于南宋内忧外患的切实方案。① 张灏先生对于理学家的经世思想尤其重视，认为代表了宋明儒学的主流，其治道原理以政治为人格的扩大，其中又蕴涵发展了心灵秩序和二元权威的观念。而治法相对属于其治体论的次要地位。②

张灏先生的这一判断值得深入琢磨。我们不能只是看到他们在治法层面缺乏显性创设，就低估其治道思维创新对于治法重构的潜在能量，这一点在黄宗羲等人那里有大印证，对现代政治思维的影响尚未得到充分估量。近期受美国汉学社会史研究范式的影响，学界对于理学家在地方社会秩序方面的积极贡献比较重视，更有学者将理学视为一种地方性社会本位的经

---

① 参见萧公权《中国政治思想史》，第十五章，辽宁教育出版社 1998 年版。
② 张灏：《转型时代与幽暗意识》，《儒家经世理念的思想传统》，上海人民出版社 2018 年版。

世意识形态。以上诸说，为我们全面把握理学家的政治思维，提供了珍贵线索。而将其放在宋代政治社会脉络中正面清理其政治思维，仍然需要认真进行。

本书第一篇曾对二程兄弟的政治思想有过讨论，揭示了他们在宋代政治传统中的思想应对与典范意义。本章尝试从朱子政论入手，揭示其中各议题间关系；并以同时代最重要的另一位理学家陆九渊为代表，通观理学政治思维的特征。另外，以公共话语为视角，透视近世秩序思维的公共精神取向，这构成了近世治体论的共同治道原理。最后，着眼于儒学实践意识，剖析理学和经制事功学在治人主体精神上的共识和分化。

◇ 第一节　朱子的治体论

朱子一生立朝仅四十余日，外任时间也比较短暂、断续。透过他从早年入仕到晚年党禁期间逝世的政治言论，可以发现，在中央朝廷层次，面对孝宗、光宗、宁宗等君主，朱子逐渐形成以格正君心为纲要的政治主张；在地方则实践儒家亲民、新民的宗旨，抑制豪强，惩治贪腐，严立约束。

一　共治传统中的格正君心

君主，在朱子看来，是担负"造端建极"大任的国家元首，是国家共同体的精神和政治权威，对于一国兴衰承担最关键的责任。君主的政治战略，应当符合儒家大法的要求。比如透过抗金来拨乱反正，端正君臣父子大义，这是朱子一生坚持抗战、反对求和的理由。国家，在朱子论述中，根本上是一种精神性的聚合。

如果缺乏纲纪伦常对于这种共同体精神的凝聚和提撕，国家将缺乏正当性基础，也缺乏长期发展的活力动力。"夫君臣之义，父子之恩，天理民彝之大，有国有家者所以维系民心、纪纲政事本根之要也。"① 这种精神的内涵，如五常伦理，如公私之别，都需要君主在正心诚意的环节整顿清明。而臣民应该据此对于君主进行格正心术的努力。

需要注意的是，格正君心的主张并非是一种纯粹聚焦君主心性德养的道德学说，而是内在于追求共治的宋代政治传统之中。君心若能大公无私，服膺仁义，必须在政治实践中避免独断专制，并且重视与士大夫群体的共同治理，遵守一系列的法度体制。换言之，"体乾刚健"要合乎公道，君臣共治，而非君主专制，才是治体刚健的要义。

比如《壬午应诏封事》提出讲学、定计、任贤三策，强调中央政府任用贤人，反对君主"偏听独任"，主张"进退取舍，惟公论之所在是稽，则朝廷正，而内外远近莫敢不一于正矣"②。《庚子应诏封事》依据三代典范之法，指出"古先圣王所以立师傅之官，设宾友之位，置谏诤之职，凡以先后纵臾，左右维持，惟恐此心顷刻之间或失其正而已"③。《辛丑延和奏折二》指出，国家治体在于"夫天下之治，固必出于一人，而天下之事，则有非一人所能独任者……盖其人可退，而其位不可以苟充；其人可废，而其任不可以轻夺。此天理之当然而不可易者也"④。政治秩序体制中的位和任有其客观功能和价值，君主统领臣民，提纲挈领，体制内又需分工共治。在朱子看来，这本身是天理的当然。

换言之，朱子认为天下国家的统治权寄托于君主，而实际治理权必须

① 朱熹：《朱文公文集》卷二四，《与陈侍郎书》，上海商务印书馆1929年版。
② 朱熹：《朱文公文集》卷一一，上海商务印书馆1929年版。
③ 同上。
④ 朱熹：《朱文公文集》卷一三，上海商务印书馆1929年版。

要有所分享分配，这是政治事务的公共特征客观决定的。朱子也把这种政治原理指认为"天理之当然"。这是对于君臣共治的原则性肯认。而共治需要依据一定的制度和程序，三代之法已经围绕最高统治者提供了一套共治机制，所谓"师傅""宾友""谏诤"的制度设置。这些特别针对君主意志发挥引导、参赞、约制的功能，具有咨询、监督的权力性质。

在立法和行政权上，他特别强调宰相的相对独立地位。《庚子应诏封事》中，指出人君正其心术以立纪纲，而纪纲的大体在于"宰相兼统众职，以与天子相可否而出政令，此则天下之纲纪也"，宰相扮演行政首脑的角色，是可以与最高元首相可否，分享最高决策权的。这是朱子共治理念的典型体现，也是基于宋代政治宪制的精义提炼。① 理学家的思辨，应结合近世秩序法度化的核心主题来领会其精神指向。

这个理念也贯彻到了朱子对于本朝政治传统的评价中。朱子在评价宋代开国君主时，称许其英雄本领阔大果断，用人方面也没有后来士大夫政治兴起时的议论不决。然而，这只是一种开国时期的粗疏状态，健全政治需要士大夫的共治。"这是开国之初，一时人材粗疏，理会不得。当时艺祖所以立得许多事，也未有许多秀才说话牵制他。到这般处，又试欠得几个秀才说话。"② 而"本朝全盛之时，如庆历、元祐间，只是相共扶持这个天下，不敢做事，不敢动……"③ 共治传统逐步形成，也形成了对于本朝宪制的尊崇和保守，但其弊病是缺乏有为精神，难于重新振作。

对于神宗、孝宗等有为君主，朱子肯定他们变法改革的动机，同时批评他们缺乏充分的共治讨论。"故神宗愤然欲一新之，要改者便改。孝宗

---

① 宋人从自身政治传统里面提炼出了相当可观的宪制精义。如南宋杨万里《千虑策》"论相"也是基于宋仁宗时期的共治传统，提出对于宰相，君主应认识到"天下之人自择宰相以遗朝廷""听天下自求其人而我无与""圣人能为天下受宰相"，君主根据天下公意来任用宰相，不要干预天下人自求宰相。参见《诚斋集》卷八九。

② 黎靖德编，王星贤点校：《朱子语类》，中华书局1986年版，第3043页。

③ 同上书，第3051页。

亦然，但又伤于太锐，少商量"，"盖神宗因见唐六典，遂断自宸衷，锐意改之，不日而定，却不曾与臣下商量也"①。君主在政治决断上的"断自宸衷"，经常被宋代士大夫群体视作潜在的专制行为，折射出共治的平衡张力。这一点观于孝宗朝朱子与同时诸儒的众多面谏、言批最为鲜明。如陈傅良将"不以主断废群议"树立为太祖故事成法，直言批评孝宗"独运专断，任一意之所独向，而忽群臣之所共违"②，言论大胆尖锐颇能代表他们对于共治理念的捍卫。朱子对于孝宗时期近习弄权不断抨击，就是希望孝宗能尊重与士大夫共治、遵循正式法度的纪纲，树立一个政治权力理性化运作的典范。君主本身就被视为这样一个宪制架构的公道体现者和捍卫者。我们在北宋以来如李觏、二程的政治思维中都能发现这一守宪者的规范要求。而理学家（包括王安石）其实在另一面，又充分关注到了元首政治家的根本精神塑造力，即本书第一篇所谓"体乾刚健"的"精神之运"。

对君主道德理性能力的强调，是在国家治体的纪纲框架内衡量的。《朱子语类》卷一〇六中指出，"法尽有好处。今非独下之人不畏法，把法做文具事；上自朝廷，也只做文具行了，皆不期于必行……朝廷召令，事事都如此无纪纲，人人玩弛，可虑！可虑！"陈亮、叶适等人批评的"任法"就包括了把法度自身文具化，视为形式空文，缺乏实行效力。

朱子在《经筵留身面陈四事札子》中说得尤其明确，"至于朝廷纪纲，尤所当严，上自人主，以下至于百职事，各有职业，不可相侵。盖君虽以制命为职，然必谋之大臣，参之给舍，使之熟议，以求公议之所在，然后扬于王庭，明出命令而公行之"，"正使实出于陛下之独断，而其事悉当于理，亦非为治体，以启将来之弊；况中外传闻无不疑惑，皆谓左右或窃其

① 黎靖德编，王星贤点校：《朱子语类》，中华书局1986年版，第3073、3070页。
② 《陈傅良文集》卷二〇，《转对札子》；卷二九，《壬辰廷对》，浙江大学出版社1999年版，第287、387页。

柄，而其所行又未能尽允于公议乎?"① 这里关于事理和治体的区分值得留意。前者强调的是出于个体本位的判断行为，而后者强调这种行为除了自身相对于事理的正当性，还必须符合治体的正当性。君主德治或曰理学经世，离不开治体的约束规范。治体，既包括君道职业的位任自觉，也涵盖了法度纪纲的客观架构。

朱子在政治思维上高度强调治体，"论学便要明理，论治便须识体。这'体'字，只事理合当做处。凡事皆有个体，皆有个当然处。问：'是体段之体否?'曰：'也是如此。'又问：'如为朝廷有朝廷之体，为一国有一国之体，为州县有州县之体否?'曰：'然。是个大体有格局当做处。'"这个治体，在架构上政治实体各有其构成的体要，同时对于每个人来讲，也是其"事理合当做处"。可以说，是天理当然，也是事理合当做处，政制架构的体要义与政治伦理的规范义，二者相合。

朱子政论虽不轻视制度政事，然以格正君心为根本，所谓"正心术以立纪纲"(《上孝宗封事》)。精神心术是纪纲法度的总会归处，思想的趋向是将二者当作本末论。他认为王通论治体处极高，然本领欠缺，不理会"正心诚意"。②

二 "法祖宗"批判中的薄今和非今

治体在纪纲法度上自有传统积淀，规则形成有多个层面。我们不能只是看到客观成文、具有强制力的政治规则，而忽视规则的层级性、体系性和演进性，如礼的传统资源。比如朱子对于册命之礼、宰相宣麻之礼的考察：

---

① 朱熹：《朱文公文集》卷一四，上海商务印书馆1929年版。
② 参见黎靖德编，王星贤点校《朱子语类》卷九五、卷一三七，中华书局1986年版，第2449、3267页。

册命之礼，始于汉武封三王，后遂不废。自古有此礼，至武帝始复之耳。郊祀宗庙，太子皆有玉册，皇后用金册，宰相贵妃皆用竹册。凡宰相宣麻，非是宣与宰相，乃是扬告王庭，令百官皆听闻，以其人可用与否。首则称道之文，后乃警戒之词，如今云"於戏"以下数语是也。末乃云"主者施行"。所谓"施行"者，行册拜之礼也。此礼，唐以来皆用之。至本朝宰相不敢当册拜之礼，遂具辞免。三辞，然后许，只命书麻词于诰以赐之，便当册文，不复宣麻于庭，便是书以赐宰相。乃是独宣诰命于宰相，而他人不得与闻，失古意矣！

朱子指出册命礼是古已有之，汉唐之法都施行，本朝荒废，不能发挥使宰相任命得到百官评议监督的共治精神（"古意"），这是在君相大法的层面上对于共治精神的复兴动议。①

再如，从君臣论治的角度，引用三代法度批评宋代现实：

古者三公坐而论道，方可仔细说得。如今莫说教宰执坐，奏对之时，顷刻即退。文字怀于袖间，只说得几句，便将文字对上宣读过，那得仔细指点。且说无座位，也须有个案子，令展开在上，指画利害，上亦知得仔细。今顷刻便退，君臣如何得同心理会事！②

无座之讥，无疑包含了对宋初宰相失座的批评。此间政治领导层人物行动规范之论述，即属于共治宪典层面的剖析，对涉及现象虽无成文性或制度性规定，却关系到共治政体下君权与相权关系的演变。而朱子能从三代之法中抽绎原理，提出修正之策，为复兴共治精神提供典则契机。

道德、礼俗等不成文的，也未必具有强制力的规则，同样属于儒家谋

---

① 参见黎靖德编，王星贤点校《朱子语类》，中华书局1986年版，第3068页。
② 黎靖德编，王星贤点校《朱子语类》，中华书局1986年版，第3068页。

求优良治体的运思范围。比如政治生活中政治家的行动规则，有些未必有明文规定，也未必具有强制力，却可以反映宪制的内在精神。比如宁宗即位后，以内批形式驱逐宰相留正。这一行为违反了上述朱子强调的中书给舍等正式程序的规定。从政治行为的礼俗来讲，朱子又拈出"体貌"一语，批评宁宗做法不合法度，伤害大臣尊严，内在侵蚀了君臣共治的根本理念。① 这里的体貌尊严说，要求君主政治行动从客观和主观层面合乎既成制度，更侧重宪典层次，实际上也代表了某种不成文规则的隐性规范力量，对于客观制度是种有益的补充完善。我们在陈亮一章也已论述过。

朱子在治体的法度即治法层面，秉持天理原则的三代理想主义，对祖宗之法更多抒发其批判精神。这种批判精神与北宋变革思维可谓一脉相承，并且将"法三代"与"法祖宗"之间的张力从历史政治哲学的高度予以系统性阐释。

朱子批判祖宗之法，即人们现实所处的这一政治经验传统，可分三种情况：第一种是立国政治家做得不错，后人未能及时损益，走向偏差。第二种是立国之初的本原，立法原理就有问题。本原有偏差，后世又沿袭不正，错上加错。第三种是即使后世有良法美意，也在演进中陷入弊端重重。②

第一种情况，我们需注意到立国本意、法外之意，领会立国政治家的秩序原意。

例如，"蔡元道所为祖宗官制旧典，他只知惩创后来之祸，遂皆归咎神宗，不合轻改官制。事事以祖宗官制为是，便说此是百王不可易之典。殊不知后来所以放行逾越，任用小人，自是执法者偏私，何关改官制事！如武臣诸节度、副总管诸使所以恩礼隆异，俸给优厚者，盖太祖初夺诸镇兵权，恐其谋叛，故置诸节度使，隆恩异数，极其优厚，以收其心而杜其异志。及太宗、真宗以后，则此辈或以老死，又无兵权。后来除授者，自可

① 参见黎靖德编，王星贤点校《朱子语类》卷一二七，中华书局1986年版。
② 这部分论祖宗之法，均引自《朱子语类》卷一二八，《本朝二》。

杀其礼数，减其俸给，降其事权，而犹袭一时权宜苟且之制，为子孙不可易之常典，岂不过哉！然祖宗时放行，极艰其选，不过一二人、二三人。后来小人用事，凡宰相除罢，及武臣宠倖宦者之徒，无不得之，实法制不善有以启之耳。及经变故，乃追咎轻越祖宗法度之过。不知此既开其可入之涂，彼孰不为可入之涂以求合乎？"

太祖削夺地方兵权，当初针对的客观环境比较严峻。后来君主没能因应时势变化权宜，"犹袭一时权宜苟且之制，为子孙不可易之常典，岂不过哉"，怎能"事事以祖宗官制为是，便说此是百王不可易之典！"百王不易之典，其实是要把握立法立国背后的活精神，以秩序权威的持续有活力为本。

"给事中初置时，盖欲其在内给事。上差除有不当，用舍有不是，要在里面整顿了，不欲其宣露于外。今则不然，或有除授小报才出，远近皆知了，给舍方缴驳，乃是给事外也。这般所在，都没理会。"给事中本来是要在决策过程中发挥作用，"不欲其宣露于外"，后来却演变成了"给事外"，不合立法原意。

又如，"祖宗置资格，自立倖幸之门。如武臣横行，最为超捷。才除横行，便可越过诸使，许多等级皆不须历，一向上去。然今人又不用除横行，横行犹用守这数级，只落借官则无所不可。祖宗之法，本欲人遵守资格，谨重名器。而不知自置许多倖幸之路，令人脱过，是甚意思？除是执法者大段把得定，不轻放过一个半个，无一毫私，方执得住。不然，便不可禁遏矣。不知当初立法，何故如此？今呆底人，便只守此为不可易之典，才触动著，便说是变动祖宗法制。也须赌过是，始得"。

祖宗之法，有其当然之理，"本欲人遵守资格，谨重名器"。其间有矛盾之处，对执法者造成困境。朱子追究当初立法本意，批评守法者的法祖宗心智，意在戳破其"不可易之典"的虚妄性。

第二种情况更占多数。即本原有缺，难以称为良善法度。

"又问知县、通判、知州资叙。曰：'在法，做两任知县，有关升状，方得做通判；两任通判，有关升状，方得为知州；两任知州，有关升状，方得为提刑。提刑又有一节，方得为转运。今巧宦者欲免州县之劳，皆经营六院。盖既为六院，便可经营寺、监、簿、丞，为寺、监、簿、丞出来，便可得小郡。又不肯作郡，便欲经营为郎官。郎官非作郡不得除，故又经营权郎，却自权郎径除卿、监、长、贰，则已在正郎官之右矣。又如法中非作县不得作郡，故不作县者，必经营为临安倅。盖既为临安倅，则必得郡，更不复问先曾为县否也。人君深居九重，安知外间许多曲折？宰相虽知，又且苟简，可以应副亲旧。若是人君知得，都与除了这般体例。苟不作县，虽为临安倅，亦不免便使权卿、监；苟不作郡，定不得除郎；为卿、监者，亦须已作郡人方得做，不得以寺、监、丞、簿等官权之，则人无侥幸之心矣。只缘当初立法，不肯公心明白，留得这般掩头藏倅底路径，所以使人趋之。尝记欧公说旧制，观文殿大学士压资政殿大学士，资政殿大学士压观文殿学士，观文殿学士压资政殿学士。后来改观文两学士都压资政两学士，议者以见任者难为改动。欧公以为此不难，已任者勿改，而自今除者始，可也。以今观之，亦何须如此劳攘？将见任者皆与改定又何妨？不过写换数字而已，又不会痛，当时疑虑顾忌已如此。只缘自来立法建事，不肯光明正大，只是如此委曲回护。其弊至于今日略欲触动一事，则议者纷然以为坏祖宗法。故神宗愤然欲一新之，要改者便改。孝宗亦然，但又伤于太锐，少商量。'"

朱子直批立法之初，"只缘当初立法，不肯公心明白，留得这般掩头藏倅底路径，所以使人趋之……只缘自来立法建事，不肯光明正大，只是如此委曲回护。其弊至于今日略欲触动一事，则议者纷然以为坏祖宗法"。祖宗之法在本原当初的立法建事，就没能光明正大、公心明白。演成一个传统，众人因循，变革者动辄被视为破坏祖宗法。朱子的这一点评，也是着眼于立国之本，但与浙东儒者不同，主要从否定消极处予以抨击。

又如"本朝祖宗积累之深，无意外仓卒之变。惟无意外之变，所以都不为意外之防。今枢密院号为典兵，仓卒之际，要得一马使也没讨处！今枢密要发兵，须用去御前画旨下殿前司，然后可发。若有紧急事变，如何待得许多节次？汉三公都带司马及将军，所以仓卒之际，便出得手，立得事，扶得倾危。今幸然无意外之变，若或有之，枢密且仓卒下手未得。苗、刘之事，今人多责之朱、吕，当时他也是自做未得"。枢密院与三省分权，这是立国之初就确立下来的祖制，即使神宗变法也在深思熟虑后不去改变，自觉延续其内在的制衡之意。制衡掣肘的代价是危难时刻缺乏行动力，朱子于此看得分明。

又，"因说历代承袭之弊，曰：'本朝鉴五代藩镇之弊，遂尽夺藩镇之权，兵也收了，财也收了，赏罚刑政一切收了，州郡遂日就困弱。靖康之祸，虏骑所过，莫不溃散。'因及熙宁变法，曰：'亦是当苟且废弛之余，欲振而起之，但变之不得其中尔。'""唐藩镇权重，为朝廷之患。今日州郡权轻，却不能生事，又却无以制盗贼。"或曰："此亦缘介甫刮刷州郡太甚。"曰："也不专是介甫。且如仁宗时，淮南盗贼发，赵仲约知高邮军，反以金帛牛酒使人买觅他去。富郑公欲诛其人，范文正公谓他既无钱，又无兵，却教他将甚去杀贼？得他和解得去，不残破州郡，亦自好。只是介甫后来又甚。州郡禁军有阙额处，都不补。钱粮尽欲解发归朝廷，谓之'封椿阙额禁军钱'，系提刑司管。"仁宗时期，地方已是疲弱无力，王安石变法的确有为而发，只是"变之不得其中"，反而进一步削弱了民间。

第三种情况，多见于王安石、宋神宗的变革法度之中。

如祠禄制度，"本朝先未有祠禄，但有主管某宫、某观公事者，皆大官带之，真个是主管本宫、本观御容之属。其他多只是监当差遣。虽尝为谏议官，亦有为监当者，如监船场、酒务之属。自王介甫更新法，虑天下士大夫议论不合，欲一切弹击罢黜，又恐骇物论，于是创为宫观祠禄，以待新法异议之人。然亦难得，惟监司郡守以上，眷礼优渥者方得之。自郡守以下，则尽送部中与监当差遣。后来渐轻，今则又轻，皆可以得之矣"。

又如，"问：'或言六尚书得论台谏之失，是否？'曰：'旧来左右丞得纠台谏。尝见长老言，神宗建尚书省，中为令厅，两旁则左右仆射、左右丞、左右司郎中。蔡京得政，奏言土地神在某方，是居人位，所以宰相累不利，建议将尚书省拆去。'因言：'蔡氏以"绍述"二字箝天下士大夫之口，其实神宗良法美意，变更殆尽。它人拆尚书省，便如何了得！'"

再如，"唐初每事先经由中书省，中书做定将上，得旨再下中书，中书付门下。或有未当，则门下缴驳，又上中书，中书又将上，得旨再下中书，中书又下门下。若事可行，门下即下尚书省，尚书省但主书填'奉行'而已，故中书之权独重。本朝亦最重中书，盖以造命可否进退皆由之也。门下虽有缴驳，依旧经由中书，故中书权独重。及神宗仿唐六典，三省皆依此制，而事多稽滞。故渡江以来，执政事皆归一。独诸司吏曹二十四曹。依旧分额各属，三省吏人自分所属，而其上之纲领则不分也。旧时三省事各自由，不相侵越，不相闻知。中书自理会中书事，尚书自理会尚书事，门下自理会门下事。如有除授，则宰执同共议定，当笔宰执判'过中'，中书吏人做上去，再下中书，中书下门下，门下下尚书。书行给舍缴驳，犹州郡行下事，须幕职官金押，如有不是，得以论执。中书行下门下，皆用门下省辟属金押。事有未当，则官属得以执奏"。神宗模仿唐六典改制，反倒造成"事多稽滞"，显示当时已形成"中书权独重""执政事归一"的祖宗法传统。

立法立国精神在南宋初有所改进，"先生因论本朝南渡以来，其初立法甚放宽，盖欲聚人。不知后来放紧，便不得"。叶适评论孝宗时政，也指出纪纲宽简，有改善之意，可惜只限于非常时期的过渡措施，终未能扭转国势。①

由上可见，朱子虽然也有对于祖宗之法立国原意的部分肯定，但更多的是质疑和解魅。由此，为变革思维辩护，反击教条保守祖宗法的立场。"今呆底人，便只守此为不可易之典，才触动著，便说是变动祖宗法制。也须赌过是，始得"，"赵表之生做文官，才到封王，封安定郡王。便用换武。岂文官不可封王，而须武官耶？又今宗正须以宗室武官为之，文官也只做得。世间一样愚人，便以此等制度为百王不可易之法！"

确认祖宗之法的正当合理，并且将祖宗之法上溯贯通三代尧舜之法，这是宋代士大夫政治心智中的流行取向。朱子论本朝法制，其主导取向可以说与此充满了张力。"祖宗于古制虽不能守，然守得家法却极谨。"这一段引文本围绕朝堂仪礼而发，指出后世人情趋于简便，不复追求三代雍睦文华，却也透露出朱子的治法论意向。祖宗法与三代之法存在距离，虽自成体系，却大可商榷。应该说，朱子代表的理学家对于国家纪纲法度也有一套洞见，依据代表三代精神的天理主要发展批判视野。相比浙东儒者及后来的吕中，朱子的正面阐发和称扬比较少，尽管叶适、陈亮也提出了非常深切的批评。他与陈亮关于王霸之道的经典辩论，关节之一就是对于代表现实政治经验的汉唐宋之法度提出基于天理理想精神的质疑和反省，厚古而薄今，乃至非今。

浙东诸儒努力缩减三代与汉唐之间的义理和制度差距，援引文中子，并对理学的二元历史哲学表示异议。朱子评点汉唐诸子，极为重视文中子，也对浙东儒者推崇王通大表非议。"王通也有好处，只是也无本原工夫，却要将秦汉以下文饰做个三代，他便自要比孔子，不知如何比得！他那斤两轻重自定，你如何文饰得！如续诗、续书、玄经之作，尽要学个孔子，重做一个三代，如何做得！如续书要载汉以来诏令，他那诏令便载得，发明

---

① 参见叶适《水心别集》卷一四，《纪纲四》，第816—817页。

得甚么义理？发明得甚么政事？只有高帝时三诏令稍好，然已不纯。如曰'肯从吾游者，吾能尊显之'，此岂所以待天下之士哉？都不足录。三代之书诰诏令，皆是根源学问，发明义理，所以灿然可为后世法。如秦汉以下诏令济得甚事？缘他都不曾将心子细去读圣人之书，只是要依他个模子。见圣人作六经，我也学他作六经。只是将前人腔子，自做言语填放他腔中，便说我这个可以比并圣人。圣人做个《论语》，我便做《中说》。如扬雄《太玄》《法言》亦然，不知怎生比并！某尝说，自孔孟灭后，诸儒不仔细读得圣人之书，晓得圣人之旨，只是自说他一副当道理。说得却也好看，只是非圣人之意，硬将圣人经旨说从他道理上来"。

在朱子看来，必须严立三代圣王典范，不能牵强附会，以己度圣，"孟子说'以意逆志'者，以自家之意，逆圣人之志。如人去路头接那人相似，或今日接著不定，明日接著不定；或那人来也不定，不来也不定；或更迟数日来也不定，如此方谓之'以意逆志'。今人读书，却不去等候迎接那人，只认硬赶捉那人来，更不由他情愿；又教它莫要做声，待我与你说道理。圣贤已死，它看你如何说，他又不会出来与你争，只是非圣贤之意。他本要自说他一样道理，又恐不见信于人。偶然窥见圣人说处与己意合，便从头如此解将去，更不仔细虚心，看圣人所说是如何。正如人贩私盐，担私货，恐人捉他，须用求得官员一两封书，并掩头行引，方敢过场、务，偷免税钱。今之学者正是如此，只是将圣人经书，拖带印证己之所说而已，何常真实得圣人之意？却是说得新奇巧妙，可以欺惑人，只是非圣人之意。此无他，患在于不仔细读圣人之书。人若能虚心下意，自莫生意见，只将圣人书玩味读诵，少间意思自从正文中迸出来，不待安排，不待杜撰。如此，方谓之善读书"。

浙东学文中子，在朱子看来有将三代相对化的危险。"问文中子之学。曰：'它有个意思，以为尧舜三代，也只与后世一般，也只是偶然做得著。'问：'它续诗续书，意只如此。'因举答贾琼数处说，曰：'近日陈同父便是这般说话。它便忌程先生说"帝王以道治天下，后世只是以智力把持天下"。正缘这话说得它病处，它便忌。'"① 坚守理学宗师扬三代、抑后世的立场，就是捍卫三代典范的超越地位。在宋学转向文教内圣之际，朱子在文中子评价上着墨良多，煞费苦心，其中透露的乃是近世儒学在立国与立教之间中心转换的大事因缘。② 相应地，对于孔子的理解，理学也更多转向强调其大立教者而非大立法者的一面。③

朱子为北宋以降的宋学变革思维确立了更为高超的性理观根基，也隐然形成了保守立国思维以外的另一类理想立国思维。

三　治体论的性理根基

朱子对于治体的理解内在于天理世界观中，天理说明了人们的道德心性本质，也具体表现为礼法节文，所谓"礼"与"理"相通。不过，这种相通仍有历史变迁产生的差异，集中体现在三代之法与后世汉唐、国朝之法的不同上。可以说，三代之法在一种理想典范的意义上能够彰显天理的精神价值和性理原则，而后世之法更多地体现出天理内在复杂的历史客观趋势。

---

① 《朱子语类》卷一三七，《战国汉唐诸子》。

② 朱子说"太宗朝人多尚文中子，盖见朝廷不振，而文中子颇说治道故也"，颜元评价，"文中子未必即孔门正传，然尚留得样象；宋初尚此学，宋事犹可为也。至周、程画图说话，而孔学变矣；再障而训诂、禅宗，而后尧、舜、周、孔之道尽亡"。参见《朱子语类》卷一二九，《本朝三》；《颜元集》，第303页。刘咸炘批评朱子的贬低王通，乃"论义而忘体"，参见氏著《推十书》（增补全书），甲辑第三册，《先河录》，第1146页。

③ 史华慈认为思想学派的创立者（始祖）很少建立一个严格条理化的观念体系，不一定关心所言内容的一致性，在许多问题上的思想可能是意义丰富而模棱两可的，其中隐藏着使他伟大的秘密。参见氏著《儒家思想的几个极点》，载王中江编《思想的跨度与张力》，第162页。

朱子对前者的称赞和对后者的不满与有限承认往往体现出一种接近历史理性的理势意识，与他在和陈亮辩论王霸时极其激烈的二元史观同时并存于思想之中。这种理势意识往往抑制住了基于三代典范对现实政制进行大规模改造的实践冲动，并引导他去从治体以外的治人角度思考问题。这一点在对于封建、郡县制的评论中表现得比较突出。

朱子指出，三代实行封建制的理想效果，原因在于进行封建的基础不完全局限于血缘，而体现出根据德、才公共分配资源的精神（"大赉所富，善人是富"），封建制运行能遵循德治，地理和资源分配的比例也协调。这些条件后世不易复制。后世封建难以实现这种效果，无根之人寄托封地之上，君民不亲，且郡县制维持的是君尊臣卑的原则。三代封建，君民之情相亲，久安无患。而郡县官员变动快，即使是贤者也不易做善政。《语类》记载："问：'后世封建郡县，何者为得？'曰：'论治乱毕竟不在此。以道理观之，封建之意，是圣人不以天下为己私，分与亲贤共理，但其制则不过大，此所以为得。'"① 朱子将体制论辩推进到治道原理层面，即所谓公私之辩。这是理学家对于治体论的主要用力处。

对于宋代政制过于集权的弊病，朱子主张吸取先王之制的精神，实现内外相维，缓急相制，集权和分权并行，"州县之权太轻，卒有变故，更支撑不住"，对于州县进一步放权，以充实之。地方政治制度中设置刺史（按察使）主管政务，判官分权牵制，刺史、太守有用人权，"天下须是放开做，令恢恢有余地乃可"，改变州政分属四司的条块结构。② 另外，散京师之兵，练诸郡之兵，实行兵民屯田、更戍法，郡守练兵等，加强地方的军事权。但是对于井田制，朱子认为现实中实现的可能性很小，只能初步实行"经界"，整顿地方上的田产归属，实现赋税公平。

相比王安石变法的内容，朱子更加强调不能局限于财政兵刑，更注重

---

① 《朱子语类》卷一〇八。

② 同上。另参见张立文《朱熹评传》，南京大学出版社 1998 年版，第三章。

格君、亲贤，从社会建设的层次讲求养民自治，减少国家力量的扩张。他对政治社会体制的关注，一方面继承对于国家体制的改革精神，另一方面更注重社会层面的礼法恢复。生平最为重视的《仪礼经传通解》，就代表了这层用意。"学礼，先看《仪礼》。《仪礼》是全书，其他皆是讲说。如《周礼》《王制》是制度之书，《大学》《中庸》是说理之书"（《朱子语类》卷八七）。相比永嘉学派对于《周礼》的重视，这种评判的确显示出理学政治思维的社会取向更为强化。

理学家对于近世政治社会秩序的贡献更多在于社会民间层面的创制，这一点晚近学者屡有论及。[1] 同时，我们应该把这一治法推进纳入理学家的治体论传统中加以审视。自北宋二程以来，理学治体论的总体架构和特质取向，在于分梳治道、治法而以本末体用视之。更重要的是，发扬北宋儒学的变革精神和变革思维，对于本朝立国法度以批判为主导，强调治道原理层面的公私、义利之辩透过三代理想而彰显标杆价值。南宋朱子推进这一取向，对于祖宗之法的态度较二程兄弟似更严厉，遂与浙东儒者的立国思维形成富有创造性的张力关系。

总体上，朱子对于儒家政治理念中的法和人、法治和人治问题，一方面，能够认识到法度对于政治的重要性，对于政治人物德性的不可或缺。所谓君心不能自正，这在上面论述中都有体现。对纠正我们关于理学家的扁平印象，这是一点必要的提示。

另一方面，朱子权衡二者轻重，还是倾向于强调治人的根本地位，相对地，治法属于第二义。比如《朱子语类》卷一〇八中记载："诸生论郡县封建之弊。曰：'大抵立法必有弊，未有无弊之法，其要只在得人。若是个人，则法虽不善，亦占分数多了；若非其人，则有善法，亦何益于事！且如说郡县不如封建，若封建非其人，且是世世相继，不能得他去；如郡县

---

① 参见陈畅《理学道统的思想世界》，上海书店出版社 2017 年版。

非其人，却只三两年任满便去，忽然换得好底来，亦无定。范太史《唐鉴》议论大率皆归于得人。某初嫌他恁地说，后来思之，只得如此说。'又云：'革弊须从原头理会。'"这种看法容易导向治人决定论、修身本位的政治观，使人轻视纪纲法度的重要性。这对于后世理学治体论的发展也形成了长远影响。

近世政学传统中有两部讲授帝王之学的理学代表作，沿朱子思绪而发扬阐发，分别是南宋真德秀的《大学衍义》与明代丘濬的《大学衍义补》。《大学衍义》"格物致知之要"卷二五有"审治体"，重在基本义理层面辨析德刑先后、义利轻重。① "真文忠公言本朝治体，曰：立国不以力胜仁，理财不以利伤义，御民不以权易信，用人不以才胜德。恩结乎人心，富藏乎天下。君民相孚而猜忌不作，材智不足而忠信有余。"②

理学治体论重体用分别，"臣惟《大学》一书，儒者全体大用之学也。原于一人之心，该夫万事之理，而关系乎亿兆人民之生，其本在乎身也，其则在乎家也，其功用极于天下之大也"（《自序》），"儒者之学有体有用，体虽本乎一理，用则散于万事，要必析之极其精而不乱，然后合之尽其大而无余"。理学以理为体，强调心性本位的修身治平逻辑，重视道义内圣，严判理欲义利之辨，以此为"二帝三王以来传心经世之遗法"③。

丘濬《大学衍义补》仿真氏所衍之义，于齐家下补以"治国平天下之要"。在丘濬看来，"盖前之所审者治平之体，言其理也；此之所论者治平之政，言其事也。一主于知，一主于行，盖必知于前而后能行于后，后之

① 参见真德秀《大学衍义》，《景印文渊阁四库全书》（第704册），《审治体》，中国台湾商务印书馆，第737页。

② 王应麟：《困学纪闻》卷一五。

③ 丘濬：《大学衍义补》，《景印文渊阁四库全书》（第712册），《原序》，中国台湾商务印书馆，第1页。

行者即所以实其前之知者也。理与事、知与行，其实互相资焉"。"治平之体"即治体，偏于理。丘濬的治体论是要强化理和事、知和行的相辅相成，而其区分在理论意味上又的确指向体用二分，易于抬高理的本体地位。在强调心体、心本的基础上重视致用经世，以修身为外王基础，这几乎构成近世治体论的主导思维范式，其渊源在朱子处、二程处可寻得。①

◇第二节　陆象山的治体论

陆象山是与朱子并称的宋代道学重镇，代表了近世以降心学的洞见，其政治思维有近世儒学治体论的共通面向，也显示出理学思维的多面性。

首先值得注意的是，象山从天理层面对于根本政治原理的阐发，这形成其三代理念的根基，也是了解心学政治观的重要前提。

在象山看来，天道和天理，构成了理想政治的根本精神。政治中的势力权力要以合乎天理为准则，而典章法度也莫不是天理良序的表征。他提出"理势宾主论"的说法，强调势出于理，合于道义，名分规范也须合乎道理，"区区之志，素愿扶持此理。窃谓理、势二字，当辨宾主。天下何尝无势，势出于理，则理为之主，势为之宾。天下如此则为有道之世，国如此则为有道之国，家如此则为有道之家，人如此则为有道之人。反是则为无道……当此之时，则势专为主。群小炽然，但论势不论理"②。理与势的关系，可以合一，可以对峙，在历史政治哲学上也蕴涵了理想与现实的多种可能性。

---

① 关于后续理学在这方面的发展，参见朱鸿林《中国近世儒学实质的思辨与习学》，北京大学出版社 2005 年版。

② 陆九渊著，钟哲点校：《陆九渊集》，《与刘伯协》，中华书局 2008 年版，第168 页。

后世明儒吕坤（1536—1618）曾言，"故天地间惟理与势为最尊。虽然，理又尊之尊者也。庙堂之上言理，则天子不得以势相夺。即夺焉，而理则常伸于天下万世。故势者，帝王之权；理者，圣人之权也。帝王无圣人之理，则其权有时而屈。然而理也者，又势之所恃以为存亡者也。以莫大之权，无僭窃之禁，此儒者之所不辞，而敢于任斯道之南面也"①。

我们曾经指出过叶水心思想中治势观念的客观秩序含义，吕坤也有《势利说》（《去伪斋文集》卷七"杂著"）论证上下之分中政治权威、国家体制的合法性，经制事功学偏重从纪纲法度角度来解析势的特质（立国之势），而理学则特别注重从道义批判性来审视权势对于治道义理的依赖性。二者相通，治势的客观宪制义又比理势更强调国家构成要素的必要价值，正视立国经验的合法性。

理、势区分清晰表达了理学的一种二元权威观念。理合乎于人性、来源于天，是政治中根本原则的依据。"典，常也；宪，法也，皆天也"②，"典、宪二字甚大，惟知道者能明之。后世乃指其所撰苛法，名之曰典宪，此正所谓无忌惮"③。这里其实明确区分了制定法不同于基于天理的典宪，后者可以被视为一种更高位阶的高级法、根本法、自然法。基于天理典宪，理学家往往批判后世制定法，这也是朱子批判祖宗之法的思维基础。

象山强调天理的广大悠远、复杂精微，实在是一人之智慧理性难以周知把握的。这个特性尤其体现在治道法理的历史传统积累之中。因此，他反对统治者依靠一人之理智妄图建构典宪的政治思维，也强调政治本身具有的公共性。

这一点透过对于三代之道、先王之政的阐释体现出来。正是这种传统性的演进，形成政治理性的边界与前提，相应的政治德行端在一种"因其

---

① 吕坤：《呻吟语》卷四，《谈道》。
② 《陆九渊集》，《语录下》，第449页。
③ 《陆九渊集》，《语录上》，第400页。

固然""行其所无事"的智慧。这在二程、薛季宣论易道、"行其所无事"中都有表现。在《使民宜之》一文中，象山指出古先圣王的创造发明的确代表了一种超凡的智慧，而其之所以能普遍传播，正是在于合乎长久的民情和人性。尧舜尤其能够与天下之人共同遵循这种文明的传统，使其与人民的情性两相适宜，没有龃龉。他们"建法立制，都俞咨询"，一出于道，因而能实现儒家"荡荡无名，无为之治"的垂裳理想。这种文明传统的精义就在于民情人性的"宜"与"安"，虽然包含了圣、凡之间智力聪明的高下区分，却在实践存在的意义上体现秩序原理的"与天下之民共由而共享之"①。这种基于传统演进对于天理准则的解释，与二程、浙东诸贤是一脉相承的，也代表了宋代政治思维由保守宪制而提升到的治道论原理高度。

象山又谓，"世之人往往以谓凡所以经纶天下，创立法制，致利成顺，应变不穷者，皆圣人之所自为，而不知夫盖因其固然，行其所无事，而未尝加毫末于其间。彼役役者方各以其私术求逞于天下，而曰此圣人之所谓智也"，"圣人之智见于创立者，犹皆因其固然，而无容私焉"，"无非因其固然，行其所无事，有不加毫末于其间者"②。这里的一贯延续性，根本上在于天理的一致性，所谓"夫生杀、通塞、轻重、得失之理，昔非有异于今也"。"行其所无事"，我们在从薛季宣到陈亮的政治思维中也能窥见这一传统儒家精神的展现，为宋儒的治体论奠定了宽厚优容的秩序基调。

理学治体论在治法上的思维，既包含以三代之法为原型要求进行大规模改制变法的一面，讲求"法三代"为尚，也有顺承时势注重传统演进机理而主张渐进变革的一面，讲求"法三代"与"法祖"相协调。面对祖宗之法或曰更普遍的现实政治经验，理学家的这两面都会有所发挥，倡为治法实践的激缓两个进路。从北宋大变法的表现来看，理学家如二程兄弟的变革思想中还是后者占据了主导地位。这种注重时势、传统演进的治法思

---

① 《陆九渊集》，《使民宜之》，第339—340页。
② 《陆九渊集》，《智者术之原论》，第349—350页。

路与司马光、苏轼等人也较为契合，因此共同构成南宋儒学治体论的主要渊源。

天理有一定的规律准则，在实践中又会依情境展现出丰富无穷的变化。因此在"行其所无事"的精神下，人们依靠具体应对的实践技艺来最终实现政事对民情人性的适宜调应。

天理不是教条教义，而是道德与政治理性的技艺性积累，凝聚了历代贤哲的实践智慧，在此意义上传统法度、治理模式构成政治行动的规范，防止人们私智自为、独断专行。"理之所在，固不外乎人也。而人之生，亦岂能遽明此理而尽之哉？开辟以来，圣神代作，君臣之相与倡和弥缝，前后之相与缉理更续，其规恢缔建之广大精密，咨询计虑之广大详备，证验之著，有足以折疑，更尝之多，有足以破陋，披之载籍，著为典训，则古制之所以存于后世者，岂徒为故实文具而已哉！"① 这里面就是从一种立国思维来解释三代文明（"古制"）与天理之间的关系，所谓"圣神代作""倡和弥缝""缉理更续""规恢缔建""咨询计虑"，体现的是一种丰富多样的实践智慧。晚近论者批评心学家多道德浪漫主义，良知之教与制度乌托邦每每联络，只是观察到了理学治体论的一个侧面。我们还应注意到此处治体论的治法思维，包含了积累渐进、协调斟酌、深思熟虑、兼用规划和调适这些实践智慧。

人的生活生命，不能即刻把握天理，需要敬畏千百年来积累而形成的传统文明，"而人之生，亦岂能遽明此理而尽之哉？"这是典宪的性理根源、古制的传统机理。它与陈亮、叶适等人围绕事理的治法论阐释，相通相合，代表了近世天理观的精义。

此处精微，在于把握事与理之间的转化校正、相互参验。象山强调"道外无事，事外无道"。历史上的事实、故实，透过载籍图书流传下来，象山认

---

① 《陆九渊集》，《学古入官，议事以制，政乃不迷》，第 379 页。

为需于其中辨明是否合乎理义，方能识别其启示价值。"使书之所言者事也，则事未始无其理也……真伪之相错，是非之相仍，使不通乎理而概取之，则安在其为取于书也。"钱穆先生区分唐儒宋儒，正在后者总从事中辨认讲求出理来，事功也需义理化。理无古今，与事相通，宋学精神在此。

夫子稽古师式，正是能够"以其理之所在，而其一以贯之者，建诸天地而不悖，质诸鬼神而无疑，百世以俟圣人而不惑而已"。那些不合乎理的传统，如汉儒发挥的政治宽猛先后论，就需要辨析扬弃。① 治体论也正是在这种义理的推升下，综合治法和治道，开辟出不同于汉唐儒学的新境地。理、天理成为象山理解三代之道、先王之法的最高准则，甚至不受到既定经典的范围束缚，"使书皆合于理，虽非圣人之经，尽取之可也"②。这一点上，象山与批评"以经为治"的陈傅良、叶水心有合辙之处，共同体现出宋人政治思考的宗理唯实精神，也为治体思维超越一家教条、取法多家提供了理据。传统的经史关系，在天理观的道器、道事论下，也易趋于相对化，衍生出经即史、超越六经的可能性。

三代传统真正体现出了依据天理运行而因顺调适的政治智慧，而非一种圣人自为的建构立法。"法三代"是要把三代当作教条取法的硬模板，还是当作传统演进中的经典一环？可以说，象山把天理视为三代传统演进的基本精神，这种精神强调因承继述损益，也为统治者的政治行动确立了非常重要的规则和法度。

天理是政治正当性的依据，三代是体现天理精神的政治传统根基。象山正是在这个意义上，来透过心学强调人之良心良能对此规则典宪的自觉和维持。所谓危、微、执中的心法，也是希望包括君主在内的世人们维系对此典宪的认同与增益。

"盖心，一心也；理，一理也。至当归一，精义无二，此心此理，实不

---

① 参见《陆九渊集》，《政之宽猛孰先论》，第 356 页。

② 《陆九渊集》，《取二三策而已矣》，第 380—382 页。

容有二"①，"千万世之前，有圣人出焉，同此心同此理也。千万世之后，有圣人出焉，同此心，同此理也。东南西北海有圣人出焉，同此心，同此理也。近世尚同之说甚非。理之所在，安得不同？古之圣贤，道同志合，咸有一德，乃可共事，然所不同者，以理之所在，有不能尽见"②。

理虽不易，却又有无穷之变。"理之所在，有不能尽见"，"而人之生，亦岂能遽明此理而尽之哉？"，人面对天理而自知其有限，这是理学治体论的治道第一义。经世治法智慧即在于透过合理应对使古制传统的精神不断激活、更新，有助于人们形成优良秩序。当面对现实政治经验时，这个理性的有限性自觉也能展现为处理祖宗之法的审慎辩证。

象山的这种天理观，特别能够体现出传统儒家的礼法精神，强调透过积累性、演进性的实践技艺来实现道理准则的维系更新，于保守之中寄予维新进取义。在这一点上，较之二程对于天理易简因顺的发明，是一种继承，也是一种深化。③ 其心学的政治面向，需要在这种深化中予以领会。④

象山说明政治的起源，正在于解决群体生活中出现的争斗纷乱，"有能以息争治乱之道，拯斯民于水火之中，岂有不翕然以归往之者？保民而王，信乎其莫之能御也"⑤。君主承受的，是上天托付的保民之责，这是大公的天位。象山于三代之法，最为看重此天下为公之义。陆梭山与学生问学，评论孟子说诸侯，究竟是劝诸侯尊周室，还是行王道得天位。梭山主后者，引孟子"民贵君轻"之语证之。象山对此再三赞叹，并称"旷古以来无此

---

① 《陆九渊集》，《与曾宅之》，第4—5页。
② 《陆九渊集》，《杂说》，第273页。
③ 象山的心学发生机缘，部分来自对于《伊川易传》的反思，克服其"不直截明白"，直指心性。然而须注意二者的一贯相承之处。
④ 理学、心学的政治意识强调道心、良知的超越内化功能，通过心性渠道形成主体性，与政治权威呈二元分庭之势。这一主体精神的抗议性，参见张灏《超越意识与幽暗意识》，收入《转型时代与幽暗意识》。其代表的"精神之运"，应与"自然理势"的礼法传统合而观之，不至于产生认知偏颇。
⑤ 《陆九渊集》，《保民而王》，第382页。

议论"，而"伏羲以来皆见此理"。①

象山透过对于三代传统和天理的解释，强调了政治的公共性，圣人之所以不可及，正在于有待于天下，不恃私智，不专其功，尽人谋，亦参鬼谋。匹夫匹妇，都能尽其情、获其志。象山特别强调孟子主张的"民为贵，社稷次之，君为轻"，每每以"张官置吏，所以为民也"来规范现实政治，并认为"民，分之则愚，合听则神"，注重民心民意代表的公论。

他同样分享了宋代士大夫关于共治天下的公共理念。在他看来，这本就是三代之法的固有精义。二程称赞尧帝能以四岳分权而治，批评后世只以羲、和为技术官员（见《程氏粹言》论政第七十二条）。陆九渊也在这个意义上，批评后世人主职分不明，政道失落。"是故先王之时，风教之流行，典刑之昭著，无非所以宠绥四方，左右斯民，使之若有常性，克安其道者也。是故乡举里选，月书季考，三年而大比，以兴贤能，盖所以陶成髦俊，将与共斯政，同斯事也。"② 而三代之后，若有唐贞观之治，之所以能够取得善绩，核心在于部分地实现了这种共治精神。

象山称赞太宗君臣，"盖当时辅拂鲠挺之臣不独征而已，顾独征之言为尤详且切。取征之言而读之，盖有富翁贵仕而不能堪者，而太宗富有天下，贵为天子，功业皆其所自致，而能俯首抑意，听拂逆之辞于畴昔所恶之臣。呜呼！此其所以致贞观之治，庶几于三代之王者乎！"③

在孝宗轮对中，象山即以此故事激励君主，"臣读典谟大训，见其君臣之间，都俞吁弗，相与论辩，各极其意，了无忌讳嫌疑。于是知事君之义，当无所不用其情"。他希望孝宗"博求天下之俊杰，相与举论道经邦之职。将以无愧于唐虞之朝，而唐太宗诚不足为陛下道矣"④。这方面，象山其实

①　《陆九渊集》，《语录上》，第 424 页。
②　《陆九渊集》，《武陵县学记》，第 238—239 页。
③　《陆九渊集》，《问德仁功利》，第 369—370 页。
④　《陆九渊集》，《删定官轮对剳子》，第 221—222 页。

试图改变君主的集权独断，"今天下米盐靡密之务往往皆上累宸听，臣谓陛下虽得皋陶周公，亦何暇与之论道经邦哉!"① "自周衰以来，人主之职分不明"②，象山正是要透过三代共治理想的激励督促君主改变权力专断的欲念。他主张实现真正的分权责任，信任大臣，责以成功，"又古所谓责成者，谓人君委任之道，当专一不疑贰，而后其臣得以展布四体以任君之事，悉其心力，尽其才智，而无不以之怨。人主高拱于上，不参以己意，不间以小人，不维制以区区之绳约，使其臣无掣肘之患，然后可以责其成功"③。这一点，实在是吕祖谦、陈亮、叶适、朱子等人的治体共识。

陆九渊树立三代为理想政治的典范，"汉唐之治，虽其贤君，亦不过因陋就简，无卓然志于道者"④。而在现实政治格局中，他并不赞同激进的改革。这里，象山区分了方向与途径，前者"定趋向，立规模"，以三代为法，而后者"如救宿弊之风俗，正久隳之法度，虽大舜、周公复生，亦不能一旦尽如其意"，因此应当采取"徐图渐治"的驯致路线⑤。这透过对于汉唐之治的评价也表现出来。他认为汉代继承秦制，因循苟简。而唐代能够继承北朝隋代的一些制度，予以提升，授田制、租庸调、府兵制等使其政治水平追踪三代。这种因承发展的精神是值得效法的。象山认为唐代很可惜没有能够在此基础上"等而上之"，而是贪图一时之利，逐渐败坏，因此始终未能达到三代之水准。可取的时政路径是在宋代的实践政治脉络中，透过富有智慧的技艺逐渐实现合乎天理人心的理想政治，向三代典范靠近。

具体地，他对于北宋的王安石变法寄予了深厚同情，赞扬神宗与荆公

---

① 《陆九渊集》，《删定官轮对劄子》，第 224 页。
② 《陆九渊集》，《语录上》，第 403 页。
③ 《陆九渊集》，《与吴子嗣》，第 146 页。
④ 同上书，第 222 页。
⑤ 《陆九渊集》，《删定官轮对劄子》，第 223 页。

君臣相与，推崇后者的志节品行。除了乡贤认同，这也是出于类似的改革期许。然而，在改革变法方式上，象山认为荆公的法度认知并不符合儒家基于天理的典宪规则，不能合乎天理的简易之道。从其思想主张来看，象山更注重民力之保养敦厚，与荆公强化国家机制、注重汲取社会资源的做法大为不同。这一点，也是他与北宋二程、司马等人的一贯之处。

象山关于现实政治的见解，还体现在主张改变制科法度、重视理财行政实务、整顿吏治、不偏废刑治等方面。比如变革宋代制科之法，要体现求贤的精神，"待贤良而有若待胥吏、徒隶者存焉，是尚为不可变乎"？待贤者之礼，不能应故事、误多士。① 比如象山对于学校的重视，把学校作为社会治理中敦实风教、养成良俗、发展教育的机制，也是理想三代精神落于实际政治的要点。②

这方面值得注意的是，象山反对把政治化约为仁心仁德，强调治道原理一定要与法度政事紧密结合，才是真正的先王政道。③ 否则，或者流于空疏迂腐，或者陷于徒法徒善。比如他深切批评俗儒轻视理财簿书等实际事务，"必指簿书期会为非吾所当务，此乃腐儒鄙生不闻大道，妄为缪悠之说，以自盖其无能者之言也"④。另外，对于宋代政治中一味讲究宽容，竟至纵恶之风气，也强调惩恶方能扬善，需要重视刑罚的正当作用。此所谓"遏恶扬善，顺天休命，前圣后圣，其揆一也。必使无讼之道，当于听讼之间见之矣"⑤。象山对于基层治理中胥吏操纵营私的批评至为鞭辟，认为"公人世界""公人之化"完全消解、破坏了理应由士大夫主导的良好政治，常理常心不能维持正道。这一点与水心"今天下官无封建而吏有封建"、明

---

① 参见《陆九渊集》，第 364 页。

② 参见《陆九渊集》，《宜章县学记》，第 229 页。

③ 参见《陆九渊集》，第 359 页。

④ 《陆九渊集》，《与苏宰三》，第 116 页。

⑤ 《陆九渊集》，《与杨守三》，第 124—125 页。

清之际黄宗羲批评"今天下无封建之国，有封建之吏"相同。① 对于此，象山主张一方面严格制度上的按察监督，另一方面士君子应锻炼实务，讲求实学，不能一切付与胥吏，任由"吏胥与奸民为市"②。这方面，象山与浙东诸子强调事功实务的精神相通一致。

整体来看，陆九渊主张取法三代，由此确立为政规模，君臣之间共治责成，这是宋代士大夫关于治体的共识大体。象山尤其能够从天理层面阐发三代之道、先王之法的礼法精神，并从心学心法强调对此道理典宪的扶持维系，这是他继承北宋二程等人进一步畅发之处。就政见来说，相比浙东关切立国法度的力度和范围，象山主要用思不在法度纪纲之经史敷陈，而其注重实务的精神则与之贯通无二。陈傅良等人与象山学派颇有交往，经制事功学和心学的相通处值得关注。后世阳明学强调心性良知之自然、必然，天则之不容已，主张四民异业同道，重视公道、公论和公学，尤其弘扬主体实践的经世意志。章太炎以陈亮为其先驱。这一点在南宋浙东已埋下伏线。阳明学可视为浙东事功学的复活，虽然这一复活的经制视野是大为消退了。③

---

① 《叶适集》，《外稿·吏胥》，第 808 页；黄宗羲：《明夷待访录》，载《黄宗羲全集》第 1 册，浙江古籍出版社 1985 年版，《胥吏》，第 43 页。

② 《陆九渊集》，《与苏宰三》，第 116 页。

③ 章太炎的观点见本书导论部分；关于阳明学，参见吴震《阳明后学研究》，上海人民出版社 2003 年版；朱承《治心与治世——王阳明哲学的政治向度》，上海人民出版社 2008 年版。

第十一章

近世治体论的公共理念与
实践意识

◇ 第一节　公共理念：理学治体论的
治道原理①

宋代政治传统为近世公共理念的成型提供了非常关键的历史背景。作为对于此种宪制经验的精神提升与哲学凝练，以理学家为代表的近世儒学又以其系统的公共理念对后来的文明演进产生了广阔深远的影响，成为现代中国公共意识的近源活水。

近世公共理念的大宗师非朱子莫属。而晦庵之集大成就在于畅发了宋学初生伊始就蕴涵的公共义理。这种义理的一个显性特征是从宇宙论、本体论高度为近世公共意识赋予了道德形上学的论证，并在终极关怀的意义上彰显出儒家公共意识相比佛老之学的优越性。

早在范仲淹那里，我们就可以看到一种以秩序功能立意的公共观念，认为世间万物"质本相违，义常兼济"。事物如水火、宽猛、恬智、动静、

---

① 关于这个主题，参见任锋《道统与治体——宪制会话的文明启示》，《公共话语的演变与危机》《公论观念与政治世界》一书。

有无之间，体现出性质各异而功用相济的原理。所谓"我道也，不相入而相资，与天下之公共者也"①。公共一体的秩序理论尚处于质义二分、比较疏朴的阶段。

至张载之《西铭》，运用家族宗法的儒家模式说明天地万物与自我之间的一体关联，生成一种道德宗教意义上的宇宙公共意识。宇宙生生之化乃人之父母，"民，吾同胞；物，吾与也"，"存，吾顺事；没，吾宁也"。个体与宇宙本源、人类乃至万物在理气意义上构成一个本体不分的公共社群，"善述""善继"更扩大为人类对于天、对于宇宙公共社群应负的责任或义务，这种天理世界观的视野为近世公共意识带来了前所未有的道德想象空间。

在周敦颐、二程那里，我们都能发现这种公共理念的内在超越精神借由心性论彰显出来。《通书·公第三十七》："圣人之道，至公而已矣。或曰：'何谓也？'曰：'天地至公而已矣。'《通书·圣学第二十》：'圣可学乎？'曰：'可。'曰：'有要乎？'曰：'有。''请问焉。'曰：'一为要。一者，无欲也。无欲，则静虚动直。静虚则明，明则通；动直则公，公则溥。明通公溥。庶矣乎！'"又《公明第二十一》："公于己者公于人，未有不公于己而能公于人也。明不至，则疑生。明。无疑也。谓能疑为明。何啻千里！"② 周敦颐"主静立人极"，圣人之道取法宇宙，静虚动直，公于己而后能公于人，内里依据的是理一之论。公义贯通个体与群体，普及天地万物，这是宋学构思家国新秩序的大经大法。又如《定性书》谓"夫天地之常，以其心普万物而无心；圣人之常，以其情顺万物而无情。故君子之学，莫若廓然而大公，物来而顺应。……人之情各有所蔽，故不能适道，大率患

---

① 范仲淹著，李勇先、王蓉贵校点：《范仲淹全集》中卷，《水火不相入而相资赋》，四川大学出版社，第505页。

② 《周敦颐集》，《通书·公第三十七》《通书·圣学第二十》《公明第二十一》，岳麓书社2002年版，第54页、第40页、第41页。

在于自私而用智"。"廓然大公，物来顺应"，强调人在此公共宇宙间，随顺尽性而不自私用小智。

天理世界观的公共意念至朱子处灌注显化为活跃的公共话语，在道学、政事和社会等方面都有积极的运用，构成一个公共观念全体呈现的时刻。由此，公共性作为儒家经世思想重要原则的蕴涵得以全面呈现，深入塑造了近世士民的秩序感知与想象。

概要而言，朱子从理气论的实本与现成来解释人之世界，人的实在本来面目是天地古今万物公共具有的道义天理，而在具现于每一人物个体时罕能呈现圆满状态，易生成各种缺私。理一的本有状态乃是公共相通，分殊的现成状态易落于偏私，于是圣贤应努力修习体现此公共精神，成为秩序生成的枢纽。"气是自家身中底气，道义是众人公共底天地浩然之气"，"道义是公共无形影底物事，是自家身上底物"①，理是天下公共之理、圣人公共之理。比如在祭祀中，人们透过身尤其是心的诚、敬、孝，与祖考所在的公共之理气相沟通，因此而具备某种精神公共性。②

宇宙存有的公共本体论决定了秩序的公共本性，天理所肯认的仁义礼智信因此是维系公共精神的永恒规则。道者古今共由之理，父慈子孝君仁臣忠是一个公共底道理。每个人都须循理而动，这样才能形成一个公共可维系的共同社群。③ 在一则关于"不骄不吝"的问答中，朱子认为道理是公共的，多智之人不应当汲汲维护自己的垄断优势，而要学会共享；同理，财货也是天下公共的物事，不能总是被少数人独占。④ 在解释道统传承时，朱子指出圣贤所表彰出的恰恰是一个古今公共的道理，只不过"代代有一

---

① 黎靖德编，王星贤点校：《朱子语类》卷五二，中华书局 1986 年版，第 1255—1256 页。

② 参见《朱子语类》卷三，第 46 页。

③ 参见《朱子语类》卷一三，第 231—232 页。

④ 参见《朱子语类》卷三五，第 938—939 页。

个人出来做主"，透过行动显示出"得此道理于己"。无论有位与否，这些人彰显畅发的道理都构成文明秩序的治教轴心，指向善治。这是一种公共理念的权威代表观，透过道统观念维系人们与公共世界的纽带（颜子"将善与众人公共，何伐之有"）。①

需要注意，这种公共理念肯认道德伦理的公共本质，同时强调德性工夫的个体本位，工夫始发于个体我之诚敬在己，并非汲汲与众人求同求和。朱子在问学中强调学者不可以忽视这一关键要点，为公共而修德失本旨矣。② 尽性命之在己，则公共乃自然顺遂之事，不必强求。

朱子公共理念在政治社会方面的表达十分充分，尤其是在社会建设方面。在讨论国家的公共属性时，他运用分封制度的例子来印证，强调"国家乃公共得底"，开国承家需要公共分封于参与立国之人，其贤否则是治理机制中政策所宜应对者，不应以此违背了建国的公共意思。③ 在讨论舜背父而逃时，朱子指出"法者天下公共，皋陶不得不执行"④，这是以张释之的说法回溯解释经典精神。另外，朱子高度肯定政治生活中的公论，来反思南宋和战的国是。他发扬了北宋以来的公论精神，"如说道理，这自是世上公共底物事，合当大家说出来"⑤。这一点笔者曾有论述，兹不赘言。⑥

在解释《论语》首章时，朱子提出"君子有公共之乐，无私己之愠"。人们围绕某种公共精神价值而结成讲学社群，这也是一般性文明社群得以形成的深层机理。"以善及人，而信从者众"，在依据善则善德而形成的普遍合作之中，实则孕育了近世公共理念的丰富社会构想。这一点在朱子积极推动的社会基层治理中，得到鲜活的实践展示。

---

① 参见《朱子语类》卷一三、卷二九，第231—232页，第749页。

② 参见《朱子语类》卷四四，第1117页。

③ 参见《朱子语类》卷七〇，第1753页。

④ 《朱子语类》卷六〇，第1450页。

⑤ 《朱子语类》卷三五，第938页。

⑥ 参见任锋《道统与治体——宪制会话的文明启示》，《公论观念与政治世界》。

作于朱子五十岁的《与星子诸县议荒政书》，可以说是八百多年前公共话语、公共理念充分表达的一篇典范。① 为应对南康军地方的旱灾，朱子全力调动起地方官员、民众士民的应变能力和机智，促进官员之间、民众内部、官民绅之间的沟通协调。此间公共理念显示出作为一种精神向导、治理程序与技术标度的多重价值，如强调官员们"协力公家"（"至公至诚"），令乡众"依公推举"组织者，避免胥吏扰害。对涉及贫民事务"公共审实"，争取"众议平允"。上户贫民应"公共商议"粜米置场去处。官员民众要诚心"公共推行"宽恤政策，官员"依公检定分数"，否则依据"公法"处罚。这种基层治理的要义，在于充分调动各阶层人士的公共精神，随境况轻重疏密形成妥当的合作组织，要旨在打开既定体制之外多层面的治理空间。另外，在社仓兴办中，朱子也屡屡强调程序上"公共出纳"，力求公平公正，这些可以说是对于民间治理事务原则的认可与提倡。

俯瞰公共理念在近世文明演进中的表现，可以窥见它对文明基本意识、政治和社会构想、历史解释都有重要的塑形。

首先，理学推动形成的公共理念对于儒家义理的普遍性和神圣性有了极大提升，为人的自我理解提供了极宽阔的认同视野，由天下极至天地宇宙。如顾宪成特别综合理学诸经典（《大学》《中庸》《西铭》《太极图说》），连贯说明宇宙、人道的形成为一个公共的大事件。② 其中的公共道理，人类只是揭示、发现，并不能任意改变，"充塞宇宙，洞然公共之理。圣人贤人不能增损，只是共发明维持"③。这其中自然包含了儒家强调的纲常

---

① 参见朱熹《朱子全书》（第二十一册），上海古籍出版社/安徽教育出版社 2002 年版，第 1166—1168 页。

② 参见《孙奇逢集》上卷，《四书进指》卷一，中州古籍出版社，第 278 页。

③ 包恢：《敝帚稿略》卷三，《景印文渊阁四库全书》（第 1178 册），《送吴规甫序》，第 733 页。

人伦，如黄宗羲在《孟子师说》中言："纲常伦物之则，世人以此为天地万物公共之理，用之范围世教，故曰命也。儒者穷理之学，必从公共处穷之。"①

这个公共之理，一方面彰显人类社群的广大普遍，不拘束于基层的特殊性社群（血缘或地缘等），另一方面又是自个体所赋之诚而生发，不趋附将就于外在公众。前者如许景衡记载丁志夫（字刚选）与父兄商论学术学问如朋友，不肯苟且，主张"此理天下所公共，不可为闺门屈也"②。在血缘亲缘伦理之上尚有公共道理，在公共道理面前论学人人平等，蕴涵了以朋友讲学为纽带形成的公共社群想象，与朱子所谓君子讲习的"公共之乐"相通。③ 后者如周宗建《论语商》卷下"仲弓问（举贤才）"条，"若一起手便把贤才看做公共的物，举贤力量必不完全，反为人开一推干门户"。虽人我一体，公共的根基却在自身，"夫子亦不只教他与人公共，教他自家尽心"④，公于己而后能公于人。

可以想象，由北宋兴起的围绕公法、公论、公道、共治的公共，逐渐出现基于宇宙道义天理的公共，二者之间或许存在一种哲学意义的升华反思。这种群体维系共享参与的公共实践，不仅涵盖儒家道义文教，也覆盖到更为广泛的学问知识。如元曹世荣《活幼心书》卷下"信效方金饼门"条曰，"然板行于天下，人得而有之者，往往大方脉之书为多，彼为小儿者，每以专科自名，或私得一方，即祖父子孙相传，世享其利，他人万金罔顾授也。其肯与天下后世公共之哉？"再如《中国医籍考》卷六三收录的《古

---

① 《黄宗羲全集》（第一册），《孟子师说》卷七，《口之于味》，浙江古籍出版社，第 161 页。

② 许景衡：《横塘集》卷一九，《景印文渊阁四库全书》（第 1127 册），《丁大夫墓志铭》，第 335 页。

③ 任锋：《公论观念与政治世界》一文曾讨论此种讲学社群的公共性，尤其在中晚明讲学中有突出发展。

④ 周宗建：《论语商》卷下，《景印文渊阁四库全书》（第 207 册），《仲弓问（举贤才）》，第 480 页。顾宪成有"公共之己"的说法，与"躯壳之己"对举，"捐躯壳之己以成公共之己"，参见《泾皋藏稿》卷一三，《题邑侯林平华父母赴召赠言》。

今名医汇粹》（八卷）条序略曰"思夫学问，乃天下公共之事，岂可私于一己，而秘之于家者也。用是于嘉庆己未年仲春，商之于陶氏柏筼堂，镌板流传，以公同好。庶几习是业者，得以究其精微，相期进乎堂奥也云"。

在文明基本意识的形式蕴涵上，理学公共理念不仅惠及儒理诸学，更显示出对佛教、基督教、伊斯兰教等宗教信仰观念的优容。当这些宗教经由中国士人介绍、转译和疏解时，理学公共理念也渗入此本土化的过程，体现出容纳教义境界的弹性与兼容，展现出公共意识的衍生性启示。如"天下乃古今人所公共之天下。此可能为者，彼亦能为也。然而天下是非好恶未有不同，亦未有不异。虽万有不齐，亦不能出此公共之同异也。以故有神圣出，世为人立极，以道德功行制作文章，与天地均其是非，通其好恶，为安身立命处世为人之法。是亦因其是非好恶以成公共，使天下万世不可以各自异同而外此公共之异同也"（《高玄期先生明水轩笔记序》，收于明代觉浪道盛著《天界觉浪盛禅师全录》卷二十二）。例如，清代刘智《天方性理》卷四《本然流行图说》"夫是以自本然无外之流行，而有公共之大性焉、有天地焉、万物焉、有人之身焉、心焉、性焉，而人复各具一流行之本然……则身之内外，无非本然也。本各具之本然，而寻究公共之本然，是仍以本然而寻究本然也。以各具之本然，而浑人公共之本然，是仍以本然而浑人于本然也……纯乎人欲，而不合乎天理之正曰逆。顺逆两端，固一切善恶公私、邪正忠佞，所以分支别派之一大总门也"。例如，明末杨庭筠《代疑续篇》卷上"道理世间公共，何苦认作己私；作受实是己私，不得诿为公众"，卷下"而无意、无必、无固、无我、不矜、不伐，更见大道为公。何必彼一是非，此一是非，将世间公共学问，认为一己私物，龊龊焉其不广也"。理学话语形式的思维影响十分明显。

理学公共理念对于近世政治思考的影响，可以公道、公法和公论作为视角。需要首先说明的是，天理公共意识从天道性命的本体层面立定公共性，本身蕴涵了高度的规范理想性，面对现实的政治法度很自然生成批判和抗议的精神。这对于法政公共意识意味着神圣性与批判性的极大增强。这一公道原理在朱子两千年来天理不行于世间、时君皆为私意缠绕的批评中表现得很强烈。另外，落实在现实法政实践中，公共理念对于能够体现公共精神的时法大政又彰显出肯定、捍卫的态度，成为政治公共性的守护者。陈亮"至公而时行"的法度观即此代表。

首先，公法被视作政治公共性最稳固的保障，以良久确立的成宪为载体，针对包括君主在内的各种政治力量均具有神圣性和约束性。袁说友在《张释之辩》中指出"天子立是法以付有司，有司守是法以正天下，是故天子无私法，有司无私刑"。有司要约束君主，"夫有司之设，正欲敛人主自纵之心，守天下一定之法"[1]。借助对于张释之名言的再解释，公共之法（公法）中尊重司法独立性的精神进一步发展为一种关注分权制衡的思绪。朱子弟子彭龟年认为"人君以法守天下，士大夫以法守官职。人君所为，少出乎法，则士大夫悉力争之，非为身也，为法也，非为法也，为国也"[2]。这种以法度为本的客观国家意识是近世公法的主干。宰相留正有言"天子不能无私恩，而公法之守，则一付之臣下，而吾无容心焉，而后天下之名器始不能轻以畀人矣"[3]。相比北宋时期，公法意识又有了进一步的精进，对于君主、有司和臣民的宪制伦理（守宪性）更为确然。

公论观念在公共理念的提升下，尤其能够彰显一个共同体的道德精神，根据人们对于是非义利的普遍共识而生成力量，不仅对于政治势力形成宪典意义的约束，而且相对于现实性更强的公法也生发出高一层次的批判精神。公共秩序的表达具有多渠道或多中心，公法、公论乃其中大者。君主、宰相、台谏、士民、朝野，被置于一个公共社群中予以凝结，并以公法维系强化，这是近世治体论的中心精义。接续此议程，寻找公义的新时代承载者，于治道治法重构中"新王"当立、家国升级，逐渐演变为现代中国的政治主题。

---

[1] 袁说友：《东塘集》卷二〇，《景印文渊阁四库全书》（第1154册），《张释之辩》，第389页。
[2] 彭龟年：《止堂集》卷一，《宋集珍本丛刊》，《论雷霆之异为阴盛侵阳之证疏》，第9页。
[3] 《皇宋中兴两朝圣政》卷四六，乾道三年二月乙未条。

理想的状态是公法与公论相一致，二者合乎成宪公道，尤其赖于士人秉持公论而守护公法。而当现实中公法屡屡违背公义公共时，公论于是凸显，成为表达公共精神的强劲通道。而主张公论的士君子精英或草野民夫，由此具有了抗衡体制权威的中心意义，释放出秩序空间的二元权威潜能。

明代黄潜认定人都有是非之心，天理公共性的表达包含几个层次，首先在朝廷公道，其次在士君子公论。"行于朝廷则为公道，发于士君子则为公论。公道废而后公论兴，公论息则天理灭。"[1] 明王世贞有言，"在下为公论，在上为公法。公法立则公论行而不显，公法亡则公论显而不行"[2]。《续稿》卷七四指出"在上者为公法，在下者为公论。公论者，所以补法之所不及也"。明代孙承恩《再赠方励庵序》更将公论视为"天地之元气，国家之命脉"，也是人们观史论治的枢机。它奠基于天命心性，流行于永恒宇宙，必有所在，无终泯绝。根据所寄托的层面领域不同，治理的清明与否也可得到评判。朝堂、台鉴、缙绅、草莽，都能体现公论的公共性；公论即使不存于一时，也会显示于后世。公共性的表达机制得到极大扩展。孙氏特别强调主公论者和职公论者都属于有公论之责者，应尽其公共性之守护责任。[3]

公法败坏，公论有可能显而不行，社会必然陷入崩塌无序，公共性将荡然无存。在这种公共话语的格局下，我们有可能明了黄宗羲在《明夷待访录》中的学校设计，恰恰是把公论作为新宪制设计的重要创新依据，将"天下之是非"公法化，引导约束"天子之是非"，由此才能真正实现"藏天下于天下"的儒家公共理想。例如，笔者反复强调，梨洲的这一设计并非平地升起，而是感受到之前的思想与政治推力，为解决公法与公论之死

---

① 黄潜：《文献集》卷四，《景印文渊阁四库全书》（第 1209 册），《跋朱橡辨诬诗卷后》，第 360 页。

② 王世贞：《弇州四部稿》卷一二六，《景印文渊阁四库全书》（第 1281 册），《奉樗庵先生》，第 117—118 页。

③ 参见孙承恩《文简集》卷二八，《景印文渊阁四库全书》（第 1271 册），《再赠方砺庵序》，第 360—361 页。

结而顺势降生的突破性思想。

公共理念除了对于政治构想和理解产生影响，也延伸入近世的社会理念，从中蕴涵了公共理念内部的分化潜能。上述公论观念其实在实践中已经指示出一个浮现出来的领域，相对于政治权威中心，代表共同体社群中较为独立的精神与言论舆论空间，覆盖了政府体制之外的精英和民间实践范围。另一发展便是基层社会与政府力量之间的公共性关联。如果说公共话语在国家纪纲法度上的发展属于上行轨道，那么理学对于公共思考在社会取向上的下行发展促动尤力。

在理学兴起之前，我们已经能看到从公共意义上对于古礼的重新理解，其中涵盖着地方社会的治理机制。如王禹偁解释乡举里选的意义，"察之于乡党，升之于俊造，合议于众寡，定谋于耆老……振乡大夫之职，行乡饮酒之仪"，其精神在于"察道艺而期茂，表公共而灭私"①。而在两宋之际的士大夫生活中，又可发现公共意识在基层社群如家族事务中的跃动。如赵鼎《家训笔录》确立的"私门久远之法"，第二十四条规定主家者公共商量，随事裁处，第三十条规定由主家者公共相度，从长措置行之，"敢有违者非我之后也"②。家族治理规则也灌注了公共伦理，与共治宪制之间的呼应关系值得思索③。可以肯定的是，在以士大夫君子为中心的秩序经纶里，公共意识在政治与社会领域内的流通转相发明，孳生推衍，产生出更为周全的关系模式。

---

① 王禹偁：《小畜集》卷二六，《四部丛刊续编》，集部，第 39 册，《乡老献贤能书赋》，第 179 页。

② 赵鼎：《忠正德文集》卷一〇，《景印文渊阁四库全书》（第 1128 册），《家训笔录》，第 765 页。

③ 日本学者沟口雄三曾重点突出晚明公共意识的突破，如在合私为公的意义上，指出君主一己之公被否定，"明末的'公'作为指称皇帝与富裕阶层之间社会性关联的共概念提升到了更高的层次"。参见沟口雄三《中国的公与私·公私》，郑静译，《公私概念在中国的展开》，生活·读书·新知三联书店 2011 年版，第 23 页。从该文视角来看，对于这种突出共同之关联的公共观念，应该认识其政治性的近世渊源、理学在社会下行轨道的推演以及二者的互相促进，然后才能把握它在晚明所形成的突破。

自张载师徒、朱子以后，理学士人群在地方社会兴办各种制度团体，公共话语也广泛见于史籍。如明代黄佐《泰泉乡礼》囊括了近世一系列社会制度创制，如乡约、乡校、乡社、社仓、保甲等。其中如乡校，"教读任一乡风化，与约正等公选于众，推年高有德者，每里一人，类送在城四隅大馆，转闻有司，点作该图乡老，使专一在乡听讼管仓。别无可推，则约正、约副内一人为之"①。地方治理权威"公选于众"，并获得政府的象征性认可。乡约成员的行为首先经由地方治理规范，"凡春秋二祭毕，就行会饮。会中，先令社祝读抑强扶弱之誓。其词曰：'凡我同里之人，各遵守礼法，毋得恃强凌弱，违者先共制之，然后经官……'"②。而乡约成员的加入退出，遵循一定公共程序，"凡民自他境来，初预乡约、保甲者，谓之入社，社祝以告。告毕，乃书其姓名于籍。其有犯约之过、不修之过，罚而不悛者，逐之出社，告亦如之。告毕，约正等公同约众于籍除名"③。

理学公共理念的历史贡献，在于为近世家国整合提供了以"大学模式"为代表的系统秩序构设，以修身教化为本位，主导国家意识形态，支配教育取士制度，促进近世地方社会与国家政权之家的整合。④

值得注意的是，对于地方社会公共精神的提倡也逐渐衍发出对于政府权力的边界自觉，希望政府尊重地方公共治理的自主空间，而非积极干预。如《泰泉乡礼》"乡社之设，正以明则礼乐、幽则鬼神警动愚俗，使兴起于为善也。有司宜加之意，务令各乡欢欣鼓舞以从事，毋得督迫，以致扰民。若有势要拆毁霸占，约正人等须竭心力呈拒，敢有阿怯诡合者，神必殛之"⑤，"有

---

① 黄佐：《泰泉乡礼》卷三，《景印文渊阁四库全书本》（第142册），《乡校》，第620页。

② 黄佐：《泰泉乡礼》卷五，《景印文渊阁四库全书本》（第142册），《乡社》，第646页。

③ 同上书，第641页。

④ 关于理学对于国家整合的意义，参见吴铮强《科举理学化：均田制崩溃以来的君民整合》，第五章，上海辞书出版社2008年版。

⑤ 黄佐：《泰泉乡礼》卷五，《景印文渊阁四库全书本》（第142册），《乡社》。

司遥加领辖，务以明道为法、王安石为戒。毋得指此科罚点闸，以致扰民"①。王柏《社仓利害书》称引朱子社仓理念，"若曰其敛散之事，与本乡耆老公共措置，州县并不须干预抑勒……此行法者所当共守也"②。这或许意味着，近世对于公共世界的理解，内在已经暗含着一种对于多中心治理网络的意识，在不同层面的社群中可以发展出互补协调的制度组织来支持应对共同体的公共需求。其间不同层次组织有其边界范围，强势者不能肆意侵犯，各造彼此也并不刻意突出一种敌对颉颃之势。

最后，理学公共理念还表现在历史解释之中，尤其是用公共精神来重新解读儒家的三代典范，发挥三代理想中的天下为公精神。

三代政治从根本精神上把天下视为公共的天下，政治人物的施为与意志需要体现或符合这个公共精神。马明衡云，"尧舜之治天下，以其一身公天地之间。天下者，公共之天下也；尧舜之身，天下公共之身也"③。李光坡记述，"天下为公，不是以大天下私其子孙，而是与天下之圣贤公共之"④。不论政权的转移方式是禅让抑或世袭，在治理方式上能否体现共治的公共精神，成为儒者比较关注的要点。圣王治理，即使是家天下格局，也能透过治理实践满足公共价值，重在治理者的动机精神。如黄伦引用吕氏谓"尧舜禹汤以来都有公共意思"，顾宪成谓"以父子让（天下）以兄弟让，是将文王做一家公共的文王；以天下让，又将文王做天下公共的文王"⑤。公共可以分为家族的、天下的层面，而能以天下公共思考政治者为至善。公共性是贯穿家国天下的治道原理。

治理的公共性另一面尤其需要体制经制的保障，因此儒者对于三代之法

---

① 黄佐：《泰泉乡礼》卷六，《景印文渊阁四库全书本》（第142册），《保甲》。

② 王柏：《鲁斋集》卷七，《景印文渊阁四库全书》（第1186册），《社仓利害书》，第112页。

③ 马明衡：《尚书疑义》卷六，《景印文渊阁四库全书》（第64册），第215页。

④ 李光坡：《礼记述注》卷九，《景印文渊阁四库全书》（第127册），第524页。

⑤ 黄伦：《尚书精义》卷四七，《景印文渊阁四库全书》（第58册），第666页；收录于马明衡《尚书疑义》卷六，《景印文渊阁四库全书》（第64册），第215页。

的认知就突凸其中的公共精神。如张南轩论汉代立国规模，"大抵皆因秦旧，不复三代封建井田公共天下之心"，而"古者以理义为国，后世则徇利。以理义为国，其创法立制，与天下公共，凡以为民耳。以利为国，则惟己私之徇。虽古法之尚存者，亦转而为一己之计矣"①。封建、井田等经制体现出因事制法的天理公共精神，是真正的公正公平之政。至明清之际，又从公私关系的新视角对于此类三代经制做出解释，如顾炎武所云"建国亲侯，胙土命氏，划井分田，合天下之私，以成天下之公，此所以为王政也"，公而无私乃"后代之美言，非先王之至训矣"，希望从合理之私利私欲的角度理解公共治理的基础。② 这也显示出传统内部对于公共性宪制精神的理解自有其丰富性。

◇◇第二节　治人主体的实践意识分化

近世以来中国政学传统特别强调"实"，如理学以天理为实理，经世精神注重实践，学术推崇实学。③ 这其中也能窥见近世儒者由实践意识展现出来的治体论共识和分化。

孝宗乾道七年至八年间（1171—1172），出任湖州知府不久的薛季宣致信在闽中家居的朱子，愿意联谊通好、切磋学问，并劝说朱子出山再仕，一同实现经世抱负。④ 去信末尾，季宣谈到胡瑗当年在湖州兴学的历史意

---

① 张栻：《南轩集》卷一六，岳麓书社，第640页；《癸巳孟子说》卷七，第378页。

② 转引自〔日〕沟口雄三《中国的公与私·公私》，郑静译，生活·读书·新知三联出版社2011年版，第22页。

③ 任锋：《投身实地：实践观的近世形态及其现代启示》，《学海》2009年第5期；《道统与治体——宪制会话的文明启示》。

④ 任锋：《胡瑗与南宋儒学的实践意识》，《汉学研究》（中国台湾汉学研究中心2007年12月）第25卷第2期，第101—129页；《道统与治体——宪制会话的文明启示》。

义，"湖学权舆于胡安定，本朝人物之盛，由来造端于此。今也斋室如故，流风泯灭"，季宣有心重振，希望朱子提出积极的建议。朱子在回信中积极响应了季宣学术交流的意愿，对于出仕则委婉谢绝。慨叹湖学兴衰之余，朱子提出了一个令自己感到困惑的问题，"然窃尝读安定之书，考其所学，盖不出乎章句诵说之间。以近岁学者高明自得之说校之，其卑甚矣。然以古准今，其虚实淳漓、轻重厚薄之效，其不相逮至远。是以尝窃疑之，敢因垂问之及而请质焉"①。季宣同意朱子的观察，"教以安定之传，盖不出乎章句诵说，校之近岁高明自得之学，其远不相逮。要终而论，真确实语也"。对朱子的疑问具体解释，"尝谓翼之先生所以教人，得于古之洒扫应对进退，知其说者徐仲车（徐积）尔。余子类能有立于世，是皆举其一端。介甫诗以宰相期之，特窥其绪余耳。成人成己，众人未足以知之。且君子道无精粗、无小大，是故致广大者必尽精微，极高明者必道中庸，滞于一方，要为徒法徒善。汉儒之陋，则有所谓章句家法。异端之教，则有所谓不立文字。稽于政在方册，人存乃举，礼仪威仪，待人以行，智者观之，不待辨而章矣！"②

季宣的解释得到了朱子的认同，"垂谕湖学本末，不胜感叹。而所论胡公之学盖得于古之所谓洒扫应对进退者，尤为的当，警发深矣。窃意高明所以成己成物之要未尝不在于此，而广大精微之蕴，其所超然而独得者，又非言之所能谕也"③。

上述通信是南宋儒学中讨论胡瑗极为重要的材料。起初朱子觉得胡瑗的学术缺乏高明超越的气象。但论以学问精粗与实际影响，胡氏学术却要

---

① 朱熹：《晦庵集》卷三八，《答薛士隆》，第90—91页。
② 《薛季宣集》卷二三，上海社会科学院出版社2003年版，《又与朱编修书》，第295页。
③ 朱熹：《晦庵集》卷三八，《答薛士隆》，第91页。

胜过后世的高明之学。薛季宣强调"古之所谓洒扫应对进退者",朱子深表
赞同。把这次讨论放在更广阔的思想史背景中俯瞰,就会发现其中的实践
意识已经产生了新的重要变动。

首先,我们应注意到通信中提到的所谓"近岁高明自得之学",这是
他们通过对比来领会胡瑗学术精神的重要思想史背景。南宋初期道学发展
呈现出"内倾化"的态势,受佛老学说影响追究理论上的精深玄远,忽
视了修身涵养与经世致用的儒家理想。① 薛、朱二人在此背景下对于胡瑗
的回溯评论,不可脱离这个学术发展来理解,其中折射出他们关于儒学实
践性的思考意识。进一步审视,除了上文所表达者,他们对于胡瑗的整体
理解是否一致,与各自的思想形态有何关联,其中的实践意识又有何同
异?以上述通信为引路线索,我们分别从朱子和薛季宣两个角度来剖析这
些问题。

在朱子方面,我们先透过他对于"洒扫应对进退"的论述来了解其实
践意识的核心——道德实践观念。朱子赞同"古之所谓洒扫应对进退"的小
学实践是高明者成己成物的基础。这个态度其实与此时期他的思想转型精
神一致。即自 1168 年到 1172 年,他逐步实现了思想上由中和旧说到新说的
转变,总结这次转变的《中和旧说序》就撰成于和季宣来往讨论的时期。
需要指出的是,朱子具体地对于"洒扫应对进退"的思考,实经历了一个
漫长的探索过程。这个思考主要围绕二程学说中"洒扫应对"与"精义入
神"的关系而生发。早在 1156 年前后同安主簿任上,朱子就根据《论语》
子张篇"子游谓子夏之门人小子洒扫应对进退"章悟出"洒扫应对"与"精
义入神"在事上确有本末先后的分别,学者应从洒扫等最基本的道德实践
开始,循序渐进,逐步上达精深的义理层次。后来朱子又经历从学李侗、游

---

① 相关情况可参见关长龙《两宋道学命运的历史考察》,第三章,第二节《道学
之内倾与末流化及道学名义的贬损》,学林出版社 2001 年版。

学湖湘等阶段，对这个问题相关的理论探讨渐次获得一个体系性的认识。① 而对于上述《论语》一章与二程诸说的关系梳理，则终其一生不断寻求确解。②

就乾道四年以后的思想转型来看，"涵养须持敬，进学在致知"是朱子继承程颐思想而得以明确的理学根本宗旨。湖湘学者主张以心察识仁体端倪，然后去主敬涵养。识仁本身欠缺平时的涵养工夫，很容易走向以心求心，流于禅说。针对这个缺陷，朱子予以纠正，强调主敬涵养与践履贯穿了致知活动的前后，致知是在长期笃实的道德实践中实现的；另外，道德实践必须通向对于天理本体的体认，自觉把握天理的价值本体意义。致知的达成并不意味着道德实践的完满，后者应该在天理指导下继续深化。道德实践和义理致知是一个统一、相互发明的过程。③ 具体到"洒扫应对"的小学道德实践来说，它是正心诚意等大学道德实践的发端和基础，统摄于

---

① 从学李侗阶段，使朱熹坚信了"洒扫应对"诸事与"精义入神"在理上一以贯之，李侗指点他务必于分殊上体认，日用上作工夫，而主要强调主静体认道体；李侗去世后，在张栻等湖湘学者影响下，逐渐反思李侗的"未发""主静"等观念，接受了"未发为性，已发为心""先察识后操存"的学说，重视"主敬工夫"。在此之后，又经由直接整理二程著作，对湖湘学派的不足进行批判超越，形成所谓中和新说。这一系列的演进显示出朱熹对于以洒扫工夫为基础的涵养践履非常重视，矢志于为学者体认道体奠定一个切实周密的实践基础，避免流入禅宗虚无的歧途。关于这个过程的详尽描述，参见束景南《朱子大传》《上》，第五—七章，商务印书馆2003年版。

② 如钱穆先生所总结，朱熹在这个问题上至少经历了三个阶段。首先是同安之悟，其次是《四书或问》编定之后修改至六十四时答潘时举等门人问的阶段，最后是七十岁左右答陈淳等门人问时的晚年定论。其中复杂处在于如何厘清二程诸说与《论语》本章原意的关系。钱先生认为朱子晚年定论确信"理一分殊"在事上须循序渐进，于理上本末一贯，引明道"君子教人有序"一段话明《论语》本章义，于伊川不严密处也不复依违回护，贯彻了下学上达、格物致知的基本学理精神。这个过程的详细分析，参见钱穆《朱子新学案》下册，《五二、朱子与二程解经相异下·论洒扫应对与精义入神》，巴蜀书社1986年版，第1530—1541页。正文中关注的思想转型，介于第一和第二阶段之间，其时朱熹对于"小学""大学"的关系获得了一个系统性的认识。

③ 关于朱熹对于知行关系的论述，参见陈来《朱子哲学研究》，第14章，华东师范大学出版社2000年版；赵峰《朱熹的终极关怀》，第二章，第二节，华东师范大学出版社2004年版。

主敬涵养之中，进而构成大学穷理致知的基础与互动力量。①

朱子认可季宣点拨出的胡瑗学术之精髓（"尤为的当"），把"洒扫应对进退"视作重要的"为仁之方"，正契合了这时期道德实践意识的成熟。在小学基础上强调主敬涵养的重要性，明确了由小学到大学的道德实践对于致知穷理的必要性，纠正了湖湘学者的缺陷，对于同安之悟乃进一步的肯定和深化。② 另外，又明确致知穷理的价值前提，指出它与道德实践的互相推动、不可分离。换言之，朱子的道德实践观念认为由小学至大学的道德实践是学者体认分殊的重要途径，同时突出了穷理致知指向的价值本体意义，正是其"理一分殊"宗旨的具体表现。

与薛季宣的通信之外，我们还须注意到朱子对于胡瑗的整体评价。这个方面展示出更广阔的学术视野，有助于更深刻地理解其实践意识中的议题。总体上，朱子认为胡瑗在儒学复兴运动中扮演了重要角色，尤其是推动了理学的产生。宋初儒学逐渐摆脱掉唐以来文学风尚的笼罩，从范仲淹、石介等人开始关心学问实效，到胡瑗设立治事斋表达出更加明确的政治关怀（"理会政事，渐渐挪得近里"），最终引导二程兄弟对作为政教之本的义理深入探索，方有理学的诞生。③ 朱子认为，这种理学先行者的特殊地位，表现为胡瑗学术思想上的两面性。

一方面，胡瑗重视治道政事，讲究王霸义利之辨，并且强调修身涵养，

---

① 朱熹指出小学实践的基础价值，"小学教人以洒扫、应对、进退之节，爱亲、敬长、隆师、亲友之道，皆所以为修身、齐家、治国、平天下之本，而必使其讲而习之于幼稚之时"，《晦庵集》卷七六，《题小学》，第 580 页。"小学者，学其事；大学者，学其小学所学之事之所以"，"大学是发明此事之理"，参见《朱子语类》卷七，第 124 页。

② 这个实践意识的深层动机来自对于所谓"道学内倾化"的焦虑。实践作为儒家天理的必然体现，具有区别于佛老的文化正统论意义。这和胡瑗当初主要针对词章文赋之学风、强调政教之本的实践意识，已经大不相同。由此可见思想史背景的转换造成了实践意识生发的不同动力和意涵。

③ 黎靖德编，王星贤点校：《朱子语类》（第七册）卷一二〇，中华书局 1986 年版，第 2915 页。

视野开阔而理论平实。他称许胡瑗对于治道的正视和探索，已经论及政治原则的修身根本，"如二程未出时，便有胡安定、孙泰山、石徂徕。他们说经虽是甚有疏略处，观其推明治道，直是凛凛然可畏！"①"胡氏开治道斋，亦非独只理会这些。如所谓'头容直，足容重，手容恭'，许多说话都是本原。"②朱子还积极肯定胡瑗的理论形式和实践特征，"只据他所知，说得平正明白，无一些玄妙。近有一辈人，别说一般惹邪底详说话，禅亦不是如此"，"安定规模虽稍疏，却广大着实"，"嘉佑前辈如此厚重。胡安定于义理不分明，然是甚气象！"③可以看出，朱子对于胡瑗重视道德实践和政治实践及其理论十分肯定。事实上，他也积极继承了这些积极特征。上文已经介绍了他在道德实践观念上的进一步发展；不唯如此，朱子在经世理想之发扬、时政参与和治道探讨上也毫不逊色。

另一方面，朱子认为相比后来的理学家，胡瑗对于理学之"理"，认识还不够精深，思想还显得粗疏。这体现出朱子的评价标准，于实践外，突出了天理的本体论认识论意义，关涉到实践与义理的关系问题。

"于义理不分明""规模虽稍疏"，这些消极评价的标准反映出朱子对于精深宏大理论的自我期许。对于理学实践来说，天理指示一种引导和安排实践活动的根本价值原则，构成了朱子实践意识的创新之源。

首先，"为学之实固在践履，苟徒知而不行，诚与不学无异。然欲行而未明于理，则所践履者又未知其果何事也"④。学者应该明白，实践不是任意盲目的活动，而是具有价值选择性的规范行为。其次，天理观成为儒家

---

① 黎靖德编，王星贤点校：《朱子语类》（第六册）卷八三，中华书局1986年版，第2174页。

② 黎靖德编，王星贤点校：《朱子语类》（第六册）卷八四，中华书局1986年版，第2180页。

③ 黎靖德编，王星贤点校：《朱子语类》（第八册）卷一二九，中华书局1986年版，第3090—3091页。

④ 朱熹：《晦庵集》卷五九，《答曹元可》，第39页。

实践的根本价值原则，这个关键正是程朱理学超越胡瑗等前辈之处。它对实践意识的影响在"真知乐行（或必行）"的观念中发挥到极致。真正的天理认知必然会表现在实践领域，换言之，实践将会是天理认知活动深化的必然结果。这体现出天理观认识论对实践必然性的极大信心，尤其代表了程朱理学实践意识的创新性。① 这个新发展当时引起了其他儒学人士的深刻担忧，认为将导致儒学实践的危机。

从治体论结构来看，天理观的创新性容易转化为新的治道原理意识，强化公私义利之辩，推进治人主体的道义素养要求，并且渗透入治法传统的评价中，展现或激或缓的变革取向。

对于胡瑗的继承与超越最终表现为朱子实践意识的形态转化。朱子在回答学生关于"经正而庶民兴"的解释时指出，"经正"包括道德和政事两个方面的实践，但二者关系是"新民必本于明德，明德之所以为新民"②。其间的实践意识已有异于胡瑗。胡瑗均衡对待个人的道德实践与政治实践，对于二者的关系还没有形成完善精致的论述。上述不同与二者在体用论上的形态差异互为表里。胡瑗的体是包含于经义中的文化原则，具体指仁义礼乐之道德和体制规范，用则是合乎皇极大中之道的政治效用。所以"明体达用"在实践上表现为道德和政事制度并行的格局。③

---

①　当然，朱熹等理学家整体上还是把握到了知行关系上的平衡，根据先后、轻重的角度指出知行各自的意义，强调二者并发。见注所引陈来、赵峰著作。正文中只是特别指出"真知必行"在实践意识上包含的思想新义，以及思想界的反应。

②　黎靖德编，王星贤点校：《朱子语类》（第四册）卷六一，中华书局 1986 年版，第 1477 页。

③　刘彝总结胡瑗的观点，"圣人之道，有体、有用、有文。君臣父子、仁义礼乐，历世不变者，其体也；《诗》、《书》、史、传、子、集，垂法后世者，其文也；举而措之天下，能润泽斯民，归于皇极者，其用也"。参见《宋元学案》卷一，《安定学案》，第 25 页。胡瑗对义理、道德、政事与体用观念之间的关系并无明论。但据刘说可推断，胡瑗的"经义"斋注重对经典义理的探讨，探讨范围涵盖仁义价值与礼乐法度，属于"明体"；在教学中，强调学者的修身功夫，属于道德实践，设立"治事斋"重视政事能力的培养。实践乃是对于经典义理的运用，因此归于"达用"。

从二程开始的理论创新，其指导原则"体用一源，显微无间"已大不同于胡瑗。前者的体是天理，用则指天理在宇宙现象之间的具体显示，理论形态更加形上化、抽象化。表现在实践意识上，就是天理作为核心观念，成为儒家实践的理论前提，而以天理为价值前提的道德实践地位上升，成为政治实践的根本。① 若以大学之道说明，就是正心诚意修身成为实践意识的重中之重，治国平天下的政治实践乃是前者的延伸和扩大。②

朱子对于南宋时政危机的分析和对策，视野宽广而见解深刻，覆盖纲纪、人事、财政诸多方面，但根本解决之道，归宿于以天理规范君主的"心术""心法"。旨在引导君主正心诚意，体认天理，由正一身而正朝廷正国家正天下，充分体现出上述实践意识的思路。③ 这个变化标志着以天理为前提、以道德实践为政治实践根本的理学实践意识的成熟。当然，心法成为治法根本，其自身又包含不同方面，或侧重修身伦理，或强调传统演进基础上的实践智慧。

这个变化的特质通过朱子与薛季宣的对比看得更为清晰。季宣指出胡瑗的学术教育宗旨在于"古之洒扫应对进退"的小学。这个观念值得注意。季宣极为重视小学，他认为，"古人以小学训习童蒙，皆

----

① 从前文指出的道德实践与致知穷理的相互关系上，可以明白为何朱熹会如此重视正心诚意等道德实践，因为它是确保学者把握天理的最坚实的途径；而从政治实践的角度看，天理前提下的道德实践则确立了最牢固的根本，形成了经世思想中人格本位的政治观。关于宋明理学中"人格本位的政治观"，参见张灏《宋明以来儒家经世思想试释》，第69—70页。

② 一个方面是道德实践本身构成教化政治的主干，另外，道德实践很大程度上也主导了封建、学校、井田等制度实践，可见汪晖《现代中国思想的兴起》，《上卷》第一部第一章，生活·读书·新知三联书店2004年版。

③ 朱熹在孝宗淳熙年间的几次重要政论，如庚子封事、戊申封事，都是以指陈君过、格正君心为总纲。参见赵峰《朱熹的终极关怀》，第三章。

大学之具也。大学之道，但神而明之尔。小学之废久矣，为大学者失其养心之地，流于异教，不过空寂之归。开物成务之功，宜无望于贤者"①。

他与弟子陈傅良共勉，"冀吾人共事斯于日用，小学纯全，大体具焉"②。陈傅良总结季宣的学术宗旨乃曰，"大抵以古人小学，神而明之。大学之道，传远说离，故汉儒守器数章句名家，小知穿凿。异端之徒，乃一切屏事，忘言后已。高沦虚无，而卑知滞物，卒不合。合归于一，是为得之"③。可以看出，季宣向朱子强调小学，绝非偶然，而是深思熟虑的结果，契合于他的儒学宗旨。

具体地，他对于小学的理解，是置于一个系统性的论述脉络中进行的。只有把握到这个脉络整体，才能领会季宣小学观念背后的实践意识。这个脉络可以从以下三个层面揭示出来：

第一层面，就小学与大学的关系而言，小学虽为大学养心的基础，意义却非同一般。季宣认为大学养心如果离开小学，就会流于佛老，也无法进一步实现开物成务的理想，可见小学不可或缺。为什么季宣如此强调小学的意义？这个观点根基于他的哲学观念，即对于道与事、物、形器关系的认识第二层面。就小学而言，季宣几次指出，洒扫应对虽然只是威仪之一，但是不可忽视。因为根据道无本末的原理，这些仪式细节本身乃是道表现自身、不可分离的载体。根据同一逻辑，他进一步指出，政治性的"法守"也是"道揆"得以表现自身的重要形式。对于威仪和法守的重视，区

---

① 《薛季宣集》卷二三，《答石应之书》，上海社会科学院出版社 2003 年版，第 299 页。

② 《薛季宣集》卷二四，《答君举书二》，上海社会科学院出版社 2003 年版，第 315 页。

③ 《薛季宣集》，附录一，陈傅良撰《宋右奉议郎新改差常州借紫薛公行状》，上海社会科学院出版社 2003 年版，第 615 页。

别于"任心而作"的修养与异端离法守言道体的"贰本"错误。① 这种重视正是季宣反对离事物形器言道的观念体现。他的道器观突出了事物形器的载体价值，见于他和陈亮等人的多处论述中。② 所以，小学威仪与法守制度是被视作体道之物而得到重视的。③ 它们分别构成小学以及大学道德实践与大学之政治实践的必要基础。第三层面，即季宣强调的"明而诚""致曲"的中庸格物之道。评论胡瑗时提出的"致广大者必尽精微，极高明者必道中庸"揭示出季宣得到的思想启发，这个启示的理论重心在"道中庸"上，尤其体现出其中的实践本位特征。

---

① "法守之事，此吾圣人所以异于贰本者。空无之家不可谓无所见，讫无所用，不知所谓不贰者尔。未明道揆通于法守之务，要终为无用，洒扫进退虽为威仪之一，古人以谓道无本末者，其视任心而作，居然有间。""故须拔萃豪杰，超然远见，道揆、法守，浑为一途，蒙养本根，源泉时出，使人心悦诚服，得之观感而化乃可为耳。此事甚大，既非一日之积，又非尽智穷力所到，故圣人难言之。后世昧于诚明、明诚之分，遂谓有不学而能者。彼天之道，何与于人之道！致曲未尽，何以能有诚哉！"参见《薛季宣集》卷二三，《沈应先书》，第 304 页；"古人以为洒扫应对进退之于圣人，道无本末之辩，《中庸》"曲能有诚"之论，岂外是邪！学者眩于'诚明明诚'之文，遂有殊途之见。且诚之人之道，安有不由此而能至于天之道哉？今之异端，言道而不及物，躬行君子，又多昧于一贯，不行之叹，圣人既知之矣。"参见《薛季宣集》卷二五，《抵沈叔晦》，第 332 页。

② 集中见于与陈亮的通信中，"上形下形曰道曰器，道无形埒，舍器将安适哉！且道非器可名，然不远物，则常存乎形器之内。昧者离器于道，以为非道遗之，非但不能知器，亦不知道矣。下学上达，惟天知之，知天而后可以得天之知，决非学异端、遗形器者之求之见"。参见《薛季宣集》卷二三，《答陈同父书》，第 298 页。"灭学以来，言行判为两途旧矣，其矫情之过者，语道乃不及事，论以天何言哉之意，其为不知等尔。"《薛季宣集》卷二五，《抵杨敬仲》，第 331 页。

③ 季宣强调，道和器不能直接地比拟为体和用，否则将导致道揆和法守蜕化成徒善与徒法的偏颇分离形态，"道之不可迹，未遽以体用论。见之时措，体用疑若可识。卒之何者为体？何者为用？即以徒法徒善为体用之别，体用固如是邪"？参见《薛季宣集》卷二三，《答陈同父书》，第 298 页。这表露出他对于体用范畴在政治思考过程中适用性的怀疑，其中实际包含了对于理学体用论的反思，以避免道德实践与政事制度实践的价值高下分离，违背其所主张的道揆法守混合论。

　　季宣提出，"君子虽极高明，道实中庸"①，"高明，所以覆物者；中庸，所以成物者"②。他并不否认"先立其大者"确立天理根本的高明，但他最为心仪的还是"由当然以即本然"的致曲之道和格物思想。③ 他批评当时学者突出"诚而明"的理路容易引人堕入虚无，转而积极提倡"明而诚"。即通过对于道德规范和法守制度的广泛学习与积极实践，而非对于义理的深入讨论或沉思，培养儒者的道德素养和实践能力，奠定通往高明境界的实践基础。④ 这就把对于体道之物的重视正式转化成了积极的实践意识，道德实践与政治实践成为儒者区别于佛老异端、体认天理的根本途径。

　　总而言之，季宣主张根据小学的道德实践，学者于节文中修养身心，构成大学养心的主要形式和途径。学者于日常生活中时时反省检查内心，保持心志精神的平正和精进，日久必当有所体会。⑤ 道德实践的重心和特色在于以小学为本位形式的身心训练。透过对体道之物"致曲"实践的强调，培养出具有实践精神和道德修养的治人主体。这种主体在大学的政治实践

---

　　① 《薛季宣集》卷二五，《与潘文叔》，上海社会科学院出版社 2003 年版，第333 页。

　　② 《薛季宣集》卷二九，《中庸解》，上海社会科学院出版社 2003 年版，第397 页。

　　③ 季宣认为，"大学之道无它，在乎格物而已"（《薛季宣集》卷二九，《大学解》，第 402 页），"惟能平其谓忿惕恐惧、好乐忧患，复六情之未发，心不失正，良知良能，其何远之有乎？用之读书，用之正身，用之事物与人，皆是物也"（《薛季宣集》卷二三，《答石应之书》，第 300 页）。《洪范》"皇极"也是格物，参见《薛季宣集》卷二九，《大学解》，第 402 页。

　　④ "性，本然者也。教，当然者也。本然者未尝不着，由当然以即本然，则本然之性见矣。故虽圣人，未有不由学而至者。所谓致曲也，知所谓教，自愚而圣无难者，诚明盖一道尔。"参见《薛季宣集》卷二九，《中庸解》，第 395 页。

　　⑤ 如勉励陈亮严格修身，"曾子日且三省其身，吾曹安可辄废检察"，"以同父天资之高，检察之至，信如有见，必能自隐诸心"，参见《薛季宣集》卷二三，《答陈同父书》，第 299 页。"君臣之义，父子之亲，天理昭昭，不容与易，惟居之以平荡，持之以兢业，终身可以无畔，其至要当有见，必自得而后能安之也。"参见《薛季宣集》卷二五，《与潘文叔》，第 333—334 页。

中能够适当处理道德修养与政事制度的关系，保障道揆与法守的融合，从而全面实现"开物成务"的目标。小学和大学的道德实践与大学的政治实践相互依存，前者树立了政治实践的治人主体，后者确保了主体实践的进一步扩展，实现由己及人。① 而通过整个实践的过程，学者逐渐走向对于天理的深刻体认和把握，最终印证"明而诚"的理念。②

季宣称胡瑗"成人成己，众人未足以知之"，不能像王安石只以宰相事业（"绪余"）去对待胡瑗，其儒学真谛值得认真思考。在他看来，胡瑗达到了高明广大的境界。而这种境界，与朱子批评的"近岁高明自得者"不同，特别重视"道中庸"的广阔实践，把握到了高明与中庸、精微与广大之间的正确关系和重心。

胡瑗带给薛氏的启示也符合季宣对于道学发展的认识，对于时病具有很强的救治意义。所谓时病，一是道学的内倾化末流忽视中庸实践的经世理想，二是季宣在湖州感触颇深的"利害之场与刑名之习"政治风气，近于法家的刑名功利。③ 强调道德与政治的实践，注重经世事功，可以纠治前者；而坚持实践意识的天理自觉，可以避免后者对于儒家原则的偏离。

综合上述原因，他对胡瑗情有独钟，学术上表现出向宋学源头回溯的意向。朱子等人希望他能和理学家一起共同发扬二程、张载的学术，季宣却婉转回绝，寄望胡瑗湖学的复兴。他把胡瑗学术当作重振宋代儒学的门径，数次向朱子、沈焕等人强调湖学学术是宋代精英才干的摇篮，由此寄托培养治才、经世实践

---

① 从人格理想上看，季宣也努力把个人成德（"为己"）与政治追求（"事功"）绾合为一。其挚友郑伯英评价他，"圣贤不作，道丧文弊。问学事功，歧而为二。事功维何？惟材与力。问学维何？书痴传癖。学不适用，用者无学。为己为人，在在乖错。公之探讨，专用律身。推而放之，于以及人"。参见《薛季宣集》，附录一，第595页。

② 例如，他告诉陈亮，在格物经世过程中，"第于事物之上，习于心无适莫，则将天理自见，持之以久，会当知之"。参见《薛季宣集》卷二三，《答陈同父书》，第299页。

③ 《薛季宣集》卷二三，《又与朱编修书》，上海社会科学院出版社2003年版，第294页。

的理想。湖州"年来法家之学却有师传，士大夫之家知习此尔。狂澜既倒，未知所以回之，更须日月图之。不可则已，倘未罪斥，尚望为我筹之"①。

　　由上可见，胡瑗对于朱子是一个值得肯定却又需要超越的理学先行者，对于季宣则是一个需要继承并积极发扬的儒学典范。他们都从胡瑗那里吸收了积极的实践意识，但引申发挥却呈现相当大的差异，预示出南宋儒学发展的两个不同面向。陈亮、叶适等人又将治人主体的反思源泉引向立国早期，强调专能笃实、稳健干练的政治素养。② 进而，浙东诸贤又接引王通代表的经世经制大传统。两边差异之处主要在于二者对于道德实践与政治实践的关系、道德实践的内容，以及实践与天理的关系上处理方式不同，从而在实践意识构成和倾向上各有偏重。这也体现出两位先贤在治体论上对于治人主体精神的不同构想。

　　对于道德实践和政治实践的关系，朱、薛都认识到了二者对于儒家经世的重要性，意欲兼顾，但实际上都有重心上的偏移。朱子把前者视为后者的根本，而季宣在理论上相对均衡地看待二者的作用，实质上则倾向于注重政事制度的相对独立价值，以之为事功追求的重要途径。③ 表现在政治

---

　　① 《薛季宣集》卷二三，《答沈县尉书》，上海社会科学院出版社 2003 年版，第 297 页。他同朱熹说湖学"学中旧存当时赐书与孔子伯鱼画像，亡轶殆尽，比方略整齐之"，表示"'为之师匠'，某何者，而辱望以此邪！然与朋友共成之，不敢不勉"；向石说"湖学，国朝人物所起，惟故馆在，未知教养之道，殊无术以兴之。有可警督其愚，无惜规诲乃荷"。卷二三，《又与朱编修书》《答尤溪石宰书》，第 294、296 页。

　　② 蒙文通先生反对将南宋浙东描述成伊洛后学，指出"二陈、叶氏之传，皆源于郑氏、芮氏，以上接泰山、安定，胥可按籍而稽，自有渊源，不必系之伊洛以相混淆也"，参见《蒙文通全集》（第二册），《跋华阳张君〈叶水心研究〉》，巴蜀书社 2015 年版，第 534 页。

　　③ 比如对"大学之道"的理解，季宣的解释特色不在于强调正心诚意等修养工夫本身的内涵与意义，而是突出其政事实践上的指向性。或者指出其中安内而后攘外的战略意义，参见《薛季宣集》卷二〇，《再上张魏公书》，第 259 页；或者指出君主正心在官员体制上的实践内涵，参见薛季宣《书古文训》卷一二，《续修四库全书》（第 42 册），《立政》，上海古籍出版社 2002 年版，第 347 页。对于政治体制治法的研究构成薛季宣学术的主要特征，即所谓经制之学。他也由此闻名于世，下启陈傅良、叶适等人的永嘉之学。

思想上，朱子强调"格君心之非"是理想政治的总纲，政事制度等领域依赖于君主道德实践的成就。① 季宣不赞成过度拔高政治主体的道德作用，指出君主努力修身的同时，政事制度如官制、兵制等的改革具有自身的积极意义。② 大致而言，在宋明儒学经世思想的架构中，朱子重视道德实践的根本地位，季宣强调政事制度实践的重要性。

在道德实践的内容上，就小学而言，朱、薛二人在通信中似乎达成一致共识。但经过上文的整体分析，已看到两人的具体理解分歧很大。相对于大学，朱子认为小学还只是初级阶段，比较简单粗糙。他更注意发挥大学道德实践的主敬来融摄小学，重心是如何加深学者对于主体心性的深度体认和修养。③ 而季宣十分重视大学对于小学的依托关系，强调节文仪式的重要性，由此保障实践的坚实有效。大学道德实践是朱子道德实践意识的核心，它统摄小学实践，构成致知穷理的重要基础。而季宣的大学道德实践主要依托小学，强调的内省、检察、正心等内容远没有朱子的工夫论那样深入、精微。

在天理与实践的关系上，由于强调由器物见道，突出实践本位，季宣主张透过实践活动逐渐领会、自觉天理。④ 对于天理的言辞讨论，他基本上

---

① 参见赵峰《朱熹的终极关怀》，第三章，第三节，华东师范大学出版社 2004 年版，第 291—299 页。

② "纳约自牖，要非一日之积。必若伊尹之学，恐不可望人于秦、汉之后也"，参见《薛季宣集》卷二三，《与朱编修书》，第 293 页；关于政治体制的意见，可见《薛季宣集》卷一六，《召对札子一、二》，第 189—193 页，对于君主修身一笔带过，主要论述重心是当时的官制和兵制改革问题。

③ 学者必须先奠定持敬涵养的基础，再"旋旋去理会礼乐射御书数"等礼乐之文，"但不先就切身处理会得道理，便教考究得些礼文制度，又干自家身己甚事"，"今人既无本领，只去理会许多闲骨董，百方措置思索，反以害心"，《朱子语类》（第二册）卷七，第 125 页。

④ 薛季宣认识到学者必须有追求天理的明确自觉，但他认为这个过程十分漫长，须融入整个实践过程中。最终学者对于天理的体认、把握，可以说是"默而识之"。季宣常用这个词语来描述他的信仰实现状态。参见《薛季宣集》卷二四，《与君举书二》，第 315 页；卷二七，《知性辨示君举》，第 355 页。

持一种低调态度。针对乾道年间学者高谈心性的风气，他担心这样会把注意力误导到离器物言道的歧途上去，对实践形成消极影响，后来竟提出"义理之学不必深究"的激言。① 相比之下，朱子始终要求学者明确天理的价值本体意义，努力在道德实践中加以体认，由此确立政治实践的道德主体。天理是引导、规范实践的鲜明原则，致知穷理更是需要正面而深入的讨论争辩。从上述分析看来，他们二人在实践意识上的歧异，主要根源乃是对于心性之学（天理观的本体论认识论与道德实践）的态度和理解大相径庭。②

朱子代表了理学实践论的典范，突出天理的价值前提意义，特别强调道德实践，把它作为实践的核心部分，是政治实践的先导和根本；薛季宣的实践论，则着力强调道德实践和政治实践的本位性，倾向于重视政治实践领域，主张经由积极而广泛的实践去逐渐体认儒家的天理本体。这里蕴含了南宋儒学实践意识的分化，也是儒家治体论在治人特质上的精神分化。

朱子等道学家认为季宣轻视天理价值前提的关键意义，而好高骛远追求事功，忽视经世根本，有沦为法家异端的危险；③ 季宣则担忧道学沉溺于

---

① 吕祖谦曾向朱熹转述，季宣当初并无是言，只是激于当时清谈风气的兴起，才有这种主张。见吕祖谦《东莱集》；《别集》卷七，《景印文渊阁四库全书》（第 1150 册），《与朱侍讲书》，中国台湾商务印书馆 1983 年版，第 239 页。季宣对于心性讨论的不满，可参见《薛季宣集》卷二七，《知性辨示君举》，第 354—355 页。

② 朱熹批评浙学，"公浙中有一般学，是学为英雄之学，务为跞驰豪纵，全不知点检身心。某这里须是事事从心上理会起，举止动步，事事有个道理。一毫不然，便是欠缺了他道理"，参见《朱子语类》卷一一六，第 2801 页。"事事从心上理会起"，恰与季宣等永嘉学者的特征相对。黄宗羲评价，"永嘉之学，教人就事上理会，步步着实，言之必使可行，足以开物成务"，参见《宋元学案》卷五二，《艮斋学案》，第 1696 页。

③ 张栻同吕祖谦说，"士龙正欲详其为人，事功固所当为，若曰喜事功，则喜字上煞有病"。朱熹则"目之为功利之徒"。参见《宋元学案》卷五二，《艮斋学案》，第 1696、1691 页。

义理讨论，会悖离儒家实践的本旨，而执着于道德实践为本的思路，将轻视政治实践所需要的多方面才能的培养。① 概要而言，在经世理想的推动下，天理与实践、道德实践与政治实践，构成南宋儒学实践意识中两组重要而微妙的关系。② 朱子和薛季宣的个案显现出他们各自倾向于不同的着力角度，又努力维持整体平衡，从而产生了彼此之间的批判性张力。③

另外，我们还可以从朱子与陈亮的辩论来审视这种实践意识的不同趋向。在现实政治中进行内政改革、实现富国强兵，以期恢复中原，这是陈亮一生念兹在兹的时代大政。有学者已经指出，陈亮是根据《春秋》"尊王攘夷"的学说作为恢复中原的重要理据，"是否能实现中原恢复之业，实质上即为是否能真正继承圣人之道而实现人道的完善。他是将这一问题真正提到历史文化之传统的继承与发扬这一高度来认识的"④。而宋代政治传统

---

① 季宣认为，"张、吕之贤，皆愿见而未能者，言称先师，要为有法，理敬之说，进学之指南也。可与立者，权多不足，九流之合，须得通方之士议之"。参见《薛季宣集》卷二四，《答君举书二》，第314页。

② 相比"内圣外王"的传统概念，这两组关系更能凸显宋代儒学内部的问题意识。内圣包括义理致知和道德实践，外王指政治社会秩序的建立。实践意识显示，义理与道德—政治实践构成宋学内部的一重紧张性，道德实践与政治实践的轻重关系构成另一重紧张性。讨论内圣与外王之间的关系，应该看到这两重紧张性的分殊和交织。

③ 朱熹理学体大思精，其人经世志笃，尚能很好地处理实践意识中问题的平衡关系。但其学理的致思重心围绕格物致知与道德实践展开，一定程度上会削弱对政治实践的强调（比如主张格物穷理应该格尽天下之物，这个过程的长期性可能会延搁政治实践的进行）。后世朱学就显示出进一步内倾化的弊端，末流者甚至忽视了道德实践的必要性，引起理学中人的批判，而批判的资源也借重了胡瑗，后文会有详述；季宣的传人如陈傅良，进一步发扬对于政事制度实践的关注，对于理学的实践思路表示异议。他也充分认识到胡瑗的实践特征，"泰山、徂徕间则有行修经明、学者所谓'师表'，湖学胡公，尤笃治道，其学者多有才效，号为学术尤备"。参见陈傅良《止斋集》卷四三，《景印文渊阁四库全书》（第1150册），《策问十四首》，中国台湾商务印书馆1983年版，第843页。他通过回顾北宋前期胡瑗等人的儒学特质来反思理学发展的问题，关于这一点可参见陈安金、王宇《贯通内圣外王的努力——评永嘉学派的思想历程》，《哲学研究》2002年第8期。

④ 董平、刘宏章：《陈亮评传》，南京大学出版社1996年版，第191页。

却是道德有余、事功不足，不能有效应对时政的挑战。如何改变这种状况，是理解陈亮政治思想的重要线索。

相对于同期兴起的理学思潮，陈亮并非完全否定其中的道德追求，而是在一种儒家大体的根本层次强调儒者传统的经世精神。他的思想引导人们更加现实客观地去理解政治世界。如何评价政治？如何进行政治实践？这种政治观也有自身的历史观和人性论基础。如果说理学家的人之形象是天赋性命下复性修身的道德人，那么陈亮眼中的人就是勇于在政治世界中跋涉，进而参赞天地之道的行动人、政治人。"夫人之所以与天地并立而为三者，仁智勇之达德具于一身而无遗也。孟子终日言仁义，而与公孙丑论一段勇如此之详，又自发为浩然之气。盖担当开阔不去，则亦何有于仁义哉！气不足以充其所知，才不足以发其所能，守规矩准绳而不敢有一毫走作，传先民之说而后学有所持循，此子夏所以分出一门而谓之儒也，成人之道宜未尽于此。"[1]

政治历史评价的问题，在他与朱子那场经典的反复辩难中展现得十分充分。朱子以道德动机的纯驳作为评判王霸之道、三代和汉唐的绝对标准，固然树立了高亢的政治标尺，对于现实政治却是一种悲观主义，总体上接近于宗教神学的二元历史视野。

陈亮不能同意这种对于历史的两橛化处理，一方面指出三代政治的不完美处，另一方面为汉唐政治进行辩护，认为后者绝不是一团漆黑，而是于儒家道义有所暗合。这个暗合特别透过政治的实际效果得到印证，譬如反儒的刘邦如何结束秦之暴政，部分恢复人民的生活常态和自由，事实上契合儒家宽厚仁义的政治精神。萧公权先生指出，"然究其精意，又在重申

---

[1] 《陈亮集》（增订本），中华书局 1987 年版，第 340—341 页。

民本之古义以深警人君"，"坚持公心为立国之要素……实际上则提高君主之理想也"①。

朱、陈论辩的关键指向可以理解为对于祖宗之法代表的现实政治传统的评价之区别。是否能够正视现实政治经验传统的利弊得失，构成二者或者说一般意义上理学与经制事功学的区分，也是变革思维与立国思维的区分。朱子高扬三代理想主义，痛贬祖宗之法，贬斥汉唐政治，严古今之别。这一点推升宋学变革思维，而与浙东儒学的立国思维显为不同。

当然，从广义视野看，朱、陈之辩也可以说是两种立国思维的辩难。朱子以理想三代为典范的现实变革思维，本是一种理想主义的立国构想。虽不能充分正视当下立国经验，却在巨变的历史时刻有可能成为彻底构思新秩序的思想引子。黄宗羲《明夷待访录》即其印证：直接以大公原理否定"法祖"代表的保守立国思维，以学校支配传统君相体制的"公法"，并对君主世袭制予以根本质疑。这得益于理学隐含的立国理想主义，与浙东的保守立国思维构成近世立国之道的两个类型。"法三代"和"法祖宗"，其实是一体两面，显示出近世立国思维的双重性，在经制事功学和理学皆如此，吕东莱即其显例。

围绕德与功这对极点，陈亮的政治评价标准更加突出了实践功效的价值，对于儒家道义的理解不能离开这个维度。并且强调相关评价一定要参照历史变迁的世变背景，不能用普遍准则去衡量。王通深知秦汉以后"世俗之变而道德之日以薄者"，因此不用古圣王的标准衡量后世君主，更侧重考量功德、事功意义上的政治道德②。而要实现实践功效，在儒术上也不能囿于个体心性的修养，而要面向广阔世界的开物成务。从这个角度上看，在新儒学的发展道学化之后，士大夫的政治素养呈现出明显的不足，"艰难变故之际，书生之智，知议论之当知，而不知事功为何物，知节义之当守，

---

① 萧公权：《中国政治思想史》，辽宁教育出版社 1998 年版，第 310 页。
② 《陈亮集》（增订本），中华书局 1987 年版，第 192—193 页。

而不知形势之为何用"。

因此，培养政治人的实践智慧，包括谋略、意志和行动能力，就成为陈亮不同于理学家的显著用心处。英雄的事功理想，最能代表陈亮对于儒家实践者的期望，核心则是共治主体和礼法主体的养成与王者之才的施展。在现实政治中，他们是与君主共治天下的重要力量，是一世才用的中流砥柱，所谓"堂堂之阵，正正之旗，风雨云雷交发而并至，龙蛇虎豹变见而出没，推倒一世之智勇，开拓万古之心胸"者。① 陈亮召唤复归的是儒家刚健进取的用世精神。

从治体论来看，朱、陈之辩堪称近千年以来政学传统的一大公案。举两造合而观之，可见宋学论政精华之全貌。朱子以三代之道法为国家秩序的唯一标准，彰显宋学的政治理想精神，为近世以来的治道重构乃至革命提供支援。这一点在浙东吕东莱、叶水心的政论里其实也有体现，只是更重强调三代礼乐事功相对于后世政刑的治体优越性。而浙东正视立国现实经验，在朱子的正统论、社会秩序创制中也有表现。当然，在立国规模、法度宪章、艺祖本旨的探讨上，浙东更显精彩，把握到了近世家国法度化的中心议程。②

另外，我们需认识到，二者其实乃分享着天理秩序观的一些根本信条，尤其是分享着对于体现天理精神的三代法度典范的推崇，在此前提下构思着一种合乎政治理想的近世现实宪制，即本书所谓一种广义道统（"统纪"）下的共治、相维相制。而本节所指示二者在实践意识、历史观方面的差异，需要放在这种通见的背景下去领会，才不至于忽略其大节。如理学之格正

---

① 《陈亮集》（增订本），中华书局1987年版，第339页。

② 张君劢先生引入黑格尔来比较陈亮、朱子的国家政治观。双方都充分肯定国家的合理与实在，而哲学根底则有客观心灵与道之分别。陈亮颇似英国经验论者，朱子提出了形而上的国家论。两人的辩论显示形而上国家论如何产生反证论法。参见张君劢《新儒家思想史》，第十四章《朱子与陈亮》，中国人民大学出版社2006年版，第210—225页。

君心，在这种通见下，乃是一种带有治体意义的修为。而后世末流化的发展，则使其法度自觉隐而不彰。又如理学中三代与后世二元对立的紧张感，若加以另一角度的观察，则会呈现出与汉唐、祖宗之法相融汇的另一面，而不只是趋向于法度断裂的激进历史意识。这其中的用意重心之差异，本身也意味着二者之间某种混融合成的发展可能性。

第五篇

第十二章

吕中与近世治体论的系统化

　　南宋淳祐间吕中（1247 年进士，活动于 1225—1264 年间）著有《类编皇朝大事记讲义》（今称《宋大事记讲义》）。时人刘实甫在序中指点出了该书与近世儒学之间的谱系关系。吕中在《宋大事记讲义》中围绕北宋政治中的制度、人事，予以叙记论断。这些论断中包含的政治思想，特别体现出南宋以来浙东学派与理学的综合影响，可以视为二者初步融合后的产物。尤其是经制事功学的传统，在这种寄托于政论的思想阐发中有进一步的概括总结。此书虽供科考之用，却能反映南宋后期士大夫阶层形成的政治理解，值得研习政治思想史者关注。①

　　《宋大事记讲义》，在形式上与吕祖谦的《大事记》《大事记通释》《大事记解题》似有一脉相承之处。祖谦的这些著作，取法于司马迁古策书遗法，按年记录政治大事。并于《通释》取《易》《诗》《书》《论语》《孟子》和董子、史迁、刘向、二程、胡五峰等人论点，申明大事之"统纪"。《解题》则多引前贤议论，加以考辨阐发。

　　吕中此书，按有宋历史随朝分类，以子目介绍大事，子目中明其事体，引史料详述，再加以评议。《序论》中治体、制度和国势三论，可以说是祖谦《通释》所言"统纪"的进一步系统阐明，治体论的思想与东莱十分贴

---

　　① 关于此书详情，可参见张其凡、白晓霞整理《类编皇朝大事记讲义　类编皇朝中兴大事记讲义》，上海人民出版社 2014 年版，附录部分。

合。编年类目与评议相结合,这种体系化的形式更利于阐述治国理念的实践展开。

刘实甫序中指出吕中乃"止斋、水心之徒,以其师讲贯之素,发明我朝圣君贤相之心"。另外,吕中在子目中立有周敦颐、邵雍、张载、二程之学等题,也表明其肯定理学的态度。对于宋代新儒学的天理世界观有肯定,但主要是在吕祖谦、陈亮、叶适等人的思想路向上进一步予以深化和提升。①

◈ 第一节 治体论:仁义与纪纲法度的双维

吕中在该书《序论》中提出了"治体论""制度论"与"国势论"。②这三个核心概念是他观察、解释宋代政治演进的分析范畴,也构成我们了解其政治观的重要视角。

首先来看他的"治体论"。在这一篇,吕中开端就以传统政论中的宽严之论作为靶子,阐释他所理解的宽严之义。我们会发现,他的阐发非常近似于陆象山对于宽猛之论的辨析。③ 吕中指出,最肤浅的理解把"宽"理解为弛纵、把"严"理解为峻猛,稍好一些的论调则认为"宽"当施于所当宽之地,如民心、军心、士大夫之心,"严"当施于所当严之人,如外戚、宦官、藩镇、权臣。吕中认为第二种解释也不周备,"军民士大夫之心亦岂徒宽者所能系属哉?"

吕中针对这些意见,提出以"治体"来作为理解政治的关键范畴。

---

① 书中还记录了唐仲友的观点,参见《中兴大事记讲义》卷二二,目四一"行乾道历",第768页。《中兴大事记讲义》,第640页。萧振评曰:"伊洛之学,非伊洛之学,洙泗之学,非洙泗之学,尧舜三代之学也。二程教人,以中庸为宗,以诚敬为本,自有乾坤,即具此理,而谓之曲学乎?"

② 以下统一称该书为《讲义》卷一,第35—47页。

③ 《陆九渊集》,《政之宽猛孰先论》,中华书局2008年版,第356页。

在治体意义上，"宽"属于政治体的精神原则，而"严"则指纪纲法度的安顿。"盖宽者仁意浃洽之谓，严者纪纲整肃之谓。仁意之与纪纲二者并行而不相离，则不待立宽严之的而治体固已定矣。"① 与陆九渊一样，吕中同样强调的是治体之精神与纪纲二维的并行不分。在这个意义上，二人观点都透露出宋人政治观相对于汉唐论调的某种深化，竭力避免陷入任德、任刑两种单向思维所导致的偏执之中。② 明代立国主张治体用刚，强调君主威权和任刑，其实又陷入吕中所指出的偏颇之中，于治道原理有大缺失。

《中兴大事记讲义》卷一五《中兴人心推戴》一目论曰，"谈儒术者言仁义，任吏事者陈纪纲，不知祖宗立国，千万年之规模，厚仁意于纪纲整饬之中，振纪纲于仁意流行之际，本相为而不相病也"③。儒者谈论政治，需要避免只限于仁义精神一层，而要把其相对应的体制纪纲凸显出来，从精神与体制的完整构造来论治体。这段话也显露，治体范畴是要把传统上分别偏于道德和法度的儒法之辨整合起来，在治体概念上对于秩序结构给予一个比较周备的解释。这也是近世儒家进一步吸纳法家制度论、发展健全法治论的一个重要成就。

理想政治的根本精神在于吕中所指的"仁意"，而精神价值必须在客观礼法制度中落实，才能实现其政治价值。"圣人之治天下，固以仁意为本，而其施之于政，则必有纪纲法制，截然而不可犯，然后吾之所谓仁意者，得以随事及人，而无颓废不举之处，人之惠于我者，亦得以广博周遍，而

---

① 《讲义》卷一，第 35 页。

② 明儒吕坤也从治体角度超越宽猛之论论述政治大体，"从政自有个大体。大体既立，则小节虽抵牾，当别作张弛，以辅吾大体之所未备，不可便改弦易辙。譬如待民贵有恩，此大体也，即有顽暴不化者，重刑之，而待民之大体不变。待士有礼，此大体也，即有淫肆不检者，严治之，而待士之大严不变。彼始之宽也，既养士民之恶，终之猛也，概及士民之善，非政也，不立大体故也"。参见《呻吟语》卷五，《治道》。

③ 《中兴大事记讲义》卷一五，第 672 页。

无间隔欺蔽之患，此孟子言'一天下之道'在于不嗜杀人，而至于言仁政，则又曰'徒善不足以为政'，其意正谓此也。"① 对于"纪纲法制"的重视，体现出与浙东经制学同韵的思想关切，是近世儒家政治思想的一个重要发展，即对于政治法度的宪制性重视。

稍早时期的徐鹿卿（1170—1249）也曾在奏札中强调政德与治法的相互依存，"盖君德以仁为本，而所以节适而归于中，则有祖宗之法度在焉……始从其厚者，所以见君德之仁；卒归于中者，所以行有司之法。宽厚在人主，公法在朝廷，法行，仁亦行也"②。这也是宋人经常提到的"恩归人主，法在有司""权归人主，政出中书"的基本精神。③ 明儒吕坤《呻吟语》卷二论治体，"窃叹近来世道，在上者积宽成柔，积柔成怯，积怯成畏，积畏成废；在下者积慢成骄，积骄成怨，积怨成横，积横成敢。吾不知此时治体当如何反也。'体面'二字，法度之贼也。体面重，法度轻；法度弛，纪纲坏。昔也病在法度，今也病在纪纲。名分者，纪纲之大物也。今也在朝小臣藐大臣，在边军士轻主帅，在家子妇蔑父母，在学校弟子慢师，后进凌先进，在乡里卑幼轧尊长。惟贪肆是恣，不知礼法为何物，渐不可长。今已长矣，极之必乱必亡，势已重矣，反已难矣。无识者犹然，甚之，奈何？"卷五论治道，又曰"任人不任法，此惟尧、舜在上，五臣在下可矣。非是而任人，未有不乱者。二帝三王非不知通变宜民、达权宜事之为善也，以为吾常御天下，则吾身即法也，何以法为？惟夫后世庸君具

---

① 《讲义》卷一，第35—36页。

② 徐鹿卿：《清正存稿》卷一，《景印文渊阁四库全书》（第1178册），《正月丙寅直前奏事剳子》，第843页。

③ "恩归人主，法在有司"，参见《苏轼文集》卷二九，《转对条上三事状》，中华书局1986年版，第819—822页，另参见《续资治通鉴长编》卷一六五，《吴育上书》，亦见《吕祖谦全集》（第十三册），《皇朝文鉴》卷五一，吴育《论诏狱》，第6—7页；后者见《宋史》卷四〇六，列传第一百六十五，《洪咨夔传》，洪咨夔上疏曰，"臣历考往古治乱之原，权归人主，政出中书，天下未有不治"。

臣之不能兴道致治，暴君邪臣之敢于恣恶肆奸也，故大纲细目备载具陈，以防检之，以诏示之。固知夫今日之画一，必有不便于后世之推行也，以为圣子神孙自能师其意，而善用于不穷，且尤足以济吾法之所未及，庸君具臣相与守之而不敢变，亦不失为半得。暴君邪臣即欲变乱，而奔髦之犹必有所顾忌，而法家拂士亦得执祖宗之成宪，以匡正其恶，而不苟从，暴君邪臣亦畏其义正事核也，而不敢遽肆，则法之不可废也明矣"。法度纪纲的一个消极目的是防止暴君邪臣，但若有所振起，在法度形式之上更要注重法之意。治人又是治道、治法外一根本要素，"无治人，则良法美意反以殃民；有治人，则弊习陋规皆成善政。故有文武之政，须待文武之君臣。不然，青萍结绿，非不良剑也；乌号繁弱，非不良弓矢也，用之非人，反以资敌"①。

这种治体视角下，吕中提出对于宋代政治的评价，"我朝治体之所以远过汉唐者，盖其仁意常浑然于纪纲整肃之中，而纪纲常粲然于仁意流行之地"。这种从治体视角对于汉、唐、宋的比较，让我们想起吕东莱的相似论述，如宋代治体长于名望文教，劣于军武事功。而吕中对这一问题深入推进了思考，从显的概念意识上，将政治精神与制度礼法紧密结合起来衡量，对于纪纲法度的中心性予以高度重视，这是吕中政治思想的特质。

论纪纲法度，须看到它与治道、治人之间的关联。理宗时期程试策论之书论纪纲有言，"台谏扶持纪纲，故尝因是为之说曰：正此纪纲，人主之责也；翼此纪纲，大臣之责也；扶持此纪纲，台谏之责也。人主有公心，而后可以正此纪纲；大臣有公道，而后可以翼此纪纲；台谏有公论，而后可以维持此纪纲。然人主之公心，大臣之公道，一有所未至，而台谏之公论皆得以救其源而正其失也。盖祖宗之重台谏，正以为振纪纲之地也。如范仲淹之议时政，公也。高若讷毁之，仁祖终以为直，所以成庆历之治。

---

① 《呻吟语》卷五，"治道"。

司马之议新法，公也，王安石之党诽之，神宗独谅其贤，所以回元丰之脉。然则人主有公心，大臣有公道，所以振纪纲以植公法者，又自重台谏之公论始"①。公法纪纲的建设，需要以治人主体、治道精神为条件，公论又是其中关键，显示出近世公共性治道要素的权重上升。从中也可窥见后世黄宗羲以学校寄托公论、再造公法的理路来源。

对于应当严正安顿的问题如外戚、宦官、藩镇和权臣，吕中指出宋代一方面能够"未尝少恩""未尝滥杀"，另一方面能够透过国策措施（如"杯酒释兵权"）、中央集权、宰相分权与强化台谏的各种制度形式，实现"严于其所当严之地"。而对于军心民心士大夫之心等问题，一方面，"一赋不妄加，一役不妄兴，一刑不滥及，一遇水旱，或发仓廪，或出内库而不吝，固所以结民心也"②，这是在赋役刑法方面的德政宽政；另一方面，对于"治民""御军""严士大夫"，又都有相应的纪纲法制予以约束。

吕中提出，"我祖宗岂不知军民士大夫之心乃吾国家之命脉，不可一日失者，而顾律之以纪纲之严何哉？"对于传统认为应当宽的政治问题，为何同样要强调纪纲法制的角色？吕中认为，这正是要针对整个社会中的不同群体，力争实现正义公平的对待，才能使仁意有效地表彰，而不至于导致弛纵之下的混乱无是非。大规模政治共同体的治理，需要使政治精神转化为有效的纪纲法度。吕中对于治体概念的系统性抬升，可以说把自贾谊以来的这个秩序意识予以了充分彰显。

以民心而言，"盖使盗贼杀伤之法不严，则是仁于凶悍之徒，而民之冤抑不得伸者，不被其仁；告讦豪横之法不严，则是仁于奸究之徒，而民之资弱失职者不被其仁；茶盐榷酤之法不严，则是仁于趋利之徒，而民之终岁勤动者不被其仁；是虽日下减租之诏，月颁去刑之令，无益也"③。

---

① 《群书会元截江网》卷一七，《纪纲》，"结尾"。
② 下及于张之洞《劝学篇》对于清朝德政的阐发。
③ 《讲义》卷一，第36—37页。

这种公平正义的法度建设，对于治体精神的实现，至关重要。吕中敏锐地指出，"今世之天下所以被其仁者少而不被其仁者多，仁之所及者小而仁之所不及者大，正以无纪纲以达其仁意。而往往归咎于仁之不足，以为政祖宗立国之意有弊，此正安石之徒所以得容其喙也"①。人们看不到纪纲法度的体制建设有缺失，却归咎于仁意仁心的不足，进而归咎于宋代立国精神。换言之，宋代立国精神正大，但是体现仁义精神的纪纲法度有不足，这是一个宪制性的法度问题。吕中认为，上述那种质疑立国精神的论调为王安石等人的全面变法开辟出了可能空间，却没有稳健把握现实政治问题的真正关节，进而导致大规模变法改制。

按照一般印象，王安石变法侧重于国家法度的变更。而吕中在这里，透过治体论的独特视角，进一步指出王安石变法其实已经深刻损伤了宋代立国精神。他说，"世之论者曰：我朝自建隆至于淳化、至道之间，则治体类于严；自景德至于嘉佑、治平之际，则治体类于宽，故熙宁专欲法太祖之严而深惩仁祖之宽。岂知太祖之所谓严者，纪纲整肃而仁意未尝不流行于其间；仁祖之所谓宽者，仁意浃洽而纪纲亦未尝有所更变。特以国家承平百年之久，则人情玩弛，吏习因循，其间纪纲固有废而不举之处，譬之室焉，岁月既深，旁风上雨，则不能无一木之朽、一墙之倾、一瓦之毁，为工师者，不过杜其隙，补其漏，加葺治之功而已。奈何熙宁大臣不以振起为心，而以更变为心，以少许之阙漏而乃并与四围堂宇而撤之，不惟坏祖宗之纪纲，而忠厚立国之意并失之矣"②。纪纲法度中纪纲是大体，纪纲法度之后还有仁义精神，这是立国之意、治体所在。王安石变法由大规模更变纪纲，破坏国初以来形成的祖宗法，必定延伸到动摇宋代的立国根本。因为二者从太祖到仁宗有一以贯之的对应关系，更变其一，纪纲不固，对立国之本的破坏就会非常深重。

---

① 《讲义》卷一，第37页。
② 同上。

这里正可看出吕中所批评之宽严之论的偏颇和粗疏，致使政治家未能妥善处理政情，未能恰当把握和区分政治精神与纪纲法度的辩证关系，试图通过取法太祖之"严"来变革后世的纪纲法度之弊病（"宽"），最终导致了以"更变"代替"振起"的激进政治改革战略，宋代原有政治精神和体制法度逐渐陷入全面紊乱。

◇ 第二节　制度论：立法、因法与变法

再来看吕中的"制度论"。他首先引用了先儒的纲目论，"先儒尝谓汉大纲正，唐万目举，本朝大纲正，万目亦未尽举"，并进行辨析，"夫纲举则目张，纲目不可分而为二，固也。而先儒之言云尔者，盖大纲者，谓法之规模大意也；万目，谓法之条目纤然也"①。这里的先儒，正是理学宗师程颐。可以说，理学发源处即蕴涵了体制论的宝贵端绪，南宋浙东顺此意识而有畅发，吕中又往前推进了这一思考。吕中从纪纲法度的根本原则与具体内容两个层面对伊川的这个比较进行了阐释，"汉法疏而易密，则规模犹宏阔于唐；唐法密而易疏，则其条目特详密于汉耳"。

具体地讲，"汉继秦之后，官，秦官也；兵，秦兵也；制度则曰袭秦，礼仪则曰袭秦，其法疏矣；然官职大小之相维，兵制内外之相制，取民不及于农，取士不以科目，则其意犹密也。唐人六典以建官，府卫以寓兵，口分世业以授田，租庸调以取民，其法严矣。然政事出于二三，士卒疲于番上，鬻卖不常而启兼并之柄，升降不实而启两税之法，则其意何疏也"②。唐在制度形式上的严密，比不上汉代在体制结构精神上的仁义平正、相维相制。纪纲法度因此而有高下之辩。

---

① 参见《二程集》，《程氏遗书》，第236页。
② 《讲义》卷一，第38—39页。

　　吕中进一步阐发程颐的论断，"我朝之法，大纲之正既过于汉，而万目之举反不及于唐，何耶"①？纪纲原理超越汉代，制度形式的运作反不如唐代，这样的宋代政治特质应如何解释？

　　吕中发扬孔子回答子张"百世可知也"的因承损益义理，从政权更替和变革的角度指出，"盖善革弊者，非必尽变前人之法，不过修举其大纲，而节目随之。不善革弊者，必尽变古人之法，往往纤悉于其小，而阔略于其大。孔子论继周百世之道，不过因其所可因，而损其太过，益其不及者耳"②。因承和损益，在这里被吕中分别对应到大纲和节目两个不同层次。

　　结合北宋史实，吕中高度评价宋代立国之初的根基深得此旨，"国初继唐末五代之后，此正制作之一机，而我太祖创法立制，不务名而务实，不变其法而变其意。一转移之间，事体顿异矣"③。吕中通过三省、科举、理财、军制等方面的实例，指出宋初因善于承前代旧制，灌注入不同政治精神而达到良好治效，这样的政治技艺避免动辄复古、大变法引发的大动荡，保持了政治的稳定有序进步。

　　这里的关键是治人主体的技艺施展，来推动制度发挥不同功用。"此其酌古今之宜、人情之公，通世道之变，虽曰因前代之法，而化铁为金，化臭腐为新奇，变枯骨为生意，岂必尽复古制而后为一代之法哉？然天下无百年不弊之法，谋国者当因法以革弊，不当因弊以立法。"④ 这里的国本论，对于汲汲于制度变革、制度复古的思维提供了另一种治体演进的视角，即重视"因法革弊"而慎言"立法""变法"。相比叶水心的国本论，这也是一个思考上的深化，指出了前后两朝制度的延续性对于国本的重要意义。

---

① 《讲义》卷一，第 39 页。
② 同上。
③ 同上。
④ 同上书，第 40 页。

正是在这个意义上，他批评王安石等人的变法，恰恰不能体会前朝立国的成功精神，"至治之世不能无弊法，至弊之法亦必有美意。国初惟不尽变前代之法，而惟变其意，所以为一代凭借扶持之地。熙、丰惟欲尽变祖宗之法，元祐惟欲尽变熙丰之法，所以激而为绍圣以后之纷纭。安石不能原祖宗立国之初意，而轻于变更。章子厚、蔡京诸人又不能原安石立法之意而托于绍述，法愈更而愈下……自建隆至治平，其间虽有损益，而其大意皆本于艺祖之公。法变于熙宁而极于今日，虽其间有更有革，而其大意皆不能大异于安石之私"。"安石不能原祖宗立国之初意"，这表明了一种在治体论上未能把握纪纲原理和治体精神的政治判断，背后的政治心智未能反思大规模变革的危险性。相比从人事德行上评价王安石大变法，吕中的这一思路着眼于立法、因法、变法的制度论维度，对于两宋之际以来浙东儒者代表的法度反思论做了精彩概括。

又，"安石变法之规模，亦略见于此书矣，其大意则以立法度、变风俗为急。然安石谓先王之政，法其意而已，而安石所立之法，则一一牵合于周礼而略关雎、麟趾之意，则其意果合先王乎？安石谓今之人才教之养之、取之任之皆非其道，而安石乃以《新经》《字说》坏未用之人才，以检正、习学坏已用之人才，其果能得其道乎？至谓朝廷有所施为变革，一有流俗侥幸之人不悦则止而不能为，此后日勇于去君子、勇于塞人言、勇于任民怨，而为行新法之根本也"①。

三代先王之法，其法意究竟为何？这是需要根本辨析的。勇于去君子、塞人言、任民怨，这是王安石变法体现出来的根本精神，在吕中看来明显有悖于三代法意。

之前，陈亮等人批评王安石不能把握北宋立国规模（优容忠厚），反而加重立国之本中的弊病。这里，吕中的批评同样对照立国国本，而思考有

---

① 《讲义》卷九，第 199 页。

深化，从朝代鼎革背后的制度延续性来思考纪纲法度之运势。国本论指向一种特别的立国技艺，吕中强调的是政治制度变迁中的因承之道，由治人予以体制立意的转换，这是所谓"修举大纲"，不赞同进行大规模制度变革。而王安石不能把握立国之道中的因承损益，进行大规模变法，元祐政治时又全盘否定熙丰确立的法度，从而导致政坛的激荡反复，成为北宋国运疲弊的根本缘由。

而王安石变法最重要的问题是在立国精神上从公到私的退化堕落、治体理解上的法度教条心智。"其言法之弊则是，而自为变法则非"，"以国初继唐末五代之后，而且不尽变其法。熙宁继嘉祐、治平之后，乃欲尽变其法。何其思虑之不详辨耶！盖我艺祖之法，则修举其大纲，而阔略其节目者也；安石之法，则纤悉于节目，而阔略其大纲者也"。

如创制新机构来揽权施政，这是王安石确立的不良先例，破坏成法美意，而为蔡京、秦桧等人延续。"创制置司、条例司以行新法者，安石之私心也。其后，置讲议司，蔡京、徐处仁、吴敏祖安石之故智也。秦桧修政局而自领之，诏职事官及守令以上言裕国息民之策，如讲议故事。此桧之专权，不待用相而见也。曾统曰，'宰相事无不统，何以局为？'其知之矣。"[1]

吕中所呼吁的，是一种基于政制延续性的保守维新思维，反对激进主义的复古变革。政治体制的具体形式重在稳定有序的延续推进，其中为政者在体制大纲精神之"修举"的技艺运用中扮演了关键角色。北宋立国者在这方面显示出高超的技艺，而后继的革新者未能把握这一政理，对于纪纲法度的制度传统不能稳健损益。反变法者同样陷于激进心智之中，王安石变法激起的动荡遂导致万目不能尽举，法度建设终于陷入混乱。这也是吕中为汉宋之辨提出的一个政治变迁解释。

---

[1] 《中兴大事记讲义》卷八，第558页。

◇ 第三节 制度论：宰相、台谏与经筵

1. 宰相

君主之外，立宰相共治。宰相非一人可任，必有副职，分权而共政，以免一人专断。"天下大任非一身之所可独道，故必择相以寄之，亦非一相之所能独办，故又择一二人以副之，是以有伊尹必有仲虺，有周公亦必有召公。后世既无伊尹、周公之才，而欲专任一相，所以权愈重而事愈非也。国初三相并任，则未立参政之官。自赵普独相，而复置以副之其后，则同知印押班，非惟可以分其权，亦必使之共其政也。然自宰相之权重，为参政者不过签书纸尾而已，惟鲁宗道与王钦若相可否，唐介与王安石辨是非，不负太祖置官之本意矣。"①

参政一职，设立以与宰相相制衡。吕中通过统计每个君主在位期间的参政人数和担任时间，指出秦桧专权的政治特质。"自太祖乾德二年始置参政，所以防宰相之专也。自是凡十三年，止四人。仁宗四十二年，凡三十七人。徽宗二十六年，三十四人。高宗三十六年，四十八人。孝宗二十八年，三十四人。以累朝较之，高宗朝除人最多。盖秦桧专权，不欲其久任位故耳。当时执政，具员而已。"②

这里可见官制中的维制之义，主于防止权力专断，同时也要有利于政务处理。分权是一个目的，共政更是需要强调，"非惟可以分其权，亦必使之共其政也"。在政事协调上，吕中透过引用范镇，批评宋代对于相权在兵、民、财三方面的分散容易导致各自负责的政务互相龃龉，主张兼职通

---

① 《讲义》卷二，第 57 页。
② 《中兴大事记讲义》卷一三，第 641 页。

知，"使中书、枢密通知兵民财利大计，与三司同制国用"，并称赞孝宗时期使宰相兼国用使、参知政事同知国用事。[①]

这就是所谓"分权而共政"的精义。既要防止宰执专权独断，也要避免政务互相龃龉。在制度约束之外，宰执群体应当和衷共济，互相协作，这是应有的政治伦理和作风。"一相独任则有专权之私，二相并命则有立党之患，然以赵中令权专任重，而能与新进之吕蒙正共事，以毕士安德尊望隆，而能与使气之寇准共政，不惟无分朋植党之风，抑且尽同寅和衷之义。而齐贤反与李沆不叶，与寇准相倾，何耶，君子可以知相业之优劣矣。"[②]

"国初置参政，所以贰宰相也。然其初不使之押班知印者，所以正中书之权。其后复令同知印押班者，所以防中书之专。然为宰相者，必如吕端之待寇准，为参政者，必如王文正之在政府，每事同列必至第咨禀而后行，则有同舟共济之义，推车叶力之风。若荆公为执政，则置中书条例，以夺宰相之权；为宰相，则置中书检正，以夺参政之职，何往而不为私哉？宰相当与执政同心。"[③]

相权分散，设置多位宰执，还有另外一个角度的考量，从治人主体的才德偏重去着眼。相业以才、德相参，也是一项行之有效的制度安排（"累朝家法"）。吕中有感于王安石专权，论曰"安石之变法，始于韩琦之去，成于富弼之罢。神宗始初，谦恭敬畏，元老大臣之威权太重。虽司马光亦谓'主威不立，相权稍专'。琦罢，而安石至矣。然犹以弼为相者，盖由国家之事必谋元老，而安石虽贤，然终亦新进也。弼既求去，而圣意始不知所倚矣。累朝家法，用有才者，必以重德参之。太宗、真宗用寇准，必藉吕端之重望、毕士安之清德以镇之。使当时若琦若弼尚在，安石虽有更张之失，国家大体屹然泰山矣"[④]。明代立国，废除宰相制，意在防止权臣与

---

① 参见《中兴大事记讲义》卷二六，第 831 页。

② 《讲义》卷六，第 132—133 页。

③ 《讲义》卷四，第 93 页。

④ 《讲义》卷一六，第 297 页。

朋党，却彻底取消了君相之间的宪制平衡大义，开启君权专制。

宰相应以周官冢宰为模范，在内外朝树立权威。卷五二九"诛奸臣 抑宦官"言"周官冢宰一职，不惟外统六卿，亦且内统六宫，是以无宦寺之乱，无女子之变……人言内外朝当合为一，然必公足以胜私，外足以统内，斯可矣"①！吕中称赞宋代国初大臣可以斥退内侍，北宋末年宦官势力上升，这背后自然是君主权力用私与士大夫官僚相博弈的机制使然。吕中这里推崇的是太宗时期赵普严惩陈利用、捍卫天下法的故事。

吕中称赞苏轼论宰相职业深合治体，"昔苏公轼进策先朝，其言有曰，'中书者，王政之所由出，天子之所与宰相论道经邦，而不知其他者也。非至逸无以待天下之劳，非至静无以制天下之动'。轼之所言，其知治体者欤……若夫礼乐刑政教化之大纲，所以使天下回心而向道者，乃大臣所当朝夕讲明之也"②。宰相辅佐天子以道，政治上应聚焦于礼乐刑政的大纲，即纪纲法度。

君主政治风格不同，也影响到君臣、君相关系。吕中论赵普相业前后不同，"赵普之再入相也，与乾德之初入相不同，太祖时。盖太祖时规模广大，故普慨然以天下自任而敢于事。太宗规模繁密，故普不免远嫌疑、存形迹，而救过之不暇。然以年老重望，而推蒙正之晚辈，吕端之台辅器，人之有技若已有之，此所以能保我子孙黎民欤！"

对宋代宰相，吕中较为推崇国初李沆，后世王夫之也继承了这一评价。"国初立相，谋主断国，多重厚质实之士。而养成重厚质实者之风，实沆之力也。观其日以水旱盗贼入奏，所以格君心，至祥符行封禅之时而始验；其不用曾致尧、梅询轻薄之流，所以养成人才，至仁宗多得重厚之士而始验；其抑丁谓之才，所以绝小人，至寇准得贬之时，而始验；其四方言利害者未尝一施行，所以维持治体，至荆公轻变之时而始验。此国初相业所

① 《讲义》卷五，第112页。
② 《中兴大事记讲义》卷二五，第816页。

以为第一流也。""然朱文公尝谓，'本朝弊事，皆自李沆抑四方言利害者积得米'，则其遵守太过，亦不能无所偏也"：

> 《邵氏闻见录》曰"赵普为相，于听座屏后置二瓮，有人投利害文字，皆置其中，满则焚于通衢"。李沆为相，凡建议务更张者，一切不用，每日用此执国。呜呼贤相，思虑远矣！若王荆公之为相，置条例司论天下利害，尽变祖宗法，益信赵中令、李文靖得相之体也。①

吕中从格君心、养成人才、绝小人、维持治体四个方面，高度肯定李沆为宋代政治奠定下的优良基础。而后来朱子的批评，则体现出改革主义的关切，更注重变法革新。吕中评价"相业""相体"，突出的是国家立国初期需要厚重质实的政治精神，不仅格正君心、养成人才，而且在治体家法上，偏于敦厚保守（"遵守"）。② 李沆的这种侧重宪制的保守精神，切合了宋代国家从奠立到稳定的发展基调，为后世演变确立了坚实基础。吕中这里对于李沆保守政治风格的推许，比吕祖谦更为明确、积极。

吕祖谦尝曰，"尝因是而考我朝立国之本末，盖自李文靖抑四方、言利害之奏，所以积而为庆历、嘉祐之缓势；自范文正天章阁一疏不尽行，所以激而为熙宁之急政。吾观范文正之于庆历，亦犹王安石之于熙宁也，十事之奏，实庆历三年九月也，始于明黜陟，终于重命令。当时之言稍稍见用明黜陟之法，则以十月壬戌行择官长之法，以癸未行均公田之法，以十二月壬戌行贡举之法，以明年三月行减徭役之法，以明年五月行其余厚农桑、覃恩信、重命令，皆悉用其说，或著为令。行之未及一年，而陈执中

---

① 《讲义》卷六，第134页。

② 参见刘安世《元城语录解》卷中中解释"此大似失言，然有深意。且祖宗之时，经变多矣。故所立法度，极是稳便。正如老医看病极多，故用药不至孟浪杀人。且其法度不无小害，但其利多耳。后人不知，遂欲轻改，此其害纷纷也"。

之徒已不悦矣。呜呼！使庆历之法尽行，则熙丰、元祐之法不变；使仲淹之言得用，则安石之口可塞。今仲淹之志不尽行于庆历，安石之学乃尽用于熙丰，神宗锐然有志，不遇范仲淹而遇王安石，世道升降之会，治体得失之几，于是乎决矣"①。吕中对李沆保守政治的褒扬，比起吕祖谦更为明显。后者与朱子的评价都显示出较强的变革关切，而没有像吕中一样强调立国坚凝的基础性和根本价值。

宰相能维持治体，就是在宪制的意义上尊重和维系业已确立的礼法传统。即使有弊政，也应该"因法革弊"，而非"因弊立法"。在礼法传统已经确立的前提下，审慎对待立法、变法这类活动，是吕中衡量政治家技艺的重要标准。

"我朝善守格例，无若李沆、王旦、王曾、吕夷简、富弼、韩琦、司马光、吕公著之为相；破格例者无若王安石、章子厚、蔡京、王黼、秦桧之为相。考其成效，验其用人，则破格例者诚不若用格例者之为愈也。"② 这一段袭用叶水心论资格。"用格例""循格例"，而非"尽破旧例以立法"，格例属于国家成宪，宰相须持重守宪。③ 当然，遵循格例成宪，也并非完全墨守成规。其中有格例先例的拓展、不断适用。如富弼任中书舍人封还词头，扩展了制度性的矫驳权，开创了优良先例。又如，"圣贤之言，法律之断例也"，据此批评王安石聚敛④。这个意义的"断例"，是指圣贤经典成为衡量法律正当性的标准，与后世所言刑事立法不同，在价值位阶上又要高

---

① 这一段议论，见于吕祖谦的佚文。《吕祖谦全集》（第一册），新增附录，第971—972 页。

② 《讲义》卷六，第 135 页。

③ 南宋早期大儒王十朋拈出"造家法"与"守家法"之分，说"我太祖太宗，肇造我宋之家法者也。真宗仁宗至于列圣，守我宋之家法者也。先正大臣，若范质、赵普之徒，相与造我宋之家法者也。在真宗时，有若李沆、王旦、寇准。在仁宗时，有若王曾、李迪、杜衍、韩琦、范仲淹、富弼之徒，相与守我宋之家法者也"，见于氏著《梅溪集》，《御试策试》。

④ 《讲义》卷二一，第 369 页。

于"格例"。

"例"指具体特殊的案例，"法"指确定而普遍适用的规则，在这个意义上，吕中批评"用例破法""因例立法"。"盖法者，一定不易，如规矩权衡，不可乱以方员轻重也。夫法本无弊，而例实败之。法者，公天下而为之也；例则因人而立，以坏天下之公者也。昔之患在于用例破法，比者之患在于因例立法。用例破法者，其害浅；因例立法者，其害大。盖法常靳，例常宽。今铨曹所以至于法令之繁多，官曹冗费，舞文四出可以侥幸者，其弊皆由此出也。"① 法一旦确立下，就不能随便用特殊性的个例来违背，更严重的情况是根据其来确立新法。这无疑违背了吕中重视的保守礼法之精神。

这提醒我们从更为根本的国本论、文质论来理解政治法度传统的形成和演进。国家秩序初定，君相统治集团需要的是将立国规模敦实凝定，而不是汲汲于变革。即使变革，也应该是振起式的修举纪纲，重新振奋立国精神以激活制度生机，透过治人主体的治理技艺能力来革除弊端。吕中不是盲目反对一切变革，他肯定范仲淹而批评王安石，是同意温和、渐进变革的。相体是否得当，需从治体维持来评价。维持治体，是衡量政治家的一个重要标准，遵守成宪与温和变革，都有益于此。后世立国者，在立与破、守与革之间，也需要把握其中的一般规律，否则立国未稳而革新不已，治体纷更之祸无穷。

2. 台谏公论

宋初创立鼓励论政、积极言论的风气，"国朝之制，宰辅宣召，侍从论思，经筵留心，翰苑夜对，二史直前，群臣召对，百官转对，监司郡守建辞，三馆封章，小臣特引，臣民投匦，太学生伏阙，外臣附驿，京局发马递铺，盖无一日而不可对，无一人而不可言也。然太祖诏指陈时政，直言

---

① 《中兴大事记讲义》卷二二，第 775 页。

其事，不在广有牵引，太宗令宰执、枢密各述送军储至灵武，合发军粮多少，举兵深入，合用兵机，何人将领，何人监护，直言其事，信不必文，此皆听言以实也。今世不患人主之不求言也，而患求之而不及用。不患天下之不敢言也，而患尽言而无所用，岂非病于议论之繁多欤（太祖太宗听言以实）"①。

人主求言，天下敢言，这是宋代优良宪制。进一步的问题是如何使开放自由的言论真正有益于政治（"及用"，"有所用"），避免议论繁多，反而无助实用。因此对于统治者，吕中又强调"听言以实"，直言而信不必文。质实有用，这是吕中反复强调的开国精神。叶水心在其《进卷》的《序论》中也反复强调这一点。

在《中兴大事记讲义》卷二中，吕中直言"我朝之弊，在于多议论而少施行，不患人主之不求言也，而患求之不及用；不患天下之敢言也，而患其尽言而无所用，此孝宗所以置言事簿、置看详司也"②。"以议论为政"，是陈亮对于宋政的精要概括，在此我们应看到如仁宗期纪纲变迁的体制层面，也应注意到优良宪制下的问题复杂性。

吕中对宋代议政论政制度的描画，让人不禁联想起三代之法的类似记述。如较为著名的《左传》襄公十四年记载之师旷对晋侯言："天生民而立之君，使司牧之，勿使失性。有君而为之贰，使师保之，勿使过度。是故天子有公，诸侯有卿，卿置侧室，大夫有贰宗，士有朋友，庶人、工、商、皂、隶、牧、圉皆有亲昵，以相辅佐也。善则赏之，过则匡之，患则救之，失则革之。自王以下，各有父兄子弟，以补察其政。史为书，瞽为诗，工诵箴谏，大夫规诲，士传言，庶人谤，商旅于市，百工献艺。故《夏书》曰：'遒人以木铎徇于路。官师相规，工执艺事以谏。'天之爱民甚矣。岂其使一人肆于民上，以从其淫，而弃天地之性？必不然矣。"这一段对于议

---

① 《讲义》卷二，第61页。
② 《中兴大事记讲义》卷二一，第757页。

政制度的解释颇为深刻，是要避免统治者"过度""肆于民上，以从其淫，而弃天地之性"，这是为了保全维护天秩天序而发展出来的制度。君民都不能失性过度，统治体制保障民众福祉，而议政辅佐制度防范统治体制自身的问题。

具体到宋代言论议政传统，卷五"三二""求直言"论曰，"我朝以仁立国，以儒为政，其势稍弱，所恃以为命脉者，通下情、伸士气耳。故太祖之时，虽布衣得以执论于行都。太宗之世，虽一尉得以指陈于宫闱"①。这里对于立国治体的论述，一面指出仁义儒者之重，以儒立国而国势稍弱，一面指出因此依仗敢言、公论为国家命脉，蕴含二者相互补成的关系。"国势稍弱"，意味并非依仗军事、财富等立国。

吕中指出："国朝敢言之风自田锡始，大臣遏绝人言自多逊始。不敢妄陈利便、希望恩荣之语，自后安石、蔡确、章子厚之徒，皆祖卢多逊之遗。"《讲义》卷八论曰："干父之蛊易，干母之蛊难，以太后亲政之时，而晏殊、仲淹、修古之徒，敢于忤旨，则直言之风，虽奋发于庆历之时，而实胚胎于天圣之初矣。"② 这里的"风"作为一种软性的不成文惯例，其形成有一个逐渐积淀成型的过程，从天圣到庆历逐渐形成政治上的直言公论传统。

王安石变法压制舆论，范围从士人扩及百姓，破坏了这一立国精神。卷一七"谤法者罪之"一目记载"熙宁五年正月，置京城逻卒，察谤议时政者，罪之"，论曰，"此商鞅议令之罚，而安石亦为之。'只今未可轻商鞅，商鞅能令必行'，观此时，则知其心矣。盖当是之时，士大夫之议论少，而民之怨仇多。安石不有以平其怨，反有以抑其怨。天下之口可遏，而天下之心其可遏欤！"③ 论者对安石的这一法家面向十分敏感，予以批评。

---

① 《讲义》卷五，第 114 页。
② 《讲义》卷八，第 173 页。
③ 《讲义》卷一七，第 312 页。

由此，权臣控制国是，敢于蔑视人心公论。《讲义》卷二〇"小人乱国是"一目评曰，"科举之文，本不足为世轻重也。然王安石初变法之时，议论未定也。自蔡祖洽之策一出，而变法之议遂定。章子厚当绍述之初，议论亦未定也。自毕渐之策一出，而绍述之议遂定。其有关于世道升降之机如此。熙宁之考官，本以蔡祖洽为第五等，而陈升之乃擢之第一；绍圣之考官本当主元祐，而杨畏乃以渐为首。此可以观人心公论之所在，特夺于国是之私耳"①。

吕中对"国是"说深入辨析，以公论衡其是非，"国论之无所主，非也；国论之有所主，亦非也。国无定论，固不可以为国。然使其主于一说，则人情视此以为向背，人才视此以为去就，人言视此以为是非，上之政令，下之议论，且迁就而趋之，甚矣！国是一言之误国也！夫国以为是，即人心之所同是也，又安有众之所非而自以为是，使人皆不得越国是之外者？此特孙叔敖之妄论。唐虞三代之时，孔孟之明训初无是也；秦汉至五代，其言未尝闻也。本朝自建隆至治平，其说未尝有也。自熙宁王安石始有是论，而绍圣之蔡卞、崇宁之蔡京，皆祖述其说而用之。熙宁以通变为国是，则君子为流俗矣；绍圣以绍述为国是，南岭之间皆逐臣矣。蔡京之国是，又曰'丰亨豫大'之说而已，则立党刻党碑，凡所托以害君子者，皆以国是借口，曰'此神考之意，安石之说也'。缙绅之祸多历年所，岂非一言可以丧邦乎"②。

政治权力确立下的"国是"，需要真正反映世道人心之同，否则就成为小人用权逐私、压制异议的利器。

吕中将公论传统的渊源溯及三代经典，这一点与薛季宣相同。③ 他评论

---

① 《讲义》卷二〇，第 351 页。关于公论与国是之争，可参见任锋《道统与治体——宪制会话的文明启示》，《公论观念与政治世界》，中央编译出版社 2014 年版。

② 《讲义》卷二一，第 367 页。

③ 参见薛季宣《书古文训》卷一，见本书薛季宣章论经制政治。

三代荐举，"唐虞盛时，九官布列，有如禹之举稷、契、皋陶，垂之举殳、斨伯，与益之举朱虎、熊罴，伯夷之举夔、龙，皆合于下之公论，而无一毫朋比之意，此古人之心公也"①。

吕中对公议公论有极大的推崇，"公议犹元气也，未尝一日不流行于天地间。以绍圣之小人，敢于逐正人、诬圣后，而当时言事者敢于直谏，如此可以见公议之在人心不容泯也，可以见祖宗含养士气至今不衰也，可以见哲宗能容人言，而逐诸贤于岭海之表非其本心也"②。这与整个宋代政学传统的主调是一致的，在本著前述吕本中、吕祖谦那里都有表现。

《中兴大事记讲义》卷四论司马光配享哲宗，"人心之公议常在也"，"公议至久而后论定也如是"③，论太学上书，"然公议之口虽不缄，公议之心不可遏"④。吕中特重"人心之史"，"李纲、张浚、岳飞之心迹，终不能掩人心之史，不为私史而晦也"，因为"人心之史，有公论在"⑤。史官、史记制度进一步内在化、心性化，表现为"人心之史"，人们的精神有其历史准绳，凭借公论而成为一种普遍而超越的价值尺度。比较吕东莱对于史官角色的论断，史官持天下公论而独立于世人、君主，可以发现这种史官心性化的内在趋势，已经成为人类文明精神的一部分。

公论敢言的一个重要制度保障是台谏制度。

台谏是纪纲大法所寄，也是治体国体所系。"朝廷以纪纲为重，台谏、给舍者，所以寄纪纲之地也。"⑥

"自庆历以来，台谏之职始振；自治平以来，台谏之权始盛。盖庆历言

---

① 《中兴大事记讲义》卷二六，第 824 页。
② 《讲义》，第 355 页。可参见任锋《公论观念与政治世界》，收于《道统与治体——宪制会话的文明启示》一书。
③ 《中兴大事记讲义》卷四，第 502 页。
④ 同上书，第 493 页。
⑤ 《中兴大事记讲义》卷一二，第 628 页。
⑥ 《中兴大事记讲义》卷二一，第 765 页。

者直攻大臣，深斥其过，略不为之掩护，而元老宿望受之亦不愠也，以为台谏之职当如此。迨至治平，濮邸之事不过议制礼耳，台谏、执政交相争辨。欧阳修又以称亲为礼而不改，是皆不为苟同而为君子之争也。然台谏争之不得，气激词愤，遂诋为小人，而修不堪其忿，亦以群邪诋之。即一时之礼议，而遂诬其终身之大节。使人主从修言而逐台谏，是逐君子也；使人主从台谏言而恶修，是亦逐君子也。故政府、台谏之相攻，自治平始，而熙宁其流弊也。安石之辨远胜于修，而诸君子席治平台谏之势以临之。安石恶其如此，故以濮邸之议称亲为是，又以为台谏、政府相攻之风不可长也。安石力诋诸贤为流俗小人，岂真以诸贤为流俗小人哉！而台谏攻之略不掩护，亦岂真以安石为小人哉！恶声至，必反之，此闾里尚气之态，而朝廷之上亦为之，宜乎二党之不可合也。"①

先确立职位职事，而后权力运作可有载体，这在台谏制度上得到体现。而职权振起的过程，台谏与执政（政府）的争辩从议题之争上升到名节品行之斗，尚气相攻，一步步破坏了节制审慎的政治生态，堕落为恶性党争。这是宋代公论政治的体制病变。

台谏是君主用以制约行政权的利器，不能由宰执操控。吕中特别以王安石专权来说明这一点。《讲义》卷一七论曰"故尝谓庆历、元祐之盛，台谏为之也；治平、熙宁之事，亦台谏为之也。然则台谏，治世之药石，而乱世之簧鼓也。大臣公则其言公，私则台谏所逐者君子。得其人，则朝廷之疾愈；非其人，则适以生疾矣。自熙宁以前，台谏之力争犹足以见立国之泽；熙宁以后，则台谏为大臣私人，而立国之泽渐不足恃矣。如必欲立万世之方，而不为大臣行私之地，则人主所当亲择，以尽复祖宗之故事。不然，未见其益也"②。制度有其自身核心特质，祖宗故事、累朝家法确立了君主亲择的规则，避免执政用私人。任职者须是

① 《讲义》卷一三，第257—258页。
② 《讲义》卷一七，第310页。

君子有公心，对于制度运行的良劣，治人主体的政治德行素养十分重要。

3. 经筵

君主创制制度，或者对已有制度进行整顿，赋予新意，可以开政治之新规模。如端拱元年二月置司谏、正言，改左右补阙、拾遗为之。"上以时多循默，失建官本意，故更以新名，欲使举职也。"吕中评曰："人谓经筵有定员，则人主讲学之时疏矣；司谏有常职，则人主求言之意狭矣，岂知祖宗之世，盖无一时而不可学，无一人而不可谏也。当时田锡且曰：给事中不敢封驳，遗补不贡直言，起居郎舍人不得升陛记言动，御史不弹奏，集贤院虽有书籍而无职名，秘书省虽有职官而无图籍，朝廷辟西苑广御池而尚书无本厅，郎官无本局，九寺三监狭室萧然，礼部试士或就武成王庙，此当时官职之可正者尚多，而太宗独先置经筵、台谏之官，其知本矣。"君主在制度创新变革上的技艺，毋庸讳言是一项重要的政治能力。经筵与台谏这两个制度，对于宋代治体关系最重。

宋代经筵制度发达，吕中对其演变、功能和意义进行了总结，"祖宗好学，世为家法。盖自太祖幸国庠、谒先圣、劝宰臣以读书、戒武臣以知学，其所以示后世子孙者，源远而流长矣。自太平兴国开设经筵，而经筵之讲自太宗始；自咸平置侍讲学士，而经筵之官自真宗始。乾兴末，双日御经筵，体务亦不废，而日御经筵，自仁宗始。于是崇政殿始置说书，天章阁始制侍读，中丞始预讲席，宰相始预劝讲，旧相始入经筵以观讲，史官始入经筵以侍立，而经筵之上，文物宪度始大备矣。然是特其制耳，君子将观其实焉。自古奸臣欲昏人主心术者，眩以性命道德之高谈，而不使之观史，逮其末流，讲《诗》则置国风，讲《书》则置汤武，稍可以警惧上心者，则抑而不进。而我仁祖所讲之书，上自六经，下至诸史，虽以国风讥刺之事，且以为鉴戒，又安有经筵之上，不讲《春秋》、不讲《礼记》而专进王氏之《新经》《字说》者哉？自古经筵之官，非天下第一流不在兹选，盖精神气貌之感发，威仪文词之著见于讲磨丽习之间，有熏染浸灌之益，此岂謏闻单见之士所能办？而我仁祖所讲之人，则皆孙奭、晏殊、贾昌朝之徒，至林瑀需卦晏乐之说，则必却，又安有崇观奸臣倡'丰亨豫大'之说得以投其隙哉？然圣学之所以成就者，又有自来矣。盖自真宗不置翊善、记室而置王友，有以养其德于潜龙之时。仁宗时为太子真宗不置官属而置王友。自孙奭入侍，上或左右瞻瞩，则拱立不讲，有以格其心于即位之日，格心有人。典型在前，邪佞自退，使旁无重德以导其敬畏之源，则玩狎之意萌，恭逊之实衰，圣学之本不立矣，何以新我宋守文之治功哉！"①

　　这一经典案例清晰显示出制度的生发、形成、完善之演变过程。太祖好学，是立国初期的精神取向，为之提供雏形。太宗开始经筵活动，真宗开始设立经筵官，并强调太子以王友教育，这个传统到了仁宗发展为日讲制度，并且将参与人员大大扩展，包括了御史中丞、宰相、史官等行政、监察多方面人士。经筵制度特别重视所讲授内容，务必以经史为重，强调鉴戒提撕，讲者素养德行因此非常关键。

　　卷一五"论安石坐讲之制"论曰，"坐讲之礼，安石建议之第一事也。元祐复以程颐之请，而议者不以为是。范祖禹进《帝学》书，亦言安石坐讲之议为是。盖世儒以尊君为说，而不暇于自尊耳。儒者固不当自尊，而在朝廷则尊君，在经筵则尊道，亦各当其理耳。苏颂等议'今侍讲说旧儒章句之末，非有为师之实'。吕海之说曰'执经在前，非传道也'。夫人主问经于儒，非求其解章句而已，设是官者，固将以待天下之有道也。虽一时儒生未有可师之人，而是官固所以待天下有道者可师之位。不可以宰相非伊、周，而待之以常僚也。安得不为安石所笑，而谓之流俗哉？然而安石所以告于人主，者则大异矣。《春秋》，万世之大法，而安石以为汉儒之书，是以不讲《春秋》矣；《礼记》，先儒之格言，而安石以为破碎之书，

---

① 《讲义》卷八，第169—170页。

是以不讲《礼记》矣。当时经筵之上所闻，一经之所说，《周官》六典之所谓赋敛财贿者，往往饰其文以讲于上前。若是而曰传道可乎？故必若程颐、范祖禹，而后可以无愧于坐讲之议矣"①。"儒者固不当自尊，而在朝廷则尊君，在经筵则尊道，亦各当其理耳"，尊道与尊君，各有其理，这一点显示出儒家的二元权威意识。以道格君，是经筵之宗旨。

▍吕中高度评价程颐的经筵制度主张，"人主之学，非徒涉书史而已。凡宫闱之中，九重之邃，无非学也。讲学之人，非徒师保而已，凡侍御、仆从、缀衣、趣马，无非正人而后可也。是以古先圣王，兢兢业业，虽在戎马倥偬、幽隐独知之地，而所以精之一之，如对神明，如临深谷。虽身居禁密之地，而凛然若立乎宗庙之中，朝廷之上。虽以天子之尊，周旋讲读之间，而视之如师父之临前，此学之所以成也。伊川经筵之说，其古今圣贤之根本乎"②。程颐概括"君德成就责经筵"③，于此也可见其精神。

◇◇第四节　纪纲法度的文质虚实之变

吕中指出，"安石欲法太祖，而不法仁宗，于是有'祖宗不足法'之论"④。对于南宋高宗政治，吕中也偏向法太祖论，"然以守成之规模，而为中兴则难；以创业之规模，而为中兴则易。是则安石欲法太祖之论，或可施于此时也"⑤。这又显示治体论对于创业、守成、中兴不同政治主题的清晰区分意识。

---

① 《讲义》卷一五，第281页。
② 《讲义》卷一九，第338页。
③ 参见本书二程政治思想一章。
④ 《中兴大事记讲义》卷八，第565页。
⑤ 同上。

我们应注意到吕中对于政治社会发展阶段具有不同治体精神这一点，实则有高度的敏锐意识。

"创业之世多责实，守成之世多虚文。覆试之法欲无一士之不实，劝农之诏欲无一民之不实，籍记人才欲无一官之不实，拣汰骄脆欲无一兵之不实也，以庆历、元佑之盛，而杜衍之任怨，吕大防之尽忠，且欲汰吏而不可。得况若士、若民、若兵、若官乎，是虚文之习难革故也"，吕中在段尾总结道"太祖事事责实"①。立国之初，有赖于质实忠厚，"实"表现在政治制度对于士人、官员、士兵和民众的要求切实到位，能使其忠于职事。而虚文，主要是指政治制度不能实现有效激励和维系的功能，致使人浮于事。

尊尚质实厚重，是自太祖立国以至于真宗时期的主导性治体精神，表现为纪纲制度井井有条，士、官、兵、财安顿得体。

"尝究观国朝自天禧以前，一夔一契之谣未兴也，大范、小范之名未出也，四贤一不肖之诗未作也，君子小人之党未分也，而张咏、孔道辅、马知节之徒自足以养天下之气节。胡海陵之学未兴也，安定先生。穆尹之古文未出也，穆伯长尹洙。三苏父子之文章未盛也，苏洵苏轼苏辙。二程兄弟之学业未著也，程灏程颐。而杨大年、王元之之文自足以润色国家之制度。盖自李文靖、王文正当国，李沆王旦。抑浮华而尚质实，奖恬退而黜奔竞，是以同列有向敏中之清谨，政府有王曾之重厚，台谏有鲁宗道之质直，相与养成浑厚诚实之风，以为天圣、景佑不尽之用。虽缙绅之议论，台谏之风采，义理之学，科举之文，非若庆历以来炳炳可观，而纪纲法度皆整然不紊，兵不骄，财不匮，官不冗，士不浮，虽庆历之盛亦有所不及也。"② 国家秩序有一定规律，君相事业对于立国规模的确立非常关键。吕中盛赞真宗时期政治，认为庆历有所不及，侧重的角度是纪纲法度的治理

---

① 《讲义》卷二，第60—61页。
② 《讲义》卷六，第139页。

优良，国家精神的浑厚诚实。对于宋初政治的高度褒扬，也体现在王夫之《宋论》中，同样依据的是国本论的质实标准。

吕中将宋代国家政治的这一变迁提炼为由创业到守成、变革的一般性政治原理。这套忠、质、文的语言，虽源自更早的秦汉儒学，在这里却更显示出侧重由人文、人道而论治道的朴实色彩，褪去了秦汉儒家由五行阴阳的宇宙论视角解释文质的气息。

"国家创造之初，则其大体必本于忠。风俗涵养之久，则其大势必趋于文，故吕文穆、王文正以诚实朴厚之风镇宇内。吕蒙正王旦。而杨大年、刘子仪辈，其文章格力皆足以润色王猷，黼黻云汉矣。然西昆之体未变也，必至孙泰山、石徂徕而后经学盛，必至欧阳公、尹师鲁而后古文兴，必至伊洛、关湖而后道学明，是岂一日之积哉！而刘、杨虽文士，观其性质刚介，臧否人物，册后之举富贵可立俟也，而不草刘后之制。拜相之麻，权要可趋媚也，而不草相谓之制，又岂可以文章之士待之哉！"真宗时期杨亿等人虽是文士，品行却刚介正直，维持得住纪纲法度。而由诚实朴厚、刚正不阿，经过风俗涵养，国家精神逐渐趋向于文，有经学、古文、道学这样的思想学术高潮的来临。宋代的儒学复兴，被吕中置于这样一个国家整体精神的变迁谱系中来领会、审视。

从太祖到仁宗，国家发展经历了阶段变化，政治社会精神也随之变化。仁宗既是国运鼎盛期，也是政治精神中文治、虚文集中形成的阶段。由真宗朝向仁宗朝过渡，国家精神经历了一个由实向文的变迁过程，文治强化，虚文之弊也生，改革由此而酝酿。

"国家自建隆以来，官尚实绩，士尚实才，兵尚实籍，财尚实数，而中外之数往往皆实政。故自景德、咸平以来，官守格例之虚名，士逞浮靡之虚词，连营坐食而兵有虚声，版籍侵欺而财有虚籍，中外之事多出于虚文。迨至庆历，诸臣兴滞补弊以回天下之习。吏之庸也，范公一笔而罢十；兵之冗也，韩公一汰而去数万；任子可减，减之奔竞可抑，抑之浮靡可去。

去之，议者患兵籍之生变也，田况曰：'去年，韩琦汰兵，岂闻有为乱者？'
至此将帅又以减兵致怨。文潞公与庞庄敏曰：'果有变，二臣请死之。'诸
君子任怨而不恤者，盖以革虚文之弊也。"① 吕中认为澶渊之盟是导致士风
由实转虚的一个关键，"国朝自景德讲和而后，士大夫之风俗始习于虚文，
至崇、观之后，虚文之弊，浸为奸欺"②。

考"虚文"所指，相对"实政"，主要是官、士、兵、财等政教、财
政、军事方面的治理败坏，行政官僚困于形式主义，士风浮躁不实，军事
实力下降，财政冗费严重。其中，士大夫风俗代表的国家政教、政学传统，
形成虚文风气，又得到特别重视。

庆历新政的实质，从这个角度看，正是为了克服走向虚文的治体精神，
而要在纪纲法度上予以调适，所谓"革虚文之弊"。这一点，相比陈亮、叶
适等人，吕中有所不同，不仅聚焦于宋代国本特质来理解变迁，而且将这
个变迁归纳为质文之辨。《中兴大事记讲义》卷二六曾就宽猛之政道评论宋
仁宗时期政治，在位岁久，事类稍弛，"在廷诸臣，哗然力争，且深悼法制
之不立，而将趋于弱"。立法制，就是强调法度纪纲建设的重要性。③

太祖、太宗朝国家纪纲在君主威权，治体精神崇尚厚重质实。真宗朝
谨守开国宪章，君臣诚实朴厚，凝定纪纲而慎于更作。仁宗朝立国纪纲系
于公论敢言，宪制的公共性增强，参与表达也大大扩充。另外，制度日久，
形式主义滋生，或功能不足，人心渐有偷玩。这里面包含了文治与虚文两
个不同的问题，需要辨析清楚。某一时期的纪纲对应某种特定治体精神，
较为威权的政治崇尚质实厚重，参与扩大的政治易于礼文繁缛，这是问题
的一个方面。文治强化，在原有质实厚重基础上有文学义理之上升，而参
与扩大，需要在制度上得到有效支撑，纪纲由威权转为共治，这代表了治

---

① 《讲义》卷一〇，第 215 页。
② 《中兴大事记讲义》卷二一，第 761 页。
③ 参见《中兴大事记讲义》卷二六，第 825 页。

体的一大转变。

因此，仁宗时期政治的难题在于，以公共性日增的文治变革去克服国家政治的虚文趋向。纪纲既然寄于共治，统治集团中的进取革新派就需要赢取共识，并能顺利推行关涉广泛既得利益的实政，这的确是一个重大挑战。

◇ 第五节　政治变迁中的纪纲

纪纲，指向政治秩序的根本大法，是治体建构的根本或核心要素。具体在运用中，统治者注重的纪纲或曰纪纲重心也不尽相同。

《讲义》在卷八"正纪纲、抑内降"一目，指出自国初以来纪纲之变化，"我朝立国以仁意为本，以纪纲为辅。太祖、太宗之纪纲，总于人主之威权，故太祖太宗之世，无干谒之门，无幸求之路。自仁宗不自揽权，不尚威令，以仁厚容养臣下，是以宫闱之请求，燕闲之私昵，皆其所不免者。然当时有求内降者，圣训以为杜衍不可，后宫或有过制，圣训以为台谏不汝容也。国势莫宽于仁宗之时，而纪纲亦莫振于仁宗之时，盖有朝廷之公议在也。故惟演为枢密使，宰相冯拯以为不可，欲图相位，御史鞠咏以为不可，柴宗庆求使相，宰相王曾以为不可，内侍求节度，御史彭思永以为不可。不惟杜衍得以抑内降，而王德用之武臣亦不从内降以干军政，则当时公议可知矣。然为杜衍、彭思永者易，为冯拯、鞠咏者难；处明道以后之事易，处天圣以前之事难。盖当人主听政事、权归一则其抑内降也易，当母后临朝幸门易开，则其抑内降也难"①。

太祖、太宗时期的纪纲，寄托于君主威权，而发展到仁宗时期，纪纲大振，依赖于整个宪章制度的运作，尤其是体现公共精神的公议公论政治。

---

① 《讲义》卷八，第 171 页。

从威权政体向公共性政治的发展，体现出国家纪纲的转移，这也是治体的历史演变逻辑使然。

在卷六"正纪纲"一目中，吕中论曰"朝廷有朝廷之纪纲，宫闱有宫闱之纪纲，欲正朝廷自宫闱始。自古天下未尝无宦官也、外戚也、女子也，然以太祖、太宗之世，亦未尝无乞恩泽者，自景德以后，始有求刺史、求郡守者矣。然抑于天子，不待抑于大臣，抑于内朝，不待抑于外朝，此真宗所以正纪纲也。真宗纪纲正于内朝。自仁宗以人主之威福，寄诸朝廷之纪纲，寄诸中外之公议，于是人主常施恩而大臣常任怨，此又仁祖所以正纪纲也。仁祖纪纲正于大臣。至于熙丰、崇观之大臣安石、蔡京之流能借冢宰总六卿之说，以为专权之地，不能明冢宰总六卿之说，以为正宫闱之本，故有因外戚、宦官而图权宠者，此三百年治乱之根也"①。太祖、太宗朝的纪纲在君主威权，真宗正纪纲的重点在内朝，仁宗则在大臣、外朝，北宋末年宰执不能正内外朝，形成乱政。

从太祖、太宗之君主威权转移到朝廷体制，从真宗到仁宗再由内朝至外朝，而治体能够贯彻公义，逐渐形成了较为公共、合理、客观的根本体制，避免了宦官、外戚、女子的祸乱，遂有君主与士大夫共治天下的基本格局。吕中由历史演进来理解宋代纪纲的形成，相较陈亮、叶适，体现出更为纵深的历史感。②

仁宗时期的宪章法度，每为后世儒者称道。吕中在这里，对于这一宪

---

① 《讲义》卷六，第124—125页。

② 陈亮《中兴四论》里推崇仁宗注重外朝公议之纪纲，并指出君体仁施恩、臣体忠任怨的体制精神，水心又更侧重对祖宗家法的反思批判，在这一点上吕中可以说是积极继承和完善。关于大臣任怨，《讲义》卷八，目三云，"夫人臣召怨于天下，不一端也，减任子则公卿怨，汰冗兵则卒伍怨，核军籍则主帅怨，退滥赏则胥吏怨，限民田则豪民怨，抑外戚则宫闱怨，杜内降则祈恩泽者怨，严荐举则处选调者怨，精考课则怠职业者怨，诚使人皆避怨而免祸也，则私爵赏以媒誉，借国法以市恩，天子谁与任事乎？任事则当任怨"，第172页。

制的核心精神及其历史演进，有非常清晰的分析。从儒家立场，吕中予以高度评价。"国初，官以定俸，实不亲职，有谏议大夫、司谏、正言，特以寓禄耳，故赴谏院者方得谏官，则谏官之权犹未重也。国初三院领外任而不任风宪，兴国中任风宪而不领言事，则台官之权亦未重也。端拱初，以补阙为司谏，以拾遗为正言，所以举谏官之职。天禧中置言事御史，所以举台官之职。然当时台谏之官虽重，而台谏之职未振也。自仁宗即位，刘中丞令台属各举纠弹之职，而后台谏之职始振。乾兴元年刘筠为中丞，令台属各举纠弹之职。自孔道辅、范仲淹敢于抗夷简，唐介敢于抗彦博，一梁适之用事，则马遵率数人言之，一刘沆之得政，则张昇凡十七疏论之，而后台谏之权敢与宰相为敌矣。"① 台谏制度的设官举职，经历了一个历史过程，这也是一个制度的养成机制，然后在仁宗时期有一个飞跃。

吕中接着分析，"是何台谏之职在国初则轻，在仁宗之时则重；在国初则为具员，在仁宗之时则为振职，何耶？盖仁祖不以天下之威权为纪纲，而以言者之风采为纪纲，故其进退台谏，公其选而重其权，优其迁而轻其责，非私之也。盖以立国之纪纲，实寄于此。百官除授，自执政以下皆付大臣进拟，而中丞、谏官必出于人主之亲擢，虽李迪、吕夷简之亲，亦不敢进拟谏官、御史，所以公其选也。自安石执政，以京官王子昭除御史，又以选人李定除谏官，则台谏皆出于宰相之除矣。台谏言事，许以风闻，不得穷诘，虽以执中、夏竦之佞，亦不敢与台谏争曲直，所以重其权也。自安石执政，行青苗之法，始命李常分析，举朝争之以为不可。助役之法行，又命杨绘分析，执政以为不可，则宰相得以夺台谏之权矣。台谏之权常存体貌，自唐介之外其余无贬斥者，不一二年，亦复召用，所以复其迁而轻其责也。自熙宁之初，始有罚金御史者。安石秉政，御史言事皆责其监当，而台谏之受责，自此始矣。仁祖以言者之风采为纪纲，而安石乃以

---

① 《讲义》卷九，第188—189页。

大臣之威权为纪纲，甚矣！仁祖之心天地之宽，安石之心潢潦之量也。两朝台谏，不同形容，仁祖朝事，纪纲甚振"[1]。

这一段，从治体的纪纲层面来观察台谏权的演变，对仁宗纪纲与王安石执政纪纲进行了对比，从中解释台谏制度的中落，批评后者政治对于北宋治体传统的破坏，的确显示出历史政治分析的宪制视野之启示。

吕中对祖宗纪纲有所总结，这方面继承了陈亮在《中兴四论》中对仁宗纪纲的赞誉。《讲义》卷二二评论"小人创御笔之令"，曰"祖宗纪纲之所寄，大略有四：大臣总之，给舍正之，台谏察内，监司察外。自崇观奸臣创为御笔之令，凡私意所欲为者，皆为御笔行之，而奸臣之所自为者，又明告天下，违者以违御笔论。于是，违纪纲为无罪，违御笔为有刑，台谏不得言，给舍不得缴，监司不得问，而纪纲坏矣！昔有劝仁宗揽权者，上曰'措置天下事，正不欲从中出'。此言真为万世法"[2]。最后一句正是早先陈亮对仁宗纪纲的评价，也是对陈亮援引故事的再度重申[3]。

《讲义》卷一八"绝内降"一目论曰，"章献治朝之时，内降之法正于外朝之纪纲；宣仁临朝之时，内降之法正于内朝之纪纲，不待正于外朝。故为天圣之大臣难，为元祐之大臣易"[4]。公议公论、台谏敢言，这是仁宗时期立国纪纲得以大振的关键，君主威权的纪纲是国初的初级发展阶段，权臣之威权纪纲则是乱政渊薮。

另外，纪纲还可就不同层次论之，一国有纪纲，一职一制也自有纪纲。如《讲义》卷七一五"监司"，指出"分天下为郡县，总郡县为一道，而又总诸道于朝廷，委郡县于守令，总守令于监司，而又察监司于近臣，此我朝内外之纲纪也。故欲择守令，必责之转运；欲举转运，必责之近臣。既

---

① 《讲义》卷九，第 188—189 页。
② 《讲义》卷二二，第 372 页。
③ 陈亮：《中兴四论》，
④ 《讲义》卷一八，第 329 页。

严连坐之罚，又定举官之赏，而失察者又有罪，赏罚行而纪纲正矣。然赏罚但行于已举之后，举官当择于未举之先，盖惟正知正，惟邪知邪，善恶各以类至此，真宗所以先择后举也"①。统合中央地方关系，这是治体上下内外关系中的重要因素，也是国家的大法和根本制度之一。

同卷一四子目，"御史纪纲正自此始。盖监司为外台，御史为内台，外台之风采振而州县肃，内台之风采振而朝廷肃，以内朝而出外，不惟侵外台之权，似无以振内台之纪纲也，故自太宗令转运兼按察，而后外台正；自真宗令御史正名举职，而后内朝正"②。内外台监察系统各有其纪纲，正名举职，以正纪纲。这也可见纪纲的层次性。

◇ 第六节　国势论

最后来看吕中的国势论。他指出，"国之修短当观其治体，治乱当观其制度，强弱当观其国势"。国运国祚的短长有赖于治体，政治成效有赖于制度，而国家政治的能力实力强弱由国势表现出来。

比较三代、汉唐，吕中认为"汉唐多内难而无外患，本朝无内患而有外忧者，国势之有强弱也。盖我朝有唐虞三代之治体制度，而无汉唐之国势"③。他对宋朝治体、制度的成就评价很高，所谓"多纯而少驳""似疏而实密"。至于国势不振，则提出"盖我朝北不得幽冀，则河北不可都；西不得灵夏，则关中不可都。不得已而都汴梁之地，恃兵以为强，通漕以为利，此国势之弱一也；诸镇皆束手请命，归老宿卫，一兵之籍、一财之源、一地之守，皆人主自为之。郡县太轻而委琐不足恃，兵财尽关于上，而迟

---

① 《讲义》卷七，第149页。
② 同上书，第147页。
③ 《讲义》卷一，第42页。

重不易举，此国势之弱二也；以科举程度而取士，以铨选资格而任官。将帅知畏法而已，不敢法外以立功。士大夫知守法而已，不敢法外以荐士。论安言计，动引圣人，群疑满腹，众难塞胸，此古今儒者之所同病，而以文墨为法，以议论为政，又本朝规模所独病，此国势之弱三也。故其始也虽足以戢天下之异志，终也不足以弭外国嫚侮之骄心"①。

以上提出的三点因素，第一点指出政治地理形势的局限，定都无险可守，处于易受攻击的不利境地。而第二、三点，关系到中央与地方之关系、文治与军政之特征。这两点，究其实也可放在治体和制度的范畴，而吕中特别把它们与国势问题关联起来考虑，透过国势卑弱来反视纪纲法度的一些根本缺陷，自有其深意。集权太过，文墨为法、议论为政，这些批评，在朱子、陈亮、叶适等人那里都曾深入论述过。吕中继承了先儒观点，而集中反思它们对于国势的影响。

吕中指出，太祖立国之初，在制度变革之际其实非常善于政措之调度，以后者弥补制度变革之震荡，"虽收诸道藩镇之权，而久任边将，付以重柄。以郭进守西山二十年，而西戎不敢犯。以董遵诲守北边十余年，而北狄不敢侮，又未尝不重藩镇也。于文法之中，未尝抑天下之富商大贾。于格律之外，有以容天下之豪杰。是盖有以助我立国之势，转移阖辟之机又非常法之所能拟议者"②。这些论述明显呼应了陈亮在给孝宗上书中提出的立国之道。透过人事和政策措置之得宜，避免制度之消极影响，这是太祖之法的非常之处，实助益于立国之势。制度之外，尚有人事和政策的灵活运作之空间，端看政治家之智慧技艺。

问题在于之后的继承者不能善于处理，从而导致制度弊端凸显，国势因之衰弱，"自太祖以来，外权愈困，内法愈密。以阵法图授诸将，而边庭

---

① 这三点，在陈亮、叶适等人论述中都有迹可循。尤其是第三点，文墨为法，议论为政，正是陈亮对于宋代政治的基本概况。吕中对此都有所继承、综合。

② 《讲义》卷一，第43页。

亦如内地。支郡各自达于京师，而列郡无复重镇。加以河东之后，王师已罢。故虽以曹彬名将而亦不能收一战之功，自是而后，偃兵息民，天下稍知有太平之乐，喜无事而畏生事，求无过而不求有功，而又文之以儒术，辅之以正论，人心日柔，人气日惰，人才日弱，举为懦弛之行，以相与奉繁密之法。故虽以景德亲政之后，天下以为美谈，而不能不纳赂以为盟。虽以仁宗庆历之治，至今景仰，以为甚盛，而不能不屈已以讲好"。这些见解，也大都承继了陈亮等人的基本判断。而吕中进一步指出，"庆历以前，此一时也；熙宁以后，又一时也。庆历以前，在外之国势似弱，而在内之国势实强；熙宁以后，在外之国势似强，而在内之国势已弱"[1]。

在吕中看来，正是王安石变法、兴利、开边，导致了宋代国势根本受损、外况恶化，"安石变法之罪小，而兴利之罪大。兴利之情犹可恕，而开边之罪为可诛矣！何者？元丰小人不过图禄位耳，及其患失，则兵困于灵武；绍圣小人不过反元佑耳，及其得志，则兵兴于隍鄯。蔡京始谋，亦不过钳制上下耳。及其求悦，则荐童贯以帅西师。王黼始谋，又不过倾蔡京尔，及其势利相轧，则必复燕蓟以邀功名，是皆安石有以启之也"，"盖祖宗之国势，外形虽羸弱，而元气强壮于内，则外邪有所不能动。熙宁以后之国势，枝叶虽茂盛，而本根槁瘁矣"[2]。王安石变法，"愈竭下以事上"，压制不同意见言论，正是吕中所谓国势本根槁瘁的重要内因。

◇第七节　治人：家学和家法中的政学相维

在论国势的最后部分，吕中指出治人之重要性，"古今治乱之机皆决于君子小人之进退。熙宁以前，非尽无小人也，然祖宗所培植之君子

---

① 《讲义》卷一，第44页。

② 同上书，第45页。

为甚多，故维持治体，遵守制度，振起国势，自建隆一阳之复积，而至于庆历，则为三阳之泰矣；熙宁以后，非尽无君子也，然安石所教之小人方来而未艾，故治体以坏，制度以变，国势以衰，自熙宁一阴之遇，极而至于宣和，则为三阴之否矣。此愚因论本朝之事，尤于君子小人进退之际而有感焉"。在论述了治体、制度与国势变迁后，吕中对于君子小人的辨别，显示出其政治思想的儒家精神，也是其具体论述中政治技艺（"维持治体""遵守制度""振起国势"）的主体意识之维系。现代国人对于政治秩序，多重体制法度、利益经济，对于政治主体的治人，尤其是传统文化所重视的君子小人之辨格外轻视。实则治体的精神奠定、礼俗养成、制度演化、国势凝定，都发源自治人主体的智慧和德行、技艺。吕中在《序论》最后点出了治人相对于治道和治法的基础地位，也值得我们反思现代政治思维之际好好借鉴。

治人养成，可从政治家窥见一斑。《讲义》卷六"圣学 经筵"部分，吕中论曰，"三代而上，传家之法备，而传心之法为尤详，故不惟人主之成德也易，而子孙之成德也亦易。三代而下，传家之法既略，而传心之法不复续，故不惟人主之成德也难，而子孙之成德也亦难。惟本朝以家学为家法，故子孙之守家法自家学始，此范祖禹《帝学》一书，极言我朝承平百三十年，异于汉高，由祖宗无不好学也。然人君之学，尤在于所共学之人，故在太祖时则有若王昭素，太宗时则有若孙奭、邢昺，在真宗时则有若崔颐正、冯元之徒，皆极一时之选也"。三代传家和传心之法确立了典范，这是三代之法的精髓。重"心"，重"家"，重"法"之"传"，目的在统治集团之德行养成。三代之下对此没有完整继承，家法传承粗略，家学传心之法断裂。

"是知列圣相承，任贤共治，出入更迭，守为家法，载在国史，炳若日星，不可踰也"，吕中称赞这是宋朝的"典宪"。① 而宋代特征在于"以家

---

① 《中兴大事记讲义》卷二五，第820页。

学为家法"，祖宗之法以家学为起点和基础。所谓君主家学，之所以超脱一家私学，在于选择德行和学问高尚之贤士，一起共学。士人民众间亦有家学家法，如吕氏、晁氏，他们与君主家学家法共同致力于秩序初始群体的养成，"以学为家法"，在政学相维的文化系统中提供最基础的公共规则。这是共治政治中最为重要的三代精神，与贤者共学，养成家学，传承家法，以期实现对家天下最大限度的公共性锻造。

在卷七"太子官属"一目，吕中强调太子的国本意义，褒奖设立王友而非臣僚以尊养德行。"《文王·世子》一篇，所以教为世子之道也，其言曰：'凡学，世子及学士必时。'即世子与学士同其学读《书》、读《礼》，同其书，乐正司成同其师，齿于学，则又所以同其礼。夫为君之子而下与士齿，无非所以养成德性，陶毓气质，以为异日天下国家之宗主。是故学问聚辨之功，非骄逸易纵者所能为，而富贵崇高之地，非学问已成者未易居。此古先帝王皆讲学成德于未为君之日也。后世徒知国本之当尊，而不知德性之当养，世子得以臣其宫之僚属，而辅翼东宫之官，如与僚属无异，此真宗不置翊善、记室，而以二人为王友，盖官属则有君臣之义，王友则有师友之义。君臣之分既立，则学问之功难施。师友之义既明，则骄贵之习自革。此作圣功夫，必以诚敬为入门也。"①

在君主制前提下，以学问确立祖宗之法的根基，用师友之义陶范君臣关系，并且强调学问的公共性和德行标准，由此可见儒者在实际政制下塑造君主统治者的思路取向。吕中在《中兴大事记讲义》中论孝宗潜邸旧人时，指出"公通"的重要性，天子以天地为典范，应公通天下，"莫非己分之所有而无外之不通矣"②。同节，引用张浚上孝宗言，君主之学以一心合天，天就是天下之公理。③ 最大限度地用公共性提升君主制的品质，这是家

---

① 《讲义》卷七，第 150 页。
② 《中兴大事记讲义》卷一九，第 724 页。
③ 参见《中兴大事记讲义》卷一九，第 725 页。

学家法、王友制的体制精义。

祖宗之法得自于祖宗之学，政治效验上又应有所择别。《讲义》卷一九"家法"一目评论范祖禹上《仁皇训典》，"我朝以学为家法，故欲守祖宗之法，当务祖宗之学。此《帝学》一书极言我朝百三十年海内承平，由祖宗无不好学故也。至于上《仁皇训典》，又曰一祖五宗畏天爱民，后嗣子孙皆当取法。而仁宗在位最久，德泽最深，宜专法仁宗。盖汉唐而下，言家法者，莫如我朝。我朝家法之粹者，莫如仁宗。是意也，元祐诸臣知之，熙宁不知也，绍圣不知也。独契丹与其宰相议曰，'南朝专法仁宗故事，可敕燕京留守，戒吏毋生事'。夷狄犹知，为臣者独不知之乎"①。在家法故事的总结提炼上，仁宗一朝最值得取法。当然，我们也不应忘记，吕中对仁宗之治也有批评，偏于宽纵，虚文弊深，纪纲法度未能与时损益。

综上所论，吕中从治体、制度和国势三个重要视角、概念，阐释了他对于宋代政治的内在理解。这三个主题，各自包含了可以区分的不同层面，相互之间也形成了内在的关联。治体由仁意精神和纪纲法制构成，而制度包含纪纲大意与具体形式，前二者中的央地关系和文武规模，与政治地理形势一起决定了政治体的国势强弱。三者总体上决定了国家政治的命运、治乱和实力格局。

从吕中的评论看出，他所强调者有这样几点：首先，构成治体的精神价值与纪纲法度并行不分，前者必须透过后者得以落实，纪纲法度的强调是其特征；其次，制度变迁之道，不在于具体制度形式上的激烈变革，更应当把握决定体制规模大意的大纲之修举。透过不同政治精神引导下的修举大纲，在对于既定制度形式的因承损益中，实现制度变革的稳定有序前行。制度之外，人事和政策运用也非常重要；再次，国势应注重内在国力的培养，透过分权、责任的公共治理架构，形成有效对付外患的国家实力

---

① 《讲义》卷一九，第 342 页。

根基；最后，治法需要治人的体认、辨别和维系损益，君子小人之辨需要在上述秩序的运作中透过治道技艺修养得以印证。

从这个架构，我们也可明了，儒家所谓的治体，对于制度安排，发展出了一个更为深远宏阔的视野，仁义指导下的立国精神需要体现在纪纲法度层面，而纪纲法度的变迁可透过修举大纲，保持制度节目的相对稳定，避免激烈的更变，也可透过人事妙用避免制度的僵化教条。这个立国规模的渐进调适，有益于国势稳固。这一切都行之于治人主体的政治技艺和智慧，此君子小人之分别不纯是一道德修养之分别，而更重与此相关的治道养成。从儒法关系来看，那种囿于制度变革的治道思维，如法家与荆公一类儒者，恰恰是未能把握儒家治体的整体义理架构，对于治人与治法、仁义与礼法、道与法、法迹与法意、渐进与激进、振修与更变的复杂关系过于简单化、形式化地处理了。这种激进制度主义的思维，近世以降直至今日仍有相当大的影响，益发反衬出吕氏思想的可贵价值。

把吕中的政治观放在宋代的思想脉络中，我们可以看到理学和浙东学术对他的综合影响。程颐对于宋代祖宗家法的评价，自薛季宣起浙东学术对于纪纲法度的高度重视（陈傅良对于祖宗之法和三代之法的贯通，陈亮对于立国本末、议论、文墨政治的评价，吕祖谦对于治体的历史评价，叶适对于集权主义的批评），朱子、陆九渊等人对于体制因承损益之道的天理解释，都在《讲义》中有显明的综合的思想表达。当然，吕中更为注重的是在祖宗之法格局中，紧密结合政治历史的评断。三代之法，如在二程那里，以一种非常之道的形式出现，带来与祖宗之法的鲜明对比。在吕中这里，二者之间的距离大大被缩小。吕中对于宋代祖宗之法的评价基调更为积极乐观，那种张力感被巧妙地内置于祖宗之法的立国与后继君主之比较中。这一点，或者可以视为南宋政治思想在精神气质上更为精致与审慎的趋向表现吧。

浙东经制事功学的治体论思路在宋元之际马端临的《文献通考》也有

表现。马端临强调对于历史演变的探讨，除了理乱兴衰的人事研究，更应注重经制宪章的通贯性考察。"典章经制，实相因者也，殷因夏，周因殷，继周者之损益，百世可知，圣人盖已预言之矣。爰自秦汉以至唐宋，礼乐兵刑之制，赋敛选举之规，以至官名之更张，地理之沿革，虽其终不能以尽同，而其初亦不能以遽异。"① 他视此为通儒应有之学养。马氏批评司马迁之后的断代史著作不利于养成对于经制典章的通识洞见，杜佑《通典》规模初具但缺漏甚多。他对于统纪、纪纲法度、经制典章的强调，没有宋代治体论、南宋经制事功学的滋养支援，是难以想象的。在《文献通考》中，可以看到他对于浙东儒者学术的频频称引，也侧面印证这一思想意识的渊源流脉。②

理学与经制事功学的结合，在明清之际经世儒学中有较为成熟的表达，可以说是近世治体论经历长期积淀之后的精彩释放。黄宗羲、王夫之一方面扬弃理学大传统的道理性命之论，强调儒家经世旨要，力求道理与事物器用之间的辩证结合，并依据大公至诚原则围绕君主制提出了逼近极限意义的治道原理反思。另一方面在经制事功学的传统脉络上重视对于历史制度的治法考察，展开来自理学历史批判意识的检讨，重启传统内部的宪制新构思。《明夷待访录》《读通鉴论》《宋论》都体现出治体论汇流的精神。这一发展也构成晚清民初政学秩序解纽的活性资源，近人喜用启蒙、民主、自由来回溯解释之，实应看到他们在治体论传统中的本来面目。

明清之际以后，治体论的发展在学术思想上罕见突破，基本盘桓在理

---

① 马端临：《文献通考》，《钦定四库全书》，史部三六八，《自序》，第610册，第7页。

② 仅以选举门来看，"东莱吕氏曰"，见于卷三二《选举考五》，引叶适见于卷三三《选举考六》两处，卷三六《选举考九》两处，引陈傅良，见于卷三四《选举考七》，卷三九《选举考十二》两处。

学范围，并受有清朴学削弱，进入中落阶段。最晚进的系统呈现，见于魏源等编纂的《皇清经世文编》。① 这部清代中前期经世文献的汇编，以学术、治体为编纂纲领，具体类别按六部分工编排。治体部分八卷包含了原治、政本、治法、用人和臣职，反映出治体论中的治道、治法与治人三要素。理学治体论是主导思路，间有经制事功学的因子浮现。在晚清理学政治团体如曾国藩等湘军集团那里，也主要从理学治体论的体用传统出发，针对空言义理而纠以明体达用，强调经世事功，重视礼法统政。潘耒《日知录序》云，"自宋迄元，人尚实学，若郑渔仲、王伯厚、魏鹤山之流，著述具在，皆博极古今，通达治体，曷尝有空疏无本之学哉！"② 理学意义上的实学，取代宋以来经制事功学成为治体论典型，由此可见义理范式转移的资源遮蔽与视野窄化。

---

① 参见《魏源全集》（第十三册），《皇朝经世文编》卷一至卷一四，岳麓书社2005年版。

② 《皇朝经世文编》，第47页。

第十三章

革命与更化：立国时刻的治体重构

由实践阐明的国家，而非哲学启蒙的城邦，才是政治理论应当优先关注的对象。对政治和国家的探讨，不能过度沉迷于哲学玄思与西方启蒙运动以来诸种"主义"的理解。那些在实践中生成，并且在实践中予以阐明的国家政治生活，更加值得阐释。否则，将导致我们在面临现实政治问题时，解释力陷入匮乏境地。由于过分自信现代人的理性能力，我们对那些在长期实践中蕴含了某种必然性、客观合理性的政治现象，比如中国政治传统中的立国问题，一个政治体的确立与成熟经历哪些必要阶段、包含哪些核心要素，并没有充分正视。就中国政治思想与制度的传统而言，这方面其实有深厚的经验积累，需要我们提出新的阐释。浙东儒者群发扬的立国思维，为近世中国提供了弥足珍贵的资源。

◇◇ 第一节　作为"国本"的立国时刻

三代、秦汉以来，五千年文明传统中，对于"国家"这类政治体，有没有发展出比较有理论深度的思考？

叶适在政论文集《进卷》中的《国本》篇，可以帮助我们思考这一诘问。何谓"国本"？它指向一个国家的构成根本，表达出对政治体的体系辨识。叶适讨论了国家作为实践中的一个"存在体"，根本所在是什么。文章指出，"夫国于天地，必有与立，亦必有与亡"①。国家作为天地人之间的一种活体，"与立"即形成确立的逻辑，有立也必有衰亡。自秦以后，短如元朝也有八九十年，作为普通个体的我们难以完整目睹这类政治体的确立与衰亡，更不要说面对二三百年、七八百年的连续政治体——人之目力智力实在有限。

借助多代人的经验和反思，或许可把握政治体的兴衰。比如，应该怎样理解立国？对于一个政治体来说，究竟如何才能够成长到七八十年、一百年，甚或更为久远？

叶适把国家看成一个成长的有机体，以树为喻。什么是"国本"？从静态分析，本不在花，因为花期很短，往往观其根本，所谓"众人所知，'根踞盘互，不徒本也'"。② 但是，仅仅"根踞盘互"还不全是有机体的"本"。叶适言："自其培养封殖之始，必得其所以生之意，而后天地之气能生之。"③ 一定要着眼栽培、浇灌、护理的实践过程，才能把握它如何成长，真正透视到这个活体的"本"。这就引入了一个动态视野，要把握住一个政治体是如何一步步成长壮大的。在这个意义上，叶适强调须重视立国者如何建国立政，"得天下之意"也即立国之意、立国精神是什么，需从其立国实践中把握。陈龙川倡明"艺祖本旨"、陈傅良追溯建隆国本，都是紧切这个立国精神立论。

叶适在文首指出，国本讨论一般会合乎教条地举出民本、君储等传统答案（在王制时代强调君主，正如民权时代强调民主）。《尚书·五子之歌》很早就提出"民惟邦本"。但是，叶适提出此篇"本所以为国之意而未及于民"④，要从一种动态发展的实践传统去提炼立国精神。由此出发，依据立

① 《叶适集》，《水心别集》卷二，《国本上》，中华书局 1961 年版，第 644 页。
② 同上。
③ 同上。
④ 同上。

国精神去理解后续的政治体命运。

兴衰乱亡其实有据可循，就是看政治继承者们是怎样去对待为国之意、立国精神：有能守者，有能增益者，有变乱立国之意者，有昏童无知者。对立国精神的不同处理，导致治效差异。可以说，叶适提出了一个怎样思考国家的方法论问题，凸显政治理解的经验实践性，避免各种教条性的"主义"定式，或如陈傅良、陈亮批评的儒者定论、"正论"。透过立国思想家的眼光，我们要重视"为国""立国"包含的重要逻辑，重点关注国家确立与重建的"立国时刻"。

近世儒者往往从"立国时刻"的历史解读中窥见其中理据。以王夫之《宋论》为例，"卷一太祖"开篇明旨："宋兴，统一天下，民用宁，政用乂，文教用兴，盖于是而益以知天命矣。"① 宋为什么能"兴"，避免五代更替的短命逻辑，成就三百多年国运？这句话概括性地揭示出，一个政治体的立国兴盛有其指标。首先是统一天下，其次"民用宁"，安居乐业，不再是乱世蝼蚁，再次"政用乂"，政事建立秩序，最后"文教用兴"，文教是传统政教秩序的重要维度。根据这四个指标，宋的立国可以说膺乎"天命"。

中国政治传统解释政权更替，自周以来不出"天命论"范围。王夫之比较宋与商周、汉唐。禅让之外，古典革命（以"汤、武革命"为典型）是天命转移的流行形式。王夫之认为，商周革命据"德"，汉唐革命据"功"。宋却不同，在革命之初，赵家两世为将，并无显赫功勋，也没有文王一样的累世德泽。"宋无积累之仁，无拨乱之绩"②，但是"乃载考其临御之方，则固宜为天下君矣"③，重整秩序，再建朝廷，君道得以确立。

---

① 王夫之：《宋论》卷一，中华书局 1964 年版，第 1 页。
② 同上。
③ 同上。

在政治秩序形成的过程中，我们看到宋"凡所降德于民以靖祸乱，一在既有天下之后"①，即位后统一天下，造福于民，所"临御"施政体现功德，最后保有天下。何以至此？王夫之解释，这是"天所旦夕陟降于宋祖之心而启迪之者也"②。天透过立国者，透过他的精神行动，施展在立国政治中。这是一个高度抽象的说法，意味着立国者把天命天道的大公至正透过政治实践予以落实，政治实践又紧密依赖于政治家的精神智慧，由此而建立起立国者与天命的连通。王荆公曾经把这种立国德行看作"天助"一类的偶然因素，立国思想家则围绕德行、战略谋术和治法建构来充分正视其中的人事践履智慧。

"夫宋祖受非常之命，而终以一统天下，底于大定，垂及百年，世称盛治者，何也？唯其惧也"③，改天换地，自然是非常之命。从赵匡胤即位一直到宋英宗达百年，王夫之以之为太平盛治。王夫之追究宋"兴"受命缘起，考察立国精神，直抵立国政治家的精神德行，所谓"惧"。具体逻辑为"惧以生慎，慎以生俭，俭以生慈，慈以生和，和以生文"④，"而自唐光启以来，百年嚣陵噬搏之气，寝衰寝微，以消释于无形。盛矣哉"⑤！

在王夫之看来，晚唐以来天下风气陷入争斗无穷的乱世之中，而宋兴，风气为之一变，所谓"百年嚣陵噬搏之气"逐渐扭转。在这样一个论述里面，"受非常之命"或者说"革命"包含几个目标，除了统一、民生之外，就是反复提及的"文""文教"。可以说，革命本身包含了整体社会政治风化的向善提升。

---

① 王夫之：《宋论》卷一，中华书局 1964 年版，

② 同上。

③ 同上书，第 3 页。

④ 同上。

⑤ 同上。

政治风气，更准确地说，政治共同体精神的变迁，内在涵括于革命中。《宋论》认为宋兴把自唐光启以来的"气"，也就是共同体的精神气质改造转移了，引出文明—政治共同体的再造问题，即所谓革命和更化。

◇ 第二节　革命与更化的内在互嵌

在传统政治中，比较早的更化原型（prototype）应是周公制礼作乐。武王完成革命，但法度的真正确立依靠周公，一方面定都洛邑，扫平叛乱；另一方面制礼作乐。后者内容广泛，除了《尚书》"周官""立政"确立纪纲，如《酒诰》节制晚商酗酒恶习，属于改造风俗。所谓经制、治体，往往上溯至周公为典型。

儒家作为总结三代政治文明的重要学派，历史政治哲学含有这方面的思考。《论语·为政》篇，子张问孔子："十世可知也？"孔子对子张的回答就是"殷因于夏礼，其损益可知也；周因于殷礼，所损益可知也。其或继周者，虽百世，可知也"[1]，指出政治体的因承伴随着损益，可以帮助我们理解立国所蕴含的问题。先秦以后，革命和更化有丰富实践，两者覆盖多样态的历史演变，包括了立国、重建（"中兴"）。政权革命是流行形态，更化则有汉武更化、元祐更化、端平更化、嘉定更化、脱脱更化，汉武时期董仲舒的复古更化尤为典型。

新旧政权交替之际，对暴力的运用自然深有体会。五代安重荣放言："天子，兵强马壮者当为之，宁有种耶。"[2] 然而，从武力支配过渡到天下治理，这就涉及更化，政治体要经历一个政治的文明化转变，武力代表的权力要经历文教驯服。《宋论》呈现出革命与更化开启二者紧密结合的形态，

---

[1]　《论语》，中华书局 2007 年版，第 22 页。
[2]　欧阳修：《新五代史》卷五一，《安重荣传》，中华书局 1974 年版，第 582 页。

几乎同步进行。再如唐初太宗政治，也近于此。而汉代高祖和武帝之间的革命与更化相隔较远。这些差别究竟反映出国家发展的哪些道理和逻辑？

从汉高祖革命立国到武帝更化，的确是先秦以后政治发展的大关节。武帝更化确立了两千年的大体政治架构。经过这样的探索，唐、宋、明、清立国的政治智慧加速发展，处理革命与更化的阶段过程更为明智与练达，可以说体现出传统政治智慧的累积效应。

对更化的代表性解释，莫若董子。在《天人三策》中董子指出，"今汉继秦之后，如朽木、粪墙矣，虽欲善治之，亡可奈何。法出而奸生，令下而诈起，如以汤止沸，抱薪救火，愈甚亡益也。窃譬之琴瑟不调，甚者必解而更张之，乃可鼓也；为政而不行，甚者必变而更化之，乃可理也。当更张而不更张，虽有良工不能善调也；当更化而不更化，虽有大贤不能善治也"①。政权交替，承前朝旧弊，如何实现善治？如果没有大规模的体系调整，即使是大贤良工也无能为力。俗论儒家主张人治，于此见其不然。

"故汉得天下以来，常欲善治而至今不可善治者，失之于当更化而不更化也。古人有言曰：'临渊羡鱼，不如退而结网。'今临政而愿治七十余岁矣，不如退而更化；更化则可善治，善治则灾害日去，福禄日来。《诗》云：'宜民宜人，受禄于人。'为政而宜于民者，固当受禄于天。夫仁、谊、礼、知、信五常之道，王者所当修饬也；五者修饬，故受天之祐，而享鬼神之灵，德施于方外，延及群生也。"② 董子主张更化而善治，即尚五常之道、抑秦法之制。

唐代立国善治，也有共通的道理。《贞观政要·卷一政体》即就传统治

---

① 班固：《汉书》卷五六，《董仲舒传》，中华书局 2007 年版，第 564 页。"更张""更化"思维在晚清变法中仍相续不辍，如梁启超批评洋务运动"于去陈用新、改弦更张之道未始有合也"，而将真变法归于学术和官制，见其《变法通议》"论变法不知本原之害"，收入梁启超《饮冰室合集》（第一册），中华书局 2015 年版，第 8 页。

② 《汉书》卷五六，《董仲舒传》，第 564 页。

体总结政治教训。"贞观七年，太宗与秘书监魏徵从容论自古理政得失，因曰：'当今大乱之后，造次不可致化。'征曰：'不然，凡人在危困，则忧死亡。忧死亡，则思化。思化，则易教。然则乱后易教，犹饥人易食也。'"①魏徵提出了为政求治的基本逻辑，即为摆脱危困，人心思化而乱后易教，这是自然之理势。

由乱转治意味着打破之前政治成功所依赖的既有路径（军事武力、谋术），势必挑战立国者的治理智慧，触及立国精神的导向问题。"太宗曰：'善人为邦百年，然后胜残去杀。大乱之后，将求致化，宁可造次而望乎？'征曰：'此据常人，不在圣哲。若圣哲施化，上下同心，人应如响，不疾而速，期月而可，信不为难，三年成功，犹谓其晚。'太宗以为然。封德彝等对曰：'三代以后，人渐浇讹，故秦任法律，汉杂霸道，皆欲理而不能，岂能化而不欲？若信魏徵所说，恐败乱国家。'"

太宗、封德彝等对于由乱而治、更化善治的可能性均表怀疑，改弦易辙如不当，革命业绩也可能前功尽弃。"征曰：'五帝、三王，不易人而化。行帝道则帝，行王道则王，在于当时所理，化之而已。考之载籍，可得而知。昔黄帝与蚩尤七十余战，其乱甚矣，既胜之后，便致太平。九黎乱德，颛顼征之，既克之后，不失其化。桀为乱虐，而汤放之，在汤之代，即致太平。纣为无道，武王伐之，成王之代，亦致太平。若言人渐浇讹，不及纯朴，至今应悉为鬼魅，宁可复得而教化耶？'德彝等无以难之，然咸以为不可。太宗每力行不倦，数年间，海内康宁，突厥破灭。因谓群臣曰：'贞观初，人皆异论，云当今必不可行帝道、王道，惟魏徵劝我。既从其言，不过数载，遂得华夏安宁，远戎宾服。突厥自古以来，常为中国勍敌，今酋长并带刀宿卫，部落皆袭衣冠，使我遂至于此，皆魏徵之力也。'顾谓征曰：'玉虽有美质，在于石间，不值良工琢磨，与瓦砾不别。若遇良工，即

---

① 吴兢：《贞观政要》，裴汝诚等译注，上海古籍出版社2016年版，第27页。

为万代之宝。朕虽无美质，为公所切磋，劳公约朕以仁义，弘朕以道德，使朕功业至此，公亦足为良工尔。'"①

从戡乱革命到向化求治，是对天人正道的回归，避免人性再次向"鬼魅"的堕落，这一大转机需要政治家的大决断、大勇大德、力行不倦。太宗称赞魏徵"良工"，主要贡献在于对王道导向的坚持，根据人性向往文明教化的自然理势笃定立国精神。

这一类政治实践在儒家义理中得到高度提炼。明末清初孙奇逢在《读易大旨》里指出共有三卦讨论更化，分别指向了不同政治现象："蛊承前弊，大事更化，夏少康、周宣王以之；巽承前弊，小事更化，殷盘庚以之；革则大人虎变，顺天应人，汤、武以之。"② 一个朝代积重难返就需更化，比如少康、宣王中兴；巽卦也针对积弊更化，但处理规模较小，如盘庚迁都；另外就是革卦，大人虎变，即汤武革命。三卦言更化，不仅讲政治中兴，更囊括革命。

细审革卦，彖辞曰："巳日乃孚，革而信之。文明以说，大亨以正，革而当，其悔乃亡。"③ 革发生在新旧鼎革之后。革命之初大家未必能信从。旧制度被更替，要取得广泛信服，"革而信之"的关键点在于"文明以说"。《宋论》强调的"文""文教"，与此同意。

"大亨"乃走出困境，实现发展，这是革命最后要到达的境界。"能思文明之德以说于人，所以革命而为民所信也"④，降德于民，心悦诚服，革命可视为完成，否则是未完成的革命。《周易正义》中讲："殷汤、周武，聪明睿智，上顺天命，下应人心，放桀鸣条，诛纣牧野，革其王命，改其

---

① 吴兢：《贞观政要》，裴汝诚等译注，上海古籍出版社 2016 年版，第 27 页。

② 张显清主编：《孙奇逢集》上，中州古籍出版社 2003 年版，第 96 页。

③ 李学勤主编：《十三经注疏》，《周易正义》，北京大学出版社 1999 年版，第 202 页。

④ 同上。

恶俗，故曰'汤武革命，顺乎天而应乎人'。"① "革其王命，改其恶俗"，非常紧要，也就是《宋论》所谓唐光启以来百年风气得到改造。

革命指向改易风俗，指向文明之德的实现。否则，持续之前的乱世状态而"革之不已"，会走向革命目标的反面。只有以文明之德致力更化，实现自我节制，才能真正达到目的。更化立国的模式则各不同，如宋代立国与明代立国，后者自觉检讨宋元末政的宽纵之弊，强调治体用刚用强。一宽一严之间，治体的精神逻辑展现出辩证前行之势。

"清儒陈法论革卦上六爻辞言：'征凶，居贞吉'，亦以革之终而言，既已革矣，则大体已正。其有未可遽革者，当俟其自化。革之不已，非所以息事宁人也，故征凶而居贞吉。革当审之于初，初不当革，二当以其时，三当谋之于众，四当断之于已，五则革而变，六则革之成，而犹以居贞为吉，观圣人所以处革者前后始终何其虑之深远也。"② 前人透过周易变化，能把握到革命立国的发展方向及限度，不可使用强制力谋求短期内人心风俗的巨变，"当俟其自化"，由革命过渡到更化，避免革命自身的异化。

◇◇第三节　理解"更化"的两种不同思路

传统儒家对待更化，理解并不单一。我们至少可以分辨出两种不同的思考进路。

第一种是全盘复古的更化。王夫之《读通鉴论·汉论》卷三评价董仲舒更化："董仲舒请使列侯郡守岁贡士二人，贤者赏，所贡不肖者有罚，以

---

① 李学勤主编：《十三经注疏》，《周易正义》，北京大学出版社 1999 年版，第 203 页。

② 陈法：《易笺》，载顾久主编《黔南丛书》，贵州人民出版社 2008 年版，第 236 页。

是为三代乡举里选之遗法也，若无遗议焉。夫为政之患，闻古人之效而悦之，不察其精意，不揆其时会，欲姑试之，而不合，则又为之法以制之，于是法乱弊滋，而古道遂终绝于天下。"察举贤良，相对于三代乡举里选，是否实现了古法精义？船山此处似趋向于一全盘的体系论主张，"封建也，学校也，乡举里选也，三者相扶以行，孤行则踬矣。用今日之才，任今日之事，所损益，可知已。而仲舒曰："王之盛易为，尧、舜之名可及。谈何容易哉！"① 若更化只是对三代之法的损益，距王道尚远。近世儒者主张恢复封建、井田、选举，如张载、胡宏等，代表了对于秦以后国家体制的一种根本反思进路。②

类似的全盘复古进路在元明之际胡翰的《慎习论》中更为明确："其变既极，其习既成，秦亡而汉承之。圣王之继乱世，扫除其而悉去之，崇教化而兴起之，此其几也。陈经立纪，以为万世法程，此又一几也。高帝以宽仁定天下，规模宏远矣，然未尝有一于此。其后贾谊言之于文帝，董仲舒言之于武帝，皆不能用。又其后王吉言之，而宣帝亦恬不以为意。观高帝命叔孙博士之言，令度吾所能行为之，天下事孰非人主所能者？奈何帝之自画如此，而群臣不足佐之！"革命后改易更化，"陈经立纪"，确立"万世法程"，这是立国时刻的核心主题，指向治体重建。贾谊、董仲舒等人的治体论，都是指向这里。

胡翰批评汉代"创业之君，后昆所取法，由是文帝有'卑之无甚高论'之喻，宣帝有'汉家自有制度'之语。当更化而不更化，当改制而不改制，一切缘秦之故，杂霸以为治。逮于中兴，光武以吏事责公卿，显宗以耳目为明察，文法密而职任违，辨急过而恩意少，虽从事儒雅，投戈讲艺，临

---

① 王夫之：《读通鉴论》上册，中华书局1975年版，第49页。船山政论主旨并不持一全盘复古论，此于该书卷一论封建有集中表达。

② 参见张灏著，苏鹏辉译《儒家经世理念的思想传统》，《政治思想史》2013年第3期。

雍拜老，有缉熙揖让之风，未能尽更化、改制之实也"①。胡翰批评汉武更化不彻底，杂霸为治，其理想是最大限度地以三代之法更替后世法家秦制。清顺治皇帝《御定孝经衍义》卷四六："臣按'琴瑟不调解而更张'，董仲舒已言之。然其意在于更化善治，复先王之法，即所谓变而复贯者也。"②更化善治在于"复先王之法"，然而如何复？儒家之一脉持全盘、彻底之激进思路。叶适指出，"秦汉以来，其始大抵草创苟且，出于一时之意，及后世文物议论既盛，方据礼以抑俗，损其已隆，而欲反之于古，无怪其难也"③。三代把持得先王之礼正，事天与奉先，敬重本端，后世难以企及。

第二种思路是将三代礼法精神贯彻到现实政治的脉络之中，予以调和损益。

王夫之《宋论》卷一论述太祖，揭示了转向文治背后的一般性政治逻辑，特别是由关键性的立国政治行动确立纪纲法度（国家的根本法度）。如其所论："太祖勒石，锁置殿中，使嗣君即位，入而跪读。其戒有三：一、保全柴氏子孙；二、不杀士大夫；三、不加农田之赋。呜呼！若此三者，不谓之盛德也不能。德之盛者，求诸己而已。舍己而求诸人，名愈正，义愈伸，令愈繁，刑将愈起；如彼者，不谓之凉德也不能。求民之利而兴之，求民之害而除之，取所谓善而督民从之，取所谓不善而禁民蹈之，皆求诸人也；驳儒之所务，申、韩之敝帚也。"④ 由祖宗之法承载"盛德"，而确立立国之本，特别注重对于政治统治群体的自我约束（"求诸己"），挺立儒道之正大根本。

这里，文明之治，文明之德，不能将其曲解为"文饰"（"儒表法里"），或者狭义教育文化意义上的"文教"（科举选士），或是重用文臣甚

---

① 黄宗羲：《宋元学案》（第四册），全祖望补修，中华书局 1986 年版，第 2784 页。
② 《四库全书》（第七一八册），中国台湾商务印书馆 1986 年版。
③ 《序目》，第 326—327 页。
④ 王夫之：《宋论》卷一，第 4—5 页。

于武官（"崇文抑武"）。要强调的是，"文"凝结盛德与法度，指向仁意与纪纲的复合结构。盛德透过纪纲法度得以落实，如叶适国本论指出的礼臣和恤刑，以一系列政治法度体现仁义、忠厚、宽大、节制、易简的立国精神。

上一章介绍吕中于宋代实政中剖解立国治体，颇多精义发明。他在《宋大事记讲义》序中提出了治体论、制度论和国势论，强调治体乃是仁义精神与纪纲法度的综合体，着眼于政治体的精神根基与制度体系如何转化相济。"仁意之与纪纲二者并行而不相离，则不待立宽严之的而治体固已定矣"，体现出理解政治的古典宪制视野。宋代立国规模"厚仁意于纪纲整饬之中，振纪纲于仁意流行之际，本相为而不相病也"①。该书卷二论述太祖即帝位"不嗜杀人"，即就政治基本精神立言："或被上以黄袍，上固拒之，不可，乃誓诸将曰：'近世帝王初入京城，皆纵兵大掠，汝等无得复然，事定当厚赏；不然，当族诛。'乃整军，自仁和门入，秋毫无所犯。"②

北宋邵雍称赞宋政成就："一事，革命之日市不易肆；二事，克服天下在即位后；三事，未尝杀一无罪；四事，百年方四叶；五事，百年无腹心患。""五事历将前代举，帝尧而下固无之。"③ 革命并未破坏正常的经济社会秩序，不黩武滥杀，从中可以看到仁义忠厚之理。

在《宋大事记讲义》卷三中的"幸太学"能看出革命与更化的转换："建隆元年，幸国子监；二年又幸，三年正月幸，二月又幸，增修学祠，自赞孔颜；乾德元年四月幸，七月又幸。"吕中评论："当倥偬不暇给之时，而独留意于学校，此正转移人心之大机也。先汉以吏立国，故丞相止于次律令，御史止于定章程；我朝以儒立国，故命宰相读书，

---

① 吕中著，张其凡、白晓霞整理：《类编皇朝大事记讲义 类编皇朝中兴大事记讲义》，上海人民出版社 2014 年版，第 35—36 页。

② 吕中：《类编皇朝大事记讲义 类编皇朝中兴大事记讲义》，第 48 页。

③ 《邵雍全集》（第四册），郭彧点校，上海古籍出版社 2015 年版，第 298 页。

用儒臣典狱，以文臣知州，卒成一代文明之治。自是而后，临幸之时有爵命之赏，有金帛之赐，亦增广延士之美意。然太祖当尚武之世，而幸学之时多。"①

统一过程中留意学校，是转移人心、开启更化的"大机"。吕中由此重申宋儒政治精义，提出"以吏立国"与"以儒立国"的汉宋之别。这一点，陈亮曾经表述过，"本朝以儒立国"，"前汉以军吏立国"，家法各有不同，须各有变通。② 理解"以儒立国"，应着眼于立国构造中政治核心精英群体的养成，思考这一要素如何影响了立国精神与政治权力再分配，如何表现在治道、治法与治人三层次，形成"一代文明之治"。

以儒家精神塑造政治核心群体，并将其确立为替代武人当权的治人主干，进而改变政治权力的分配与行使，这是"以儒立国"的紧要处。《宋大事记讲义》卷二："上因曰'五代方镇残虐，民受其祸。朕今选儒臣才干者百余人，分治大藩，纵皆贪浊，亦不及武臣一人也'"，吕中论曰"以酷吏主财，则取民必峻；以武夫主刑，则用法必严。此太祖所以命儒臣主财，士人典狱也，知所以培国脉而重民命欤！"③ 财政和司法乃国脉所系，用儒臣士人以重民命，国本可稳固。卷三载："宽征税，其意将以利商旅耳，亦所以革方镇擅利之弊；定刑辟，其意将以轻刑耳，亦所以革方镇专杀之弊；遣使监，输民租，其意将以利农民耳，亦所以革方镇擅赋之弊。此兵权所以能收于杯酒之间欤！故自商征之宽，而后世不敢妄增一额；自详刑之审，而后世不敢妄戮一人；自民租之轻，而后世不敢妄加一赋；以至仁之一脉，而寿吾国之元气，此其所以培我宋亿万载之业者盖有在也。"④ 仁义体现在这些革除方镇之弊的政治制度中，由此民命民生得以厚养。正由于此，儒

---

① 吕中：《宋大事记讲义》，第 69 页。
② 《陈亮集》卷一，《上孝宗皇帝第三书》，第 14 页。
③ 同上书，第 60 页。
④ 同上书，第 76—77 页。

臣士人才能顺利取代武人方镇成为治人主体，宋代得以在中央集权制基础上再立君道。

正如《宋史》概括，"自古创业垂统之君，即其一时之好尚，而一代之规橅，可以豫知矣。艺祖革命，首用文吏而夺武臣之权，宋之尚文，端本乎此。太宗、真宗其在藩邸，已有好学之名，及其即位，弥文日增。自时厥后，子孙相承，上之为人君者，无不典学；下之为人臣者，自宰相以至令录，无不擢科，海内文士，彬彬辈出焉"①。可见，文治精粹，首先源于政治权力结构的更替，而后扩展到学术选士。我们不能仅仅限于文学学术来理解所谓"文"。

职此之故，尊礼大臣、体貌儒士才成为宋代优良传统。《宋大事记讲义》卷二"侍大臣"评论雷德骧举报赵普："以判大理寺，而敢以言大臣之短，不惟养后日敢言之风，亦可以无大臣专擅之祸。汉高帝闻萧何多买田宅之污，则有械系元勋之辱。此汉一代所以有诛戮大臣之祸。我太祖闻赵普强市人第宅之事，则有鼎铛有耳之责，此本朝所以有进退大臣之礼。"②回到篇首提到的叶适国本论，叶适正是将"礼臣"视为国本之一，所谓"一以宽大诚信、进退礼节遇其臣下"③。透过回溯宋代政事，叶水心指出大臣进退出处、谏诤监察、党争等活动中臣民的尊严与权利得到保护，也得以维系政治文化精英的公共精神和共治德行。比较后世明清两代，这一点比较难得。如《明大诰》"寰中士夫不为君用"科前代未有，廷杖折损大臣尊严，文明质素降低。④明祖"治体用刚"，强化君主威权，削弱士人共治，势成专制。

叶水心论国本，另一个是恤刑。五代严酷政治下人民动辄得罚，利断

① 《宋史》卷四三九，列传第一百九十八。
② 同上书，第 56 页。
③ 《叶适集》，《水心别集》卷二，《国本中》，中华书局 1961 年版，第 646 页。
④ 参见朱元璋《御制大诰续编》，《互知丁业第三》。

于上，宋代立法宽大，百姓社会经济的自由空间逐渐扩展，免于酷刑。这是从国家经济政治文化的自由度去解释。从礼臣和恤刑，可以把握到宋代立国精神，一个是宽大对精英，一个是仁厚对百姓。政治文化精英的公共德行与民众社会经济自由得到保障，国本稳固确立。

董子和汉武更化显示同样道理，崇儒而退黄老申商，即为国家确立新的精神根基。立五经博士、博士弟子员与察举贤良，即塑造核心精英群体。禁止官员从商与限田之议，把不与民争利的理念贯彻下来，厚民生民命。唐宋开国，加速了革命与更化之间的政治变迁，太祖启更化之机，奠定立国规模，这是其特出处。王夫之《宋论》卷一总结："三代以下称治者三：文、景之治，再传而止；贞观之治，及子而乱；宋自建隆息五季之凶危，登民于衽席，迨熙宁而后，法以斁，民以不康。繇此言之，宋其裕矣。夫非其子孙之克绍、多士之赞襄也。即其子孙之令，抑家法为之檠括；即其多士之忠，抑其政教为之薰陶也。呜呼！自汉光武以外，爰求令德，非宋太祖其谁为迥出者乎？"[1] 家法和政教传统，而非子孙多士，乃更化立国所重，这也是董子强调更化改弦重于大贤良工的意旨。透过吕中等人的评论，可以看到儒家更化理解的第二条思路，即于现实政治脉络中实现治人主体与纪纲法度的重构，由此实现的文明之治同样是"复先王之法"。

◇ 第四节 更化立国与治体重构

儒家的更化思路，大体显示出理想主义与现实主义两途。前者主张彻底的、全盘的复古主义更化，重视三代之法在制度体系上的不可分割，强调王道与霸道、儒与法、周制与秦制在政治上的高下优劣。后者主张在现

---

[1] 王夫之：《宋论》卷一，第25页。

实实践脉络中因应时势，以三代、王道、儒家精神涵化政治文化精英，并由此推动根本制度的改进，相比激进复古主义而认可实际政制的斟酌妥协。理想主义在思想上保持了一种批判维度，政治传统中的汉武更化、宋启文治则更体现出现实主义更化的政治理性，推进了革命易主之后的政治转型，使国家在精神立基、治人主体和根本制度上渐趋成熟，可视为治体意义上的国家重建，不妨称之为"更化立国"。

二者在宋代政治思想中的表达，其实是变法思想家与立国思想家的代兴。其中的区别，正在于是否能正视并尊重现实政治体立国的本初经验与其治体构成。变法思想家往往越过这一层面，以经学典范或诸子义理为第一思考原理，进行政治分析，而立国思想家笃定于现实立国传统，结合经史诸子等多样智慧，由此进行立国智慧的再度义理提炼。

更化立国中，政治家审时度势，发挥了引擎功能，一步步推进了政治架构的"文"变，即治体重构。

清初陈法解释"革"卦义理："九五阳刚中正，下与二应，有中正之德，居九五之位，德位兼隆之大人，如是而革将举天下而维新之。声名文物之美，如虎之变，而其文炳然。革之最善而且大者也。未占有孚，言不待占决而已信其至当，犹勿问元吉也，九五之大人之化，旋乾转坤，革而变矣，虎变似指大人一身而言，然大人以天下为身，天下之文皆其文也。"①立国者将天下情势变迁综合审视，形成政治判断，并以政治行动积极促进更化，一人作而天下应，即"大人以天下为身，天下之文皆其文"。"大人"，就是立国思想家反复阐发的立国政治家，如太祖、太宗。王夫之深究太祖情志对于政治走向文明的作用，可借此理解。明清立国君主，对政教合一、君师合一有更为强烈的自觉追求，深刻支配了明清社会政治秩序的治理模式和精神气质。

---

① 陈法：《易笺》，第235页。

大人虎变，下起君子豹变、小人革面。"上六处革之终。革道之成，即承九五而言，君子小人以位言，君子对大人而言，大人虎变则君子豹变，小人对君子而言，君子豹变则小人革面，乾为虎，豹亦虎类，以其文别之，五阳而六阴，阳明而阴暗，是故刚健而文明者，其文炳，大人之虎变也，润泽而文明者，其文蔚，君子之豹变也，文皆似火，文明之象，卦名革，爻即就革，取象。小人可与乐成，难与图始，当革之终而以说应，庶民之向化也，君子观国之光，有衣冠文物之盛，小人朴鲁处更化善治之时，说乎心则欣欣然见其面矣。"① 虎变豹变，其实是立国政治带动的政治文化精英之风气精神转变，这推进了政治社会的"更化善治"。"天下之文"的变迁逻辑，需要在大人虎变、君子豹变所引发的社会共同行动中去探求。

吕中《宋大事记讲义》云："国家治乱虽人事也，亦天数也。盖风气推移，淳漓不同。世治则人漓，所以治极必乱；世乱则人淳，所以乱极生治。以五代云雾昏暧之久，启我宋天日开明之候。天降时雨，山川出云。国家将兴，必有休祥。五星聚奎，固太平之象，而实启文明之兆也。当是时，欧、苏之文未盛，师鲁、明复之经未出，安定湖学之说未行于西北，伊洛关中之学未盛于天下，而文治精华已露于立国之初矣。"② 宋学之兴源于宋政开明，近世思想文化上的鼎盛时代实有赖于有宋立国开辟出的"文治精华"。正如王夫之指出，"盛德""家法"是养育士气、形成善治的起始条件，是再造家国的逻辑起点。

以政治历史哲学而言，更化乃针对人性中不利于合群求治的阴暗面之极端爆发（如战国、秦汉之际、晚唐五代等朝代兴替之际），因应乱象而予以扭转、改造，透过古法精神的复原而追求善治。

钱穆先生在点评董仲舒时说道："仲舒之言复古，实非真复古。在仲舒之意，亦仅重于更化，而即以更化为复古也……乃求以学术文化领导政治，

---

① 陈法：《易笺》，第 235 页。
② 《宋大事记讲义》卷三，第 70 页。

以政治控制经济，而进企于风化之美，治道之隆。"①

由立国精神的转变开启治体重构，这也有助于我们理解中国这样一个大国构造，首先在于如何形成一个凝结共同体的精神文化纽带。这个纽带势必不能以武力充任，而需要具有普遍性的、超越性的信念价值来促成，并以由此形成的根本制度予以保障。

宋代文治精华透过尚文好学的风气，逐渐影响到政治传统新宪章的演进。《宋大事记讲义》指出，"祖宗好学，世为家法。盖自太祖幸国庠、谒先圣、劝宰臣以读书、戒武臣以知学，其所以示后世子孙者，源远而流长矣。自太平兴国开设经筵，而经筵之讲自太宗始；自咸平置侍讲学士，而经筵之官自真宗始。乾兴末，双日御经筵，体务亦不废，而日御经筵，自仁宗始。于是崇政殿始置说书，天章阁始制侍读，中丞始预讲席，宰相始预劝讲，旧相始入经筵以观讲，史官始入经筵以侍立，而经筵之上，文物宪度始大备矣"②。程颐概括宋代治体有两个根本制度，"天下治乱系宰相，君德成就责经筵"③。理解经筵制度，应看到立国政教取向的原初动力。前文所引叶适的礼臣国本论，也应在此脉络中理解。政治社会中心依据公共道义的整合构建，及其法度化宪制化，是以政学关系的更新维系为前提条件。这是中国作为一个政教政学体系的核心演进逻辑，现代意识形态政治即承此而展现新篇章。

通过立国精神转变，进一步带动规定上下（君臣）、内外（中央与地方）关系的根本制度改造，这是更化的治体内涵。汉宋立国者不是把学校、乡举里选、封建制照搬到当时的政治体系中，而是对因承以来的体制进行改造。这其中一个关键要素是新的政治文化精英群体的形成，能够以不同政教精神去运行改造过的体制。

---

① 钱穆：《秦汉史》，生活·读书·新知三联书店 2004 年版，第 106 页。
② 《宋大事记讲义》卷八，第 169 页。
③ 《二程集》，中华书局 2004 年版，第 540 页。

吕中高度评价宋代立国之初的更化，"国初继唐末五代之后，此正制作之一机，而我太祖创法立制，不务名而务实，不变其法而变其意。一转移之间，事体顿异矣"①。通过三省、科举、理财、军制等方面的实例，吕中指出宋初善于因承前代旧制形式，予以重组，并透过士人主政灌注入不同政治精神而达到良好治效，这样的政治技艺避免动辄复古、大变法引发的大动荡，保持了政治稳定、有序进取。这里的关键在于治人主体的技艺施展，来推动制度发挥不同功用。"此其酌古今之宜、人情之公，通世道之变，虽曰因前代之法，而化铁为金，化臭腐为新奇，变枯骨为生意，岂必尽复古制而后为一代之法哉？然天下无百年不弊之法，谋国者当因法以革弊，不当因弊以立法。"②从治体论这个视角，我们可以更好理解更化立国的政治技艺，避免"尽复古制"这样的激进变法冲动，也避免将政治转型过度聚焦于政体制度的大规模改变。

综上所述，立国时刻蕴含了革命与更化两个有机衔接的阶段。为摆脱无序或僵滞，政治家群体以复原古法精义为号召，透过立国精神的转向，驱动政治—文化精英的养成与根本性制度的渐进塑造，从而实现一种宪制传统意义的共同体重建，亦即趋向文明之治的治体重构。在现代语境下，我们既需要追本溯源，也需损益时势来形成对于"更化"的新诠释。

---

① 《宋大事记讲义》卷一，第39页。
② 同上书，第40页。

第十四章

从放逐君主到"以儒立国"

——《明夷待访录》、"正黄"与现代共和缘起

从宋代政治演进中成长起来的宋学，是近世以降政俗人心的精神渊薮。对于现代政俗人心的回溯，不可不识宋政而察宋学，由此把握近世中国政学演变的主题和议程，了解现代共和兴起的内在长程轨迹。

明人陈邦瞻在万历年间曾提出，"宇宙风气，其变之大者有三：鸿荒一变而为唐、虞，以至于周、七国为极。再变而为汉，以至于唐，五季为极。宋其三变，而吾未睹其极也。变未极则治不得不相为因，今国家之制，民间之俗，官司之所行，儒者之所守，有一不与宋近者乎！非慕宋而乐趋之，而势固然已。舟行乎水而不得不视风以为南北，治出乎人而不得不视世以为上下"。政教秩序的演进有其客观趋势，"变未极则治不得不相为因"，因承而后能损益。

陈氏接着比较历代政治特质，"故周而上，持世者式道德，汉而下，持世者式功力，皆其会也。逮于宋，则仁义礼乐之风既远，而机权诈力之用亦穷。艺祖、太宗睹其然，故举一世之治而绳之于格律，举一世之才而纳之于准绳规矩，循循焉守文应令，雍容顾盼，而世已治。大抵宋三百年间，其家法严，故吕、武之变不生于肘腋。其国体顺，故莽、卓之祸不作于朝廷。吏以仁为治而苍鹰乳虎之暴无所施于郡国，人以法相守而椎埋结驷之侠无所容于闾巷，其制世定俗，盖有汉、唐之所不能臻者。独其弱势宜矫

而烦议当黜，事权恶其过夺而文法恶其太拘，要以矫枉而得于正则善矣，非必如东西南北之不相为而寒暑昼夜之必相代也"①。

陈邦瞻概括了宋代治体特征，不同于三代道德、汉唐功力，精髓在于以法度为治、议论繁兴。这个特征在明代依然延续，乃出于固然之"势"（"治出乎人而不得不视世以为上下"）。这一点对于我们理解近世政治精神特别重要。此论调近似于宋理宗时期的张端义，"古今治天下多有所尚，唐虞尚德，夏尚功，商尚老，周尚亲，秦尚刑法，汉尚材谋，东汉尚节义，魏尚辞章，晋尚清谈，周隋尚族望，唐尚制度文华，本朝尚法令、议论"②。一"式"，一"尚"，道出宋朝尚法令和重议论的治体特质。本书所论陈亮、叶适、朱子等人对此都有阐发。近世中国在政治社会上呈现出法度化的客观趋势，这一点需要现代人充分估量。

陈寅恪先生对于宋代文化的评价寄寓淑世情怀，"欧阳永叔少学韩昌黎之文，晚撰《五代史记》，作义儿冯道诸传，贬斥势利，尊崇气节，遂一匡五代之浇漓，返之淳正。故天水一朝之文化，竟为我民族遗留之瑰宝。孰谓空文于治道学术无裨益耶？"③ 这种文化精神的表彰，相对尚法式法的治体特质，该如何领会其意蕴？

钱宾四先生有言，"窃念中国历代皇室，三代以上不计，自秦迄清先后两千年，得占一统大运者，秦、汉、隋、唐、宋、元、明、清共八代。论其皇室内部之治家谨严，有礼有节，以及历朝帝王之尊师好学，并对天下儒士之优加宏奖崇重不懈，宋代实为两汉、唐、明所不逮。秦、隋皆短祚，元、清以异族入主，更可不论。宋代儒学复兴，实受皇室培育之功。而宋皇室之所以独得为中国历代皇室之冠冕者，亦还受当代儒学复兴之赐。近

---

① 陈邦瞻：《宋史纪事本末》，"叙"。
② 张端义：《贵耳集》卷之中。
③ 陈寅恪：《赠蒋秉南序》，载陈美延编《陈寅恪集·寒柳堂集》，生活·读书·新知三联书店 2001 年版，第 182 页。

代中国一千年来，文化传统之承续不辍，宋代皇室实亦不得谓无功"①。宾四先生对于宋学、近世儒学兴起的政治条件，即王者政学规模，以及二者的互动生成，予以揭明。钱先生又高度表彰宋明的社会自由讲学运动，视其为"我民族永久之元气""我民族国家数千年文化正统"②。质言之，政学相维，是近世家国再造的根基，治道精神所系，宋、元、明、清皆如此，尽管其表现形态各异。

寅恪先生又有"新宋学"的提倡，"吾国近年之学术，如考古历史文艺及思想史等，以世局激荡及外缘薰习之故，咸有显著之变迁。将来所止之境，今固未敢断论。惟可一言蔽之曰，宋代学术之复兴，或新宋学之建立是已。华夏民族之文化，历数千载之演进，造极于赵宋之世。后渐衰微，终必复振。譬诸冬季之树木，虽已凋落，而本根未死，阳春气暖，萌芽日长，及至盛夏，枝叶扶疏，亭亭如车盖，又可庇荫百十人矣"③。

这让我们想起严复的晚年陈言，"鄙人行年将近古稀，窃尝究观哲理，以为耐久无弊，尚是孔子之书。四子五经，固是最富矿藏，惟须改用新式机器发掘淘炼而已；其次则莫如读史，当留心细察古今社会异同之点。古人好读前四史，亦以其文字耳。若研究人心政俗之变，则赵宋一代历史，最宜究心。中国所以成于今日现象者，为善为恶，姑不具论，而为宋人之所造就什八九，可断言也"④。

---

① 钱穆：《钱宾四先生全集》（第五十三册），《宋朝历代帝后遗像集序》，《素书楼余沈》，中国台湾联经出版事业股份有限公司 1998 年版，第 56 页。

② 钱穆：《国史大纲》，第 798—805 页。

③ 陈寅恪：《邓广铭〈宋史职官志考证〉序》，原载《读书通讯》1943 年 3 月，收入《陈寅恪集·金明馆丛稿二编》，生活·读书·新知三联书店 2001 年版，第 277 页。关于新宋学，参见桑兵《民国学人宋代研究的取向及纠结》，《近代史研究》2011 年第 6 期。

④ 严复：《与熊纯如书》第五十二，1917 年 4 月 26 日，载王栻主编《严复集》（第 3 册），中华书局 1986 年版，第 668 页。

◇◇ 第一节　秩序重构中的变革与立国

本书所揭之治体论，自汉以来，对中国政治传统思维影响甚巨，在近世宋学中尤其有长足发展。若追究先贤所指的"人心政俗之变"，作为近世秩序思维主脉的治体论，自是一个透视性极强的视角。① 紧扣家国再造的近世秩序议程，政学相维下的权威法度化与宋学及近世思想之间的联络应深入探讨。

宋代围绕祖宗之法形成了自身的实践和论说政治传统。治体思维也于其间氤氲滋长，围绕家法天下法、仁义纪纲法度、治道治法治人、成宪典章经制、公道公论公法等衍生出了丰富论说，也形成了两宋立国保守维系的政治心智。

宋学兴起，士大夫群体发扬儒家义理经世的大有为气魄，自北宋仁宗时期开始凝聚成变革思维，古文运动、庆历新政，不断振奋时代精神。颇有意味的是，这也是宋代祖宗之法论说确立的关键时期。变革思维和祖宗之法话语深刻影响了这一阶段的治体论演进。在王安石荆公新学、二程兄弟洛学及其他理学家思想中，对于治体论的原理层面，即所谓治道，透过道德性命之学有精深阐发。这一义理旨趣，在同期司马光、苏轼兄弟等人，也均有反映，只是程度和方式各有深浅不同。

钱穆先生对于北宋诸儒学思，指出"经术派"与"史学派"的区分②。

---

① "夫政治社会一切公私行动，莫不与法典相关，而法典为儒家学说具体之实现。故二千年来华夏民族所受儒家学说之影响，最深最巨者，实在制度法律公私生活之方面。"参见陈寅恪《冯友兰〈中国哲学史〉下册审查报告》，载陈美延编《陈寅恪集·金明馆丛稿二编》，第 285 页。

② 钱穆：《国史大纲》，第 589—599 页。近人喜用经史作为划分人物政学气质的范畴，如牟宗三先生引用姚汉源说法，认为王安石"体文而用经"，司马光"体史而用经"，理学家"体经而用经"，苏轼兄弟"体文而用史"。参见牟宗三《中国文化的省察》，《汉宋知识分子之规格与现代知识分子立身处世之道》，中国台湾联合报社 1983 年版。

大体上，前者在治体的治道论上提出了各自系统精深的义理阐释，表现在变革思维上开掘以"法三代"为主趋的经学典范并吸取道家、法家等诸子资源，对祖宗之法提出系统变革的设想；后者同样浸润于变革思维中，只是透过对于熙、丰变法的应对反思，不仅在治道义理上见其精彩，而且依据北宋政治传统，即所谓祖宗之法，对于宋代的立国规模和成宪旧制，提出初步的辩护与阐明。

北宋诸儒皆有"法三代"、回向三代的变革激情，但政治实践中须处理与祖宗之法（"法祖宗"）的关系。"法三代"与"法祖"，并非简单的理想主义与现实主义的不同。北宋士大夫在论证祖宗之法的时候，多向上接三代大经大法，以确认祖宗良法美意的正当性。"经术派"变革思维的主导精神是"法三代"，然而对于祖宗之法的正视显得不足。二程在这方面与王安石趋同，只是关于变革方式存在异议。司马光、苏轼等人除了变革异议，更显示出对于本朝现实政治经验的传统自觉，能够初步正视其间的合理正当。

经过王安石变法与北宋倾覆的政治冲击，南宋士大夫对政治传统进行了深入反省，有力推进了治体论的近世成熟。理学和经制事功学分别代表了治体论的两个思维范式，对于近世以至现代转型期的中国政治思维影响最为重大。

经制事功学和理学都是北宋诸大儒学思的胤子，前者综合各家优长而有效整合，推进了司马光、苏轼等人的立国思维，注重经史参合，尤其突出治法制度之学；后者以北宋理学宗师为标度，勇于批判新学、蜀学之非，批评浙东儒者的经制事功学只理会制度、掺杂史学功利之说。二者对于治体论的贡献，一个重在纪纲法度的治法，一个重在心性德行之治道。然而，根本上，它们各自代表了一类对于治体的理解思路，在治道、治法、治人这三个构成层面都有不同的思想推进。

经制事功学的治体论值得特为表彰。钱穆、蒙文通、萧公权、牟宗三等先生从不同角度对其重要性有所论及，或视之为宋代政治思想的重心，或认为触及了传统政治秩序中国体的综合构造问题。但是，我们还需结合浙东儒者的思想学术演进，将其政治思维的理论含义合乎理路脉络地予以呈现。传统学案、狭义哲学史、思想史进路在此需要政治史意义上政治学理论的加持。

可以说，治体论演进，经由浙东群儒的经制事功学而得别开天地。

薛季宣和吕祖谦是两位关键的开端人物。薛季宣以其综合型的学术风格，荟萃儒、法、道、兵等诸子百家资源，既影响了浙东不拘一格、开阔广大的学风，又将永嘉之学的洛学传承引导向道法并重的经制思维。他对治体论的理学体用论提出异议，表现出义理探讨的低调态度，究心于治法制度的古今探讨，在时政主张上也显示出尊重太祖故事的取向，为立国思维深化提供契机。

吕祖谦是引领治体论转向的另一位卓异思想家，也是浙东儒者群的中心人物。东莱继承并开拓了理学的治体论意识，以其博雅汇通之学极大提升了治体论的礼法自觉和历史视野。他在经学、史论、时政主张中积极运用治体范畴，并透过"中原文献之传"深刻影响了浙东儒者群，使其正视宋代政治传统的合理正当，从立国根本和立国规模来审视政治变迁。他的治体论折冲于理学和经制事功学，不免呈现出两个理路下立国思维的差异（同时构成宋学立国论的内在二重性），对于心物礼法的认知蕴涵了丰富的张力。

在薛季宣和吕祖谦引导下，陈傅良等人继续发展了经制事功学的治体论。陈傅良综合理学和经制学在治道、治人方面的洞见，深化了"兢畏"为中心的政治德性，批驳理学道、法二分的治体偏见。经由吕祖谦"中原文献之传"，止斋着重提升了对于宋代政治传统的研究，推动经制之学走向精密化。在此基础上，他进一步把对于祖宗之法的治体讨论回溯向太祖代表的立国根本，以"恢复论"为大纲主张改革时弊，重现宋代立国的根本秩序精神。

唐仲友以经制为事功前提，对于《周礼》的阐释着眼于贯通"周易"精神，以治法为中心沟通"法三代"与"法祖宗"。他提出"因其势而利导之，探其本而力救之，通其变使乐而不倦，神其化使由而不知。待之以驯致而不迫，处之以忠厚而不暴。法若甚宽而其严不可犯如江河然，功若不显而其利不可胜计如天地然。此唐虞三代之所先务而五霸汉唐之所不及也"。唐氏主张利民、通变，实现治安目标，治安而后才能实现富强。

陈亮和叶适创立了经制事功学的两个高峰，将治体思维推升到了一个新的理论境界。他们的贡献在于对治体论的思考，覆盖治法、治道和治人三要素，演绎出立国思想家的华彩乐章。

陈亮充分正视法度在治体中的核心地位，透过以法度为中心的文明叙事提出对于治法的新解释，注重政治精英活力与人民生活自由这两个方面。对照理学家论政强调道德心性动机，陈亮透过法度引导人们关注政治的事功维度，也彰显出治体论中礼法秩序的基础地位。三代圣王的政德体现在如何编排礼法、安顿生民，使其有充分空间能够成德化俗。

以法度为治体论中心，陈亮还发展了以任人、任法、人法并行为范畴的治体类型学，并从共治主体和礼法主体的视角深入论述治人对于治法的价值。他的治人论深刻反省北宋儒学复兴以来的士风学风，将儒学复兴放在对法度束缚的体制反省中来探讨，摆脱了理学心性中心的单薄视界。

时政主张上，陈亮进一步推进对于祖宗之法的解析，突出强调立国初始时刻的艺祖法度，以"立国之规模不至戾艺祖皇帝之本旨"为国本论要义，显示出对于共治主体之王者维度的特别关注。这一发展，逼显出立国之本的第一根源问题，即围绕创始立国者，如何理解"太祖之法""艺祖故事"及其与后继政治传统的关系。艺祖本旨论，提醒人们关注法度传统的治人前提，为反思制度化的限度敞开来自创业政治家的实践技艺资源，在立国定势和规摹以外辩证吸纳"所以助其势"的治国技艺。陈亮认为真正的出路在于，"陈国家立国之本末而开大有为之略，论天下形势之消长而决大有为之机，务合于艺祖皇帝经画天下之本旨"。

叶适推波助澜，将宋学政治性维度予以充分彰显。他的统纪之学旨在强调政教体系中的政治中心，以克制理学代表的新儒学道德文教本位论。以对于义理的事理论解释为基础，水心指出经世政治应反省"务出内以治外"的理学政治逻辑，注重心、理、事物的整体实践关联，强调在情和势的基础上言事理①。其治势观念极为精要地显示出一种儒学的客观秩序意识，侧重国家内外上下关系的纪纲法度。

与陈亮同调，水心深切批评宋代法度细密、人才萎靡的治体弊端，这一批评内置于他对于治法和治道、治人的系统思考之中。他重视立国精神和立国规模的系统分析，既提出以礼臣和恤刑为宗旨的国本论肯定祖宗之法的优良遗产，也聚焦纪纲集权过重、法度束缚过深批判立国规模的"矫失为得"。他和陈亮对于宋代政治变迁的透视，都强调了立国本末这一传统维度，深究立国原意，在国本论前提下审视政治作为的利弊得失。这一点将北宋以来的变革思维和"法祖"论述整合进了一个系统的立国思维之中。

其时政主张强调纪纲法度的分权活力，在郡县制格局下纠正任法任吏弊端，提升共治品质，实现共善意义上的大建皇极。水心洞察时代变迁，为治体论引入了具有协和开放气质的社会视野，并以此更新传统的儒法礼法辨析，充实提升了礼治基础上的规则观、法治观。水心的治体论一方面高度重视基于人性、民情、常理的经济、社会和文化秩序的演进，另一方面也从立国之道的治理角度正视政治权威、规则、教化对应这些要素的积极角色和功能。在权威、教化、规则与自由、"相依"、"交致"之间，他试图发展一种宪制性的整合关系。

在治人层面，水心提出人职观念，显示出政治德行论的位分维度。他

---

① 叶适概括"今之为道者，务出内以治外"，见《水心集》，《进卷》，《总述》，第 727 页。

对于理学治道的批评，传达了经制事功学在哲学理论上的事理气质，对于心和物秉持一种均衡立场，更注重事物、物理对于道的实践论含义。水心的人性观是一个比道德构成性远为丰富的概念，体现出一种广阔的法度演进性，或者说将人性论转换到了习性论的思路，与实践经纶的开物成务紧密结合一体。在秩序经纶上，水心批评学者是己非人、自智愚物，包含了对于理学末流轻视事物实践的批评，强调德智力兼备的实践主体面对事物经纶应有的谦逊审慎和多样才能。

宋理宗时期吕中在《宋大事记讲义》中对治体论进行了系统化总结，综合了浙东儒者群代表的立国思维，对于宋代政治传统及其变迁提出了史论结合的阐释。吕中对于治体、制度与国势的分析更为精密化，具体论述上也更显深入。如论纪纲变迁，太祖时期纪纲在人主威权，之后转移，至仁宗时纪纲在朝廷公论，对于治法变迁发展出了更为精致的理论逻辑。总体上，对于浙东经制事功学的治体论，进一步予以深化，对于祖宗之法的阐释，基调上积极肯定增强，批判性有所减弱，缓解了"法三代"与"法祖"之间的思维张力。从祖宗之法、立国本末来阐发政治思考，也可见于南宋史家李焘、李心传，以及宋元之际的马端临，而治体论的系统性，以吕中为典型。

经制事功学者于时政主张，也讲变革，振起事功。然而，变革主张背后的思维理路已不同于以经学诸子典范为主导、轻视现实立国本末的变革思想家。保守立国思想家的立脚点可称为以现实立国传统为本位，而非以三代立国为本位，这使他们的思考最大限度地面对实政问题的复杂性，也最大限度地调用经史诸子百家的思想资源，不似变革思想家，以经学和诸子典范的理想主义来对治现实。理学家喜用法家、纵横家、杂家一类标签来抨击经制事功学者的博雅综合学风，职此之故。

陈龙川曾用"触机"说来解释立国思维在思想学术上的取法多元。豪杰之士天资和目力高于常人，对于所谓异端思想，能够捕捉其颖脱独见，并不受偏见迷惑。"得其颖脱而不惑于背戾,一旦出而见于设施,如兔之脱,如鹘之击,成天下之骏功而莫能御之者,此岂有得于异端之学哉,其说有以触吾之机耳"。兵法、管乐功利之学,申韩之书,纵横之学,对于张良、诸葛亮、贾谊和魏徵,只是其经世治体思想的促进性因素之一,"未可以一书而律之也"①。经制事功学融汇法家、道家、兵家诸子,更能体现宋学中新儒学的广大通达气象。这本是出于以立国政治为中心的思维关切。

叶水心在《进卷·序发》中慨叹:"士之深识远见,卓然特出,有志于天地君臣之大义,而务尽其精微以兴起一代帝王之业者,虽以汉唐有国之长,其间不过数人而已。"② 自觉以立国之道为志业,且能深思熟虑有所立者,需有极其广博的知识体系、高远敏锐的政治见识和刚健深沉的精神情怀,诚极为难得。"不过数人而已",如汉以后贾谊、董子、孔明、苏绰、王通、魏徵这一统绪,在立国经制上又仿佛另一种道统。尤其是文中子以布衣讲论河汾,再现百家言以立王官学的孔子本旨③。因此陈亮推尊王通,"天地之经,纷纷然不可以复正,文中子始正之,续经之作,孔氏之志也,世胡足以知之哉!"东莱与之商榷,"续经之意,世诚不足以知之,但仲淹忽得之于久绝之中,自任者不免失之过高"④。

南宋浙东儒者群对于经典,特别重视《尚书》《春秋》和《周礼》,以三代帝王之道提撕世变,发扬孔子经世之本旨,推崇文中子王通续经传道的志业。他们在宋儒偏向内圣文教的潮流下,呼吁回归立国政教本身,关注治体建构,与汉儒经术以经世的精神更为相通。以往论者如梁启超、章

---

① 《陈亮集》卷十一,第 127 页。

② 叶适:《水心别集》,第 632 页。

③ 参见钱穆《两汉经学今古文平议》,《孔子与春秋》,商务印书馆 2015 年版;《钱宾四先生全集》(第十九册),《中国学术思想史论丛》(四),《读王通〈中说〉》,中国台湾联经出版事业股份有限公司 1998 年版,第 1—20 页。另参见常裕《河汾道统:河东学派考论》,人民出版社 2009 年版。

④ 《陈亮集》卷二十三,第 250—251 页。

太炎、刘咸炘，指认其注重历史、实用，极易忽视其经义大道的旨要。这一点须有澄清。

立国思维的代表性人物，思想上龙象驰骋，各有风采。然大旨，可撮其共识：大建皇极，尊王攘夷，推明经制，存正汉唐，究原国本。其大，其尊，其明，其正，其原，孜孜以求彰显立国之道。又因宋言义，因《宋文鉴》《建隆编》而言公道公法公论，寄寓天地常经、大道之全。

于政，反思变革、变法，主张考察现实政治体的立国本末源流，注重在立国传统中确立政治主张。与其变法，不如振起、除弊；与其剧变，不如缓进改良。政治举措，应思考是否损益立国精神。探求立国精神，需重视国本，重视立国时刻、立国之初的事迹和法度。立国政治家因此是关键处，他们确立的大略法度及其精神值得深入阐释。立国政治家与后世君主、立国本旨与传世法度之间的关系需要深入追溯。

他们在治道上肯认共治公忠，"法三代"与"法祖"应形成良性支撑，仁义与纪纲法度相辅相成。治法上肯定近世法度政治的必要性，重视纪纲法度，以儒家天理人情，兼以道家自然来融合礼法，追求政治的优良制度化。儒家政治的法度化，以礼治为本源动力，涵摄了儒家的法家化，对于尚法任法政治，从政学相维视野有承认，也有转化提升。在权力架构上注重上下内外的相维相制，各权力系统间保持均衡、不得独大。如君主、宰相与台谏之间，台谏不能凌驾执政，君主不能独断破坏成宪，宰相系统要防止专权或职业不振。对于任法之弊，解决之道在于充分激活治人主体的活力，分散下放事权，法度需宽简简易。地方应充实，权力要适当分散，对于社会建设的活跃力量要逐步肯认吸纳到政治体系之中。在治人主体上，君臣等政治家要德才兼修，君主取法先王祖宗而确定适当的政治方略，体貌大臣、礼臣，大臣振起事功，士大夫在道德义理之外要培养多方面的实践才能。政治精英的参政能力与民众生活的自由活力，是优良秩序的两个基本指标。

可以说，经制事功学的立国思维和治体论，充分显示出近世共治传统的经世精神。这是一个实践的传统，也是一个不断深化思考和诠释的传统。他们彰显出治道的天理公共精神，强调事理秩序的自然和精实，大力彰显纪纲法度的中心价值，引导人们追溯立国时刻开国政治家的意旨法度，从国本传统审视变革方略，并在君主和士人的双重维度上激活治人的主体参与能力。①

学术上，他们一方面继承宋学兴起推动的经世义理精神，另一方面不断反省新儒学产生的各种弊病，如空谈心性义理，浮夸竞轧，朋党营私，强调重厚笃实、刚健有为。基于立国实践，他们更倾向多元吸取传统思想资源，尤其是历史制度之学，与经学诸子结合，开掘其中的新事理。豪杰英雄和圣贤君子，共同成为他们的理想人格。

相比起来，南宋理学的治体论固然也承认纪纲法度的重要性，思维重心乃在心性修身、治人主体的道德文教之上。在治体论原理层面，理学继承发扬了区分治道和治法的本末体用论，趋向于强调修身格物，而轻视治法。治道层面，理学充分重视公私、义利、德刑之严判，近世公共意识由此有大的发扬，实践实学意识也蓬勃发展。而在治法层面，理学继承北宋潮流，以"法三代"严格衡定祖宗之法。朱子对于祖宗之法以批判质疑为主导的思想，与他在和陈亮论辩王霸之际对于汉唐政治的大力抨击乃声气相通，也是王安石以尧舜引导神宗的思想背书。这一点构成理学历史政治哲学的变革思维根基。而以三代内圣之道为本位构想立国典范，隐然包含了一类理想主义立国思维，重在治道原理的大公至正。三代理想主义和现实保守主义绾合而成宋学立国思维的内在二重性。

相比保守取向的立国思维，理学家的治体论于社会基层创制见精彩，对于国家纪纲法度关注不足。这一点也造成现代中国转型过程中士人经世

① 南宋浙东儒者群不仅在现实政治中建立功业，如叶水心，对于士人文化思想透过科举考试、思想辩论也发挥极大影响，深刻参与了政治共同体的思维塑造，陈傅良、叶适、吕祖谦皆是此方面典范。后者可从政治社会学、政治文化方面进一步研究。

之学的明显短板，单纯依靠理学本位的事功论已经不足以应对三千年未有之大变局、大变法。有识之士于是复兴经学、诸子，大力引入西学，对于理学之外经制事功学代表的治体思维则生疏隔膜，不能善为开掘。

经制事功学的立国思维向我们揭示出近世家国秩序的法度化趋势，这是在北宋再度建立强有力中央集权和发达文官体制之后在国家发展中形成的突出特质。南宋浙东学术为我们认知和审视这个特质提供了极为重要的罗盘与标尺，今人对于这个时期诸多秩序演变的把握仍然倚重保守立国思想家们奔驰于现实场域中的洞察。

对于理学政治思维的透视，也应当彰显这个共享的秩序场景。据此，理学家的道德形而上学维度与秩序法度化的历史关联才有可能逐渐清晰，他们对于公共性、公道、公论和公法的思索由此可获得切实的时代指向。朱子依据天理对于立国政治家的道德期待、道德主义化的皇极新解，正是要在立国立法的创制根源保障其光明正大、大公无私。尽管这一期待难免浸润德行乌托邦气质，却的确能够为现实经验树立一个崇高的判别标杆。理学家对于民间社会秩序组织的贡献，也代表了法度繁密之世源自于儒者的小共同体创制能量，其中涌动着源于中华文明传统根脉的礼乐构造精神。

然而，在近世政学相维的家国法度化脉络中，我们也能发现理学发展趋势里面有某种历史的掉转。这表现在三个方面：第一，理学对于王者内圣、道统独立性的强调，易于在现实君主自满于当下事功之际，掉转为内圣外王的"道成肉身"，当下即是圣王理想和三代盛世，进而丧失、磨灭其道义批判和抗议精神。明清儒学见证了时君的圣王化，一身兼主道统和治统，即其明证。① 这其中固然有君主跋扈专制的人病因素，也有来自理学自

---

① 参见黄进兴《优入圣域：权力、信仰与正当性》，陕西师范大学出版社 1998 年版；吴震《罗汝芳评传》，第四章，南京大学出版社 2005 年版；杨念群《何处是江南：清朝正统观的确立和士林精神世界的变异》，生活·读书·新知三联书店 2010 年版；梅广《"内圣外王"考略》，《清华学报》（中国台湾）2011 年第 4 期。

身法病的助缘。第二，理学对于治法的轻忽，导致其公共法度的思考和实践能力弱化，在现实中反倒易于掉转为对于法家治术的运用，高标入云的道义德行与申韩之术结合。王夫之痛切批评朱子等人，剖析"申韩之儒"的理学弊病，值得深思。① 第三，由于对国家纪纲法度欠缺系统思考，理学家的道义论述和社会秩序创制易于被国家体制收编，服从于后者的政治逻辑，原先的自发自由活力逐渐丧失在形式化的国家法度之中。② 如果缺失了"得君行道"共治精神和公共精神的支撑，"觉民行道"的下行逻辑、小共同体的秩序构建有其瓶颈限制，局限于秩序的社会叙事，难以撬动中央集权和君—相士人体制的改良路径。时君的自我圣王化、道义理念的法术化、社会创制的官方形式化，分别对应治人、治道和治法，形成了理学演进逻辑的诡异掉转。其根源，恰恰在于现实立国思维的重大缺失。③ 纪纲法度的立国标尺，能够使我们避免轻信治人主体的神圣圆满，对法家治术依据礼法传统加以辩证对待，并且打通国家宪制结构内部政府与社会的联结④。在

---

① 关于王船山对朱子的批评，可参见萧萐父、许苏民《王夫之评传》，南京大学出版社 2002 年版，第 427—428 页。

② 参见［美］包弼德《历史上的理学》，王昌伟译，浙江大学出版社 2010 年版。

③ 颜元就对朱子义仓等创制的政治局限性加以贬斥。"程、朱派头始终与尧、舜、孔、孟无干，程子还有一二近儒，朱子则并杨、墨亦不及，只著述、训诂，双目俱盲，其能'为我'乎？入仕二十七年，分毫无益于社稷生民，分毫无力于疆场天地；书生艳之，亦无可表章，左曰'义仓'，右曰'义仓'而已。义仓一节，亦非朱子创之也。宋之削弱自若也，佛、道之猖狂自若也，尧、舜、周、孔之道湮没消沈自若也，金、夏之凭陵为君父生民忧灾自若也，其能'兼爱'乎？妄谓之'口诗、书，身禅静，而别作一色之文人'，圣人复起，不易吾言。未知君子以为何如也？"参见《颜元集》，《朱子语类评》第一〇八，第 277 页。

④ 叶适在《廷对》中向孝宗陈言："臣闻以庸君行善政，天下未乱也；以圣君行弊政，天下不可治矣。"更注重法政相对于君主治人的重要性。参见《叶适别集》卷九，第 745 页。叶绍翁《四朝闻见录》之《乙集》记载，"水心本为第一人，阜陵览其策，有'圣君行弊政，庸君行善政'之说，上微笑曰：'即是圣君行弊政耶，即是庸君行善政也。'有司遂以为亚"。

南宋以降由理学主导的政治文化内转和地方社会重要性上升的近世脉络里，浙东儒者依然保持对于立国之道的优先关注，这既是对于北宋大规模国家变法运动的思想省思，也为未来大转型预备了极为珍贵的薪火。

当然，理学治体论的治法观有其多面性，陆象山基于传统演进原理从天理层面阐发三代之道、先王之法的礼法精神，并从心学心法强调对此道理典宪的扶持维系，显示出积累渐进、协调斟酌、兼用规划和调适的实践智慧。这显示出在三代之法与祖宗之法之间，除了对峙对立，理学治体论还有斟酌贯通的缓和地带。"理之所在，固不外乎人也。而人之生，亦岂能遽明此理而尽之哉?""理之所在，有不能尽见"，象山发抉的治道精义与水心一系之事理论相契通，这也代表了近世治体论的可贵共识。

治体思维自西汉贾谊起，积极运用于政治实践分析，之后经历了长期演变。宋代中期兴起的新儒学代表了宋学精粹，以一种追求经世义理的高远旨趣将治体论述大大提升，致力于治体论的思维建构。理学家运用体用论开辟了治道、治法、治人之构成关系的新思路，而浙东儒者群体整合北宋儒学资源，在对变革思维深入反省的基础上有力推进了立国思维的成熟，即立基于政治体的现实经验传统、以现实立国传统为本位来追溯其本末源流，充分正视其合理正当。这一思维更新，对于治体论的近世成熟意义卓著。它相对理学侧重主体修为的政治理解，引入了一种客观的政治系统意识，注重纪纲法度的制度性构成与变迁，对于治道和治人的理解也凸显出以治法为中心的思维特征。

它引导人们在辩证肯定现实当下政治传统的基础上调用经史诸子资源，对立国传统进行经史经世义上的再度义理化，而非悬空地张扬理想主义精神对现实政治进行消解和否定。朱子直指问题要害，否认"建立国家，传世久远"可以等同于得天理之正，强调要追究政治背后的道德心性，[1] 而

---

[1] 参见《陈亮集》卷二十八，朱熹《寄陈同甫书》之六，第361页。

经制事功学正是要探析"一代之治体，必有一代之家法"背后的事理逻辑。① 是今，抑或非今，显现出政治意识取向的根本问题。经制事功学鼓励人们更为稳健审慎地对待现实政治世界，彰显了传统性和系统性两个思维进路，对其进行本末源流和要素整合的分析。可以说，治体论从一种较为零散、模糊的言说状态转变为更为自觉、周密、更富解释力的观念形态，得到了宋学由变革思维向立国思维转进的精神洗礼。这个思想转进，为广义的儒学政治传统揭示出新境界，原有政治理念如仁礼、经史、宽猛、势术、文质、理事、心物、三代之法（法先王）和祖宗之法（法后王）等由此得到升级深化，印证了近世新儒学的创新能量。

重新揭示近世早期的治体论环节，不仅是为了学术思想史的钩沉发覆。经制事功学的保守立国思维，敏锐地揭示出了近世家国再造的秩序特质，如政学相维，如再立朝廷、君道再还、制置职业，如以法为治。政学相维下的政治社会中心构建与法度化，是我们认识中国由近世向现代演进的中心议程。公道、公法、公论等主题变奏下对于公义承担者（君主与其共治者）的选择和验视，其回响不断浮现于现代中国。在此意义上，治体论的立国思维是我们认知近世以来政学地图的罗盘和标尺，为我们审视近世思想演进指示出了根本性的历史政治条件。相对于理学、阳明学主导下政治思维的主观个体化、社会化、浪漫化，经制事功学上承汉、唐、宋儒学治体论之精华，系统呈现出平民化社会中的家国宪制构造，使主体性的"精神之运"不至迷失方向。从中国政治传统的整体进程来看，这一环节与汉代公羊春秋学精神呼应，以经制事功学直面立国大业，其要素和潜流始终蕴藏在近世以来的思想学术中。在历史进程中，以家学家言而谋求经纶一代政教，理学后来因进入国家意识

---

① 语出杨万里《诚斋集》卷一一二，《东宫劝读录》。诚斋认为，夏的家法在禹，商为汤，周以文武，汉在孝文，唐在太宗，本朝仁宗劝以太祖、太宗、真宗为家法之效。

形态和基层社会秩序得以盛行，正视立国纪纲法度的经制事功学则成为先显后隐的无冕王官学。①

◇◇第二节　宽猛之辨：治体论视野中的 明代立国思维

元明以后的政治思想发展见证了治体论的进一步演变，理学与经制事功学、性理与经制的融汇是这一期治体论创发的主要动力。我们可以从有明立国、建文改制、张居正变革、明清之际这四个历史节点来做观察。

"明太祖起布衣，定天下。当干戈抢攘之时，所至征召耆儒，讲论道德，修明治术，兴起教化，焕乎成一代之宏规。虽天亶英姿，而诸儒之功不为无助也。"② 明代立国对于之后的清代、民国、共和立国产生了长期影响。

以治人和治法两端来论，明初立国一改元代轻儒风气，召士甚迫，待士也酷。钱穆先生曾比较宋、明二代，"明初既用士无制，而诛士亦无度，革命之际，一切草创。五季无士，宋祖乃以'不戮士人'之家教传誉后代。元末多士，明祖乃以草菅士命贻讥载籍"，"明祖居草泽，知慕士，而未必知礼士"，"明祖之崇儒，其志终是偏重于吏治，而微忽于尊贤。知用臣，未尝知崇道。故儒道之与吏治，其在有明一代，终无沆瀣相得之美，较之

---

① 钱穆先生指出朱子、阳明学说体现的是"以教统治"精神，着重发明人类普遍的教义，更重于建立王朝一代的政制，强调圣学更重于明王，造成宋学与汉学精神上的大差异。参见钱穆《两汉经学今古文平议》，商务印书馆 2015 年版，《孔子与春秋》，第298 页。相比起来，南宋浙东经制之学经由吕祖谦、薛季宣而承中原文献之传，正视立国纪纲法度，以事理精神重新阐发六经尤其是《尚书》《春秋》《周礼》之义旨，开辟治体论新格局，经纶制作，更具王官学之气质和潜质。其对立有明立国、现代立国的意义尚有待重估。关于王官学与百家言，参见秦际明《钱穆论王官学与百家言的政教意蕴》，《政治思想史》2015 年第 3 期。

② 《明史》，《儒林传序》。

两汉、唐、宋皆逊"①。

以纪纲法度论,明太祖认为宋元之治皆有宽弛之弊,因此应强化法度。他曾与大臣说,"卿等为生民计推戴予。然建国之初,当先立纪纲。元氏昏乱,纪纲不立,主荒臣专,威福下移,由是法度不行,人心涣散,遂至天下骚乱"②。明太祖政治的一大突出特征是高度重视礼法以维护等级秩序(所谓"防"),"礼法,国之纪纲。礼法立,则人志定,上下安。建国之初,此为先务"③。有学者认为,洪武改制的基本原则是"上下相维,大小相制,防耳目之壅蔽,谨威福之下移,则无权臣之患"④。这是自司马光《上体要疏》以来就十分流行的治体思维,对于治法的高度重视表现为强化君主代表的主权主势、防止权臣专擅。谈迁(1594—1657)曾评价明祖之治:"重典刑乱,至移之功臣大吏,市血陈殷,殆同秦、隋,而天下宁谧,奸盗愒息,则爱民之心,天地鬼神深为谅之,国祚灵长,职此故也。"⑤

明太祖朱元璋与其文臣集团的治国理念至为重要,后者又以宋濂、刘基、王祎、胡翰等浙东儒者为代表⑥。南宋浙东学术促成了近世立国思维的一大突破,这一突破在明代政治实践中可以说获得了历史机遇,见证并参与了立国、改制、变法和易代的政治变迁。

---

① 钱穆:《钱宾四先生全集》,《中国学术思想史论丛》(六),《读明初开国诸臣诗文集》,第 191、240、260 页。

② 《明太祖实录》卷十四,甲辰正月戊辰。

③ 同上。

④ 《明太祖实录》卷一百十,洪武九年十一月辛巳;参见罗冬阳《明太祖礼法之治研究》,高等教育出版社 1998 年版,第一、五章。

⑤ 谈迁:《国榷》卷十,古籍出版社 1958 年版,第 785 页。

⑥ 参见 John Dardess, *Confucianism and Autocracy*: *Professional Elites in the Founding of the Ming dynasty*, Los Angeles, University of California Press, 1983;陈寒鸣《金华朱学:洪武儒学的主流》,《朱子学刊》,1995 年;罗冬阳《明太祖礼法之治研究》,高等教育出版社 1998 年版;朱鸿林主编《明太祖的治国理念及其实践》,香港中文大学出版社 2010 年版;[法] 马骊《朱元璋的政权及其统治哲学》,莫旭强译,胥戈校,吉林出版集团股份有限公司 2018 年版。

宋濂（1310—1381）作为"开国文臣之首"，在五十一岁（1360）以后参与了明代立国的政治实践。他对于太祖及其太子的建议和指导重视《尚书》"洪范"、《春秋》大义，强调"民者君之天"（《燕书》）、民富民本的优先性，主张以儒术革除元末以来的吏治弊政、整肃官吏风气、恢复乡举里选的古法，重视治心寡欲、推重《大学衍义》的内圣外王之道则显示出理学治体论的取向。

从学统上看，宋濂是元明之际传承理学和经制事功学的关键人物。① 他尊崇宋代理学诸儒，思想上有调和朱、陆理、心二本的趋向，继承了主敬涵养等工夫论主张。更为重要的是，宋濂再度标举南宋浙东学术的重要性。作为婺州儒者，他指出以吕祖谦为中心的浙东学术后继乏人，在与王祎的讲学中表示愿意复兴吕学。② 他认为相对于陈亮的事功王霸之学、永嘉的经制治法之学，吕祖谦的中原文献之传讲明宋之文献传承，以立国政治为中心关切，对于陈亮和陈傅良等人产生了直接的学术影响。③ 王祎（1321—1373）对永嘉经制之学、婺州经世事功之学大力表彰，认为"经制之讲固圣贤之所以为道者"，可以"涉事耦变以适世用"④。他对于东莱吕氏家学尤为敬服，称道其文献渊源、四方师友讲习，"其著书立言皆以羽翼六经，而尤长于史，无非明民至理，经世大法，推而广之，足以尊主而庇民；引而远之，足以立教而垂世"⑤。

《元史》第七十八《良吏传》首云，"自古国家上有宽厚之君，然后为

---

① 参见陈葛满《宋濂用世思想刍议》，《浙江师范大学学报》1988 年第 3 期；陈寒鸣《简论宋濂思想的特色》，《孔子研究》1993 年第 3 期；熊恺妮《宋濂的吕学渊源与散文理论》，《南昌大学学报》2015 年第 2 期。

② 参见黄灵庚编《宋濂全集》（第一册），《潜溪前集》卷七，《思媺人辞》，人民文学出版社 2014 年版，第 208—211 页。

③ 参见《宋濂全集》（第六册）卷四十五，《跋东莱止斋与龙川尺牍后》，第 2108—2110 页；（第七册）卷四十八，《杂传九首》。

④ 王祎：《王忠文公集》卷四，《王氏迁论序》；卷三，《送顾仲明序》。

⑤ 王祎：《王忠文公集》卷五，《思媺人辞后记》。

政者得以尽其爱民之术，而良吏兴焉。班固有曰：'汉兴，与民休息，凡事简易，禁罔疏阔，以宽厚清静为天下先，故文、景以后，循吏辈出。'其言盖识当时之治体矣。元初风气质实，与汉初相似。世祖始立各道劝农使，又用五事课守令，以劝农系其衔。故当是时，良吏班班可见，亦宽厚之效也。然自中世以后，循良之政，史氏缺于纪载"，从其论治体也可窥见宋濂、王祎这两位主编的政治观念，与东莱治体论尚宽相通。王祎在朱元璋即吴王位之际上封事，指出君主修德法天道、顺人心，应以忠厚宽大为要，这也是周、汉立国的治道根基。① 对应明太祖强调严猛威强的治道基调，治体尚宽也有以仁礼匡引重典的谏议价值。刘基、王祎等人针对朱元璋以严猛对治前朝宽失，都反复强调宽严之间的平衡性，希望避免偏执一端。② 宋儒吕中对于儒家宽严、宽猛之论已经从仁意与纪纲的辩证角度有所辨析，提倡严猛很容易趋向法律严酷的尚法之治，而忽视仁意与纪纲的一体性，忽视仁义礼乐对于法律的前提价值。

宋濂称道东莱之学，"盖粹然一出于正，稽经以该物理，订史以参事情，古之善学者，亦如是尔"，金华"主于下学上达"，朱子主于知行并进、张栻严于义利之辨，在南宋理学格局中鼎立而三。③ 杨维桢在追溯宋濂学术渊源时，更倾向于以婺州吕祖谦、陈亮和唐仲友等"宋子"为其学术旨归，显示出对于宋明学术连续性的确认（《宋文宪公全集序》）。

宋濂在《龙门子凝道记》"段干微"中对于宋代儒学进行了评论。④ 王安石金陵之学被认为以一己私意穿凿六经，掺入佛老，倡功利开利源，摇动天下，不善于为国。蜀学纵横捭阖，弗知先王之道，若得国则为祸不下

---

① 参见《王忠文公集》卷首，王崇炳作《王忠文公传》。

② 参见王家范、程念祺《论明初对洪武政治的批评——方孝孺的政治理想与建文帝的政策改革》，《史林》1994 年第 3 期。

③ 参见《宋濂全集》（第六册），《龙门子凝道记》卷之下，"段干微"，第 1991 页。

④ 同上书，第 1990—1992 页。

于荆公。他对永康和永嘉之学都有评价，肯定先贤对于经世事功和经制治法的研究，同时认为他们对先王道德重视不足，制度讨论沦为琐碎。这类批评更多折射出朱子视角对于宋儒和浙东学术的偏见，对经制事功学的了解实则不够充分。从宋濂多元并蓄的思想风格上观察，其并重经史、重视性理和经制融合（乃至吸收佛学精神）、提倡"真儒在用世"的事功精神，确实显示出与东莱之学相近的特质，也颇能代表明初立国诸儒创制综合的思想精神。

刘基（1311—1375）学术上远绍永嘉薛季宣，接续浙东陈亮"成人之道"，并重经史，淹通九流，广泛吸取道教、民间信仰因素，同时承继宋代理学道统，兼蓄朱、陆。其《春秋明经》以天人感应、尊王攘夷、明礼重民为宗旨。① 作于元末的《郁离子·千里马第一》"抟沙"以沙喻民，指出"有天下者惟能抟而聚之耳"，尧舜、三代、霸者、后世，分别是以漆、以胶、以水、以力（手）抟沙聚民。为君者要讲求聚民抟沙之道。萧公权先生表彰其民本论，以为继承孟子遗教而批评元季苛政，据民本而明革命大义，然而未及夷夏之辨。②

钱穆先生论曰："余于明初开国诸儒，必推胡仲子为巨擘焉。然仲子未获向用，未能稍有所展布。求能与仲子相肩随者，得一人焉，曰：方正学孝孺。"③ 胡翰有六论，曰《衡运》《正纪》《尚贤》《井牧》《慎习》《皇初》，钱先生称其"体大思精"。《正纪》超乎明初诸臣，明人纪之大本大原，在于君命出于公义、夷夏不可混淆。天地之纪不明，人纪不能独立。《尚贤》篇与黄宗羲《原臣》《置相》同调。钱先生认为胡翰思想本于宋儒，讲求治道，下与黄宗羲、顾炎武同。明祖"悯其老儒"而未大用，实

① 参见周群《刘基评传》，第五章、第七章，南京大学出版社2007年版。
② 参见萧公权《中国政治思想史》，第十六章第一节。
③ 钱穆：《钱宾四先生全集》，《中国学术思想史论丛》（六），《读明初开国诸臣诗文集》，第214页。

求贤而不能容贤也。①

方孝孺（1357—1402）作为宋濂高足，被后者赞为"孤凤凰"（《送方生还天台诗并序》），"恒以明王道、致太平为己任"（《明史·方孝孺传》）。黄宗羲承刘宗周之洞见，从精神史的意义上，以方正学为明代理学开山（"持守之严，刚大之气，与紫阳真相伯仲，固为有明之学祖也"，"宋人规范犹在"②）。在明初立国演变中，方孝孺是江南地区尤其是浙东地区与君权合作、对抗的士大夫典范，以道事君，以身殉志，其悲剧性命运标志着宋学事功精神的一大挫顿，辗转激发阳明良知学的兴起。③

正统论是孝孺政治思想的一大贡献，这方面他继承了宋儒欧阳修、陈亮、朱子以来的论述，注重依据《春秋》强调华夷之辨、君臣之等和天理人欲之辨。④《释统》三篇与《后正统论》对于推翻元朝统治的明代立国予以正当性肯认。取天下、守天下以仁义礼乐，则为正统，如三代，汉唐宋可附之于后为附统，反之为变统，如篡僭政权、施行暴政，南朝与秦隋是也。夷狄入主，亦为变统，孝孺特别致意攘夷。相对国势权力，强调正统论的道德精神和华夷之辨，这体现出孝孺思想的理学特质。钱穆先生在《读方正学集》中特别揭示出孝孺正统论相对既有天命观的理论价值，在于明确元朝的变统地位，对明代立国做出合乎治道原理（先王旧章、尊王攘夷）的证成，肯定其创制立法、大政宏纲的仁义进步性。否则，"一切创制立法，兴礼乐，明教化，选贤择相，与民更始之大政宏纲，乃举无本原可

---

① 参见钱穆《钱宾四先生全集》，《中国学术思想史论丛》（六），《读明初开国诸臣诗文集》，第191—202页。

② 黄宗羲：《明儒学案》卷四十三，《诸儒学案上一》，《文正方正学先生孝孺》。

③ 参见王家范、程念祺《论明初对洪武政治的批评——方孝孺的政治理想与建文帝的政策改革》，《史林》1994年第3期。

④ 孝孺称赞龙川为"俊杰丈夫"，撰有《读陈同甫上孝宗四书》，与龙川在正统论上多有相通。参见朱光明《从陈亮到方孝孺：浙东学者关于正统的阐说及其流衍》，《河北大学学报》2017年第6期；孙锋《方孝孺正统论探析》，《齐鲁学刊》2017年第6期。

言"，"能承仲子而重申正统大义于天下者，则正学也"①。孝孺正统论对后继之丘濬、黄宗羲和王夫之都产生了长期影响。

萧公权先生以孝孺为明初政治思想巨擘，攘夷论前所未有，论政治本原以政教补救人生来之不平等，政治制度以人为不平之礼法施展功用，救济自然之不平，教化使此礼法内在化。《君职》篇指出君位本身乃以尽职为尊，在于为天养民。民职奉上，君职养民。君不修职，天殛绝之。君职所需权位实与工匠资于器具相类。② 这一职分论，我们在宋儒如叶适那里可以见到已有长足发展。公权先生又将其溯源至孟子。③ 孝孺极为重视民众力量，认为人民乃天下之元气，秦以后亡人之国者大多皆民。④ 论者多从此指点出孝孺与后世黄梨洲《明夷待访录》"原君"的思想相似性，以正学为后世先声。⑤

《明儒学案》记载孝孺论政，"为政有三：曰知体，稽古，审时。缺一焉非政也。何谓知体，自大臣至胥吏，皆有体，违之则为罔。先王之治法详矣，不稽其得失，而肆行之，则为野。时相远也，事相悬也，不审其当，而惟古之拘，则为固。惟豪杰之士，智周乎人情，才达乎事为，故行而不罔，不野，不固"，可见其论政申明治道与治法。正统论、君职论都属于治道"知体"层面的重要原理。

---

① 钱穆：《钱宾四先生全集》，《中国学术思想史论丛》（六），《读明初开国诸臣诗文集》，第 218 页。正统论突出夷夏之辨，从另一个角度来看，范德（Edward L. Farmer）教授认为明太祖"是一位自知在汉族文化传统中展现其角色的统治者，而不是一位从更大的东亚或欧亚范围来御宇的君主"，参见范德《一国之家长统治：朱元璋的理想社会秩序观念》，载朱鸿林主编《明太祖的治国理念及其实践》，香港中文大学出版社 2010 年版，第 14 页。

② 参见方孝孺《逊志斋集》卷三，《君职》，第 76—77 页。

③ 参见萧公权《中国政治思想史》，第十六章第二节。

④ 参见方孝孺《逊志斋集》卷二，《深虑论》之二，第 62 页；卷三，《民政》，第 82 页。

⑤ 参见萨孟武《中国政治思想史》，东方出版社 2008 年版，第 377 页。

孝孺对于先王治法的尊重反映出明初政治复古之氛围，其演说又有针对时政弊端而救济的用意。朱元璋振作末世衰风，提倡尊贤重儒，整顿风俗，而孝孺慕古王政，讲行先王之典，按照三代先王典范来评价太祖作为，践行以道事君的理想。① 井田、宗法等古制在孝孺看来可以抑制土地兼并、树立秩序基础，有望在明初立国之际施行（或曰"稍取先王之意为之法"②）。他还设计乡族制度激活人民互助自治精神以养以教，在理学社会创制传统中又增新意，更看重民间自治活力。③

同时，孝孺推尊《周礼》，作《周礼辨疑》，认为文、武、周公之遗法微意，可由此而推。建文帝官制改革计划有其思想谋划的作用，他在《周礼考次目录序》中批评太祖废除宰相制度，寄寓其恢复优良政制的良苦用心。另外，孝孺提出，"国之本，臣是也，家之本，子孙是也。忠信礼让根于性，化于习，欲其子孙之善，而不知教，自弃其家也"④。《深虑论》第九、第十篇特别强调君主择贤共治、礼贤礼臣的重要性，主张创业垂统之君主振作好名喜功的风气，任用贤良。⑤ 这里的国本观，蕴涵礼臣之意，近于叶适水心《进卷》中的国本礼臣论，在明代待臣严酷以刑的政治环境中也显示出矫偏之义。

孝孺聚焦"深虑"，指向立国问题。他指出立国长久之道，在于至诚大德的积累，而非智虑法术。法制用以备乱，立国最根本的还是人民，君主

① 参见赵伟《以道事君：方孝孺与明初士大夫政治文化》，《东方论坛》2011 年第1 期。

② 方孝孺：《逊志斋集》卷三，《民政》，第82 页。

③ 萧公权先生认为孝孺对传统政治体制不抱信任，创发此制，倚重民间活力。然以民主标准来衡量，方氏乡族制度仍不能算作现代地方自治。先生的评价将地方自治与现代民主政体紧密绑定，然揆诸史实，地方自治传统更为悠久，早于现代民主政体，未必以政体民主为充分条件。方氏此论，仍在理学社会创制传统内，与上层政制的关系仍需放在其治法体系中来观察。参见萧公权《中国政治思想史》，第十六章第二节。

④ 黄宗羲：《明儒学案》卷四十三，《诸儒学案上一》，"文正方正学先生孝孺"。

⑤ 参见方孝孺《逊志斋集》卷二，《深虑论》之九、十，第70—71 页。

顺逆人民之道决定了国祚长短。

孝孺的法度概念似有广狭两义，狭义直指庆赏刑诛，广义涵括治理的广泛方式和制度。前者如云"政之弊也，使天下尚法；学之弊也，使学者尚文。国无善政，世无圣贤，二者害之也，何尤乎人?"后者如"古之为法者，以仁义礼乐为谷粟，以庆赏刑诛为盐醢，故功成而民不病"、《民政》篇论"为治之法"非"徒任刑罚以劫黔首"[①]，其要义在以广义礼法对治狭义尚法、任法的弊端。圣人之法，对于人民以养以教，安民而非虐民，才能避免其触犯刑律（"治之于未为之先"），避免以刑罚为治。[②]

孝孺对于法度与治人主体的关系进行了系统梳理。他提出"创业者责任"（创业者之责、之德）在于确立使民众得以安顿调和情性的礼法，立法优良，守法恪遵。创业者应优先关注风俗教化，而非刑罚。法度对于政治体命运至关重要，有优良法度而能遵守成宪，才能确保长治久安。周的历史表明，其衰败在于守法者非其人，而弊不在法。汉唐之法驳杂疏略，政治家的主体因素变得更为关键，政治衰败不能专罪守法非人。而秦之法度，即使贤能政治家继承始皇，也难以为继。概言之，周的法度最佳，汉唐次之，秦隋又次，这与孝孺治道论层面的正统辨别相一致，也体现出与南宋经制事功学治法论立国思维的延续性。

"智者立法，其次守法，其次不乱法。立法者，非知仁义之道者不能。守法者，非知立法之意者不能。不知立法之意者，未有不乱法者也。"[③] 最好的政治是以仁义为根本，治法乃推行仁义的手段方法。或如孝孺论周法得民之"治具"，"寓控制天下之道于迂远不急之法，使人阴服乎上而不自

---

① 黄宗羲：《明儒学案》卷四十三，《诸儒学案上一》，《文正方正学先生孝孺》。方孝孺：《逊志斋集》卷二，《深虑论》之五，第65页；卷三，《民政》，第81页。

② 参见方孝孺《逊志斋集》卷二，《深虑论》之四，第65页。

③ 方孝孺：《逊志斋集》卷二，《深虑论》之六，第67页。

知者"①，"圣人之治天下，立法也严，而行法也恕。严者所以使民知法之可畏而不犯，恕者所以使民知刑罚行于不得已而不怨。斯二者其为事不同，其至仁之心一也"②。这一点就是治体论所指的仁意与纪纲相维系。他引导我们思考立法的根本标准、法度的义理前提。立法的目的，不在于利国，不在于子孙传授，而在于利民（人民乃国之元气）。如果不能利民，即使是先王之道，也不足为取。对于民众利益、公义公利的强调，在这里成为孝孺治法论突破传统路径依赖的一个动力因素。

孝孺又论，善于守法，在于守其善者，更改其不善者，不以一己私意去破坏法意。孝孺对于政治法度的历史变迁，重申儒家承继损益之道，强调对于政治传统的辨别选择，反对"必使其一出于己而后为政"③。三代之后的国家败乱，都是由于不明智的政治家以私意改革政治，丧失公天下之心。萧规曹随，乃是善于立法守法的典范。"以私意为天下者，惩其末，而不究其本者也。"④ 孝孺以周为例，指出秦政自以为应据强猛惩治周之弱宽，实在是误判了周的立国法度，没有看到晚周诸侯正是违背了文武周公的宽大仁厚精神，肆行暴政。秦不思恢复宽仁，却以火济火，以强猛加剧强猛，导致二世而亡。叶适批评宋政，一味惩前代之失，而未能彰明所以得天下之义。孝孺的观点，承此而加以更为清晰的公私之辨。他对于宋元明政治变迁也有类似剖析，指出宋政教宽厚淳美，元不能复，大坏之，继起者不能加重颓势。⑤ "言治道者不求其本，急近功，则谓德不若刑，务教化，则谓刑不若德，皆近似而不然也。"⑥ 任刑与任德，不能兼治君子和小人，都不足以致治。德本刑辅，"则宽不至于纵，猛不至于苛，而治道成

---

① 方孝孺：《逊志斋集》卷三，《成化》，第83页。
② 方孝孺：《逊志斋集》卷四，《周礼辨疑》，第97页。
③ 方孝孺：《逊志斋集》卷二，《深虑论》之三，第63页。
④ 同上。
⑤ 参见方孝孺《逊志斋集》卷三，《正俗》，第88—90页。
⑥ 方孝孺：《逊志斋集》卷三，《官政》，第80页。

矣"。他对政治家以私意改变优良政制、宽猛未能相济的深度反思，放在明太祖废除宰相、以刚猛严苛治国的历史脉络中无疑是十分犀利的政治批评。

孝孺在治法和治人关系上，强调治法的优先性与二者的相承性，"欲天下之治，而不修为治之法，治不可致也。欲行为治之法，而不得行法之人，法不可行也。故法为要，人次之。二者俱存则治，俱弊则乱，俱无则亡，偏存焉则危"①。强调纪纲法度的本位性，又反对任法而轻视治人，这一点与南宋浙东儒者相通。

孝孺《君学》篇论述治人主体，从政学关系探讨君道。他指出近世以来学术分为性理、事功、文章与制度，人君之学不同于儒者书生之学，需要将理学的正心为本与经制事功学的多元才能结合起来，从治心和立政两方面论述人君之学。这无疑显示出理学与经制事功二系的某种整合，对于帝王之学的特质强调与陈傅良、叶适、陈亮十分近似，对于正心的定位与理学同调。② 他主张人君致力于圣贤之学，"邈乎无为，澹乎无谋，以任天下之才智，而不与之争能，则功之出于人者，犹出于己也"③，正心而兼用仁智勇、才能之士，择贤共治，才是君道之正。孝孺提出"君量"说，指出在君主智力、资质、计术之外，以学充量，操持者大，含蓄者远，事物不得乱其中，量足以容天下。④ 孝孺于此重申孟子"行其所无事"的智慧，浙东薛季宣以降多称之，以其显示出一种秩序自觉意义上的事理自然妙用。⑤《君学》《君量》《治要》等篇，颇有陈龙川汉论神韵，思维上也多一脉相承。

---

① 方孝孺：《逊志斋集》卷三，《官政》，第 79 页。
② 参见方孝孺《逊志斋集》卷三，《君学》，第 73—75 页。
③ 同上书，第 73 页。
④ 参见方孝孺《逊志斋集》卷三，《君量》，第 75—76 页。
⑤ 参见方孝孺《逊志斋集》卷二，《深虑论》之六，第 68 页。

　　孝孺政治思想展现出其深受宋学精神的淘浸，所谓"宋人规范犹在"。他在治道层面申张正统论、君职说、人民元气说、宽猛之辨，在治法层面凸显礼法秩序的"深虑"意义，从立法、守法角度系统考察政治变迁，据此强调创业政治家和守成政治家的德行和责任，强调对于优良政治传统的尊重，对于治法和治人的论说延续了经制事功学的治体思维。相对于明初政治重视礼法以寄托防制之义，孝孺揭示出礼法的仁义大本原，强调防制不能偏于刚猛一端，流于任刑。宽大忠厚，对于立国法度有其根本价值。在治人主体层面则并重治心和立政，注重君学、君量。从立国思维上来看，孝孺整合了理学与经制事功学两个脉络范式，推重周礼、周制显示出依据经制理想以立国的王道太平精神，继续发扬了宋学实践中共治、尊法的优良传统，这既生成了他对于明代立国的基本肯定，也促发了对于其中弊政的敏锐批判。后者随着建文改制的展开而获得一实践机遇，也伴随其失败而带来宋学理想主义的一大顿挫。①

　　钱宾四先生论曰，"不幸而仲子既不获显用，正学又晚起，靖难之变，以身殉之；而文禁又严，其门人藏其遗文，至宣德以后而始稍传于世。遂使明代之治不能稍复于古，不惟不逮汉、唐，抑且视宋而有愧焉，则岂不由其无儒乎？岂不以夫道统之失而不振乎？"② 又曰，"历代开国，儒士之盛，明代为首"，孝孺之后，"儒统遂绝"③。此后明代学术"狭小拘碍"，即使阳明有大事功，也"未能大通于人纪之全以上达于天纪"，直至顾、

---

　　① 现代论者多从民主法治主义视角审视孝孺思想，或肯定孝孺的先声地位，或憾叹其尚有一间之隔。除了萧公权先生著作，还可参见杨鸿烈《中国法律发达史》，中国政法大学出版社 2009 年版，第 484 页；沈刚伯《方孝孺的政治学说》，《大陆杂志》，1961 年 3 月，第 1—6 页。

　　② 钱穆：《钱宾四先生全集》，《中国学术思想史论丛》（六），《读明初开国诸臣诗文集》，第 219—221 页。

　　③ 同上书，第 259 页。

黄、王诸大儒起，方得接续正学格局。①

孝孺对宋之政俗颇称美，"至于近世，惟宋之俗为近古。尊尚儒术，以礼义渐渍其民。三百年之间，宰相大臣不受刑戮，外内庶官顾养廉耻。虽曰纲纪未备，其所崇尚，远非秦汉以下之所能及……虽三代之亡，未闻忠厚恻怛有若是者"②，宋风俗淳美，政教宽厚，大益于国。元代风俗大坏，新朝若因乱国之俗而致治，"用元之法而欲致古之治"，势所难为，需要"重鼓而铸之"。③ 孝孺提出"变俗"的建议，"三代之变俗，各视前代而变之。元之俗贪鄙暴戾，故今宜用礼义为质，而行周之制"。明初治法建设虽有起步，如学校、乡饮之礼，但是效果仍未彰显。孝孺指出，最紧要处在于"灼然示之以所尚"，治道精神的根本导向还需明确，即灼然示之以礼义。御史之职不止于弹劾、守令之职不限于兴利增户，而需提升其礼义导向，"使小民皆知朝廷之意在乎成俗，而不求利，在乎任德，而不任刑，则信让立，而廉耻兴"④。这是治法建设升级的重要前提。

考察明代立国思想的第三大关节是隆庆、万历时期的张居正（1525—1582）大变革。这是继北宋王安石大变法之后中国政治传统中的又一次大规模变革性事功。江陵思想有承于阳明者，其纠矫理学偏弊有其合理性，弹压讲学运动，则为世所诟。若就其政治理论大体而言，江陵可谓代表了近世立国思维的另一个保守进路，将宋学中浙东陈亮、叶适经制事功思维的权威、质实一面充分张扬，与孝孺代表的偏理学型立国进路势成颉颃。⑤

---

① 参见钱穆《钱宾四先生全集》，《中国学术思想史论丛》（六），《读明初开国诸臣诗文集》，第219—221页。

② 方孝孺：《逊志斋集》卷三，《正俗》，第88页。

③ 同上书，第89—90页。

④ 同上书，第90页。

⑤ 参见韦庆远《张居正与明代中后期政局》，广东高教出版社1999年版；熊十力《韩非子评论　与友人论张江陵》，上海书店出版社2007年版。

　　江陵对于明代太祖立国的治体合理性高度肯定，由此对尊宋扬宋的立国更化思路大表非议，并在此基础上形成自身的执政理念，所谓"治体用刚"①。

　　朱元璋立国，以宋元政在宽弛，权臣专擅威福，君主权势下移，因此特意强调纪纲法度的礼法建设强化上下之分，突出严猛刚酷。江陵对此精神明确肯定，指点明代立国精神正在于君主"刚明英断，总揽乾纲，独运威福"，"高皇帝以神武定天下，其治主于威强"。② 威猛刚强的治体论，重于强调君主威权、君臣尊卑，注重法律刑罚的社会控制功能，对于宋代治体推崇共治、礼法并重展现出反弹，显示出更多的法家精神。而在宋儒，合乎公道共治、以礼导刑，才是"体乾刚健"。治体用刚、治体刚健，由此包含了治人层面威权与共治、治法层面崇礼与重刑的张力，在儒法混合中各有偏倚。以刚健为旗帜的现代共和精神，于此可思鉴往。

　　江陵从历史政治传统的演进来解释明祖立国的合法性，所谓"神圣统天，经纬往制，六卿仿夏，公孤绍周，型汉祖之规模，宪唐宗之律令，仪有宋之家法，采胜国之历元，而随时制宜、因民立政、取之近代者十九，稽之往古者十一，又非徒然也"③。一方面选择继承历代优良制度，另一方面又能够"随时制宜，因民立政"，更为注重近代政治传承。

　　在前一方面，江陵屡有对照引申，如论明立国近似于殷商，认为唯商之规模法度，最为整肃，成汤、伊尹创造基业，国势强大，"本朝立国规模，大略似商周，以下远不及也"，立国精神在于用威。④ 江陵对于秦以降

---

　　① 萧公权先生提及江陵的"治体用刚"论，认为与法家之说不同，其志在振作肃法而非操切虐民。熊十力也有这一层辨析。参见氏著《中国政治思想史》第十六章第三节；对这一核心概括的深入探析，参见高寿仙《治体用刚：张居正政治思想论析》，《江南大学学报》2013 年第 12 卷第 1 期。

　　② 《新刻张太岳先生诗文集》卷十八，《杂著》。

　　③ 《新刻张太岳先生诗文集》卷十六，《辛未会试程策》。

　　④ 《新刻张太岳先生诗文集》卷十八，《杂著》。

政治演变依据文质相胜观提出迥异流俗的看法。他高度肯定秦、元二代对于各自后续之汉、明的积极开辟价值，周和宋都代表了政治法度形态趋于礼文极弊的历史阶段，秦、元二代，推重质实简严而抑制礼文，都是出于政治上克制演变弊端的必然性。① 这种崇质实而抑文华的历史政治基调，我们在陈亮思想中已见证其对于宋代立国演变的检讨，在后世清代前期政治思想中仍有强劲的表达。②

后一方面则透露出江陵作为政治家对于现实政治传统的合理性自觉。他从人情在历史情势中的积习惯性来领会这个合理性，所谓"久而习之，长而安焉，亦自无不宜也"③。法度的合理性标准主要在于合乎时代与民情风俗，"法无古今，惟其时之所宜与民之所安耳。时宜之，民安之，虽庸众之所建立，不可废也"，"法制无常，近民为要。古今异势，便俗为宜"。④ 陈亮以为法度"至公而时行"，江陵更凸显出后者的时代性精神。浙东经制事功学发展保守立国思维，至江陵处，从儒家传统中为此点拨出诸子理论根基，即荀子之"法后王"。南宋浙东诸儒对于荀子此点并无明确肯认，如吕祖谦对于荀子法后王之论引发法家荡灭古学持批评立场，南宋浙东更能在"祖述尧舜，宪章文武"中保持先王与后王之平衡，有学者将其荀学特质理解为"显学隐传"。⑤ 而江陵则明确辨析孟荀，并以为后者立场更可取。方孝孺则批评荀子"似乎中正""似是而实非"，虽未直指法后王论，其尊孟贬荀之立场十分鲜明。⑥

孝孺尊宋，背后是以三代为典范的法先王思路，而江陵对此类做法大加

---

① 参见《新刻张太岳先生诗文集》卷十八，《杂著》。

② 参见杨念群《何处是江南？——清朝正统观的确立和士林精神世界的变异》，生活·读书·新知三联书店 2010 年版，第四、五章。

③ 《新刻张太岳先生诗文集》卷十八，《杂著》。

④ 《新刻张太岳先生诗文集》卷十六，《辛未会试程策》。

⑤ 参见杨太辛《浙东学派的涵义及浙东学术精神》，《浙江社会科学》1996 年第 1 期。

⑥ 参见方孝孺《逊志斋集》卷四，《读荀子》，第 111 页。

抨击。如谓腐儒不达时变，动称三代云云，这是"宋时奸臣卖国之余习，老儒臭腐之迂谈"，"近时迂腐之流，乃犹祖晚宋之弊习，而妄议我祖宗之所建立不识治理者也"。① 江陵认为宋代政治议论繁多，文法牵制，不能用磊落奇伟之士，如张乖崖张咏等有王霸大略之豪杰。这个意见，显然也是承继龙川而来。张氏指出，本朝立国规模威德并施，纲目兼举，超越三代汉唐。他特别批评宋代宰相卑主立名，违道干誉，末季腐儒，摇乱国是，而明代治体克服了宽纵之病。② 站在肯定秦、明立国法度的基础上，江陵对于扶苏、建文都表达异议，认为他们并不能有效继承和巩固立国规模，如踵衰宋之陋习，纷更高祖约束，实在是政治的大不智。③ 张江陵不同于王荆公处，正在于坚持更为明确的保守国本立场。这一点乃继受经制事功学思维而来。

落实到隆、万时期的大变革，江陵对于政治问题的诊断与对宋政的批评有相通处，如谓其议论滋多，纪纲倒植。他的变革宗旨可概括为：一切付之大公，修明祖宗故事。强公室、杜私门，省议论、核名实，尊主庇民，主德既成，治具毕张。④ 在治道精神上强化国家政权所代表的大公大义，在治法上重现太祖立国规模中的威猛刚强，彰显君主和中央政府代表的在上之主德主威主势，整顿吏治，抑制豪强，纠治士大夫好议论讲学的风气，重视民生福利。建立一个强有力的政治社会中心，改进士民社会的政治文化风气，可以理解为治道和治法变革的治人指向。这种"治体用刚"的大政思路在江陵看来，正是对于明祖立国规模的致敬和发扬。

熊十力先生极为推崇张江陵政学对于现代中国的价值，以为其思想以儒佛为本，辅之以道家、法家。熊先生特别针对将江陵视为法家的流俗意

---

① 《新刻张太岳先生诗文集》卷十八，《杂著》。

② 《新刻张太岳先生文集》卷二十五，《续修四库全书》（第1346册），《与李太仆渐庵论治体》，别集类，第153页。

③ 参见《新刻张太岳先生诗文集》卷十八，《杂著》。

④ 参见《新刻张太岳先生文集》卷二十五，《与李太仆渐庵论治体》；卷二十八，《答奉常陆五台论治体用刚》。

见，指出简单套用诸子范式理解近世政治人物的谬误，未能把握到近世法度化的主题。①

马骊教授在考察朱明政权时，从合法性角度将其视为一种"合法的绝对权力"②。西方学者对此曾提出"亚洲专制主义""东方专制主义"与"开明专制"两种不同的解释概念，后者认为专制权力可以在为广大民众谋取公共利益的意义上建立并维护一个缺乏实质制衡力量的政权，这个政权在公共目的和形式上又是合法的。马骊提醒我们注意人类统治类型的丰富性，朱明政权作为专制政权缺乏抗衡势力，却可以通过自我约束或巧妙宣传保持统治，凭借为民众谋求福祉而获得合法性。对这种绝对权力的约束主要来自于尊重社会习俗，尊重主要宗教及社会目标，保障民众最基本的社会需求，以及正视合法性代表群体如士人的评判。绝对权力的合法性并不稳定，易于趋向滥用高压恐怖，进而丧失合法性。马骊将朱元璋政权视为开明专制的一种雏形，利用儒家关注政权与民众之间的关系以建立政权合法性，吸收法家关注政权组织尤其是君主与官吏之间的关系，注重官与民的区分对待（"严以治吏，宽以待民"），君权经常凌驾于法律之上从而显示出更为专制的一面。这也构成了其致命弱点，即权力失控，缺乏有效补救。

开明专制或"合法的绝对权力"之说，可以帮助我们观察明代立国精神，然而仍不免有熊十力所指出的认识盲区。从近世历史脉络中的治体论来看，明代在治人主体上的尊君抑臣、共治精神萎缩，在治法层面的乾纲独断、防制为重，与开明专制论所强调的缺乏制衡势力可以相互解释。而治体论之治道层面的阐释，如基于长时段历史演变基础上的文质宽猛之辨、

---

① 参见熊十力《韩非子评论 与友人论张江陵》，上海书店出版社 2007 年版，第 104—106、116 页。

② ［法］马骊：《朱元璋的政权及其统治哲学》，莫旭强译，胥戈校，第二章、结语。

政学关系形态、夷夏之辨与正统论，在以政体论为中心的视角中难以得到恰当的凸显。

聚焦到治人和治法这两个层面，宋明立国思想都见证了近世法度化、宪制化的充足发展，只是法度化的模式蕴涵有显著变化。初看起来，宋代治人主体强调共治化，明代强调主势、主德、主威，这一差异的产生又来自于历史演变的自然理势，前后正反相惩，辩证发展。而吕中《宋大事记讲义》曾提醒我们注意，宋代立国，其实也经历了从国初太祖以君主威权为纪纲，到仁宗时期以公议共治为纪纲的治法转型。这一内在转变，在明代政治自身，也有相类似浮现，即明代中后期阳明学兴起之后讲学公论运动蕴涵的议政与变革冲力。这正是张江陵所忧惕警视者，他看到了近世政学传统中某种结构性冲力的不断浮现，试图激活"治体用刚"的立国法度精神来避免蹈宋覆辙。

宋学中的经制事功学已经向我们指出，权威与共治的整合其实是近世立国议程中核心主题的第一义，这是秩序的首要赋权旨在建构强有力的政治社会中心。叶适透过"治势"概念强调近世国家政治权威的法度特质，即由君主及其中央政府建立起集权化体制，其特征是矫失而密察。① 这与明祖立国的防制精神实则一脉相通。浙东儒者指出了宋代的这一趋向特质，更重要的是，他们同时概括了礼臣、恤刑的国本地位。后者正体现出对于共治力量的尊重和吸纳，也是宋代立国所谓宽大仁厚的要点之一。在陈亮、

① 近世政治思维中对于"势""治势"的注重，于北宋诸家中，刘咸炘先生特别强调荆公门下李清臣、苏氏门下张耒的思想，一近于法家，一归于道家。尤其是张文潜，代表了受道家、史夏传统影响较深的一脉。参见刘咸炘《推十书》（增补全本），甲辑第三册，《学史散篇》，《宋学别述》，上海科学技术文献出版社 2009 年版，第 1257—1258、1267—1271 页。关于"势"，还可参见 [法] 余莲《势：中国的效力观》，卓立译，北京大学出版社 2009 年版。明代吕坤有《势利说》，强调了在上者政治权威的重要性。参见萧公权《中国政治思想史》，第十六章第四节；林文孝《力与公正：关于吕坤的全体生存构想》，载 [日] 沟口雄三、小岛毅主编《中国的思维世界》，孙歌等译，江苏人民出版社 2006 年版，第 130—193 页。

叶适等宋儒看来，在上者政治权威的强化与共治力量的积极参与，二者整合，正所谓大建、共建皇极，树立起了近世平民化社会的政治社会中心。这一政治社会中心，蕴涵了尊尊与贤贤两重力量。任何一者，无论是"尊尊"所指向的国家政治权威强化，抑或"贤贤"指向的共治参与兴起，均不可忽视。

明祖威强立国，乾纲独断，江陵治体用刚，尊主庇民，凸显了这个政治社会中心的政治权威维度，以主德、主威为公义主要担纲者（所谓"尊君"），尊主所以庇民，惩奸而未能礼臣。孝孺等人，似乎又偏向强调宋代宽大、共治的一面。相比起来，南宋浙东儒者的立国思考把握到了权威与共治的整体均衡。由宋代权威与共治的相对均衡，演进到明代立国主调的权威凸显、共治萎缩，是近世政治社会中心的模式蜕变下启明清之际诸大儒的反弹，至晚清而熔铸共和革命。而权威与共治之整合，体现公道公义，需要落实为纪纲法度，由是而引出公道公义法度化的进程。

公共道义的法度化，即政治权威与共治之整合的法度化宪制化，构成近世立国核心主题的第二义。从治道、治人与治法关系审视，公道公义的法度化并不能完全避免政治权威的超法度化与非法度化，前者如陈亮立国本旨论中先于法度化的立国行动及其精神，治道和治人要素本就蕴涵着不能完全化约为法度化的部分，如主体化的意志和技艺、政学关系的文化传统。后者如政治权威非理性、私利私情下违背法度之劣习，属于权力幽暗部分的发作。换言之，合法的绝对权力或开明专制论指向的政治活动，包括政治权威合乎治道原则（如夷夏之辨、民众福祉）、法度化，体现治人技艺的实践智慧，但是未能兼顾权威与共治的整合。

◇第三节　放逐君主与"以儒立国"

对于近世学术思想的透视，可以帮助我们重新思考现代中国思想兴起中一些重要的源起问题。

黄梨洲《明夷待访录》是现代中国历史上影响非常巨大的近世著作，在中国走向共和民主革命的历程中扮演了重要角色。梁任公在清末尊梨洲为"中国之卢梭"，认为卢梭孕育了十九世纪欧洲，"于亚洲得一梨洲难夫"！《明夷待访录》的《原君》《原臣》，"几夺卢梭《民约》之席"，《原法》以下诸篇，"厘然有法治之精神"①。康有为（1858—1927）以为"本朝人物以黄梨洲为第一"，孙中山（1866—1925）将《原君》《原臣》篇制作成兴中会的革命小册子加以散发，《明夷待访录》成为维新变法派、共和革命派共同推崇的宣传利器，大张民族、民主民权之义理。② 此下舆论，多视黄梨洲《明夷待访录》为中国民主梦的先知。

对于这本书的思想诠释和学术分析也向来争议纷纭，一个典型话题就是按照西方现代政治标准，对其进行民主判教意义上的衡定，纠结于民本或民主的对标。③ 即使持民本论者，也是在参照民主的标准下，对相关文献进行民主意义上的证伪。这里不妨将其置于近世政治思维的演变脉络中，从中国政治智慧自身出发来理解其蕴涵。

理学、经制事功学、阳明学在治道和治法上对此书影响最深切。其弟子全祖望称"公以濂洛之统，综会诸家：横渠之礼教，康节之数学，东莱之文献，艮斋、止斋之经制，水心之文章，莫不旁推交通，连珠合璧，自来儒林所未有也"，可以看出梨洲对于理学大传统和经制事功学的继承和整

---

① 梁启超：《中国近世三大思想家·黄宗羲》之《绪论》，《新民丛报》第14号，1902年7月15日，第53—54页。冯紫珊编：《新民丛报》，中国台湾艺文印书馆1966年影印版，第三册；梁启超：《论中国学术思想变迁之大势》，"近世之学术"。参见孙宝山《返古开新：黄宗羲的政治思想》，人民出版社2008年版，"绪论"部分。

② 参见孙宝山《返古开新：黄宗羲的政治思想》，第五章第二节、第三节。

③ 关于这方面研究状况，可参见孙宝山《返古开新：黄宗羲的政治思想》之《绪论》部分。

合倾向。①

首先，黄宗羲在《明夷待访录》里主要发扬了理学治道论的精神，同时吸取了经制事功学的治法智慧，转化为一种系统的经制思考模式，精神上以宋学彰显的变革思维为主导，基于政治传统的系统批判提出了一套理想立国的构设。梨洲高扬"法三代"进路，对于祖宗之法代表的"法祖"心智进行了激进否定。朱子和陈亮论辩中的思绪至此显现为一套理想立国论述。《明夷待访录》（特别是其前五篇）意在为善治重立大经大法，思维上注重以理立国、三代立国，更胜于以事立国、现实立国本末。②

梨洲对于君、臣、法这些根本政治要素采取了一种"原"即追究本原的论理方式，这个方式主要依据其对于三代道法的理解和发挥，而没有或较少进行对于历史政治经验演进即历史传统意义上的追根溯源。这种选择能充分展示理学传统意义上的义理优势，论说鲜明，但势必带有强烈的非历史、非传统精神。试比较《明夷待访录》与陈亮、叶适、吕祖谦对于君主、士人、法度传统的单篇分析，这种重义理归原、轻历史脉络的特质是比较明显的。③

他发扬了理学关于三代和后世高下立判的思想立场，问题意识端点是"三代而下之有乱无治"，在君、臣、法这些问题上大力凸显后世政治的罪恶和堕落。④ 这一点显示出与经制事功学治体论在是今、非今态度上的基本

---

① 《全祖望集汇校集注》（上册），《梨洲先生神道碑文》，上海古籍出版社 2000 年版，第 220 页。关于理学和阳明学对《明夷待访录》的影响，狄百瑞先生勾勒出了其间的一个自由传统，以黄宗羲为总结者。参见狄百瑞《中国的自由传统》，贵州人民出版社 2009 年版，第四讲。

② 顾家宁博士系统阐释了《明夷待访录·原法》篇的古典宪制精神，参见顾家宁《法度精神与宪制意识——〈明夷待访录·原法〉篇再探》，《浙江社会科学》2015 年第 2 期。另见顾家宁《秩序重建的政治之维——黄宗羲与近世政治思维的突破》，《政治思想史》2012 年第 2 期。

③ 例如叶适《进卷》卷一，以及陈亮《汉论》《中兴五论》。

④ 参见《明夷待访录》，《题辞》。

不同。换言之，梨洲是在非今立场上激进否定秦汉以来的现实政治传统，或曰，他对明代祖宗之法的批判扩大至秦汉以降的治体代兴。① 这也使得他的分析没有采取以现实立国传统为本位的立国思路。

因此，梨洲直截断定，"三代以上有法，三代以下无法"（《原法》）。这与"一代治体自有一代家法"的立国思维显为不同。这个判定来自理学家严格的公私区分，"然则其所谓法者，一家之法，而非天下之法也。是故秦变封建而为郡县，以郡县得私于我也；汉建庶孽，以其可以藩屏于我也；宋解方镇之兵，以方镇之不利于我也。此其法何曾有一毫为天下之心哉！而亦可谓之法乎"（《原法》）？秦汉以来现实政治传统的法度没有一毫为公精神，所以不能称作"法"。

治体论传统正视历代典章成宪，祖宗之法的政治心智颇能代表这一取向。经制事功学特别从立国本末去透视祖宗之法，探讨国本成宪，阐释太祖故事、艺祖法度，注重立国政治家与立国规模之间的复杂关系。这些，在梨洲看来，并不具有正当性。"论者谓一代有一代之法，子孙以法祖为孝。夫非法之法，前王不胜其利欲之私以创之，后王或不胜其利欲之私以坏之。坏之者固足以害天下，其创之者亦未始非害天下者也。乃必欲周旋于此胶彼漆之中，以博宪章之余名，此俗儒之剿说也。"（《原法》）

没有"东莱之文献，艮斋、止斋之经制，水心之文章"这一注重治法的近世治体论传统，梨洲对于纪纲法度的高度重视是难以出现的，虽然具体处理方式是采取了理学将三代和后世截然对峙的激烈立场。这样的法度

---

① 梨州之师刘蕺山处崇祯之世，仍以"法祖"为政治思考的进路，主张恢复仁、孝之朝的法度。参见任文利《治道的历史之维：明代政治世界中的儒家》，中央编译出版社 2014 年版，第十章。阳明学中的"法祖"思维，参见刘增光《寻求权威与秩序的统一：以晚明阳明学之"明太祖情结"为中心的分析》，《文史哲》2017 年第 1 期。另见朱鸿林主编《明太祖的治国理念及其实践》，香港中文大学出版社 2010 年版；[美] 魏家伦著，施珊珊编：《晚明地方社会中的礼法与骚动：管志道〈从先维俗论〉研究》，王硕、王坤利译，浙江大学出版社 2016 年版。

论调，可以说把朱子以来理学家以公私道德品论政治的思路推进到极致。朱子与陈亮论辩王霸，以心和法为关键，朱子主要侧重阐发"心"所代表的德行批判视角。至梨洲，对于三代之后法度传统的批判得以大显。就现实政治传统来说，这个态度可以说是十分激进的，势必寻求合乎三代理想精神的大变法。梨洲提出"有治法而后有治人"，是把近世治体论中治人与治法的关系推进到了以治法为本位的极致一端，并且以三代理想治法为重构治体的基础根据。近世治体思维中以治人为本位的理学主流势必对此提出异议，晚清以来一些守旧派批评《明夷待访录》往往出于此。①

其次，在这种激进否定现实政治传统的基础上，梨洲对于秦汉以降君主的理解评价趋于最恶化认定，这个分析极大削弱和窄化了对于政治系统中政治权威、元首角色的复杂认知。②

由于并非在一个相对具体的历史政治脉络中分析君主角色，梨洲的"原君"论极大贯彻了他的某种先在假定。"有生之初，人各自私也，人各自利也，天下有公利而莫或兴之，有公害而莫或除之。有人者出，不以一己之利为利，而使天下受其利，不以一己之害为害，而使天下释其害。此其人之勤劳必千万于天下之人。夫以千万倍之勤劳而己又不享其利，必非天下之人情所欲居也。"从这种文明状态的人性论认定，即所谓"好逸恶劳"，来解释君主角色的特质（"勤劳""为公"和超乎人情）。确保三代君主勤劳为公的，是"天下为主，君为客"的基本格局。③

---

① 参见孙宝山《返古开新：黄宗羲的政治思想》，第五章，第284—5页；顾家宁《儒家政治现代转型的初步探索——以清末传统视角中的〈明夷待访录〉批评为线索》，《哲学动态》2018年第4期。

② 关于近世君主论议题，可参见申慧青《两宋君主论研究》，人民出版社2016年版；苏鹏辉《尊王以与贤：北宋程颐的君臣观研究》，博士学位论文，清华大学，未刊稿，2018年。

③ 黄宗羲人性论有自私自利与性善论两个方面，参见顾家宁《"自私自利"与"纯乎天理"：黄宗羲人性论的政治学分析》，《清华大学学报》2013年第6期。

　　同样在一种非历史的理论建构状态中，后世君主颠倒主客关系，以一种利益最大化的方式来对待政治。"后之为人君者不然，以为天下利害之权皆出于我，我以天下之利尽归于己，以天下之害尽归于人，亦无不可；使天下之人不敢自私，不敢自利，以我之大私为天下之大公。始而惭焉，久而安焉，视天下为莫大之产业，传之子孙，受享无穷。"这种君主政治的治国逻辑，是对于公共天下的最大化剥夺，"今也以君为主，天下为客，凡天下之无地而得安宁者，为君也。是以其未得之也，屠毒天下之肝脑，离散天下之子女，以博我一人之产业，曾不惨然！曰'我固为子孙创业也'。其既得之也，敲剥天下之骨髓，离散天下之子女，以奉我一人之淫乐，视为当然，曰'此我产业之花息也'。然则为天下之大害者，君而已矣"。后世君主被认为是政治公共性的大敌。

　　梨洲指出，君臣本是为天下公共服务的分工合作者，"夫治天下犹曳大木然，前者唱邪，后者唱许。君与臣，共曳木之人也；若手不执绋，足不履地，曳木者唯娱笑于曳木者之前，从曳木者以为良，而曳木之职荒矣"，"臣之与君，名异而实同耶"，"君臣之名，从天下而有之者也。吾无天下之责，则吾在君为路人。出而仕于君也，不以天下为事，则君之仆妾也；以天下为事，则君之师友也"。《置相》篇指出"原夫作君之意，所以治天下也。天下不能一人而治，则设官以治之；是官者，分身之君也"，梨洲批评后世把君主看得绝对神圣，君臣关系趋于主仆。

　　君主作为创制法度、保守和变革法度的角色，也在其私天下的认定下完全失去正当性，如前所引，"夫非法之法，前王不胜其利欲之私以创之，后王或不胜其利欲之私以坏之。坏之者固足以害天下，其创之者亦未始非害天下者也"（《原法》）。

　　这种君臣剖析，首先设定一个理论基点，然后将其逻辑扩充到极致，趋于以利益最大化下的最恶化来定位君主，长处在于释放理论批判的猛烈力量，凸显弊端缺陷。然而，与保守立国思维下的治体论相比，这种理解剥离了现实政治的具体脉络,对于人性复杂、政治德行、法度技艺、情势变化的理解都显得单向化和去魅化,并不能体现实践中政治理解的多面性和复杂性。

朱、陈论辩中,朱子一方面认定三代圣王是"金中之金",另一方面犹且认为汉祖唐宗用心行事有合理处,称得上"铁中之金"。至梨洲这里,后者完全成了"铁炉边查矿中"的烂铁。龙川是在公私混杂交战的历史脉络中辨析汉祖唐宗,梨洲则彻底把这些立国政治家贬谪到罪恶之城。[①] 这里可以听到朱子理想批判的遥远回声:不是每一个传世久远的国度都能印证天理,立国政治家的优劣高下不在于其"获禽之多"。

梨洲对于君主角色的放逐,置于治体论的近世脉络中,对于政治权威即"尊尊"、治势、主势主德这一面,表现出虚无化的取向。近世平民化社会政治秩序中君主与中央政府扮演了越来越重要的宪制构建角色,这一建构政治权威的议程有其历史和政治合理性,在宋如此,在明清亦如此。君权法度化("任法")是近世一大宪制主题,虽然明清采取了更为强势的方式,也产生独裁专制的弊病,但不能因为后者而无视、消解,甚至否定这一主题的合理性。

梨洲以此种态度处理三代之后的君主及其法度,这也使得他趋向于消极对待宰相、书院这些传统建制。在高扬近世公共精神的同时,《明夷待访录》树立了一个单向度的、非历史性的、扁平趋恶化的君主角色。大体上,书中的君主形象包含三代圣王、现实君主和未来理想元首三者,三代圣王树立了天下为公的大经,创制了井田、封建、学校等大法,表现出勤劳为公、恻隐爱人的美德;现实君主几无可取。而未来理想元首除了回复到为

---

① 基于公私天理,浙东儒者对后世君主也有严厉抨击,如叶适从君道和治体批评唐太宗、汉文、宣,与桀纣不远。这一面与朱子相通,只是水心着眼于治体法度。"(后世)乃以势力威命为君道,而以刑政末作为治体。然则汉之文宣、唐之太宗,虽号贤君,其实去桀纣尚无几也,可不惧哉!"(《习学记言序目》,第71页。)

民众共治天下的职分以外，似乎乏善可陈。

一旦天下为主、君为客，在一个人性论以自私自利为第一设定的政治世界中，君主何为？避免成为侵害公共利益的罪恶之人，似乎就是君道所在。对照近世立国思维中极为关键的立国政治家、大立法者们，《明夷待访录》完成了对于君主的放逐，引入了对世袭君主制的根本质疑。共治理念下对罪恶化君主的放逐，潜在地为群龙无首的斩首术、屠龙术埋下伏线，也以一种激进否定的方式对于传统的公共性遗产进行了重构。这一点对于现代中国的共和思维影响深远，逐渐使人们难以正视政治系统中的权威建构、元首君道及其蕴涵的公共性。[①] 取而代之的，是另一个于近世兴起的体现公共精神的体制外力量。这就是黄梨洲寄予厚望的学校制度。

梨洲的学校构想对于近世治体传统可谓汲取甚多。我们可以从中看到理学高度推崇的道统之二元权威意识，即以师道导君道，在这里得到体制化落实，成为君主、宰相之外的治法重心。

我们可以看到，颇有意味的是，在近世治体传统中代表公论精神的良法美制如经筵、台谏，并未得到《明夷待访录》的弘扬，而代之以一个新的治法创制。近世治体论的教诲是，"然人主之公心，大臣之公道，一有所未至，而台谏之公论皆得以救其源而正其失也。盖祖宗之重台谏，正以为振纪纲之地也……然则人主有公心，大臣有公道，所以振纪纲以植公法者，又自重台谏之公论始"[②]，"行于朝廷则为公道，发于士君子则为公论。公道废而后公论兴，公论息则天理灭"[③]，"在下为公论，在上为公法。公法立则

---

① 关于这一现代思维误区，参见钱穆《政学私言》，《论元首制度》《政治家与政治风度》，九州出版社 2016 年版。

② 《群书会元截江网》卷十七，《纪纲》"结尾"。

③ 黄溍：《文献集》卷四，《景印文渊阁四库全书》（第 1209 册），《跋朱椽辨诬诗卷后》，第 360 页。

公论行而不显,公法亡则公论显而不行"①。政府和台谏若不能体现公论,保障公道公法,则由学校,乃至田野市井的匹夫匹妇来申张天理。马端临曾评论王安石变法控制学校言论,"子产不以郑人议执政之然否而毁乡校,盖以学校所以来公论也。今熙宁之建太学,苏嘉言变法事忤介甫,则学官并坐其罪,而改用李定、常秩之徒,试文则宗新经,策时务则夸新法。今又立飞语谤朝政者以学规殿罚之条。则太学之设,乃箝制罗织之具耳,以是为一道德,可乎?"

陈亮、叶适等人反复批评宋代法度繁密,束缚人气人心人才,在严密控制治人的法度传统下,"以儒立国"几成伪饰,终究难以施展共治主体的德行才华。梨洲似乎已对"非法之法"中的经筵、台谏失去兴味,转而开天辟地,于放逐君主之后,透过学校这一创制构想将共治格局中的"以儒立国"推向极致。

在近世治体脉络中整合治法创制,本是理学大传统和经制事功学的共识。程颢《请修学校尊师儒取士札子》就已经开其先声。②不过,结合陈亮、叶适对于近世政学尚议论的反省和克制,梨洲的这一创制还是更能体现理学和阳明学一脉的精神气质,以道导势,以理抗势,以士君子主导的公论良知制衡君相体制。

回到浙东儒者群,他们对学校之法的剖析彰显了传统性和公法的保守气质。

吕东莱追根溯源,比较三代学校与后世之大不同。"东莱吕氏曰:先王之制度,虽自秦、汉以来皆弛坏废绝,然其他如礼乐法度,尚可因影见形,

---

① 王世贞:《弇州四部稿》卷一百二十六,《景印文渊阁四库全书》(第1281册),《奉樗庵先生》,第117—118页。

② 关于理学家强化士权的学校方案及其历史处境,及其与司马光代表之官学方案、王安石之君权方案的差异,参见吴铮强《科举理学化:均田制崩溃以来的君民整合》,第四章,上海辞书出版社2008年版。

因枝叶可以寻本根；惟是学校，几乎与先王全然背驰，不可复考。且如礼，后世所传固非先王之旧，如射飨、宗庙、明堂，虽是展转参杂，而有识之者犹自可见；且乐如《韶乐》《文始》《五行》之舞，全然非旧，然知钟律者尚自可以推寻，复先王六律五音之旧；且如官名，后世至体统断绝，然而自上临下，以大统小，左右相司，彼此相参，推此尚可以及先王之旧。惟是学校一制，与古大不同。前此数者犹是流传差误，然学校不特流传差误，乃与先王之学全然背驰。"后世学校之法与先王之学全然背驰，在传世制度中最为严重。

东莱具体分析，"且如唐、虞、三代设教，与后世学校大段不同，只举学官一事可见。在舜时，命夔典乐教胄子；在周时，大司乐掌成均之法，以治建国之学政，而合国之子弟焉。何故？皆是掌乐之官掌教，盖其优游涵养、鼓舞动荡，有以深入人心处，却不是设一个官司。自秦、汉以后，错把作官司看了，故与唐、虞、三代题目自别，虽足以善人之形，而不足以善人之心，虽是法度具举，然亦不过以法制相临，都无深入人心道理。大抵教与政自是两事，后世错认，便把教做政看。若后世学校，全不可法"。关键弊病在于学校的官司化、行政化，无法真正深入人心、塑造人才。

三代之法的原意精神与此不同，"大率因枝叶可以见本根，今则但当看三代所以设教命官教养之意。且如《周礼》一书，设官设教所以便民，若师氏、保氏、大司乐、大胥、小胥之类，所教者不过是国子，然当时所谓乡遂所以兴贤能，在周三百六十之官，并不见有设教之官，虽是州序、党遂略见于《周礼》，然而未尝见其州序是何人掌之，其法又如何。只看此，亦是学者所当深思。且如周公设官，下至于射夭鸟至微至纤之事，尚皆具载，岂于兴贤能、国之大教不见其明文？其他大纲小纪，表里如此备具。学者须要识先王之意，只缘不是官司。凡领于六官者，皆是法之所寓，惟是学校之官，不领于六官，非簿书期会之事"。学校真正摆脱行政化，在于

"非官司所领"。三公宰相和学校,他们在整体经制中自有相对行政权力而独立的重要性。这个治体精神,与梨洲论置相和学校,有相通处。如东莱概论,"其上者三公论道不载于书,其下者学官设教不领于六官,盖此二者皆是事大体重,非官司所领"。

东莱认为国子与学校又不同。"惟是国子是世禄之官,鲜克由礼,以荡凌德,实悖天道,不可不设官以教养之。然而所以教养之意,上与三公,其事大体重,均非有司簿书期会之可领。要当识先王之意,虽非六官之所掌,而所以设教,未尝有理无事、有体无用,本末亦自备见,但不在官联、官属之中。舜之时,自国子之外,略不见其掌教之官,然'庶顽谗说,若不在时,侯以明之,挞以记之,书用识哉,欲并生哉。工以纳言,时而飏之'如此之备。在周人,学官虽不领于一属,然而'比年入学,中年考校,一年视离经辨志,三年视敬业乐群,五年视博习亲师,七年视论学取友,谓之小成;九年知类通达,强立而不反,谓之大成',终始备具。至于不率教者屏之远方,终身不齿,这又见体用本末无穷。"

东莱概括道,"大抵学校大意,唐、虞、三代以前不做官司看,秦、汉以后却做官司看了,所以后世之学不可推寻,求之唐、虞、三代足矣,秦、汉之事当束之不观。今所详编者,要当推此意。大抵看后世秦、汉一段,错认教为政,全然背驰"。

东莱接着依据三代之法的政教精神对后世法度做出审慎考察,"自秦至五代,好文之君,时复能举,如武帝表章《六经》,兴太学,不足论;如光武为诸生投戈讲义,初见三雍,亦不足论;如后魏孝文迁都洛阳,欲改戎狄之俗,亦不足论;如唐太宗贞观之初,功成治定,将欲文饰治具,广学舍千二百区,游学者至八千余人,亦不足道。这个都是要得铺张显设以为美观。惟是扰攘之国、僻陋之邦、刚明之君,其视学校若弊屣断梗,然而有不能已者,见得理义之在人心不可已处。今时学者,多是去看武帝、光武、魏孝文、唐太宗做是,不知这个用心内外不同,止是文饰治具,其去唐、虞、三代学校却远。却是扰攘之时、刚武之君、偏迫之国本不理会，如南、北朝，虽是草创，若不足观，却不是文饰，自有一个不能已处，其去唐、虞、三代学校却远。惜乎，无鸿儒硕师发明之。这般处学者须深考，其他制度一一能考，亦自可见学校之所以得失，三代以上所以设教命官至理精义，要当深考"①。东莱批评"认教为政，全然背驰"，学校在后世官司化，或者成为权力意志的装饰品。这一点与梨洲有相似。然东莱对于学校制度流变的分析，精密又超过梨洲。东莱的洞见，结合了理学的古今二元论与立国思维正视现实法度传统的优长。

陈亮在《国子》论中比较国子学和太学，特别注重把"国家之本末源流"列为学习主题，论述了国子即公卿大夫之子弟在这方面相对于天下之士、山林之士、四方游士的优越条件，将其看作培养治国人才的优良途径。对于学校如太学，陈亮并不寄予厚望，"国家之本末源流非可以人人而告语之也"。天下之学在现实中实际上是利用规矩准绳"销天下豪杰之心"，这与东莱上论相通。东汉、唐代太学聚士嚣嚣，其实不足取法。"太学之加厚于国子，犹美意也"，"集天下之士而养之京师，非良法也"②。龙川这一点更接近宾四先生曾指出的中世门第事功气质，重视政治精英的家世实践养成，与梨洲高调憧憬天下之学的政治态度实则存在张力。另外，龙川在学风士风方面，倾向于注重君主等政治家的引导锻造之功，认为这是相对于学校课试之法更为根本的政治因素。他有限度地肯定仁宗庆历时期太学养士之盛，然而更歆慕艺祖立国之初，振起士气，不变科举卑陋之法而收用人之效的高超技艺。③

叶水心在《外稿》"学校"也有类似评论，"何谓京师之学？有考察之法而以利诱天下。三代、汉儒，其言学法盛矣，皆人耳目之熟知，不复论。

---

① 文中吕祖谦观点引自马端临《文献通考》卷四十二，《学校考三》。
② 《陈亮集》卷十二，《国子》，第130—132页。
③ 参见《陈亮集》卷十二，第135—136页；卷十四，第157—158页。

若东汉太学，则诚善矣。唐初犹得为美观。本朝其始议建学，久而不克就，至王安石乃卒就之，然未几而大狱起矣。崇、观间以俊秀闻于学者，旋为大官，宣和、靖康所用误朝之臣，大抵学校之名士也。及诸生伏阙捶鼓以请起李纲，天下或以为有忠义之气，而朝廷以为倡乱动众者无如太学之士。及秦桧为相，务使诸生为无廉耻以媚已，而以小利啗之，阴以拒塞言者。士人靡然成风，献颂拜表，希望恩泽，一有不及，谤议喧然，故至于今日，太学尤弊，遂为姑息之地。夫正谊明道，以此律己，以此化人，宜莫如天子之学，而今也何使之至此？盖其本为之法，使月书季考，校定分数之毫厘，以为终身之利害，而其外又以势利招来之，是宜其至此而无怪也"。太学官司化，被权力意志挟持，实际上成为政争的工具，对于政治权威和平衡构成威胁。清议和横议，都可以出于学校，需考察其政制条件。

"何谓州县之学？无考察之法，则聚食而已。往者崇观、政和间，盖尝考察州县之学如天子之学，使士之进皆由此，而罢科举，此其法度未必不善，然所以行是法者，皆天下之小人也，故不久而遂废。今州县有学，宫室廪饩无所不备，置官立师其过于汉、唐甚远，惟其无所考察而徒以聚食，而士之俊秀者不愿于学矣。州县有学，先王之余意幸而复见，将以造士，使之俊秀，而其俊秀者乃反不愿于学，岂非法度之有所偏而讲之不至乎？"

水心提出学校的改进之道，"今宜稍重太学，变其故习，无以利诱，择当世之大儒久于其职，而相与为师友讲习之道，使源流有所自出，其卓然成德者，朝廷官使之，为无难矣。而州县之学，宜使考察，上于监司，闻于礼部，达于天子，其卓然成德者，或进于太学，或遂官之。人知由学，而科举之陋稍可洗去；学有本统，而古人文宪庶不坠失。若此类者更法定制，皆于朝廷非有所难，顾自以为不可为耳。虽然，治道不明，其纪纲度数不一一揭而正之，则宜有不可为者；陛下一揭而正之，如此类者虽欲不为，亦不可得也"①。纪纲法度对于学校和治道的意义极为关键。水心对学校的制度分析继承东莱，切合当世弊端，但其整顿法度大体还在既有体制之内。

这一路学校论更接近司马光代表的官学本位方案，不同于理学一脉的士权中心论。但将学校放在纪纲法度和文宪层面加以审视，主张更法定制，这种积极的治法意识对于梨洲无疑是一个重要推力。梨洲将学校与政府官制并立，几成分庭抗礼之势，可以说继承此一思绪而进行了更为根本的宪制重构。②

梨洲在《学校》篇解释制度本意，"盖使朝廷之上，闾阎之细，渐摩濡染，莫不有诗书宽大之气，天子之所是未必是，天子之所非未必非，天子亦遂不敢自为非是，而公其非是于学校"。具体地，在中央政府，"太学祭酒，推择当世大儒，其重与宰相等，或宰相退处为之。每朔日，天子临幸太学，宰相、六卿、谏议皆从之。祭酒南面讲学，天子亦就弟子之列。政有缺失，祭酒直言无讳"，太子教育纳入其中，"天子之子年至十五，则与大臣之子就学于太学，使知民之情伪，且使之稍习于劳苦，毋得闭置宫中，其所闻见不出宦官宫妾之外，妄自崇大也"。太学养士，既包括天下之士，也涵括大臣贵胄之子。陈亮优先肯定的国子，其世家政治经验也得到梨洲认可，在这里被吸纳到太学里面。其养士方案，更多体现出宋代理学家倡导的士人主导权。

在地方，"郡县学官，毋得出自选除。郡县公议，请名儒主之。自布衣以至宰相之谢事者，皆可当其任，不拘已任未任也。其人稍有干于清议，则诸生得共起而易之，曰：'是不可以为吾师也。'其下有《五经》师，兵

---

① 《叶适集》，《水心别集》卷十三，《外稿》第 800—801 页；马端临：《文献通考》卷四十二，"学校考三"予以全文引用。

② 顾家宁概括梨洲学校制度的三个要旨，是养士、公论和基层社会组织。参见顾家宁《儒家经典政制中的政教关系：以黄宗羲之学校论为中心》，《政治思想史》2014 年第 3 期。

法、历算、医、射各有师，皆听学官自择"，"郡县朔望，大会一邑之缙绅士子。学官讲学，郡县官就弟子列，北面再拜。师弟子各以疑义相质难。其以簿书期会，不至者罚之。郡县官政事缺失，小则纠绳，大则伐鼓号于众。其或僻郡下县，学官不得骤得名儒，而郡县官之学行过之者，则朔望之会，郡县官南面讲学可也。若郡县官少年无实学，妄自压老儒而上之者，则士子哗而退之"。

从中央到地方，学校建立起了一套与政治行政权相互制约维系的制度，透过讲学培养治人，议政论政。同时吸取儒家乡饮酒礼、宪老乞言、乡贤名宦祠、朱子家礼等制度，树立学官在礼法秩序中的权威。

梨洲将公论载体之一的学校加以公法化，与君相结构相维相制，似乎宣告传统公法（乃至如方孝孺之乡族设想）已至断港绝潢，新的大立法者携近世公共冲力破茧而出，学校公论被赋予立法源泉的地位，在新的纪纲法度中重申公道天理。陈亮曾经指出，"本朝以儒立国"，却法度繁密，束缚人气人心。[①] 梨洲重构法源，可以说是对于"以儒立国"的宪制重整。

可以说，梨洲在降低君相体制重要性之际，受理学二元权威意识激励，承继经制事功学的制度分析，提出了一个基于近世共治理念的整合性法度创制[②]。相对照他对于君主角色的放逐，这一学校创制凸显出的是"以儒立国"、士人公论政治的中心性，也为后世提供了进行新体制诠释的丰富空间。近世树立政治社会中心的模式，于宋为权威与共治之整合，于明清凸显政治权威，经梨洲而反弹，促成共治为主驱动力，这一点对于理解现代中国如何建构秩序中心有透视价值，特别是反思政治权威如元首角色的正当化问题。

梨洲对于现实法度传统的解构、君主角色的放逐和学校公论的治法化，也

---

① 参见《陈亮集》卷一，《上孝宗皇帝第三书》，第14页。
② 顾家宁《法度精神与宪制意识——〈明夷待访录·原法〉篇再探》通过对于"治具"的考察揭示出以"出天下治具"为任的学校是创制立法机关。

反映出他对于治人和治法关系的新解，即《原法》所谓"有治法而后有治人。"

"自非法之法桎梏天下人之手足，即有能治之人，终不胜其牵挽嫌疑之顾盼，有所设施，亦就其分之所得，安于苟简，而不能有度外之功名。使先王之法而在，莫不有法外之意存乎其间。其人是也，则可以无不行之意；其人非也，亦不至深刻罗网，反害天下。故曰有治法而后有治人"。陈亮、叶适等立国思想家呼唤英雄豪杰振起事功，是在现实立国规模的本末脉络中提出针对性建议。至梨洲处，三代后的传统尽丧其魅力，于是直接承接三代，推倒重来，在新的治法系统下养成治人。

《明夷待访录》将宋学变革思维发挥得淋漓尽致，它的非历史论理气质使得治体构想能够截断众流，别开天地。这一别开天地，建立在抽掉现实立国传统本末的基础上，在转向未来的时刻倚靠的是一个虚无化的历史世界和完美化的经学典范。从这一点，我们可以理解晚清的变革浪潮引梨洲为隔世先知，将其视为中国的卢梭，由此奏响君主制传统的祭歌，也遥启乌托邦精神的大门，为接引现代转型发掘出创制线索。在"明夷"日落时刻，梨洲愤发昭旷，究原体统，将理学心学与经制事功学熔炼一炉，为立国的新日出时刻蓄藏薪火。《原君》《原臣》《原法》《置相》《学校》五篇，是《明夷待访录》中的"明夷待访录"，是朝向未来的理想立国论，几为现代中国的"大宪章"与新王官学。

◇ 第四节 "正黄"：立国视野中的公共传统与 现代共和缘起

《明夷待访录》的变革思维特质透过与王夫之《宋论》的比较，透过朱一新、宋育仁、章太炎、钱穆等人提出的评论，可以得到进一步豁显。

王夫之（1619—1692）《宋论》的论述方式更接近立国思维，紧密结合宋朝历代君主政治演进来阐发儒家治体思想。由陈亮、叶适等立国思想家推阐出来的政治思维，以一种更为成熟的史论政论形式在《宋论》中得以系统推演。在主要观点上，王夫之继承这二人，超越变革史观，强调太祖立国之本和宋代前期保守政治的根本地位，对于仁宗时期开启的变法政治、舆论政治痛加针砭①。这一处理是浙东立国思维的进一步保守化阐发。

我们可以透过一个角度领会他与梨洲的思维差异，即对待现实立国传统的"是今"或"非今"。有一段话，最能体现船山正视现实政治传统的立国思维取向。

在论述仁宗变法政治时，船山提出，"国家当创业之始，戡乱而治，则必有所兴革，以为一代之规。其所兴革不足以为规一代者，则必速亡。非然，则略而不详、因陋而不文、保弱而不竞者，皆有深意存焉"②。

朱子所谓"建立国家，传世久远"，在船山看来，其实必有其客观道理。朱子批评陈亮"追点功利之铁，以成道义之金"，其实是将事与理截然二分，将三代与后世截然二分，消解了历史政治传统的基本价值。③

船山接着说，"君德、民心、时会之所凑，适可至于是；既至于是，而亦足以持国于不衰。乃传之数世而弊且生矣。弊之所生，皆依法而起，则归咎于法也，不患无辞。其为弊也，吏玩而不理，士靡而亡实，民骄而不均，兵弛而不振；非其破法而行私，抑沿法而巧匿其奸也。有志者愤之，而求治之情，迫动于上，言治之术，竞起于下；听其言，推其心，皆当时所可厌苦之情事，而厘正之于旦夕，有余快焉。虽然，抑岂必归咎于法而别求治理哉？"政治的衰败有其必然之情势，问题严重，是否一定归结为法度问题呢？

---

① 参见王夫之《宋论》，卷一《太祖》至卷三《真宗》部分，中华书局 2009 年版。

② 本节所引见王夫之《宋论》卷四，《仁宗》。

③ 《陈亮集》卷二十八，朱熹《寄陈同甫书》之九，第 368 页。

"吏玩而不理，任廉肃之大臣以饬仕阶而得矣。士靡而亡实，崇醇雅之师儒以兴正学而得矣。民骄而不均，豪民日竞，罢民日瘠，人事盈虚之必有也；宽其征徭，疲者苏而竞者无所容其指画矣。兵弛而不振，籍有而伍无，伍有而战无，战争久息之必然也；无荐贿之将，无私杀之兵，委任专而弛者且劝以强劲矣。若是者，任得其人，而法无不可用。若十一千百之挂漏，创法者固留有余以养天下而平其情。匹夫匹妇祁寒暑雨之怨咨，猾胥奸民为鼠为雀之啄龁，恶足坏纲纪而伤教化？有天下者，无容心焉可矣。"船山在治法之外，显然认为并非只有变法一条路，治人主体的运用有其辩证功能。

这一"是今"的政治意识，正是立国思维不同于变革思维的重要区别。船山于此，批评儒家动辄"法先王"的呼吁，指点出"法先王"与"法后王""法祖"之间的张力。仁宗时期宋学兴起，变革思维主张回向三代、改革祖宗之法，在船山看来，是将近世政学传统引向纷乱失据。"夫言治者，皆曰先王矣。而先王者，何世之先王也？孔子曰：'吾从周。'非文、武之道隆于禹、汤也。文、武之法，民所世守而安焉者也。孟子曰：'遵先王之法。'周未亡，王者未作，井田学校所宜遵者，周之旧也。官习于廷，士习于学，民习于野；善者其所凤尚，失者其所可安，利者其所允宜，害者其所能胜；慎求治人而政无不举。孔、孟之言治者，此而已矣。啧啧之言，以先王为口实，如庄周之称泰氏，许行之道神农，曾是之从，亦异于孔子矣。故知治者深为仁宗惜也"，"在昔李太初、王子明以实心体国，奠七十余年社稷生民于阜安者，一变而为尚口纷呶之朝廷，摇四海于三寸之管，谁尸其咎？岂非倡之者在堂皇，和之者尽士类，其所繇来者渐乎"，"天章阁开之后，宋乱之始也"。

立国思维，正是要肯认"民所世守而安焉者也"，于此基础上正视祖宗之法、先王之法，在这个维度上激活经史诸子资源，进行政治传统的再度道义化和辩证审视。《宋论》终篇，呼吁"后有起者，鉴于斯以立国，庶有待乎！平其情，公其志，立其义以奠其维，斯则继轩辕、大禹而允为天地之肖子也夫！"① 船山以此平情公志待后世立国取法，良有深意焉！

晚清以来，对于《明夷待访录》颇多评论，章太炎曾提出"非黄"。我们可以把这些评论视为源于治体论传统的矫正，是一种"正黄"，也可帮助我们理解近世政治思维中的持久张力。

首先是朱一新（1846—1894）在《无邪堂答问》中的多处批评。对于《学校》篇主张"其人稍有干于清议，则诸生得共起而易之……若郡县官少年无实学，妄自压老儒而上之者，则士子哗而退之"，朱一新认为比士人清议名节更根本的是风俗，他赞美明前期风俗朴素，主张风俗宁陋勿妄。议论纷纭而浮夸相尚，是风俗败坏。鼎甫批评梨洲以浇漓之风俗为有为之士风，也不能认识到《王制》《学记》三代造士之法的精义（"以六德六行六艺教士"）。其次，学校本是有多面性，既出清议，也生横议，既出君子，也出小人。这一点，与水心结合宋政的观察相通。鼎甫认为梨洲受明季风俗浸染，只看到学校公论的理想性，对其阴暗面估计不足。甚嚣尘上的士风不会产生良法美制。这里，对于公论政治多面性的审察，关于风俗对治法制度的支配，鼎甫的视野多近于陈亮、叶适等人对于宋政宋学的分析。②

对于《置相》，朱一新认为明代中叶以后宰相之实未废，梨洲究心于法制，不如重视主德，看君主如何处理君臣关系。主德即治人主体的政治技艺手段，要比治法更为根本。君道要比是否设置宰相更根本，实政比制度虚文更重要。鼎甫此处评论，点出的是治人与治法的比重关系问题。③ 朱氏评《兵制》，同样强调制度治法的变迁性、易坏性，重视随时修饬损益的实

① 王夫之：《宋论》，第 262 页。
② 参见朱一新《无邪堂答问》卷三，《续修四库全书》，子部，杂家类，第 519—520 页。
③ 参见朱一新《无邪堂答问》卷一，第 471—472 页。

践智慧。①

针对廖佩珣称赞《明夷待访录》"纯乎三代之学"，鼎甫认为梨洲言利弊透彻，但治法论审核利弊多失衡，并不足取。梨洲论学校，并不合乎三代之法的精神。井田、封建和学校是一个整体系统，"相因而及"，历经长期经营，形成"相维相系"，不能单独移植改造。鼎甫此处，将立国思维归溯于三代之法，指出古今脉络不同，不能简单模仿。虽然也继承三代与后世有公私之区分，鼎甫认为不能激进否定后世之法，应看到"后王私天下，其心虽私，其治固不能不出于公。后王与圣王，所判者在心术，不在治法。因心术之私而治法亦遂有私者，要非事事皆私也。汉魏以来，良法美意甚多，曷尝专为私天下而设?"② 法三代，不能泥于具体制度形式，而要把握法意。即使三代圣王之公天下，制度政事中也不否定私的存在，公私之间存在历史辩证关系，并非截然两段分疏。鼎甫这里，发扬的正是近世立国思维中基于治法对于现实政治传统的辩证对待精神，"汉魏以来，良法美意甚多，曷尝专为私天下而设?"他继承了朱、陈论辩中龙川对于汉唐治法的合理态度，对梨洲彻底否定三代之后法度传统持异议。另外，梨洲盛赞尧舜禅让的公天下精神，鼎甫则认为孔子称扬者以君道、臣道为主，并不因禅让这种圣人至德而忽视基本伦常纪纲。③

针对变法论，鼎甫与王船山同调，不赞成轻言变法，主张法度既成长久，当主言去弊、慎言变法。豪杰任事，常能得法外之意，不牵制于文法。大变法往往是鼎革之时，守文之世不应轻言变法，王安石乃失败前鉴。这一对于变革变法思维的反省，也是继承了近世立国思维的洞见。④ 鼎甫认为梨洲《明夷待访录》没有把握立国法度的变化逻辑，批评的多是"末俗之

---

① 参见朱一新《无邪堂答问》卷一，第 472 页上。
② 朱一新：《无邪堂答问》卷三，第 525—526 页。
③ 参见朱一新《无邪堂答问》卷一，第 526 页。
④ 同上书，第 527 页。

凌夷，非立法之本意"。一个国家建立之初，法度往往宽大。日久生弊，守成君主变法，往往急救目前，不能探究立国立法本意。"昔人之立法，皆非漫然为之也。试观历朝典制诸书，其大经大法，所以教养斯民者，何等周密。"① 这个观点，正是近世立国思维以现实立国传统为本位的理念，和王船山在《宋论》中所阐发者一致。

朱一新对《明夷待访录》的批评牵涉到他与康有为的思想争论。由此也连接起晚清以来的政治思维。如康有为（1858—1927）与张之洞（1837—1909）之分野，前者编制经学资源、广泛吸取诸子外道思想，为其速变激变的大变法鼓与呼，梁启超则以变法为衡定中国大政治家的核心标准，与张之洞《劝学篇》中立基于现实立国传统的稳健改良论，也可视为近世变革思维与立国思维的现代演绎。

章太炎（1869—1936）在晚清经历了对《明夷待访录》先扬后抑的思想转变，先是 1908 年称"余姚者，立宪政体之师"，1910 年又在《非黄》中批评黄宗羲的政治思想。② 太炎《非黄》本是出于对晚清立宪法治论的忧思，"举世皆言法治，员舆之上，列国十数，未有诚有以法治者也。宗羲之言，远西之术，号为任法，适以人智乱其步骤，其足以欺愚人，而不足称于名家之前，明矣"。他认为学校构想会造成"士侵官而吏失守"的士人朋党问题，反而与"有治法而后有治人"相矛盾。梨洲的宰相设想同样会造成朋党倾轧、破坏法度。③ 学校新制威胁到君相结构的内部平衡，这一批评取向与叶适、陈亮相合，背后的思考点是对于君相结构既有平衡、行政系统基本权能的保卫。

---

① 朱一新：《无邪堂答问》卷一，第 529 页。
② 参见章太炎著，汤志钧编《章太炎政论选集》（上册），《王夫之从祀与杨度参机要》，中华书局 1977 年版，第 427 页。
③ 参见《章太炎全集》（第 4 册），《非黄》，上海人民出版社 1985 年版，第 124—129 页。

太炎驳论所依据的观念多来自韩非子这样的先秦法家，问题意识有与"法祖"心智相通处，强调对于现实政治传统的正视。① 实则，法家之注重法度，已由近世经制事功学消化吸收于新儒学立国思维，整顿内化于治法论之中。只是近世理学主导下的经世思想，已将经制事功学的立国思维逐渐边缘化。而晚清与朱一新、章太炎有密切联络的浙江有识之士们，如孙锵鸣（1817—1901）、宋恕（1862—1910）、陈黻宸，虽抨击理学流弊，对于近世立国思维却不甚明了。他们激赏《明夷待访录》的民权法治潜能，成为此书有功于变法和革命的有力推手。② 南宋浙东儒者的立国思维，经宋恕而透显出与"素王之旨"相合的王官学精神，但逐渐在理学的他者视域中被窄化为不轻视心性内圣、与理学同源异流的事功之学，失去了治体论的深沉启示力。③

晚清民初儒者宋育仁（1858—1931）在《宋评〈明夷待访录〉》里面做

---

① 钱宾四先生 1937 年在《余杭章氏学别记》中对太炎此篇有专论，指出《非黄》篇意在批评晚清民初士人借尊黄来主变法。政治措施，不必都在变法，也在于除弊。"以法救世"，夸大了体制变革如模仿代议制度的神效。这个批评指向梁启超等人赋予《明夷待访录》《原法》的法治精神，背后折射出近世立国思维的现代活力。参见钱穆《钱宾四先生全集》，《中国学术思想史论丛》（五），中国台湾联经出版事业股份有限公司 1998 年版，第 22 册，第 535—6 页。梁任公观点，参见梁启超《论中国学术思想变迁之大势近世之学术》（1902 年），载沈鹏等主编《梁启超全集》（第二册），北京出版社 1999 年版，第607 页。

② 参见杨际开《〈待访录〉在清末的传播源、影响及其现代意义——以孙宝瑄〈忘山庐日记〉为线索》，《上海师范大学学报》2011 年第 6 期。

③ 孙宝瑄描述宋恕，"先生生平于古名臣中，最服膺唐陆宣公、宋司马温公，二人皆洞悉民情，深达治体者也。而先生之宗旨可见矣"，参见孙宝瑄《忘山庐日记》，上海古籍出版社 1983 年版，第 198 页。司马光的治体论是近世立国思维之嚆矢，惜乎六斋未能溯源寻流，再揭经制事功学之大体。关于宋恕，参见杨际开《清末变法与日本——以宋恕政治思想为中心》，上海古籍出版社 2010 年版。宋恕从经世角度解读孔门四科，推崇孔子的素王之旨。他特别褒奖南宋浙东的陈傅良、叶适和陈亮以豪杰之士发明这一精神，黄梨洲《明夷待访录》继此之后发挥素王之旨、四科之教。参见宋恕著，胡珠生编《宋恕集》，《〈经世报〉叙》，中华书局 1993 年版，第 273—274 页。

了多处点评。① 有几点值得关注：首先，育仁对于秦汉以后的郡县时代，政治评价趋于消极。但是，对于梨洲批评后世之法，育仁也分别做了限定，不一概评判。如君臣共治，汉唐宋有可取成绩，明仁宗以后政治比较符合梨洲批评，宰相沦为宫奴专指明代，书院与朝廷的对立则专指宋明两代。大体上，育仁承认汉唐法度有承接三代的公正合法性。

其次，对于君道的古今之变进行解释，区分"议道自己""执法众人"。育仁指出引入西学的洋学者，假借《明夷待访录》，"谬托于此，以为无君则治，适以证成无主乃乱"②。梨洲放逐君主，尚非弑君，到了晚清则成为非君无主的思想资源。育仁引三代君道"施勤不望报"的"议道自己"，指出君主得道则可治，完全基于权利观念上的君主理解其实误入歧途，反倒成为了非君无主的无君论引子。

再次，育仁对于梨洲的《原臣》论所树立的大臣典范，认为其发扬孟子思想，然陈义过高。贤能程度与爵位等差对应，这是立政原则。梨洲的"天下为主，君为客"，合于位为主、人为客的设官古义。应看到人的贤能不等，所对应的臣道也不等。梨洲只是揭明最高尚者，未对各个层次的臣吏伦理做出说明，相对的是一种高调理想化的臣道论。

最后，对于梨洲《学校》，育仁认为"此尚非探本之论"。按照经训，君德养成，相辅得人，按照立政原则实行实政，这才是根本。否则，"在位者不能职思其居，斯在下者思出其位也"③。学校的士人参政，在育仁看来，还是不如君相体制更为根本，思出其位，衍为抗议。梨洲凸显以儒立国这一共治力量，对于君相体制的系统平衡形成挑战，朱一新、宋育仁都是从

① 参见宋育仁著，王东杰、陈阳编《中国近代思想家文库·宋育仁卷》，中国人民大学出版社 2015 年版。

② 宋育仁著，王东杰、陈阳编：《中国近代思想家文库·宋育仁卷》，中国人民大学出版社 2015 年版，第 405 页。

③ 同上书，第 412 页。

纪纲平衡的角度对此提出异议。

育仁的政治理念尊奉经学，"经训所垂先王之制，乃一切政制之原则也"①，自称为"经术政治学"。他特别重视《周官》经典，以封建天下之原理严厉抨击郡县制度，并援用现代的国体政体概念来解析政治，郡县是秦汉后国体，一统集权是其政体。②育仁的政治思维已经阑入现代中西混杂之中。但他更批评当时新学、洋学者流，借用《明夷待访录》批评"非法之法"，而提倡"一切放任，又从而一切仿洋"的谬论。世人不能领会三代之法的精义，转而全面模仿西洋，导致共和转型难成其功。③育仁是以三代立国精神，抵制西学立国的简单移植。

育仁以封建原理之经学思维为本位来审视《明夷待访录》，是梨洲把三代之法作为典范依据的进一步精密化，重经而轻史，也走向超越所谓郡县天下的"复古即维新"之路。中国的变革在于复三代之古，西法之善合于三代之法意，其不善也需复三代之古以纠正。育仁的案例，是现代转型中以经学思维支持变革维新的一个进路，只是其对待秦汉以后历史政治的批评不及梨洲彻底激进，承认古今有相通处，因此颇能窥破当时西学者假借《明夷待访录》接引民主自由的手段。其评论，仍透露出传统治体论的思维特质，如论君德君学、论君相体制之中心性、位分职业的客观秩序意义。

章太炎目睹民初革命党人资取阳明学奋发踔厉，希望辩证评价这一传统，遂援引陈亮、叶适之学作为养成立国心智的宝藏。这已触及"革命之后"的政治重建问题。阳明学也好，《明夷待访录》也好，在促成对于传统的革命之后，终究必须面对古老大国的现代立国问题。近世治体论提供的罗盘与标尺，在革命立国的现代时刻得以重返实践场景，使得我们重新关

---

①　宋育仁著，王东杰、陈阳编：《中国近代思想家文库·宋育仁卷》，中国人民大学出版社 2015 年版，第 426—427 页。

②　参见《宋育仁卷》，《政治学》，第 293 页。

③　同上书，第 409 页。

注近世立国思维那些被遮蔽的洞见，直面更为复杂的国家建构议程。钱穆先生就是在这一层面频频论及南宋浙东与《明夷待访录》。他提醒我们，现代国人对于西方政治文明的盲目模仿，不过是朱、陈之辨中单向度理想主义的西学版本。应当正视历史和现实中国的立国之道，这使得钱穆不能认同《明夷待访录》中对于汉唐之法的简单否定，而是接引近世治体论的法度议程，对黄梨洲的激进气质进行保守化调适。他敦促对于传统法度遗产的公共性应当平情就实地去理解，不能激进否定。同时接续后者的学校论，将其视为中国文化第三大阶程的最要宗旨，来弥补孙中山五权宪法的不足①。宾四先生对《明夷待访录》的阐释，最能体现来自治体论传统的"正黄"大旨，避免了对于黄宗羲思想的简单化偏激处理。

现代知识人激活《明夷待访录》，一者由放逐君主而发展为共和革命，一者由以儒立国的学校构想而接引议会、民意等西学资源。《明夷待访录》是在共治传统中抑制王权专断，抬升士人公论地位，透露出对于近世政治脉络中王权强化和民气伸张的思想反应，尤其是对于明代治体用刚的反拨。黄宗羲以一种二分式的进路处理近世公共传统，抑君权，崇公论，激情澎湃，利弊相参。其思想逻辑的潜能，在现代转型中被推演至民主政治、自由法治，已经脱离近世共治传统与宋学治体论，阑入欧风美雨的洗礼改造中。章太炎称梨洲，"其言政在《明夷待访录》，靡辩才甚，虽不时用，犹足以偃却世人"②。然而，若不能了解治体论的思想传统脉络，我们很难对其现代启示做出公允明智的领会。

在近世治体论的罗盘与标尺下，《明夷待访录》作为新王当立的王官学，是野人先知对近世立国思维的激反与吸纳，接引理学和阳明学的治道理想，以经制事功学的治法思维进行宪制重构。政治权威与共治的整合、

---

① 章太炎论点，参见本书导论部分；钱穆观点，参见任锋《钱穆的"明夷待访录"》，《政治思想史》2018 年第 4 期。

② 《章太炎全集》（第 4 册），《非黄》，第 125 页。

公共道义的法度化宪制化是近世政治社会的主题议程，三代立国和现实立国构成了其中正反两大张力，梨洲以理驭事，以激切方式提出近世合题。在晚清转型之际，这个合题又以现代正题的面目顺势而出，透过"君王在学校中"的核心构想呼唤共和革命的大立法者。君主制被打倒了，共和制难道没有自身的君主制要素？继清而来的新政权仍然需要面对大规模文明—政治体的统治问题，政治权威、元首制度在君主被放逐之后的现代共和国中如何安置？"用人民来做皇帝，用四万万人来做皇帝"是否可行？①由士及民之公共精神的政治伸张需要何种文化和制度条件来合理施展？现代革命迎立的"新君主"身披公义黄袍，再度开天辟地，以天下之公是公非整合政府与社会，士民"诗书宽大之气""疑义相质难""伐鼓号于众""哗而退之"中跃动激荡着的政治动能势必寻求其现代表达。

"新君主"需要同时处理权威与共治的公义整合、法度化难题，这也是陈亮、叶适等人初步揭示出来的近世政学大挑战。《明夷待访录》在此意义上堪称遥启现代立国。其引发的治体论之诘难慎思，则说明这一立国的治道和治法并非天经地义，在宪制传统视野中犹能"疑义相质难"，公之于天下是非。共和的成熟需要"正黄"，这并非是否定《明夷待访录》的启示，而是希望更审慎地运用这一遗产，重新认识近世公共传统中被遮蔽和被调用的复杂因素，克服民主主义、自由主义取向的"辉格叙事"（the Whig Interpretation of History）激情。

促成现代共和缘起的精神质素和智识资源，在"正黄"涵括的对话论

---

① 广东省社科院历史研究所等合编：《孙中山全集》，中华书局 1986 年版，第九卷，第 270 页。中华人民共和国历史上，如论者指出，"在新中国的政治传统中，从一开始就偏爱委员会制的集体领导。这种事实与规范的背离以及在国家元首问题上的暧昧态度，一直持续到'八二宪法'，新中国的宪法体制始终不敢直面国家元首问题"。参见翟志勇《国家主席、元首制与宪法危机》，《中外法学》2015 年第 2 期。即使正视这一问题，也倾向于将其放置在民主原则下，弱化之，仅保留其礼仪性、荣誉性的功能。参见浦兴祖《我国实行的是单一元首制》，《中国特色社会主义研究》2004 年第 1 期。

辩中可获得重新省察：如何对待中国历史绵延的复杂传统？如何洞察大规
模文明—政治共同体的宪制构成？如何定位和更新立国的精神信念根基？
如何认知君主制及其与共和的深刻关联？如何明了古老礼乐文明与近世法
度传统之间的关系？如何看待中国的公共性遗产（公道、公法、公论）及
其现代转换？如何处理共治性力量与国家权威之间的整合主题？如何安顿
这些资源与现代民主、民族、民生之间的关系？

如果把"法三代"与"法祖"、"法先王"与"法后王"看作两个不同
的立国思维取向，在前者与后者之间存在几种不同的对待关系。以前者为
真理，以后者为谬误，构成是古非今的复古主义；以后者为真理，以前者
为不当，法家者流近于此。近世秩序思维中更常见的是以"法三代"为典
范，同时辩证对待"法祖"，在二者之间寻找贯通和平衡。或者，更由辩证
思考祖宗之法、现实法度，追溯到对于三代之法、王道的辩证分析，如陈
亮、朱一新等。以三代立国，以祖宗之法立国，在政治思维精神上体现出
理想与现实、经学与史学的分殊。后者由于充分正视现实政治经验的持久
成就，更能体现立国思维的客观意识，彰显系统性、精密化、传统感和实
践感。对于典章制度之学和治体论的探讨，也由这个路径而得到充分发展。
毕竟，现实立国传统自身就蕴含了道义与礼法的真和俗，值得每一个高远
审慎之士耐心探究。否则，失去这个根基，如果以三代立国落为空言，极
易转而依附他者外学，历史传统的虚无化和文明系统的异化势必随之而来。
最后，相对于以外学立国，以三代立国也只会沦为一个便于转型的"梯
子"，用过即弃。① 从这个角度，我们也可观察现代中国转型历程中变革思

───────────

① 梁任公民国时期（1923—1924 年）即指出，《明夷待访录》"从今日青年眼光
看去，虽象平平无奇"，"的确含有民主主义的精神，虽然很幼稚，对于三千年专制政治
思想为极大胆的反抗"，参见梁启超《中国近三百年学术史》，东方出版社 1996 年版，
第 55、56 页。若完全从政体论的民主标准评价，梨洲此书只是一时政治意识形态斗争
的工具，其自身所处治体论思维传统的多样视角及其资源，自是不会得到揭明。青年人
追求民主，也不必再绕道梨洲，直取西哲撰述即可。

维与立国思维的角力。

　　立国思想家的核心人物吕东莱有言，"六经所载者，尧、舜、禹、汤、文、武未备之法。用六经者，当有尧、舜、禹、汤、文、武未用之效……是自夫子既成六经之后，尚为未试之书也。试六经之未试，使异端恶党不敢指夫子之述作为虚言，非儒者责耶"①，"天理之未凿者，尚有此存，是固匹夫匹妇胸中之全经也……圣人之意，盖将举匹夫匹妇胸中之全经，以救天下破裂不全之经，使学者知所谓诗者，本发乎闾巷草野之间，冲口而发，举笔而成，非可格以义例而局以训诂也"②。六经有未试，天理有未凿，由梨洲"以儒立国"之共治宪制转出现代中国之黄钟大吕，于共和革命中我们仍应倾听近世立国思想家的深思熟虑。

---

① 《东莱外集》卷二，《吕祖谦全集》（第一册），第 634 页，《策问》。
② 吕祖谦：《左氏博议》卷十三，第 334 页。

余 论

一 治体思维的理论启示

治体论作为中国政治传统的重要思想资源，蕴涵了如下理论启示：

第一，治体论体现出一种基本的思维意识，即对于政治社会秩序的系统判定和要素辨知。治有体，政有要，一个秩序的形成和建构包括哪些要素，其价值比重是什么，有何种内在逻辑，这是治体论的思索动力。现代中国重视政体、体制，其意涵虽经西学转舶，基本的思维意向仍与治体论的悠久积累遥遥关联。

治体论核心要素大概可归约为三，即治道、治法与治人。治道指向基本秩序原理和原则，治法指向体系性规则和制度，治人指政治主体，涵括其德行、智识和技艺。原则和体制之间，一些传统政治重视的要素如风俗、风气，横跨治人、治法、治道的不同层面。不同治体论模式的角力，端在于此三类核心要素的构成方式及内合逻辑，并展现为不同历史观、时政分析、治理类型论。

治体论聚焦于国家型构的上下内外关系，不仅关注政府体系的中央地方、内部与边疆，也涵括政府与社会的国家整合问题（延及国势、天下之势）。

这一思想传统在我们熟知的传统话语外提供了不同的理论视角。它代表了政治传统中更具实践性和系统性的理论资源，可以推进思考：如何将"内圣外王"代表的内外兼修的人格理想转化为行之有效的秩序形态，在客观架构的意义上揭示秩序建构和演进，如何看待"通三统"在历史传统视野中处理不同阶段的政治社会秩序，将文质之变在道、法、人互动关系中给予更具结构性的阐释，如何理解经史政治理念与历代经世实践之间的具体融合。

第二，治体论的形成显示出一种强烈的实践者本位视角。这个实践者本位是依托于秦汉以来士大夫这一独特的思想和行动主体。治体论的系统性，乃是结合他们各自一代之治的传统脉络来说。贾谊、董仲舒内在于汉代政治中，魏徵、唐太宗内在于唐代政治中，司马光、朱子、浙东儒者内在于宋代政治中，他们分别在自身的政治传统中以秩序构建者和阐释者的身份来阐明其治体论。它提醒我们，避免把他们作为现代知识分子或专业型哲学从业者，而是作为秩序体制的能动建构角色来看待。

举例来说，宋儒是在推动政治实践的脉络中来援引三代之法、汉唐之法，解释祖宗之法，他们身处具体的价值和利益网络中，往往在积累性礼法传统的意义上提出相应政治时势和情境的诠释。如南宋陈亮在对孝宗的上书中溯源祖宗之法，强调上下相维相制，特别援引仁宗尊重宰相和台谏的故事成宪，其论说的含义不仅出于宋代士人延续申说祖宗之法的惯例，也是致力于对孝宗独断政治的纠正约束。① 再如陈亮对于宋代"以儒立国"这一立国精神的揭示，从太祖开基的史实层面讲未必牢固，但放置在北宋中期以来不断强化尚文取向的祖宗法传统中，结合陈亮对于孝宗朝用人倾向的纠偏，这一言说的规范性意涵其实需要从实践者视角去理解和评价。② 这样一个说法实际上是对宋代政治传统当中具体历史先例的理论概括，它在以往部分地被践行，未被系统点明，于此而有一个明确的原理化表达。我们不能想当然地将此看为一个于史实不确的时代谬误，毋宁将其视为治道原理层面对于宋代立国精神的礼法性提炼。中国传统的政学结构，形成

---

① 参见《陈亮集》，《论正体之道》，第 28 页。
② 参见《陈亮集》，《上孝宗皇帝第三书》，第 3 页。

了士大夫实践本位的知行脉络，是我们理解治体论时不可忽视的基本前提。经史与经世的结合，对于典章制度的融贯性研讨，都显示出治体论重视经验的实践取向。

第三，治体论传统衍生出了诸多思想形态和模式。儒、道、法等流派孕育了基础性议题，特别是儒家和法家，对于治道、治法和治人提供了竞争性的基本思考取向。他们触及了治体论的关键议题，即人作为政治主体与道、德、礼、法在政治社会秩序中的角色和比重。儒法关系是老问题，但若采取治体论视角，图景可能别有蕴涵。比如治体论意识之破题，就是贾谊通过援引《管子》、在紧要迫切的儒法辨析中正面透显其经制意义，对仁义和法度体现出一种并重视野。儒法之辨无疑贯穿整个郡县制大一统国家的缔造期，核心聚讼区域就是人、道、德、礼、刑的次序问题。杜恕《体论》进一步明晰化了这个议题，以"礼者，万物之体也"作为君、臣、政、法等活动的根本，代表了治体传统的礼本论形态，其余响在《贞观政要》的"政体"篇透过魏徵与封德彝的争论依然可辨。

近世儒学的治体论经历了从变革思维到立国思维的演进，形成两个基本范式。理学与经制事功学推动了治体思维的某种成熟发展。从天人关系论，汉唐政治思想偏重天人外合，阴阳五行、宇宙论的思维方式非常强烈。近世以来，天人关系更趋向用一种理性化说明的方式，阴阳五行的宇宙论思维逐渐弱化。理学和经制事功学分享关于天理天道的诸多共识，但治体论上取向各异。二者分别以心性、事理为本位来思考政治秩序建构。理学治体论极大深化了治道层面的义理含义，强化了心性伦理在治体中的关键价值，元明以降成为主导形态。另一个治体论形态即经制事功学所代表的，其实是北宋新儒学的一个主流，但在宋以后逐渐成为一个被遮蔽的、被遗忘的传统。然而它的重要性绝不能被低估。它为我们认知近世中国的秩序特质提供了罗盘和标尺，强调了思想运作的基本历史政治条件。牟宗三先生的《政道与治道》，特别是《心体与性体》，对于叶适、陈亮这一脉在理论上特别重视。他提及他们在治体论上的开创性价值，下启明清之际的王船山和黄宗羲。但牟先生又站在理学本位的立场上对其哲学思维进行了激烈批评，认为他们陷入经验主义、现象主义，完全以王者事功作为价值标准，忽视孔孟德教心性的中心地位。这些偏见性评论未能真切内在地理解经制事功学，却从竞争性立场反向揭示出近世治体论的内在丰富性。①

近世治体论演进，除了应对汉唐以后佛教、玄学的义理挑战，还回应了近世更趋平民化、世俗化、公共化的政治社会结构趋向。家国再造中的法度化议程，由此得以聚现。宋学对此的支配影响值得高度注重，也是我们思考治体论之现代相关性的切近基础。

第四，依据治道、治法和治人的不同组合，治体论为政治分析提出了一套类型学观念。任人、任法、任道、任德、任礼、任刑等概念，就是治体论意义上的政治类型分辨。"任"乃指某一种统治方式在一个政治社会秩序中占据了主导乃至绝对地位。这种分别，在先秦诸子里已经出现，如《管子》所论"任法"。近世治体论中，这类运用更为活跃。宋代儒者每每指陈其时政治特征是所谓"任法"，进而在儒家立场上提出纠偏。如陈亮指出，汉代任人，唐代人、法并行，宋代任法。相比之前流行的宽猛、文质或忠敬文之论，这凸显出治体论自身要素的分析比重。问题的复杂处，往往在于如何理解某一类型中人、道、法如何围绕一个中心点构造具体关系。

第五，从法度纪纲视角看，政治传统观中有一个三阶段的法度论，或可曰"法三世"。以近世宋儒为例，喜言三代之法、汉唐之法、本朝之法（祖宗之法），在三者间进行比较。由于缺乏有价值的横向比较对象，这就形成了治体论传统中十分常见的纵向政治比较，最终指向现实政治理解。公羊春秋学的"通三统"强调对于既往王制的辩证继承，所谓"行夏之时，乘殷之辂，服周之冕"（《论语·卫灵公》）。近世儒者中理学与经制事功学

---

① 参见牟宗三《心体与性体》（第一册），中国台湾正中书局 1990 年版，第五章。

又分别促成两种历史政治心智，一个强调三代与后世之间的断裂、紧张，一个强调二者之间的贯通、损益。三阶段法度论实则建立了一个政治理想模式，强调政治传统维度，致力于时政的纵深透视。

与此相关，最后一点，治体论提醒我们从政治传统逻辑去理解政治社会秩序的动态演进过程。一个政治体立国、变法、维新、更化、革命，如何在治体论分析中呈现，是否体现出与现代西方政治学不同的理路，值得我们认真探讨。比如立国政治的国本问题，政治传统形成中的成宪、故事、统纪、纪纲、祖宗法问题，政治变革中的改易更化问题。譬如更化，在朝代鼎革之后的立国过程中，政治变迁是否必然意味着政体制度的大规模变迁？从汉兴、唐兴、宋兴这几个代表案例中看，传统更化思维并未采取大规模替换旧制的模式，而是着力于治人和治道的变化，以此带动制度层面的渐变。立国思维凸显出了以现实立国传统为本位的"是今"与变革思维"厚古薄今"取向的不同，在"法三代"代表的理想主义与"法祖"的现实主义之间建立起开放循环的诠释关系，而非截然对峙。传统经史资源在这个双向开放循环中逐步得以更新和推进。这种包含多维度、多要素的政治变迁理论，需要我们对传统政治实践进行充分了解。

二 从治体论审视现代政治理论发展

现代转型以来，对中国政治传统的特质判定与围绕政治现实的理解判断往往紧密联系。相当长一段时期里，我们的传统与现实认知受制于从现代西方引进的思想资源。这当然有一定的历史合理性。但是，对待中国这样一个巨大规模的悠久文明—政治体，不能忽视源自于自身传统的经验总结与思想表达，需要透过纷繁复杂的现实去深刻把握今人与古人之间的延续和变异。伴随中国在现代发展道路上的经验积累，人们越来越意识到这一问题，并且试图从文明传统的长程视野去透视自身政治思维的常与变。

作为文化保守主义的代表人物，牟宗三先生对于中国政治思维特质的总结性反思以《政道与治道》为典型。[①] 笔者曾指出"政道"与"治道"的提出代表了现代儒学的"概念突破"。[②] 它是现代学人在西方民主主义的刺激下，对于中国政治传统的返身而观。牟先生认为，中国政治传统主要表现为一个治道传统，而缺乏政道意义的突破。政道就是像现代民主那样体现出政权共有，并以一种和平稳定的制度化方式实现政权的转接交替。牟先生认为，中国政治传统集中于权力的操作性和工具性运用，多属治道层面。

这一对分析概念颇具思想典型性。现代中国学人多是在中西比较背景下，以民主政体为理所当然的标准，进行跨文化、跨社会的比较政治分析。我们会在梁启超、康有为，乃至于现代革命思潮中发现这种比较判断的普适运用。而牟先生以简练扼要的思想概括方式将其提炼了出来。

政治学家王绍光教授的论述与此相映成趣。[③] 他近年来不断指出，西方政治传统重政体论，中国重政道论。自梁启超以来，国人受西学智识支配，过于关注政体，将其看成解决中国问题的关键。这一政体决定论思维不仅影响对于中国传统的事实认知，也影响对于中国现实问题的分析判断。政体论关注的政治层面过于狭窄，主权归属与权力分配形式远不能把握住人类政治生活中更为重要的问题。王教授通过中国政治思想传统的概要分析，指认出以治道和治术为核心的政道论，以此为中国传统思维的精髓。治道提出了人类政治生活的目标和理想，治术则是实现这些理想的方法。

---

① 参见牟宗三《政道与治道》，中国台湾学生书局 2003 年版。
② 参见任锋《作为天理的民主：从〈政道与治道〉到政治儒学的开展》，《天府新论》2015 年第 3 期。
③ 参见王绍光《政体与政道：中西政治分析的异同》，《理想政治秩序：中西古今的探求》，生活·读书·新知三联书店 2012 年版。

这一政道概念源出于中国传统，尽力符合传统内在的意义指向，以与西方政体论比较。相对地，牟宗三的政道概念已是经历了民主政体论的洗礼，并在价值次序上与同样源于中国传统的治道概念进行了高下之别。究竟用什么样的概念工具来指引我们的政治传统判定？王绍光先生的问题意识十分敏锐。晚清以来，受西学挑战，国人方寸大乱，进退失据，逐渐形成反传统而尚西方的智识取向。这一思维习惯，一直延续到改革开放、再度打开国门。① 伴随着中国在政治和文化上的自主性增强，人们近年来开始反思，除了西学资源以外，我们有没有经历传统检验的概念范畴和理论工具？② 这是来自实践议程的切己之问，也需要在思想学术传统上有所重审。

晚清以来虽有经世之学的复兴，在思想上治体论传统却逐渐淡出人们的视野。进入 20 世纪，经过日本的接引转手，中国思想界接受了源自西方传统的一套政体学说以及日本高度改造后的国体论。③ 政体也好，国体也好，本来都是从古典中文移植入日本语言中的概念，在现代经过西学洗礼，重载回流 20 世纪中国，支配了现代国人的政治思维。

从治体论视角，我们可提出一些反思，为什么传统面对西学冲击未能展现出积极的鉴别吸纳功能，逐渐隐没不彰？④ 为什么我们会接受经过日本改造过的国体和政体观念，这个接受过程有何得失利弊？一个粗略的比较可见，现代国人的国体和政体观，帮助我们引入了现代西方的主权论与立宪法治论。尤其是政体观，从专制与否的标准促使我们接受了一种关于政

---

① 参见任锋《新启蒙主义政治学及其异议者》，《学海》2015 年第 5 期。

② 这方面，可参见许雅棠《民本治理学》，中国台湾商务印书馆 2001 年版；黎红雷《为万世开太平——中国传统治道研究引论》，《云南大学学报》2007 年第 6 期。

③ 参见林来梵《国体概念史：跨国移植与演变》，《中国社会科学》2013 年第 3 期。

④ 参见任锋《新启蒙主义政治学及其异议者》，《学海》2015 年第 5 期。

治体制的现代理解。体制意识仍存，但只大体对应于治体论中治法的制度一部分。治体论传统中对于治人、治道、治法的丰富思考似乎难以在现代中国的政体观中延续下来。譬如对于《明夷待访录》，我们在民主与否的判准之外，似乎已经难以重新焕发传统的秩序思维活力。正因如此，我们需要"正黄"，反思《明夷待访录》的现代流变及其核心预设，审视"自私自利"是否具备建构勇敢新世界的秩序能力，也为理解现代找回另一种文明资源。换一个角度，我们还可询问，现代中国政治思维中，治体论传统是否仍有传承延续？一个初步观察是，至少在对传统政治资源有明确自觉和尊重的思想谱系中，治体论可能还有现代接续转化。如对于君主专制论说始终予以反驳的钱穆，基于中西文化系统的基本差异，对于主权说和法治说并未轻易挪用，而是努力揭示传统政治思维的精神。[1] 对于这类思想者，治体论的客观影响值得分析，也是我们观察传统之现代变迁的有利视角。

国人从西方的现代理论库中拿来运用了不少利器，直至今日，政体理论仍然是政治分析的重要工具。但是，面对越来越复杂的现代世界和中国事实，这一工具也显示出捉襟见肘、不敷应用的困境。[2] 中国作为一个超大规模的文明—政治体，本自发展出了非常丰富悠久的政治思想传统，也需要应对现代挑战重新激活这一宝贵资源。治体论相比显示出超越政体中心论的问题意识，治道维度关乎秩序的精神道义、文质宽猛与政学关系、意识形态问题，治法维度涵括了丰富的礼法制度资源，治人维度提醒我们注意实践主体技艺和人事的重要性。三者整合的体系视野，有利于国人审视政治宪制的价值、德行和纪纲法度。重新激活这一资源，既是为了周全地理解自身与世界，也是为了更稳健地安顿传统与现实。

---

① 参见任锋《钱穆的法治新诠及其启示：以〈政学私言〉为中心》，《西南大学学报》2018 年第 5 期。

② 参见杨光斌《政体理论的回归与超越——建构一种超越"左"、右的民主观》，《中国人民大学学报》2011 年第 4 期。

附　录

重温我们的宪制传统

近日读到《续资治通鉴长编》中的两个"故事"。卷一四三记载庆历三年（1043），"枢密副使富弼言：'臣历观自古帝王理天下，未有不以法制为首务。法制立，然后万事有经，而治道可必。宋有天下九十余年，太祖始革五代之弊，创立法度。太宗克绍前烈，纪纲益明。真宗承两朝太平之基，谨守成宪。近年纪纲甚紊，随事变更，两府执守，便为成例。施于天下，咸以为非，而朝廷安然奉行，不思划革。至使民力殚竭，国用乏匮，吏员冗而率未得人，政道缺而将及于乱。赏罚无准，邪正未分。西北交侵，寇盗充斥。师出无律，而战必败，令下无信，而民不从。如此百端，不可悉数。其所以然者，盖法制不立，而沦胥至此也。臣今欲选官置局，将三朝典故及讨寻久来诸司所行可用文字，分门类聚，编成一书，置在两府，俾为模范。庶几颓纲稍振，敝法渐除，此守基图救祸乱之本也。'上纳其言，故命靖等编修，弼总领之"。

这段话对于我们了解传统的法政语言，可谓非常精彩。20世纪有个众口铄金的论调，认为中国几千年盛行人治传统。这背后牵扯着现代国人奋力实现法治的转型宏愿。可是，中国政治传统，究竟是人治，还是德治，抑或是礼治？是否完全陷入违背法治精神的专制主义？这个重要问题不易笼统回答，至今众说纷纭，也间接影响着人们的实践。

按常理，一个政治体要实现内部善治，必要使自身经受得住各种无序性、破坏性力量的冲击和诱惑，努力实现权力的规则化。古今之治乱，均系乎此。上述富弼的言论就是在为天水一朝寻求治理太平的基石。宋立九十余年，避免了五代陵替的前车之覆，然而如何应对渐趋严重的内忧外患？富郑公认为，立法制乃是首务。什么是法制？就是文中多次出现的"纪纲""法度""成宪""典故"，它们构成了传统"治道""政道"的精华，能使"万事有经"。

这些维系宋代政权的根本性规则，自有其历史维度，传达着立国一代的政治嘱托。换言之，它们凝聚了国家创立群体的实践智慧，从而也构成后继者的正当规范。富弼在这里，就是建议赵宋的第四位君主仁宗为国立法、依法治国。当然，所谓"立法"，并非现代人想象的让仁宗自己拍脑袋立下一二三，而首先是基于"三朝典故"围绕政治先例和制度的追认性宣示。

这类立法，约束对象包括了官僚系统与高高在上的君主，提供了诸权力运作于其中的规则框架。且看另一则"故事"：卷一六五记录庆历八年（1048），"资政殿学士、知陕州吴育上言：'先王凝旒黈纩，不欲闻见人之过失。有犯宪典，即属之有司，按文处断，情可矜者，犹或特从宽宥。如此，则恩归主上，而法在有司。人被诛殛，死亦无憾。祖宗以来，不许刑狱司状外求罪，是以人人自安。近传三司判官杨仪下狱，自御史台移劾都亭驿，械缚过市，万目随之，咸共惊骇，不测为何等大狱。及闻案具，乃止坐请求常事，非有枉法赃贿。又传所断罪名，法不至此，而出朝廷特旨。恐非恩归主上，法在有司之意也。且仪身预朝行，职居馆阁，任事省府，使有大罪，虽加诛斩，自有宪章。苟不然者，一旦至此，使士大夫不胜其辱，下民轻视其上，非所以养廉耻，示敦厚也。'"

某高级官员因为请他代为说项的姻友把信送错了地方，被人告发。虽未枉法赃贿，也被置下诏狱。吴育在这里反复申张了一个士人共识，即"恩归主上，法在有司"。富弼曾就殿试制指出"礼部放榜则权归有司，临轩唱第则恩出主上"的时人之论，宋人还云"权归人主，政出中书"。于此可以窥见到一种清晰的"宪典"自觉，即君主主导整个政治系统的道德—精神性部分，维系其权源地位，行政、司法则归有司严格按照程序法典来处理。此处对精神性功能与法守—治理性功能的区分确保了君主的相对超然与司法权的相对独立，比西人白芝浩对于英宪 the dignified part 与 the efficient part 的类似分析早了八个世纪。如何理解皇帝制度，古人的思维与革命时代批判性极浓的专制主义论调并不一样。后者有其时代冲力，而前者也需要我们进入政治脉络去理解。

另外，吴育这里提到的，适用于高级官员的处置"自有宪章"，也就是宋代形成的一套礼遇大臣的惯例和制度，优先依靠政治精英群体生成的伦理、公论和礼法约束进行规训，而不操切于刑狱，甚或"诏狱"。换言之，高层反腐，雷霆万钧之前，如果缺乏或忽视内在自律的、政治生态自生的基本规约，整个社会系统的精英示范机制将废弛，难以"养廉耻，示敦厚"，结果可能更吊诡地加剧政治场域的劣质化。南宋叶适将礼臣视为宋代国本，包弼德译"国本"为宪法，可谓得之。

笔者研究近世思想，渐识士君子的语言其实深深扎根于他们置身其中的实践传统。南宋陈亮《论正体之道》提出"君以仁为体，臣以忠为体"，"君行恩而臣行令"，就是对上述"恩归主上，法在有司"的再阐明。同甫在《论执要之道》中指出君主"端拱于上而天下自治"，对于立法、行政活动"不降御批，不出特旨"，"辨邪正，专委任"。并引仁宗"措置天下事，正不欲专从朕出"的宪义自陈，指出它们构成了"政体""权纲"之原则（"祖宗上下相维之法"）。可以说，这个宪制传统已然形成了内部实践与话语的良性互动推展。

引用这些"宪典""成宪""纪纲"的文献，是想说明，中国本自拥有一个宪制演进传统。翻阅故国史册，大凡治理清明、国势兴盛的时期（如仁宗之治），这些话语也活跃于时人尤其是政治、文化精英的言行之中。他们代表了现代中国人业已陌生的一种法政心智和宪治精神。

当代国人关于宪制法治的认知,大多囿于西学西语的笼罩之下。君不见,一谈宪制,就不外乎三权分立、多党竞争、一人一票。一谈政治转型,就以西式民主为不二典范。殊不知,即如美国宪制也是由地方自治、法治、联邦制与民主共同抟聚而成,司法审查的精英性(非民主性)在争议中仍岿然不动。更不必说深层的宪制信念和礼俗,其得于信仰、宗教、法律传统者,难以全用民主模式衡量。如果采取过于狭窄和刚性的界定,中国政治传统很难说与之有切近的相关性,也难怪严几道当年在《政治讲义》中讥讽时人盲目比附。可是,我认为,身处现代转型之中的国人应该对此具有一个宽阔通达而把握历史精神的宪制视野,才能切中肯綮。

追根溯源,宪制本指一国之纪纲法度、根本大法,对政治权力予以安顿和规范。其规范性在于落实一种规则之治。而宪制规则,类型多样,涵括共识、先例、习惯、礼俗与法律。它们对于权力的规约经历了长期演进,较古典的宪制注重传统意义的惯例与礼俗,而现代西方则提供了创制成文宪法的典范,并衍生诸多现代意识形态为之张目(如人民主权、人权自由)。然麦基文在《宪政古今》中强调,"宪法并不是创造,而是生长,不是国家法典,而是民族遗产。现代人把所有法律等同于立法,这使人们不再像遵守私法那样去服从宪法。我们也不再像中世纪那样,把宪法看作习惯:其所以有拘束力,因为它来自人类最初的无法追索的记忆"。人民参与创制成文宪法,只是人类宪制传统的新近阶段。

现代国人追慕欧美,宪制理解过于偏重现代阶段,并据此衡量中国传统,于是难免产生一系列激切然而外在的酷评。如果承认宪制演进维度,我们可以比较平正地理解中国政治传统,在历史脉络中领会宪制规则的生成与演进。比如,四民社会中君主与士人依据先王之法形成的共治共理,此祖宗之法比起英格兰的大宪章(Magna Carta),其先进性和制度化程度可能不遑多让。二者在实践中都曾遭遇曲折,却不能因为英人的某种现代成功就完全抹杀中国先民的艰难探索。

　　宪制理解的比较视野在中国经验这里还需明确其文明自觉。作为一个超大规模的文明和政治体，中国自身源远流长的精神和文化传统（如儒家、道家）对其宪制演进发挥了巨大影响。这些传统源自上古圣贤的大经大法，而又经历了生生不已的演进发展。它们对我们理解中国政治传统中的宪制信念、宪制原理及其模式意义重大。

　　西哲理解自家宪制传统，认识到诸如封建制、普通法、基督教为其重要条件。如著名政治学家卡尔·弗里德里希撰有《超验正义：宪政的宗教之维》，强调基督教关切个体及个体得救之信仰的宪制价值。弗氏曾表达一困惑，缺乏此宗教信仰的社群能否支持一个宪制传统？这类困惑，也萦绕于很多现代后发国家的知识精英心中。

　　如果采取比较宪制的视野并具备清晰的文明自觉，我们当可克服这样一种特殊主义且自我设限的困惑。中国自枢轴时代以来的伟大文明传统，其实同样提供了深厚的宪制信念与精深的宪制原理。如《尚书·汤诰》所言"惟皇上帝，降衷于下民。若有恒性，克绥厥猷惟后"，《洪范》所言"惟天阴骘下民，相协厥居……天乃锡禹洪范九畴，彝伦攸叙"。当然，此处上帝并非西人之 God，天人之际也不能简单套用宗教文明的超越与世俗范畴。进一步，儒家传统如何塑造了秩序、治理理念中的规则意识，如何形成一套关于政治与文教的独到认知，还需要我们结合中国宪制传统进行探索。这种与比较宪制相关的文明自觉，在当代学者中已渐揭此义。如《儒家与宪制论集》中杜维明、成中英等先生，都能够突破西人的某种思想樊篱，从更广阔的精神文化传统来透视宪制精义。

　　关于儒家与宪制，近年来思想界颇为关注。学友干春松、白彤东认为大抵呈现出几种基本路向：或者认为儒家古代无宪制，今天可以追求（海外新儒家），或者认为中国因儒家而一直具有宪制传统（姚中秋），或者认为古代有无无所谓，今天可追求。这牵涉对于中国政治传统的基本理解，尤其关系到对于传统政治形态的考察。我并不同意第三种看法，对于第二种则认为可更精准表达：中国因儒家而具备一古典的宪制传统，它构成我们今天宪制转型的重要前提。

只要对中国政治传统的演进深入考察，就会发现，儒家继承了中华文明原初阶段（三代时期）的经典智慧（"祖述尧舜，宪章文武"），在秦汉之后的政治社会成为推动规则治理的最重要动力，于实践中秉持公共、维制精神而极大程度地驯服了权力体系中独断性、压制性的幽暗力量。我们思忖自家宪制传统，离儒家则无魂无体可依。

这一体现文明性、历史性特征的宪制载体，向我们展示出宪制的生成乃是一长期演进的历程。今天我们看到很多转型国家有宪法而无宪制，一个认识误区恰在于对于成文宪法或选举民主的迷信，须知成文宪法的有效运转依赖于对传统宪制规则的激活和扩展。一部与既有社会之民情、道德、礼俗相悖乃至敌对的宪法，无论如何不会有生命力，相反会造成整体秩序的紊乱与动荡。

儒家对于习俗、惯例、共识、礼法的重视，正是发挥其培育宪制规则之功。儒家对于政治—文明变迁的认知，强调因承损益、保守维新，珍视涵育文教、政制于一体的礼治视野，为权力安顿和规范提供了一个正当而有效的框架。如儒家之注重"故事"，推重典故，深谙"温故而知新"的体制演进机理。这与雷宾南先生所译戴雪的"宪典"（Constitutional Conventions）神韵相通，实则构成宪制大厦的深厚土壤。

翻阅史册，"故事"成为塑造政治惯例、养成治人治法、约束权力运作的一大源泉，于汉、宋之治特盛。一方面维系政治实践之持续推进、有章可循，另一方面不断提供内在更新变革的动力。前者如依据公共原则的"典故"强调赏罚至公，纠察君主、大臣等人的私情滥恩，依据"史院修撰，故事试知制诰"来规范决策权力的授受。像上文富弼的立法建议，就是要整理"三朝典故"，将故事汇编成文，提炼法义，由此实行法制。后者如庆历改革中范仲淹依据周公故事、汉唐故事，在政体上扩展充实宰相权力，增强其论道变法功能，试图改变祖宗家法的束缚限制。在他看来，宰相"上不专三公论道之任，下不专六卿佐王之职，非法治也"，援引三代故事改革祖宗之法，焕发法治真精神，这是故事之革新潜能。再如富弼任知制诰"缴还词头"，封还君主的不当任命，把唐以来局限于门下给事中的审核权力扩展到中书省［"中书舍人缴还词头，盖自郑公（富弼）始"］。确立新惯例，就体现出"故事"内在的规则衍生机理。现代政制虽异，其宪制功能归结仍在宪制规则之发现、维系与扩展，古今良治在核心精神上有相承处。

明了这种古典法治、宪制的演变，当使我们愈加清楚政治作为一个高度实践性、经验性事业的累积特性。现代的宪制转型没有"速成班"，非短期培训即可告成。古今倚重的宪制规则虽有类型差异，其间实有一融贯逻辑。现代宪制事业，同样是一个包含宪制信念、共识、伦理与礼法的多维系统。于中国这样一个文明古国，尤其需要注意到其宪制传统的一些独到特征可能长期持续。在《儒家与宪制论集》中，笔者提出了自己的初步观察，如以天人之际"超越内化"为特征的道德精神根基、以多中心治理为特征的治理架构、以相维相制为特征的政体模式以及对于治人主体/认同的兼重。这种儒家宪制视野，是我们深入比较和前瞻的一个前提。

因此，讨论宪制问题，需要历史感与文明自觉。我们的传统学问，在史学与政学之间紧密贯通，史学从未变成史料考证的纯粹技术，如前引《续资治通鉴长编》，于宪制演进极为措意。相应，阐论治道之作，也并不悬空演绎，如宋代吕中《宋大事记讲义》、王船山《宋论》，盱衡史册阐述经世理论。这一点，就好比西人宪制传统的发掘同样依托于故国历史之精辨，如英格兰之哈兰、白芝浩、斯塔布斯、弗里曼、戴雪、安森、梅特兰、麦考利、休谟等代有传述。

现代中国学术在这方面的分裂，大半缘于 20 世纪以来反传统史观的盛行。如所谓封建专制论，极度夸大传统宪制中君主一方的消极决定性，所遮蔽、误导者远多于揭明者。如是，则故国历史只成一批判材料，或仅具凭吊价值。这个局面晚近有所改观，仍待推进。政治学界犹于其后且趋且行，不能树立学科之主体视野与议程。尝闻民国时期清华大学政治系之张奚若先生，嘲讽同事萧公权之"中国政治思想史"，质疑中国是否有政治思想。今日观之，当若来日之于宪制一题。盖国史、治体，不为两橛。

在这方面，也有一些虽处边缘然极可贵的探索可资取法。如柳诒征先生之《国史要义》，于故国历史脉络竭力阐发礼法精义，且初具宪法比较视野，于宪制演进之追绎有若梅特兰宪制史乘之深入堂奥。再如姚中秋先生之《国史纲目》，笔者曾言或可称"国体纲目"，虽史意稍逊，对传统宪制治体的发明却贡献极重。另外，《儒家与宪制论集》中收录的很多文章，也都是在历史脉络中试图思考宪制演进这一中心问题。笔者在该书序言中对于儒教宪制与儒家宪制的比较，着重经史兼顾这一维度，强调理论生成的历史感与实践性，在演进生发秩序的意义上容育、节制常见的立法构建论心智，庶可形成一个良性的学术范式。

白芝浩在《英国宪法》中曾对英宪的奇特性有过一个解释性譬喻，犹如城郊的蜿蜒街道，"它们是一座接一座的房子绕开古来的绿荫巷陌渐积而成的；而如果你继续放眼那些既存的田野，你通常会发现这种变化只完成了一半"。同理，我们的宪制传统也是在古老的年代形成的，"寻常的条文可以追溯到已经逝去的斗士的力量，接踵而来的是在其他地方进行战斗的几代人；而那段关于只写了一半的一场战役的颇费踌躇的文字则作为一个永恒的限度被保留着"。温故而知新，同样激励着中国的宪制探索者们。

参 考 文 献

一 文献

班固：《汉书》，中华书局 2007 年版。

毕仲游：《西台集》，上海古籍出版社 1987 年版。

不署撰人：《群书会元截江纲》，上海古籍出版社 1991 年版。

陈邦瞻：《宋史纪事本末》，中华书局 1977 年版。

《陈黻宸集》，中华书局 1995 年版。

陈傅良：《蛟峰批点止斋论祖四卷》，齐鲁书社 1997 年版。

陈傅良著，周梦江点校：《陈傅良文集》，浙江大学出版社 1999 年版。

《陈亮集》（增订版），中华书局 1987 年版。

陈舜俞：《都官集》。上海古籍出版社 1987 年版。

程颐：《周易程氏传》，中华书局 2011 年版。

《二程集》，中华书局 2004 年版。

范仲淹著，李勇先、王蓉贵点校：《范仲淹全集》，四川大学出版社 2007 年版。

方孝孺著，徐光大点校：《逊志斋集》，宁波出版社 2000 年版。

顾久主编：《黔南丛书》，贵州人民出版社 2008 年版。

顾镇：《虞东学诗》，上海古籍出版社 1987 年版。

胡渭：《洪范正论》，上海古籍出版社 1987 年版。

华镇：《云溪居士集》，上海古籍出版社 1987 年版。

黄灵庚编：《宋濂全集》，人民文学出版社 2014 年版。

黄震：《慈溪黄氏日钞》，国家图书馆出版社 2005 年版。

黄震：《黄氏日钞》，《景印文渊阁四库全书》，中国台湾商务印书馆 1983 年版。

《黄宗羲全集》，浙江古籍出版社 2005 年版。

黄宗羲著、全祖望修订：《宋元学案》，中华书局 1986 年版。

纪昀等纂修：《四库全书》，商务印书馆 1986 年版。

贾谊著，王洲明、徐超校注：《贾谊集校注》，人民文学出版社 1996 年版。

江少虞：《宋朝事实类苑》，上海古籍出版社 1981 年版。

《景印文渊阁四库全书》，中国台湾商务印书馆 1986 年版。

黎靖德编：《朱子语类》，中华书局 1986 年版。

李焘：《续资治通鉴长编》，中华书局 2004 年版。

《李觏集》，中华书局 1981 年版。

李心传：《建炎以来系年要录》，上海古籍出版社 1992 年版。

李学勤主编：《十三经注疏》，北京大学出版社 1999 年版。

梁启超：《饮冰室合集》，中华书局 2015 年版。

《林损集》，黄山书社 2010 年版。

刘文典：《淮南鸿烈集解》，商务印书馆 1929 年版。

刘熙：《释名》，中华书局 2016 年版。

楼钥：《攻瑰集》，上海古籍出版社 1987 年版。

《陆九渊集》，中华书局 2008 年版。

吕坤：《呻吟语》，岳麓书社 2002 年版。

吕中：《类编皇朝大事记讲义　类编皇朝中兴大事记讲义》，上海人民出版社 2014 年版。

吕祖谦：《历代制度详说》，广陵古籍刻印社 1990 版。

《吕祖谦全集》，浙江古籍出版社 2008 年版。

欧阳修：《新五代史》，中华书局 1974 年版。

欧阳修著，李逸安点校：《欧阳修全集》，中华书局出版社 2001 年版。

彭龟年：《止堂集》，商务印书馆 1945 年版。

彭永捷主编：《中国政治哲学史》（第二卷），中国人民大学出版社 2017 年版。

秦观著，徐培均笺注：《淮海集笺注》，上海古籍出版社 2000 年版。

丘濬：《大学衍义补》，上海古籍出版社 1987 年版。

邵雍著，郭彧点校：《邵雍全集》，上海古籍出版社 2015 年版。

施德操：《北窗炙輠录》，上海古籍出版社 2001 年版。

司马光著，胡三省音注：《资治通鉴》，中华书局 1956 年版。

司马光著，王根林点校：《司马光奏议》，山西人民出版社 1984 年版。

宋恕著，胡珠生编：《宋恕集》，中华书局 1993 年版。

宋育仁著，王东杰、陈阳编：《中国近代思想家文库·宋育仁卷》，中国人民大学出版社 2015 年版。

苏轼著，孔凡礼点校：《苏轼文集》，中华书局 1986 年版。

苏洵著，曾枣庄、金成礼笺注：《嘉祐集笺注》，上海古籍出版社 1993 年版。

孙宝瑄：《忘山庐日记》，上海古籍出版社 1983 年版。

《孙奇逢集》，中州古籍出版社 2003 年版。

谈迁：《国榷》，上海古籍出版社 1958 年版。

唐仲友：《金华唐氏遗书》，河南人民出版社 2018 年版。

脱脱：《宋史》，中华书局 1985 年版。

王夫之：《读通鉴论》，中华书局 1975 年版。

王夫之：《宋论》，中华书局 1964 年版。

王十朋：《梅溪集》，中国台湾世界书局 1988 年版。

王通、郑春颖译注：《文中子中说译注》，黑龙江人民出版社 2003 年版。

王祎：《王忠文公集》，上海古籍出版社 2011 年版。

王应麟：《困学纪闻》，上海古籍出版社 2008 年版。

王栐：《燕翼诒谋录》，上海古籍出版社 2012 年版。

王禹偁：《小畜集》，吉林出版集团 2005 年版。

《魏源全集》（第十三册），岳麓书社 2005 年版。

魏徵、虞世南、褚遂良：《群书治要》，团结出版社 2011 年版。

《续修四库全书》，齐鲁书社 2003 年版。

《续修四库全书》，上海古籍出版社 2002 年版。

《薛季宣集》，上海社会科学院出版社 2003 年版。

薛季宣：《书古文训》，上海古籍出版社 2003 年版。

《颜元集》，中华书局 1987 年版。

杨万里：《诚斋集》，吉林出版集团有限责任公司 1970 年版。

杨仲良：《皇宋通鉴长编纪事本末》，黑龙江人民出版社 2006 年版。

《叶适集》，中华书局 1960 年版。

叶适：《习学记言序目》，中华书局 1977 年版。

俞文豹：《吹剑录外集》，上海古籍出版社 1987 年版。

曾枣庄、刘琳主编：《全宋文》，上海辞书出版社、安徽教育出版社 2006 年版。

曾枣庄、舒大刚主编：《三苏全书》，语文出版社 2001 年版。

张端义：《贵耳集》，中华书局 1997 年版。

章如愚：《群书考索》，中华书局 1992 年版。

《章太炎全集》，上海人民出版社 1985 年版。

赵汝愚:《宋朝诸臣奏议》,上海古籍出版社 1999 年版。

郑伯熊、郑伯谦:《二郑集》,上海社会科学院出版社 2006 年版。

周必大:《周文忠公集》,上海古籍出版社 1987 年版。

《周敦颐集》,岳麓书社 2002 年版。

周密:《齐东野语》,中华书局 1983 年版。

朱熹、吕祖谦编,陈荣捷注:《近思录详注集评》,华东师范大学出版社 2007 年版。

朱熹、吕祖谦编:《近思录》,上海古籍出版社 2010 年版。

朱熹:《朱文公文集》,上海商务印书馆 1929 年版。

朱熹:《朱子全书》,上海古籍出版社 2002 年版。

朱一新:《无邪堂答问》,中华书局 2000 年版。

二 著作

包伟民:《宋代地方财政史研究》,上海古籍出版社 2001 年版。

常裕:《河汾道统:河东学派考论》,人民出版社 2009 年版。

陈畅:《理学道统的思想世界》,上海书店出版社 2017 年版。

陈峰等:《宋代治国理念及其实践研究》,人民出版社 2015 年版。

陈来:《中国近世思想史研究》,商务印书馆 2003 年版。

陈来:《朱子哲学研究》,华东师范大学出版社 2000 年版。

陈苏镇:《春秋与汉道:两汉政治与政治文化研究》,中华书局 2011 年版。

《陈寅恪集·金明馆丛稿二编》,生活·读书·新知三联书店 2001 年版。

《陈寅恪集》,生活·读书·新知三联书店 2001 年版。

陈寅恪:《金明馆丛稿二编》,生活·读书·新知三联书店 2001 年版。

邓广铭、徐规编：《宋史研究论文集》，浙江人民出版社 1987 年版。

邓广铭：《浙东学派探源——兼评何炳松〈浙东学派溯源〉》，《邓广铭全集》（第十卷），河北教育出版社 2005 年版。

《邓广铭治史文丛》，北京大学出版社 1997 年版。

邓小南：《祖宗之法——北宋前期政治述略》，生活·读书·新知三联书店 2006 年版。

狄百瑞：《中国的自由传统》，贵州人民出版社 2009 年版。

董平、刘宏章：《陈亮评传》，南京大学出版社 1996 年版。

董平：《浙江精神之哲学本源》，浙江古籍出版社 2004 年版。

［法］马骊：《朱元璋的政权及其统治哲学》，莫旭强译，胥戈校，吉林出版集团股份有限公司 2018 年版。

［法］余莲：《势：中国的效力观》，卓立译，北京大学出版社 2009 年版。

范广欣：《以经术为治术：晚清湖南理学家的经世思想》，南京大学出版社 2016 年版。

方诚峰：《北宋晚期的政治体制与政治文化》，北京大学出版社 2015 年版。

方如金：《陈亮研究论稿》，河北大学出版社 2015 年版。

干春松：《制度化儒家及其解体》（修订版），中国人民大学出版社 2012 年版。

高明士：《中国中古礼律综论：法文化的定型》，商务印书馆 2017 年版。

高全喜：《论相互承认的法权：〈精神现象学〉研究两篇》，北京大学出版社 2004 年版。

葛荃：《立命与忠诚：士人政治精神的典型分析》，浙江人民出版社 2000 年版。

葛兆光：《宅兹中国：重建有关"中国"的历史论述》，中华书局 2011 年版。

关长龙：《两宋道学命运的历史考察》，学林出版社 2001 年版。

韩东育：《日本近世新法家研究》，中华书局 2003 年版。

何炳松：《浙东学派溯源》，广西师范大学出版社 2004 年版。

何俊：《南宋儒学建构》，上海人民出版社 2004 年版。

侯外庐：《中国思想通史》，人民出版社 2004 年版。

胡寄窗：《中国经济思想史》，上海人民出版社 1981 年版。

《胡适全集》，安徽教育出版社 2003 年版。

黄进兴：《优入圣域：权力、信仰与正当性》，陕西师范大学出版社 1998 年版。

姜海军：《宋代浙东学派经学思想研究》，齐鲁书社 2017 年版。

蒋伟胜：《合内外之道——吕祖谦哲学研究》，浙江工商大学出版社 2012 年版。

蒋伟胜：《叶适的习学之道》，中国社会科学出版社 2009 年版。

孔飞力：《中国现代国家的起源》，生活·读书·新知三联书店 2013 年版。

李竞恒：《论语新劄：自由孔学的历史世界》，福建教育出版社 2014 年版。

李祥俊：《王安石学术思想述评》，北京师范大学出版社 2000 年版。

梁启超：《论中国学术思想变迁之大势》，上海古籍出版社 2001 年版。

梁涛：《儒家道统说新探》，华东师范大学出版社 2013 年版。

林同奇：《人文寻求录：当代中美著名学者思想辨析》，新星出版社 2006 年版。

刘俊文：《日本学者研究中国史论著选译》，黄约瑟译，中华书局 2004 年版。

刘巍：《中国学术之近代命运》，北京师范大学出版社 2013 年版。

刘咸炘：《推十书》（增补全本），上海科学技术文献出版社 2009 年版。

刘小枫：《共和与经纶：熊十力〈论六经〉、〈正韩〉辨证》，生活·读书·新知三联书店 2011 年版。

刘小枫：《儒家革命精神源流考》，上海三联书店 2000 年版。

刘泽华：《中国的王权主义》，上海人民出版社 2000 年版。

刘子健：《中国转向内在：两宋之际的文化内向》，江苏人民出版社 2002 年版。

柳诒徵：《中国文化史》，吉林人民出版社 2013 年版。

卢敦基、陈承革：《陈亮研究：永康学派与浙江精神》，上海古籍出版社 2005 年版。

卢国龙：《宋儒微言：多元政治哲学的批判与重建》，华夏出版社 2001 年版。

卢连章：《二程学谱》，中州古籍出版社 1988 年版。

吕思勉：《中国政治思想史》，中华书局 2012 年版。

罗冬阳：《明太祖礼法之治研究》，高等教育出版社 1998 年版。

马小红：《礼与法：法的历史连接》（修订本），北京大学出版社 2017 年版。

［美］安靖如：《圣境：宋明理学的当代意义》，吴万伟译，中国社会科学出版社 2017 年版。

［美］包弼德：《历史上的理学》，王昌伟译，浙江大学出版社 2010 年版。

［美］包弼德：《斯文：唐宋思想的转型》，刘宁译，江苏人民出版社 2001 年版。

［美］田浩：《功利主义儒家：陈亮对朱熹的挑战》，姜长苏译，江苏人民出版社 2012 年版。

［美］田浩：《朱熹的思维世界》，江苏人民出版社 2011 年版。

［美］魏家伦：《晚明地方社会中的礼法与骚动：管志道〈从先维俗论〉研究》，施珊珊编，王硕、王坤利译，浙江大学出版社 2016 年版。

《蒙文通全集》，巴蜀书社 2015 年版。

墨子刻：《摆脱困境：新儒学与中国政治文化的演进》，江苏人民出版社 1995 年版。

牟宗三：《历史哲学》，中国台湾联经出版事业股份有限公司 2003 年版。

牟宗三：《心体与性体》，中国台湾正中书局 1990 年版。

牟宗三：《政道与治道》，中国台湾学生书局 2003 年版。

钱穆：《国史大纲》（修订本），商务印书馆 1996 年版。

钱穆：《两汉经学今古文平议》，商务印书馆 2015 年版。

钱穆：《秦汉史》，生活·读书·新知三联书店 2004 年版。

钱穆：《宋明理学概述》，中华文化出版事业委员会 1953 年版。

钱穆：《宋明理学概述》，九州出版社 2011 年版。

钱穆：《朱子新学案》，巴蜀书社 1986 年版。

任锋：《道统与治体——宪制会话的文明启示》，中央编译出版社 2014 年版。

任剑涛：《复调儒学：从古典解释到现代性探究》，中国台湾大学出版中心 2013 年版。

任剑涛：《建国之惑——留学精英与现代政治的误解》，中国政法大学出版社 2012 年版。

任文利：《治道的历史之维：明代政治世界中的儒家》，中央编译出版社 2014 年版。

［日］沟口雄三、小岛毅主编：《中国的思维世界》，孙歌等译，江苏人民出版社 2006 年版

〔日〕沟口雄三：《中国的公与私·公私》，郑静译，生活·读书·新知三联书店 2011 年版。

〔日〕沟口雄三：《中国前近代思想的屈折与展开》，龚颖译，生活·读书·新知三联书店 2011 年版。

〔日〕内藤湖南：《中国史通论》，夏应元、钱婉约等译，九州出版社 2018 年版。

〔日〕丸山真男：《日本政治思想史研究》，王中江译，生活·读书·新知三联书店 2000 年版。

〔日〕伊东贵之：《中国近世的思想典范》，中国台湾大学出版中心 2015 年版。

萨孟武：《中国政治思想史》，东方出版社 2008 年版。

时亮：《民本自由说：黄宗羲法政思想再研究》，中央编译出版社 2015 年版。

史华慈著，王中江编：《思想的跨度与张力——中国思想史论集》，中州古籍出版社 2009 年版。

束景南：《朱子大传》，商务印书馆 2003 年版。

宋大琦：《程朱礼法学研究》，山东人民出版社 2009 年版。

孙宝山：《返古开新：黄宗羲的政治思想》，人民出版社 2008 年版。

孙卫国：《大明旗号与小中华意识：朝鲜王朝尊周思明问题研究，1637—1800》，商务印书馆 2007 年版。

孙晓春主编：《中国政治思想通史·宋元卷》，中国人民大学出版社 2014 年版。

陶希圣：《中国政治思想史》，中国大百科全书出版社 2009 年版。

屠凯：《日就月将：十五至十六世纪的中国法哲学》，法律出版社 2017 年版。

汪晖：《现代中国思想的兴起》，生活·读书·新知三联书店 2004

年版。

王汎森：《权力的毛细管作用：清代的思想、学术与心态》（修订版），北京大学出版社 2015 年版。

王汎森：《中国近代思想与学术的系谱》（增订版），上海三联书店 2018 年版。

王瑞来：《宰相故事》，中华书局 2010 年版。

王绍光等：《理想政治秩序：中西古今的探求》，生活·读书·新知三联书店 2012 年版。

王栻主编：《严复集》，中华书局 1986 年版。

王晓卫、刘昭祥：《历代兵制浅说》，解放军出版社 1986 年版。

王宇：《道行天地：南宋浙东学派论》，中国社会科学出版社 2012 年版。

王元化编：《学术集林》，上海远东出版社 1996 年版。

韦庆远：《张居正与明代中后期政局》，广东高教出版社 1999 年版。

吴钩：《宋：现代的拂晓时辰》，广西师范大学出版社 2015 年版。

吴震：《罗汝芳评传》，南京大学出版社 2005 年版。

吴震：《阳明后学研究》，上海人民出版社 2003 年版。

吴铮强：《科举理学化：均田制崩溃以来的君民整合》，上海辞书出版社 2008 年版。

萧公权：《中国政治思想史》，新星出版社 2005 年版。

萧萐父、许苏民：《王夫之评传》，南京大学出版社 2002 年版。

谢茂松：《大臣之道：心性之学与理势合一》，中华书局 2013 年版。

熊十力：《韩非子评论　与友人论张江陵》，上海书店出版社 2007 年版。

徐洪兴：《思想的转型：理学发生过程研究》，上海人民出版社 1996 年版。

许浩然：《周必大的历史世界：南宋高、孝、光、宁四朝士人关系之研究》，凤凰出版社 2016 年版。

许纪霖编：《现代中国思想史论》，上海人民出版社 2014 年版。

许雅棠：《民本治理学》，中国台湾商务印书馆 2001 年版。

杨鸿烈：《中国法律发达史》，中国政法大学出版社 2009 年版。

杨际开：《清末变法与日本——以宋恕政治思想为中心》，上海古籍出版社 2010 年版。

杨立华编：《宋代思想史论》，社会科学文献出版社 2003 年版。

杨念群：《何处是江南：清朝正统观的确立和士林精神世界的变异》，生活·读书·新知三联书店 2010 年版。

杨儒宾：《异议的意义：近世东亚的反理学思潮》，中国台湾大学出版中心 2012 年版。

姚中秋：《国史纲目》，海南出版社 2013 年版。

姚中秋：《建国之道：周易政治哲学》，中央编译出版社 2014 年版。

叶坦：《富国富民论——立足于宋代的考察》，北京出版社 1991 年版。

叶坦：《儒学与经济》，广西人民出版社 2005 年版。

余敦康：《汉宋易学解读》，华夏出版社 2006 年版。

虞云国：《宋代台谏制度研究》，上海社会科学出版社 2001 年版。

曾亦、郭晓东：《春秋公羊学史》，华东师范大学出版社 2017 年版。

曾亦、黄铭：《董仲舒与汉代公羊学》，上海人民出版社 2017 年版。

张灏：《转型时代与幽暗意识》，上海人民出版 2018 年版。

《张灏自选集》，上海教育出版社 2002 年版。

张君劢：《新儒家思想史》，中国人民大学出版社 2006 年版。

张寿安：《十八世纪礼学考证的思想活力——礼教论争与礼秩重省》，北京大学出版社 2005 年版。

张寿安：《以礼代理——凌廷堪与清中叶儒学思想的转变》，河北教育出版社 2001 年版。

《章太炎全集》，上海人民出版社 2018 年版。

赵伯雄：《春秋学史》，山东教育出版社 2004 年版。

赵峰：《朱熹的终极关怀》，华东师范大学出版社 2004 年版。

周可真：《明清之际新仁学——顾炎武思想研究》，中国大百科全书出版社 2006 年版。

周梦江、陈凡男：《叶适研究》，人民出版社 2008 年版。

周梦江：《叶适与永嘉学派》，浙江古籍出版社 1992 年版。

周启荣：《清代儒家礼教主义的兴起——以伦理道德、儒学经典和宗族为切入点的考察》，天津人民出版社 2017 年版。

周群：《刘基评传》，南京大学出版社 2007 年版。

周学武：《唐说斋研究》，中国台湾大学文学院 1973 年版。

朱伯崑：《易学哲学史》，昆仑出版社 2005 年版。

朱承：《治心与治世——王阳明哲学的政治向度》，上海人民出版社 2008 年版。

朱刚：《苏轼评传》，南京大学出版社 2005 年版。

朱鸿林主编：《明太祖的治国理念及其实践》，香港中文大学出版社 2010 年版。

朱谦之：《日本的古学及阳明学》，人民出版社 2000 年版。

朱瑞熙：《嘐城集》，华东师范大学出版 2001 年版。

朱腾：《渗入皇帝政治的经典之学：汉代儒家法思想的形态与实践》，中国政法大学出版社 2013 年版。

诸葛亿兵：《宋代宰辅制度研究》，中国社会科学出版社 2000 年版。

祝尚书：《宋代科举与文学考论》，大象出版社 2006 年版。

三 论文

陈安金:《融会中西,通经致用——论永嘉学派的现代命运》,《哲学研究》2003 年第 7 期。

陈安金、王宇:《贯通内圣外王的努力—评永嘉学派的思想历程》,《哲学研究》2002 年第 8 期。

陈葛满:《宋濂用世思想刍议》,《浙江师范大学学报》1988 年第 3 期。

陈寒鸣:《简论宋濂思想的特色》,《孔子研究》1993 年第 3 期。

邓实:《永嘉学派述》,《国粹学报》12 期。

董平:《论吕祖谦的历史哲学》,《中国哲学史》2005 年第 2 期。

冯庆磊:《王栐〈燕翼诒谋录〉研究》,硕士学位论文,杭州师范大学,2017 年。

高寿仙:《治体用刚:张居正政治思想论析》,《江南大学学报》2013 年(第 12 卷)第 1 期。

巩本栋:《论〈宋文鉴〉》,《中国文化研究》2012 年春之卷。

顾家宁:《法度精神与宪制意识——〈明夷待访录·原法〉篇再探》,《浙江社会科学》2015 年第 2 期。

顾家宁:《儒家经典政制中的政教关系:以黄宗羲之学校论为中心》,《政治思想史》2014 年第 3 期。

顾家宁:《儒家政治现代转型的初步探索——以清末传统视角中的〈明夷待访录〉批评为线索》,《哲学动态》2018 年第 4 期。

顾家宁:《秩序重建的政治之维——黄宗羲与近世政治思维的突破》,《政治思想史》2012 年第 2 期。

黄前程:《文质论:中国传统治道的一个视角》,《广东社会科学》2010 年第 6 期。

江湄:《超越"虚无":辛亥士风与章太炎儒学观念的转变》,《开放时代》2017 年第 4 期。

景海峰:《中国哲学体用论的源与流》,《深圳大学学报》1991 年第 1 期。

黎红雷:《为万世开太平——中国传统治道研究引论》,《云南大学学报》2007 年第 6 期。

李华瑞:《略论南宋政治上的"法祖宗"倾向》,《宋史研究论丛》2005 年。

李裕民:《宋代"积贫积弱"说商榷》,《陕西师范大学学报》2004 年第 3 期。

林来梵:《国体概念史:跨国移植与演变》,《中国社会科学》2013 年第 3 期。

林文勋:《宋元明清"富民社会"说论要》,《求是学刊》2015 年第 2 期。

林文勋:《中国古代"富民社会"的形成及其历史地位》,《中国经济史研究》2006 第 2 期。

刘璞宁:《王通的政治道统论》,《北京行政学院学报》2014 年第 3 期。

刘增光:《寻求权威与秩序的统一:以晚明阳明学之"明太祖情结"为中心的分析》,《文史哲》2017 年第 1 期。

蒙培元:《叶适的德性之学及其批判精神》,《哲学研究》2001 年第 4 期。

蒙文通:《四库珍本〈十先生奥论〉读后记》,《图书季刊》(新第 3 卷)第 1—2 期合刊,1941 年 6 月。

墨子刻:《中国近代思想史研究方法上的一些问题:一个休谟后的看法》,《近代中国史研究通讯》1986 年第 2 期。

秦际明:《钱穆论王官学与百家言的政教意蕴》,《政治思想史》2015

年第 3 期。

秦际明：《通三统与秩序的政教之旨》，《学海》2016 年第 5 期。

任锋：《革命与更化：立国时刻的治体重构》，《云南大学学报》2017 年第 3 期。

任锋：《公共话语的演变与危机》，《社会》2014 年第 3 期。

任锋：《公论观念与政治世界》，《知识分子论丛》（第十辑），2012 年。

任锋：《钱穆的法治新诠及其启示：以〈政学私言〉为中心》，《西南大学学报》2018 年第 5 期。

任锋：《"体乾刚健"：二程政治思想的非常气质》，《学术月刊》2015 年第 12 期。

任锋：《天理、治体与国势：现代变迁中的儒家传统》，《文化纵横》2014 年第 1 期。

任锋：《投身实地：实践观的近世形态及其现代启示》，《学海》2009 年第 5 期。

任锋：《新启蒙主义政治学及其异议者》，《学海》2015 年第 5 期。

任锋：《薛季宣思想渊源新探》，《中国哲学史》2006 年第 2 期。

任锋：《叶适与浙东学派：近世早期政治思维的开展》，《政治思想史》2011 年第 2 期。

任锋：《秩序、历史与实践：吕祖谦的政治哲学》，《原道》第 18 辑，2012 年。

任锋：《中国政学传统中的治体论：基于历史脉络的考察》，《学海》2015 年第 5 期。

任锋：《重温我们的宪制传统》，《读书》2014 年第 12 期。

任锋：《作为天理的民主：从〈政道与治道〉到政治儒学的开展》，《天府新论》2015 年第 3 期。

桑兵：《民国学人宋代研究的取向及纠结》，《近代史研究》2011 年第

6 期。

　　申慧青：《两宋君主论研究》，人民出版社 2016 年版。

　　沈刚伯：《方孝孺的政治学说》，《大陆杂志》1961 年 3 月。

　　苏鹏辉：《尊王以与贤：北宋程颐的君臣观研究》，博士学位论文，清华大学，未刊稿，2018 年。

　　孙锋：《方孝孺正统论探析》，《齐鲁学刊》2017 年第 6 期。

　　谈火生：《中西政治思想中的家国观比较——以亚里士多德和先秦儒家为中心的考察》，《政治学研究》2017 年第 6 期。

　　田志光：《宋朝士大夫"以法治国"观论析》，《安徽师范大学学报》2010 年第 1 期。

　　王家范、程念祺：《论明初对洪武政治的批评——方孝孺的政治理想与建文帝的政策改革》，《史林》1994 年第 3 期。

　　王建生：《吕祖谦的中原文献南传之功》，《浙江师范大学学报》2015 年第 3 期。

　　吴铮强：《宋朝国运真相》，《人民论坛》2013 年第 1 期。

　　肖建新：《公正求实：宋代陈傅良的法制理念》，《安徽师范大学学报》2008 年第 1 期。

　　熊恺妮：《宋濂的吕学渊源与散文理论》，《南昌大学学报》2015 年第 2 期。

　　徐兴无：《〈春秋繁露〉的文本与话语——"三统""文质"诸说新论》，《中国典籍与文化》2018 年第 3 期。

　　杨光斌：《政体理论的回归与超越——建构一种超越"左"右的民主观》，《中国人民大学学报》2011 年第 4 期。

　　杨际开：《〈待访录〉在清末的传播源、影响及其现代意义——以孙宝瑄〈忘山庐日记〉为线索》，《上海师范大学学报》2011 年第 6 期。

　　杨太辛：《浙东学派的涵义及浙东学术精神》，《浙江社会科学》1996

年第 1 期。

虞云国：《王安石的非常相权与其后的异变》，《商丘师范学院学报》2014 年第 4 期。

翟志勇：《国家主席、元首制与宪法危机》，《中外法学》2015 年第 2 期。

张灏著，苏鹏辉译：《儒家经世理念的思想传统》，《政治思想史》2013 年第 3 期

张凯：《浙东史学与民国经史转型：以刘咸炘、蒙文通为中心》，《浙江大学学报》2011 年第 11 期。

张凯：《"浙东学派"与民国新史学：何炳松"浙东学派"论之旨趣》，《学术研究》2017 年第 4 期。

张志强：《经、史、儒关系的重构与"批判儒学"之建立——以〈儒学五论〉为中心试论蒙文通"儒学"观念的特质》，《中国哲学史》2009 年第 1 期。

赵伟：《以道事君：方孝孺与明初士大夫政治文化》，《东方论坛》2011 年第 1 期。

赵园：《明清之际士人的文质论——兼及其时语境中文人的自我认知》，《江西社会科学》2005 年第 5 期。

衷尔钜：《薛季宣、陈傅良哲学思想初探》，《浙江学刊》1991 年第 1 期。

朱光明：《从陈亮到方孝孺：浙东学者关于正统的阐说及其流衍》，《河北大学学报》2017 年第 6 期。

祝总斌：《关于王通的〈续六经〉与〈中说〉》，《中华文史论丛》2015 年（总第 118 期）第 2 期。

后　记

　　这部书稿的构思写作，始于十五年前。当时我还是一个二十多岁的"博士僧"。弹指一挥间，如今已是人到中年。书稿伴随我走过香港清水湾、深圳梅山、天津南开园，又经历了这些年的京城漂流。就像身边的另外一个孩子，长成了你原初没有料想到的模样。

　　这个稍显漫长的思考和写作旅程，是要解答自己心头的一大问题，那就是现代中国政治思想的传统渊源。我采取的方法，是自宋代溯源循流，思考宋学兴起以来近世政治思维的演进。博士论文的主题是南宋经制之学，之后的研究逐渐把视野拓及南宋浙东学术和理学、明清思想，上追北宋诸大儒，下瞰明清转折期，再进入晚清以降的转型时代。眼前这部书稿，算是对于这个大问题的初步答问吧。

　　适逢戊戌变法两甲子和改革开放四十周年的纪念，新的共和政制也已有七十春秋。变革、变法对于现代国人的浸染薰炙可谓深入骨髓。本书探讨者，触及对于近世变革变法运动的思想文化反应。南宋的立国思想家著述，让我们看到了近世变革思维向立国思维的演进，明代立国思想又承其冲力而演奏出一曲曲悲歌壮志。治体论是本书意在揭示的中国政治传统之一大主线，它经历了自觉意识的世纪尘封，却仍在以不同方式潜行于这片大地之上。变革和立国、政治社会中心建构及其法度化、宪制化，是我们透视近世秩序重构的中心视角。值此改革事业深水跋涉之期，重温先贤们在近世兴衰中的深思熟虑，或许能给谋求民族复兴的今人一些启迪和警醒。这一思想学术议题的重揭，也蕴含着更为广大的现代启示。

每每慨叹，当下的中国政治传统研究，愧对先哲先贤留给我们的无尽宝藏。中国政治思想、政治制度和政治史的研究和教学，晚近处于严重的僵化和迟滞状态。这个广阔领域的整理、开掘与扩展，急需具备人文学科功底、社会科学素养和实践问题意识的学人来担当。对于一个古老大国的文明自信和政治成熟，这个事业是一个极为重要的基础。吾侪所学，关世运也。

由于迁延岁久，本书各章并非先后逐次完成，其间难免疏旷不齐，还望海内外学友赐正。感谢中国人民大学国际关系学院将其纳入丛书，促其问世；感谢家人和同事多年来的支持和鼓励。责任编辑马明先生自秋徂春，敬业不倦，见证并鼓励了拙著最后时刻的分娩，研究生胡云、沈蜜、简佳星和马猛猛帮助校对、提供文献信息，特此致谢。

书稿献给导师张灏先生，他对智识生活的沉挚之情令我感佩，对于历史文明的幽暗性拷问使我敬畏。最后，允许我向钱宾四先生致敬，先生于沧海横流之世，礼先王，续绝学。

任　锋

二〇一八年十月初作

二〇一九年一月、二月再订于北京世纪城